Actas del III Congreso
de la
Asociación Hispánica de Literatura Medieval
(Salamanca, 3 al 6 de octubre de 1989)

ACTAS DEL III CONGRESO
DE LA
ASOCIACIÓN HISPÁNICA DE LITERATURA MEDIEVAL
(Salamanca, 3 al 6 de octubre de 1989)

Edición al cuidado de
María Isabel Toro Pascua

Tomo I

BIBLIOTECA ESPAÑOLA DEL SIGLO XV
DEPARTAMENTO DE LITERATURA ESPAÑOLA E HISPANOAMERICANA

1994

ISBN: 84-920305-0-X (Obra completa)
ISBN: 84-920305-1-8 (Tomo I)
Depósito Legal: S. 1014-1994

Imprime: Gráficas VARONA
          Rúa Mayor, 44. Teléf. 923-263388. Fax 271512
          37008 Salamanca

PRESENTACIÓN

Entre el 3 y el 6 de octubre de 1989, en el entrañable Patio de Escuelas Mayores de la Universidad de Salamanca, se celebró el III Congreso Internacional de la Asociación Hispánica de Literatura Medieval. Después de Santiago de Compostela y de Segovia, Salamanca y Ávila (donde se celebraron las sesiones del día 5) reunían a especialistas de la literatura de la Edad Media. A lo largo de cuatro días, en sesiones paralelas, ocho ponentes y más de cien comunicantes de todo el mundo dieron a conocer sus últimas investigaciones y confrontaron sus puntos de vista; tanto las ponencias como las comunicaciones fueron reconocidas como importantes aportaciones para el estudio de nuestra literatura medieval. Las jornadas se completaron con otros actos culturales, pero, sobre todo, con la presentación del proyecto editorial más ambicioso que ha conocido el medievalismo hispano: la *Biblioteca española del siglo XV*. El profesor Brian Dutton presentó los dos primeros volúmenes del *Cancionero castellano del siglo XV*, que integra la *Serie maior* de esta colección.

Las autoridades de la Universidad de Salamanca se comprometieron entonces a llevar a cabo la publicación de las *Actas* de aquel Congreso; sin embargo, diferentes y muy variados motivos hicieron imposible que el proyecto llegara a su fin. Hoy, gracias a los esfuerzos de la *Biblioteca española del siglo XV*, los trabajos presentados en aquel Congreso ven por fin la luz. No obstante, se echarán en falta algunas de las ponencias y comunicaciones presentadas en 1989 debido a que algunos de los autores decidieron publicarlas en otros lugares.

Damos las gracias a todos los que han permitido que este proyecto haya podido cumplirse. Cuenta, en primer lugar, la mencionada *Biblioteca española del siglo XV* que, fiel a su promesa, ha afrontado en solitario la publicación. También hay que mencionar al equipo de medievalistas de la Universidad de Alcalá de Henares, que se ofrecieron en su momento a llevar adelante el proyecto.

«Mas val tarde sin falençia que non nunca ser repisso». Solo queda desear que estas palabras de Villasandino se hagan realidad y que la espera de estas *Actas* haya merecido la pena.

ÍNDICE

TOMO I

PONENCIAS

De las categorías de las letras: problemas de género, autor y título en la literatura medieval española

Alan DEYERMOND
Queen Mary and Westfield College, London

1. *Introducción*

No pienso ofrecer grandes novedades en esta ponencia[1]. Las cosas que voy a decir son bastante obvias, evidentes a cualquier alumno de primer ciclo. Pero a medida que adquirimos conocimientos especializados, a medida que nos damos cuenta de lo complejo que es el estudio de la literatura, se aumenta el peligro de olvidar las verdades fundamentales, o de acordarnos tan intensamente de una verdad que se nos escapa otra. Pienso especialmente en dos verdades:

a) Cada obra de arte cada libro que vale la pena leer, cada pintura que vale la pena mirar, cada sinfonía que vale la pena escuchar– es individual, única, insustituible.

b) Ninguna obra de arte nace, ninguna existe, en un vacío. Todas se componen y se reciben dentro de un contexto determinado.

El gran peligro es que, fijándonos en una de estas verdades, perdamos de vista la otra. Durante una época, la crítica semiótica, subrayando con toda razón la unicidad de la obra, la interpretaba (siguiendo la pauta de los formalistas rusos) como un sistema de signos totalmente autónomo, hasta tal punto que parecía negar la existencia del autor. Los críticos semióticos se han retirado ahora de postura tan extrema, pero algunos todavía tienden a subestimar el contexto, y se nota a veces en sus bibliografías la presencia de muchos trabajos teóricos, la escasez de trabajos sobre la obra estudiada, y la ausencia casi total de trabajos contextuales. Cito tan sólo un ejemplo (no, desde luego, el peor): un libro reciente que dedica su tercera parte al análisis del *Libro de Apolonio* no se basa en ninguna de las ediciones científicas del texto medieval, sino en la versión moderna de la serie de Odres

---

[1] El artículo que sigue es el texto de mi ponencia, leída en Ávila el 5 de octubre de 1989, con la adición de notas, la restauración de algunos pasajes omitidos por falta de tiempo, y la supresión de algunas frases anecdóticas o humorísticas, poco apropiadas a la imprenta. Con todo, se trata no de un trabajo monográfico sino de una presentación oral de varias cuestiones que me parecen importantes. Los defectos se notarán.

Nuevos, y desconoce casi totalmente la investigación actual sobre el texto[2]. De vez en cuando la crítica parece haber renunciado a la lectura del texto: me enteré en una visita reciente a los Estados Unidos de que uno de los departamentos más prestigiosos de literatura inglesa se ha dividido en dos, un Departamento de Inglés en el cual se leen los textos, y un Departamento de Literatura donde se lee exclusivamente la teoría.

Para mí, el contexto –mejor dicho, los contextos– son de importancia fundamental, y voy a concentrarme en ellos en esta ponencia. Pero su importancia estriba en que nos posibilitan la comprensión de la obra de arte: son un medio, no una finalidad. Me ocupo a menudo de la historia literaria, pero la historia literaria es el punto de partida de la crítica, y de la lectura de la obra individual. Privilegiar el contexto en perjuicio de la obra sería – en palabras de Jorge Manrique– «componer la cativa, dexándonos la señora descompuesta». Por eso veo un posible peligro en lo que promete ser un libro brillante, erudito e importantísimo de John Dagenais[3], que pone el énfasis en el códice comentado, en el libro como objeto físico que refleja la experiencia de un lector, o de varios lectores, de la Edad Media. Hay la misma posibilidad de peligro en la *Rezeptionsästhetik*, la tendencia crítica, iniciada por Hans–Robert Jauss, que estudia la recepción de la literatura[4]. Debemos mucho a Jauss, y vamos a deber mucho a Dagenais. Los dos son demasiado inteligentes como para olvidar la obra literaria, pero me temo que críticos menos dotados que tratan de emplear sus métodos se contenten con quedarse en la historia cultural sin enfrentarse con la unicidad de la obra literaria individual.

Por lo tanto hay que combinar la historia de la literatura con la crítica literaria, e insistiré en esta ponencia en la historia literaria, en las categorías, sólo porque las necesitamos para nuestra lectura de la obra individual.

2. Oralidad, cronología

Trataré principalmente de los géneros, pero también de los títulos de las obras, y de los conceptos de «obra» y «autor». No son las únicas categorías que necesitamos para organizar nuestra experiencia de la literatura, pero son tal vez las más debatidas. Antes de empezar mis observaciones sobre cuestiones genéricas, sin embargo, menciono un par de categorías más, para demostrar que no las olvido. Una es la de oral/escrito, que solía parecer una dicotomía sencilla, pero que se ve ahora mucho más matizada. Los trabajos recientes de Albert B. Lord, el cual

---

[2]   Me refiero a Ángel Díaz Arenas, *Introducción y metodología de la instancia del autor/lector, y del autor/lector abstracto–implícito*, Kassel: Reichenberger, 1986.

[3]   *The Larger Gloss: The Ethics of Reading the «Libro de Buen Amor»*. Agradezco al Prof. Dagenais el haberme proporcionado un resumen del libro y el borrador de dos capítulos.

[4]   Jauss, *Toward an Aesthetic of Reception*, trad. Timothy Bahti, con una introd. de Paul de Man, Minneapolis: University of Minnesota Press; Brighton: Harvester Press, 1982. El libro es una traducción muy ampliada de *Literaturgeschichte als Provokation,* Frankfurt: Suhrkamp, 1970. La introducción (págs. vii–xxv) describe la escuela de Jauss.

insiste ahora en la importancia del texto transicional; el seminario «Edad de Oro», de la Universidad Autónoma de Madrid, en 1987; el coloquio internacional organizado en Novi Sad, también en 1987, por la Academia de Ciencias y Letras de la Vojvodina –éstos son ejemplos del rumbo actual de los estudios sobre literatura oral y literatura escrita[5].

La segunda categoría que menciono rápidamente es la de fechas. Nuestros colegas especializados en la literatura del siglo XX no se preocupan de la fecha de una obra porque, con contadas excepciones, es muy obvia. Para nosotros, en cambio, es una categoría a la vez importante y problemática: un cambio radical en la fecha que atribuimos a una obra puede afectar profundamente nuestra valoración de ella. El caso más notorio es el de las poesías de Thomas Rowley, del siglo XV, que suscitaron enorme interés por los años 1770, hasta que se reveló que se trataba de una falsificación por el adolescente Thomas Chatterton, el cual se suicidó[6]. No solemos leer con frecuencia, ni con mucho cuidado, el *Loor de Gonzalo de Berceo*, porque creemos por unanimidad que este breve poema en cuaderna vía es una falsificación o una broma, debida probablemente a Tomás Antonio Sánchez, contemporáneo de mayor edad, y más afortunado, de Chatterton. Y lo mismo pasaba con la *Vida del trobador Juan Rodríguez del Padrón*, descubierta –y se decía inventada– por el Marqués de Pidal a mediados del siglo XIX. Pero el último artículo redactado por el lamentado Keith Whinnom sostiene de manera convincente que no es del siglo XIX sino de época anterior, muy posiblemente del XV, y por lo tanto empezamos a leerla seriamente y hasta a hablar de ella como ficción sentimental[7]. Los casos que acabo de mencionar son extremos, con una diferencia de varios siglos en las fechas posibles, pero una diferencia de muy pocos años puede influir profundamente en nuestra lectura. Tomo como ejemplos dos poemas de mediados del siglo XV, el *Laberinto de Fortuna* de Juan de Mena, y el *Doctrinal de privados* del Marqués de Santillana. Sabemos que el *Laberinto* se terminó en 1444, y sostuve recientemente que es una

---

[5]   Lord, «The Merging of Two Worlds: Oral and Written Poetry as Carriers of Ancient Values», en *Oral Tradition in Literature: Interpretation in Context*, ed. John Miles Foley, Columbia, Missouri: University of Missouri Press, 1986, págs. 19–64. *Edad de Oro,* 7 (1987). *Oral and Written/Literate in Literature and Culture: Proceedings of an International Conference held in Novi Sad, September 21–23, 1987, to Honour Vuk Stefanović Karaždić (1787–1864),* ed. Svetozar Petrović, Novi Sad: Vojvodina Academy of Sciences and Arts, 1989.

[6]   Véanse Esther P. Ellinger, *Thomas Chatterton, the Marvelous Boy,* Philadelphia: University of Pennsylvania Press, 1930; E.H.W. Meyerstein, *A Life of Thomas Chatterton,* London: Ingpen and Grant, 1930.

[7]   Whinnom, «The Marquis of Pidal Vindicated: The Fictional Biography of Juan Rodríguez del Padrón», *La Corónica,* 13 (1984–85), págs. 142–44. Las investigaciones de Michel Garcia indican que la *Vida* puede ser obra del siglo XVII: «Vida de Juan Rodríguez del Padrón», en *Actas del IX Congreso de la Asociación Internacional de Hispanistas, 18–23 agosto 1986, Berlín,* ed. Sebastian Neumeister, Frankfurt am Main: Vervuert, 1989, I, págs. 205–13. Aun si tiene razón, hay que leer la *Vida* con más seriedad que antes de que saliera el artículo de Whinnom.

obra propagandística a favor de la política de don Álvaro de Luna[8]. Pero si alguien probara que se compuso en 1454, tendríamos que leerlo como una elegía para un sueño nunca realizado. De modo parecido, si Santillana hubiera compuesto el *Doctrinal de privados* en 1452, sería otra obra de propaganda, y muy valiente, una sátira contra el Condestable todopoderoso; pero sabiendo que lo compuso después de la caída y muerte de Álvaro de Luna, lo vemos como algo desagradable, la malicia contra un enemigo muerto. La cronología –algo elemental y a menudo aburrido– puede resultar importantísima para la crítica literaria.

3. Género

3.1. Pasemos a las cuestiones genéricas. Se ha negado a veces la existencia de géneros, y tal escepticismo no es una invención moderna: en el Renacimiento, Leonardo Bruni Aretino comentó que hay tantos géneros poéticos como autores. Se niega más a menudo que el género tenga importancia, se dice que el concepto de género oscurece nuestra visión de la obra. No estoy de acuerdo. No voy a ofrecer una teoría de los géneros literarios –no cabría dentro de una ponencia, y carezco de la información necesaria–. Muchos trabajos tratan esta cuestión: hay una revista que se llama *Genre*; se publicó hace poco un libro colectivo, *Teoría de los géneros literarios*; otro libro reciente, *Caracterización de la literatura española*, de Francisco Abad, tiene páginas valiosas sobre la cuestión; toda una serie de artículos y folletos de Juan Paredes Núñez nos proporcionan estudios excelentes sobre problemas genéricos de la narrativa corta; el artículo de Hans–Robert Jauss se ha convertido en un clásico de la crítica, y el libro de Alistair Fowler tiene buenas posibilidades de serlo[9]. Durante este mismo congreso salió, en la *Revista de Literatura Medieval*, el magnífico artículo de Fernando Gómez Redondo sobre el léxico genérico de la *Estoria de España*, demostrando otra vez

---

8 «Structure and Style as Instruments of Propaganda in Juan de Mena's *Laberinto de Fortuna*», *Proceedings of the PMR Conference*, 5 (1980 [1983]), págs. 159–67.

9 *Teoría de los géneros literarios*, ed. Miguel A. Garrido Gallardo, Madrid: Arco Libros, 1988. Abad, *Caracterización de la literatura española y otros estudios,* Madrid: UNED, 1983, págs. 93–101. Paredes Núñez, «El término *cuento* en la literatura románica medieval», *Bulletin Hispanique*, 86 (1984), págs. 435–51; «'Novella': un término y un género para la literatura románica», *Revista de Filología Románica*, 4 (1986), págs. 125–40; *Formas narrativas breves en la literatura románica medieval: problemas de terminología*, Granada: Universidad, 1986; «En torno a la problemática de la narrativa breve románica medieval», en *Narrativa breve medieval románica,* Granada: Ediciones TAT, 1988, págs. 13–29. Jauss, «Theorie der Gattungen und Literatur des Mittelalters», en *Grundriss der romanischen Literaturen des Mittelalters,* I, Heidelberg: Carl Winter, 1972, págs. 107–38, trad. «Theory of Genres and Medieval Literature», en *Toward an Aesthetic of Reception*, págs. 76–109 y 205–11; «Littérature médiévale et théorie des genres», *Poétique*, 1 (1970), págs. 79–101, es una primera versión, menos extensa. Fowler, *Kinds of Literature: An Introduction to the Theory of Genres and Modes,* Oxford: Clarendon Press, 1982. Cf. Elias L. Rivers, «Problems of Genre in Golden Age Poetry», *Modern Language Notes*, 102 (1987), págs. 206–19.

más que el porvenir del hispanomedievalismo depende de los jóvenes investigadores españoles[10].

No me atrevo a hacer competencia con los teóricos. Observo tan sólo que el género tiene dos funciones esenciales, como nos recuerda Ángel Gómez Moreno:

> desde la óptica del creador, los géneros son *modelos* previos susceptibles de ser aceptados, rechazados o modificados; desde la del receptor, lector u oyente, los géneros son *pistas* o *claves* que lo sitúan en un ámbito de recepción determinado[11].

Como dicen los de la escuela de Jauss, los géneros forman para el lector un horizonte de expectación. El mejor ejemplo que conozco se halla en una novela inglesa publicada hace cien años, *Three Men in a Boat*, de Jerome K. Jerome: un cantor alemán se pone a interpretar una canción muy triste, de un amor trágico, pero dos jóvenes irresponsables han dicho al público inglés (que desconoce la lengua alemana) que se trata de una canción cómica, de modo que el público oye lo que esperaba oír:

> In the last verse, he surpassed himself. He glowered round upon us with a look of such concentrated ferocity that, but for our being forewarned as to the German method of comic singing, we should have been nervous; and he threw such a wailing note of agony into the weird music that, if we had not known it was a funny song, we might have wept. He finished amid a perfect shriek of laughter. We said it was the funniest thing we had ever heard in all our lives[12].

Otro ejemplo, no de personajes ficticios sino de un hispanista a quien todos admiramos, es el de Marcelino Menéndez y Pelayo, el cual, en sus *Orígenes de la novela*, critica severamente la estructura de *Cárcel de Amor*, de Diego de San Pedro:

> Es cierto que la trama está tejida con muy poco arte, y los elementos que entran en la fábula aparecen confusamente hacinados o yuxtapuestos, contrastando los lugares comunes de la poesía caballeresca [...] con las reminiscencias de la novela sentimental italiana[13].

Piensa leer una novela, y censura un género distinto porque no tiene las características de la novela[14].

---

[10] «Terminología genérica en la *Estoria de España* alfonsí», *Revista de Literatura Medieval*, 1 (1989), págs. 53–75.

[11] Carlos Alvar y Ángel Gómez Moreno, *La poesía épica y de clerecía medievales*, Madrid: Taurus, 1988, pág. 84.

[12] *Three Men in a Boat, to Say Nothing of the Dog*, 1889; reimpr. Bristol: Arrowsmith, 1944, cap. 8, pág. 76. El concepto de «horizonte de expectación» se aplica en Jauss, *Toward an Aesthetic*, págs. xii y 22–32.

[13] *Orígenes*, I, Madrid: Bailly–Baillière, 1905, pág. cccxxiv.

[14] Véase mi «The Lost Genre of Medieval Spanish Literature», *Hispanic Review*, 43 (1975), págs. 231–59. Hice mal al escoger dicho título para un artículo sobre un género pasado por alto, el de

3.2. Toda percepción de género se basa en la existencia de cuatro modalidades fundamentales: lírica, narrativa, mimética y didáctica (una obra puede combinar rasgos de dos o hasta tres de ellas, desde luego). La división y subdivisión de cada una de estas modalidades puede variar según el crítico, y a veces no importa si hablamos de un género o de un subgénero: la ficción sentimental se puede ver como subgénero de los libros de aventuras (en inglés, *romances*), o como género narrativo independiente –hay buenas razones para apoyar los dos puntos de vista–.

3.3. Un artículo importante de Ian Michael (Gómez Redondo, pág. 55n, lo califica de «uno de los más esclarecedores estudios sobre el tema») evalúa varios trabajos sobre problemas genéricos, y ofrece unos criterios para trabajos futuros[15]. Es trabajo valeroso –véanse, por ejemplo, sus páginas sobre el *Libro de Buen Amor*–, pero adolece de dos defectos metodológicos. Primero, hay una inconsecuencia entre lo que dice de la validez de las distinciones genéricas modernas para la literatura medieval y el léxico genérico que emplea a lo largo de su artículo. Su desaprobación teórica del empleo de categorías modernas se nota varias veces:

> If it is wrong to impose modern generic divisions on medieval literature, the question that still faces us is: what other sort of classification did medieval listeners and readers make? (pág. 504)

> There has been a valiant attempt by Professor Alan Deyermond to bring into Hispanic literary criticism the ostensibly useful distinction between «romance» and «novel» made by a number of eighteenth–century English writers [...], but these distinctions seem doomed to failure by the improbability of encountering a suitable word in Spanish for «romance». (pág. 509)[16]

> It is obviously misleading, then, to break down these learned narrative stories [en la cuaderna vía del siglo XIII] into non–medieval genres such as learned epics, romances and the like. (pág. 515)

Frente a estas afirmaciones tajantes, sorprende que Michael emplee, tanto en el título de su artículo como repetidas veces en el texto, términos genéricos

---

los libros de aventuras; no tiene nada que ver con mi catálogo de la literatura perdida (catálogo que existe en pliegos policopiados, y que un día será un libro o varios).

[15]   «Epic to Romance to Novel: Problems of Genre Identification», *Bulletin of the John Rylands University Library of Manchester*, 68 (1985–86), págs. 498–527.

[16]   «Valiant» es un eufemismo por «despistado» en el inglés académico actual. «Ostensibly» quiere decir «pretende ser, pero no lo es». En cuanto a «doomed to failure», debo de advertir que buen número de trabajos publicados en España y Norteamérica desde 1975 aceptan la distinción entre «novel» y «romance», y reconocen la influencia de mi artículo. Para evitar la prolijidad, cito sólo un ejemplo: Antony van Beysterveldt, *Hispanic Review*, 49 (1981), pág. 407.

modernos[17]. Es posible adoptar su postura teórica (aunque no me parece la mejor); es posible (y me parece aconsejable) utilizar su terminología; pero no es posible conciliar las dos. Además, Michael se refiere a menudo a las normas y categorías de la literatura clásica para explicar o clasificar las obras medievales (por ejemplo, págs. 505, 508, 517). Si no debemos aplicar las categorías modernas, ¿por qué aplicar las clásicas, que tampoco coinciden con la terminología medieval? Y hay peligro evidente al aplicar las normas clásicas:

> If we take a long view of genre, it is apparent that the confessional tone, first–person narration and the contemporary setting put the picaresque stories into a category which the late classical reader would at once assume to be comic and untrue, and its personages as fictitious beings worse than he was. It is this generic coding that unites Apuleius, Juan Ruiz and the anonymous author of *Lazarillo de Tormes* and points to the expected interpretation. (pág. 525)

La comparación con Apuleyo resulta no sólo interesante sino sugestiva[18], pero las características enumeradas por Michael (tono confesional, narrativa en primera persona, ambiente contemporáneo) describen perfectamente las *Confessiones* de San Agustín, y no creo que el lector a fines de la época clásica hubiera supuesto que las *Confessiones* fueran «comic and untrue», ni que San Agustín fuera «fictitious [being] worse than he was»[19].

El otro defecto metodológico que disminuye la utilidad del importante artículo de Ian Michael es que confunde varias cuestiones que sí están relacionadas pero que son sin embargo distintas. La confusión se nota especialmente en cuatro preguntas que tenemos que hacer en el estudio de cuestiones genéricas:

---

[17] Por ejemplo, «heroic poem», págs. 503, 506, 507; «ballad», pág. 508; «romance», págs. 507, 508, 509, 515; «then a prose romance and finally a novel», pág. 508; «sentimental romance», pág. 521. Compárese, además, lo que dice de la poesía narrativa española del siglo XIII en una página —«It is obviously misleading, then, to break down these learned narrative stories into non–medieval genres such as learned epics, romances and the like» (pág. 515) –con lo que dijo, con toda razón, unas páginas antes: «It is hard for us to see the many disparate works composed in the *cuaderna vía* metrical form [...] as having much generic unity» (págs. 511–12).

[18] Michael cita, justamente, las palabras de Peter N. Dunn (1979) sobre Apuleyo y la tradición picaresca española, pero la serie de artículos que publicó Antonio Vilanova, desde 1978 en adelante, se debe mencionar también.

[19] Vale la pena advertir que la crítica reciente insiste cada vez más en la pertinencia de San Agustín para el estudio del *Libro de Buen Amor*: André S. Michalski, «La parodia hagiográfica y el dualismo Eros–Thanatos en el *LBA*», en *El Arcipreste de Hita: el libro, el autor, la tierra, la época: Actas del I Congreso Internacional sobre el Arcipreste de Hita*, ed. M. Criado de Val, Barcelona: Seresa, 1973, págs. 57–77; Dayle Seidenspinner–Núñez, *The Allegory of Good Love: Parodic Perspectivism in the «LBA»*, Berkeley: University of California Press, 1981, págs. 10–13; E. Michael Gerli, «'Recta voluntas est bonus amor': St. Augustine and the Didactic Structure of the *LBA*», *Romance Philology*, 35 (1981–82), págs. 500–08; Marina Scordilis Brownlee, *The Status of the Reading Subject in the «LBA»*, Chapel Hill: Department of Romance Languages, University of North Carolina, 1985.

1. ¿Qué palabras utilizan el autor y/o su primer público para describir la obra? (apartado 3.4, *infra*)
2. ¿Qué concepto tiene el autor del género de la obra? (apartado 3.5)
3. ¿Qué concepto tuvo el público contemporáneo? (apartado 3.6)
4. ¿A qué género pertenece la obra? (apartado 3.7)

Vale la pena pensar un poco en cada uno de estos problemas.

3.4. La terminología genérica medieval es muy vaga, y contrasta con la precisión y la amplitud del léxico retórico o métrico. Los autores medievales no sólo sabían muy bien qué metros, qué recursos retóricos empleaban, sino que sabían describirlos de una manera coherente y fácilmente comprensible. En cuestiones genéricas, en cambio, parecen haber carecido del léxico necesario, aun más en español que en inglés o en francés[20]. Como dice Paredes Núñez:

> parece que los autores de la Edad Media, y su público, tenían sólo una conciencia aproximativa de los géneros literarios. Las fronteras entre ellos distaban mucho de estar claramente diferenciadas, debido fundamentalmente a la ausencia de una rigurosa terminología y a la dificultad de clasificación de algunas producciones, sobre todo cuando no existen unas reglas constitutivas específicas de cada género, que se mantienen en zonas fluctuantes de no fácil delimitación[21].

Vale la pena, sin embargo, matizar dicho juicio teniendo en cuenta las palabras de Gómez Redondo:

> El que durante los siglos XIII–XIV no existiera un sistema de géneros literarios establecidos no significa que tales preocupaciones fueran ajenas a la labor creativa de una serie de autores que, aún no hablando de géneros, asumen la tradición retórica latina para transformarla, adecuándola a sus necesidades lingüísticas. (pág.53)

Y las investigaciones del mismo Gómez Redondo revelan que el equipo alfonsí se había formado un léxico genérico:

> Hasta treinta y tres posibles modelos genéricos se han distinguido en la [*Estoria de España*]; si bien es cierto que algunos de ellos (*cantar de gesta, estoria, crónicas, razón, exiemplo*) son utilizados por la crítica moderna al fijar la historia literaria de la Edad Media, otros, con una muy clara intención genérica, no lo son: *castigos, fablas, romances, fazañas, proverbios,* etc. Ello indica que la literatura medieval no ha perdido sólo obras y textos, sino también géneros literarios, es decir modos

---

[20]   Para el inglés, véase, por ejemplo, Paul Strohm, «Some Generic Distinctions in the *Canterbury Tales*», *Modern Philology*, 68 (1970–71), págs. 321–28; «*Storie, spelle, geste, romaunce, tragedie*: Generic Distinctions in the Middle English Troy Narratives», *Speculum*, 46 (1971), págs. 348–59; «The Origin and Meaning of Middle English *Romaunce*», *Genre*, 10 (1977), págs. 1–28.

[21]   «En torno a la problemática», pág. 13.

> específicos de organización del pensamiento, creados por unos autores medievales para clasificar unas obras medievales. (págs. 74–75)

No parece, sin embargo, que la conclusión de Gómez Redondo invalide la hipótesis de la inexistencia de un léxico estable en la Edad Media española. Aun si resulta que la terminología del equipo que creó la *Estoria de España* se encuentra de nuevo en la *General estoria* y en las obras jurídicas, científicas y misceláneas del reinado de Alfonso el Sabio –y estamos todavía lejos de saberlo–, dicha terminología no parece haberse transmitido a las generaciones siguientes. Parece constituir una excepción a la regla general, de que lo que dan la impresión de ser términos genéricos medievales son demasiado generales como para describir la obra (por ejemplo, *libro*) o despistan al lector (*estoria, tratado*). No importa que *estoria* tenga sentido iconográfico además de un sentido literario: cuando leemos al final de un exiemplo del *Conde Lucanor* las palabras «Et la ystoria desde exiemplo es ésta que se sigue», no hay gran peligro de creer que se trata de una narración repetida: como apunta José Manuel Blecua, *estoria* en este contexto quiere decir miniatura que acompaña la narración[22]. Pero en un contexto estrictamente literario, *estoria* nos ocasiona problemas serios. Para Michael, significa una obra narrativa que se presenta como verídica:

> Generally speaking, we may conclude that all the thirteenth–century Spanish narrative poets thought they were composing histories in verse and [...] believed them (or gave the reader or listener the impression that they believed them) to be true and not fictitious accounts. (pág. 515)

Durante años yo tenía la impresión de que *estoria* significaba una obra narrativa (crónica, libro de aventuras, vida de un santo...), término demasiado general para cualquier clasificación útil, pero al menos un término con sentido fijo. Mi impresión fue errónea: a mediados del siglo XV, Teresa de Cartagena se refiere a «la estoria deste santo Apóstol», citando palabras de la II Epístola a los Corintios[23]. *Estoria*, pues, resulta ser término tan general como *libro*. Tenemos que decir lo mismo de *tratado*: a pesar de investigadores como Anna Krause, que sostienen que tiene el mismo valor técnico que su étimo *tractatus*, Keith Whinnom demuestra que:

---

[22] Don Juan Manuel, *El Conde Lucanor, o Libro de los enxiemplos del Conde Lucanor et de Patronio*, ed. Blecua, Madrid: Castalia, 1969, pág. 61n. Véase también Francisco Marcos Marín, «*Estoria* como 'representación secuencial': nota sobre el *Libro de Buen Amor*, desde Alfonso X, el *Libro de Alexandre* y el *Conde Lucanor*, y otras referencias», *Archivum*, 27–28 (1977–78 [1980]), págs. 523–28.

[23] Teresa de Cartagena, *Arboleda de los enfermos; Admiraçión operum Dey*, ed. Lewis Joseph Hutton, anejo 16 del *Boletín de la Real Academia Española*, Madrid, 1967. Al citar textos medievales (si no se trata de una cita obviamente paleográfica), regularizo el empleo de i/j, u/v, y sigo las normas actuales para acentos, puntuación y mayúsculas.

There seems little reason to suppose that there is any distinction to be made between a *tratado* and a *libro que trata de* any subject at all, factually or fictionally, didactically or otherwise. The only essential qualifications are that it should be written down, that it should, at least in the latter part of the fifteenth century, be in prose, and, possibly, that it should be of a certain length[24].

3.5. ¿Qué concepto tiene el autor del género de la obra? O sea, ¿hasta qué punto se da cuenta de la tradición? Es innegable que muchos autores medievales eran conscientes de pertenecer a una tradición genérica (los poetas líricos de los cancioneros, y los autores de vidas de santos, constituyen dos ejemplos obvios), y es muy probable que casi todos tenían tal conciencia. A veces los títulos mismos lo revelan: el *Triunphete de Amor* y el *Infierno de los enamorados*, del Marqués de Santillana, proclaman que el poeta sigue y modifica el modelo petrarquesco, en el primer caso, o dantesco, en el segundo[25]. Y a veces un autor demuestra su conciencia de apartarse de una tradición determinada, como cuando Diego de San Pedro dice que no quiere «detenerme en esto que parece cuento de historias viejas»[26]. Es muy posible en la Edad Media ser consciente de la herencia genérica, o de separarse de algún género, sin utilizar el término moderno –o cualquier término–.

3.6. ¿Qué concepto tiene el público del género de la obra? Aquí volvemos a la *Rezepzionsästhetik*, al horizonte de expectaciones. A menudo el concepto se forma a base del título: el éxito de *Amadís de Gaula* consigue que nombre personal+*de*+topónimo indique un libro de caballerías (*Amadís de Grecia, Palmerín de Inglaterra, Cirongilio de Tracia*, etcétera). Y por esto, en parte, el éxito de *Lazarillo de Tormes* como parodia. A veces el concepto se basa en las primeras palabras o las primeras líneas de la obra. «En Ávila» no nos dice casi nada como comienzo de una poesía, pero «En Ávila, mis ojos» debía de haber indicado al lector (u oyente) de poesía a finales del siglo XV algo muy distinto de «En Ávila por la A». Geoffrey Chaucer manipula las expectaciones de su público

---

[24] «*Autor* and *Tratado* in the Fifteenth Century: Semantic Latinism or Etymological Trap?», *Bulletin of Hispanic Studies*, 59 (1982), págs. 211–18. Cf. Anna Krause, «El 'tractado' novelístico de Diego de San Pedro», *Bulletin Hispanique*, 54 (1952), págs. 242–75, y también –más matizado y mejor documentado que el trabajo de Krause– Colbert I. Nepaulsingh, *Towards a History of Literary Composition in Medieval Spain*, Toronto: University Press, 1986. Nepaulsingh demuestra que en la primera mitad del siglo XV un *tratado* puede ser una obra en verso. Una sugerencia interesante de Whinnom es que, aunque tanto *tratado* («tratado» en el sentido moderno o «ficción») como *estoria* («biografía histórica» o «ficción») son términos ambiguos, su aplicación a la misma obra podría significar que es una obra de ficción.

[25] La dependencia dantesca del *Infierno de los enamorados*, igual que el título que señala no sólo su origen sino también la modificación del modelo, está presente desde el principio. El *Triunphete de Amor* que leemos hoy, en cambio, es la segunda versión; la primera carece tanto del título (con su modesto diminutivo) como de los préstamos del texto petrarquesco: véase Marqués de Santillana, *Poesías completas*, ed. Miguel Ángel Pérez Priego, I, Madrid: Alhambra, 1983, págs. 12–14 y 184n.

[26] Diego de San Pedro, *Cárcel de Amor*, ed. Keith Whinnom, *Obras completas*, II, Madrid: Castalia, 1972, pág. 117.

en los doce primeros versos del «General Prologue» a los *Canterbury Tales*, y en los cancioneros castellanos de finales del siglo XV y principios del XVI es bastante común lo que llama Keith Whinnom la defraudación del lector, o sea «un intento de despistar a los lectores y sugerirles una lectura obscena cuando la que ofrece el malicioso autor es aparentemente inocente»[27].

Es posible que la conciencia de género sea uno de los criterios que determinan la selección de obras para formar un códice, o en el momento de copiarlo o en el de encuadernarlo para la biblioteca. A menudo no hay criterio unificador; a veces el criterio es temático, como en el caso del manuscrito K.III.4 de El Escorial, que contiene el *Libro de Apolonio*, la *Vida de Santa María Egipciaca* y el *Libre dels tres reys d'Orient*, tres obras de tres géneros distintos pero con importantes relaciones temáticas. Hay códices, sin embargo, que parecen haberse formado según criterio genérico, al menos en parte, como Escorial h.I.13, una miscelánea de obras hagiográficas y de libros de aventuras, que parece tener como elemento común un interés por la vida de mujeres santas[28]. Valdría la pena preparar una concordancia que nos revelara cuántas veces diversas obras coinciden en el mismo códice.

3.7. ¿A qué género pertenece la obra efectivamente? («Efectivamente» en el sentido de la clasificación genérica moderna.) A pesar de lo que dicen Ian Michael y Fernando Gómez Redondo, y de lo que parece decir Steven D. Kirby, es lícito emplear la terminología moderna para describir un género medieval. Según Gómez Redondo,

> la Edad Media [...] no tiene por qué sufrir ni soportar corrientes críticas modernas, atrapadas en su propia fraseología. (pág. 54).

Michael dice:

> most of the titles of the works discussed have been imposed by modern editors. The late twelfth–century fragment of a liturgical drama called *Auto de los reyes magos* bears no title in its manuscript, and could hardly have been called an *auto* by its anonymous author, for the word in the sense of «a dramatic composition of Biblical character» is not documented until much later, in the fifteenth century. [...] it is clear that the *Cid* poet could not have used the term *poema*, which is not documented in the language until 1442; nor could he have employed the words *épico*, or *épica*, which are not found in Spanish until 1580 [...][29]

---

[27] *La poesía amatoria de la época de los Reyes Católicos*, Durham: University, 1981, págs. 62–72 (pág. 67). El ejemplo escogido por Whinnom es: «Una mozuela de Logroño / mostrado me había su co– / po de lana negra que hilaba.»

[28] Véase *Estoria de Santa María Egiçiaca (MS Escurialense h–I–13)*, ed. Roger M. Walker, 2ª ed. Exeter: University, 1977, págs. xx–xxi; repetido en *El cavallero Pláçidas (MS Escurialense h–i–13)*, ed. Walker, Exeter: University, 1982, pág. ix.

[29] Páginas 505–06. Se nota aquí la confusión, aludida ya en el apartado 3.3, entre las preguntas «¿Cómo habría descrito el autor la obra suya?», «¿Qué concepto tenía el autor del género de su obra?», y «¿A cuál género debemos asignar la obra?»

Y Kirby me reprocha (aunque con adjetivos muy generosos) el haber

> afirmado, en cuanto a *La Celestina*, que las designaciones genéricas en la Edad Media eran muy imprecisas y que les incumbe a los investigadores modernos determinar la clasificación genérica de obras medievales. Me extraña mucho leer semejantes nociones cuando, en otro contexto, el propio Deyermond ha criticado duramente a críticos modernos por equiparar la ficción cuasi–novelesca medieval (los *romances*, caballerescos o sentimentales), con las novelas modernas, desde el *Quijote* acá[30].

La práctica que condenan es la que empleamos para describir el sistema fonético del latín vulgar (ningún habitante de Roma en el siglo IV empleó las palabras «fonema», «oclusiva», y «labiodental»), o el feudalismo, o la Edad Media (el término es un neologismo peyorativo del Renacimiento), o la época neolítica (ningún antepasado nuestro habría dicho, ni hasta pensado, «Soy hombre neolítico»). Es casi inevitable que la descripción histórica forme su léxico *a posteriori*. No niego el interés ni la importancia de saber (si conseguimos saberlo) cómo veían los autores medievales el género de sus obras, y qué palabras utilizaban para describirlas. Es igualmente interesante saber cómo veían los hombres y las mujeres medievales el sistema socioeconómico de su época, y si pudiéramos saber lo que pensaban nuestros antepasados neolíticos de sí mismos y de su época, sería un descubrimiento de máximo interés. Pero no veo por qué debemos imponernos, como historiadores y críticos de la literatura, una restricción que no se les ocurre a los colegas que estudian la historia lingüística, la historia económica y social, o la prehistoria. Si renunciamos a la responsabilidad de clasificar los objetos que estudiamos, o si tratamos de adivinar la clasificación medieval a base de una terminología imprecisa e inestable, nos privamos de la posibilidad de estudios comparativos. La *Ilíada*, *Beowulf*, el *Cantar de Mio Cid* y los poemas épicos yugoeslavos del siglo XX, como *Las bodas de Smailagić Meho*, difieren mucho de las palabras que habrían utilizado el poeta y el público contemporáneos para describirlos, y en efecto las diferencias entre estos poemas son grandes, pero tienen una acusada semejanza genérica, y se parecen mucho más, en sus rasgos esenciales, que la *Ilíada* y la *Teogonía* de Hesíodo, *Beowulf* y *El llanto de la esposa*, el *Cantar de Mio Cid* y *Razón de amor*, etcétera. Si no aceptamos que pertenecen al género épico (reconociendo, desde luego, que la palabra es nuestra y que los poetas no la reconocerían), ¿cómo vamos a aprovecharnos de los magníficos estudios comparativos de Maurice Bowra y

---

[30] «Observaciones pragmáticas sobre tres aspectos de la crítica celestinesca», en *Studia hispanica medievalia: Actas de las II Jornadas de Literatura Española Medieval*, ed. L. Teresa Valdivieso y Jorge H. Valdivieso, Buenos Aires: Universidad Católica Argentina, 1988, págs. 71–79 (pág. 74). Además del error general que comento a continuación, Kirby se equivoca al confundir lo que dije de la validez de la terminología crítica moderna, que incluye tanto «romance» como «novel», con lo que dije de críticos que pasan por alto la diferencia entre los dos géneros porque están acostumbrados a leer novelas.

Albert Lord?[31] Y lo mismo vale, *mutatis mutandis*, en la lírica, el teatro, y otros géneros. Dicho sea de paso que los reparos puestos a la crítica freudiana o marxista de la literatura medieval son parecidos a los que se ponen a las categorías genéricas modernas, y adolecen del mismo defecto, ya que Freud no inventó la sexualidad ni el simbolismo sexual, Marx no inventó la economía ni la motivación económica, sino que nos proporcionaron una terminología y un método analítico sumamente útiles. No es legítimo rechazar un método crítico, pretextando que su léxico no existía en la Edad Media; hay que decidir en cada caso cómo (o si) aplicarlo al texto determinado.

3.8. Antes de pasar a otros temas, quisiera comentar la controversia del mester de clerecía (¿es o no es un género?). Nicasio Salvador Miguel, en un artículo publicado en 1979 y reimpreso nueve años más tarde, me critica cortés pero severamente[32]. Si no me equivoco, él inventó lo que se ha hecho un *topos*, el reprocharme mis errores para iniciar una discusión de los géneros medievales hispánicos:

> Desde luego, no es nuestra intención responder ahora con prolijidad a los juicios de Deyermond, porque, al fin y al cabo, a lo largo de estas páginas se pretende ofrecer unas conclusiones muy diversas. Unas precisiones liminares a sus asertos no estarán, sin embargo, de más [...] Ya que el hispanista inglés considera lícita «la aplicación del término mester de clerecía a los poemas en cuaderna vía del siglo XIII», ¿por qué las obras de Berceo [etcétera] se incluyen bajo un epígrafe denominado «la cuaderna vía» y no bajo el título de «mester de clerecía»? Y, ¿debido a qué razones, si el *Poema de Fernán González* es una composición en cuaderna vía del siglo XIII, se realiza su estudio en la lección dedicada a la épica y no en la englobada bajo el marbete de «cuaderna vía»?[33]

Las dos preguntas se contestan muy fácilmente. Primero, «lícito» no quiere decir «obligatorio»: tanto «mester de clerecía» como «cuaderna vía» servían como marbete, y tuve que escoger, pero quedaría igualmente contento con el otro. Segundo, incluyo explícitamente el *Poema de Fernán González* entre las obras en cuaderna vía del siglo XIII (pág. 129 de mi *Historia*), pero no lo estudio allí porque lo estudié antes, en el capítulo sobre la épica (como reconoce Salvador Miguel). Si un poema épico se compuso en cuaderna vía, me pareció mejor al redactar la *Historia* –y me lo parece hoy en día– estudiarlo entre las otras obras de su género.

---

31   C. M. Bowra, *Heroic Poetry,* London: Macmillan, 1952; Albert B. Lord, *The Singer of Tales,* Cambridge, Massachusetts: Harvard University Press, 1960.

32   «'Mester de clerecía': marbete caracterizador de un género literario», *Revista de Literatura,* núm. 82 (1979), págs. 5–30; reimpr., con mínima supresión, en *Teoría de los géneros literarios* (véase la nota 9, *supra*), págs. 343–71. Cito de la reimpresión.

33   Página 346. Las citas que hace Salvador Miguel provienen de mi *Historia de la literatura española*, I: *La Edad Media*, Barcelona: Ariel, 1973. Omito las referencias a páginas que él incluye.

Salvador Miguel no lo haría, porque él no cree que el *Poema de Fernán González* sea épica (pág.346), pero mi postura, aunque difiere de la suya, es lógica[34].

El problema, según creo, es más bien semántico que real. Sospecho que lo que Salvador Miguel quiere decir por «género» es lo que muchos de nosotros queremos decir por «escuela» o «movimiento». Hay en efecto, al menos en el siglo XIII, un sentido entre los poetas que escriben en cuaderna vía, de constituir un grupo (y tal vez eso se extienda a los del siglo XIV –los trabajos de John K. Walsh me persuaden de que me equivoqué en este punto–)[35]. Pero un grupo, por más que se restrinja a una forma poética, no tiene que restringirse a un género. Salvador Miguel dice:

> En definitiva, la cuaderna vía por sí sola bastaría para referirnos al mester de clerecía como género literario, ya que [...] es evidente que, a lo largo de los siglos XIII y XIV, una serie de autores que escriben en castellano [...] echa mano de esa forma métrica como marca distintiva de sus composiciones. (pág. 356)

Y también:

> la continuidad creada por un género puede asentarse simplemente en el desarrollo de una forma métrica[36].

---

[34] Hay en efecto una debilidad estructural en mi *Historia*, apuntada por Jacques Joset en su reseña de la versión inglesa, *Nueva Revista de Filología Hispánica*, 25 (1976), págs. 399–402: algunos capítulos se dedican a un género, mientras que otros tienen base cronológica. Por eso, tuve que tratar el *Poema de Fernán González* en un capítulo y aludirlo en otro.

[35] Sobre todo, «Juan Ruiz and the *Mester de clerezía*: Lost Context and Lost Parody in the *Libro de buen amor*», *Romance Philology*, 33 (1979–80), págs. 62–86. Véase también Jane E. Connolly, *Tradition and Poetization in the «Quaderna vía»: Study and Edition of the «Libro de miseria de omne»*, Madison: Hispanic Seminary of Medieval Studies, 1987, págs. 54–118.

[36] Página 356. Cita como apoyo de su aserto a Jauss, «Littérature médiévale et théorie des genres», pág. 83, y a Fernando Lázaro Carreter, «La poética del arte mayor castellano», en *Studia hispanica in honorem R. Lapesa*, I, Madrid: Cátedra–Seminario Menéndez Pidal y Gredos, 1972, págs. 343–78. Es verdad que Lázaro Carreter también cree que la métrica puede definir un género («intentamos reconstruir en sus líneas esenciales la poética del arte mayor [...] Al cual tratamos como un género bien definido, de acuerdo con lo que afirma H. R. Jauss», pág. 344 y nota. La página de Jauss citada como autoridad tanto por Lázaro Carreter como por Salvador Miguel (pág. 83 de la versión abreviada francesa, págs. 80–81 de la versión inglesa) parece apoyar la opinión de los dos investigadores españoles («*The continuity formative of a genre can lie* in the series of all the texts of one genre, such as the animal fable, or in the oppositional series of the chanson de geste and the courtly romance; it can lie in the succession of the works of one author, such as those of Rutebeuf, or in the cross–sectional phenomena of a period style such as the allegorical manner of the thirteenth century. But it can also lie *in the history of a kind of verse* [...]» –las palabras citadas por Lázaro Carreter van en cursiva–). Sin embargo, las palabras no citadas por Lázaro Carreter (Salvador Miguel da sólo el número de página) demuestran que el concepto de género que tiene Jauss es muy amplio. Lo que es más importante –y debilita fatalmente el apoyo que los dos investigadores buscan en las palabras de Jauss– es que dos párrafos después, éste afirma que: «If, to begin with, we inquire into the determinability of literary genres in a synchronic perspective, then one must proceed from the fact that the delimitation and differentiation cannot be decided according to one–sided formal or thematic

Pero la forma externa de una obra −prosa/verso, latín/vernáculo, manuscrito/impreso, con/sin música, con/sin miniaturas, con/sin glosas o comentarios− no nos dice nada de su género, salvo raras excepciones. Una excepción es sólo aparente: épica en verso, saga en prosa, pero los dos géneros no coexisten, según creo, en ninguna literatura, y ya que la definición de «saga» es «literatura heroica en prosa», se trata no de dos géneros distinguidos por su forma sino de una distinción formal dentro de un género. En cuanto al romancero, la forma métrica sí es característica del género en las literaturas hispánicas, mientras que las baladas inglesas, y las rusas (para escoger tan sólo dos ejemplos de entre muchos), tienen sus propias formas métricas muy distintas de las de las baladas (o romances) hispánicas, pero la simple lectura del libro de Entwistle basta para demostrar que se trata de un solo género, que no depende de la forma métrica[37]. Hay casos en la literatura medieval española de obras en verso y en prosa sobre el mismo tema: el *Libro de Apolonio* del siglo XIII, en cuaderna vía, y la *Hystoria de Apolonio* del siglo XV, en prosa; la *Vida de Santa María Egipciaca* del siglo XIII, en versos pareados, y varias vidas prosísticas de la santa, de los siglos XIII y XIV; la *Disputa del alma y el cuerpo*, en versos pareados, de principios del siglo XIII, dos versiones en arte mayor del siglo XIV y otras del XV, y una en prosa del XIV −sería fácil ampliar la lista−. Me resulta totalmente imposible creer que el *Libro de Apolonio* pertenezca a un género y la *Hystoria de Apolonio* a otro; que las vidas de Santa María Egipciaca pertenezcan a dos géneros distintos; que tengamos que dividir los debates de alma y cuerpo entre tres géneros. Sin embargo, la postura teórica de Salvador Miguel le impelería a creerlo[38].
En cuanto al mester de clerecía como género, estoy de acuerdo con lo que dice Ian Michael −«It is hard for us to see the many disparate works composed in the *cuaderna vía* metrical form, from the *Alexandre* via Berceo, *Apolonio, Fernán González* to Juan Ruiz's *Libro de buen amor*, as having much generic unity» (págs. 511–12)− y con las palabras más matizadas de Ángel Gómez Moreno:

> considerando el corpus total de obras escritas en cuaderna vía, nos encontramos con el siguiente panorama:
> 1. Una modalidad literaria, la cuaderna vía, que agrupa una serie de autores y obras, de nexos claros, entre los siglos XIII y XIV.
> 2. Un conjunto de géneros que utilizan dicha modalidad de discurso [...]
> A nuestro modo de ver, resulta ilógico aseverar que los *Milagros de Nuestra Señora* de Berceo pertenecen al género de los *miracula* o *milagros* −común a toda Europa− y, al mismo tiempo, a un género que podemos denominar *mester de clerecía* o *cuaderna vía*.

---

characteristics. There is the old recognition, first formulated by Shaftesbury, that the prosodic form does not by itself alone make up the genre [...]» (pág. 82). Las palabras de Salvador Miguel se oponen, pues, a las de Jauss.

[37]   William J. Entwistle, *European Balladry,* Oxford: Clarendon Press, 1939, 1951[2].

[38]   Me comentó después de mi ponencia que para él la *Hystoria de Apolonio* pertenece en efecto a un género distinto del del *Libro de Apolonio*.

> Algo no funciona: en uno de los dos casos hemos de prescindir del término *género*. (pág. 83)

Un poema épico (*Poema de Fernán González*), vidas de santos (*Santo Domingo, San Millán, Santa Oria*, etcétera), una colección de milagros marianos (*Milagros de Nuestra Señora*), obras de explicación didáctica y bastante técnica (*Sacrificio de la Misa, Signos del Juicio Final*), dos obras de ficción de la *matière de Rome* (*Alexandre, Apolonio*) y una obra sapiencial (*Dísticos de Catón*) no representan un género sino seis –y no hemos terminado la lista–. Repito que estoy convencido de que el problema es de semántica, y que «género» para Salvador Miguel significa casi lo mismo que «escuela» o «movimiento».

4. Título

Los problemas de género son los más discutidos, pero hay otras categorías en las cuales tenemos que pensar. Los títulos, por ejemplo, nos confrontan a veces con problemas algo difíciles. Todos sabemos que antes del siglo XV los autores no solían normalmente dar títulos a sus obras vernáculas, y que las obras breves, y las destinadas a la difusión oral, tienen muy grandes posibilidades de carecer de título autorial. ¿Qué debemos hacer en tales casos? Las convenciones de nuestra profesión nos imponen la necesidad de utilizar un título, salvo en el caso de las poesías breves, donde podemos utilizar las primeras palabras. ¿Qué debemos hacer –y es un problema más grave– si los copistas o impresores, o los investigadores de los siglos XVIII y XIX, impusieron un título poco apropiado? Consideremos unos ejemplos de tipos distintos:

4.1. Nos falta título autorial, como en el *Auto de los reyes magos*. Michael critica a los historiadores de la literatura:

> the medieval vernacular productions [...] for the most part lacked even titles. When we examine any history of Spanish literature we obtain a misleading impression of early literary production. (pág. 505)

y sigue con las palabras ya citadas (pág. 25, *supra*), sobre el título de la obra que llamamos *Auto de los reyes magos*. No sería razonable reprochar a Michael el haber empleado dicho título («the first Spanish vernacular text, which was found at Toledo, the *Auto de los Reyes Magos*») en su propia historia de la literatura medieval española –breve, pero muy útil–[39]. Es de esperar que un investigador activo cambie sus opiniones en quince años (aunque confieso que habría preferido que Michael aludiera de paso a este cambio). Ya comenté la objeción teórica que hace Michael al empleo de este título (el que la palabra «auto» no se documenta con el sentido de «obra teatral religiosa» antes del siglo XV); ahora me ocupo de

---

[39] «Spanish Literature and Learning to 1474», en *Spain: A Companion to Spanish Studies*, ed. P. E. Russell, London: Methuen, 1973, págs. 191–245 (pág. 199).

sus consecuencias prácticas. Si desechamos el título *Auto de los reyes magos*, ¿con qué lo vamos a sustituir? No tenemos indicio alguno de la palabra que se habría utilizado en vez de «auto», a mediados del siglo XII, para describir una obra teatral religiosa: nuestro conocimiento del léxico técnico castellano de la época es mínimo. ¿*Los reyes magos*? No sabemos si su autor lo habría descrito así. ¿Con el incipit, «Dios criador qual maravilla»? Sólo tendría sentido esta solución en un contexto general de sustituir título moderno por incipit en toda la literatura medieval, y me parece que las ventajas de tal sustitución (fidelidad histórica, ausencia de disensión en cuanto al mejor título) pesan menos que las desventajas (la necesidad de rehacer casi por completo las bibliografías, el tener a veces que elegir entre un incipit demasiado largo y la posible confusión entre dos o tres obras, el problema de obras que existen en varios manuscritos con variantes en el incipit). ¿Con las palabras escritas por el copista en el margen derecho, al final, «Caspar. Baltasar. Melchior»? Pero a menudo los títulos o seudo–títulos de copistas son inaceptables (por ejemplo, el *Libre dels tres reys d'Orient*, que comentaré a continuación). Estoy convencido de que, faltándonos un título autorial, debemos seguir con el título utilizado generalmente, si hay, a menos que despiste seriamente al lector. Ya que la objeción teórica de Michael no me convence (ni siquiera parece convencerle a él: utiliza a lo largo de su artículo el título de *Poema de Mio Cid*), me parece que las ventajas prácticas del sistema actual son decisivas.

El *Poema/Cantar de Mio Cid*, igualmente sin título, nos plantea un problema práctico: la *editio maior* de Menéndez Pidal (1908–11) lleva el título de *Cantar de Mio Cid*, mientras que la *editio minor*, en la serie de Clásicos Castellanos (1913), se llama *Poema de Mio Cid*[40]. *Poema* se generalizó entre los que hicieron nuevas ediciones del texto, desde Smith y Michael en adelante, pero *Cantar* es el término preferido (con razón, me parece) por varios investigadores. ¿Es mejor utilizar el título de las ediciones más leídas, o el que se emplea en varios estudios ya clásicos y que refleja más adecuadamente la naturaleza del texto? Confieso que no sé cómo solucionar el problema.

Si tanto *Poema* como *Cantar de Mio Cid* es aceptable, no podemos decir lo mismo de la obra llamada (por el copista) *Libre dels tres reys d'Orient* o (por Manuel Alvar, en su edición) *Libro de la infancia y muerte de Jesús*. El título del incipit («Açi comença lo libre dels tres reys dorient») corresponde a la miniatura que sigue (la única del códice) y a los versos 1–47 del texto, pero da una impresión totalmente errónea de la obra entera. Extraña que el copista haya sabido tan poco de la obra que iba a copiar, sobre todo cuando pensamos en los incipit muy adecuados de las dos obras que preceden en el códice a la que comento («Libre d'appollonio» y «Açi comença la vida de Madona santa Maria

---

[40]   No es el único título utilizado por el gran medievalista: en 1898 publicó *Poema del Cid: nueva edición,* Madrid: el autor, impr. Hijos de José Ducazal, y la misma edición paleográfica (según la bibliografía de Simón Díaz, la misma impresión con nueva portada) salió como *Poema del Cid: edición anotada,* Madrid: el autor, 1900. Este título vuelve a utilizarse en su colección de artículos, *En torno al «Poema del Cid»,* Barcelona: Edhasa, 1963, pero no hace competencia efectiva con *Cantar* o *Poema*.

egipciaqua»)[41]. La diferencia lingüística entre el título de *Libre dels tres reys d'Orient* y el texto del poema constituye una razón adicional por elegir un título más adecuado. Es lo que hizo Alvar, y no hay duda de que *Libro de la infancia y muerte de Jesús* es mucho mejor. Sin embargo, no me parece satisfactorio como título a la luz de la investigación reciente sobre el tema de la obra, que revela que el interés central del poeta no es la vida de Jesús sino la relación de éste con Dimas, hijo del ladrón piadoso, que demuestra la operación de la gracia divina[42]. Si hay que inventar un título que represente de manera adecuada la acción y el tema de la obra, *Libro de Jesús y Dimas* es probablemente el mejor, pero tiene la enorme desventaja de no coincidir ni con el título tradicional ni con el de la edición que todos empleamos. ¿Qué hacer? Me inclino por conservar el título tradicional –tan obviamente defectuoso que no despistará a nadie–, seguido de *Libro de Jesús y Dimas* entre paréntesis.

4.2. Obras sin título autorial, pero con indicios de cómo el autor pensaba de la obra. Buen ejemplo es la obra de Juan Manuel que se ha publicado varias veces bajo el título de *Libro de las armas*. Carece de título tanto en el manuscrito como en las listas de sus obras que Juan Manuel redactó en varias ocasiones. Las dos primeras ediciones modernas salieron simultáneamente, en 1860, la de Antonio Benavides bajo el título de *Libro de las tres razones*, y la de Pascual de Gayangos (que, en la Biblioteca de Autores Españoles, se leyó mucho más) bajo el de *Tratado de las armas*. *Libro* (o *Tratado*) *de las armas* es tan disparatado como *Libre dels tres reys d'Orient*, y por la misma razón, ya que describe tan sólo la primera parte de la obra; además, carece de la mínima justificación de estar en el manuscrito como título de copista. *Libro de las tres razones*, en cambio, no sólo describe la estructura de la obra, sino además refleja lo que pensaba el autor, el cual dice, en la segunda versión de su *Prólogo general*, «El primero [libro] tracta de la razón por qué fueron dadas...», y al principio de la tercera sección de la obra, «La tercera razón...»[43]. Sostuve en un artículo publicado en 1982 que *Libro de las tres razones* es el único título aceptable, y estoy contento de ver que este título se adopta en una edición que acaba de salir[44]. Un caso parecido es el del poema del

---

[41] El primero no es estrictamente un incipit, ya que se inserta entre los versos 1ab (copiados como prosa) y 1cd.

[42] *Libro de la infancia y muerte de Jesús (Libre dels tres reys d'Orient)*, ed. Manuel Alvar, Madrid: CSIC, 1965, págs. 92–95, abre el camino para los descubrimientos fundamentales de Margaret Chaplin, «The Episode of the Robbers in the *Libre dels tres reys d'Orient*», *Bulletin of Hispanic Studies*, 44 (1967), págs. 88–95, y Vivienne Richardson, «Structure and Theme in the *Libre dels tres reys d'Orient*», *Bulletin of Hispanic Studies*, 61 (1984), págs. 183–88.

[43] Don Juan Manuel, *Obras completas*, ed. José Manuel Blecua, I, Madrid: Gredos, 1982, págs. 32 y 134.

[44] «Cuentos orales y estructura formal en el *Libro de las tres razones (Libro de las armas)*», en *Don Juan Manuel: VII centenario,* Murcia: Universidad de Murcia y Academia Alfonso X el Sabio, págs. 75–87 (pág. 86). Juan Manuel, *Cinco tratados: Libro del cavallero et del escudero, Libro de las tres razones, Libro enfenido, Tractado de la Asunción de la Virgen, Libro de la caça.* ed. Reinaldo Ayerbe–Chaux, Madison: Hispanic Seminary of Medieval Studies, 1989.

siglo XIII que empieza «Qui triste tiene su coraçón / benga oýr esta razón; / odrá razón acabada, / feyta d'amor e bien rymada». El título comúnmente empleado de *Razón de amor* conviene muy bien, por lo tanto; aunque el mucho menos común de *Razón feyta d'amor* conviene tal vez mejor, un título basado en el texto de la obra, que corresponde al contenido, y que se utiliza en la gran mayoría de los estudios modernos, se impone como título definitivo.

4.3. Obras con título autorial o de copista, sustituido posteriormente. El único manuscrito de la obra más famosa de Alfonso Martínez de Toledo, Arcipreste de Talavera, tiene un incipit que termina: «Syn bautismo sea por nonbre llamado Arcipreste de Talavera, dondequier que fuere levado.» Las ediciones impresas, a partir del incunable de 1498 y con una excepción, empiezan «El arcipreste de Talavera que fabla de los vicios de las malas mugeres e complexiones de los hombres», añadiendo «segund algunos llamado Corvacho»[45]. Las palabras «El arcipreste de Talavera» en los impresos son ambiguas, desde luego, aplicándose tanto al autor como al libro, pero parece que los primeros impresores aceptaron «Arcipreste de Talavera» como un título posible. No sabemos si se debe al autor o a un copista, pero es seguro que «Corvacho» es invención posterior, además de no describir el libro, siendo por lo tanto inaceptable. A pesar del peligro de confusión entre autor y libro, hay que utilizar *Arcipreste de Talavera* como título, y es lo que se hace en la mayoría de las ediciones modernas, aunque varios estudios emplean *Corbacho*. No sé defender mi empleo del título erróneo en mi *Historia*.

4.4. Hay título autorial, pero queda escondido u olvidado. El ejemplo más importante es el *Libro de Buen Amor*: el autor nos dice dos veces cómo se llama su obra:

> enforma e ayuda a mí el tu acipreste
> que pueda fazer un libro de buen amor aqueste (13bc)

> «llamatme 'Buen Amor' e faré yo lealtat [...]»
> Por amor de la vieja, e por dezir rrazón,
> «buen amor» dixe al libro (932b, 933ab)

y alude al título al terminar el libro:

> Pues es de buen amor, enprestad lo de grado:
> non desmintades su nonbre (1630ab)

Nos lo dice, pero muy de manera suya, escondiéndolo dentro del texto, y por lo tanto los copistas no se dieron cuenta del título (el explicit del ms. *S* dice «Éste es el libro del Arcipreste de Hita», y los otros manuscritos no nos dicen nada). Los

---

45 Una descripción completa del manuscrito y de las ediciones existentes hasta la de 1547 se halla en *Arcipreste de Talavera*, ed. Marcella Ciceri, II, Modena: STEM–Mucchi, 1975, págs. 7–16.

autores de los siglos XV y XVI que citan la obra tampoco saben cómo se llama, utilizando títulos muy vagos, como «el arcipreste de Fita en su tractado», «el libro del Arcipreste de Hita» o, en un catálogo de biblioteca, «cancionero del Arcipreste»[46]. Igual vaguedad se encuentra en las ediciones de los siglos XVIII y XIX. Ferdinand Joseph Wolf advirtió de paso, en 1859, que el libro tiene título autorial, *Libro de Buen Amor*, pero nadie parece haberse fijado en lo que dijo Wolf, y sólo en 1898, cuando Ramón Menéndez Pidal publicó un breve artículo dedicado al problema, empezó a divulgarse el título correcto[47]. Sólo hay que subrayar que el auténtico título es *Libro de Buen Amor*, con mayúsculas, ya que proviene del apodo de un personaje.

Un caso curioso es el de la *Estoria de España*, de Alfonso el Sabio. El ms. Escorial Y.I.2, escrita en el scriptorium del mismo rey, tiene como incipit: «Aquí se comiença la *Estoria de Espanna* que fizo el muy noble rey don Alfonsso [...]» Sorprende, pues, que Menéndez Pidal, a pesar de utilizar dicho manuscrito como texto de base para su edición (publicada en 1906 y reelaborada en 1955), escogiera como título *Primera crónica general de España*. El título alfonsí no sólo describe la obra de manera adecuada, sino que también la distingue netamente de la otra obra historiográfica planeada por el rey, cuyo incipit es: «Aquí se comiença la *General e grand estoria* que el muy noble rey don Alfón [...] mandó fazer [...]», y luego: «Aquí se comiença la segunda parte de la *General estoria* que mando fazer [...]» Tanto el título largo como el corto es auténtico, y me parece que Antonio G. Solalinde hizo bien al escoger el corto, *General estoria*, cuando empezó a publicar su edición en 1930. La decisión equivocada de Menéndez Pidal es comprensible: cuando preparaba la edición, estaba trabajando también en la revisión de su catálogo de las *Crónicas generales de España*, publicada en 1898 (la tercera edición, muy aumentada, salió en 1918), y debía de estar preocupado de la necesidad de distinguir entre las etapas de la tradición historiográfica vernácula iniciada por el equipo alfonsí. Decisión comprensible, pues, pero no por eso menos equivocada[48].

---

[46]   La mayoría de estas alusiones se recogen en Lucius Gaston Moffatt, «The Evidence of Early Mentions of the Archpriest of Hita or of his Work», *Modern Language Notes*, 75 (1960), págs. 33–44.

[47]   «Título que el Arcipreste de Hita dio al libro de sus poesías», *Revista de Archivos, Bibliotecas y Museos*, 2 (1898), págs. 106–09; reimpr. *Poesía árabe y poesía europea, con otros estudios de literatura medieval*, Madrid: Espasa–Calpe, 1941, reimpr. 1955, págs. 139–45. Menéndez Pidal menciona a Wolf, pero sin hacerle la debida justicia; esto se hace en la magnífica edición de G.B. Gybbon–Monypenny, Madrid: Castalia, 1988, pág. 112n. Mis citas del texto provienen de esta edición.

[48]   El título de *Primera crónica general* tiene cierta utilidad, sin embargo, para distinguir la obra (*Estoria de España*) del texto publicado por Menéndez Pidal, ya que la segunda mitad de dicho texto se basa en un manuscrito facticio del siglo XIV. Véase Diego Catalán Menéndez Pidal, *De Alfonso X al Conde de Barcelos: cuatro estudios sobre el nacimiento de la historiografía romance en Castilla y Portugal*, Madrid: Seminario Menéndez Pidal y Gredos, 1962.

4.5. El título autorial cambia, o parece cambiar. El caso obvio es el de la *Comedia de Calisto y Melibea* (1499), que se transforma en la ampliada *Tragicomedia* (h. 1502). Este caso es de interés especial, porque el autor explica en su prólogo el cambio de título, y porque los impresores del siglo XVI fueron imponiendo poco a poco el título de *Celestina*. Se puede justificar el empleo de *Celestina*, a pesar de no ser título autorial, porque se difundió tanto entre las primeras generaciones de lectores, y porque sirve para designar la obra entera, mientras que *Comedia* y *Tragicomedia de Calisto y Melibea* indican dos estados distintos del texto[49]. El caso del *Sueño*, del Marqués de Santillana, es mucho menos conocido. Las diferencias entre los manuscritos de varios poemas de Santillana revelan, según las investigaciones de Miguel Ángel Pérez Priego y de Maxim P.A.M. Kerkhof, dos redacciones autoriales de algunos[50]. Los manuscritos que representan la primera versión del *Sueño* difieren notablemente en cuanto al título, lo que indica que Santillana no había escogido todavía un título (o tal vez vacilaba), mientras que la segunda versión lleva el título de *Sueño*[51]. Los casos del *Sueño* y de *Celestina* no son idénticos, porque no hay claro título autorial de la primera redacción del *Sueño*, y porque no hay nada en la transmisión del texto de este poema que corresponda a la imposición de *Celestina* como título. Tenemos, por lo tanto, que proceder de manera distinta, utilizando *Sueño* (modificado de «primera versión» cuando hace falta) como único título.

4.6. Una sugerencia: Ya que el título de una obra medieval es muy a menudo problema controvertido, me parece necesario que todo investigador que haga la edición de un texto explique su elección de título –y que lo haga detenidamente si no hay indiscutible título autorial–. Al preparar esta ponencia, miré buen número de ediciones, y encontré raras veces una explicación adecuada del título elegido. Muy a menudo falta totalmente una explicación, aun en casos en los cuales se eligió un título muy discutible.

5. Autor, obra

5.1. ¿Autor o copista? El explicit del único manuscrito existente del *Cantar/Poema de Mio Cid* dice:

---

[49] El título impuesto por los impresores del siglo XVI es *Celestina*, no *La Celestina*, siendo éste título indefensible, como demuestra Keith Whinnom, «'*La Celestina*', 'the *Celestina*', and L2 Interference in L1», *Celestinesca*, 4, 2 (otoño de 1980), págs. 19–21. Para la aplicación de los distintos títulos, véase Germán Orduna, «*Auto→Comedia→Tragicomedia→Celestina*: perspectivas críticas de un proceso de creación y recepción literaria», *Celestinesca*, 12, 1 (mayo de 1988), págs. 3–8.

[50] *Poesías completas*, ed. Pérez Priego, I (véase la nota 25, *supra*), págs. 8–14; Kerkhof, «Sobre la transmisión textual de algunas obras del Marqués de Santillana: doble redacción y variantes de autor», en *Arcadia: estudios y textos dedicados a Francisco López Estrada*, I (en prensa). Agradezco al Prof. Kerkhof el haberme facilitado una copia del original de su artículo.

[51] Para las variantes, véase Pérez Priego, I, pág. 195n.

> Quien escrivió este libro, ¡dél' Dios paraíso, amén!
> Per Abbat le escrivió en el mes de mayo [...]

Escrivir significa, con poquísimas excepciones, el acto físico de escribir, lo que hace un copista, mientras que la composición literaria corresponde a *fazer* o *fer*. Por lo tanto, pocos medievalistas estaban dispuestos a aceptar la hipótesis de Colin Smith, según la cual Per Abbat no fue mero copista sino el poeta del *Cantar*[52]. Sólo al comparar el explicit con fórmulas de notarios (recordándonos que el Per Abbat que le parece el mencionado en el explicit tuvo formación jurídica) logró establecer la posibilidad de su autoría[53]. Otro poema, casi contemporáneo con el *Cantar de Mio Cid*, tiene explicit que distingue netamente entre el papel del autor y el del copista:

> Qui me scripsit scribat   Semper cum Domino bibat
> Lupus me fecit de Moros

Las dos primeras frases pertenecen a la tradición europea de las rimas finales de copistas, pero la tercera no es convencional[54]. Me parece casi imposible que *scribere* y *facere* se hubieran empleado juntos en un explicit con el mismo sentido; me parece obvio (tan obvio que no entiendo cómo pude pasarlo por alto al redactar la página correspondiente de mi *Historia*) que el explicit nos proporciona el nombre del poeta de la *Razón de amor*: Lope de Moros.

    5.2. ¿Autor o traductor? Cuando, a partir de mediados del siglo XII, la escuela de traductores de Toledo vertió al latín obras científicas árabes, y un siglo más tarde el equipo de Alfonso el Sabio lo hizo al castellano, el papel del traductor era muy claro. Lo mismo se puede decir de las versiones castellanas, en el siglo XV, de obras de varios géneros (pienso, por ejemplo, en traductores como Alfonso de Cartagena o Pero Díaz de Toledo)[55]. El caso es muy distinto cuando se trata de versiones, hechas en los siglos XIII y XIV, de obras narrativas y dialogadas. Se habla a menudo del traductor castellano de «Un samedi par le nuit» (*Disputa del alma y el cuerpo*) o de las *Fabulæ* de Odo de Chériton (*Libro de los gatos*), pero el 37 por ciento de la *Disputa* no está en la fuente francesa, y mis cálculos sobre

---

[52] «Per Abbat and the *Poema de Mio Cid*», *Medium Aevum*, 42 (1973), págs. 1–17; trad. en sus *Estudios cidianos*, Madrid: Cupsa, 1977, págs. 13–34.

[53] *The Making of the «Poema de mio Cid»*, Cambridge: University Press, 1983, págs. 67–69; trad. *La creación del «Poema de mio Cid»*, Barcelona: Crítica, 1985, págs. 89–92.

[54] Véase Lynn Thorndike, «Copyists' Final Jingles in Mediæval Manuscripts», *Speculum*, 12 (1937), pág. 268, y «More Copyists' Final Jingles», *Speculum*, 31 (1956), págs. 321–28. Las dos frases del explicit de la *Razón* se hallan, con una variante mínima pero interesante, en las págs. 321, 322 y 327.

[55] Véase Peter Russell, *Traducciones y traductores en la Península Ibérica (1400–1550)*, Bellaterra: Universidad Autónoma de Barcelona, 1985.

una muestra de los *exempla* del *Libro de los gatos* revelan que, aunque algunos siguen bastante de cerca el texto de Odo, hay otros que no lo hacen, y que tienen un porcentaje de materia original que varía entre el 27 y el 61. Dice muy bien Jane E. Connolly:

> When considering works such as the *Libro de miseria*, we would be better to restrict ourselves to terms such as poet/poem rather than translator/translation, for the author does not blindly follow the source but rather adapts and recreates it to meet his own artistic and personal designs[56].

5.3. ¿Autor o refundidor? Uno de los grandes hispanomedievalistas norteamericanos, Samuel G. Armistead, dijo en el resumen de una ponencia:

> It is, however, inexact to speak of the poem in question as *the Mocedades* and of the individual who wrote it as its author. The poem studied by Deyermond is nothing more than one link in a traditional continuum which extends from before 1300 until after 1500 [...] The «author» is at most a *refundidor*[57].

Contesté:

> If «author» or «poet» is the wrong term to apply to the man who reworked some previous poem on the Cid's youth into the extant work of Palencian church propaganda, I am not sure when such a term would be appropriate –one could certainly not apply it to Gonzalo de Berceo–. Most medieval works are, after all, refashionings or adaptations of one or more source works[58].

---

[56] *Translation and Poetization*, pág. 49. El caso más extremo de la tendencia a suponer que un poeta castellano es mero traductor es el de Marcelino Menéndez y Pelayo. Dijo en 1890 que la *Vida de Santa María Egipciaca* y el *Libre dels tres reys d'Orient* «Son en efecto, versiones sobremanera serviles de dos leyendas francesas», aunque admitiendo en nota de pie de página que «El origen francés o provenzal del *Libre dels tres reys d'Orient* no ha sido señalado hasta ahora», *Antología de poetas líricos castellanos*, I, Santander: CSIC, 1944, págs. 141–42.

[57] «The *Mocedades de Rodrigo* and Neo–Individualist Theory», *La Corónica*, 6 (1977–78), pág. 9.

[58] «The *Mocedades de Rodrigo* as a Test Case: Problems of Methodology», *La Corónica*, 6 (1977–78), págs. 108–12 (pág. 110). Armistead comenta en la versión impresa de su ponencia: «Deyermond very rightly counters that very few Medieval writers would qualify as 'authors' in the modern sense and that many, to a greater or lesser degree, are *refundidores* of existing narratives. The individual who reworked the *Mocedades* would then be as much an 'author' as, say, Berceo was in adapting the *Milagros* from his Latin source. I quite agree. The *Refundición* poet can indeed be considered an 'author' in Medieval terms. What I am objecting to here is that some of Deyermond's readers seem not only to have interpreted the word from a twentieth–century perspective, but have also reached theoretical conclusions as a result of that interpretation.» Cito de «The *Mocedades de Rodrigo* and Neo–Individualist Theory», *Hispanic Review*, 46 (1978), págs. 313–27 (pág. 315n.). Me parece que Armistead, preocupado de la urgente necesidad de contestar a una reacción extrema contra el neotradicionalismo, tiene un concepto no viable de la originalidad artística y de la relación entre la originalidad y la palabra «autor». Vale la pena leer el cap. 3, «Originality and the Moulding

En la versión impresa de su ponencia, Armistead dice que:

> It is difficult, from a methodological point of view, to refer to the epic preserved in MS Espagnol 138 as THE *Mocedades de Rodrigo* and to the individual who reworked it as its author. I have thus chosen to call that poem the *Refundición de las Mocedades* [...] It is indispensable and unavoidable to view this poem, like all the other narratives of the Castilian epic –prosified or in their original form– as parts of a traditional continuum, a traditional trajectory [...] (págs. 316–17)

Hasta cierto punto tiene razón: ningún poema épico castellano de la Edad Media (aun de autoría culta, como el *Cantar de Mio Cid*, el *Poema de Fernán González* o las *Mocedades de Rodrigo*) se puede aislar de la tradición oral de la cual derivan sus fórmulas, una parte del contenido, motivos folklóricos, etcétera, ni de la tradición posterior. Pero tenemos que preguntarnos no sólo «¿Qué es un autor?» sino también «¿Qué es una obra?», y estas preguntas se relacionan con el problema del título. Si no es legítimo llamar el texto existente las *Mocedades de Rodrigo*, ¿cómo puede ser legítimo llamarlo la (en vez de una) *Refundición*? y ¿cómo sabe Armistead que el poema refundido por el poeta eclesiástico de Palencia fue las *Mocedades* (que para él parece significar la obra original), en vez de otra refundición? Adoptar el criterio de Armistead para la nomenclatura tiene –como él dice con toda razón– la gran ventaja de recordarnos la existencia de una tradición, de evitar que pensemos en un texto conservado como si fuera el único, pero tiene la gran desventaja de carecer de precisión (¿de cuál *Refundición de las mocedades* hablamos?), y de subestimar el texto existente, que se puede estudiar detenidamente, a favor de una serie de textos desconocidos. Me parece, pues, que la solución menos defectuosa –no hay solución buena– es la de conservar para el texto existente el título de *Mocedades de Rodrigo*, y de hacer lo mismo, *mutatis mutandis*, con otras obras.

6. Conclusión

Trataré de resumir unas conclusiones que se desprenden de mis observaciones:

a) La fecha de una obra puede influir en nuestra valoración de la misma, y hasta en la categoría genérica que le asignamos.

b) No se puede evitar la clasificación genérica, y por lo tanto vale la pena acertar en ella.

c) La descripción histórica tendrá que ser retrospectiva, y por lo tanto es apropiado el empleo de la terminología moderna (lo que no disminuye el interés de estudiar la terminología medieval y de tratar de aplicarla a las obras).

---

of Conventions», de John Livingston Lowes, *Convention and Revolt in Poetry*, London: Constable, 1930[2], reimpr. 1938, págs. 61–86.

d) Cualquier discusión de géneros en la literatura medieval debe de hacer explícito el aspecto tratado: ¿Qué palabras utiliza el autor/el público? ¿Qué concepto tuvo el autor? ¿Qué concepto tuvo el público? ¿A qué género pertenece la obra?,–problemas relacionados pero que no se deben confundir–.

e) El mester de clerecía no es un género, sino un movimiento o una escuela que abarca varios géneros.

f) El problema de titular una obra medieval no es nada fácil de resolver; si no hay título autorial, es aconsejable aceptar el título escogido por el copista, si es inequívoco y si no hay razones decisivas en contra.

g) Toda edición de una obra medieval debe explicar el título elegido.

h) En algunos casos determinados (tal vez el *Cantar de Mio Cid*, seguramente la *Razón de amor*, por ejemplo), hay que pensar de nuevo la cuestión de autoría.

i) «Copista» y «autor» son términos técnicos, y no debemos confundirlos con cuestiones de originalidad artística o valoración estética.

j) Fuera del área de las traducciones científicas etcétera, debemos utilizar las palabras «traducción» y «traductor» con gran cautela cuando hablamos de obras medievales (sobre todo antes del siglo XV). Es imprescindible comparar una obra castellana con la obra correspondiente en latín, francés, etcétera, antes de concluir que no se trata de nada más que una traducción. Estas palabras tampoco deben indicar una valoración estética.

k) En todo caso, tenemos el deber de explicar a los colegas lo que hacemos, y por qué; y de definir el problema que tratamos. No llegaremos así a la unanimidad, pero reduciremos los malentendidos y las discusiones inútiles, y aprenderemos mucho más.

Dije al principio que no iba a aportar novedad alguna, y creo haber cumplido. El hecho de que, horas antes de mi ponencia, haya salido el espléndido trabajo de Fernando Gómez Redondo demuestra claramente que yo –y todos los hispanomedievalistas de mi generación– venimos a los congresos de la AHLM para aprender lo que nos enseñan los jóvenes españoles. Dar aquí una ponencia o una comunicación es para nosotros mero pretexto para un viaje de estudios, para un aprendizaje. Agradezco sinceramente a la Asociación el haberme proporcionado el pretexto[59].

---

[59] En el presente artículo critico varias ideas de investigadores a quienes admiro, y de cuyos trabajos he aprendido mucho: Samuel Armistead, Steven Kirby, Ian Michael, Nicasio Salvador Miguel. La investigación no se puede mantener sin controversia, pero lamentaría que algún lector de estas páginas se equivocara en cuanto a mi admiración por los eruditos mencionados.

Agradezco a mis colegas del Queen Mary and Westfield College, Pilar Alcorta Menéndez y José Manuel Fradejas Rueda (Visiting Research Associate en el otoño de 1989), su cuidadosa revisión de mi texto español. Su ayuda no significa que respalden todos mis juicios (ni siquiera uno de ellos). Al leer las pruebas en marzo de 1994, respeto la decisión de la Comisión editora de no admitir ampliaciones. Por lo tanto, el texto y las notas representan mis opiniones y mis conocimientos bibliográficos del otoño de 1989.

Lírica tradicional y cultura popular en la Edad Media española

Margit FRENK
Universidad Nacional Autónoma de México

Dicen que la cabra tira al monte. He querido volver a hablar hoy de la lírica popular medieval, de aquellos cantarcillos que durante siglos, antes de que fueran puestos por escrito en el Renacimiento, entretuvieron a la gente humilde mientras trabajaba y mientras descansaba. Tengo frente a mí el *Corpus* en que han quedado reunidos los textos que encontré en fuentes de los siglos XV a XVII[1]. No se me oculta que esos textos constituyen apenas una parte de lo que eran los cantares: falta su música, falta su contexto. Sé también de sobra que han pasado por varios filtros: el de la escritura, el de la cultura aristocrática y urbana que los acogió, el de los poetas y dramaturgos que los usaron a su arbitrio. Aún así –y esto me resulta cada vez más evidente–, revelan un mundo imaginativo muy peculiar, distinto de cuantos lo rodean en el tiempo y el espacio, y dejan entrever ciertas formas de sensibilidad, ciertas maneras especiales de sentir el mundo, que no pueden ser sino las de la cultura popular a la que pertenecieron.

Coincido con quienes consideran como un factor fundamental de toda cultura popular su diferencia con respecto a la cultura «culta» contemporánea, su contraste, deliberado o no, con la cultura oficial y dominante. Ante ésta, que se considera a sí misma como la única válida, autorizada, universal, la cultura popular resulta «contestataria», en el sentido de que le contrapone un sistema distinto y, hasta cierto punto, autónomo. Coincido, pues, con Lombardi Satriani[2], para el cual,

---

[1]   Margit Frenk, *Corpus de la antigua lírica popular hispánica. Siglos XV a XVII,* Madrid: Castalia, 1987.

[2]   L. M. Lombardi Satriani, *Apropiación y destrucción de la cultura de las clases subalternas,* trad. E. Molina, México: Nueva Imagen, 1978, pág. 28; cf. págs. 18–22, *passim.* Según Michel de Certeau, *L'invention du quotidien.* I. *Arts de faire,* Paris: Union Générale d'Éditions, 1980, pág. 71, la cultura «popular» implica, entre otras cosas, «une éthique de la *ténacité* (mille manières de refuser à l'ordre établi le statut de loi, de sens ou de fatalité)». Ver también Jacques Revel, «La culture populaire: sur les usages et les abus d'un outil historiographique», en *Culturas populares. Diferencias, divergencias, conflictos,* Madrid: Casa de Velázquez y Universidad Complutense, 1986, págs. 223–239, en especial, 235–236. El hecho de hablar de una característica general de las culturas populares no implica considerarlas intemporales, ahistóricas, como lo hacen ciertos etnógrafos e historiadores (cf. Revel, *art. cit.,* págs. 226–229). Por lo contrario, se trata de fenómenos estrictamente históricos. Sobre los contrastes entre la lírica popular y la aristocrática en la Edad Media he abundado en «Poesía aristocrática y lírica popular en la Edad Media española», en

«ya con su sola existencia, [...] los valores folklóricos muestran los límites de la universalidad de los valores 'oficiales'».

Entre ambos sistemas de valores siempre existen, en efecto, diferencias muy profundas, que articulan comportamientos y actitudes igualmente diferentes y no pocas veces incompatibles. Al mismo tiempo, ninguno de los dos mundos existe independientemente del otro; a lo largo de los siglos se van produciendo entre ellos, en ambas direcciones, influencias, mezclas, sincretismos, de muy diversa índole. Por eso suele decirse que la cultura popular tiene una autonomía *relativa* con respecto a la cultura hegemónica.

Lo que hoy quisiera hacer es empezar a ver la lírica popular de la Edad Media hispánica en su relativa autonomía, en ciertas diferencias radicales con respecto a la lírica aristocrática contemporánea, que en aquel tiempo era la única considerada válida como poesía. Espero que, sin que sea necesario estar comparando, resulten evidentes las diferencias y, con ellas, pues, la *identidad* del cancionero popular medieval, parte importante de la cultura en cuyo seno se produce y se reproduce. Esta cultura es, sin duda, la de los habitantes del campo durante la Edad Media (no podemos, por ahora, precisar las fechas). Parece, en efecto, que el «pueblo» de esa lírica medieval estaba constituido, básicamente, por las masas rurales, que trabajaban en la agricultura y el pastoreo y, de manera complementaria, en ciertas artesanías y actividades comerciales.

Aclaro que en modo alguno considero la poesía popular como un «reflejo» de la vida del pueblo y que, por lo tanto, no pienso que entre esa poesía y la realidad tenga que haber necesariamente una relación directa, de causa y efecto. Las relaciones entre ambas son siempre de muy distintos tipos, y siempre son complejas.

En los cantares protagonizados por campesinos, por pastores, artesanos, vendedores, ciertamente podemos reconocer elementos de la vida cotidiana rural. Aquí, y en otros cantares, puede haber una cierta «cercanía» entre la poesía popular y su entorno. Pero incluso las canciones muy cercanas a la vida diaria tendrían dimensiones que iban más allá de la realidad y que se conectaban con ella por vías indirectas y sutiles. En efecto, son éstas las dimensiones que, creo yo, predominan en el conjunto del cancionero, y son ellas las que quisiera comenzar a explorar ahora. Voy a centrarme en dos aspectos entrelazados: el protagonismo de la figura femenina y ciertas manifestaciones de la comicidad popular.

Entre la lírica popular hispánica de la Edad Media y la poesía de las clases dominantes el rasgo diferenciador más notable y asombroso es, sin duda, la presencia, en la primera, de la voz femenina. Se trata, por supuesto, de un hecho bien conocido y además no exclusivo de la Península ibérica[3]. Lo que nos importa

---

Heterodoxia y ortodoxia medieval (Actas de las Segundas Jornadas Medievales), coord. Concepción Abellán y otros, México: UNAM, 1992, págs. 1–19.

[3]   Sobre esto es muchísimo lo que se ha escrito; remito a la bibliografía citada en mi libro *Las jarchas mozárabes y los comienzos de la lírica románica*, 1ª reimpr., México: El Colegio de México, 1985, en especial, págs. 78–82, y al libro de Ria Lemaire *cit. infra*, nota 10. Dice Lombardi Satriani, *op. cit.*, pág. 32, pensando evidentemente en Italia, que «en el folklore tradicional encontramos expresados la mayor parte de las veces valores masculinos» y sólo rara vez los femeninos (lo mismo

ahora es tratar de ver los alcances de esa voz de mujer que se contrapone a la voz de hombre que monopoliza la lírica cortesana paneuropea; apreciar cómo esa voz expresa una serie de actitudes que, a la luz de las leyes y normas que rigen a la sociedad de entonces, resultan anómalas o incluso francamente subversivas.

Necesitamos conocer las leyes y normas de la España medieval en lo que se refiere, en general, a las mujeres y, más precisamente, saber algo sobre la condición de las campesinas y de todas las mujeres humildes. Investigaciones recientes nos han revelado cosas interesantes al respecto. Sabemos –y aquí no puedo sino hablar a grandes rasgos– que las mujeres campesinas participaban activamente en los trabajos del campo y que, como lo hacían también muchas mujeres humildes de las ciudades, solían intervenir en ciertas artesanías y en el pequeño comercio. Este papel que desempeñaban en la producción[4], esta contribución a la economía familiar, y las exigencias mismas de las actividades que realizaban, daban a las mujeres del pueblo una cierta libertad de la que no gozaban las pertenecientes a las clases superiores[5]. Al mismo tiempo, era ésta una libertad limitada, decididamente muy inferior a la que tenían los hombres del mismo estrato social. En el seno de la familia –y aquí sí que no había distinciones entre los estratos– las mujeres solteras estaban supeditadas al padre; las casadas, al marido[6].

---

ocurre en la poesía popular española desde el siglo XVIII). Dice también que «si el folklore constituyese en cada caso la voz de todas las categorías posibles de dominados, deberíamos encontrar en él también, por ejemplo, la voz de las mujeres, su protesta contra los hombres, sus dominadores». Como veremos, en la lírica hispánica de la Edad Media, la protesta de las mujeres no es primordialmente contra los hombres. Remito a mi ponencia «La canción popular femenina en el Siglo de Oro», que deberá aparecer pronto en las Actas del I Congreso Anglo–Hispano (Huelva, marzo 1992).

[4]   Cf. Alexandra Kollontai, *Mujer, historia y sociedad. Sobre la liberación de la mujer*, trad. M. Lenard, introd. J. Heinen, Barcelona: Fontamara, 1982, pág. 107: «En todos los periodos remotos del desarrollo económico, el papel de la mujer en la sociedad y sus derechos dependían de su posición en la producción». Cf. Eileen Power, *Mujeres medievales*, trad. C. Graves, Madrid: Ediciones Encuentro, 1979; Regine Pernoud, *La mujer en el tiempo de las catedrales*, trad. Marta Vassallo, Buenos Aires: Granica, 1987; Mercedes Borrero Fernández, «El trabajo de la mujer en el mundo rural sevillano durante la baja Edad Media», en *Las mujeres medievales y su ámbito jurídico. Actas de las II Jornadas de Investigación Interdisciplinaria*. Madrid: Seminario de Estudios de la Mujer y Universidad Autónoma, 1984, págs. 191–199.

[5]   Sobre todo esto véase, para el Occidente medieval, A. Kollontai, *op. cit.*, págs. 91–106. Para la Península ibérica: Cristina Segura, *Las mujeres en el medievo hispano*, Madrid: Marcial Pons, 1984 (principalmente págs. 36, 40–41); varios estudios en *Las mujeres en las ciudades medievales. Actas de las III Jornadas de investigación interdisciplinaria sobre la mujer*, Madrid: Seminario de Estudios de la Mujer y Universidad Autónoma, 1984 (por ejemplo, el de A. Domínguez Ortiz); otros, en el citado libro *Las mujeres medievales y su ámbito jurídico...*, y en *La condición de la mujer en la Edad Media. Actas del Coloquio celebrado en la Casa de Velázquez... 1984*, Madrid: Casa de Velázquez y Universidad Complutense, 1986.

[6]   Cf. A. Kollontai, *op. cit.*, pág. 93; C. Segura, *op. cit.*, pág. 16.

La mujer casada gozaba de más estima que la soltera[7], la cual, a diferencia de la viuda, de ningún modo podía vivir sola, sin un hombre al lado[8]; si lo hacía, se la consideraba mujer no honrada. Dice una cita toledana de 1324: «mujeres livianas, conocidas vulgarmente con el nombre de 'solteras'»[9].

Algunas de estas cosas se ven confirmadas en la lírica popular; por ejemplo, la participación de las mujeres en la agricultura y el pastoreo –ahí está la segadora, la espigaderuela, la recogedora de avellanas, y la pastora de ovejas y vacas es figura importante–; también sus actividades artesanales y comerciales (hilar, bordar, hacer y vender pan). Otros aspectos de la lírica femenina parecerían remontarse a realidades de épocas muy anteriores, como la escasa presencia del padre y la omnipresencia de la madre; o bien, aquellos símbolos, bien conocidos, de origen precristiano, que remiten a una cosmología dentro de la cual «la sexualidad y la procreación –estrechamente asociadas– son consideradas como fuerzas positivas y sagradas, que tienen una importancia capital para la supervivencia de la comunidad»[10].

Por otra parte, hay facetas de la poesía femenina que diríamos relacionadas «por antítesis» con la realidad social contemporánea, y la más destacada de ellas es el protagonismo de la muchacha soltera (ya se verá por qué no uso la palabra «doncella»). La literatura popular le concede lo que la vida le niega: presencia, relieve y, ante todo, *voz*. Es una voz que nos dice mucho acerca de la mentalidad soterrada de las aldeanas y campesinas de la España medieval; nos dice mucho, en un nivel profundo, de cómo vivían la vida que les había tocado en suerte.

Me parece observar en ese conjunto poético dos tendencias o visiones contrapuestas en cuanto al espacio[11]. Por una parte hay un espacio virtualmente cerrado y estático; por otro, lo contrario: el espacio abierto y un incesante

---

[7] Cf. Heath Dillard, «Women in Reconquest Castile: The Fueros of Sepúlveda and Cuenca», en S. Mosher Stuard, ed., *Women in Medieval Society*, [Philadelphia]: The University of Pennsylvania Press, 1976, pág. 85.

[8] Cf. C. Segura, «Situación jurídica y realidad social de casadas y viudas en el medievo hispano (Andalucía)», en *La condición de la mujer, op. cit.*, págs. 123, 125, y su trabajo en *Las mujeres medievales, op. cit.*, pág. 33.

[9] Cf. Reyna Pastor, «Para una historia social de la mujer hispano–medieval. Problemática y puntos de vista», en *La condición de la mujer, op. cit.*, pág. 204.

[10] Ria Lemaire, *Passions et positions. Contribution a une sémiotique du sujet dans la poésie lyrique médiévale en langues romances*, Amsterdam: Rodopi, 1987, págs. 126–160; la cita, pág. 137 (traducción mía). Lemaire se refiere a las cantigas de amigo gallego–portuguesas, con las cuales nuestras canciones comparten, entre otras cosas, muchos de esos símbolos (véanse los estudios de Eugenio Asensio, Paula Olinger, Egla Morales Blouin, Vicente Beltrán, Alan Deyermond, etc.). Ver ahora Margit Frenk, *Symbolism in Old Spanish Folk Songs*, Londres: Queen Mary and Westfield College, 1993.

[11] Cf. el interesante artículo de Consuelo Arias, «El espacio femenino en tres obras del medioevo español: de la reclusión a la transgresión», *La Torre. Revista de la Universidad de Puerto Rico*, Nueva época, I (1987), págs. 365–388. Estudia el espacio de la mujer en el *Poema de Mio Cid* («el lugar cerrado y protegido», pág. 369) y en el *Libro de buen amor* y *La Celestina* («apertura del espacio interior femenino a los elemetos exteriores, masculinos y mundanos», apertura vista como «transgresión de la norma social», *loc. cit.*).

movimiento. En medio de esos dos ámbitos opuestos, un espacio «puente» que los enlaza.

Observémoslo de cerca. Alguna vez la mujer es vista, o se ve a sí misma, como un castillo o una torre[12], y se queja de ser vigilada («Aguardan a mí, / nunca tales guardas vi», 153). Pero más características, por más frecuentes, son las canciones que nos muestran a la muchacha esperando, pasiva[13], en un lugar no especificado que obviamente es la casa: la canción de Melibea («... cómo espero aquí asentada», 570) y todas las versiones sobre el pastorcito que no viene (568–569); el «¿cómo no venís, amigo?» (573), el «agora no venides, non» (574). Junto a esa espera pasiva y frustrada, hay también, aunque menos, la invitación, dulce o imperativa, hecha desde la casa: «Al alba venid, buen amigo...» (452), «por aquí daréis la vuelta... / si no, me muero» (433). Es la joven encerrada, cautiva, como nos la pintan la literatura y tantos textos sobre la mujer en la Edad Media.

En el otro extremo, mucho más representado en el *Corpus*, está la muchacha al aire libre, trabajando u ociosa, en el campo, en la tierra de cultivo, la huerta, el monte, la sierra, la peña, a las orillas del mar o del río, junto a la fuente, en la aldea o la villa, en la calle[14]. Y esa muchacha es presentada en continuo movimiento, como, por cierto, también ocurre en las cantigas de amigo gallego–portuguesas[15]. Las tres morillas «iban a coger olivas» (16 B), «En el monte anda la niña» (20), «De velar viene la niña» (21):

> Por aquí, por aquí, por allí,
> anda la niña en el toronjil... (1486)

O en estilo directo:

> ¿Adónde tan de mañana,
> hermosa serrana? (1000)

---

[12]   «¡Castillo, dáteme, date!, / si no, yo dart'é combate» (405 B, o «¡Torre de la niña, y date!...», 405 A), «No me llamen castillo fuerte...» (859), «...llamadme castillo de dolores» («...de fortuna», 858). Los números entre paréntesis, a lo largo de este trabajo, remiten al citado *Corpus de la antigua lírica popular hispánica*.

[13]   Cf. C. Arias, *art. cit.*: en el *Poema de Mío Cid*, «la función de los personajes femeninos es fundamentalmente la espera, actividad pasiva por excelencia...» (pág. 373).

[14]   Algunos ejemplos: «En el campo la galana... vi» (74), «En la huerta... / quiérome ir allá» (8), «entré en la siega» (137), «la moça guardava la viña» (7), «guardando el ganado / la color perdí» (139), «Ribera de un río / vi moça virgo» (353 B), «En la peña... duerme la niña...» (19), «Criéme en aldea« (141), «Dícenme que tengo amiga / de dentro de aquesta villa» (67), «No me habléis, conde, / d'amor en la calle / catá que os dirá mal, / conde, la mi madre. // Mañana yré, conde, / a lavar al río; / allá me tenéis, conde, / a vuestro servicio.» (390) (cf. *Libro de buen amor*, vv. 668b–d: «avet por bien que vos fable allí so aquel portal; / non nos vean aquí todos los que andan por la cal; / aquí vos fablé uno, allí vos fablaré ál»). Alguna vez aparece la mujer en el espacio urbano: «De los álamos de Sevilla, / de ver a mi linda amiga» (309 B), «Fátima..., levaros he a Sevilla» (458), «Tres morillas... / en Jaén» (16 B), «Moças de Toledo» (896).

[15]   R. Lemaire, *op. cit.*, págs. 105–106, *passim*.

> Zagaleja, ¡ola!,
> díme dónde vas... (1001)

> ¿Dónde vais, muchachas...? (84)

Pero es sobre todo ella la que se muestra a sí misma en movimiento: «quiérome ir allá» exclama (8, 1148), y relata:

> Yo me iba, mi madre
> a la romería... (313)

> Yéndome y viniendo
> a las mis vacas... (1645 B)

> Íbame yo, mi madre,
> a vender pan a la villa... (120 B)

> Envíame mi madre... (315–318).

O bien —y es notable la abundancia de ese movimiento de retorno—, «*Viniendo* de la romería» (273 A), «Del amor vengo yo presa» (270), «mal enamoradica vengo» (271), «Del rosal vengo, mi madre» (306),

> —¿Dónde vindes filha...?
> —De laa venho, madre,
> de ribas de hum rio... (307),

etc., etc. O sea, la muchacha sale, camina, pero también regresa a su centro, a su casa.

Desde ahí, cuando está encerrada, construye eso que he llamado un «puente» hacia el exterior: la niña mira la *puerta*, piensa en la puerta (y en el hombre que va a pasar por ella):

> Llaman a la puerta,
> y espero yo a mi amor... (292)

> No me toquéis al aldaba,
> que no soy enamorada (696).

> Si pasáis por los míos umbrales... (434)

O la conmovedora y tan significativa queja:

> Anoche, amor,
> os estuve esperando,
> la puerta abierta,
> candelas quemando... (661)

El hombre, por su parte, evoca igualmente el umbral de la casa: «Cuando a tu puerta me boy...» (340), «Passejava o ynfante / por la porta de su amiga...» (25).

La puerta suele ser en esa lírica un espacio para ser franqueado. A veces lo es sólo en la fantasía (angustiada, por cierto) de la doncella:

> A mi puerta nasce una fonte:
> ¿por dó saliré que no me moje? (321)

O la fantasía alegre del galán:

> Agora viniesse un viento,
> tan bueno como querría,
> que me echasse acullá dentro
> en faldas de mi amiga (255).

Puede haber una «verdadera» entrada al recinto:

> ¿Y por dónde avéys entrado,
> falso enamorado...? (666)

> Alma mía, entre quedo,
> que m'estoy muriendo de miedo (1661),

o al revés:

> Entra y pícame, gallego,
> que no t'é miedo (1691).

Por algo en esta lírica sólo hay puertas, no ventanas.

En otro espacio simbólico, el del *cuerpo* de la mujer, nos encontramos con un elemento que equivale simbólicamente a la puerta. Los cantares populares medievales –y esto se refleja en las *cantigas d'amigo* de los trovadores gallego–portugueses–[16] del cuerpo femenino casi sólo atienden a los cabellos y a los *ojos*. Los ojos constituyen el centro de la belleza:

> ¡Ojos, mis ojos,
> tan garridos ojos! (107)

> Mis ojuelos, madre,
> valen una ciudade (128).

Sirven además para que la mujer exprese su amor o su desamor; cada vez que los alza enamora a su galán:

---

[16] *Ibidem*, pág. 126.

> Por una vez que mis ojos alcé,
> dizen que yo le maté (185 C);

cuando los baja es como si lo rechazara:

> Ojos de la mi señora,
> ¿y vos qué avedes?
> ¿Por qué vos abaxades
> quando me veedes? (367)

También la puerta de los ojos puede, o no, ser franqueada, en este caso, por el *ver* y el *mirar*:

> Allá miran ojos
> a do quieren bien (66).

> Alcé los ojos, miré a la mar,
> vi a mis amores a la vela andar... (539)

Los ojos son la puerta por la que sale y entra el deseo:

> Quando le veo el amor, madre,
> toda se arrebuelve la mi sangre (290).

Vale la pena recapitular. Los cantares rústicos de la España medieval nos presentan imágenes de la mujer que parecerían contradecirse unas a otras. La muchacha está quieta y pasiva en un recinto cerrado, o, por lo contrario, se encuentra en un espacio abierto y en activo movimiento; tercera posibilidad, está entre el adentro y el afuera y entre la inmovilidad y el movimiento. ¿No será esta última imagen la que podría darnos la clave de las tres y permitir una interpretación tentativa?

Volvamos a lo que nos dice la historia sobre la situación de la mujer campesina en la Edad Media. Ya sabemos que goza de más libertad que la mujer de las clases superiores y que, a la vez, está subordinada al hombre, como todas las mujeres de la época. Ahora hay que añadir que entre la población humilde del campo rigen unas normas morales más rigurosas que las existentes en la ciudad. En todo lo referente a la vida amorosa, como ha dicho Claude Larquié, «la verdadera geografía [...] opondría el campo, más moralizante, a la ciudad, más laxa»[17].

---

[17] *Amours légitimes, amours illégitimes en Espagne (XVIe–XVIIe siècles). Colloque International (Sorbonne, ... 1984)*, Paris: Publications de la Sorbonne, 1985, pág. 101 (en la discusión). Cf. C. Arias, *art. cit.*, pág. 377: «En el *Libro de buen amor* y en *La Celestina* [...] se modela un mundo cuya organización social es relativamente libre y permisiva [...]. La ciudad proporciona posibilidades de movimiento que no existen en la sociedad rural. Por ejemplo, la visita, el mercado, la vida callejera y el vivir en cierta proximidad facilitan nuevas formas de relaciones interpersonales».

La mujer campesina, entonces, salía a trabajar; y al mismo tiempo estaría bajo la vigilancia y el control férreo del padre, de los hermanos, del marido. La libertad de la mujer campesina no sería, en realidad, más que una relativa *libertad de movimiento*, justo la necesaria para que pudiera contribuir al mantenimiento de la familia. Posiblemente esta relativa libertad haría más aguda la vivencia del sometimiento, y quizá la conciencia de su injusticia.

Si esta doble hipótesis es acertada, invita a plantear esta otra, con respecto a la lírica popular femenina de la Edad Media española: que el hecho de que en la simbología de las canciones la mujer se encuentre, como vimos, entre el adentro y el afuera y entre la inmovilidad y el movimiento, constituiría un correlato de su ambivalente situación en la vida cotidiana. Pero habría que dar un paso más: puesto que, en el fondo, la mujer real está atada, serían las imágenes poéticas de encerramiento las que verdaderamente corresponderían en el plano imaginativo a su realidad, mientras que las imágenes, mucho más frecuentes, de libertad, aunque propiciadas por sus ires y venires en la vida diaria, se situarían *en el ámbito de sus deseos, de sus sueños y sus fantasías*.

Es éste el ámbito en el que, a mi ver, se ubican gran número de cantares en que la muchacha expresa, no sólo su libertad física, sino también su independencia. Ante el hombre que, incesantemente, le dice:

> En el laço te tengo,
> paloma torcaz,
> en el laço te tengo,
> que no te me irás (406),

la mujer contesta cantando, una y otra vez, que eso no es cierto:

> No te creo, el cavallero,
> no te creo (664),

> Non te lo consintreo,
> Mateo (695),

> afuera dormirás,
> que no comigo (713),

> ¡Hala, hala, hala, hala,
> que no estoy para vos guardada! (710)

Ella es dueña absoluta de su vida y ejerce, gozosamente, su voluntad. Gozosamente, porque pese a lo que se ha dicho tantas veces, en la antigua lírica popular española dominan las canciones «que respiran alegría y euforia, goce de la vida, desenfado, malicia, abierta picardía»[18]. Así, pues, frente a la familia que la vigila y la reprime, la muchacha no se cansa de exclamar en tono jubiloso:

> Seguir al amor me plaze,
> aunque rabie mi madre (147),

> Si no me cassan ogaño,
> yo me yré con un frayre otro año (205),

> No quiero yo ser monja, madre... (212 A),

> Que no quiero, no, casarme,
> si el marido á de mandarme (220).

Reiteradamente, el «no quiero» y la franca rebeldía contra el sometimiento y la clausura:

> Madre, la mi madre,
> guardas me ponéys:
> que si yo no me guardo,
> mal me guardaréys (152);

y la burla risueña:

> Una madre que a mí crió
> mucho me quiso y mal me guardó:
> a los pies de mi cama los canes ató,
> atólos ella, desatélos yo,
> metiera, madre, al mi lindo amor (213).

Cuando la cosa ya no tiene remedio, viene la protesta airada:

> ¡Ay de mí, cuytada!
> ¿quién me captivó?
> Que libre era yo (223).

Pero incluso la casada tiene, en esa poesía, la posibilidad de liberarse a través del adulterio (volveremos sobre él en un instante): «Soy... malmaridada», pero

> tengo marido en mi coraçón
> que a mí agrada (235);

> Queredme bien, cavallero:
> casada soy, aunque no quiero (236).

---

[18]   Margit Frenk, «Amores tristes y amores gozosos en la antigua lírica popular», *Revista Canadiense de Estudios Hispánicos*, 15 (1991), págs. 379–384.

El ferviente afán de libertad, efectivamente, va asociado en la mujer, soltera o casada, al deseo de amar a su antojo:

> No quiero ser casada,
> sino libre enamorada (216).

> Dexad que me alegre, madre,
> antes que me case (172).

> No quiero ser monja, no,
> que niña namoradica so (210).

> Aunque yo quiero ser beata,
> ¡el amor, el amor, me lo desbarata! (214).

Frente a las normas que quieren frenar su sexualidad, estalla:

> Que non dormiré sola, non,
> sola y sin amor (168).

A este propósito, importa saber –cito a Augustin Redondo– que «para las masas rurales, acostumbradas a vivir en contacto con la naturaleza y con el ritmo de ésta, las relaciones sexuales libremente consentidas entre un hombre y una mujer, sobre todo cuando son solteros [...], no constituyen un pecado mortal, ni siquiera un pecado»[19]. Consta, dice Magdalena Rodríguez Gil, que «las relaciones extraconyugales fueron muy frecuentes y admitidas en la sociedad medieval, siempre que no implicasen adulterio de la mujer casada»[20]; y Reyna Pastor habla de la tolerancia de la Iglesia ante lo que se llamaba el matrimonio «de juras» o «de furto», el cual «se realizaba ante testigos con el solo acuerdo de los contrayentes» o bien en presencia de un clérigo[21]. Todo esto es verdad, pero también lo es que los fueros decretaban que si una muchacha se unía a un hombre sin autorización de los padres o los parientes, ello se consideraba como *rapto*, y la muchacha, declarada *enemiga*, quedaba desheredada[22].

---

[19] Augustin Redondo, «La religion populaire espagnole au XVIe siècle: un terrain d'affrontement», en *Culturas populares*, pág. 346; cf. Jean–Pierre Dedieu, en Bartolomé Bennassar, *Inquisición española: poder político y control social*, trad. J. Alfaya, Barcelona: Crítica, 1981, pág. 283.

[20] M. Rodríguez Gil, «Las posibilidades de actuación jurídico–privadas de la mujer soltera medieval», en *La condición de la mujer*, op. cit., págs. 107–120; la cita, pág. 114.

[21] R. Pastor, *art. cit.*, pág. 199.

[22] Cf. II. Dillard, *art. cit.*, pág. 80; Cristina Segura, «Situación jurídica...», *art. cit.*, pág. 125: según el fuero de Úbeda, «la boda es preparada y pactada por el padre sin que la novia pueda rechazar la decisión paterna. En el caso de desobediencia ésta pierde su herencia». Cf. R. Pastor, *art. cit.*, pág. 205: los castigos varían de un fuero a otro, pero en general, los «procedimientos tratan de sancionar con dureza la complicidad de la mujer con el raptor, es decir, el intento de ella de salirse de la potestad familiar».

¡Que digan din, que digan dan,
que digan todo lo que dirán! (155)

exclama la niña del cancionero popular; también:

Quiérome ir, mi bida,
quiérome ir con él,
una temporadita
con el mercader (179).

Y, cuando todo indica que «en materia sexual, al menos en público, la iniciativa pertenece a los hombres»[23], en el cancionero es ella la que las más veces pide a su amado que se la lleve, provocando, pues, un «rapto»:

Por el río me llevad, amigo,
y llevádeme por el río (462).

Salga la luna, el cavallero,
salga la luna, y vámonos luego (459).

Vos, si me habés de levar, mancebo,
¡ay!, non me habedes de pedir celos (396).[24]

Si es él quien lo pide, ella accede sin melindres:

–¿Quieres yr conmigo, ermana?
–Sí, en buena fe, de buena gana (468).

¿Proyecciones del deseo, sueños de muchacha, pocas veces realizables? Recordemos la queja de Melibea en el Auto X: «¿Por qué no fue también a las hembras concedido poder descubrir su congojoso y ardiente amor, como a los varones?»[25] En el cancionero popular las mujeres no tienen ese problema. Recordemos otros cantares:

---

[23] J.–P. Dedieu, en B. Benassar, *op. cit.*, pág. 285.

[24] A la luz de estos cantares (cf. también los n°s 404, 469), habría que matizar las siguientes afirmaciones de Consuelo Arias, art. cit., pág. 383: «Quizá la dimensión más innovadora de *L[a] C[elestina]* es la subversión de los códigos de comportamiento femenino. Se da una inversión del paradigma actividad–masculinidad / pasividad–feminidad. [...] Los personajes femeninos son los que manipulan, actúan y controlan el destino y las acciones de los personajes masculinos. [...] Aquí surge un contraste marcado entre la concepción de la mujer en *LC* y en la épica *y lírica* medievales» (subrayado mío). Como hemos visto, también ese «otro elemento no–convencional de Melibea» (*ibidem*, pág. 387) que es su afirmación del placer y su rechazo del matrimonio –«más vale ser buena amiga que mala casada»– tiene un correlato en los personajes femeninos de la lírica popular contemporánea y anterior.

[25] *La Celestina*, ed. D. S. Severin, Madrid: Alianza, 1981, pág. 154.

Por vida de mis ojos,
el cavallero,
por vida de mis ojos,
bien os quiero (331).

...¡oh, qué lindo cavallero!
¿Si tornará cedo? (432).

Toros corren, el lindo amigo:
no salgáis al coso, no,
que de veros moriré yo (444).

Quiérole, madre,
tanto le quiero,
quiérole tanto,
que d'amores muero (272).

¿Es que había una gran diferencia entre las posibilidades de la muchacha humilde y las de la encumbrada? ¿O es que aquélla, al cantar, rebasaba continuamente los límites de su realidad? Por mi parte, como se habrá visto, tiendo a la segunda interpretación.

La voz de la mujer (sobre la cual hay tanto que decir todavía) es, entonces, un elemento muy peculiar de la poesía que cantaban las campesinas y los campesinos en la Edad Media española. Quisiera citar aquí unas palabras de François Delpech a propósito de la cultura popular: «Por una parte hay afirmación de una identidad por la práctica sistemática de la diferencia, de la inversión de las formas recibidas. Por otra parte hay promoción de cierto 'retorno a lo reprimido' (es decir, a todo aquello a lo cual la cultura oficial rehusa la palabra)...»[26]. Hemos visto hasta qué punto la inversión de los valores dominantes y la expresión de lo que calla la cultura oficial están presentes en las canciones de mujer. Veamos ahora, brevemente, cómo lo están también en el ámbito, emparentado, de la *tradición cómica popular*.

Aquí, por supuesto, sigue siendo decisivo el estudio de Mijail Bajtín sobre Rabelais. Resulta, en verdad, sorprendente hasta qué punto ciertos materiales del *Corpus de la antigua lírica popular* concuerdan con las revelaciones de ese libro admirable. Volvamos por un momento al sexo femenino, aunque ahora visto desde fuera. En cierto modo nuestro cancionero reproduce en miniatura la famosa «querella de las mujeres», de la que habla Bajtín, la contraposición de una visión idealizante de la mujer con un aspecto de lo que se ha llamado la «tradición gala», a saber, su vertiente cómica popular[27]. Dentro de ésta, dice Bajtín, la mujer es un

---

[26]   François Delpech, «De Marthe à Marta ou les mutations d'une entité transculturelle», en *Culturas populares...*, pág. 78 (traducción mía).

[27]   Mijail Bajtín, *La cultura popular en la Edad Media y Renacimiento*, trad. J. Forcat y C. Conroy, Barcelona: Barral, 1974, pág. 215. También está muy presente en el cancionero la vertiente misógina de la «tradición gala» (ver, por ejemplo, *Corpus*, n.ᵒˢ 1745–1782), como lo está,

ser ambivalente: es «la encarnación de lo 'bajo', a la vez rebajador y regenerador»; encarna la muerte, «pero es antes que nada el *principio de la vida...*»[28].

Veamos cómo llegan a confluir en el cancionero estos dos polos. El *Vocabulario* de Correas (pág. 29*a* y *b*) nos ofrece una curiosa pareja de coplitas:

> ¡Ai de mí, ke la miré,
> para bivir lastimado,
> para llorar i xemir
> kosas del tienpo passado! (645)

> —¡Ai de mí. ke la miré!
> ¿I adónde la besaré?
> —En el oxo del trasé (1953).

Quizá la segunda sea parodia de la primera; en todo caso, constituye un caso típico de cómica «degradación», en el sentido que le da Bajtín a esta palabra. Otro caso análogo: la canción idealizadora

> Isabel, boka de miel,
> kara de luna,
> en la kalle do moráis
> no hallarán piedra ninguna (113)

tiene una contraparte paródica y degradante, marcadamente carnavalesca, que dice así:

> En esta calle mora
> una moça caripapuda,
> que con las tetas barre la casa
> y echa pedos a la basura (1958).

Tenemos aquí una de esas hipérboles características del «realismo grotesco».

Hiperbólica parece, ya en otro sector de la comicidad popular, la canción sobre una vieja:

> ¡Sokorrer al kuero
> kon alvaialde,
> ke seizientos meses
> no se van de balde! (1771)

---

ampliamente, en el Refranero: cf. Louis Combet, *Recherches sur le «Refranero» castillan*, Paris: Les belles Lettres, 1971, págs. 277–285.

[28] M. Bajtín, *op. cit.*, pág. 215; subraya el autor.

El contraste entre la vejez y la juventud es frecuente en el cancionero; representa, según Bajtín[29], «los dos polos del cambio: el nuevo y el antiguo, lo que muere y lo que nace». Hay un cantar de cuna, recogido por Gil Vicente, que expresa admirablemente la cosmovisión carnavalesca, en la cual «el cuerpo tiene siempre una edad muy cercana al nacimiento y la muerte: la primera infancia y la vejez, el seno que lo concibe y el que lo amortaja»[30]. Dice así la nana, que, por cierto, todavía se cantaba hace poco en Galicia:

> Ru, ru, menina, ru, ru!,
> mouram as velhas e fiques tu,
> coa tranca no cu (2048).

Oigamos ahora a un viejo del cancionero, que nos presenta *in nuce* todo el repertorio de las funciones «inferiores» del cuerpo humano, en la tónica característica del realismo grotesco:

> Aunque soy viejo cuitado,
> mis tres vegaditas hago.
>
> Para quitar el deseo,
> antes que me acueste meo,
> estando en la cama pco,
> cuando me levanto cago:
> mis tres vegaditas hago.[31]

Por el otro extremo, el comer y el beber, que constituyen «las manifestaciones más importantes de la vida del cuerpo grotesco»[32], están también presentes, con humor festivo, en el corpus de la lírica popular. Alguna vez aparecen relacionados con el sexo:

> Diga mi madre
> lo que quisiere,
> que quien boca tiene
> comer quiere (148);

pero en general lo que vemos es a las comadres en comunión, reunidas para la comida y, sobre todo, la bebida:

> Si merendades, comadres,
> si merendades, llamadme... (1609),

---

[29] *Ibidem*, pág. 28.
[30] *Ibidem*, pág. 30.
[31] . (*Corpus*, 1897 B, versión de Horozco). No son muchas las coplas populares sobre tales funciones que se pusieron por escrito: nos 1954, 1957, 1969, 1987; el trasero, rabo o culo: 1923, 1952, 1953. Sin duda, el pueblo decía y cantaba muchas más coplas por el estilo.
[32] M. Bajtín, *op. cit.*, pág. 252.

Reina la alegría –«tristeza y comida son incompatibles», dice Bajtín–[33]:

> ¡Ay, Dios, qué buen día
> quando la sartén chilla! (1606 A)

> Comadre y vezina mía,
> démonos un buen día (1574 A).

> Echá i bevamos,
> Mari Rramos (1575 A).

En casi todas las canciones de mujer borracha (1568–1596), aunque esté ella sola, establece, explícita o implícitamente, una comunión con las demás:

> Por bever, comadre,
> por bever.

> Por mal vi, comadre,
> tu vino pardillo,
> que allá me tenías
> mi saya y mantillo (1586).

En algún caso, la comunión es con un hombre, obviamente no el marido:

> –Comadre i vezina mía,
> démonos un buen día.
> –Señor vezino i conpadre,
> con mañana i tarde (1574 C).

Y volvamos, en efecto, al adulterio, que en la vida real, según dicen los fueros, debía ser castigado con la muerte si los amantes eran descubiertos *in fraganti*[34]. En la cultura popular de Occidente, el adulterio no es sino otro motivo carnavalesco. Cuando Bajtín afirma que el *tema* de los cornudos es «sinónimo del derrocamiento de los maridos viejos, del nuevo acto de concepción con un hombre joven»[35], se diría que está pensando en la siguiente canción castellana del siglo XV:

> ...¡Sí se conpliese, marido,
> lo qu'esta noch'é soñado!,

---

[33] *Op. cit.*, pág. 254.
[34] Cf. H. Dillard, *art. cit.*, pág.81; C. Segura, «Situación jurídica...», pág. 127: en el fuero de Úbeda, «si un hombre encuentra a su mujer yaciendo con otro, puede matarla sin recibir ninguna pena por ello», y «si un marido tiene sospechas de que su mujer es adúltera..., [ella] necesitará el testimonio de doce mujeres para quedar libre de culpa».
[35] *Op. cit.*, pág. 216.

qu'estuviésedes subido
en la picota, emplumado;
yo con un moço garrido
en la cama, a mi costado,
y tomando aquel plazer
del qual vos sois ya cansado:
hiziésemos un alnado
que vos fuese a descender... (1733)

Cornudos hay a pasto en el antiguo cancionero español (nos 1816–1832). Porque la casada, aparte de que solía no tratar muy bien a su marido («–¡Entrá en casa, Gil García! / –¡Soltá el palo, muger mía!», 1799), sabía liberarse de él por un quítame allá esas pajas:

Mandásteisme saia de grana,
i aora dáismelo de buriel:
si el cu n'os cantare en casa,
no me llamen a mí muger (1794).

Es el mundo al revés. ¡Con qué alegría reconoce la mujer sus múltiples adulterios!:

Pínguele, respinguete,
¡qué buen San Juan es éste!

Fuese my marido
a ser del arçobispo,
dexárame un fijo
y fallóme cinco...
dos uve en el Carmen
y dos en San Francisco... (1827),

o sea, muy equitativamente, dos con un fraile carmelita y dos con un franciscano... Entramos aquí en ese ambivalente anticlericalismo, jocoso y satírico, tan de la cultura popular de la Edad Media española. Entre los muchos cantares burlescos antiguos (nos 1833–1861) sobre monjas, frailes y, principalmente, curas (o «abades», como entonces se decía), destaca el siguiente, contenido en el *Cancionero musical de la Colombina*, de fines del siglo XV:

Deus in adjutorium,
adveniad rrenum tum.

–Fija, ¿quiéreste casar?
–Madre, non lo he por ál.
Adveniad rrenum tum.

–Fija, ¿quieres labrador?
–Madre, non le quiero, non.
Adveniad [rrenum tum].

–Fija, ¿quieres escudero?
–Madre, non tiene dinero.
Adveniad [*rrenum tum*].

–Fija, ¿quieres el abad?
–Madre, aquése me dad.
Adveniad [*rrenum tum*].

–¿Por qué quieres el abad?
–Porque non siembra y á pan.
Adveniad [*rrenum tum*] (1838).

Esta pequeña maravilla condensa la teoría medieval de los tres órdenes, poniéndola, irónicamente, en boca de una madre y una hija, cuando las mujeres estaban excluidas de ese sistema[36]. Los argumentos de la fija van adquiriendo cada vez más sustancia: tras rechazar casarse con un labrador y un pobre escudero –o sea, caballero–, acepta un concubinato con el cura, y por una razón muy simple: él, sin necesidad de trabajar, es el único rico: «porque non siembra y á pan».

Junto, pues, a la irreverente mezcla de lo profano y lo sagrado, a las palabras latinas de la plegaria cínicamente intercaladas en el profano diálogo, tenemos, como tema principal, no sólo el clásico anticlericalismo popular, sino su razón básica de ser, puesto que el clero era «considerado esencialmente como la clase rica, explotadora del pueblo»[37].

«Lo sagrado y lo profano, como dice Augustin Redondo[38], están [...] íntimamente mezclados en la religión popular». Y las canciones medievales nos muestran, en efecto, mezclas que incluso para nosotros pueden resultar escandalosas. En la corte de los Reyes Católicos, en plena boga musical popularizante, se cantaba, por ejemplo, una alegre y obscena canción,

Calabaça,
no sé, buen amor, qué te faça (1715);

en las estrofas el hablante dirige a su miembro elogios como el siguiente:

Para ir en romería
o en otra qualquier vía,
ante la Virgen María
podrás pareçer en plaça.

---

[36] Cf. Georges Duby, *Los tres órdenes o lo imaginario del feudalismo*, trad. A. R. Firpo, Barcelona: Argot, 1983; María Corty, «Models and Anti–models in Medieval Culture», *New Literary History*, 10 (1979), pág. 344, *apud* Consuelo Arias, *art. cit.*, pág. 368.

[37] Robert Jammes, «L'anticléricalisme des proverbes espagnols», *Les Langues Modernes*, 52 (1958), págs. 365–383; resumido en L. Combet, *Recherches*, págs. 196 sigs., en especial, pág. 199. Cf. A. Redondo, «La religion populaire...», págs. 345–346, nota 64.

[38] Art. cit., pág. 364.

Notemos de paso que Redondo encuentra esas mezcolanzas sobre todo en asociación con fiestas y romerías, donde, en la vida real, «la más grande devoción se codea con la más desenfrenada liberación del cuerpo»[39].

La Virgen se nos aparece también en un contexto, no alegre ni obsceno, sino más bien escalofriantemente trágico, el de nuestra única canción de incesto:

> Por amores lo maldixo
> la mala madre al buen hijo (504).

El incesto de primer grado, el más grave de todos, aparece tres veces en el Romancero viejo[40], ninguna de ellas entre madre e hijo. Aunque esta forma de incesto no era en absoluto desconocida en la vida real[41] y aunque no llegue a consumarse en nuestro cantar, la dramática pasión de la «mala madre» debió parecer en la Edad Media tan monstruosa como lo sigue pareciendo hoy. El texto continúa:

> ¡Sí pluguiese a Dios del cielo
> y a su Madre Santa María
> que no fueses tú mi hijo,
> porque yo fuesse tu amiga!

Esta sacrílega invocación, que proyecta la imagen del incesto sobre la Virgen y su hijo, suena casi a un conjuro de hechicera, de esos que conservan los archivos inquisitoriales[42].

---

[39] *Ibidem*, págs. 365–366. Recordamos, claro, cantares de romería como «So ell enzina, enzina» (313: «Yo me iva, mi madre, / a la romería [...], / halléme en los braços / del que más quería») o «El moço y la moça / van en romería, / tómales la noche / 'n aquella montina» (6); pero son canciones más o menos inofensivas. También lo es el siguiente entreveramiento de textos litúrgicos en una canción de niña casadera: «*Santa María*: / casarme quería; / *Credo*: / con un buen manzebo; / *Salve*: / que no tenga madre...» (201).

[40] Silvana (padre–hija), Amnón y Tamar (hermanos), Blancaflor y Filomena (con la cuñada). Incesto no consumado en el primer caso; consumado y castigado en los otros dos. Cf. Augustin Redondo, «Les empêchements au mariage et leur transgression dans l'Espagne du XVIe siècle», en *Amours légitimes*, págs. 31–55, en especial, 48–49.

[41] A. Redondo, «Les empêchements...», registra casos de la vida real, manifiestos en declaraciones –siempre de hombres– ante la Inquisición del siglo XVI; así, el del cardador de Montoro que «confiesa que ha cometido el acto carnal con su madre» (pág. 52). Por su parte, J.–P. Dedieu (en B. Bennassar, *op. cit.*, págs. 289–290) cita declaraciones del siglo XV, como ésta, tan impresionante: «No es pecado tener que hacer con su madre, si los dos lo quieren y tienen necesidad». Aquí, excepcionalmente, se entrevé a la figura femenina y sus deseos, a propósito de los cuales véase lo que dice con justeza Redondo (*art. cit.*, pág. 55): «il ne faut pas perdre de vue que nombre de femmes n'avaient un contact direct qu'avec les hommes du noyau familial».

[42] Pueden verse algunos de ellos en el citado artículo de F. Delpech en *Culturas populares*, págs. 81–86. Cf. también Sebastián Cirac Estopañán, *Los procesos de hechicerías en la Inquisición de Castilla la Nueva...*, Madrid: CSIC, 1942.

Pero volvamos, para terminar, a un texto sacro–profano más típico y más reconfortante, por cómico y carnavalesco, con su graciosa parodia de la liturgia. Lo cita, claro está, Gonzalo Correas, en ese admirable *Vocabulario de refranes*, sin el cual no hubiera podido escribir mi ponencia. Dice así:

> *Pater noster qui es in celis*,
> pon la mesa sin manteles,
> i el pan sin kortezón,
> i el kuchillo sin mangón,
> *kirieleisón, kirieleisón* (1946).

Juguetona, burlesca, soez o trágica, la musa popular de la Edad Media española se complacía a menudo en dar la espalda a las leyes y normas que pretendían imponer los grupos dominantes de la sociedad. Contraviniendo, en sus cantares, esos preceptos, el pueblo campesino reivindicaba su propia identidad y la relativa autonomía de su cultura y se creaba un espacio suyo, diverso, en medio de la miseria material: un espacio de liberación y de alegría, donde la vida podía adquirir un sentido.

Del *Libro del Caballero Zifar* al *Libro de Buen Amor*: ¿Qué intertexto?

Jacques JOSET
Université de Liège

La naturaleza de las relaciones entre el *Libro del Caballero Zifar* y el *Libro de buen amor* ha sido cuestionada por primera vez, que yo sepa, por Alan D. Deyermond y Roger M. Walker en 1969[1]. Los dos investigadores señalaron siete paralelismos textuales entre las obras añadiendo un octavo argumento (la frecuencia de las mismas palabras en las introducciones y conclusiones, así como la aparición de un raro vocablo común: *ribaldo*), suficientes, en su opinión, como para deducir que el Arcipreste leyera el primer libro de caballerías español. En una investigación separada publicada el mismo año, R. M. Walker agregó tres pasajes del *Zifar* que serían «fuentes» parodiadas por Juan Ruiz[2].

En 1974, Colbert Nepaulsingh rebatió esta clase de relación estrecha que los hispanistas ingleses habían descubierto arguyendo que los pasajes de los «prólogos» de Juan Ruiz que coinciden con el del *Zifar* sólo prueban que los autores compartieron una estética literaria y acudieron independientemente a los mismos tópicos del *exordium*[3].

La posición de Joaquín González Muela, editor del *Zifar*, es más bien ambigua, vacilando entre hipótesis y afirmación del estatuto de fuente del *Libro de buen amor* para la obra caballeresca[4]. Vittorio Marmo, autor del estudio más completo sobre las fuentes de Juan Ruiz, después del de Félix Lecoy, se ciñe a la actitud prudente y escéptica de C. Nepaulsingh[5].

---

[1]   A. D. Deyermond y Roger M. Walker, «A Further Vernacular Source for the *Libro de buen amor*», *Bulletin of Hispanic Studies*, 46 (1969), págs. 193–200.

[2]   Roger M. Walker, «Juan Ruiz's Defence of Love», *Modern Language Notes*, 84 (1969), págs. 292–297.

[3]   Colbert Nepaulsingh, «The Rhetorical Structure of the Prologues to the *Libro de buen amor* and the *Celestina*», *Bulletin of Hispanic Studies*, 51 (1974), págs. 325–334, en especial págs. 325–328.

[4]   J. Gonzalez Muela, ed., *Libro del Caballero Zifar*, Madrid: Castalia, 1982, pág. 36: «*Es posible que* Juan Ruiz, arcipreste de Hita, y el infante don Juan Manuel conocieran Zifar, pues *hay* algunos ecos de éste en sus obras.» Subrayo.

[5]   Vittorio Marmo, *Dalle fonti alle forme. Studi sul «Libro de buen amor»*, Napoli: Liguori Editore, 1983, pág. 46.

Sin volver a discutir detalladamente los argumentos de éste, se puede decir que ningún paralelismo textual encontrado por A. Deyermond y R. M. Walker merece el título de «fuente» si se toma por separado. Una formación intelectual común explica suficientemente el uso de una sentencia del seudo–Catón (*Zifar*, pág. 57; *LBA*, c. 44)[6] o de una frase de un seudo–Decreto (*Zifar*, pág. 56; *LBA*, Pr. pr. 76–78); la pertenencia a una misma cultura basta para que aparezcan proverbios idénticos en los dos textos (*Zifar*, pág. 284; *LBA*, 907b / *Zifar*, pág. 403; *LBA*, 995b / *Zifar*, pág. 362; *LBA*, 1610d). A veces el tratamiento de un mismo motivo (v. gr. la fábula del asno y del perrillo, *Zifar*, pág. 131; *LBA*, cc. 1401–1408) es tan diferente que cuesta creer que Juan Ruiz haya tenido el *Zifar* a la vista. El empleo de «una forma especial del tópico de modestia» (*Zifar*, pág. 56; *LBA*, c. 1629), a pesar de las coincidencias verbales notables, se encuentra diseminado en tantos textos en latín y romance[7] que parece atrevido relacionar estrechamente nuestras obras. Los tres pasajes del capítulo 129 del *Zifar* (págs. 240–241) aducidos por R. M. Walker como fuentes de Juan Ruiz (*LBA*, c. 109; cc. 73–74; cc. 123 y sigs.) no excluyen en absoluto la intervención de otros textos anteriores (fuente común al *Zifar* y al *Libro de buen amor*) o intermediarios.

Tampoco la conjunción de los paralelismos es bastante densa como para que se afirme con seguridad que Juan Ruiz hubiera leído a Ferrand Martínez o a quien sea el autor del *Zifar*.

Pero quizá de espesarse el conjunto de aproximaciones textuales, tomaría más consistencia la hipótesis de los dos hispanistas ingleses. Lo que sí llama la atención –o por lo menos llamó la mía– es la concentración en dos pasajes del *Zifar* (el prólogo y el capítulo 129) de seis de las diez hasta ahora menos que posibles «fuentes» de Juan Ruiz[8].

Con todo vale la pena retomar el camino trazado con el fin de precisar la clase de intertextualidad que se establece entre el *Libro del Caballero Zifar* y el *Libro de buen amor*. Es así como a las coincidencias textuales ya señaladas agregaremos ahora ocho más. A la concentración de pasajes del prólogo del *Zifar* que podrían tener un eco en Juan Ruiz, añado el siguiente:

---

[6]   Cito el *Zifar* por la edición mecionada en la nota 4, una de las más asequibles ahora. Sin embargo, sus fallos obligan a recurrir a la siempre indispensable edición de Charles Philip Wagner (Ann Arbor: University of Michigan, 1929 [reprint: New York, Kraus Reprint Co., 1971]), cuando no a la de Cristina González (Madrid: Cátedra, 1983). Citaré el *Libro de buen amor* por mi edición (Madrid: Taurus, 1990).

[7]   Véase Ángel Gómez Moreno, «Una forma especial del tópico de modestia», *La Corónica*, 12 (1983–84), págs. 71–83.

[8]   Descarto como «prueba» la frecuencia de las mismas palabras en las introducciones y conclusiones de ambas obras así como el uso común de la voz *ribaldo* (Deyermond–Walker, págs. 199–200). Tales recurrencias son demasiado tópicas (o sin fuerza argumentativa por lo poco que conocemos de la historia de la palabra «ribaldo») sobre todo en textos medievales, como para constituir una base sólida de debate científico.

> E porque la memoria del ome ha luengo tienpo, e non se pueden acordar los omnes de las cosas mucho antiguas sy las non fall[an] por escripto [...][9].

Juan Ruiz atribuye el tópico del *exordium* al *Decreto* de Graciano, aunque como en el caso anteriormente señalado (Pr. pr. 76–78) su fuente pudo ser otra:

> Otrosí fueron la pintura e la esc[ri]ptura e las imágenes primeramente falladas por razón que la memoria deleznadera es: esto dice el Decreto (*LBA*, Pr. pr. 73–76).

El *enxiemplo* del «caramiello» y del asno, aducido por A. Deyermond y R. M. Walker como antecedente de una fábula de Juan Ruiz, viene precedido en el *Zifar* por un diálogo entre un «hermitaño» y el «ribaldo» donde éste dice:

> Amén –dixo el ribaldo–; pero que me conviene de lo provar, ca non enpesçe provar omne las cosas sinon la proeva es mala (pág. 131).

Lo que trae a la memoria dos versos famosos del Arcipreste:

> provar omne las cosas non es por end peor (76c)

> Provar todas las cosas el Apóstol lo manda (950a).

Juan Ruiz da su fuente (San Pablo, *Tesalon.*, I, 5, 21: «Omnia autem probate, quod bonum est tenete.») también utilizada por los goliardos con el mismo desvío ambiguo. Pues, el *Zifar* es innecesario para explicar los versos del Arcipreste. Sin embargo, la concordancia verbal es notable sobre todo con el verso 76c del *Libro de buen amor*. Además también funciona aquí el argumento de la concentración de pasajes del *Zifar* vinculados semánticamente con textos esparcidos en la obra posterior. La proximidad espacial del dicho «Provar omne las cosas ...» y del *exemplum* del perrillo y del asno llama otra vez nuestra atención así como la llamaron las cuatro coincidencias entre el prólogo del *Zifar* y sentencias del *Libro de buen amor*.

El capítulo del *Zifar* titulado «De commo se escuso el ribaldo del señor de la huerta quando lo fallo cogiendo los nabos e los metía en el saco»[10] contiene una disquisición sobre el concepto de «fermosas palabras» igualmente utilizado por Juan Ruiz. En este trozo de antología del *Zifar*, el ribaldo, sorprendido por el dueño de la huerta donde robaba nabos, se disculpa contando imposibles. En vez de castigarlo, el señor de la huerta le perdona diciendo: «Plázeme [...] pues atan bien te defendiste con mentiras apuestas». (pág. 149) El caballero Zifar comenta el acontecimiento de la forma siguiente:

---

[9]   Aquí cito por la ed. de Ch.–P. Wagner, pág. 6. J. González Muela da una lección incorrecta en el orden de las palabras y no corregida en cuanto a la persona del verbo: «non las falló». La versión de Cristina González, pág. 70, sigue la de Ch.–P. Wagner.

[10]   Ed. Ch.–P. Wagner, pág. 133; ed. C. González, pág. 171. J. González Muela suprime los títulos de los capítulos que figuran en el ms. *M*.

E agora veo que es verdat lo que dixo el sabio: que a las vegadas aprovecha a omne mentir con fermosas palabras (pág. 149).

Juan Ruiz trae el concepto a colación al definir su libro:

es un dezir fermoso e saber sin pecado,
razón más plazentera, fablar más apostado (15cd).

Y otra vez cuando su protagonista le increpa al Amor:

engañas a todo el mundo con palabra fermosa (320b).

En cierta medida, pues, ambos textos legitiman las «mentiras apuestas», la «palabra fermosa», aunque *in fine*, el *Zifar* condena la artería. Pero el engaño perdonado del ribaldo ya permite el desliz ambiguo con que jugará Juan Ruiz. Esta coincidencia quizá interese más a la historia de las mentalidades y la sicolingüística que a la génesis del *Libro de buen amor*. En todo caso, el texto del *Zifar* ayuda a entender un concepto clave de Juan Ruiz sin ser necesariamente su fuente[11].

A los dichos proverbiales comunes encontrados por A. Deyermond y R. M. Walker, se suma ahora el siguiente:

[...] ca de pequeña çentella se levanta a las vegadas grant fuego [...]. Ca pequeño can suele enbargar muy grant venado, e muy pequeña cosa mueve a las vegadas la muy grande e faze caer (pág. 156).

El dicho se repite más lejos en el *Zifar*:

Ca la pequeña pelea o el pequeño mal puede cresçer atanto, que faría muy grant daño, así como el fuego, que comiença de una çentella, que, si non es luego muerto, faze muy grant daño (pág. 309).

La versión del tópico reescrita por el Arcipreste dice:

a vezes cosa chica faze muy grand despecho [...] (733c)

de chica çentella nasçe grant llama e grant fuego (734c).

---

[11]   En mis *Nuevas investigaciones sobre el «Libro de buen amor»*, Madrid: Cátedra, 1988, pág. 45, n. 14, ya comenté el sentido ambiguo de «fermoso» en el *LBA*. Aducí una cita del *Zifar* que ahora relaciono con el v. 320b de Juan Ruiz: «E este cuento vos conté de este cavallero atrevido porque ninguno non deve creer nin se meter en poder de aquel que non conosçe por palabras fermosas que le diga [...]» (pág. 225).

La aproximación textual es más que probablemente casual, como en los demás encuentros de refranes comunes[12], pero importa notar que el autor del *Zifar* como Juan Ruiz encadena dichos cuya estructura semántica es «una pequeña causa produce gran consecuencia».

El «en señal de buen amor verdadero» (pág. 215) del capítulo 111 del *Zifar* es quizá más que una sencilla «curiosidad»[13]. Ya he dicho que con este «buen amor» ['amor leal de una mujer para con un hombre'] nos encaminamos hacia la ambigüedad ruiciana. La adjetivación doble parece indicar que el simple «buen amor» resultaba equívoco. El manuscrito *P* del *Zifar* trae «de muy grande amor e verdadero»[14] y la edición de Sevilla (1512), «del grande e verdadero amor» (13) como para quitar la ambigüedad. Por otra parte, el «amor verdadero» con adjetivación simple es también ambiguo ya que en otros lugares del *Zifar* significa 'caridad':

[...] caridat, que quiere dezir amor verdadero (pág. 250)

[...] caridat, e[s] dezir amor verdadero (pág. 239)[15].

Observamos que esta última cita precede inmediatamente el capítulo sobre la castidad considerado por R. M. Walker como «fuente» del *Libro de buen amor*. Con todos los reparos ya mencionados sobre la exactitud del término, notamos otra vez que este «amor verdadero» se agrega a una concentración de pasajes del *Zifar* coincidentes con otros, desparramados en el *Libro de buen amor*. Parece verificarse que el autor del *Zifar* y Juan Ruiz tuvieran una formación intelectual semejante cuyas debilidades conceptuales, quizá reanimadas por la lectura de trozos del *Zifar* divirtieran al Arcipreste.

Esta hipótesis de trabajo vuelve a comprobarse con el episodio titulado en el ms. *M* «De commo el Cauallero Atrevido fue luego engañado de vna muger yendo por la çibdat»[16], transcrito en dicha copia dos folios apenas después de la ocurrencia del *buen amor verdadero* (fol. 91v). Ahí surge el personaje de la *cobigera* ['camarera'] alcahueta, esbozo de la Trotaconventos ruiciana[17].

Ahora bien, la vituperación contra las alcahuetas lanzada aquí por el muy ortodoxo autor del *Zifar* [«E mal pecado, de estas atales muchas ay en el mundo ...» (págs. 219–220)] no deja de recordar el discurso indignado de una tal

---

[12] El mismo estatuto de encuentro casual parece que lo tenga la frase de corte proverbial: «...los sofridores vençen» (*Zifar*, pág. 258) y su variante en el *LBA*, 607d: «Los servidores [*G: seguidores*] vençen.»

[13] A. Deyermond y R. M. Walker, pág. 200, n 2. Véase mis *Nuevas investigaciones.*, pág. 131.

[14] Véase el aparato crítico en la ed. Ch.–P. Wagner, pág. 228.

[15] J. González Muela no corrige la lectura errónea del ms. *M*: *en d.* por *es d..* Comp. ed. Ch.–P Wagner, pág. 263 y C. González, pág. 267.

[16] Ed. Ch.–P. Wagner, pág. 233; fol. 93v.

[17] «Aquí tenemos una de las primeras apariciones de la figura de la tercera en la literatura española, así como una de las primeras reflexiones sobre la inmoralidad de su conducta.» (Nota 348 de C. González, pág. 246).

Garoza. Para el *Zifar*, los amores favorecidos por la intervención de las alcahuetas «son sin Dios» y no son «verdaderos» (pág. 220). En suma no integran la categoría del «buen amor, que es el de Dios» (*LBA*, Pr. pr. 34–35). No cabe duda que topamos, a lo mínimo, con un caso de intertextualidad claro y, a lo máximo, con una reminiscencia si se quiere considerar válido el argumento de la concentración textual.

El mismo es de aplicación a la digresión del *Zifar* sobre el determinismo astrológico que sigue inmediatamente en el ms. *M* (fol. 107v–108r) al capítulo «De commo el rey de Menton castigaua a sus fijos que mantouiesen sienpre castidat [...]»[18] (fol. 106v–107r), que inspirara a Juan Ruiz, según R. M. Walker en su artículo de 1969[19]. En otro lugar he subrayado las convergencias del *Zifar* y del *Libro de buen amor* en cuanto a una doctrina astrológica que, por supuesto, comparten con otros tratados cristianos de la Edad Media[20]. La subordinación del poder de las estrellas al de Dios y la afirmación del libre albedrío humano no es en absoluto una teoría privativa de nuestros autores. Sólo el criterio de concentración textual en el *Zifar* nos da posiblemente la pista de una intertextualidad más estrecha que vacilamos, sin embargo, en tildar de «respuesta» de Juan Ruiz al autor del libro de caballerías, como escribe R. M. Walker. El Arcipreste juega sencillamente con la doctrina del doble poder, el de las estrellas y el de Dios, conforme a su genio ambiguo y burlón que advirtió las contradicciones que la teoría conciliatoria encerraba.

La última aproximación que hemos notado entre las dos obras no es ni siquiera un intertexto. El final del *Zifar* nos cuenta las hazañas del hijo del caballero Zifar, Roboán, quien fue hecho emperador. De él se dice que «era muy católico en oir sus oras con devoçión e sin burla ninguna [...]» (pág. 428). Por antítesis callada, estas «oras sin burla» evocan «oras *con* burla» que el lector de Juan Ruiz relaciona en seguida con las famosas horas canónicas del *Libro de buen amor* (cc. 374 y sigs.). El *Zifar* remite, pues, a un fondo cultural común en el que cabía una tradición paródica de la liturgia católica[21].

En resumen, el haber agregado ocho coincidencias textuales más no desdice la prudencia de los que no logran ver una relación directa de la clase texto «fuente—>texto calco» entre el *Libro del Caballero Zifar* y el *Libro de buen amor*.

Sin embargo, un criterio podría sostener la hipótesis de unas reminiscencias difusas del *Zifar* en la obra del Arcipreste: el que hemos llamado «concentración textual». Nuestra hipótesis no descarta la posibilidad de una lectura de pasajes determinados del *Zifar* (el prólogo, la fábula del «caramiello» y del asno con su contexto inmediato, *buen amor* y las alcahuetas, los capítulos 129 sobre la castidad

---

[18]   Ed. Ch.–P. Wagner, pág. 265.

[19]   R. M. Walker, págs. 296–297, sólo compara las tres últimas líneas del «castigo» sobre la castidad con las cc. 123 y sigs. del *LBA* y señala que el capítulo 130 contiene un apólogo ilustrativo sobre el *alvedrío* humano.

[20]   *Nuevas investigaciones.*, pág. 62, n. 5.

[21]   Para una bibliografía sobre dicha tradición, véase la nota correspondiente en mi ed., pág. 210, a la cual habría que agregar V. Marmo, *Dalle fonti*, págs. 52–53.

y 130 sobre la astrología con su entorno textual) por parte de Juan Ruiz quien hubiera desparramado sus recuerdos a lo largo de su libro. Pero en éste como en los demás casos de diseminación intertextual, conviene ser muy prudente a la hora de proponer una explicación filológica o una interpretación histórico–literaria.

Lo que sí ahora me parece relativamente seguro es la existencia de una formación intelectual idéntica de nuestros autores.

A veces se diría que fueron compañeros de aula.

COMUNICACIONES

Poéticas castellanas de la Edad Media: la estrofa segunda del *Libro de Alexandre*

Francisco ABAD

Hacia un estudio de las Poéticas medievales

El conjunto de la Historia de las ideas lingüísticas y literarias en España queda por establecer, siquiera de una manera sintética; contamos con algunas monografías (acaso más para las primeras que para las segundas), pero según decimos un panorama de conjunto –incluso sintético y atento sólo a lo fundamental–, está por hacer. En todo caso habrá de tenerse en cuenta (y esto lo consideramos un criterio metodológico ineludible), que la historia de las concepciones lingüísticas y literarias *no es separable* de la concreta historia de la lengua y de la literatura: los textos de Nebrija tendrán que ser puestos en relación con lo que podamos saber de la historia lingüística del castellano y de las letras castellanas; los textos de la polémica de las *Soledades* con la efectiva lengua poética de Góngora, y así sucesivamente.

Sin embargo ocurre que a los testimonios de teoría literaria medieval –los que ahora nos importan–, no se alude a veces en los panoramas de la tradición de las ideas poéticas, e incluso en alguna reseña periodística de nuestra actualidad se dice que en España no ha habido hasta ahora Teoría de la Literatura. Los problemas teóricos del arte literario medieval y clerical cuentan, no obstante, nada más que en estos últimos años con estudiosos como Carmelo Gariano, Francisco López Estrada, Francisco Rico, Nicasio Salvador o Ángel Gómez Moreno[1].

Textos de poética castellana de la Edad Media están considerados el «prólogo» (llamado así por su autor) del *Libro de Alexandre*, el «Prologus baenensis», diversos escritos del Marqués de Santillana, el *Arte* de don Enrique de Villena y el de Juan del Encina, etc.; se entiende por Poética –define López Estrada–, «el planteamiento de una actitud reflexiva ante el hecho literario... consciente en el uso de los recursos... [y que] actúa sobre el contenido y sobre la forma de la obra»[2]. Naturalmente las Poéticas pueden haber sido escritas o no,

---

[1]   El ejemplo del mester de clerecía lo hemos empleado por nuestra cuenta en *Caracterización de la literatura española y otros estudios*, Madrid, 1983, págs. 41 y sigs.; véase también la glosa que hacemos en *Epos*, 4 (1988), al reseñar la *Poesía medieval castellana* editada por F. López Estrada, Madrid, 1984.

[2]   F. López Estrada, ed., *Las poéticas castellanas de la Edad Media*, Madrid, 1984, pág. 11.

resultar explícitas o implícitas –como alguien ha dicho–, pero en ambos casos tienen igual vigencia y pertinencia en la composición artística; la poética novelesca a la que obedece el *Lazarillo* no por no haber quedado explicitada resulta menos trascendental.

Sobre el arte clerical y sobre el «Alexandre»

Queremos referirnos a la estrofa segunda del *Libro de Alexandre*, a propósito de la cual algunos estudiosos han interpretado que no supone ninguna referencia a una escuela o género literario; nuestro compañero mencionado Ángel Gómez Moreno dice en particular:

> Resulta ilógico aseverar que los *Milagros de Nuestra Señora* de Berceo pertenecen al género de los *miracula* o *milagros* –común a toda Europa– y, al mismo tiempo, a un género que podemos denominar *mester de clerecía* o *cuaderna vía*. Algo no funciona: en uno de los dos casos hemos de prescindir del término *género*... Es más correcto hablar de *género* al referirnos a los *milagros*, las *vidas de santos* o el *roman*, y usar el término *modalidad* (literaria o de discurso) al aludir a la cuaderna vía[3].

Creemos personalmente que resulta adecuado hablar de una tradición o una poética específica en el curso de la serie literaria castellana, a la cual puede llamarse «género», «escuela» o de cualquier otra forma análoga; no nos parece incompatible llamarla a la vez género o modalidad de literatura, siempre que se entienda en efecto que estamos ante una de las maneras de escribir comprobables e historiables en las letras castellanas medievales, manera que incluye entre sus rasgos –como sistematiza el propio Gómez Moreno– el tetrástico monorrimo, un apego a las fuentes escritas, el tratarse de poesía narrativa didáctica o moralizante, etc.[4] Por supuesto la designación «clerecía» remite a un mundo amplio y complejo[5].

El *Alexandre* dice en sus inicios, según es bien sabido:

> Mester trago fermoso, non es de ioglaría,
> mester es sen peccado, ca es de clerezía:
> fablar curso rimado por la quaderna vía,
> a sillauas cuntadas, ca es grant maestría[6].

---

[3] Carlos Alvar y Ángel Gómez Moreno, *La poesía épica y de clerecía medievales*, Madrid, 1988, págs. 83 y 86.

[4] *Ibidem*, pág. 84. A la estrofa del mester la llama «tetrástrofo» José Domínguez Caparrós, *Diccionario de métrica española*, Madrid, 1985, pág. 170b.

[5] Véase entre otras cosas Mariano Peset y Juan Gutiérrez Cuadrado, *Clérigos y juristas en la baja Edad Media castellano–leonesa*, Vigo, 1979.

[6] Raymond S. Willis, ed., *El Libro de Alexandre*, Princenton, 1934, pág. 3, puntuado por nosotros según el sentido que creemos tiene.

Aunque no sea ahora nuestro propósito, cabe recordar cómo el *Libro de Alexandre* está lleno aún de muchos problemas filológicos; Menéndez Pidal mantuvo en 1907 –y creemos estaba en lo cierto– que «la lengua original del mismo... es leonesa», y que el manuscrito *O* «representa... el dialecto propio del autor». Por nuestra parte hemos escrito una nota recientemente en la que advertimos la análoga pequeña proporción con que aparece el plural femenino *–es* en vez de *–as* en el *Libro* y en los documentos occidentales conocidos[7].

No nos parece pueda decirse (y en esto no coincimos con nuestro compañero Francisco Marcos), que «las copias que se nos conservan muestran una sustancial modernización del texto junto a su dialectización», como tampoco creemos en una fecha muy de primeros de siglo para el texto –de primeros del siglo XIII, claro–[8]; Rafael Lapesa ha razonado agudamente que «el hecho de que autores y copistas no generalizasen sus espontáneos usos dialectales muestra cómo la recitación de poemas épicos, ya secular entonces, había afirmado el predominio del castellano sobre sus vecinos laterales, que desde el primer momento evitan manifestarse plenamente en la literatura»[9]. La presente evidencia apuntada por Lapesa no debe quedar en olvido.

Una clerecía sin pecado

Mester es «sen peccado», nos dice el *Alexandre*. Los diccionarios latinos y también Corominas indican que *peccare* significa tanto 'faltar, fallar', como 'pecar'; estamos pues ante una manera de hacer literatura que tiene por uno de sus rasgos el de no faltar o caer en error en la «quaderna vía», ni por lo que se refiere a las «sillauas cuntadas». Glosando esta misma expresión, Francisco Rico ha añadido que en contextos filológicos *peccare* tiene la acepción –desde la Edad Antigua hasta el Renacimiento– de 'faltar contra la métrica', 'vulnerar la prosodia', 'trabucar la gramática', y que por ende «en el pórtico del *Alexandre* «pecado» exhibe un fuerte valor de 'yerro en el *curso rimado*, en las *sílabas contadas*'»[10]; en efecto los dos hechos de poética propia sobre los que insiste el autor son la regularidad en la secuencia rimada y en la medida del verso.

Nicasio Salvador –por su parte– también apuntó en su día el sentido de 'composición poética libre de defectos' que posee el sintagma; otros comentaristas mantienen que el mismo encierra un doble sentido, a saber: el de 'obra de carácter moral' y el de 'obra erudita'[11]. No obstante el contexto de todo el tetrámetro se está refiriendo sólo a un problema de técnica literaria, de criterios

---

[7] Esta Nota junto con otras dos más ha aparecido bajo el título de «Lecturas» en *Epos*, 5 (1989), págs. 479–485.

[8] F. Marcos Marín, ed., *Libro de Alexandre*, Madrid, 1987, págs. 24–26.

[9] Rafael Lapesa, *Historia de la lengua española*, Madrid, 1985[9], págs. 203–204.

[10] Francisco Rico, *Primera cuarentena y Tratado general de literatura*, Barcelona, 1982, págs. 49–51.

[11] Carlos Alvar y Ángel Gómez Moreno, *op. cit.*, págs. 161 y 163, más el artículo de Nicasio Salvador allí mencionado.

compositivos del discurso, y por ello creemos que «sen peccado» quiere decir nada más que poética cumplida en sus rasgos de rima y de metro, mester que con regularidad cumple el artifico literario en que consiste su arte; por supuesto que esto fuese o no así en los textos concretos es algo que los estudiosos habrán de analizar y establecer.

El autor del *Alexandre* llama a su manera literaria «mester... de clerezía», vocablo el último que recoge las dos mismas acepciones que la palabra *clérigo*, es decir, 'miembro del clero' y 'hombre de letras', dado que –explica Corominas y resulta bien sabido– «en la alta Edad Media la gente de letras eran comúnmente miembros del clero»[12]; en realidad *clerecía* tiene por tanto los sentidos de 'conjunto de los sacerdotes' y de 'saber, conjunto de saberes'.

El mester de clerecía es así un ejercicio de sabiduría, teniendo en cuenta la segunda de las acepciones a que nos estamos refiriendo; Francisco López Estrada identifica tal sentido en los *Milagros* de Berceo (220a), y define la clerecía de la Edad Media en tanto cultura poseída por el individuo: «Entiendo por espiritualidad –escribe–, las creaciones de la actividad del espíritu cognoscitivo y sus implicaciones en la conciencia individual...; el término *clerecía* recoge el significado del grupo de clérigos como tal, y de su actividad espiritual en el sentido indicado»[13]. Por su parte en los *Milagros de Nuestra Señora* un especialista como Daniel Devoto testimonia para la voz *clerecía* las acepciones de 'conjunto de personas eclesiásticas que componen el clero' (30b), y también de 'número de clérigos que concurren con sobrepellices a una función de iglesia' (251a)[14].

Francisco Rico –en fin– ha insistido no ya en la acepción de 'repertorio de saberes' que tiene la palabra sino en la de 'estamento' (*Libro de Alexandre*, 2582b), o sea (diríamos nosotros) en la de calidad estamental de algunas gentes; «en una sociedad de complejidad progresiva –comenta Rico–..., la formación cultural tenía un precio, cumplía un papel y otorgaba una posición»[15].

«La vía quaderna»

El «curso» en el empleo de la prosa sabido es que consiste en el uso de «cadencias interiores» en la misma que la hacen rítmica[16]; etimológicamente *curso*

---

[12] *Diccionario crítico etimológico castellano e hispánico*, II, Madrid, 1980, pág. 100a.

[13] Francisco López Estrada, «Sobre la repercusión literaria de la palabra *clerecía* en la literatura vernácula primitiva», en las *Actas del I Simposio de Literatura española*, Salamanca, 1981, págs. 251–262. Lo mismo está también expuesto por el autor en su otro artículo «Mester de clerecía: las palabras y el concepto», *Journal of Hispanic Philology*, 3 (1978), págs. 165–174.

[14] Gonzalo de Berceo, *Milagros de Nuestra Señora*, versión de D. Devoto, Madrid, 1988[7]. El verso 220a lo da en castellano actual así: «Érase un simple clérigo que instrucción no tenía»; estar pobre de clerecía, significa pues no tener instrucción.

[15] Francisco Rico, «La clerecía del mester», *Hispanic Review*, 53 (1985), págs. 1–23 y 127–150 (pág. 127 y luego las págs. finales del artículo).

[16] Francisco López Estrada, *Poesía medieval...*, pág. 88.

es 'corrida, acción de correr'[17], y en nuestro caso 'secuencia': *fablar curso rimado* consiste pues en hacerlo de acuerdo con una secuencia organizada por la «quaderna vía».

El poeta del *Libro de Apolonio* dice en un momento:

nuestro curso sigamos e razón acabemos,

y Manuel Alvar interpreta en este contexto el vocablo como 'relato'[18]; Carmen Monedero da a *curso* el valor de 'poema'[19]. Isabel Uría y con ella Francisco Rico entienden la expresión *curso rimado* en tanto 'serie o sucesión de palabras dispuestas rítmicamente'[20].

Tenemos pues un significado latino originario de 'corrida', 'recorrido' que en nuestro caso quiere decir 'secuencia'; como además el tecnicismo del *curso* de la prosa añade la idea de 'ritmo', el pasaje del *Alexandre* puede interpretarse como 'fablar según una secuencia que tiene el ritmo métrico de la cuaderna vía'. El mismo significado de 'secuencia' tiene la palabra en el pasaje mencionado del *Apolonio*.

López Estrada ha propuesto incluso entender en su totalidad el verso tercero de esta estrofa segunda del *Alexandre*, advirtiendo que estamos así ante la expresión *curso rimado por la vía quaderna*; esta expresión propia de la retórica medieval hace que *curso* y *vía* tengan «el sentido de un sintagma o secuencia... cuya sucesión aparece ordenada mediante el uso de las rimas consonantes cuádruples que cierran cada uno de los versos de la estrofa»[21].

En efecto la métrica del arte literario clerical afirmó –se ha dicho– el sentido de la estrofa, y esto ha de interpretarse como uno de los rasgos de su poética propia[22]; la clerecía se propuso expresarse literariamente mediante una secuencia cuyo ritmo estaba originado en parte en la estrofa monorrima. Culturalmente incluso cabe ilustrar (lo ha sugerido Francisco Rico), que el *Libro de Alexandre* y la «quaderna vía» se hallan en concordancia con el canciller Diego García natural de Campos y su *Planeta*, texto que «concibe la tétrada como clave del universo y la aplica reiteradamente al análisis literario»[23]; en efecto el canciller menciona por ejemplo el himno «*Ave maris stella*» y explica así sus cuartetas: «Per singulos versus in quatuor clausulis fabrefactus... quia quadrata forma est plena et stabilis»[24].

---

17   Corominas, *Diccionario Crítico...* , II, pág. 209a.
18   Manuel Alvar, ed., *Libro de Apolonio*, Madrid, 1976, II, págs. 225 y 510.
19   Carmen Monedero, ed., *Libro de Apolonio*, Madrid, 1987, pág. 286. Esta editora no coincide con distintas lecturas de Alvar, y señala las que considera figuran en el manuscrito en págs. 90–92.
20   Francisco Rico, «La clerecía...», pág. 6 n., más las páginas de Uría que se mencionan allí.
21   *Poesía medieval...*, págs. 88–89.
22   Cf. Tomás Navarro Tomás, *Métrica española*, Madrid, 1972³, pág. 111.
23   «La clerecía...», pág. 6, más *El pequeño mundo del hombre*, Madrid, 1986², págs. 47 y sigs. y las páginas correspondientes a la «Posdata».
24   *Planeta*, ed. del P. Manuel Alonso, Madrid, 1943, pág. 337, pasaje recordado ya por Rico.

«Sillauas cuntadas»

Junto a la afirmación del sentido de la estrofa, otro rasgo de la poética de clerecía es el de la composición de un curso «a sillauas cuntadas»; don Tomás Navarro señaló el dato objetivo de que la juglaría atendió a los efectos del ritmo más que a la regularidad de la medida silábica, mientras el arte clerical fundamentaba su versificación «en el principio de la regularidad silábica heredado de la poesía latina medieval»[25]. Nosotros creemos que ambos hechos deben ser puestos en relación y deben quedar contrastados; en el sucederse de la serie literaria, la clerecía afirma su originalidad mediante una poética que se opone a la de los juglares por la medida silábica y el sentido estrófico.

El arte es un artificio que sucede y antecede en la historia a otros artificios con los cuales compite, y a costa de los cuales se propone afirmar su originalidad y su logro; en la serie de las letras medievales castellanas la poética no escrita de la juglaría y la más explícita de los clérigos contrastan y se oponen entre sí por rasgos formales determinados, además desde luego de por rasgos de contenido. Cuando los estudiosos se refieren por ejemplo a la dialefa practicada por el mester, están apuntando en efecto a un modo concreto de manifestarse la poética de las «sillauas cuntadas» que individualiza a la clerecía, e ilustran con otro caso cómo la Edad Media romance no resulta separable de la Edad Media latina.

Queda en fin que nos refiramos a la «grant maestría» del mester. El conocido verso del *Apolonio*

componer un romance de nueva maestría

ha sido interpretado como 'componer un poema utilizando los recursos de la nueva escuela poética'[26]. Estamos de acuerdo con entender *maestría* en tanto 'escuela poética', si bien el vocablo posee diferentes acepciones a lo largo del *Libro de Apolonio*[27]; en Berceo la palabra posee a su vez unas acepciones que por lo que se refiere a los *Milagros...* ha inventariado Daniel Devoto[28]. El *Alexandre* coincide en la estrofa segunda con uno de los sentidos con que usa el vocablo Berceo, el de 'destreza' o 'arte'; el ejercicio literario clerical está hecho con gran maestría, esto es, con gran destreza y acierto, sin «pecados» o errores en la composición del discurso y de acuerdo con una poética.

El mester o ejercicio literario de la clerecía se distingue pues del de la juglaría; está libre de faltas, o sea, está llevado a cabo con rigurosidad técnica y tiene la perfección que deriva de ella. La destreza de la escuela queda manifiesta

---

[25] Navarro, *op. cit.*, págs. 80 y 81.

[26] Alvar, *ed. cit.*, págs. 19 y 266.

[27] Cf. Manuel Alvar, «Apolonio, clérigo entendido», *Symposium in honorem prof. M. de Riquer*, Barcelona, 1984, págs. 51 y sigs. (pág. 60).

[28] *Ed. cit.*, pág. 188.

en un curso estrófico rimado por la cuaderna vía, y en las sílabas medidas según una poética o cómputo específico

Conclusiones

Queríamos habernos referido en estas páginas también a las poéticas castellanas del Cuatrocientos, e incluso habíamos preparado lo que íbamos a decir[29]; no obstante el espacio con que contamos no nos permite extendernos ya más. En los párrafos anteriores queda esbozado un análisis léxico, y quedan apuntadas algunas posturas técnicas varias de las cuales son:

1.   Los estudiosos de la historia de las ideas poéticas (y de las ideas lingüísticas), no deben olvidar los testimonios españoles medievales que poseemos; aquí hemos aludido a los castellanos, pero el ámbito peninsular todo deberá quedar considerado.

2.   Entendemos que el llamado «mester de clerecía» constituye la tradición coherente de una manera específica de hacer literatura, y que en tal sentido puede hablarse de él como de una escuela, un género o una modalidad literaria; estas denominaciones nos parecen compatibles e intercambiables, siempre que no perdamos de vista que con ellas nos referimos a un modo específico comprobable e historiable en la serie de las letras castellanas de la Edad Media.

3.   La estrofa segunda del *Alexandre* enuncia algunos de los rasgos y caracteres de la escuela, si bien un verdadero estudio de tal escuela no se tendrá hasta que no se haya analizado su trayectoria y el cumplimiento y los desvíos de la poética que a sí misma se dio.

4.   Aunque falta una demostración en detalle creemos que los indicios apuntan a que el *Libro de Alexandre* se escribió en dialecto leonés, y a que su fecha queda más cerca de la mitad que del comienzo del siglo XIII.

5.   Los rasgos de regularidad silábica y regularidad estrófica del arte clerical, constituyen otros tantos hechos de su poética que habrán de ser interpretados estéticamente en cuanto difieren y se oponen al modo de versificación que caracteriza a los juglares. Escribir –ya lo sabía Lope de Vega–, es escribir *contra*.

Personalmente quisiéramos que las páginas presentes fuesen una continuación de varios trabajos lexicográficos que venimos haciendo desde hace ya algunos años.

---

[29]   Véanse ya algunas cosas en *Literatura e historia de las mentalidades*, Madrid, 1987, cap. VI.

O lirismo e a emergência de subjectividade
(a propósito da pastorela de Joan Airas de Santiago)

Cristina ALMEIDA RIBEIRO

Como perdidas no vasto universo da lírica galego-portuguesa, tradicionalmente ordenado em função de três géneros maiores –a cantiga de amigo, a cantiga de amor e a cantiga de escárnio e maldizer–, surgem nos nossos cancioneiros medievais sete pastorelas, muitas vezes integradas, num gesto que ouso dizer demasiado fácil, na zona definida pelo primeiro desses géneros. Na introdução às *Cantigas d'Amigo dos trovadores galego–portugueses*, por exemplo, escrevia José Joaquim Nunes, a dado passo, que pelo «seu assunto podem as cantigas de amigo dividir–se em *alvas, bailadas* e *pastorelas,* como na lírica provençal, segundo descrevem cenas passadas ao romper do dia, se referem a danças ou narram o encontro do trovador com uma pastora.»[1]

O carácter controverso de semelhante afirmação –que parece fundar–se mais no desejo de encontrar uma classificação abrangente, e por isso mesmo cómoda e tranquilizadora, que na observação concreta dos textos– torna–se evidente a quem percorra as várias pastorelas que até nós chegaram e lembre o que na *Arte de Trovar* incluída no *Cancioneiro da Biblioteca Nacional* se diz sobre os modos de distinguir a cantiga de amigo da cantiga de amor. Na verdade, logo no início do que hoje conhecemos da referida *Arte* pode ler–se: «E porque algũas cantigas hy ha en que falam eles e elas outrosy, por en he bem de entenderdes se som d amor se d amigo, porque sabede que, se elles falam na prima cobra e elas na outra, [he d] amor por que se move a rrazon dele, como nos ante di[s]semos, e se elas falam na primeira cobra he outrosy d amigo; e se ambos falam em hũa cobra outrosy he segundo qual deles fala na cobra primeiro.»[2] Ora, se na pastorela de Airas Nunes é a voz feminina a que primeiro se faz ouvir, o mesmo não acontece na de Pedr'Amigo de Sevilha nem na de Joan Airas de Santiago, de que irei ocupar–me e onde é claramente a «rrazon» dele que se move, como mostra já a primeira parte do poema, preparatória do diálogo final, em que é ainda a voz dele a primeira a

---

[1] José Joaquim Nunes, *Cantigas d'Amigo dos trovadores galego–portugueses*, I, Coimbra: Imprensa da Universidade, 1926, pág. 13.

[2] Não deixa de ser curioso observar como a diferenciação dos géneros se faz aqui pelo primado da voz.

surgir[3]. Quer isto dizer que a pastorela, atendendo à forma como nela se inscrevem as vozes feminina e masculina, parece oscilar entre a cantiga de amigo e a cantiga de amor, tornando–se assim impossível aproximá–la de maneira categórica e exclusiva de um desses géneros. Uma tal oscilação, encarada à luz da consciência de que cada género deve definir–se a partir da valorização das suas constantes e da secundarização das suas variáveis, aponta para a autonomia da pastorela –que tem vindo, aliás, a ser reconhecida–, como género caracterizado em função de elementos temáticos que lhe permitem encenar o «encontro do trovador com uma pastora», ou, mais rigorosamente talvez, o suposto encontro, com uma pastora imaginada, do sujeito de enunciação, ser fictício criado pelo trovador/autor para viver como voz, o qual, falando de algo que apresenta como experiência pessoal, adquire uma maior espessura e se constitui como sujeito do enunciado[4].

Mas a observação de um texto como o de Joan Airas, alertando–nos, por um lado, para a autonomia da pastorela no quadro poético de que os cancioneiros galego–portugueses dão testemunho, convida–nos, por outro lado, na sua estrutura em parte narrativa e em parte dramática, a uma reflexão acerca do lirismo, esse lirismo de que tão facilmente se fala, mas que é, por vezes, tão difícil de situar e definir.

Claramente assente numa base de memória[5] –ainda que esta seja fictícia, porque fictícia é a entidade que recorda–, a composição inicia–se com a recriação

---

[3]   Devo admitir que entre as composições designadas por pastorelas algumas há que se configuram, de facto, como cantigas de amigo –casos da de Dom Dinis («Ũa pastor bem talhada») e da de Dom Joam Peres d'Avoim («Cavalgava noutro dia»)–, mas essas não constituem, em meu entender, verdadeiros exemplos do género, com o qual mantêm uma relação artificial, construída a partir duma alusão breve que não chega a ser trabalhada ou o é incoerentemente, já que se não tira partido da circunstância de a mulher evocada ser uma pastora. Não creio, por outro lado, que, atendendo à escassez destas composições nos nossos cancioneiros e à variedade que, apesar disso, se regista nelas, seja possível determinar qualquer especificidade da pastorela peninsular. Assim, os três textos a que me refiro –«Oí'oj'eu ũa pastor cantar», «Quand'eu um dia fui em Compostela» e «Pelo souto de Crecente»– são aqueles que, por serem os únicos a aproximarem–se da matriz de além–Pirinéus, me parecem poder ser considerados, a justo título, como pastorelas.

[4]   Não será despropositado lembrar, desde já, uma afirmação importante de Zumthor acerca da natureza e função deste *eu* que habita os textos líricos: «je sert de 'thème', au sens musical du mot, instaurant, à la fois dans sa grammaticalité et dans ses motivations sémiques, le discours; soutenant ses modulations et fournissant le point d'origine à son énergie dramatique.» (Paul Zumthor, «Le *je* de la chanson et le moi du poète», in *Langue, texte, énigme*, Paris: Seuil, 1975, págs. 181–196, pág. 188.)

[5]   A alguns esta verificação bastaria talvez para classificar o texto como lírico. Lembro que, segundo Käte Hamburger, «partant des concepts formels traditionnels, Emil Staiger découvre de nouvelles possibilités d'interprétation du littéraire lorsqu'il transforme le lyrique, l'épique et le dramatique, pour en faire les cristallisations d'attitudes psychiques fondamentales: le souvenir, la représentation et la tension.» (Käte Hamburger, *La Logique des genres littéraires*, Paris: Seuil, 1986, pág. 23.) Uma tal distinção, que aqui surge a título de exemplo e por associação com a palavra «memória», gera tantas dúvidas e tantas interrogações que se torna esclarecedora quanto à dificuldade de delimitação absoluta dos géneros. Alguns exemplos: poderá acaso afirmar–se que *só* o lirismo é capaz de cristalizar a recordação e que essa é a *única* atitude que ele pode registar? Não poderá um texto

de um ambiente aparentemente propício ao encontro de dois amantes. Notações espaciais (v. 1), temporais (v. 9) e espacio–temporais (vv. 6–7) permitem esboçar o cenário em que as duas personagens se encontram: entre árvores, junto do rio, à luz difusa do alvorecer... Aí se recorta a imagem da figura feminina, que, começando por ser apenas objecto de observação do sujeito, cedo se transforma em objecto de desejo. Sob a influência do espaço em que se move, a pastora age na ilusória certeza de estar «muit'alongada de gente» (v. 3), o que explica que, despreocupada, ela ande «alçando voz a cantar, /apertando–se na saia» (vv. 4–5). O gesto, o canto são os seus únicos atributos. Tudo o que podia levar a uma caracterização mais exacta é elidido e, portanto, ela é apenas um vulto mal definido, participando de uma indefinição generalizada, que marca também o ambiente que a enquadra. Não obstante, e talvez até, em parte, por isso mesmo, a pastora exerce uma espécie de fascínio sobre aquele que a olha. Por um lado, porque tudo o que tem em si um fundo de mistério é um desafio constante à descoberta; por outro, porque o canto da mulher que passeia entre as árvores é facilmente homologado ao das aves que voam entre os ramos: uma e outras cantam, pois, de amor e assim se produz, ou se acrescenta, o sortilégio a que ninguém pode escapar (vv. 12–14)[6]. Por estas razões, a personagem feminina torna–se, inadvertidamente, responsável pela mudança qualitativa operada na sua ainda insuspeitada relação com o sujeito. A aproximação que este dela fizera, através do olhar (explicitado no v. 2) e do ouvido (implícito no v. 4), torna–se insuficiente: já não basta observar; agora interessa possuir, porque a pastora deixou de ser apenas o objecto que se vê para passar a ser também o objecto que se deseja.

Dominado pela magia do momento, mas ambicionando, ao mesmo tempo, mais do que aquela atitude meramente contemplativa, o sujeito hesita entre correr e não correr riscos. Os versos 15 e 16 são um bom exemplo desse estado de espírito: mexer–se, falar podem equivaler a quebrar o encanto e à perda total, uma vez que essas acções implicam uma alteração do equilíbrio subjacente à cena e ancorado no desconhecimento, por parte da pastora, da presença do estranho que a olha, nomeadamente porque podem fazer intervir o preconceito de carácter social, até então ausente. É por isso que se quer e não se ousa... E, enquanto isto acontece, há um estado de tensão que se agudiza e equivale à instalação, no texto, das primeiras marcas de dramaticidade.

Uma situação conflitual, íntima, primeiro, interpessoal, depois, substitui, no espaço textual, a harmonia até então evidenciada, contrastando com ela. Deste modo, por corresponderem ao encerramento de um processo e à abertura de outro, os versos que, na terceira copla, precedem o diálogo tornam–se um lugar de

---

lírico ser, por exemplo, mais do que espaço de recordação, espaço de projecção de um desejo insatisfeito? E, mesmo admitindo que um longo e rigoroso trabalho acabe por provar que lirismo e recordação se correspondem inequivocamente, será esse o traço distintivo do género, na sua comparação com o épico? Não se alimenta este de uma memória colectiva? E não será a memória ainda um modo de representação?

[6] O sujeito parece aqui diluir–se pela integração no indefinido presente no final da segunda copla, o que faz parte de um processo valorativo do objecto do seu olhar.

transição, em que convergem elementos narrativos e dramáticos. Neles se retoma a narração, iniciada no v. 2 e logo interrompida pela descrição. De mero espectador («vi»), o sujeito passa, transposta a fase da indecisão («quis falar e non ousei»– v. 16), a actor («dix»– v. 17). Falar é, aqui, agir, deixar de hesitar. O que não significa que os temores tenham sido inteiramente vencidos. Assumir a palavra é, antes, assumir o risco; e a consciência disso está presente em «empero dix'a gran medo» (v. 17), elucidativo quanto à conciliação do receio e da ousadia, explicável talvez pelo facto de, no íntimo, se acreditar nas possibilidades de concretização do desejo.

A mesura, utilizada na fala dirigida à pastora e consistindo, fundamentalmente, no anúncio, pela figura masculina, da sua subordinação à vontade da interlocutora, embora traduza as contradições existentes no sujeito, pretende, acima de tudo, funcionar como elemento de persuasão, fazendo com que o querer da personagem feminina se identifique com o querer desse mesmo sujeito. Todavia, a reacção a este estímulo vai ser, como em parte se temia, a que as regras sociais impõem. Convertida em fala, a voz da pastora perde o valor euforizante, que tinha enquanto canto, e torna–se elemento de disforia. As suas palavras evidenciam a submissão aos códigos vigentes, com particular incidência, naturalmente, nos de carácter social –note–se o medo dos outros e das suas suposições e censuras (vv. 26–28)–, mas também com breve e indirecta alusão aos de carácter religioso –o pedido feito ao «Senhor» que naquela manhã a surpreendeu é reforçado pela invocação de Santa Maria (v. 22), que, no seu propósito injuntivo, faz dela garante da obtenção do bem desejado, neste caso a recuperação do isolamento e a salvaguarda da própria reputação.

O diálogo entre as personagen reafirma, pois, a tensão já existente, introduzindo–lhe uma variante: havia, primeiro, um sujeito desdobrado em função de dois predicados opostos –querer e (não) poder; agora, o problema prevalece, mas havendo, dum lado, o mesmo sujeito, definido apenas pelo querer, e, do outro, um sujeito diferente, dominado apenas pelo poder, que se entende aqui numa dimensão ética, assimilado a dever. Do confronto resulta a verificação de uma incompatibilidade e a persistência de uma situação potencialmente dramática, que se resolve –ou se ilude– no significativo silêncio a que o sujeito se remete, depois de, por alguns momentos, ter dado voz e vida às duas personagens, e que assinala, com a sua derrota, o seu apagamento ou, simbolicamente, a sua morte.

Falei, com alguma demora, da presença de elementos narrativos e dramáticos no texto, mas nada disse ainda sobre os seus traços líricos. E isto depois de ter percorrido toda a composição e incluído todos os seus versos num daqueles dois grupos. Onde está, afinal, o lirismo? Como localizá–lo? Como reconhecê–lo?

São conhecidas as dificuldades de há muito sentidas na caracterização dos géneros literários –as definições hoje propostas revelam–se amanhã, independentemente do projecto teórico que as sustenta, insatisfatórias, por não darem conta, de forma decisiva, das oposições entre eles nem dos traços distintivos de facto pertinentes na sua análise. E essas dificuldades são particularmente evidentes no que ao género lírico diz respeito, já que o lirismo se mostra, en geral, demasiado difuso para permitir uma compartimentação e uma etiquetagem inequívocas.

A pastorela de Joan Airas, mostrando a possibilidade de articulação do lírico com o narrativo e com o dramático, confirma também ter o lirismo uma presença difusa, aqui ao longo de toda a superfície discursiva, e sugere relevar ele mais do sensível que do racional, de tal modo se apresenta como fixação de um fragmento temporal específico a que se associa uma determinada emoção que o valoriza e em função da qual o próprio sujeito se constrói. Na verdade, se, apesar da sua configuração narrativo–dramática, este texto pode ser qualificado como lírico, é porque se apresenta como expansão de uma subjectividade que nasce e se esgota no discurso que produz.

Cabe aqui salientar o perigo que representa, em muitos casos, a fusão, que uma atitude biografista sempre tende a fazer, do autor com o sujeito lírico, tornando este fiel depositário da experiência de vida daquele. Esse perigo é mais óbvio quando, como no quadro da literatura dita cortês, em que a poesia galego–portuguesa pode situar–se, cada novo poema se inscreve num vasto universo convencional, amplamente codificado, onde o espaço reservado ao indivíduo é mais do domínio da arte que do domínio da vida[7]. De regra, ao construir uma situação susceptível de ser entendida como de ordem referencial, o poeta limita–se a «investir de son *moi* un lieu–commun registral. [...] Ce qui pendant assez longtemps encore, restera étranger au discours poétique 'courtois' c'est son investissement par un sujet concret, riche de ses expériences et lourd de ses secrets.»[8]

Não se entenda, porém, que a não coincidência entre trovador e sujeito lírico põe em causa a noção de subjectividade que há pouco considerei central na identificação do lirismo. Na urdidura do texto emerge um *eu* que adquire, pela voz, o estatuto de sujeito e o consolida pela relação peculiar que mantém com o objecto do seu discurso, que vive por ele e pelo qual ele vive, que ele constrói, construindo–se. «Le fait que nous connaissions et éprouvions le poème comme le champ d'expérience d'un sujet d'énonciation (et seulement comme tel) tient à ce que son énonciation n'est pas dirigée vers le pôle–objet, mais au contraire que son objet est absorbé dans la sphère d'expérience du sujet»[9], o qual se projecta e revela na construção, sempre filtrada pela afectividade, que dele faz.

---

[7]   Lembra Käte Hamburger que o processo característico da enunciação lírica «revêt assurément des formes indéfiniment différenciées, ces différentiations correspondant aux infinies possibilités de l'énonciation lyrique et des oeuvres d'art qu'elle produit.» (Käte Hamburger, *op. cit.*, pág. 217.)

[8]   Paul Zumthor, *op. cit.*, pág. 188.

[9]   Käte Hamburger, *op. cit.*, pág. 254.

Notas sobre el providencialismo en Juan de Mena y el Marqués de Santillana

Álvaro ALONSO

En la tradición crítica de Juan de Mena, es ya frecuente deslindar dentro del *Laberinto* dos visiones diferentes de la Fortuna, que el poeta no habría sido capaz de armonizar de forma satisfactoria. Por un lado, estaría la doctrina cristiana, y más específicamente dantesca, de la Fortuna como «general ministra e duce» de Dios, es decir, como mayordomo encargado de desplegar en el mundo los planes divinos; por otro, la idea de la Fortuna como fuerza arbitraria o maligna, que actúa al margen de una voluntad superior[1].

Aunque ambos puntos de vista suelen enfrentarse como cristianismo y paganismo[2], no creo que el segundo sea incompatible con la idea ortodoxa de Providencia. En un conocido pasaje de la *Suma Teológica*, Santo Tomás se pregunta *utrum voluntas Dei semper impleatur*; y contesta recurriendo a la distinción escolástica entre voluntad antecedente, que considera los hechos en sí mismos, y voluntad consiguiente, que toma en cuenta también sus consecuencias y sus implicaciones. Con voluntad antecedente, razona Santo Tomás, Dios no desea la enfermedad, el sufrimiento o el pecado, pero los quiere o los tolera con voluntad consiguiente, en vista de un bien mayor[3]. De manera que el mal, y su encarnación, la Fortuna, están y no están sometidos a la voluntad divina; la contrarían en cierto modo, y la realizan en otro, de la misma forma que la operación que ha de devolverle la salud contraría y satisface simultáneamente al enfermo. La doble visión del *Laberinto* refleja un conflicto familiar en el interior de la propia filosofía cristiana, y no un choque de tradiciones culturales diferentes.

---

[1]   María Rosa Lida de Malkiel, *Juan de Mena, poeta del Prerrenacimiento español*, México: El Colegio de México, 1950, pág. 22 y sigs.; Rafael Lapesa, «El elemento moral en el *Laberinto* de Mena: su influjo en la disposición de la obra», recogido en su *De la Edad Media a nuestros días. Estudios de historia literaria*, Madrid: Gredos, 1982, págs. 112–122; Otis H. Green, «Sobre las dos Fortunas: de tejas arriba y de tejas abajo», en *Studia Philologica. Homenaje ofrecido a Dámaso Alonso*, II, Madrid: Gredos, 1961, págs. 143–154. Del mismo autor puede verse también *España y la tradición occidental. El espíritu castellano en la literatura desde «El Cid» hasta Calderón*, II, Madrid: Gredos, 1969, pág. 332.

[2]   Cf. Howard R. Patch, «The Tradition of the Goddess Fortuna in Medieval Philosophy and Literature», en *Smith College Studies in Modern Languages*, III, 4 (1922), págs. 177–235.

[3]   *Suma teológica*, 1, q. 19, a. 6.

No obstante, es cierto que el poeta destaca demasiado una de las dos caras del problema; enfatiza los aspectos más pesimistas del cristianismo, pero apenas insinúa su necesario contrapeso optimista. Las afirmaciones sobre la racionalidad última del mundo son escasas en la obra, y su importancia se ve rebajada además por razones de tipo estructural. Podemos considerar el texto de la *Comedieta de Ponça* como útil término de comparación. La *Comedieta* empieza presentando unos acontecimientos desdichados –la derrota de los aragoneses y la muerte de la madre de los vencidos– y sólo a continuación explica que todo ha ocurrido según los designios de Dios, que deben ser aceptados resignadamente. En el *Laberinto de Fortuna*, por el contrario, las reflexiones sobre la omnipotencia divina corresponden a las estrofas iniciales –entre la 20 y la 28 aproximadamente[4]– y a continuación se presentan una serie de hechos trágicos, precisamente en lo que tienen de más incomprensible o aparentemente injusto: la muerte de Lorenzo Dávalos, o el fracaso y la muerte del Conde de Niebla. El poema del Marqués de Santillana explica que el mal existe en el mundo, pero que a última hora todo ocurre según la voluntad divina; el *Laberinto* expone también esas dos ideas, pero lo hace en el orden inverso: todo ocurre según la voluntad de Dios, pero el mal existe en el mundo. Incluso en un resumen tan esquemático de los dos textos, se advierte que ambos producen un efecto muy diferente; la impresión que deja el de Mena es la de la arbitrariedad de la Fortuna, mientras que en el de Santillana la nota final y más intensa corresponde a la justificación religiosa del sufrimiento. La forma en que está organizada la obra es aquí decisiva, y de ella depende, al menos en parte, el carácter más sombrío del *Laberinto* en comparación con el poema de Santillana.

Hay además en la obra de Mena algunas afirmaciones específicas de una interpretación dualista. Así, por ejemplo, la copla 25, en la que el poeta, arrebatado al palacio de la Fortuna, encuentra a la Providencia y la saluda con estas palabras:

> suplico tú seas la mi guiadora
> en esta grand casa que aquí nos paresçe,
> la cual toda creo que más obedesçe
> a ti, cuyo santo nombre convoco,
> que non a Fortuna, que tiene allí poco,
> usando de nombre que no l'pertenesçe[5].

Estamos aquí muy lejos del dócil ministro de Dios al que se refiere Dante. Más bien, el giro de toda la frase –«que tiene allí poco, / usando de nombre que no l'pertenesçe»– sugiere que la Fortuna es una impostora, violentamente derrotada por la Providencia[6]. Pero después de todo, muchas formas de pensamiento dualista

---

4   Como excepción podría mencionarse la copla 280, pero probablemente es demasiado lacónica en la exposición de la idea.

5   Cito por Juan de Mena, *Laberinto de Fortuna*, ed. Louise Vasvari Fainberg, Madrid: Alhambra, 1976.

6   Cf. Juan de Dios Mendoza Negrillo, *Fortuna y Providencia en la literatura castellana del siglo XV*, Madrid: Real Academia Española, 1973, pág. 82 y sigs. Quizá la formulación de Mena más

han admitido también esa victoria del principio del bien, más poderoso que el mal, que se le opone[7]. Lo importante en la ortodoxia cristiana es que esa batalla entre uno y otro es una falsa batalla, ya que su desarrollo, y su desenlace, ha sido previsto y consentido por Dios desde toda la eternidad. El texto de Mena guarda silencio sobre ese punto, doctrinalmente decisivo, pero demasiado técnico para que encontrara cabida en un poema de la índole del *Laberinto*. A falta de esa aclaración, el pasaje puede ser interpretado de forma ortodoxa, pero también de una forma dualista; más aún, en una lectura ingenua se tiene la impresión de un forcejeo demasiado largo entre Providencia y Fortuna, de una voluntad divina que se impone demasiado trabajosamente para las exigencias de un providencialismo estricto.

De manera que las afirmaciones de la omnipotencia de Dios en el *Laberinto* resultan confusas y poco relevantes, y de ahí deriva la sensación de extrañeza que produce el texto. La arbitrariedad de la Fortuna es la expresión alegórica de una filosofía pesimista, que concibe la realidad como algo imprevisible, amenazador o injusto. No hay nada anticristiano en esa doctrina, como no lo hay en cualquier ascetismo, a condición de que no atribuya un valor absoluto a esos predicados negativos. A última hora (con voluntad consiguiente, diría la escolástica), Dios ha querido este mundo, que es creación suya, y que como tal debe ser aceptado. La actitud cristiana con respecto a la realidad recuerda a la que quería Pascal con respecto al hombre: «S'il se vante, je l'abaisse; / s'il s'abaisse, je le vante...»[8]. De modo análogo, Jean Delumeau ha recordado que lo macabro no es, en principio, un fin en sí mismo: los autores describen la muerte y la corrupción del cuerpo, pero sin olvidar la inmortalidad del alma, o precisamente para destacarla mejor.

Ahora bien, ocurre en muchos casos que el espectáculo inicial se autonomiza, y se desvirtúa así su significado religioso. Las descripciones macabras se convierten en meros ejercicios de sadismo, o en invitaciones a disfrutar de este mundo: «On ne manie pas sans danger l'arme du macabre»[9]. La situación es paralela con respecto a la Fortuna. Destacar su poder, como destacar el de la muerte, no equivale a debilitar el cristianismo en nombre del paganismo, y puede incluso servir para fortalecer ciertas actitudes ascéticas. Pero siempre habría de quedar claro a) que la Fortuna se encuentra en última instancia sometida a Dios (a su voluntad consiguiente); b) que esa sumisión no es el resultado de un enfrentamiento en el sentido habitual del término: cualquier acción de la Fortuna, cualquier deficiencia en la creación, ha sido prevista por Dios desde siempre y

---

cercana a Dante es la de la copla 280, que ya he mencionado, y que describe así la muerte de don Enrique: «que en adolecençia / la teja, o Fortuna, mató en Palençia, / e sobre todo divina ordenança». Aquí nada induce a pensar en una pugna entre Providencia y Fortuna, sino más bien en una pacífica jerarquía entre ambas.

[7]   Por ejemplo, René Nelli, *La philosophie du catharisme. Le dualisme radical au XIIIe siècle*, París: Payot, 1975, especialmente lo referido a escatología.

[8]   Cito por Blaise Pascal, *Pensées*, I, ed. Michel Le Guern, París: Gallimard, 1977, pág. 111.

[9]   Jean Delumeau, *Le péché et la peur. La culpabilisation en Occident (XIIIe–XVIIe siècles)*, París: Fayard, 1983, pág. 128.

tolerada por Él. Como he intentado mostrar, ninguno de esos dos puntos queda suficientemente claro en la obra de Mena.

Las cosas se presentan de manera muy distinta en la *Comedieta de Ponça*. Santillana no deja de explicar una y otra vez que todo ocurre según la voluntad de Dios, y asigna a esas afirmaciones un lugar destacado en el texto: primero se presentan los acontecimientos por su lado más desfavorable, y sólo después por el de su justificación religiosa. Son bien conocidas las palabras del Marqués, según las cuales «comedia es dicha aquella cuyos comienços son trabajosos e tristes, e después el medio e fin de sus días alegre, gozoso e bienaventurado...»[10]. Su *Comedieta* cumple ese precepto de manera muy sutil, ya que lo que ofrece es una interpretación final de los hechos más favorable que la del principio. El desenlace feliz de la obra consiste en el hallazgo de un sentido para el mal, más que en su desaparición; tras unos «comienzos trabajosos e tristes» se relatan unos hechos «alegres e bienaventurados», pero sobre todo se descubre la significación profunda, y tranquilizadora, de esos mismos comienzos. Que el descubrimiento ocurra al final de la obra es lo que la convierte en una comedia, según la caracterización del propio Santillana.

Por otro lado, no hay en el poema afirmaciones que sugieran una visión dualista. Es Santillana, y no Mena, quien sigue más de cerca las ideas del canto VII del *Infierno*, presentando a la Fortuna como delegada de la Providencia y no como rival suya. Con ello desaparece la idea de que el mundo se encuentra dividido entre dos principios, uno del mal y otro del bien; más aún, desaparece incluso el lado dramático del providencialismo cristiano. La divinidad ha dejado de tener rivales, incluso los condenados al fracaso de la teología ortodoxa.

Así, el tono de las dos obras es diferente, y también lo es su propuesta moral. Si Providencia y Fortuna están enfrentadas, es legítimo, y hasta obligado, oponerse a la segunda, como hace don Álvaro en el *Laberinto*. Por el contrario, allí donde ambas casi se identifican, sólo cabe aceptar sus designios. Energía y resignación son los dos caminos que escogen Mena y Santillana, como consecuencia de sus respectivos planteamientos teológicos. O quizá sea más cierta la afirmación inversa; uno y otro adoptaron ideas teológicas diferentes, justamente porque quisieron defender dos sistemas morales distintos.

Puesto que la *Comedieta* es una obra indudablemente providencialista, resulta legítimo preguntarse de qué forma justifica la existencia del mal. La tradición cristina apela frecuentemente al misterio, postula una bondad general del mundo, cuyos mecanismos concretos escapan, no obstante, a nuestra capacidad de comprensión. Debemos creer que las cosas obedecen a unos designios justos y sabios, por más que la evidencia parezca desmentirlos.

Sin embargo, Santillana no se limita a ese acto de fe, e intenta una explicación precisa de la derrota aragonesa. Según explica la propia Fortuna, el creciente poder del rey y sus hermanos amenazaba un equilibrio político que Dios ha querido restaurar mediante la batalla:

---

[10]   Cito siempre por la edición de *Obras Completas* de Ángel Gómez Moreno y Maximilian P. A. M. Kherkof, Barcelona: Planeta, 1988, pág. 436.

> Por cierto Levante ya dava gemidos,
> e todas las Galias e gentes d'Ungría,
> e se me quexavan los del Mediodía
> assí commo pueblos del todo vençidos[11].

No obstante, resulta dudoso que esos argumentos pudiesen satisfacer a los vencidos, y Santillana parece haberlo intuido. Hay un pasaje en la *Lamentaçión de Spaña fecha por el Marqués de Santyllana* en el que el autor presenta un panorama muy sombrío de la época, y anuncia un futuro todavía peor. Pero aun cuando el tiempo mejore las cosas, nada podría compensar a la generación presente de su fracaso:

> e puesto que algunas bienaventuranças te sean advenideras, e las tus glorias en último grado permanezcan [...] esto ¿qué pro terná a los que feneçieron en los tus tan odiosos trabajos e non fueren parçioneros a las tus tan maravillosas bienaventuranças?[12].

Hay en ese texto una impaciencia por la felicidad inmediata, o casi inmediata, y una negativa a justificar el sufrimiento en términos históricos. Como los males personales son absolutos, no puede redimirlos un futuro colectivo, por brillante que sea.

En la *Comedieta de Ponça* las ideas no se expresan de forma tan clara, pero la Fortuna termina profetizando la liberación y los futuros triunfos de los hermanos derrotados, como si desconfiara de consuelos más genéricos. También aquí Santillana parece creer que los argumentos basados en la historia son demasiado abstractos para resultar eficaces, o al menos suficientes. No hay otra salvación que la salvación individual, ni necesidad más urgente que la de una Providencia capaz de asegurarla.

---

[11]   *Ed. cit.*, vv. 917–920.
[12]   *Ed. cit.*, pág. 413.

Indicios de un auto de pastores en el siglo XV

Ana María ÁLVAREZ PELLITERO
Universidad de Salamanca

Mi comunicación se propone un doble objetivo. En primer lugar, dar noticia de una copia del siglo XV, hasta hoy, creo, desconocida, en las *Coplas de Vita Christi*, de Iñigo de Mendoza. Se halla en un *Cancionero* manuscrito que perteneció al Colegio Mayor de Cuenca y que en nuestra Biblioteca Universitaria lleva en la actualidad el número 2.139. En la descripción que de este *Cancionero* se hace en el excelente *Catálogo–Indice* de Brian Dutton[1] la copia ha pasado desapercibida, sin duda debido a que la transcripción de la primera copla de la *Vita Christi*, «Aclara sol divinal», sigue en el folio, sin título ni preámbulo alguno, al *Doctrinal de Privados* del marqués de Santillana. El mismo *Cancionero*, un volumen a todas luces facticio, contiene una copla de la *Vita Christi*, (folios 21r a 22v), ésta sí reseñada en el Catálogo. Es la primera, hasta este momento, que yo sepa, no reseñada, la que ahora me importa. Su cotejo con las distintas copias manuscritas que de la *Vita Christi* se conservan, excede con mucho las limitaciones propias de una comunicación y espero publicarla en breve por extenso. Me limito, por ello, a facilitar aquí una nota anticipativa del interés que, a mi juicio, encierra.

Rodríguez Puértolas conjetura razonablemente la existencia de tres redacciones sucesivas de la *Vita Christi*, cada una de las cuales vendría a constituir «un diferente estado de la evolución del texto, que culmina definitivamente con la impresión de 1482», la príncipe de Centenera en Zamora[2]. Los códices que, según él, contienen las copias de una primera redacción son: a) el Cancionero de Oñate–Castañeda, dado por perdido durante mucho tiempo, hasta que apareció a la venta en pública subasta celebrada en Londres y hoy en posesión del profesor Edwin Binney; a₁) el Ms. de la Biblioteca Nacional de París, Esp.–305, antiguo 8.165; a₂) el Ms. Egerton–939 del British Museum; a₃) y, finalmente, un manuscrito que estaba en poder, al parecer, de Eugenio Montes y del que Dámaso Alonso anotó las variantes respecto del texto impreso[3].

---

[1] *Catálogo Indice de la Poesía Cancioneril del Siglo XV*, Madison, 1982, pág. 122–123.

[2] Julio Rodríguez Puértolas, *Fray Íñigo de Mendoza y sus «Coplas de Vita Christi»*, Madrid: Gredos, 1968, pág. 84.

[3] Da noticia de ello en su estudio «La fragmentación fonética peninsular», aludiendo a «curiosas variantes de la *Vita Christi en coplas* según un manuscrito del siglo XV, en las cuales la reprobación de los vicios, característica de este poema, se hace nombrando expresamente como

A estas cuatro copias manuscritas de la primera redacción de la *Vita Christi* —las mismas que en su edición crítica, posterior a la de Rodríguez Puértolas, reseña Massoli[4]— es preciso añadir ahora ésta de la que doy noticia, que, en atención a la continuidad de método en el proceso investigador, podríamos denominar a_4).

Acabo de aludir a su interés específico y, como muestra, quiero fijarme —y es éste el segundo objetivo, específico, de mi comunicación— en las tan conocidas coplas pastoriles de la *Vita Christi*. La crítica se ha referido a la relación que guardan con los autos de pastores, a su vez ligados a los más antiguos tropos litúrgicos[5]. Todos, en efecto, recordamos cómo sobre la pauta de la *Visitatio Sepulchri* —«Quem quaeritis in sepulchro...»— se construyó muy pronto un *Oficcium pastorum*. Un clérigo, vestido de ángel pregunta, junto al altar–pesebre, a otros clerizones que llegan vestidos de pastores: «Quem quaeritis in praesepe, pastores, dicite». A lo que éstos contestan: «Salvatorem Christum Dominum, infantem pannis involutum, secundum sermonem angelicum». Y el ángel responde: «Adest hic parvulus cun Maria matre sua [...]»[6]. Este tropo, germen de lo que iban a ser los Autos pastoriles, constituiría el primer estadio reducido a ese escueto diálogo cantado y estrictamente ceñido al texto evangélico. La teatralidad era mínima.

Un segundo estadio iba a suponer la ampliación de la representación con la introducción de otra escena, la del anuncio del ángel a los pastores, que en el tropo sólo era implícitamente mencionado en la frase «secundum sermonem angelicum». Documenta la existencia de este segundo estadio, el conocido texto de las Partidas: «... pero representación ay que pueden los clérigos fazer, asi como de la nacencia de Nº Sr. Jesu Christo en que *muestra como el angel vino a los pastores e como les dixo que era Jesu Christo nacido...*»[7]. El hecho de que el tenor del texto alfonsí

---

personajes del momento al rey don Enrique, al duque [de Alburquerque] y a otros magnates del período anterior a 1474». *Enciclopedia Lingüística Hispánica*, I, Suplemento, Madrid, 1962. Sin llegar a ver el manuscrito, Rodríguez Puértolas pudo consultar las notas para su edición.

[4]   Marco Massoli, *Fray Íñigo de Mendoza: Coplas de Vita Christi*, Messina–Ferenze, 1977. En mis referencias al texto impreso por Centenera sigo esta edición.

[5]   Ya Menéndez Pelayo consideraba el texto de Fray Íñigo «perfectamente representable» (*Antología de Poetas Líricos Castellanos*, II, Edición Nacional, 1944, pág. 68). Bonilla y San Martín, tras calificar este fragmento de la *Vita Christi* como «égloga de la Natividad», especifica que está formado por «unas cuantas coplas, que si bien no debieron escribirse para ser representadas, constituyen una verdadera égloga de tanta condición dramática como otras de Juan del Encina o de Lucas Fernández». Y añade: «claro es que apenas existe movimiento dramático; pero no es mayor la acción [...] en obras que real y positivamente se representaban» (*Las Bacantes o del origen del teatro*, Madrid, 1921, págs. 89 y sigs.). J. P. Wicherscham Crawford considera a fray Iñigo un precursor de Encina: *Spanish Drama before Lope de Vega*, Londres, 1937, pág. 7. Más recientemente ha analizado la relación con las dramatizaciones rituales Charlotte Stern en su artículo «Fray Iñigo de Mendoza and Medieval Dramatic Ritual», *Hispanic Review*, 33 (1965), págs. 197–245.

[6]   Richard Donovan, *The Liturgical Drama in Medieval Spain*, Toronto Pontifical Institute of Medieval Studies, 1958, pág. 91. El texto pertenece a un Troprario de Ripoll, de los siglos XII–XIII.

[7]   *Part.* I, Tít. VI, ley 35.

coincida con un decreto de Inocencio III y con su glosa[8], puede, a lo más, resultar ambiguo, como se ha dicho[9], en cuanto testimonio probatorio de que tales representaciones se hiciesen en Castilla por entonces; pero de ningún modo invalida –y es lo que aquí nos importa– la prueba de existencia de un esquema conocido de representación navideña, claramente ampliado respecto del esquema de los Tropos conocidos. La falta de otros testimonios no nos permite conocer en detalle el desarrollo escénico de esa ampliación del tropo básico con el anuncio del ángel. Pero, teniendo en cuenta que el propósito de la norma es atajar los abusos profanos en las representaciones que se hacían en los templos, podemos conjeturar con toda justicia que la pauta que se proponía era la de un desarrollo muy ceñido, en la misma línea de los tropos, a la narración evangélica.

El período del gótico comportará, en las representaciones navideñas, un tercer estadio. La espiritualidad y el arte ponen entonces énfasis en el culto a la humanidad de Cristo: baste recordar, por ejemplo, la animación que en la plástica experimentan las hieráticas figuras del arte románico. Un papel primordial desempeñan, en este punto, los franciscanos. Es bien sabido cómo el propio Francisco de Asís fomentó lo que hoy pudiéramos denominar «pesebres vivientes» y no hace falta más que repasar las páginas de los poetas franciscanos de la época de los Reyes Católicos[10] para ver hasta qué punto insisten en ese objetivo de humanización. Convergen ahí dos líneas de fuerza que debemos tener presentes: de un lado, el empeño de los franciscanos en popularizar la enseñanza religiosa haciéndola lo más accesible posible al vulgo, mediante comparaciones populares y dramatizaciones; y de otra parte, la incorporación a la cultura cortesana de los elementos costumbristas de ambiente pastoril.

La unión de estos dos factores motiva un notable enriquecimiento de las representaciones navideñas en este tercer estadio al que aludo. En él, y en el espacio de medio siglo aproximadamente, va a producirse lo que podríamos llamar una barroquización progresiva. Mi tesis, y como tal me atrevo a formularla, es que la evolución de las «Coplas pastoriles» de la *Vita Christi* de fray Iñigo de Mendoza, desde su redacción primera hasta la versión que recoge la edición príncipe, traduce en detalle ese proceso de barroquización. Se convierten, pues, aquéllas, desde un punto de vista histórico–literario, en un documento precioso para fijar el tránsito del teatro medieval al teatro renacentista. Y es justo en este punto donde la copia salmantina de la que doy noticia aporta datos significativos.

Recordemos la versión que de las «Coplas pastoriles» nos da la edición príncipe. Un narrador exhorta a la concurrencia a contemplar la escena. Y ésta es muy sencilla: dos pastores –Domingo Ramos y Juan Pastor– dicen ver a un hombre que «viene volando»; el uno quiere salir huyendo enseguida hacia el

---

[8]   Cf. Karl Young, *The Drama of Medieval Church*, II, Oxford: Clarendon Press, 1933, págs. 416 y sigs.

[9]   Véase Ronald E. Surtz, ed., *Teatro medieval castellano*, Madrid: Taurus, 1982, nota 3 de la Introducción, pág. 10.

[10]   Véase Michel Darbord, *La poésie religieuse espagnole, des Rois Catholiques a Philippe II*, París: Centre de Recherches de l'Institut d'Etudes Hispaniques, 1965, pág. 21.

pueblo, mientras el otro, atenazado por el miedo, se resiste a ello y propone esperar a la extraña visita para granjearse su benevolencia. De nuevo, el narrador llama a escena al ángel, que entra en ella cantando «dulcemente» su mensaje, en un villancico al que se unen –sólo en voz– otros coros angélicos. Tornan a dialogar los dos pastores, que se deciden a animar a otros compañeros para que les acompañen al Portal. Salen así del rabón, mientras el narrador relata su ida a Belén. No aparece desarrollada, en cambio, la adoración propiamente dicha ante el pesebre, que era el núcleo primitivo, en el tropo «Quem quaeritis», de la primitiva escenificación medieval. Sólo el narrador da noticia de ello en dos coplas. Y el texto finaliza con una escena en la que los pastores que han ido a Belén cuentan, al domingo siguiente en el concejo de pastores, lo que han visto.

Cuando se compara este texto con el que contiene el *Cancionero de Oñate–Castañeda* y los manuscritos de París y Londres, salta a la vista que el impreso es el resultado de ese proceso de amplificación al que vengo aludiendo. Las diferencias se centran, de forma llamativa, en las coplas en que los pastores dialogan entre sí, en tanto que se reducen a variantes muy concretas en las coplas ceñidas al mensaje evangélico. Veámoslo con detalle. Las 34 coplas que en el texto de la edición de Centenera abarca la llamada «revelación del ángel a los pastores» podrían dividirse en cinco apartados, correspondientes a otras tantas escenas dramáticas. 1º Las diez primeras coplas, tras la introductoria, corresponden a la puesta en escena inicial: asombro de los zagales ante la aparición del ángel. 2º Componen el segundo apartado cinco coplas que refieren el anuncio propiamente dicho. 3º Diez coplas recogen otro largo diálogo –de ordenación confusa y problemática– entre los dos pastores: porque, en efecto, de la 139 a la 142 Mingo y Juan discuten todavía si ir o no a Belén; en la 143 deciden comunicárselo a otro pastor, Pascualejo, a quien parece que se dirigen en la 144 diciéndole «garçones de branca bria / trobejan con un moçuelo; / ¡cata, cata qué alegria!...», pero en esta misma copla 144, al final, se alude a otro pastor, Pedro, que podría ser el Perico del segundo verso de la copla 142 –«Por ende, daca, vayamos, / quede a Perico el ganado»–, el cual, sin embargo, parece que también se dispone a ir. En la 145 –siempre según el texto de la edición príncipe– nos encontramos trasladados de súbito al portal de Belén –«O bien de mí, qué donzella / que· canta cabe el chiqueto! / ¡mira qué boz delgadiella!». Es Juan Pastor quien habla. Pero he aquí que en la copla 146 resulta que no estamos en Belén: «¿No sientes huerte plazer / en oir aquel cantar? / ¡o cuerpo de su poder, / no me puedo contener / que no lo vaya a mirar!»; todavía, según eso, están decidiéndose a invitar a otros pastores: Turibiello en la 146 y Mingo Galleta en la copla 147. 4º Una copla da, por boca del narrador, la noticia de la adoración sin que ésta aparezca representada. 5º Y finalmente, las seis últimas coplas recogen la escena en que los pastores que han ido a Belén cuentan a los otros todo lo que han visto.

Pues bien, las diez coplas (123–132) que el primer apartado abarca en el texto impreso, son solamente cuatro en la redacción de Oñate, París y Londres, que, además, presentan en ellas variantes de importancia respecto al texto de la príncipe. Las cinco coplas referentes al anuncio del ángel que ofrece el impreso, aparecen, con variantes destacables, en los manuscritos de París y Londres, pero son sólo cuatro en el de Oñate, que, por supuesto, registra en el resto las variantes referidas. Los manuscritos de París y Londres carecen en el tercer apartado de dos coplas (145 y 147) que en la príncipe originan confusión, a la vez que en las otras coplas del mismo apartado presentan variantes muy significativas. En el *Cancionero de Oñate Castañeda*, que, no lo olvidemos, recoge la versión más antigua, no sólo faltan esas coplas 145 y 147, sino también las coplas 143, 144 y 146. Los tres manuscritos ofrecen una versión variante de la copla que constituye el apartado cuarto y, en fin, mientras que París y Londres, coincidiendo con el texto del impreso en el número de coplas del quinto y último apartado, en Oñate–Castañeda no aparece ninguna.

Tal como he anticipado, es en el núcleo temático del auto –aparición angélica y revelación o anuncio del ángel a los pastores– donde se concentran las diferencias de número de coplas y las variantes más significativas. Si nos fijamos en las estrofas que faltan en las versiones de los manuscritos de París y Londres y, más radicalmente todavía, en el de Oñate, advertiremos que son las que reflejan un mero interés costumbrista, referido a vestidos e instrumentos pastoriles así como a una expresión lingüística arrusticada. Su inclusión en el texto de la príncipe llega incluso a romper la ilación del diálogo y, por ende, la coherencia dramática. Veámoslo: el primer parlamento de la copla 123 –quien habla es Domingo Ramos: «Cata, cata Juan Pastor, / y juro a mi, peccador, / un hombre viene bolando»–, encuentra su réplica coherente en la 125, y mucho más según la versión que del primer verso ofrecen los manuscritos: «Cata, cata...»; «Ya lo veo...». De este modo, la copla 124, que, dicho sea de paso, no sabríamos a qué interlocutor atribuir, está absolutamente fuera de lugar. De igual modo, la exclamación «Alahé» con que se inicia la copla 126 en la edición, deja paso en la redacción primera a «Cata Juan, bien lo querría...». El apelativo supone en este caso una personificación del diálogo en perfecta coherencia con el discurso: «Cata Juan...», dice Mingo; «Ya lo veo...», responde Juan; «Cata Juan...», insiste el primero. Los dos interlocutores se dibujan, así, nítidamente.

Sin adentrarnos demasiado en el análisis del texto, el perfil de cada uno de ellos queda esbozado en estos versos iniciales: uno, amedrentado y cobarde; el otro, confiado y bravucón. No voy a entrar aquí, tampoco, en la importancia que la definición de caracteres adquirirá posteriormente en el teatro. Sólo quiero poner de manifiesto cómo fray Iñigo confiere a cada uno de los pastores una personalidad definida, que en los textos de Oñate, París y Londres se remarca en un diálogo de absoluta coherencia, mientras que en el texto de la edición se pierde con la amplificación de las coplas señaladas. En el texto impreso, el hilo conductor se retoma en la estrofa 131. Las variantes que respecto de él presentan los tres manuscritos afectan a los cinco primeros versos; Juan Pastor se enfrenta a Mingo diciendo en tono decidido: «Pues asmo que, jura diez, / bien sera que non fuyamos / mas que sepamos quien es, / porque podamos despues / jurar como le fablamos...». El cotejo de una y otra versión evidencia, una vez más, la superior coherencia dramática de la de los manuscritos sobre la del impreso, que insiste en privilegiar el costumbrismo arrusticado: «...faremos presto del huego / para guisalle un tassajo...». Tampoco incluyen los manuscritos la copla 132 referida al vestido del ángel a quien, de manera absolutamente impropia, se compara con el Sumo Sacerdote y se pone en relación con el que vino a anunciar a Zacarías el nacimiento de Juan.

Ya en el segundo apartado –la «revelación» o anuncio del ángel–, las divergencias entre la edición y los manuscritos son patentes en las coplas 133, 135 y 137. Fijémonos, sobre todo, en la 135. Los textos de los manuscritos siguen casi al pie de la letra el relato evangélico de Lucas: –«Porque non lo dudéys / partyd con esta señal: / quando a Belen llegaréys / luego al niño veréys / en un pobrecillo portal...»–, mientras que el de la edición se extiende en una paráfrasis. Las coplas 136 y 137 de la príncipe marcan, como he dicho, en la voz del narrador, la transición de la segunda a la tercera escena. Las variantes de París y Londres apuntan ahí a una mayor contención en la redacción de la 137 mientras que el texto de la príncipe enfatiza –«medio muertos, espantados»– el dramatismo fácil. Pero Oñate evita la reiteración innecesaria de esa copla, enlazando el canto de los coros con la continuación directa del diálogo pastoril.

Por supuesto, en el tercer apartado, tan confuso e incoherente en la príncipe, los manuscritos de París y Londres no incluyen esa copla 145 que nos transporta a Belén antes de tiempo. Pero al incorporar las coplas 143, 144 y 146, se muestran condescendientes con el costumbrismo que ciertamente amplifica la edición al añadir en esa línea otra copla más, la 147 en la que ni siquiera se sabe quién es el que habla y sólo parecen interesar las referencias rústicas a la «hatera» o la «sapateta».

En el apartado cuarto, donde el «auctor», en función de narrador, relata la ida a Belén, los manuscritos comienzan por reducirse a una sola copla, que equivaldría a la 148, pero con una redacción mucho más ceñida, de nuevo, al texto evangélico de San Lucas[11]. La edición príncipe incluye la estrofa 149 –«Tornados ya de grosseros / de conoscer tan subido, / que quieren ser los primero / christianos y pregoneros / del grand misterio ascondido;...»– como enlace del auto pastoril con otra escena, la del apartado quinto, que no tiene nada que ver con aquél y que, con toda claridad, trata simplemente de explotar la posibilidad costumbrista del relato de lo visto.

Llegados a este punto, debemos enfrentarnos a un problema ineludible: ¿hasta qué punto podemos considerar a fray Iñigo de Mendoza autor de esas coplas que no aparecen en los manuscritos que recogen la primera redacción de la *Vita Christi* –caso del Cancionero de Oñate Castañeda– o de otra etapa redaccional precedente –caso de los manuscritos de París y Londres– y que rompen la coherencia dramática?. Alguien podría contestar que lo dramático está aquí supeditado a lo narrativo y que, en definitiva, utilizando una técnica de la retórica clásica, bien conocida de la predicación franciscana –aflojar la cuerda del arco para reposar la atención de los lectores–, fray Iñigo de Mendoza pudo haber amplificado, de una a otra redacción, los elementos costumbristas. De hecho la versión de la edición príncipe cierra las «Coplas pastoriles» con dos, la 156 y 157, que faltan en los manuscritos y que aducen de manera expresa, glosando la

---

[11]   Lucas 2, 5–20.

imagen del arco, esa concreta motivación. Con todo, quisiera formular en este punto dos reflexiones: 1– aún supeditándola a una forma narrativa, en la mente del autor y en la de los destinatarios, funcionaba sin duda la referencia implícita a los autos pastoriles, y ésta tenía que ser por fuerza más eficaz en la medida en que mejor se apreciara la trabazón dramática. 2– Resultan sobre todo sospechosas aquellas modificaciones en las que el texto de la edición príncipe se aparta del tenor del relato evangélico al que discurría ceñido en la primera redacción o en redacciones anteriores, porque en este punto la predicación franciscana, como he explicado a propósito de fray Ambrosio Montesino[12], era más bien escrupulosa: bastante suponía ya mezclar palabras del Evangelio con el lenguaje rústico, como vendría a denunciar el cartujano Padilla en su *Retablo de la Vida de Christo*[13].

Con todo ello, estoy apuntando a una conjetura que el proceso de impresión de libros en los orígenes de la imprenta avala como muy posible: la interpolación de estrofas en una parte de la *Vita Christi* tan popularizada como las «Coplas pastoriles». Las diferencias de número de estrofas y variantes de redacción que se documentan en los manuscritos hasta ahora conocidos, demuestra la facilidad con que la transmisión manuscrita, muchas veces realizada de memoria u oído, fueron introduciéndose modificaciones.

Vengamos ahora a la copia de la que doy noticia. Basta repasarla para advertir que en los cuatro primeros apartados o escenas que contienen el auto pastoril propiamente dicho, su coherencia y su condensación dramática son todavía superiores a las versiones de París y Londres. Porque, coincidiendo básicamente con ellos, se aparta en un punto clave al no incluir las coplas 143, 144 y 146 de significación costumbrista, como, por supuesto, tampoco las coplas 145 y 147. De este modo, la versión del manuscrito salmantino sugiere una posición intermedia entre Oñate–Castañeda y París y Londres: estructuralmente, en número y orden de coplas se ciñe a aquél, con la sola adición de la copla que en la príncipe es la 137, mientras que adopta las variantes redaccionales de éstos. Curiosamente –y el dato me parece muy significativo– a renglón seguido de lo que podemos considerar transcripción del «auto» básico, bajo la rúbrica de «Lo que fablaron a los otros pastores» –de nuevo coincidente básicamente con la de los manuscritos de París y Londres, que introduce la escena quinta, marginal ya al «auto»– el manuscrito salmantino recoge, en absoluto revoltijo, no sólo las coplas que estos incorporan en esa parte sino, mezcladas con ellas, algunas que, como la 128, 129 y 130, la edición príncipe inserta en la primera escena, y aún otros que no aparecen

---

12 Ana Mª Álvarez Pellitero, *La obra lingüística y literaria de Fray Ambrosio Montesino*, Valladolid: Universidad, 1976, pág. 70.
13 «Yo bien dixera mas cierto non oso / los simples sermones dagnestos pastores; / callo pues callan los sanctos doctores, / ca no mes honesto hazer me donoso; / notase mucho mal peligroso / queriendo en las cosas de Christo dezir / apocriphas chufas que hagan reyo / los sensuales de poco reposo...» (Ed. de Sevilla, J. Cromberger, 1505, fol. cv; cf. Rodríguez Puértolas, *op. cit.*, págs. 186–199 donde se precisa la relación entre los dos poetas). La estrofa alude a las «Coplas pastoriles» en su conjunto sin que, dado que en la primera redacción de fray Íñigo se incluyen ya 'chufas', puede ser aducida como refuerzo de la extensión de la autoría del mismo a todas las coplas de la versión impresa.

ni en ésta ni en los manuscritos citados. La coherencia ha desaparecido por completo y todo da ahí la impresión de apunte adicional memorístico con aportaciones de procedencia diversa.

Tenemos, pues, que partir de la versión de Oñate–Castañeda, cuya estructura repite con la somera adición de una copla, la 137, la copia del manuscrito salmantino de la que doy noticia. Nos encontramos ahí con un texto perfectamente representable –con o sin ayuda del narrador–, y que, a mi entender, se aproxima mucho a lo que debió de ser una primera fase de lo que considero tercer estadio en la evolución de la representación navideña medieval. Decía antes que el segundo estadio, el documentado por el texto de las Partidas, que suponía respecto del primero, del tropo, la adición de la escena del anuncio del ángel a los pastores, debió de discurrir por cauces bastante ceñidos al tropo litúrgico, por más que la advertencia del texto alfonsí permita conjeturar también introducciones de abusos en las representaciones sacras. Esa primera fase del tercer estadio a la que aludo, añade a la segunda el desarrollo de las posibilidades expresivas de lo pastoril, producto, como acabo de decir, de la confluencia de la corriente humanizadora del gótico y de la moda cortesana. Pero en un primer tiempo esta adición específica, de índole más bien modal, no entorpecía la coherencia de la estructura dramática de la pieza representada.

En el texto de la redacción primera de Fray Iñigo, la primera escena formada por un primer cuadro en el que los dos pastores –Domingo Ramos y Juan Pastor–, mirando hacia un lado de la escena, refieren la visión de un hombre que viene volando y discuten entre sí, para reflejar ante el auditorio lo que el propio poeta llama en la copla 132 [133 de la príncipe] su «rudez inocente».

La segunda escena pudo muy bien ser desarrollada mediante otro actor que, nótese, «cantando», realiza el anuncio. Creo que su canto se limita a la segunda parte de la misma copla 132, al concreto villancico: «Alegría, alegría, / gozo, plazer syn dolor, / quen este preçioso dya, / quedando virgen María, / a parido el Salvador». El texto que sigue en las coplas 133 y 134 [134 y 135 de la príncipe], sin duda era recitado como una glosa doctrinal –ya he subrayado su fidelidad al texto bíblico– del mensaje evangélico. En la copla 135 [136 de la príncipe] el narrador suple lo que en la representación era, sin duda, función del coro evocador del coro angélico, en tanto que la copla 137 del impreso y de los manuscritos de París, Londres y este de Salamanca resulta perfectamente suprimible, y de hecho no aparece en la versión primera, de Oñate–Castañeda, puesto que trata sólo de explicar el paso de la segunda a la tercera escena. En ésta, los dos pastores continúan su diálogo –coplas 136 a 140 [138 a 147 de la príncipe]–, mientras que en la 141 [148 de la príncipe] el narrador resume su efectiva ida al portal y su regreso: «hasta donde estavan dante».

A primera vista puede extrañar que lo que en el tropo y en la posterior estructura del auto era núcleo –la adoración ante el pesebre– aparezca aquí sólo referida de modo indirecto. La razón, sin embargo, es bien sencilla: en ninguno de los dos autos conservados se recogen parlamentos de pastores en el portal de Belén; en todos ellos, por el contrario, los pastores se limitan a llegar, postrarse de rodillas y ofrecer los dones. Exactamente lo que el narrador resume en la citada copla 141.

No pretendo afirmar que este esquema ceñido de dramatización sea justamente lo que fray Iñigo de Mendoza escribió. Tampoco sostengo que el auto, así pergeñado, haya sido, de hecho, representado. Pero es claro, como ya apuntó la crítica[14], que fray Iñigo traslada a forma narrativa lo que en la mente de todos constituía una pieza dramática referible a las representaciones navideñas. Me interesa mucho más fijar la atención en lo que he señalado como motivo de interés del conjunto de las sucesivas versiones de estas «Coplas pastoriles» de la *Vita Christi*: que en ellas se puede documentar con precisión el proceso de barroquización que, desde un esquema dramático de auto pastoril tan sencillo y claro como el que acabo de resumir siguiendo la copia de la versión de Oñate–Castañeda, cuya estructura repite el manuscrito salmantino, se llega a un texto como el de la edición príncipe, donde la articulación de la estructura dramática se ve interrumpida, desviada y soterrada por coplas que atienden tan solo al expresionismo costumbrista pastoril.

Es fácil, a mi juicio, comprender la naturaleza del proceso: en una composición como la *Vita Christi* destinada a ser transmitida oralmente para la instrucción popular, el pueblo tuvo que sentir como especialmente cercanas las «Coplas pastoriles», tanto en los ambientes propiamente rústicos como en los cortesanos que jugaban con lo rústico. El texto original de fray Iñigo resultaba, así, frágil para mantenerse incólume frente a las variantes, y enormemente sugestivo, a la vez, para provocar adiciones. Éstas podían tener como fuente escenas realmente desarrolladas en muchos autos pastoriles representados en la Navidad o simplemente la imaginación de cualquier transmisor por recitación o copia. No deja de resultar sintomática a este respecto la adición, en la príncipe, en los manuscritos de París y Londres y en la segunda parte del de Salamanca, la quinta escena, en la que los pastores que han ido a Belén narran con posterioridad lo que han visto.

La estructura dramática del auto, bien que flexible, –de hecho ya hemos visto cómo los manuscritos de París y Londres añaden otros dos pastores y algunos más, todavía, el texto impreso–, la estructura, digo, no permitía incrementar la «amplificatio» ad infinitum; pero el pueblo gozaba con las escenas rústicas y había que buscar un nuevo espacio de oportunidad para ello. En las pastoradas que hoy se conservan en el Reino de León ese espacio ha sido desplazado, con evidente mayor sentido de la oportunidad, a una primera parte preparatoria del auto[15]. Que en el siglo XV la razón era ésta que apunto, lo prueba, a mi entender, con claridad, la copia de la que doy noticia, la cual, mostrándose tan respetuosa, como hemos visto, con el esquema originario de auto, inserta en ese último apartado las referidas coplas de marcado carácter arrusticado que encuentran su único mérito

---

14   Véase nota 5.
15   Véase Maximiano Trapero, *La pastorada leonesa. Una pervivencia del teatro medieval*, Madrid: Sociedad Española de Musicología, 1982, pág. 45.

–y es estéticamente nulo– en las alusiones a la vestimenta, los instrumentos, las costumbres o las fingidas expresiones lingüísticas de los pastores.

Al mismo tiempo que documentan el proceso de barroquización, las sucesivas versiones de las coplas pastoriles de la *Vita Christi* comportan en sí mismas una advertencia metodológica digna de atención: debemos, en efecto, ser precavidos a la hora de atribuir autorías precisas a textos a los que la transmisión oral pudo afectar con modificaciones parejas a las que aquí hemos señalado. Pero éste es asunto que requiere más amplio debate.

Ms de Salamanca a4

Fol. 21r   1

Pasemos de los señores
quel angel dellos es pasado,
es ya ido a los pastores,
pobrecillos pecadores,
que andan con su ganado.
Andemos ayna, andemos
con tan goçoso deseo
por que a tal hora lleguemos
que todos juntos cantemos:
Gloria yn eçelsis Deo.

                             2

Corra[mo]s por ver syquiera
aquella gente aldeana,
cómo se espanta y altera
por ver de nueva manera
en el ayre forma humana,
diziendo con grand temor
el uno al otro temblando:
–Cata, cata, Johan pastor,
juro a mí, pecador,
un onbre viene bolando.

                             3

Responde otro pastor

–Ya lo veo, prometo a mí
de que puedo aquellotrar
que del día en que nasçí,
nunca yo tal cosa vi
nin pastor deste logar.
Daca, yérguete Minguillo,
y de antes quel nos vea
nuestro poco a poquillo,
por tras este colladillo
vamos dezillo al aldea.

4

Responde el otro pastor

–Cata, Juan, bien lo querría
mas estó tan pavorido
q*ue* mudar no me podría
según es la medrosía
q*ue* en el cuerpo me ha metido.
Y también, sy mientra vamos,
bolando se desaparece,
cata, Juan, dirán que entramos
o que jurrachos estamos
o que el seso nos p[e]resçe.

5

Fabla el otro pastor

–Pues asmo que, juro a Dios,
bien será que no*n* fuyamos,
mas que sepamos q*ui*en es
por que podamos después
jurar cómo le fablamos;
que no*n* puedo emaginar
fablando, Mingo, de beras,
q*ue* ombre sepa bolar
sy no*n* es Juan el escolar
q*ue* sabe de encantaderas.

6

Mientra estavan altercando
con su rudez innocente
llegó el ángel relu*m*brando
y començóles, cantando,
a dezir muy dulçemente:
–Alegría, alegría,
gozo, plazer syn dolor
q*ue*n este preçioso dya,
quedando Virgen María,
a parido el Salvador.

7

Es ya v*uest*ra umanidad,
por este fijo de Dios,
libre de catividad
....
de entre nosotros y vos;
y vuestra muerte primera
con su muerte será muerta
y luego q*ue* aqueste muera,
en el çielo vos espera
a todos a puerta abierta

8

Porque non lo dudeys
partyd con esta señal:
quando a Belen llegaréys
luego el niño veréys
en un pobreçillo portal
....
¡O varones sin engaños!,
veréys en carne mortal
la persona divinal
enpañada en pobres paños.

9

El ángel q*ue* esto dezya
con angelical muchedumbre,
se llegó a su compañía
q*ue* cantavan a porfía,
con çelestial duçedunbre,
las heternas maravillas
de la bondad soberana:
el reparo de su sillas,
el lavar de las mançillas
de toda la carne humana.

Fol. 21v

10

Y después q*ue* ya cantaron
la gloria de Dios eterno,
y la paz nos denunciaron,
subieron por donde entraron

a su reyno senpiterno.
Los pastores conpetían
sobre el mando angelical:
si irían o si no irían,
ca ser burlados temían
como nunca vieron tal.

11

Fabla el otro pastor

Minguillo, de ay te levanta
no me estés más en enpacho,
que segund éste nos canta
alguna cosa muy santa
deve ser este muchacho;
y veremos a María,
juro fago a mi vida,
quiçá le preguntaría
esto cómo ser podría
de quedar virgo y parida.

12

A buena [fe a salvo] te digo
que puedo asmar de tanto
que si non fueses mi amigo
allá non fuese contigo
segund que tengo el espanto;
que oy a pocas estava
de caer muerto en el suelo
quando el hombre que bolava
viste cómo nos cantara
qu'era Dios este moçuelo.

Fabla el otro pastor

13

Mas no quiero estorçejar
de lo que tú, Juan, as gana,
que tú bien fuiste a bailar
quando te lo fuy a rogar
para las bodas de Juana;
mas lleva el caramillo

y los alboges y el rabé
con que fagas al chiquillo
un huerte son agudillo
y aun quiçás que baylaré.

14

–Pues luego de mañanilla
tomemos nuestro adeliño:
vaya nuestra canastilla
con alguna mantequilla
para la madre del niño;
que si end'están garçones,
como es día de domingo,
fas me tú, Juan, de los sones
de los que sabes a saltejones
y verás quál handa Mingo.

15

Por ende, daca, vayamos;
quede Perico al ganado,
mas cata, si allá llegamos,
entremos juntos entramos
qu'estó muy amedrentado;
que segund el embaraço,
medrosía y pavor
que ovimos con su collaço,
juro a San, todo me embaraço
de yr delante del Señor.

Fol. 22r

16

Andudieron y llegaron
segund les hera mandados
y entraron y miraron
y todo verdad fallaron
de quanto les hera contado;
y tanto se alteraron
a la vista del ynfante
que, a la fin, quando tornaron
palabra non se fablaron
fasta llegar a eran d'ante.

Edición príncipe, A	a1 Oñate-Castañeda	Ms. de París a2 Ms. de Londres a3	a4 Ms. de Salamanca
Comiença la revelación del ángel a los pastores			
122			
Passemos de los señores, qu'el ángel dellos passado es ya ido a los pastores, pobrezillos, peccadores, 5 a do están con su ganado; andemos, aína andemos, con congoxoso desseo, porque a tal hora lleguemos que todos juntos cantemos: 10 «Gloria in excelsis Deo.»			
123			
Corramos por ver siquiera aquella gente aldeana como se turba y altera en ver de nueva manera 5 en el aire forma humana, diziendo con grand temor el uno al otro temblando: «¡Cata, cata Juan Pastor, y juro a mí, peccador, 10 un hombre viene bolando!»	cómo se espanta y altera	cómo se espanta y altera	cómo se espanta y altera
124			
Responde el otro pastor			

106

«Sí, para Sant Julián,
ya llega somo la peña,
-¡purre el çurrón del pan!-
acogerm'he a Sant Millán,
5 que se me eriza la greña
y mi muça colorada,
para que si a mí se llaga,
porque no me haga nada,
le haga la revellada
10 a huer de la palaçiega.»

125

Respondió otro pastor

«Yo lo veo, prometo a mí,
de que puedo aquellotrar
que del día en que nascí
yo nunca tal cosa vi
5 nin pastor d'este lugar;
¡daca, yérguete Minguillo!
enantes que él nos vea,
y nuestro poco a poquillo
por tras este colladillo
10 vamos dillo al aldea.»

126

Habla el otro pastor

«Alahé, bien lo querría,
mas estoy tan pavorido
que mudar no me podría,
segund es la medrosía
5 que en el cuerpo me ha metido,
y también si mientras vamos
bolando desaparece,
cata Juan, dirán que entramos

Omitida	Omitida	Omitida
Ya lo veo, juro a mí	Ya lo veo, prometo a mí	Ya lo veo, prometo a mí
Cata Juan bien lo *querría*,	Cata, Juan, bien lo querría	Cata, Juan, bien lo querría

o que borrachos estamos
10 o qu'el seso nos fallesce.»

127

Replícale el otro

«¿Tú eres hi' de Pascual
el del huerte coraçón?
¡torna, torna en tí, zagal!
sé que no nos hará mal
5 tan adonado garçón;
pónteme aquá a la pareja
y venga lo que viniere,
que la mi perra, Bermeja,
le sobará la pelleja
10 a quien algo nos quisiere.

128

Y si de aquí nos audamos
a dezillo a la villa,
por mucho que nos corramos
como crees, Domingo Ramos,
5 buela como aguililla;
mas paresce mejor es
combidallo a un pressado
y sabremos bien quién es,
porque quiçá después
10 espantarnos ha el ganado.»

129

Respondió el otro pastor

«¡O, pésete mal grado!
¡calla, calla, Juan Pastor,
que si es algund peccador

Omitida

Omitida

Omitida

Omitida

Omitida

que viene assí asombrado
a meternos en pavor!
5 Mas ponte la tu çamarra,
la que tienes de holgar,
y tiempla bien tu guitarra
y yo con una piçarra
10 comencemos de bailar.

130

Saquemos el cucharal
y también el caramillo,
y llamemos a Pascual
porque nunca vio atal
5 y a su hermano Minguillo.
Mas juro a mí, peccador,
que me tiene aquellotrado,
ni sé si es encantador
o si hombre malhechor,
10 que todo estó espantado.»

131

«Aturemos, jura Diego,
pues que te esta en gasajo,
y si nos habla bien, luego
faremos presto del huego
5 para guisalle un tassajo;
que no puedo ismaginar,
hablando, Mingo, de veras,
que hombre sepa bolar
si no es Juan Escolar
10 que sabe d'encantaderas.»

132

«Minguillo, si has mirado,
iñoras su vestuario:

Columna 1:

Omitida

Omitida

Pues asmo que jura diez
bien será que non fuyamos,
mas que sepamos quién es
porque podamos después
jurar cómo le fablamos;

Columna 2:

Omitida

Omitida

Pues asmo que jura diez

Columna 3:

Omitida

Omitida

Pues asmo que, juro a Dios

Es ya vuestra vmanidad
por esste ffijo de Dios
libre de catyuidad
y quita la enemisstad
dentre nosotros y vos
y vuestra muerte primera
con su muerte sera muerta,
y luego que aqueste muera
en el çielo vos esspera
a todos a puertabierta.

«Alegria, alegria,
gozo plazer syn dolor,
quen este preçiosso dia
quedando virgen Maria
ha parido al Saluador».

Omitida

—

-Alegría, alegría,
gozo, plazer sin dolor
quen este preçioso dya,
quedando virgen María,
a parido el Salvador.

Omitida

—

-Alegría, alegría,
gozo, plazer syn dolor
quen este preçioso dya,
quedando Virgen María,
a parido el Salvador

Omitida

---

verás quán pinto y parado
al que se viste el untado
5 para entrar al santuario;
   jura hago que ismagino,
   aunque nescio rabadam,
   que'éste a Zacharías vino
   en el officio divino
10 a dezille lo de Juan.»

133

Torna la historia y pone la
revelación del ángel

Mientra estavan altercando
con su rudez innocente,
llega el ángel relumbrando
y començóles cantando
5 a dezir muy dulcemente:
   «O pobrezillos pastores,
   todo el mundo alegre sea,
   qu'el Señor de los señores
   por salvar los peccadores
10 es nascido en vuestra aldea.

134

Es ya vuestra humanidad,
por este hijo de Dios,
libre de captividad,
es fuera la enimistad
5 d'entre nosotros y vos,
   y vuestra muerte primera
   con su muerte será muerta,
   y luego que aquéste muera
   sabe' qu'el çielo os espera
10 a todos a puerta abierta.

135

No curéis de titubar,
yo os daré cierta señal:
id a do suelen atar
los que vienen a comprar
5 sus bestias en el portal,
do sin más pontifical,
o varones sin engaños,
veréis en carne mortal
la persona divinal
10 empañada en pobres paños.»

Y porque no lo dudbdeis
partid con esta señal
que cuando a Bellen llegueis
luego al niño fallareis
en vn pobrezillo portal
....

Y porque non lo duddéis
partid con esta señal:
quando a Belén llegueis
luego al niño fallareis
en un bien pobre portal
tan pobre y desigual.

Porque non lo dudeys
partyd con esta señal:
quando a Belen llegaréys
luego el niño veréys
en un pobreçillo portal
....

136

El ángel qu'esto dezía,
angelical muchedumbre
se llegó a su compañía,
que cantavan a porfía
5 con celestial dulcedumbre
las eternas maravillas
de la bondad soberana,
el reparo de sus sillas,
el lavar de las manzillas
10 de toda la carne humana.

El angel *questo* dezia
angelical muchedu*m*bre
sse llego a su conpania,
y *cantaua*n a porfia
con çelestial dulçedu*m*bre
las eternas marauillas
de la bondad ssoberana,
....
....

137

Y después que assí cantaron
muy grand gloria al dios eterno
y la paz nos predicaron,
subieron por do baxaron
5 al su reigno sempiterno;
quedaron con sus ganados
los pastores de consuno
medio muertos, espantados,
mas después, en sí tornados,
10 començó a dezir el uno:

Omitida

Y después que ya cantaron
la gloria de Dios eterno,
y la paz nos denunciaron,
sobieron por donde entraron
a su reyno senpiterno;
los pastores conpetían
sobre el mando angelical
sobre si yran o no yran
ca ser burlados temían
como nunca vieron tal.

10 començó a dezir el uno:

138

Torna a hablar Juan Pastor

«Minguillo, daca levanta,
no me muestres más empacho,
que segund éste nos canta
alguna cosa muy sancta
5 deve ser este mochacho,
y veremos a María,
que jura hago a mi vida,
aun quiçá l'preguntaría
en qué manera podía
10 estar virgen y parida».

139

Responde Mingo

«Para Sant Hedro, te digo:
¿qué puedes asmar de tanto?
que si no fuesses mi amigo
allá no huesse contigo
5 segund que tengo el espanto,
que hoy a pocas estava
de caer muerto en el suelo
cuando el hombre que bolava
oíste cómo cantava
10 qu'era Dios este moçuelo.

140

Mas no quiero estorçejar
de lo que tú, Juan, has gana,
pues que tú fuiste a bailar
quando te lo fue a rogar

---

como nunca vieron tal.

Minguillo, day te levanta
no me estés más en empacho

A buena fe salva te digo

Y no puedo estorçijar
de lo *que* tu, *Juan*, as gana,
q*ue* tu bien fuiste a baylar
cua*n*do te lo ffuy rrogar

Minguillo, de ay te levanta

Minguillo, ea, leuanta

A buena ffe salua digo

Mas no *qu*iero estorçejar
de lo que tú, Juan, as gana,
q*ue* tú bien fuiste a bailar
quando te lo fuy a rogar

141

para las bodas de Juana:
mas lleva tú el caramiello,
los albogues y el rabé,
con que hagas al chequiello
un huerto son agudiello,
que quiçá yo bailaré.

alla a las bodas de Juana;
mas lieua alla el caramillo,
los albogues y el rrabe,
con que ffagas al chiquillo
vn huerte sson agudillo,
y quiça yo baylare.

para las bodas de Juana;
mas lleva el caramillo
y los alboges y el rabé
con que fagas al chiquillo
un huerte son agudillo
y aun quiçás que baylaré.

142

Pues luego de mañanilla
tomemos nuestro endeliño
y lleva tú en la cestilla
puesta alguna mantequilla
para la madre del niño,
y si están ahí garçones,
como es día de domingo,
harás tú, Juan, de los sones,
que sabes de saltejones,
y verás quál anda Mingo.

Pues luego de mañanilla
tomemos nuestro andeliño,
y vaya en esta çesstilla
puesta alguna mantequilla
para la madre del niño;
....
....
....
....
....

-Pues luego de mañanilla
tomemos nuestro adeliño:
vaya nuestra canastilla
con alguna mantequilla
para la madre del niño;
que si end'están garçones,
como es día de domingo,
fas me tú, Juan, de los sones
de los que sabes a saltejones
y verás quál handa Mingo.

Por ende, daca vayamos,
quede a Perico el ganado,
mas cata si allá llegamos
que entremos juntos entramos,
que estoy muy amedrentado,
que segund el embaraço,
medrosía y pavor
que con aquel su collaço
que vimos, todo me embaço
de ir delante el Señor.

Por ende daca vayamos;
quede a Pascual el ganado;

Por ende, daca, vayamos;
quede Perico al ganado,

143

Llamemos a Pascualejo,
el hi'de Juan de Strascalle,
para que mire sobejo

Deya de de jugar al tejo
amigo Jehan de Trescalle
entruja fuerte sobejo

113

144

aquel claror tan bermejo que relumbra todo el valle; ¡quán claro que está el otero! 5 te juro a Sant Pelayo: para ser cabo el enero nunca vi tal relumbrero 10 ni aunque fuesse por el mayo.	Omitida
aquel clamor tan bermejo que relumbra todo el valle; a sant Millán de Llotejo te juro y a Sant Pelayo que por ser cabe el enero nunca vi tal relumbrero ni lo vimos por el mayo	Omitida

145

Garçones de branca bría trobejan con un moçuelo; ¡cata, cata qué alegría! jura mí que juraría 5 que son ángeles de cielo; ¡lleva, lleva revellado! que yo te juro a Sant Hedro de te apostar el cayado, si quiero correr priado 10 de llegar antes de Pedro.	Omitida
Mançebos de branca bría trebejan con un moçuelo jura mí que juraría y aun asmo que lo diría que son angeles del çielo; de riso me estoy asmado, cata que para Sa Hedro bamos alla, reuellado, y apuestote mi callado que corra mas que tu y Pedro	Omitida

146

¡O bien de mí, qué donzella que canta cabo el chequito! ¡mira qué boz delgadiella! ¡mal año para Juaniella, 5 aunque cante boz en grito! ¡o hi' de Dios, qué gasajo habrás, Mingo, si la escuchas, ni aun comer migas con ajo ni borregos en tassajo 10 ni sopar huerte las puchas!	Omitida
Omitida	Omitida

¿No sientes huerte plazer en oír aquel cantar?	«No lo puedo contener que no lo vaya a mirar

¡o cuerpo de su poder, no me puedo contener 5 que no lo vaya a mirar! ¡mira quánto grand luziello en Belem el aldiuela! ¡llama, llama a Turibiello, tañerá su caramiello 10 y tú la tu cherumbuela!	Omitida	que ignoro a a mi'ntender, ¡o cuerpo de su poder!, a do suena aquel cantar y esta aquel grant luziello es Belen el aldehuela; llama, llama a Turibiello, tañera su caramiello y tu la cherumbela.	Omitida

147

Yo tañeré mi arrabé que tengo en la mi hatera, el que viste que labré después que me desposé; 5 andando en el enzinera; ¡quánto yo todo m'acuetro con su cantiga perheta! daca tú, Mingo Galleta, repica la çapateta, 10 a huer de marras apuetro».	Omitida	Omitida	Omitida

148

Habla el auctor

Encendidos a animados con sus matiegas razones, dexaron desamparados sus hatos y sus ganados 5 los pastoriles varones, y llegados al lugar con desseoso talante, merescieron de hallar, de mirar y de adorar 10 nuestro divinal infante.	Andouieron y llegaron segund les era mandado y entraron y miraron y toda verdad fallaron quanto les era contado y tanto sse alteraron de la vista del infante que despues quando tornaron palabra no se hablaron hasta donde estauan dante.	Andouieron y llegaron segun les era mandado y entraron y miraron y todo berdat fallaron de quanto les era contado; y en tanto se alteraron a la bysta del yufante que, despues quando tornaron palabra no se fablaron fasta donde stauan dante.	Andudieron y llegaron segund les hera mandados y entraron y miraron y todo verdad fallaron de quanto les hera contado; y tanto se alteraron a la vista del ynfante que, a la fin, quando tornaron palabra non se fablaron fasta llegar a eran d'ante.

149

Tornados ya de grosseros
de conoscer tan subido,
que quieren ser los primeros
christianos y pregoneros
5   del grand misterio ascondido;
todos tres en continente,
después del niño adorado,
comiençan públicamente
a descubrir a la gente
10 el secreto revelado.

Omitida

Omitida

Omitida

Historia y oratoria para la pervivencia renacentista del *exemplum*. A propósito del *Fructus Sanctorum* de Alonso de Villegas

José ARAGÜÉS ALDAZ

El *Fructus Sanctorum* del maestro toledano Alonso de Villegas, repertorio copiosísimo de ejemplos, fue concebido como quinta entrega de la obra hagiográfica *Flos Sanctorum*. El ejemplario, cuya primera edición vio la luz en 1594 (en Cuenca, por Juan Masselin), ofrece abundantes materiales para el estudio del género en el S. XVI y de sus transformaciones en los siglos anteriores, pues sus páginas acogen anécdotas bíblicas, clásicas y medievales y su estructura adquiere una evidente deuda con diversas colecciones de la Antigüedad, el Medievo y el Renacimiento[1]. A este respecto, la recuperación del modelo de compilación de Valerio Máximo por parte de diversas colecciones de los siglos XV y XVI se halla en la base de la pervivencia del género en la época, en un proceso paralelo al de la propia recuperación de las teorías oratorias clásicas en torno al *exemplum* operado por las *Artes rhetoricae* y las *Artes praedicandi* del período.

Lo cierto es que la ausencia de materiales originales parece ser la característica más notable de los ejemplarios del siglo XV[2]. Bien es verdad que, como observa J. Le Goff, un nuevo público comienza a interesarse por las compilaciones de *exempla*, que, de meros instrumentos al servicio de la

---

[1] Véase J. Fradejas Lebrero, «El más copioso ejemplario del S. XVI», *Homenaje a Pedro Sainz Rodríguez*, I, Madrid: Fundación Universitaria Española, 1986, págs. 229–249; J. Martín Fernández, *El maestro Alonso de Villegas. Vida y obra. Ediciones del «Flos Sanctorum»*, Valladolid, 1981, Memoria de Licenciatura inédita; J. Sánchez Romeralo, «Alonso de Villegas: Semblanzas del autor de la *Selvagia*», *Actas del V Congreso Internacional de Hispanistas*, II, Barcelona, 1977, págs. 783–794. Como ha precisado J. Martín Fernández, el nacimiento de Alonso de Villegas ha de situarse en 1533. Murió en 1603. El *Fructus Sanctorum* contó con diversas ediciones además de la ya apuntada: Barcelona, por Sebastián de Comellas, en 1594; Cuenca, por Luys Cano y Compañía, en 1604; Barcelona, por Joseph Teixidó, en 1728. Otras obras del autor son: *Vida de Isidro Labrador, Vida de San Thyrso Martir, Historia del bienaventurado San Alexo, Historia de Lot Patriarca y destrucción de Sodoma, Historia del Patriarca Abraham e Historia verdadera de Gedeón*, en parte extraídas de su obra mayor (Véase J. Martín Fernández, *op. cit.*, págs. 253 y sigs). Véase ahora J. Aragüés Aldaz, *El «Fructus Sanctorum» de Alonso de Villegas. Estudio y edición del texto*, Zaragoza: Universidad, 1993 (Tesis doctoral en microficha).

[2] Véase J.–Th Welter, *L'exemplum dans la littérature religieuse et didactique du Moyen Age* (Paris, 1927), Genève: Slatkine Reprints, 1973, págs. 377 y sigs.

predicación, pasan a convertirse en obras de lectura. Las amplias digresiones morales y alegóricas que acompañan a las narraciones en repertorios como los *Contes moralisés* de Nicolás Bozon o las *Moralitates* de Robert Holcot informan del nuevo destino de los mismos. Los *Gesta Romanorum*, por su parte, parecen deber su éxito a la presencia de materia histórica, que satisfacía la curiosidad de un público alfabetizado, religioso y laico, ávido de noticias del pasado en el final de la Edad Media[3].

De hecho, será norma en las colecciones renacentistas la preocupación por la fidelidad a la Historia, que, en definitiva, nutrirá esas mismas obras con nuevos materiales ya desde los ejemplarios latinos de Fulgoso o Sabélico.

Es quizá ésta una de las contribuciones fundamentales del Renacimiento a un género de uso frecuente todavía en la obra de predicadores y moralistas en los siglos XVI y XVII[4], período que, por lo demás, asiste a la reedición de numerosas compilaciones medievales, como el anónimo *Speculum exemplorum*, primer ejemplario impreso, sacado a la luz de nuevo en el siglo XVII por el jesuita Jean Maior.

Maior incorpora a los preliminares del compendio una nómina de autores que incluyen ejemplos en sus obras[5]; el catálogo constituye un instrumento de

---

3   Las tres obras citadas corresponden, sin embargo, a la primera mitad del siglo XIV. Véase C. Bremond, J. LeGoff, J.–C. Schmitt, *L'«exemplum»,* Louvain: Brepols, 1982, pág. 64.

4   Según Welter la ausencia de nuevas anécdotas en los repertorios se halla en el origen del declive definitivo del género en el siglo XV. R. Ricard («Aportaciones a la historia del *exemplum* en la literatura religiosa moderna», en *Estudios de literatura religiosa española*, Madrid: Gredos, 1964, págs. 200–226) y C. Cuevas («Para la historia del *exemplum* en el Barroco español. (El *Itinerario* de Andrade)», *Edad de Oro,* 8 (1989), págs. 59–75) se han ocupado del desarrollo de la literatura ejemplar en España en los siglos XVI y XVII, «fruto tardío», como tantos otros en nuestra historia literaria, según C. Cuevas (*Ibidem*, pág. 61). LeGoff, sin embargo, ya destacaba en relación con el conjunto de la literatura europea que «il y a des exempla protestants, des exempla dans l'homélitique de la Contre–Réforme et de la piété baroque au XVIII siècle» (*op. cit.*, pág. 57). En general se ha reconocido en mayor medida la presencia del *exemplum* en la predicación barroca que en el propio período renacentista: «Surtout, entre 1650 et 1710 la «prédication baroque» ranime l'exemplum, grâce, parmi bien d'autres, à Abraham a Santa Clara, à des capucins, [...] des jésuites, [...] ou même des prédicateurs protestants [...] qui ne font d'ailleurs que suivre l'exemple de Martin Luther lui–même». (J. LeGoff, *Ibidem*, pág. 66); «Al adentrarnos en el siglo XVII, el gusto por los 'ejemplos' no hace sino intensificarse [...] De ahí que su apogeo se produzca en la segunda mitad del siglo. Junto a la *Nova floresta* [...] del portugués Manuel Bernardes [...] florecen en España recopilaciones como las tituladas *Muerte en vida* y *vida en muerte* del agustino mejicano Fray Diego Basalenque (y) los *Exemplos de la doctrina cristiana* del P. J. E. Nieremberg» (C. Cuevas, *art. cit.*, pág. 63). Añádase a ellas el propio *Itinerario historial* de Andrade (Madrid, 1648). A este respecto, no parece posible establecer una frontera excesivamente rígida entre el ejemplo medieval y el ejemplo barroco (C. Cuevas, *art. cit.*, pág. 71).

5   El interés de Jean Maior por la literatura ejemplar no se limita a la edición –con la adición de un buen número de anécdotas– del *Speculum exemplorum* (impreso por primera vez en 1481 y ahora denominado *Magnum Speculum Exemplorum*, con sucesivas ediciones en el S. XVII a partir de 1605). La versión de Maior incluye un breve estudio de la obra y de algunos escritos hagiográficos que sirvieron de fuente a la misma, además de una rigurosa nómina de autores manejados por su predecesor y por él mismo. Los preliminares de la edición se completan con el mencionado catálogo de autores y obras que contiene

inestimable valor para conocer la historia del género (y los propios límites del mismo) en la época. Es preciso advertir, sin embargo, que en el mismo conviven escritos de los siglos XIII al XVII (y aun anteriores), y que la mayor parte de los autores citados no escribieron colecciones exclusivas de *exempla*, sino obras doctrinales o de predicación con un número variable de narraciones en su interior.

Una excepción la constituyen los repertorios de Bautista Fulgoso[6] y Marco Antonio Coccio Sabélico[7], colecciones escritas en la frontera de los siglos XV y XVI, que adquieren una evidente deuda con los nueve libros de ejemplos de Valerio Máximo, pero elaboradas siglo y medio después de que Petrarca recuperara parcialmente el modelo compositivo de esta última obra en sus *Rerum memorandarum libri IV*[8].

---

ejemplos: *Enumeratio authorum, qui ex professo exemplorum libros scripserunt, vel suis operibus crebra exempla intersperserunt.* A todo ello cabe añadir la inclusión, a partir de la quinta edición de la obra (1614) de un segundo ejemplario: el *Manipulus exemplorum*, obra medieval como la anterior, ahora rescatada y cuidadosamente editada por Maximilianus Thieulaine. El *Manipulus* se atribuye a Iohannes Faius (Jean du Fay) en la edición realizada a partir de cuatro manuscritos; Welter, que tan sólo conoció una versión manuscrita de la colección, no señala autor alguno (*op. cit.*, págs. 402–405.).

[6]   Los *Dictorum factorumque memorabilium libri novem* fueron redactados originariamente en italiano y vertidos a la lengua latina por Camillus Gilinus. La primera edición es la de Milán, 1508. A ésta siguieron las de Basilea, 1541 y 1567, Amberes, 1561 y 1565, París, 1534, 1564, 1578 y 1585, y Colonia, 1604 (J. A. Fabricius, *Bibliotheca Latina Mediae et Infimae Aetatis, cum supplemento Christiani Schoettgenii...*, Florentiae, Typ. Thomae Baracchi et F., 1858). Bautista Fulgoso fue duque de Génova entre 1479 y 1483. Escribió, además, *La vita di Martino V, sommo pontefice y Anteros, sive de amore* (J. F. Michaud, *Biographie universelle ancienne et moderne,* Paris, 1854, reimpr. Akademische Druck–u. Verlagsanstalt, Graz, 1970).

[7]   *De memorabilibus factis dictisque, exemplorum libri X.* Las obras de Sabélico (1436–1506) se editan conjuntamente en cuatro tomos en 1560: *Rhapsodiae historiarum ab orbe condito, Enneades V, Rerum Venetarum ab urbe condita Decades tres et quartae libri tres, Exemplorum libri X, De vetustate Aquilejae et Fori Julii, De Venetae urbis situ libri III, De Magistratibus liber I, De officio Praetoris liber I, De officio Scribarum Dialogus, De latinae linguae reparatione Dialogus, Epistolarum familiarium libri XII, Orationes XII, Poemata varia, Annotationes in Plinium, Interpretatio in Suetonii Caesares, Annotationes in Lucanum. Las Rhapsodiae historiarum* tuvieron su primera impresión en 1498 y fueron traducidas al italiano por M. Visconti (1507) y Dolce (1534). Las *Rerum venetarum Decades* se habían editado en 1487.

[8]   La obra fue redactada durante la estancia de Petrarca en Parma, entre diciembre de 1343 y febrero de 1345. La marcha del autor hacia Bolonia, en esta última fecha, provocó el abandono del proyecto, quedando la obra inconclusa sin que, probablemente, Petrarca retocara o añadiera una sola página a ésta con posterioridad (*Rerum memorandarum libri*, ed. Giuseppe Billanovich, Firenze: G. C. Sansoni, 1945). A pesar de todo ello, el diseño de la colección puede reconstruirse con cierta facilidad, ya que se organiza en torno a las partes de la *Virtus* consideradas por Cicerón en su *De inventione*. Petrarca adopta, por otra parte, el modelo del texto de Valerio Máximo en su división de la materia ejemplar, y distingue tres orígenes para la misma: *exempla romana, exempla externa* y *exempla moderna*. Una mayor deuda con respecto al texto clásico adquiere la disposición de la obra de Diego Rodríguez de Almella *Valerio de las ystorias escolasticas de españa*, Medina del Campo, Nicolás de Piemonte, A costa del virtuoso señor Josquin mercader de libros vezino de la muy noble cibdad de Salamanca, 1511. Rodríguez de Almella comenzó a estudiar gramática «de edad de catorze años», estando al servicio de don Alfonso de Cartagena, obispo de Burgos, quien ya había concebido el proyecto de elaborar una compilación histórica al estilo

El período comprendido entre la redacción de este último texto y la de las colecciones citadas fue especialmente fecundo por lo que a la aparición de versiones en lengua vulgar de la colección clásica respecta, en concordancia con lo sucedido con las obras de algún otro autor latino como Salustio, Tito Livio, Suetonio o César[9]. No fue ajena al éxito de los *Dicta et facta memorabilia* la propia consideración del texto como fuente para el conocimiento histórico, que convive con su valoración como compendio moral[10].

No es extraño, por tanto, que las colecciones elaboradas al dictado de la obra clásica manifiesten idéntico interés por la Historia.

El texto de Baptista Fulgoso es, según su editor, un *liber de dictis et factis memorandis a Valerio non recitatis,* es decir, un repertorio de aquellas anécdotas

---

del texto de Valerio Máximo: «...que assi su merced entendia fazer otra copilacion de los fechos de la sancta escriptura: e de los Reyes de españa de que cosa alguna Valerio no fablo» (*Dedicatoria*) *al muy noble y reuerendo señor don Juan manrrique prothonotario de la sancta fee apostolica Arcidiano de valpuesta del consejo del Rey nuestro señor.* El texto reproduce con fidelidad casi absoluta los epígrafes de la colección de Valerio.

[9] Véase J. Monfrin, «Humanisme et traductions au Moyen Age», apud *L' Humanisme médiéval dans les littératures romanes du XII au XIVe. siècle,* Paris: C. Klinksieck, 1964. El texto de Valerio Máximo se tradujo al francés (por Simon de Hesdin y Nicolas de Gonesse), al siciliano (por Accurso de Cremona), al toscano (en versión atribuida erróneamente a Andrea Lancia), al catalán (por fray Antoni Canals) y al castellano (por el propio Canals a partir de su versión catalana; Juan de Hinestrosa; Juan Alfonso de Zamora; Ugo de Urriés, a partir de la versión de Hedin y Gonesse), entre otras (véase D. M. Schullian, «A revised list of Manuscripts of Valerius Maximus», *Miscellanea Augusto Campana*, Padua: Editrice Antenore, 1981, págs. 695–728). Más recientes son las traducciones al castellano de Diego Phelipe Vizcayno (ms. 157 de la Biblioteca Universitaria de Zaragoza; c. 1621) y Diego López, (*Nueve libros de los exemplos y virtudes morales de Valerio Máximo*, Sevilla, 1632; a partir de la versión de Stephanus Pighius). Véase así mismo la reciente versión de F. Martín Acera, Madrid: Akal, 1988. Para la influencia de Valerio Máximo en Pero Mexía, Juan de Timoneda y Juan de Mal Lara, véase M. P. Cuartero Sancho, *Fuentes clásicas de la literatura paremiológica española del siglo XVI*, Zaragoza: Institución Fernando el Católico, 1981. Véase así mismo J. Aragüés Aldaz, «El modelo de Valerio Máximo en la configuración de las colecciones de *exempla* renacentistas», en *Actas del I Simposio sobre Humanismo y pervivencia del mundo clásico (Alcañiz, mayo de 1990)*, en prensa.

[10] Ugo de Urriés destaca el conocimiento del pasado que el texto aporta: «Ca todo leydo y bien encomendado al entendimiento y memoria en el se comprehende todo el estado y discurso romano» (*Prólogo* a su traducción, *Valerio Maximo, Coronista de los notables dichos y hechos de Romanos y Griegos, que traduxo Mossen Vgo de Urries*, Zaragoza: Pablo Hurus, 1495; hay edición así mismo en Sevilla, por Juan Varela, 1514 y en Alcalá, por Miguel de Eguía, 1529). Se valora así mismo el propio deleite que la lectura del texto ofrece: «Tal es por cierto el libro presente que aun dexado el gran provecho que del puede tomar quien lo leyere hallara en el hermosos dichos y muy nobles hechos y honestos plazeres muy delectables.» (traducción del *Prólogo* de Simón de Hedin). El Cardenal de Sabina señala, en carta a los Jurados de Barcelona, la utilidad de las enseñanzas de la obra en lo que respecta al regimiento de la cosa pública: «son molt profitoses a la anima e al cors e al regiment de la cosa publica e familiar e axi entemps de guerra com de pau e entemps de necessitat como de prosperitat» (en la traducción de A. Canals, *Dels dits e fets memorables, apud* M. Gutierrez del Caño, *Catálogo de manuscritos existentes en la Biblioteca Universitaria de Valencia*, Valencia: Librería Maraguat, 1913).

que Valerio Máximo olvidó o no pudo llegar a conocer por ser posteriores a él[11]. Fulgoso copia con escrupulosa exactitud los títulos de los capítulos que dividían la materia en la obra clásica, pero incorpora una variación esencial: la oposición en el interior de cada epígrafe entre ejemplos romanos y ejemplos extranjeros es sustituida por una división de las rúbricas en dos apartados correspondientes a los *exempla antiqua* y *exempla recentiora*, que es, en puridad, una distinción entre los hechos acaecidos tras la venida de Cristo y los anteriores a la misma. Todo ello permitía incorporar un *corpus* extenso de narraciones hagiográficas a la obra, que en ningún modo invalida su propio valor como repertorio histórico. A este respecto, conviene no olvidar que los nueve libros de dichos y hechos de Fulgoso reúnen frecuentes alusiones a los nobles antepasados del autor, a la sazón, duque de Génova, y al resto de la nobleza italiana y europea. Las referencias a la historia política y la reivindicación de la memoria familiar son, de algún modo, objetivo prioritario de la colección.

El repertorio de Marco Antonio Coccio Sabélico, articulado de nuevo en torno a la distinción entre anécdotas cristianas y anécdotas paganas[12], ha de entenderse también en el contexto del resto de la producción literaria del autor, encaminada a la indagación histórica en mayor medida que al propio adoctrinamiento moral, y de la que constituyen buena muestra sus *Rhapsodiae historiarum ab orbe condito, Enneades V* y sus *Rerum Venetarum ab urbe condita Decades tres et quartae libri tres*.

Baptista Fulgoso y Marco Antonio Coccio adoptan un modelo de compilación, en definitiva, distante del propuesto en las colecciones medievales precedentes, y más cercano al elaborado en la Antigüedad por Valerio Máximo, cuya consecuencia fundamental reside en la incorporación de la Historia –sagrada y profana– como fuente exclusiva para sus obras, prescindiendo de los ejemplos fabulosos y las *similitudines* que, en mayor o menor medida, ocupaban algunos de los repertorios en los siglos medios[13]. A todo ello añaden un rigor histórico desconocido en buena parte de las colecciones medievales y, ante todo, una preocupación por el conocimiento del pasado que desborda el mero interés moral

---

[11] Ya Simón de Hedin había observado: «aun he pensado poner al fin de ciertos capitulos algunos exemplos por una manera de adicion que no halle yo en su libro y segun el mismo dize que no es possible comprehenderlo todo ni dar a memoria: pues an passado mil. cccc. años que hizo la obra presente y a pueden aver acaescido cosas muy dignas de ser scriptas» (en la citada traducción de Urriés).

[12] Fulgoso incluía los ejemplos procedentes del Antiguo Testamento junto a los ejemplos grecolatinos en un apartado único. Sabélico vincula aquéllos y los ejemplos cristianos en la formación de apartados de *exempla interna*, frente a los *externa* o clásicos.

[13] Sin duda el influjo oriental (a través de la *Disciplina clericalis* de Pedro Alfonso y de las traducciones del *Sendebar* y el *Calila e Dimna*) favoreció la utilización de fábulas y cuentos de animales en general (véase M. J. Lacarra, *Cuentística medieval en España. Los orígenes*, Zaragoza: Departamento de Literatura española, 1974). A ello se añade la tradición fabulística clásica (Esopo, Fedro, Aviano) y la propia creación medieval (véase J.–Th. Welter, *op. cit.*, págs. 98 y sigs).

de las anécdotas. Bien es verdad que ambos autores son humanistas y escriben para un público no exclusivamente religioso[14].

No es menos cierto, sin embargo, que los ejemplarios cristianos de la época compartirán ese mismo afán por el rigor histórico y su deuda con la colección de Valerio. Buena muestra de ello es la obra de Marco Marulo Spalatense, *alter Valerius Maximus* según rezan los versos que inauguran la edición póstuma de su obra, concebida como suma de dichos y hechos exclusivamente religiosos, en definitiva, como respuesta cristiana a la colección clásica, a la que hace referencia su título[15].

A este respecto, la tardía colección del maestro toledano Alonso de Villegas, el *Fructus Sanctorum* (obra no citada sin embargo por Maior en su *Enumeratio authorum*) incluye numerosas anécdotas procedentes de los compendios de Marulo, Fulgoso, Sabélico y Valerio Máximo[16].

Villegas compila tan sólo narraciones históricas, sagradas y profanas, y manifiesta una especial preocupación por la veracidad de las mismas[17], en concordancia con lo observado por algún autor contemporáneo como Francisco de Pisa, quien muestra el camino hacia la *vera historia*, que han olvidado tantos escritores en lengua vulgar, «siendo (...) gente poco curiosa de la antigüedad, en que se ha de buscar y se halla la verdad»[18]

---

14   Fulgoso respeta la denominación de los capítulos en la obra de Valerio Máximo. En ellos había lugar para diversos conceptos comunes a la moral pagana y cristiana (así las cuatro partes de la virtud expuestas por Cicerón en su *De inventione*: *Memoria, Prudentia, Fortitudo* y *Temperantia*). Algunos otros epígrafes atienden adiversas cuestiones relacionadas con las instituciones públicas: *De institutis antiquis, De disciplina militari, De iure triumphandi, De censoria nota, De maiestate,...* Marco Antonio Coccio incorpora algunos epígrafes religiosos a la colección: *De charitate in Deum, De fide theologica...* Los restantes capítulos reproducen, con distinto orden, la mayor parte de los epígrafes ya expuestos por Valerio Máximo.

15   *Dictorum factorumque memorabilium libri sex, sive De bene beateque vivendi institutione....* La primera edición es la de Venecia, en 1506. A ella siguieron las de París, 1513 y Venecia, 1580, 1597 y 1610. Otras obras del mismo autor: *Evangelistarium* (Venecia, 1516; Colonia, 1529 y 1532); *De humilitate et de gloria Christi* (Venecia, 1596).

16   Las fuentes del *Fructus Sanctorum* son muy numerosas (véase J. Fradejas Lebrero, *art. cit.*, págs. 236 y 237) pero, por lo que respecta a los ejemplarios, son los ya citados los que aportan un mayor número de narraciones a la obra.

17   No resulta casual que el *Fructus Sanctorum*, como las colecciones de Fulgoso y Sabélico o Valerio, no incluyan apenas ejemplos protagonizados por personajes anónimos, presentes en mayor medida en los ejemplarios medievales (el *Promptuarium exemplorum* de Jean Herolt –c. 1440– incluye numerosas narraciones encabezadas por un título que hace referencia a los hechos o los dichos de *frater quidam, monachus quidam*, o *mulier quaedam*; el tema merece, por supuesto, un estudio exhaustivo). Villegas apunta al frente o en la conclusión de cada una de las anécdotas incluidas en su obra la procedencia de la misma.

18   «Por esta causa a sido cosa muy desseada de personas doctas y pías que oviesse quien tomasse por particular empresa esta parte tan necessaria de collegir las historias de los sanctos, de autores sanctos y otros antiguos graves, assí griegos como latinos, con la gravedad que les es devida» (*Al Christiano lector* en *Flos Sanctorum*, primera parte).

Villegas, que insiste en todo momento en su intención de garantizar el rigor de las narraciones, alude a la gravedad y antigüedad de los autores manejados en la elaboración del *Fructus Sanctorum*[19]. De hecho, el maestro toledano, en el inicio de la segunda parte de su magna obra, no dudaba en apelar a la autoridad de Cicerón al definir la Historia y defender su utilidad para el lector cristiano, no tan sólo por la lectura moral de los hechos del pasado, sino incluso por el deleite que la narración de éstas aporta, pues «basta para dar gusto ser historia»[20].

El autor declara, por otra parte, la superioridad de los hechos sagrados sobre los profanos, que queda sancionada con la división de los capítulos de la colección en apartados independientes de ejemplos bíblicos, hagiográficos y paganos[21]. La referencia a estos últimos como *extranjeros* remonta a la primitiva clasificación de la materia en la obra de Valerio Máximo (que oponía los *exempla romana* a los *externa*), pero lo hace, como es obvio, a partir de la transformación de los términos operada por Fulgoso y Sabélico, en cuyas obras la frontera entre ambos apartados se establecía ya según criterios religiosos.

Sería injusto, de otro lado, ignorar la deuda de Villegas con las colecciones medievales, de la que es buena muestra la adopción del sistema de ordenación alfabética de los capítulos, propia de los ejemplarios dominicos y franciscanos de los siglos XIII al XV, según ha mostrado J. C. Schmitt[22]. La presencia abundante de

---

[19] «Lo que ha quedado de antiguo tiene gran certeza, porque lo falso no permanece, que presto se descubre su falsedad, y lo antiguo escriviéronlo graves autores como san Gregorio en sus *Diálogos*» (*Prólogo al Lector* en *Fructus Sanctorum*, fol. 3v). Cf. sin embargo: «Bien es verdad que cierto maestro en Theología, y muy docto, pretendió un tiempo desacreditarlos, diziendo que contienen milagros que parecerían inciertos a los Aristarcos de su edad y siglo» (*Ibidem*). El maestro en Theología era Melchor Cano (*De locis theologicis*, lib. 2, cap. 6: «Quae ego eadem de Beda atque Gregorio iure fortasse vere dicere possum: quorum ille in historia Anglorum, hic in dialogis quaedam miracula scribunt vulgo iactata, & credita: quae huius praesertim saeculi Aristarchi incerta esse censebunt». Ya César Baronio recogió las palabras de Melchor Cano («Martyrologium Romanum... Acceserunt Notationes atque Tractatio de Martyrologio Romano auctore Cesare Baronio: At ne nos calumniam agere quis existimet; reddimus eius verba, praeteritis nonnullis, quae eodem capitulo ab ipso dicta, castigatione sunt digna», en la ed. de Venecia, 1611, págs. 692–693), defendiendo la autoridad de S. Gregorio, como apunta Villegas, que no cita a Cano.

[20] «Junto con esto antes y después de las tales historias y doctrinas morales ay hechos y acaescimientos al propósito y que dize con lo principal por donde entiendo que será no sola la escritura provechosa, sino muy gustosa» (*Prólogo al Lector*).

[21] La organización tripartita de la materia se hallaba en la colección de Petrarca y en el *Libro de las claras e virtuosas mugeres* de Álvaro de Luna, si bien los criterios para establecer la misma eran distintos a los adoptados por Villegas. Álvaro de Luna dividía la materia de su obra en tres libros dedicados, respectivamente, a las leyes de Natura, de Escritura y de Gracia (ed. Manuel Castillo, París–Madrid, 1909).

[22] «Recueils franciscaines d'exempla et perfectionnement des techniques intellectueles du XII au XIVe siècles», *Bibliothèque de l'école des Chartres*, 135 (1977), págs. 5–21. Véase además, M. B. Parkes, «The Influence of the Concepts of *Ordinatio* and *Compilatio* on the Development of the Book», en *Medieval Learning and Literature. Essays presented to R. William Hunt*, J. J. Alexander et M. T. Gibson eds., Oxford: Clarendon Press, 1976, págs. 115–141. Añádese a todo ello el hecho de que tanto Villegas como Marulo organizan la materia en torno a epígrafes religiosos exclusivamente, acercándose

materia hagiográfica medieval en la obra confirmaría esa deuda, si bien es preciso advertir que la fuente fundamental de Villegas es la obra renacentista de Surio elocuentemente titulada *De probatis sanctorum historiis*[23].

El *Fructus Sanctorum*, en definitiva, ha obtenido de las colecciones de ejemplos renacentistas, elaboradas según el modelo de los *Dicta et facta memorabilia* de Valerio Máximo, un buen número de narraciones, pero comparte con ellas además su deuda con el modelo dispositivo de la obra clásica y manifiesta una idéntica preocupación por la veracidad de los hechos aducidos como ejemplo.

Esa preocupación por la Historia no podía faltar, por lo demás, en una obra como la de Villegas, concebida como reforma del *Flos sanctorum* a partir de los decretos tridentinos. A este respecto, conviene no olvidar que el Concilio de Sens, en 1529, se había opuesto a la utilización en los sermones de los cuentos risibles, y que el Concilio de Milán de 1565, como antes Erasmo y más tarde Melchor Cano, había mostrado su rechazo hacia los ejemplos fabulosos, de un lado, o las anécdotas faltas de veracidad, de otro[24].

No era ajena, sin embargo, a la insistencia en el valor del ejemplo histórico, la propia recuperación de las teorías retóricas clásicas operada por los tratados de oratoria renacentista. En este sentido, la necesidad de la Reforma Católica de delinear una nueva elocuencia sagrada dio lugar a un renovado interés por las obras de los Santos Padres, a cuya autoridad se apelaba en la defensa de la utilización de los preceptos de la elocuencia clásica al servicio de la predicación cristiana, en un proceso bien estudiado por M. Fumaroli[25]. El *exemplum*, como argumento retórico de las teorías clásicas, no podía quedar al margen de dicha recuperación.

Al ejemplo dedicaron su atención tratados retóricos sacros y profanos del siglo XVI. Se puede afirmar que obras como la *Rhetorica en lengua castellana* de Miguel de Salinas[26], el *Methodus concionandi* de García Matamoros[27] o los *De*

---

de este modo a las colecciones medievales y estableciendo una evidente frontera con las colecciones de Valerio, Fulgoso o Sabélico (Véase nota 14).

[23]   Laurentius Surius (1522–1578) es autor, además, de: *Homiliae sive conciones praestantissimorum ecclesiae doctorum in evangelia totius anni*, Colonia, 1569, 1576; *Concilia omnia tum generalia tum provincialia atque particularia*, Colonia, 1567 (dedicado a Felipe II, como la primera parte del *Flos Sanctorum*); *Commentarius brevis rerum in orbe gestarum, ab anno 1500*, Lovaina, 1566, 1567, con un suplemento en Colonia, 1602. La obra hagiográfica continúa y corrige las *Vitae Sanctorum* de Aloysius Lippomanus.

[24]   J.–Th. Welter, *op. cit.*, págs. 449–452; J. Le Goff, *op. cit.*, pág. 66.

[25]   *L'âge de l' eloquence. Rhétorique et «res literaria» de la Renaissance au seuil de l' époque classique*, Genève: Librairie Droz, 1980.

[26]   Alcalá de Henares, Joan de Brocar, 1541. Salinas traduce en este punto a Erasmo (*De duplici copia*, II), quien expone los modos de dilatar el ejemplo, en una exposición muy cercana a la propuesta por Prisciano al tratar del *usus* o *chria* (véase *Praexercitamina*, II, 8–10, *apud* H. Keil, *Grammatici latini*, III, Hildesheim: Georg Verlagsbuchhandlung, 1961, págs. 432 y sigs.). Según Salinas: «La primera manera de acrescentar los exemplos es alabandolos: y esta alabança o se saca del autor que los escriuió o de la persona o gente donde acaesció o de la mesma cosa que el exemplo trata [...] La segunda manera de dilatar los exemplos será si se pone con todas sus particularidades: amplificandolas y encaresciendolas donde bien quadrare [...] La tercera manera [...] es por comparación» (fol. xcviii y xcix). Adviértase la

sapiente fructuoso Epistolares libri quinque de Juan Bonifacio[28] dedican una mayor atención al paradigma que la dispensada por la mayor parte de los textos retóricos o gramáticos clásicos. En relación con todo ello Juan de Guzmán, en la *Primera parte de la Retórica*, que ve la luz en 1589, debe excusar el excesivo número de *exempla* introducidos en los discursos que él mismo había propuesto como modelos de los tres géneros de la causa[29].

Alguna diferencia manifiestan, por otro lado, los textos renacentistas con respecto a las obras oratorias clásicas a las que remite, en definitiva, su análisis. De hecho, se verifica un desplazamiento del tratamiento del *exemplum* desde el terreno de la *probatio*, en relación con la cual era analizado por Aristóteles, Cicerón o Quintiliano[30], al de la *amplificatio*, confirmando una línea apenas esbozada en la época clásica pero patente ya en las Artes de predicación medievales[31]. Así lo hacen Miguel de Salinas o el jesuita Cipriano Suárez[32] en sus tratados retóricos.

---

proximidad de las definiciones de la *chria* y el *exemplum*: «chria est commemoratio orationis alicuius vel facti vel utriusque simul, celerem habens demostrationem, quae utilitatis alicuius plerumque causa profertur» (Prisciano); «Exemplum est alicuius facti aut dicti praeteriti cum certi auctoris nomine propositio» (*Rhetorica ad C. Herennium,* IV, 49, 62, ed. de W. Friedrich, Lipsiae: Teubner, 1908); «Exemplum est quod rem auctoritate aut casu alicuius hominis aut negotii confirmat aut infirmat» (Cicerón, *De inventione,* I, 30, 48, ed. de S. Stroebel, Lipsiae: Teubner, 1915); «Exemplum [...] est rei gestae aut ut gestae utilis ad persuadendum id, quod intenderis, commemoratio», Quintiliano, *Institutio oratoria,* V, 11, 6, ed. de Jean Cousin, Paris: Les Belles Lettres, 1975). El análisis del ejemplo en la obra de Salinas se completa con un capitulo dedicado a la *forma que de deue tener en sacar los exesplos y sentencias de los autores que se leen* (f. ciii v y sigs.).

[27] *De tribus dicendi generibus, siue de recta informandi styli ratione commentarius: cui accessit de Methodo concionandi liber,* Compluti, Ex officina Andreae de Angulo, 1570: «Decem sunt omnino argumentorum genera quibus vtitur orator: sed nullo perinde argumenti genere ad virtutem incitamur, ut eorum quod admiramur exemplis» (Cap. XII, *De exemplo et quomodo tractandum sit,* fol. 129r).

[28] Burgos, Apud Philippum Iuntam, 1589. Trata del *exemplum* en la segunda epístola del segundo libro: «Eidem (cuidam magistro) de commemorandis exemplis, déque illis omnibus, quae discipulorum animos ad virtutem excitare solent» (pág. 72 y ss). El capítulo se inicia con una alusión a la Historia y a la obra de Lippomano y Surio: «Historiam vitae esse magistram nemo doctus ignorat, cuius narratio discipulorum permouet animos: vitaeque sanctorum, quas Aloysius Lippomanus, Laurentiusque Surius diligentissime, ac fructuosissime collegerunt, commodissima exempla suppeditant».

[29] Alcalá de Henares, Juan Yniquez de Lequerica. «Auemos diuagado en estos exemplos tan a la larga, porque del modo que son proprios los enthymemas del género judicial, de la mesma manera lo son los exemplos del género deliberatiuo, en el qual aunque se traygan muchos, como sean con orden nunca enfadan» (fol. 218r). Véase Aristóteles, *Retórica,* I, 10, 1368a, para la mayor acomodación del *exemplum* al género deliberativo.

[30] Aristóteles, *Retórica,* I, 2, 1356a y II, 20, 1393a; Cicerón, *loc. cit.;* Quintiliano, *loc. cit.*

[31] Véase Cicerón, *Partitiones oratoriae,* 16, 56, donde se alude al *exemplum* y la *similitudo* como fórmulas válidas para la *amplificatio,* que, en definitiva, pretende convencer (ed. de W. Friedrich, Lipsiae: Teubner, 1914). El tercer capítulo del *Ars praedicandi* de Francesc Eiximenis (véase Martí de Barcelona, «L' *Ars paedicandi* de Francesc Eiximenis», *Analecta Sacra Tarraconensia,* 12 (1936), págs. ·301–340), dedicado a la *forma predicationis,* contiene un apartado dedicado al orden del sermón, en el que se alude a los modos de *dilatatio* o *amplificatio* de la materia. Entre esos recursos figuran los «exempla sensibilia rerum apparencium» y las «historias certas et facta approbata precedencium de quibus dicit Gregorius quod plus mouent exempla quam uerba». Dichos recursos poseen, por lo demás, el carácter de

Así mismo, gran parte de los textos oratorios renacentistas prescindirán del análisis del *exemplum* en relación con las figuras de pensamiento, presente en la *Rhetorica ad C. Herennium* o en la *Institutio oratoria* de Quintiliano, o en relación con los *tropi*, como figuraba en los textos gramáticos clásicos; análisis heredado por textos medievales como las *Artes poetriae* de Vinsauf y Eberardo el Alemán, o el *Doctrinale* de Alexander de Villa–Dei, respectivamente[33]. Una excepción la constituye, a este respecto, la *Rhetorica Christiana* de Diego Valades[34], que incluye el tratamiento del paradigma en relación con los *tropi*.

Los tratados renacentistas manifiestan, en otro orden de cosas, una cierta preferencia por la Historia como fuente material del *exemplum*, en concordancia con lo observado en la teoría oratoria clásica y aún en la medieval, y ello a pesar de que Aristóteles o Quintiliano reconocieran explícitamente la utilidad del ejemplo fabuloso[35].

---

probationes (pág. 322). Para la inclusión del *exemplum* entre los *modi et species introducendi* del sermón en las *Artes* de Fr. Martín de Córdoba y Fr. Alfonso d' Alprao, véase: A. G. Hauf, «El *Ars Praedicandi* de Fr. Alfonso d' Alprao, O. F. M. Aportación al estudio de la teoría de la predicación en la Península Ibérica», *Archivum Franciscanum Historicum*, 72 (1979), págs. 233–329.

[32] *De arte rhetorica*, Conimbircae, *Apud* Ioannem Barrerium, 1562. Entre los *modi amplificandae orationis* se hallan la *similitudo* y el *exemplum* (cap. 38, «De amplificatione a similitudine atque exemplo». El *exemplum* aparece en la obra así mismo en relación con la *argumentatio*, al ser considerado una *inductio imperfecta* (cap. 21, fols. 52 y sigs). Para la obra de Salinas, cf. supra, nota 25.

[33] Para la *Rhetorica ad C. Herennium*, cf. *supra*, nota 25. Quintiliano (*Institutio Oratoria*, IX, 1, 41) y Cicerón (*De oratore*, III, 17, 49; ed. de W. Friedrich, Lipsiae: Teubner, 1912) citan brevemente el *exemplum* y la *similitudo*. Los textos gramáticos prefieren la terminología griega, y aluden a la presencia de la *homoeosis* (y sus especies, el *icon*, la *parabola* y el *paradigma*) entre los *tropi*: Así lo hacen Donato, *Ars maior*; Flavius Charisius Sosipater, *Artis grammaticae libri V*; Diomedes, *Artis grammaticae libri III*; Pompeius, *Commentum artis Donati*; y Marius Plotius, *Artium grammaticarum libri III* (*apud* H. Keil, *op. cit.*, V, pág. 402; I, pág. 277; I, pág. 463; V, pág. 446–448; y I, págs. 464–465, respectivamente). Para Vinsauf (*Poetria nova*, vv. 1254–1259) y Eberardo el Alemán (*Laborintus*, vv. 545–546) véase E. Faral, *Les Arts Poétiques du XII et du XIII siècle. Recherches et documents sur la technique littéraire du moyen âge*, París: Honoré Champion, 1971, págs. 235–236 y 356, respectivamente). Para Alexander de Villa Dei véase *Doctrinale*, Barcinone: Impressum per Petrum posa, 1483, fol. ciiii r y v.

[34] Valades sitúa la alusión a los *tropi* en el sexto y último libro de su obra (Perusiae, *Apud* Petrum Iacobum Petrutium, 1579). En él se define el paradigma (como especie de la *homeosis*) en términos muy próximos a los empleados por los gramáticos: «paradigma exemplum vel exemplar: quod ad exhortationem, vel dehortationem proponi solet». Según Valades «hoc multum ad probandam & ornandam causam facit» (pág. 278). Cf. sin embargo, Gonzalo Correas, *Arte de la lengua española castellana*, ed. E. Alarcos García, Madrid, 1954. Correas sitúa la *homoeosis* o comparación en general entre los tropos; sus especies, eikon, parabola y paradeigma se analizan en el capítulo dedicado a la sxema (págs. 403 y 422–423).

[35] Para Aristóteles, que alude al empleo de fábulas por parte del orador (*Retórica*, II, 21, 1393a y b) los ejemplos inventados mantienen alguna ventaja sobre los históricos, pues es más fácil inventar los hechos que encontrar los más apropiados entre lo ya sucedido (1394a). El mismo Aristóteles reconoce, sin embargo, el mayor poder persuasivo de la materia histórica (*Ibidem*). La definición de *exemplum* aportada por Quintiliano parece conceder ya la posibilidad del empleo del ejemplo ficticio, pues alude a la «rei gestae aut ut gestae...commemoratio». Su análisis del mismo incluye la explicación de las especies de la fábula (*Institutio oratoria*, V, 11, 17–21) que, sin embargo, posee menor fuerza probatoria que el

Sea como fuere, son numerosos los textos renacentistas que contemplan la posibilidad de utilizar fábulas en el cuerpo del discurso (o en su caso del sermón). Juan Luis Vives, en su *De consultatione* recuerda que el orador debe conocer de memoria abundantes ejemplos históricos y fabulosos. En todo ello insiste en sus *De recte dicendi ratione libri tres*, al señalar:

> Sunt inter exempla fabulae poetarum, et apologi, qui saepe numero magnam uim ad persuadendum afferunt[36]

También Salinas, que traduce en este punto a Erasmo, se muestra partidario del empleo de fábulas o apólogos, pues estos, en definitiva

> enciérranse con los exemplos, proverbios, sentencias, comparaciones y otras cosas semejantes[37]

El reconocimiento del valor de la fábula por parte de los retores no impide que la mayor parte de los preceptistas aconsejen la utilización de la materia histórica[38]. Juan Bonifacio incluye en su tratado un capítulo elocuentemente titulado *De ineptis concionibus fugiendis*, en el que critica el empleo en el sermón de *fabulas aniles y ludi*[39]. Tomás de Trujillo, autor de los copiosísimos *Thesauri concionatorum libri septem* se muestra contrario a la utilización de facecias y chistes en los sermones, y lo hace citando a Cicerón[40]. Fray Diego de Estella, en su

---

ejemplo histórico. Las definiciones de Cicerón y la *Rhetorica ad C. Herennium* (véase *supra*, nota 25) parecen aludir preferentemente al ejemplo histórico, como lo hacen las definiciones de los gramáticos (así, Flavius Charisius Sosipater: «paradigma est rei praeteritae relatio adhortationem dehortationemve significans»). Algunos autores como Iulius Ruffinianus, sitúan la diferencia entre *paradigma* y *parabola* en el carácter histórico del primero: «Harum distantia est, quod paradigma facit vera exempla, parabole ficta ostendit» (Ruffinianus, *De figuris sententiarum et elocutionis*, apud C. Halm, *Rhetores latini minores*, Lipsiae, 1863, pág. 44). Por otra parte, Eiximenis se había mostrado contrario a la utilización de fábulas: «Alii (se dilatant) per poetica et ficta: et has fabulas detestamur» (véase A. G. Hauf, *art. cit.*, págs. 250–253, que señala la distinta posición de Fr. Martín de Córdoba: «Quintus modus est per fabule aplicationem...»; se refiere a los modi introducendi).

36 Ambas obras en Basilea, 1536. En el tratado *De consultatione* alude a la doble procedencia del *exemplum* («uel historia, ex fabulis», pág. 234). Véase así mismo el mencionado tratado *De modo concionandi*, de García Matamoros, donde se alude a los *poëtarum figmenta* y las *parabolae* como formas del *exemplum* en sentido amplio (f. 129 v).

37 *Op. cit.*, fol. cxvi v.

38 El renacentista Petrus Mosellanus parece conceder al *exemplum* tan sólo la narración de hechos históricos: «Paradigma, cum ex historia res aliqua narratur, qua velut exemplo accendimur». Cf. sin embargo: «cuius usus tam est frequens apud poëtas tum apud oratores» (*De Schematibus et tropis*, apud *De figuris sententiarum ac verborum*, Lugduni, Apud Sebastianum Gryphium, 1540).

39 *Op. cit.*, pág. 110.

40 Quienes defendían la utilización de *facetiae* y *verba iocosa* en el inicio del sermón se apoyaban en Cicerón, que ya había observado la posibilidad de despertar la atención de los oyentes con esos recursos. El propio Cicerón, como observa Tomás de Trujillo, había indicado la inconveniencia de esa utilización en el tratamiento de asuntos graves: «Suspicantur enim Ciceronem ipsum legentes I. Rhetori. id sibi licere in concione, cum inter caetera oratoris munera sit unum ipsum delectare [...] Sed tamen isti non

127

Modus concionandi, o Lorenzo de Villavicencio, en su *De recte formando theologiae studio*[41], ponderan el deleite y la utilidad de los ejemplos, pero se muestran partidarios del uso tan sólo de aquellos procedentes de las Sagradas Escrituras.

Una atención especial merece la *Rhetorica Ecclesiastica* de Fray Luis de Granada, quien había aconsejado, por otra parte, a Alonso de Villegas la compilación del *Fructus Sanctorum*. Los seis libros de la retórica sacra –que incorporan el análisis del ejemplo entre las figuras de pensamiento– resumen, de algún modo, los logros de la oratoria postridentina en su recuperación de la teoría ciceroniana en torno al *exemplum*[42].

A este respecto, Fray Luis de Granada apela a S. Agustín y Cicerón en su defensa de la oratoria latina como arte digno para su utilización por parte del predicador cristiano. A Cicerón apela así mismo Alonso de Villegas cuando reconoce las cualidades de la Historia, que, en definitiva, constituía la materia exclusiva de su ejemplario. La Historia es, en efecto

> Testigo de los tiempos, luz de la verdad, vida de la memoria, maestra de la vida y mensagero de la Antigüedad[43]

De una Antigüedad cuyo recuerdo había propiciado, además del acopio de nuevos materiales y un modelo para la disposición de los mismos en las compilaciones renacentistas, un contexto retórico para la utilización de un género, a pesar de todo, vivo.

---

aduertunt, quod quamquam id aliquando liceat, habenda sit tamen semper oratori ratio loci, materiae, temporis, & personarum, quibus variatis, illud desinet esse licitum: quod etiam idem Cicero aduertit», *op. cit.*, col. 122.

[41] Fray Diego de Estella (*Modus concionandi*, Salmanticae, Es Officina Ioannis Baptistae à Terranova, 1576) dedica un capítulo a todo ello (*Uti exempla scripturae inveniantur*, cap. XIII, fols. 52–55v) y remite al capítulo dedicado a la *similitudo* (cap. XII). Villavicencio (*De recte formando theologiae studio, libri quatuor*, Antuerpiae, In aedibus Viduae & Haeredum Ioannis Stelsii, 1565) alude al *exemplum* en el capítulo dedicado a la *Confirmatio* (cap. XX del libro I): «Opportune subiunguntur exempla quaedam, sive historiae ex libris sacris depromptae, in quibus commonstratur veritas ac certitudo eius quod inculcare maxime cupimus», pág. 116.

[42] *Ecclesiasticae rhetoricae, sive de ratione concionandi libri sex*, Olyssipone, Antonius Riberius, 1576. Curiosamente, sitúa el *exemplum* entre los *argumenta inartificialia* (pág.43). Alude al ejemplo al tratar de los *modi amplificandi* (cap. V del libro III). Para su inclusión entre las *figurae sententiarum*, véase cap. XIV del libro V. La definición de *exemplum* está tomada de la *Rhetorica ad C. Herennium*.

[43] *Prólogo al Lector* en la segunda parte del *Flos Sanctorum*.

La crítica literaria de la prosa de ficción sentimental de los siglos XV y XVI. Visión retrospectiva y nuevas aportaciones

Mª Fernanda AYBAR RAMÍREZ

El problema fundamental que se le presenta al investigador que intente dar una visión global de la ficción sentimental de los siglos XV y XVI es el de la indefinición de tal cuerpo narrativo. Las causas básicas son dos: 1) el acercamiento superficial de algunos investigadores que, careciendo de un teoría rigurosa de análisis literario, establecen postulados generales inconsistentes y desordenados basados, por añadidura, en la reducción de la serie literaria a un repertorio de 7 u 8 obras de la veintena que la componen; 2) la negativa de otros estudiosos a reconocer la existencia de rasgos dominantes comunes, estructuras semánticas y formales y estilo análogos en la agrupación de estos textos. Ambas razones imposibilitan la descripción completa y posterior interpretación del género sentimental como unidad de pleno sentido. Produce una gran atomización en los análisis críticos, además del olvido, maltrato y omisión de campos de investigación fundamentales. Todo se refiere a un «corpus» de obras sin delimitar que actúa como cajón de sastre de cuantos textos 'agenéricos' puedan aparecer.

Consideramos que la crítica literaria se desorienta ante un género híbrido y sumamente vital que condensa diversos elementos de tradiciones literarias medievales y del humanismo en ciernes, y prefigura las características de la novela moderna del Renacimiento. No obstante a partir de la década de 1980 observamos un viraje en los estudios de esta serie. Incluso aquellos investigadores que no aceptaban interinfluencias directas de aspectos formales o temáticos, advierten ahora una misma armazón externa, y tal vez una estructura profunda común. Desafortunadamente no amplían sus estudios a las obras 'menores' ni ligan el análisis formal riguroso a lo que tiene de hecho social y comunicativo este género.

Como introducción diremos que los relatos novelescos sentimentales son culturalmente *la concreción del renacimiento temprano castellano y producto de una época histórica de transición y crisis de antiguos valores, la Baja Edad Media*[1]. Tuvo sus orígenes geográficos en el noroeste peninsular con el *Siervo libre*

---

[1]   Es fundamental correlacionar el desciframiento de nuestro género con la controversia de los críticos sobre si hubo o no humanismo en la Castilla del cuatrocientos. Véase Karl Kohut, «El humanismo castellano del siglo XV. Replanteamiento de la problemática», en *Actas del VI Congreso de AIH*, ed. Giuseppe Bellini, Roma: Bulzoni, 1982, págs. 639-647 y de Jeremy N. H. Lawrance, «On

de amor (ca. 1440) de Juan Rodríguez del Padrón, y se extendió despues hasta el reino catalán[2]. Este nuevo género de estructura epistolar aúna elementos de la poesía trovadoresca recogidos en los cancioneros de tema amoroso del XV y del «roman courtois», versión hispánica del ciclo de la Post–Vulgata, asimilado en los libros de caballerías hispánicos[3].

En la dilatada diacronía del género sentimental (1440–1548) pueden establecerse esquemáticamente tres períodos: A) Uno de conformación en que se cuestiona y revisa el amor cortés heredado bajo los parámetros de la escuela alegórica y el didactismo tratadista fuertemente desarrollado con Juan II –del *Siervo [...]* a la *Triste deleytaçión*–. B) Otro de fijación y codificación extrema de las posibilidades argumentales y estructurales del molde genérico sentimental con Diego de San Pedro y Juan de Flores[4]. C) Y, por último, la fase de imitación estereotipada y epígonos con la *reducción* de fábulas y tramas –de la *Repetición de amores* al *Proceso de cartas de amores* de J. de Segura–. Al final de la trayectoria sentimental se produjeron trasposiciones y préstamos de elementos de géneros adyacentes, sobre todo el pastoril, bizantino y morisco.

Una cuestión fundamental que se plantean los investigadores de la ficción sentimental es si constituye o no un género independiente y susceptible de ser descrito. Unos autores –Cvitanovic[5], Deyermond[6], Durán[7]...– consideran que es un «corpus» coherente que puede ser definido en torno a unos pocos principios básicos: corta extensión del relato, la historia de amor desgraciada en un ambiente cortés y refinado, la escasa y esquemática acción externa y la técnica autobiográfica. A estos postulados se unen, dependiendo del tipo de análisis que se realice y la parcela que abarque, otros como la diversidad de puntos de vista, la relación amorosa frustrada ante un mundo contradictorio y adverso, individuos alienados y neurotizados aún antes del fracaso amoroso, tratamiento teórico–

---

the fifteenth-century Spanish vernacular Humanism», en *Medieval and Renaissance Studies in Honour of Brian Tate*, ed. Ian Michael y Richard A. Cardwell, Oxford: Dolphin Books, 1986, págs. 63-79.

[2] Véanse dos magníficos estudios: Alan Deyermond, «Las relaciones genéricas de la ficción sentimental española», en *Symposium in honorem Prof. M. de Riquer*, Barcelona: Quaders Crema, 1986, págs. 75-92 y Regula Rohland de Langbehn, «Desarrollo de los géneros literarios: la novela sentimental española de los siglos XV y XVI», *Filología*, 21 (1986), págs. 57-76.

[3] Una larga lista de formas literarias del XV y XVI que pudieron proporcionarle préstamos textuales están sin estudiar con minuciosidad. Muestra de ello son los decires narrativos, poemas de debate, la rica novelística catalana, las crónicas y biografías, el teatro o la tragedia.

[4] Tenemos serias dudas sobre la incursión plena de algunas obras como el *Tratado de amor* atribuido a Juan de Mena, el *Triunfo de amor*, *La coronación de la señora Gracisla*, la *Queja que da de su amiga ante el dios de Amor [...]* del Comendador Scrivá, etc., que son usadas sin ningún custionamiento en los estudios críticos de la sentimental.

[5] *La novela sentimental española*, Madrid: Prensa Española, 1973.

[6] «The Lost Genre of Medieval Spanish Literature», *Hispanic Review*, 45 (1975), págs. 231-259.

[7] *Estructura y técnicas de la novela sentimental y caballeresca*, Madrid: Gredos, 1973.

discursivo del amor y la pasión, etc. Para otros especialistas, como Samonà[8], Whinnom[9] o Prieto[10], la mutabilidad de formas y la heterogeneidad temática son los elementos caracterizadores del género. Y lo más atrayente el estudio del haz complejo de interrelaciones genéricas que confluyen en la creación del código sentimental, y las innovaciones estructurales que experimentó por la convivencia con formas literarias cambiantes en su diacronía. Sin embargo se dan oscilaciones entre una y otra vertiente. No es raro que tras considerar artificial y poco cohesionada la agrupación de estos textos bajo una categoría autónoma, se enumeren sin dilación sus particularidades estilítico–estructurales e ideológicas como si de un «corpus» homogéneo y pleno de sentido se tratara.

A esta dificultad se une la carencia de un término o marbete común a todas las obras del mismo. Usaré *relato novelesco sentimental*, pero sin descartar la revisión posterior de esta categoría en el curso de mi tesis doctoral. Entendemos por relato novelesco sentimental una obra narrativa de ficción de relativamente poca extensión que cuenta historias de amores, consumados o no, siempre desgraciadas y trágicas. El eje narrativo es el análisis del sentimiento amoroso frustrado (anterior a la consumación del amor como en el *Tratado Notable de Amor*, o tras el logro de la 'merced' con el subsiguiente castigo social como en la *Penitencia de amor* o el *Grisel y Mirabella*) en un marco cortés y aristocrático cerrado. El fin estético y de entretenimiento, aunque nunca exento de ejemplaridad, conecta, en un primer momento, con las expectativas de un público escapista, caballeresco y cortesano –especialmente la «clientela» de la rancia aristocracia; la nobleza *transvasada* a la corte que constituye el cuerpo de funcionarios y diplomáticos y las oligarquías ciudadanas y grandes burgueses asimilados a los grupos de poder–, pero ya imbuido por los nuevos ideales preburgueses de la segunda mitad del cuatrocientos. A éste se suma con la estereotipación y asimilación del módulo a fines del cuatrocientos otros sectores medios nacientes hasta ahora dispersos y alejados de la cultura. La mutabilidad y plasticidad de la cadena sentimental, tanto en expresión como en contenido, serán notas predominantes de que participa en cuanto forma literaria precursora de un género híbrido y residual, la novela, que carece de cánones y reglas fijas en las poéticas antiguas y medievales, y que se concretará laboriosamente –con el concurso innegable de la sentimental– en la prosa del XVI.

Se hace necesario llegar a una interpretación lógica y coherente de la multiplicidad de formas y riqueza semántica que nos proporciona la ficción sentimental, guiados por un marco teórico amplio y diversificado que evite en la medida de lo posible errores[11]. Postulamos abiertamente que la ficción sentimental

---

[8]   *Studi sul romanzo sentimentale e cortese nella letteratura spagnola del Quattrocento*, Roma: Carucci, 1960, págs. 25-29 y «Il romanzo sentimentale», en la obra con A. Vàrvaro, *La letteratura spagnola dal Cid ai Rei Cattolici*, Firenze-Milano: Sansoni-Accademia, 1972, págs. 185-195.
[9]   «Introducción» a Diego de San Pedro, *Tractado de amores de Arnalte y Lucenda*, Madrid: Castalia, 1973, especialmente págs. 48–51.
[10]   *Morfología de la novela*, Barcelona: Planeta, 1975, págs. 190-320. En concreto para este problema págs. 241-242, 256 y 308-320.
[11]   Karl R. Popper, *La lógica de la investigación empírica*, Madrid: Tecnos, 1980, págs. 27-40.

desempeña un función cognoscitiva y comunicativa que impone un estudio histórico–literario del género desde el aunamiento de diversas disciplinas afines e interrelacionadas con la literatura[12] –historia, sociología, lingüística, filosofía y psicología social principalmente–. Este planteo cambiará la configuración del todo narrativo proporcionándonos, una vez reintegrado el contenido en la forma, la semántica plena de los textos.

En este estado de cosas urge redefinir la categoría de género literario convirtiéndola en instrumento útil y operativo para la investigación de los rasgos propios de nuestra serie artística. No olvidemos que, como ha señalado E. Michael Gerli[13], la ficción sentimental es un género con fuerte conciencia de ser pura ilusión literaria, erigida contra la propia convención artística de la que se sirve –«metafiction»–.

El valor del género no se cifra tanto en ser un medio de clasificación de obras dispares sino, sobre todo, en determinar en cada momento histórico de la evolución de la cadena las características estilísticas y estéticas, procedimientos construtivo–formales y visión del mundo que coinciden en un conglomerado de obras aparentemente diversas. El problema es más complejo en los análisis de los textos sentimentales, pertenecientes a la tradición literaria medieval y que participan en su evolución de las profundas innovaciones narrativas que habrían de desembocar en la prosa del Renacimiento.

El género conjuga reglas anteriores que informan y orientan la comprensión del texto, al tiempo que son un modelo de creación de sentido que satisface los «horizontes de expectativas» del lector[14]. El tipo literario es una concepción útil para conocer la estructura de la obra misma, la evolución del género y el desarrollo interno de la norma literaria dentro del contexto de significados culturales que determinaron tal forma artística. Hay que explicar el «corpus» sentimental en función referencial con los modos genéricos que lo precedieron y los que fueron coetáneos en su desarrollo para llegar a establecer sus rasgos distintivos como serie literaria independiente[15]. Lejos de los criterios del historicismo filológico, nos

---

[12]   Seleccionaremos y coordinaremos en adelante los criterios más acordes y que presenten mayores posibilidades de desarrollo de algunas teorías literarias actuales, formalismo ruso, estructuralismo checo, semiótica soviética, neomarxismo y estética de la recepción, en nuestra pretensión de análisis sistemático del género sentimental.

[13]   «Metafiction in Spanish Sentimental Romance», en *The Age of Catholic Monarch 1474-1516: Literary Studies in Memory of Keith Whinnom*, *Bulletin of Hispanic Studies*, ed. Alan Deyermond y Ian Macpherson, Liverpool: University Press, 1989, págs. 57–63.

[14]   Véase Hans-Robert Jauss, «Littérature médieval et théorie de genres», *Poétique*, 1 (1970), págs. 79-101 y *La historia de la literatura como provocación*, Barcelona: Península, 1976, págs. 133-211.

[15]   Todo cambio en un sistema es relacional. La serie literaria sentimental es producto de la combinación y transformación de varios géneros anteriores a los que sustituye y desplaza. La transición no es rupturista ni violenta, y el nuevo género tiende a consolidarse en un proceso amplio que haga duradera su nueva forma de expresión artística. Jauss (*art. cit.*) no excluye la posibilidad de crear un sistema de géneros único para la Edad Media. Esto permitiría hablar de relaciones

interesa analizar cómo se institucionalizan y renuevan las recurrencias de ciertas propiedades discursiva a partir de lo desfasado y cómo contribuye al lado de otros paradigmas modales en la aparición de la novela moderna. Este análisis nos conducirá a comprender la carga significativa de sus componentes y si su contenido referencial se ve confirmado, desvirtuado o destruido en la obra concreta haciendo variar por tanto las evocaciones significativas del público. El lineamiento sintagmático de la lectura se rompe y la referencia a textos anteriores origina una función anafórica de sus elementos, transformando la obra precedente en cotexto de imprescindible conocimiento para entender el texto[16].

La idea de originalidad tiene que ser reformulada. Los epígonos no se limitan a copiar la obra programática o modélica, tambien pueden introducir alteraciones sustanciales en elementos con funciones superficialmente análogas en el texto y realizar nuevas concreciones de los rasgos predominantes, reemplazarlos por otros procedentes de géneros periféricos (poligénesis y mixturas) o potenciar los factores constructivos particulares de cada obra. Precisamos del estudio de las diversas funciones de los elementos estructurales de una obra en conexión con otros de su mismo texto, y en correspondencia con otros de su propia configuración genérica o de distinta serie literaria[17]. La concreción que realiza el lector que decodifica un texto, atribuyéndole un sentido acorde con su época histórica particular y su propio mundo de experiencia, nos pone de manifiesto el lado genérico del significado que produce y la relación entre evolución socio-cultural y cambio literario. Claras muestras de ello son la continuación de la *Cárcel de amor* realizada por un lector, Nicolás Núñez, descontento con el desenlace original.

Habremos de describir el proceso de funcionamiento de la forma literaria en el medio social, lo que conlleva el cambio del código estético y la posibilidad de una pluralidad de lecturas. Ejemplos evidentes son los dasajustes y tensiones entre norma discursiva convencional de la época, ideología que reproduce o desarticula y la fiel realización – a veces sólo aparente, *Cárcel de amor–*, denuncia –*Grisel y Mirabella*– o sátira subversiva –*Repetición de amores*– de dichos discursos empleados en cada texto concreto.

A nosotros como investigadores compete ir más allá de la fijación de un conjunto de reglas extraído por ende de un género acrónico, cerrado y supuestamente imperturbable. Hay que entender la ficción sentimental en su tiempo histórico y aceptar que los códigos estéticos están producidos por grupos sociales. Puede darse el caso de que se mantengan estables funciones y estructuras como reacción formal a unas condiciones socio–culturales que se sienten como

---

intergenéricas entre las series literarias en función constituyente y géneros dependientes o contaminantes.

[16] Cf. Mijail Bajtin, «Du discours romanesque», en *Esthétique et roman,* París: Scuil, 1978, págs. 83-233 y Julia Kristeva, «Le mot, le dialogue et le roman», en *Semeiotikè. Recherches pour une sémanalyse*, París: Seuil, 1969, págs. 143-173.

[17] Cf. para estas ideas Tinianov, «Sobre la evolución literaria», en Todorov, *Teoría de la literatura de los formalistas rusos*, Buenos Aires: Signo, 1970, págs. 89-110 y Tomachevsky (1925), «Temática» en *Teoría de la literatura*, Madrid: Akal, 1982, págs. 179-269.

amenazantes[18]. Sólo el análisis de los elementos y construcciones subyacentes o solapadas y su posicionamiento frente al lector nos llevarán a formular el cambio de las categorías funcionales y estilísticas de una obra.

Ya que la literatura es un signo icónico que constituye una de las formas sociales de conocimiento de la vida, reclamamos el conocimiento de la semanticidad radical de todos los componentes de los textos sentimentales. No hay que adoptar una postura prejuiciosa que separe artificialmente la estructura de la forma del contenido conceptual recreado por el autor; ambos convergen en la constitución del discurso literario como un producto cultural portador de valores históricos y constitutivo de la realidad social misma. La obra de ficción remite al mundo porque lo reinterpreta elaborando un modelo artístico de experiencia que justifica su lectura[19]. Las condiciones socio–históricas imponen un cierto grado de «determinación» sobre las respuestas del destinatario, basadas en el conocimiento del mundo simbólico y código ideal que crea el escritor en su obra y en la realidad histórica del receptor[20].

No olvidemos que la aparición histórica de un modelo artístico supone necesariamente un cambio de la forma de expresión exigida por unas «estructuras del sentir» y necesidades en tensión y transformación con lo que viene siendo tradicional[21]. El texto es un medio de apropiación del mundo que posee un significado culturalmente mediatizado al reelaborar por códigos estéticos la realidad[22]. Las características de una determinada época histórica promoverán una sensibilidad particular que va desde la declaración programática a una concepción implícita y tácita del mundo. Vemos el «corpus» literario sentimental no como suma de obras individuales sino como sistema comunicativo y estético cargado de intención. Para su comprensión necesitamos echar mano de métodos literarios y extratextuales[23] que clarificarán además la trabazón entre las obras y el género.

La sentimental fue un *tipo literario de moda* cuyos textos (algunos «best–sellers»), se leían como breviarios de constantes y trágicos amadores y altivas damas en un contexto socio–histórico hostil. La figura del caballero, imbuido por los altos ideales del sistema mítico de vida del trescientos, se convirtió en paladín de una aristocracia de nuevo cuño, –la de las «mercedes enriqueñas»–. Simultaneaba la consolidación de su fuerza económico–social mediante los mayorazgos con la ostentación de su poder en un estructura de pensamiento y comportamiento fuertemente ritualizada. Con su modelo de cortesanía fue capaz de atraer a sectores emergentes de la sociedad, que evidentemente modifican los valores recibidos –véase el realismo temprano e ironía de la *Triste Deleytación*, una obra de

---

[18]   Johan Huizinga, *El otoño de la Edad Media*, Madrid: Alianza, 1982[4].

[19]   Jurij M. Lotman, *Estructura del texto artístico*, Madrid: Itsmo, 1975.

[20]   Jauss, *Experiencia y hermenéutica literaria*, Madrid: Taurus, 1986.

[21]   R. Williams, *Marxismo y literatura*, Barcelona: Península, 1977, cap. 9.

[22]   A. Hauser, *Fundamentos de sociología del arte*, Madrid: Guadarrama, 1975 y R. Williams, *Cultura. sociología de la comunicación y del arte*, Barcelona: Paidós, 1982.

[23]   Para la definición de función comunicativa y social de una serie artística véase Mukarovsky, *Escritos de estética y semiología del arte*, Barcelona: Gustavo Gili, 1977, especialmente págs. 44-121.

transición entre la primera fase y segunda de la ficción sentimental que remite a una ideología 'cuasi–burguesa'–

Las expectativas satisfechas del público se convierten, como demuestra Iser, en norma del producto al sancionar deseos, sublimar experiencias, corroborar sentimientos o cifrar aspiraciones soñadas e imposibles[24]. Sin embargo, el análisis de la recepción y efecto de la prosa sentimental es un campo de investigación escabroso y huidizo –por ej. un destinatario heterogéneo del género daría lugar a una pluralidad de lecturas que sería la clave última del éxito de los textos– que los investigadores han preferido simplificar u ocultar.

Los relatos novelescos sentimentales recogen los ideales, deseos frustrados –y yo diría agresividad militante– de una aristocracia caballeresco–cortesana condenada por el proceso histórico de fortalecimiento de la monarquía absolutista, y una naciente economía monetaria y mercantil (bien organizada ya en el reino aragonés) que desequilibra los cuadros sociales estamentales y el modo de producción feudal[25]. *A esta fase de descomposición de la base socio–económica y cultural medieval, y en particular de desajuste entre realidad social y valores nobiliarios, corresponde un género fuertemente retórico y en apariencia quietista e inmutable que potencia los aspectos técnicos de la ilusión literaria.* Es una forma artística exquisita y elitista que amarra y reinterpreta los códigos desfasados de una ideología aristocrática. Mas entremezcla valores culturales emergentes en un intento desesperado por mantener básicamente intactos sus roles sociales.

El sistema literario sentimental mantiene elementos estructurales de fondo que remiten a estados precedentes, pero reorganiza continuamente los códigos para lograr su pervivencia en detrimento de la riqueza informativa histórica[26]. Ese dinamismo interno, provocado por condiciones socio–históricas y culturales, ejerce una acción perturbadora en la estructura de representaciones ideales del código, desarrollando contenidos latentes o construcciones imperceptibles a lo largo de su diacronía. Nos hallamos ante lo que Lotman y Boris A. Uspenskij definen como una «cultura centrada en la expresión, caracterizada por la ritualización de las formas de comportamiento derivada de la creencia en una inseparabilidad entre plano de la expresión y contenido»[27]. El significado aparece prefijado en tanto que la alta ordenación del sistema asegura su propia conservación –el esoterismo del *Siervo*, por ejemplo –y proporciona perpetua comunicabilidad al grupo –véase

---

[24]   *El acto de leer. Teoría del efecto estético*, Madrid: Taurus, 1987.

[25]   Véase Pierre Vilar, *Crecimiento y desarrollo. Economía e Historia. Reflexiones sobre el caso español*, Barcelona: Ariel, 1964; Antonio Domínguez Ortiz, *Las clases privilegiadas en la España del Antiguo Régimen*, Madrid: Itsmo, 1973; E. Mitre, *La España medieval. Sociedades. Estados. culturas*, Madrid: Itsmo, 1984[2] y M. A. Ladero Quesada, *España en 1492*, Madrid: Hernando, 1979; José Antonio Maravall, *Estado Moderno y mentalidad social*, Madrid: Revista de Occidente, 1972; B. Bennassar, *L'homme espagnol. Attitudes et mentalités du XVe au XIXe siècles*, París: Hachette, 1975 y S. Gilman, *La España de F. de Rojas. Panorama intelectual y social de «La Celestina»*, Madrid: Taurus, 1978.

[26]   En Jurij M. Lotman y la Escuela de Tartu, *Semiótica de la cultura*, Madrid: Cátedra, 1979, págs. 73-77.

[27]   *Ibidem*, págs. 76-77.

cómo el compungido amante del *Tratado de Arnalte y Lucenda* se certifica del tipo de interlocutor para transmitir su experiencia–. Estas directrices de lectura, hábilmente forjadas por los creadores de la sentimental, son precisamente las líneas que la mayoría de los investigadores siguen en sus estudios.

El alejamiento, contraste e incluso extrañeza de la realidad, y la forma alambicada de este género de ficción conecta con el público privilegiado para el que va dirigido idealmente. La aristocracia exige la idealización y valoración de su moral y formas de conducta tras la fuerte estilización literaria de los sentimientos amorosos y las costumbres cortesanas que pretenden sublimar. Cumple una función «encubridora», anacrónica y evasiva de la realidad brutal en que surge y se desarrolla el género sentimental en la Baja Edad Media (guerra civil y declive económico catalán, explotación del campesinado y arrendatarios por la aristocracia terrateniente que conlleva numerosos alzamientos, acentuación de los extremos sociales, bandalismo de los linajes y lucha contra dinastías enfrentadas, etc).

Los relatos novelescos sentimentales expresan una forma de sentir y pensar contradictoria, en correspondencia con el desquiciamiento social y económico de la época, a pesar del auge de algunos sectores castellanos beneficados, aún con su retrógrada economía de base eminentemente ganadera –la venta de lana sin procesar será el verdadero motor de acumulación de capitales–, por la coyuntura del mercantilismo atlántico –fachada cántabra–. La divinización del amor y la secularización de conceptos religiosos, características presentes en la prosa sentimental, suponen en cierta medida una supervaloración de lo humano y una aproximación de los planos espirituales y temporales, como ocurre en momentos históricos de inconsistencia y evolución. Otra muestra de la «rebuelta de los tienpos» puede encontrarse en el cuestionamiento que realizan los personajes de la escala de valores desgastados y rígidos que propone, y aún propagandea, externamente la obra.

El escritor no habla por boca de una realidad unitaria, sino fragmentada y en lucha abierta, sin atisbos de síntesis superadora. Es esto lo que explica la incursión de la sentimental en la experimentación psicológica como único modo de aproximación y aprehensión de la realidad compleja, y la incesante búsqueda de nuevos cauces –riqueza de piezas retóricas, perspectivismo, vigencia del debate como vehículo de enfrentamiento polémico de ideas, ... – por los que expresar una cosmovisión ya sentida por sus sustentadores como caduca.

Considero que junto a la tradicional nobleza cortesana, en que desempeña un papel cultural importante la mujer, pero no totalitario, puede haber otros sectores que participan del género. Es triste observar cómo la mayoría de críticos señalan como destinatario único a la nobleza tradicional cortesana, siguiendo 'fielmente' ese lector ideal todopoderoso que los textos proponen. Omiten esos otros lectores secundarios –ajenos, críticos o detractores– también citados en muchos de los relatos novelescos.

La nobleza de diploma, clase media burocrática y cortesana fuertemente abonada con el aparato administrativo de Enrique IV y los primeros años de reinado de los Reyes Católicos, constituye una parte importante de la sociedad de las cortes estatales. Pudo muy bien propiciar un cambio progresivo de los valores culturales sin el cual el triunfo de la reforma educativa nebrijana no hubiera existido. Junto a ella debería analizarse el papel de las oligarquías ciudadanas y la alta burguesía comercial –con un papel indiscutible a partir del imperialismo colonial–. Al mismo tiempo que invierten sus capitales en patrimonios rústicos adoptan las formas artísticas y culturales de la vieja aristocracia para reforzar su *status* social y asimilarse en lo posible al grupo de élite.

Con la simplificación y automatización del módulo sentimental y la introducción de nuevos materiales el público competente se amplía y diversifica a fines del XV. Es significativo que el esquema argumental monótono, elemental y repetitivo, del que incluso se nos proporciona el resumen –*Cuestión de Amor*–, la exhibición manida del sentimiento amoroso o el autoabastecimiento de los escritores con otras obras sentimentales precedentes, se prestan mucho más a la lectura o audición de un público heterogéneo nacido al amparo de la valoración de la formación intelectual y posesión de bienes culturales por los grupos privilegiados y sectores intermedios incipientes en la Baja Edad Media. Las *Cartas y coplas para requerir nuevos amores* (1515)[28] constituyen un buen ejemplo de cómo las epístolas retóricas y expresiones amorosas se vulgarizaban.

Junto a corrientes de pensamiento claramente ciudadanas, sea por participación–imitación de las formas de sentir de Europa[29] o por el nacimiento débil de una clase media castellana frustrada en sus aspiraciones hacia 1575[30], conviven formas tradicionales de pensamiento que, amenazadas e insatisfechas, se expresan con más virulencia ante la plena descomposición del orden feudal a mediados del XV. *Sólo por la simbiosis de los intereses de tales grupos sociales se explica la diversidad contradictoria y el mundo turbulento de las producciones sentimentales de la época.* Un ejemplo de ello lo encontramos en la convivencia de la armonía estática, la serena melancolía y artificiosidad con la progresiva valoración del individuo –postura antropocéntrica e intimismo religioso– que brota por la crispación y desproporción de las emociones en una sociedad laica y a menudo ociosa desquiciada por la crisis. Ejemplo claro son Vasquirán y Flamiano, protagonistas de la *Cuestión de amor*.

Hay que averiguar hasta qué punto nuestro género es producto social de la clase que lo consume y difunde, el grado de correspondencia entre el público y productor y si responde a los esquemas de pensamiento de la cultura dominante. La ideología puede ser también un sistema de valoración y proyección de sectores emergentes que se enfrentan a lo hegemónico, constituyéndose con elementos heterogéneos marginales. Se trataría de estudiar esas «estructuras del sentir» que surgen en fase preemergente y frente a lo claramente hegemónico, en estado de

---

28 Francisco López Estrada, «Un pliego de *Cartas...*, 1535», *Revista de bibliografía Nacional*, 6 (1945), págs. 227-239.

29 Curioso resulta que tanto Juan Rodríguez del Padrón como Fernando de la Torre participaran en el Concilio de Basilea y viajaran en varias ocasiones fuera de España. Kohut (*art. cit.*, pág. 645) ve las misiones diplomáticas como una vía decisiva de introducción de las nuevas ideas humanísticas en Castilla.

30 J. A. Maravall, *La cultura del Barroco*, Madrid: Taurus, 1975.

cambio, con lo que convive. Sería característico de nuevos grupos sociales relativamente subordinados pero parcialmente diferentes que se suman críticamente a la cultura dominante. Como hipótesis avanzamos que tal vez nuestro género esté fraguado por un público intersticial, de raíz urbana o/y cortesana, con proyecto de movilidad y promoción social, pero temeroso de los cambios y con escasas probabilidades de ascensión. La heterogeneidad de formas de expresión y contenido nos hablan de la búsqueda del módulo sentimental de algo nuevo.

Los relatos sentimentales dan imagen de los gustos y preocupaciones de determinados grupos sociales, aunque pretendan conscientemente huir de la realidad. El sentimentalismo y la formulación en reglas de todo pensamiento y actuación son síntomas de conformismo y retroceso social de los detentadores del poder. Tratan de admitir leves cambios en las reglas en que se asienta el programa ideal del grupo para revalidar los códigos de su pasado histórico y dar estabilidad al sistema general de vida del colectivo. Este replegamiento de clara función educadora de la sociedad hay que contrastarlo, a su vez, con otros elementos de la estructura del contenido como la desilusión, el hastío de la vida y la desesperación de los protagonistas, incapaces ni siquiera de integrarse en una realidad hostil a través de la aventura todopoderosa del amor. En este contexto podemos comprender la autoinmolación del héroe sentimental, último gesto desesperado de dignificación y sacralización de una existencia vacua y presidida por un destino adverso.

Habría que estudiar las pautas culturales y educacionales que cada obra enuncia, y que hacen hincapié en el papel coercitivo, lo represente o no simbólicamente, y de sanción social que la ideología encarna. Es importante subrayar que los relatos sentimentales presentan una perspectiva de arriba a abajo en la conducción de las actuaciones sociales y las relaciones interhumanas en detrimento, por tanto, de otros grupos nacientes, los sectores medios ciudadanos y los letrados.

No creo estar equivocada al decir que la ficción sentimental responde a lo que Lotman denomina *estética de la identidad*[31]. Los fenómenos de la realidad se reducen y acomodan a ciertos clichés únicos que suscitan una gran tensión emocional en un público que se sabe poseedor y partícipe del código establecido. La base gnoseológica estriba en desechar lo particular de un hecho en favor de su formulación en categorías generales. Sin embargo, este sistema rígido y lógico de expresión por estereotipos de conciencia necesita formas fluctuantes y móviles que le aseguren la entropía suficiente. De esta forma conserva su efecto estético y valor informativo, mas siempre existen ciertos choques entre modelo de la realidad y expectativas del lector en la estructura de textos concretos. En definitiva, los relatos novelescos sentimentales presentan una experiencia de vida que revalida valores del pasado, pero permite pequeños cambios en el sistema codificado. En esta interacción de fuerzas es como explicamos la osificación de conductas y formas, por una parte, y la búsqueda de nuevos modelos, por otra.

---

[31]   *Estructura del texto artístico*, págs. 348-357.

Simbología animal en la hagiografía castellana

Fernando BAÑOS VALLEJO

Al estudiar «la hagiografía como género literario en la Edad Media», en un trabajo inicialmente presentado como tesis doctoral y después corregido y abreviado, reparé en la función simbólica de ciertos animales. Reclamaban una atención que en aquel momento no permitía el planteamiento general, sobre todo si se consideraba la complejidad de las tradiciones animalísticas, que no son una excepción dentro del laberíntico mundo de los símbolos del Medievo.

En efecto, poco se ha escrito sobre los animales en la literatura medieval, y mucho menos en la hispánica, que no ha originado más que algunos artículos. La explicación de que el mundo animal, con una presencia ostensible en nuestra literatura medieval, haya permanecido desatendido, se hace evidente apenas acometido el empeño. Es sin duda la heterogeneidad de ese mundo la que lo hace invulnerable a todo intento simplista de sistematización, la que impide «encontrar una visión coherente», como advierte Michel Zink[1]. Y es que coexisten en la Edad Media, al menos, las siguientes tradiciones: la bíblica y patrística, la de los naturalistas paganos –que se remonta a Aristóteles y encuentra una contribución fundamental para la Edad Media en Plinio el Viejo–, la del *Physiologus* y los bestiarios medievales, y la de las *Etimologías* isidorianas. Pero lo que complica realmente la representación del mundo animal no es esa diversidad de tradiciones, sino el hecho de que unas beben de otras. Finalmente, lo que termina de desconcertar al investigador es que los animales suelen aparecer como símbolos, no como signos unívocos, y por consiguiente admiten diversas interpretaciones, incluso dentro de una misma tradición. Es el caso del león, por ejemplo, que en la literatura hagiográfica puede tener valor positivo o negativo. Sólo al final de la Edad Media se aprecia que en determinados contextos los animales han pasado de ser símbolos plurales a convertirse en emblemas, por ejemplo en las representaciones de los pecados capitales, como expone Vicent–Cassy[2].

Por todo ello, lo que aquí se expone es más una declaración de intenciones que un resumen de conclusiones definitivas. No obstante, adelanto los resultados

---

[1]   Véase Michel Zink, «Le monde animal et ses représentations dans la littérature du Moyen Age», en *Le monde animal et ses représentations au Moyen Age, Actes du* XVème *Congrès de la Société des Historiens Médiévistes de l'Enseignement Supérieur Public*, Université de Toulouse–Le Mirail, 1985, págs. 47–71, cit. pág. 47.

[2]   Véase Mireille Vincent–Cassy, «Les animaux e les péchés capitaux: de la simbolique à l'emblématique», en *Le monde animal...*, págs. 121–132.

de un primer acercamiento a la simbología animal en una parcela de nuestra literatura del Medievo, impresiones que deberán verificarse en ulteriores trabajos. Se trata no sólo de explicar el sentido de los símbolos en su contexto, sino además de investigar su procedencia, lo que efectivamente evidenciará, en palabras de Salvador Miguel, «la falacia que supone achacar a los bestiarios, de modo genérico e indeterminado, cualquier mención de animales con que nos tropecemos»[3].

En definitiva, comparados los textos con sus fuentes inmediatas y las posibles remotas, podrá averiguarse a qué tradición se acercaron más los autores que decidieron divulgar en castellano Vidas de santos en los siglos XIII, XIV y XV. Ahora bien, una identificación con cualquiera de las corrientes sería una simplificación ingenua, puesto que unas influyen en otras. Los bestiarios medievales, por ejemplo, incorporan símbolos de la doctrina cristiana que vierten a lo sobrenatural y a lo divino las analogías que entre hombres y animales habían visto los autores paganos[4].

La mención de animales es frecuente en la hagiografía medieval castellana, como puede comprobarse, por ejemplo, mediante la lista de apariciones de animales en las obras de Gonzalo de Berceo realizada por Joaquín Artiles[5]. Ahora bien, dadas las limitaciones, me he centrado en los animales que actúan o que al menos están presentes en los sucesos, no en los que son mencionados como término de comparación, como cuando se queja Santo Domingo de Silos «non me da mayor onrra que farié a un can» (158d)[6]. Aun de los animales presentes, he atendido únicamente a los que obtienen en el contexto una función simbólica, sin considerar los que son descritos en sus costumbres naturales o usos domésticos normales. Con estos criterios, y del estudio de doce hagiografías individuales en castellano, resulta un muestreo bastante variado: obtenemos dos fieras (el león y el lobo), dos aves (la calandria y la paloma), varios animales domésticos y ganado (perro, caballo, ovejas), insectos (abejas) y un reptil unido a un animal fantástico (la serpiente–dragón). Detengámonos brevemente sobre el significado y las fuentes inmediatas y remotas de cada uno de ellos.

LEÓN

En la leyenda de *Santa María Egipciaca*, cuando Zózimas o Gozimás, el monje testigo de su vida santa, se dispone a enterrar el cuerpo según los designios divinos, se le acerca un león, mansamente, para ayudarle (vv. 1.385–1.390):

---

[3] Nicasio Salvador Miguel, «La tradición animalística en las *Coplas de las calidades de las donas*, de Pere Torrellas», *El Crotalón*, 2 (1985), págs. 215–224, cit. pág. 223.

[4] Véase Maria I. R. Gonçalves, «Simbologia animal: prolongamentos clássicos na tradição literária da Idade Média», en *Actas del I Congreso de la Asociación Hispánica de Literatura Medieval*, Barcelona: PPU, 1988, págs. 321–327.

[5] Joaquín Artiles, *Los recursos literarios de Berceo*, Madrid: Gredos, 1964, págs. 168–173.

[6] Para las obras de Gonzalo de Berceo utilizo la edición de Brian Dutton, *Obras Completas*, Londres: Tamesis Books Ltd., 1967–1981, 5 vols., excepto para el *Poema de Santa Oria*, que cito por la edición de Isabel Uría Maqua, Madrid: Castalia, 1981.

> El leyón cava la tierra dura,
> el santo le muestra la mesura.
> (vv. 1.397–1.398)

> mas, cuando l'vio la tierra echar;
> non quiso allí en balde estar;
> toda la tierra acarreyó,
> sobre el cuerpo la echó.
> (vv. 1.405–1.408)

El motivo del león se halla en el original francés en verso, y en las demás versiones de la leyenda. Como apunta Manuel Alvar[7], probablemente se remonta a la narración de San Jerónimo sobre la *Vida* de San Pablo el anacoreta, a quien Jacobo de Vorágine asigna en su *Legenda Aurea* el honor de ser el primer ermitaño[8].

Como «rey de los animales», aparece el león indefectiblemente en los tratados al uso desde los naturalistas paganos. San Isidoro en sus *Etimologías* se hace eco de un detalle curioso, que guarda relación con el pasaje mencionado, y es que «en presencia del hombre, el león es de naturaleza apacible»[9]. Philippe de Thaün, en el más antiguo de los bestiarios franceses conservados, ya interpreta esta mansedumbre en un sentido religioso, dentro de la identificación del león con Cristo[10].

Si esta sumisión o incluso temor del león ante el hombre de que hablan los bestiarios, podría relacionarse con el motivo hagiográfico del «león reverente»[11], parece ésta la única conexión, por lo que estaríamos más bien ante un símbolo complejo que procede de la Biblia y llega a través de la literatura martirial hasta la hagiografía dedicada a anacoretas. En los textos martiriales los leones son frecuente medio de ejecución de los fieles cristianos, por tanto símbolo de la consagración. Quizás también por ello el hecho de que en determinadas ocasiones su ferocidad (y las fieras son uno de los tópicos de hostilidad del lugar que habita el anacoreta) se vea sometida, es clara manifestación del poder sobrenatural, ya desde el episodio bíblico de Daniel.

El león, tanto devorador como reverente, adquiere pues en la hagiografía una formulación simbólica específica, en cuanto que, como rey de los animales, se constituye en representación de la fuerza de la naturaleza, sólo sometida al poder sobrenatural de Dios. Habría que considerar si el episodio del *Poema de Mio Cid* no es una muestra más de la interrelación entre hagiografía y cantares de gesta.

---

[7] Manuel Alvar, ed., *Vida de Santa María Egipciaca*, Madrid: CSIC, 1972, 2 vols. Véase I, pág. 13, nota 21.

[8] Utilizo la traducción de fray José M. Macías, Madrid: Alianza, 1984, 2 vols., cit. I, pág. 98.

[9] Utilizo la edición de José Oroz Reta y Manuel A. Marcos Casquero, II, Madrid: Católica, 1983, pág. 69.

[10] Ignacio Malaxecheverria, ed., *Bestiario medieval*, Madrid: Siruela, 1986, cit. pág. 28.

[11] Véase Antonio Garrosa Resina, *Magia y superstición en la literatura castellana medieval*, Universidad de Valladolid, 1987, pág. 63.

CALANDRIA

Especialmente significativas son las menciones de una «aveziella» en la *Vida de Santa María Egipciaca* por tratarse de interpolaciones del poeta español, como señala Manuel Alvar en la edición citada. A diferencia del resto de los animales que aquí se reseñan, la calandria no aparece ni en el texto francés ni en la versión de la *Legenda aurea*, ni en los relatos en prosa castellana del siglo siguiente[12]. Indudablemente debe interpretarse como un símbolo de la libido, de la irrefrenable y constante lujuria de María pecadora, ya que el ave canta de amor sin distingo de estaciones, y el símbolo aparece justamente cuando María emprende una «aventura». Al abandonar su casa, para dirigirse a Alejandría:

> En su camino entró María,
> que non demandaba companyía:
> una aveziella tenié en mano,
> assí canta ivierno como verano;
> María la tenié a grant honor,
> porque cada día canta d'amor.
> (vv. 141–146).

El símbolo se repite al ambarcarse en la galera rumbo a Palestina:

> Vistié un panyo d'Alexandria,
> tenié en mano huna calandria
> (en esta tierra l' dizen triguera),
> non hi a ave tan cantadera;
> e prísola en el su punyo
> (vv. 321–325).

Las aves, desde lo más remoto, han atraído la atención tanto de ciencias esotéricas como de estudios naturalistas. En cuanto a la simbología sexual, ya Aristóteles destacó la paloma torcaz y la tórtola como aves monógamas, convirtiéndose en representación de la fidelidad en la Biblia y en la literatura patrística[13]. San Isidoro opone a las costumbres castas de la paloma las inmundas de la perdiz[14]. La misma oposición aparece en los bestiarios medievales e incluso, o quizás sobre todo, en el folclore, por lo que puede concluirse que tal simbología pertenece al acervo común de todas las tradiciones. Probablemente sea la lírica tradicional la vía de transmisión del motivo concreto de la calandria, a juzgar por tres hechos:

---

[12] Véase Roger M. Walker, ed., *Estoria de Santa María Egipciaca*, Exeter, 1972, pág. xxiii.
[13] Véase Marcel Bataillon, «La tortolica de *Fontefrida* y del *Cántico Espiritual*», *Nueva Revista de Filología Hispánica*, 7 (1953), págs. 291–306, cit., pág. 293.
[14] *Etimologías*, págs. 117–119.

1. Como se ha hecho notar, es el único caso de los aquí contemplados en que la presencia simbólica del animal no procede de la fuente inmediata.

2. El único caso también en que tal motivo no aparece en otras versiones de la leyenda ni en otras hagiografías de la época, según mis datos.

3. Sin embargo, sí se encuentra en manifestaciones de la lírica castellana medieval, algo lógico, si se considera que la calandria es ave común en España. Recordemos concretamente unos versos del poema de *Elena y María*: «e el estornino e la calandra, / que siempre de amor cantan», (vv. 311–312)[15]; o aquéllos del *Romance del prisionero*: «cuando canta la calandria / y responde el ruiseñor, / cuando los enamorados / van a servir al amor» (vv. 3–6)[16]. En ambos casos, como en la *Vida de Santa María Egipciaca*, la calandria «canta de amor».

PALOMA

La tradición cristiana añade al símbolo positivo que ya ostentaba la paloma como emblema de la fidelidad el de la representación del Espíritu Santo. Ambos sentidos caben en la primera visión del *Poema de Santa Oria*, donde las palomas «más blancas que las nieves» (c. XXXIIIc) –otro símbolo de pureza– acompañan a las santas vírgenes que invitan a Oria a seguirlas al Paraíso[17]. Además, la propia protagonista:

> Don Oria la reclusa,   de Dios mucho amada,
> como la ovo ante   Olalia castigada,
> catando la palomba,   como bien acordada,
> subió en pos las otras   a essa grant posada
> (c. LII).

Por otro lado, la literatura martirial confiere un uso específico al símbolo de la paloma, pues, como advierte Isabel Uría Maqua «se utilizó muy especialmente como emblema típico de la muerte de una virgen mártir»[18].

PERRO, OVEJAS Y LOBO.

El oficio de pastor que desempeñan en su infancia San Millán y Santo Domingo de Silos posee un doble sentido, recto y simbólico. A Gonzalo de Berceo no le pasa desapercibido que el de pastor no es un oficio como otro cualquiera, sino que tiene una clara resonancia bíblica[19]. El buen hacer de aquellos

---

[15] Manuel Alvar, *Poesía española medieval*, Madrid: Cupsa, 1978, pág. 388.
[16] Michelle Débax, ed., *Romancero*, Madrid: Alhambra, 1982, pág. 329.
[17] Véase T. Anthony Perry, *Art and Meaning in Berceo's «Vida de Santa Oria»*, New Haven y Londres: Yale University Press, 1968, pág. 96.
[18] *Ed. cit.*, pág. 101.
[19] Véase *San Millán*, cc. 5–8, *Santo Domingo de Silos*, cc. 19–31.

pastores que cuidan de sus ovejas ahuyentando al lobo, presagia su condición de predicadores, guardianes de las almas, en una clara alegoría ovejas–fieles frente al lobo–pecado o diablo. Todo ello es patente, por ejemplo, en los siguientes versos de la *Vida de Santo Domingo de Silos*:

guardava est ganado	de toda lesïón,
non facié mal en ellas	nin lobo nin ladrón
	(c. 24cd).

Nuestro Sennor, don Christo,	tan alta podestad,
dixo que pastor era,	e bueno de verdad;
	(c. 30ab)

Sennor sancto Domingo	de primas fue pastor,
depués fue de las almas	padre e guiador;
bueno fue en comienço,	a postresmas mejor,
	(c. 31abc).

La ampliación lógica de esa alegoría de clara procedencia bíblica es atribuir al perro guardián o pastor la función del hombre pastor, como efectivamente ocurre en una tradición específicamente hagiográfica que parece remontarse a una interpretación de San Agustín del salmo LXVIII[20], y no a los bestiarios ni a los naturalistas paganos. Así, la madre de Santo Domingo de Guzmán:

> [...] ante que a él conçibiesse, vio en sueños que era ençinta de vn perriello que traye en la boca vna facha ençendida; [...] e que allongasse los lobos de las oueias con ladridos de la su predicaçión [...][21].

Este sueño de la *Vida de Santo Domingo de Guzmán*, como el de su fuente principal, la *Legenda Sancti Dominici* de Humberto de Romans, parece proceder de la *Vida de San Bernardo*, a cuya madre le explica el presagio un venerable religioso: «serás madre de un poderoso mastín que defenderá la casa del Señor y ahuyentará de ella con sus ladridos a enemigos muy peligrosos»[22].

ABEJAS

En la traducción de la *Vita Sancti Isidori* de Lucas de Tuy atribuída al Arcipreste de Talavera, hallamos otro símbolo de tradición estrictamente hagiográfica. El propio texto explicita la similitud del prodigio con uno ocurrido en la *Vida de San Ambrosio*[23]:

---

[20] Véase María Teresa Barbadillo de la Fuente, ed. *Vida de Santo Domingo de Guzmán*, I, Universidad Complutense de Madrid, 1985, págs. 217–218, nota 19.

[21] *Ibidem*, pág. 130.

[22] Vorágine, *Legenda Aurea*, II, pág. 512.

[23] Véase *ibidem*, I, pág. 240.

Porque acaeçióle lo que a S. Ambrosio, que vió el Duque su padre en un huerta donde el niño estaba, cómo un enxambre de avejas le entraba y salía por la boca, y en ella y sobre todo el cuerpo texían panales de miel[24].

Ni aquí ni en el texto de la *Legenda Aurea* dedicado a San Ambrosio se explica el significado del fenómeno; tan sólo se dice que es un presagio de la futura grandeza de los niños en cuestión. La analogía reside en la dulzura de la miel, con la que se expresa que determinados santos como San Juan Crisóstomo, San Isidoro, San Bernardo y San Ambrosio «dulcificaban los oídos de los creyentes», como apunta Moreno Feliú[25]. El origen remoto podría estar en una leyenda concerniente a Píndaro y Platón[26].

CABALLO

En el célebre episodio de los votos de la *Vida de San Millán*, se aparecen el protagonista y Santiago para ayudar al ejército cristiano contra el infiel, y de ellos escribe Berceo que «Vinién en dos cavallos plus blancos que cristal» (c. 438a). El caballo, más que símbolo, es aquí un signo, uno de los signos del guerrero medieval, del, precisamente, «caballero», función que desempeñan en ese momento los santos. Se trata muy probablemente de otra muestra de la interinfluencia entre hagiografía y épica. Si más arriba se aludía a la posibilidad de que el motivo del león en el *Poema de Mio Cid* fuera de procedencia hagiográfica, ahora contemplamos un ejemplo de sentido inverso.

SERPIENTE–DRAGÓN

Para el final he reservado quizás el más importante de los animales simbólicos de la hagiografía, al menos por la frecuencia de apariciones. El origen remoto de la serpiente, el dragón, o serpiente–dragón (que no está muy claro), como encarnación del diablo o del mal evidentemente está en la Biblia, donde, a pesar de la parquedad con que se alude al demonio, ya se le identifica con la serpiente del *Génesis*: «Mas por envidia del diablo entró la muerte en el mundo» (Sab. 2, 24)[27]. Los bestiarios medievales, además de constatar algunas propiedades fantásticas de la serpiente y del dragón, también los identifican con el diablo, ya influidos por la doctrina judeo–cristiana[28].

El símbolo aparece en varias de las hagiografías consideradas, pero basten como muestra dos de los episodios más significativos. Sobre la serpiente que

24   Alfonso Martínez de Toledo, *Vidas de San Ildefonso y San Isidoro*, ed. de José Madoz y Moleres, Madrid: Espasa–Calpe, 1962, cit. pág. 72.

25   Paz Sofía Moreno Feliú, «Species sanctorum exhibentes sanctos rite cognitos cum magna filomenae inventione», *Arbor*, núm. 495 (marzo 1987), págs. 105–126, cit. pág. 119.

26   Véase Jean Chevalier, Alain Cheerbrant, *Diccionario de los símbolos*, Barcelona: Herder, 1988, pág. 41.

27   Véase Ermanno Ancilli, *Diccionario de espiritualidad*, I, Barcelona: Herder, 1983, pág. 546.

28   Véase *ed. cit.*, pág. 181.

amedrenta a la Oria silense, poco se puede añadir después del artículo de Alan Deyermond sobre «Berceo, el diablo y los animales»[29]. Allí se hace notar que, aunque el episodio se encuentra ya en la *Vita* latina de Grimaldo, Berceo agrega unos detalles que refuerzan el elemento sexual. En efecto, «la descripción de la serpiente no podría ser más explícitamente fálica»[30]:

El mortal enemigo,	pleno de travesura,
que suso en los cielos	buscó mala ventura,
por espantar la duenna	que oviésse pavura,
faciéli malos gestos,	mucha mala figura.

Prendié forma de sierpe	el traïdor provado,
poniéseli delante	el pescueço alçado;
oras se facié chico,	oras grand desguisado,
a las veces bien gruesso,	a las veces delgado.

(cc. 327–328).

Ante los buenos oficios del santo, el diablo huye («fue mal escarmentado el draco traïdor», c. 333c); único desenlace posible en la hagiografía, como muestra también el Arcipreste de Talavera en su *Vida de San Isidoro*[31]. Pero aunque indefectiblemente las serpientes huyen despavoridas ante la presencia del santo, en algún caso parece confundirse la representación demoniaca con una creencia ancestral que considera las serpientes como protectoras de un lugar sagrado. San Isidoro escribe: «Entre los paganos siempre eran consideradas como genios de un lugar»[32]. Y esa función parecen cumplir las serpientes que habitan una cueva hasta que San Millán la escoge como morada (cc. 29–31), lo mismo que en la *Vida de San Vitores*:

[...] y como començasen de andar dexado el valle vinieron asomar ençima una peña en la qual estaua vna grande cueua y dentro en ella una sierpe. La qual como aquellos que con el martyr yuan viessen començaron mucho de espantarse. [...] E luego el martyr dixo a la sierpe dame lugar que asaz ay para mi y para ti. E esta voz oyda la sierpe se fue y jamas de alli adelante la vieron. La qual se auia criado en la misma cueua por todos los siete años. En los quales la villa de çereso auia estado cercada de los moros [...]»[33].

---

[29] En *Homenaje al Instituto de Filología y Literaturas Hispánicas «Dr. Amado Alonso» en su cincuentenario, 1923–1973*, Buenos Aires, 1975, págs. 82–90.

[30] *Ibidem*, pág. 89.

[31] *Ed. cit.*, pág. 103.

[32] *Etimologías*, ed. cit., pág. 81.

[33] Luciano Huidobro Serna, ed., «Vida de San Vitores por Gutiérrez de Cerezo (Primer libro incunable de la imprenta de Burgos)», *Boletín de la Institución Fernán González y de la Comisión Provincial de Monumentos Históricos y Artísticos de Burgos*, 25–26 (1946–1947), págs. 449–452 y 644–649; 27 (1948), págs. 45–46. Cit. pág. 649.

Ante las formulaciones simbólicas comentadas y su posible procedencia inmediata y remota, sería simplista adscribir la hagiografía castellana medieval a una tradición concreta de simbología animal. Puede considerarse cierta relación (que no necesariamente influencia) con los bestiarios medievales, sobre todo en los símbolos más universales, como el del león, la serpiente–dragón o las aves, tomadas genéricamente; pero evidentemente los animales simbólicos de la hagiografía medieval deben mucho más a la literatura patrística, y en última instancia a la Biblia[34], aunque algunos aparecen con unos atributos fantásticos que no inspiran las Sagradas Escrituras.

Excepto dos de los animales considerados, extraños, en principio, a la literatura didáctica cristiana y que parecen proceder de la tradicional (la calandria de la lírica; de la épica el caballo), el resto de los símbolos podría considerarse específicamente hagiográfico. No, obviamente, porque la hagiografía origine los símbolos en sí –ya se ha insistido en la existencia anterior de todos ellos– sino porque las formulaciones simbólicas consideradas se encuentran, concretamente, no sólo en los originales inmediatos, sino en otros muchos textos hagiográficos. La literatura hagiográfica no crea estos símbolos, pero, como género de larga tradición y de amplia y multiforme divulgación en la Edad Media, los desarrolla en direcciones que responden a sus fines, por lo que podría afirmarse que, en íntima conexión con la iconografía y con otros géneros de literatura didáctica, será escenario de un nuevo código de simbología animal, puesto que no puede identificarse ni con la tradición de los bestiarios ni con la primitiva literatura cristiana.

---

[34]   Véase Gregorio Penco, «Il simbolismo animalesco nella letteratura monastica», *Studia Monastica*, 6 (1964), págs. 7–38.

El desencanto de la caballería

Nieves BARANDA

Hace unos meses tuve que consultar un manuscrito conservado en el fondo Salazar de la Academia de la Historia. Se trataba de un texto breve del siglo X V donde un autor anónimo había recogido ciento cincuenta y dos artículos lexicográficos que iba glosando a modo de vocabulario. Aunque ya estudiado en otro espacio, lo que llamó mi atención fue que la parte más coherente y primera estuviera dedicada a glosar términos relacionados con la caballería y que el autor no solo se limitara a exponer su significado, sino que con algunos vocablos dejara correr la pluma expresando opiniones y críticas. Estos juicios nos permitían tener un punto de partida desde el cual establecer un aspecto que en los estudios sobre la caballería del siglo XV había merecido poca atención. ¿Cómo veían la caballería de la época sus detractores? ¿qué opinaban sobre tantos torneos, justas, pasos de armas, etc. como se desarrollaban?

Hay muchos estudios sobre los libros de caballerías y en lo tocante al siglo XV sobre sus dos mayores exponentes, *Amadís* y *Tirant*[1]; tampoco desconocemos los aspectos históricos del tema caballeresco, que han sido estudiados entre otros por Cardini para sus remotos orígenes y por Keen en su evolución hasta el siglo XV[2]. Gracias a M. de Riquer tenemos una visión muy completa de cómo se desarrolló en los siglos XIV y XV la vida caballeresca en sus formas más espectaculares y brillantes[3] y Rosana de Andrés Díaz nos ha ilustrado sobre las

---

[1]   Sobre *Amadís* me limitaré a citar la reciente edición de J. M. Cacho Blecua, Madrid: Cátedra, 1987–88, 2 vols., y su anterior estudio, *Amadís: heroismo mítico cortesano*, Madrid, Zaragoza: Cupsa, Universidad, 1979, además de la bibliografía de D. Eisenberg, *Castillian Romances of Chivalry in the Sixteenth Century*, Londres: Grant & Cutler, 1979, puesta al día por el Grupo Sansueña, «Para una bibliografía del *Amadís de Gaula*. Adiciones a la bibliografía de Daniel Eisenberg», *Dicenda*, 5 (1986), págs. 253–261. Para *Tirant lo Blanc* la bibliografía es mucho menor y está en su mayor parte recogida en págs. 171–174 del estudio de R. Beltrán, *Tirant lo Blanc. Evolució i revolta de la narració de cavalleries*, Valencia: Institució Alfons el Magnànim, 1983.

[2]   F. Cardini, *Alle radici della cavalleria medievale*, Florencia: La Nuova Italia, 1981, trata el tema desde sus orígenes en la antigüedad hasta el siglo XI; y M. Keen, *La caballería*, Barcelona: Ariel, 1986.

[3]   Me refiero a los muy conocidos trabajos de *Vida caballeresca en la España del siglo XV. Discurso de ingreso en la Real Academia Española*, Madrid: Real Academia Española, 1965; la edición de las *Lletres de batalla, cartels de deseiximents i capítols de passos d'armes*, Barcelona:

fiestas de caballería[4]. De los tratados teóricos se ha ocupado con muchas promesas para el futuro Ángel Gómez Moreno[5] y sobre los ideales han trabajado estudiosos como Huizinga, Auerbach, Visca o Giménez[6]. Quien con mayor profundidad y acierto ha tratado el tema de las relaciones vida–literatura para la caballería ha sido Jole Scudieri Ruggieri en su ya clásico estudio *Cavalleria e cortesia nella vita e nella cultura di Spagna*[7] y es a su perspectiva a la que más se aproxima nuestro trabajo. Scudieri examina detenidamente cuál fue la evolución de la caballería en España, sus modificaciones y altibajos históricos para luego proceder a relacionar esta historia con su reflejo en la literatura. Nuestro intento, mucho más modesto, se centrará principalmente en el siglo XV, pretendiendo poner de relieve una faceta opuesta a la que aparece en fiestas, cartas de batalla, justas y torneos, la de aquellos para quienes todo esto resulta superficial y censurable, pues consideran que los verdaderos ideales de la caballería se han dejado de lado. Nos interesa, pues, cuál era la visión negativa que algunos contemporáneos tenían sobre la caballería y qué críticas se le hacían.

Como ya he dicho, el punto de partida es un manuscrito anónimo conservado en la Academia de la Historia con la signatura N–73. El manuscrito, aunque ya utilizado por S. Gili Gaya para su *Tesoro lexicográfico*[8] y mencionado algo más extensamente por Miguel Artigas en su discurso de ingreso en la Academia[9], ha merecido una atención más detenida por parte de F. Huarte Morton[10] que lo examina desde el punto de vista de las ideas lingüísticas principalmente. No voy a repetir aquí lo que ya ha dicho Huarte, pero respecto a sus conclusiones me interesan las referidas a la posibilidad de que el manuscrito esté o no completo y a su fecha de redacción. En cuanto a la primera, aunque Artigas creyera que el *Vocabulario* estaba incompleto, Huarte afirma que más bien el autor abandonó el trabajo por carecer de un plan de elaboración bien definido, y con esta opinión coincido. La segunda, la fecha de redacción la sitúa

---

Barcino, 1968–1969, 3 vols. y *Cavalleria fra realtà e letteratura nel Quattrocento*, Bari: Adriatica Editrice, 1970.

[4] «Las fiestas de la caballería en la Castilla de los Trastámara», en *La España Medieval*, Madrid: Universidad Complutense, 1986, vol. 5, págs. 81–107.

[5] «La caballería como tema en la literatura medieval española: tratados teóricos», en el *Homenaje a Pedro Sáinz Rodríguez*, II, Madrid: FUE, 1986, págs. 311–323.

[6] J. Huizinga, *El otoño de la Edad Media*, Madrid: Revista de Occidente, 1971, págs. 101–167; E. Auerbach, *Mímesis*, México: Fondo de Cultura Económica, 1950, págs. 121–138; C. Visca, *Los ideales y formas de la aventura en la Edad Media*, Montevideo: Universidad de la República, 1963, págs. 29–49 dedicadas a «La aventura noble»; y A. Giménez, «Cortesanía e ideal aristocrático en *El Victorial*», *Boletín de la Biblioteca Menéndez Pelayo*, 52 (1976), págs. 3–20, por ejemplo.

[7] Módena: Società Tip. Editrice Modenense, 1980, especialmente para nuestro interés págs. 59–118 y 175–298.

[8] Madrid: C.SI.C., 1947, citado en pág. xviii.

[9] Madrid: Real Academia Española, 1935, donde se incluye edición del prólogo en págs. 47–51.

[10] «Un vocabulario castellano del siglo XV», *Revista de Filología Española*, 35 (1951), págs. 310–340.

Huarte en el último tercio del siglo XV, sin embargo, por los ataques contra los reyes, considerados culpables últimos de los males (como más adelante se verá), más bien debió ser compuesto bajo el inestable reinado de Enrique IV, que supuso la culminación de la decadencia del poder real que se vivía desde el inicio de la centuria[11].

A pesar de tratarse de un vocabulario, la inclusión del tema caballeresco no es ni mucho menos accidental, como lo demuestra tanto lo que el propio autor afirma en el prólogo («...haré prinzipio en la *Caballería*, que es cabeza de todos los ofizios i ejerzicios seglares, i no solamente cabeza, antes oso dezir defensión i amparo i seguridad de todos los otros ofizios..» (fol. 4r), como el hecho de que el único conjunto de vocablos perfectamente coherente es el que se refiere a este tema, pues luego «el autor va glosando lo que buenamente se le ocurre, guiado por sencillas asociaciones de ideas», en palabras de Huarte[12] con las que estamos de total acuerdo.

Aunque no nos encontramos ante un tratado sistemático ni mucho menos, sí podemos extraer qué concepto de la caballería tiene el autor. Ya en el prólogo, utilizando una idea ampliamente difundida, nos decía cómo el de caballero es el principal oficio de toda la sociedad, pues sin él no se podría desarrollar ningún otro. Este oficio deben desempeñarlo los hijosdalgo, aunque el autor, más por concepto teórico que por correspondencia con la realidad[13], admite que se le pueda dar a un villano si éste hubiera hecho con las armas actos notables «que lo que es devido a la virtud y al meresçimiento crueza es negárselo por defecto de linaje» (fol. 6r), pero de un modo restringido, pues «ninguno que nuevamente se arma cavallero no siendo noble o hijodalgo no devía tomar armas sin lizencia del Rey» (fol. 12r). Esta nobleza de los actos le lleva a interpretar de un modo ciertamente forzado que los cuatro cantos de la nobleza, necesarios para que un hombre sea considerado verdaderamente gentil y noble, no se refieren a los cuatro abuelos, sino a las cuatro virtudes (liberalidad, cortesía, esfuerzo y lealtad), que son las que hacen a un hombre más noble que la sangre, ya que según dice el sabio «quien desa nobleza de su linaje se alaba, de ajena virtud se loa» (fol. 10v). Para acceder a esta orden de caballería se debe pasar por la ceremonia de armarse caballero, ceremonia cuyos requisitos debían ser que los futuros caballeros fuesen «con hedad de conozer la horden y cargo que toman» (fol. 6r) para poderla cumplir y que se debía recibir «en acto de armas y en día de batalla o de conbate»

---

[11]   Agradezco a J. M. Cacho Blecua la observación que en este sentido me hizo en el coloquio celebrado tras la lectura de esta comunicación. Véase, sobre la sociedad del siglo XV, J. A. Maravall, «El prerrenacimiento español del siglo XV», en *Estudios de historia del pensamiento español*, II, Madrid: Ediciones Cultura Hispánica, 1984, págs. 11–33 y particularmente págs. 22–25.

[12]   *Ibidem*, pág. 320.

[13]   Decía don Juan Manuel: «et la cauallería es orden que non deue ser dada a ningun omne que fijo dalgo non sea derecha mente», (*Libro de los estados*, ed. de J. M. Blecua, Madrid: Gredos, 1982, pág. 388) aunque en el siglo anterior; Huizinga aclara: «Implícita igualmente en la esencia del ideal caballeresco e igualmente *estereotipada y teórica* es también la idea de que la verdadera nobleza solo descansa en la virtud y de que en el fondo todos los hombres son iguales» (la cursiva es mía), *op. cit.*, pág. 97.

(fol. 6r). El compromiso tendría que abarcar la esfera religiosa, haciendo acto de fe en la religión católica; la esfera pública, prometiendo defender el reino y ser leal al rey; y la esfera privada, con la promesa de guardar y mantener el honor del propio linaje.

Mientras no hay guerra el caballero debe emplear su tiempo en juegos de armas, justas y torneos, «que son como una semblanza o ymagen de la cavallería y suéltanse mucho los cuerpos en ellos y házense los hombres diestros en el exercicio y uso de los cavall[er]os y armas» (fol. 8r), pero es preferible que las armas se empleen, bien en las guerras y conquistas, particularmente contra los enemigos de la fe, bien en defensa del reino y servicio del rey, especificando: «y no digo a la voluntad de el rey, mas a su servicio» (fol. 8v). Pero su verdadera función es la defensa de la fe y el ataque contra los tiranos que violentan a los débiles.

Claro que no todos los que están dentro de la caballería tienen el mismo grado de dignidad. El primero después del rey es el condestable, que es quien da leyes y reglas, por lo cual sus ordenanzas deben ser firmes y *estables* (de ahí la etimología) para que perduren; el segundo es el mariscal «alcalde o executor de Mars» (fol. 5r); le sigue el capitán, que ordena y rige a todos los guerreros, pero sólo cuando es enviado por el rey, porque cuando el rey está presente debe haber condestable y mariscales. Por último está el alférez, que lleva el pendón real en las batallas y su importancia estriba en que del pendón cuelga «la esperanza de la victoria, que toda la gente de armas mira y guarda dél, y hasta el pendón ser caýdo siempre ay esperanza de vençer» (fol. 7r).

Hasta aquí no hemos tratado más que el ideal de la caballería, es decir, de las normas que deberían seguir los caballeros, sin embargo la realidad no se corresponde con el panorama trazado ni mucho menos. Según la tradición etimológica que parte de San Isidoro y que entre nosotros se difunde principalmente al retomarla Llull, la caballería tuvo su origen en Roma, donde de entre mil hombres escogían por su excelencia uno solo para caballero, de ahí que se llamara *miles*, «al contrario del presente tiempo que de mill hombres toman para cavalleros los novecientos y noventa si a la magestad real pluguiese» (fol. 5v). En castellano, dice el anónimo autor, que 'caballero' tiene su origen en el término 'caballo' «porque es propria cavalgadura de cavallero, que las mulas son para clérigos y dueñas» (fol. 6r), pero incluso esto parece que en su tiempo no se cumple: «y aún algunos reyes de este nuestro tiempo lo comenzaron a hordenar ansí y con las muertes de ellos [p]asó la hordenanza y aún creo que porque buenas reglas ni hordenanzas se continúan en Castilla mal[14], no sé por quál de estas sus causas, o por naturaleza propria de la tierra o por negligencia de los reyes o por defecto y poca virtud de la gente; todavía creo ser por las dos postrimeras» (fol. 6r). Pero es que, amén de la falta de selección admitiendo a cualquiera, lo que debiera ser una ceremonia guerrera se ha convertido en una fiesta donde la caballería se recibe al son de guitarras y panderos.

---

[14] Véanse para este comentario lás páginas que J. Scudieri (*op. cit.*, págs. 96–110) dedica a las leyes sobre la cría de caballos y la vestimenta de las mujeres de hidalgos.

No es de extrañar que de igual modo que la iniciación ha pasado a ser una celebración festiva, los hechos posteriores tengan un fuerte componente lúdico y el caballero prefiera dedicarse a justas y torneos más que a la guerra de verdad, llegando el autor a afirmar haber visto «algunos pocos que de esto tal mucho fingen y se preçian y después en las batallas y guerras no son de los primeros ni de los más fuertes» (fol. 8v). Porque evidentemente emplear las armas y la caballería en alcanzar fama y honor, aun siendo lícito no lo es tanto como hacerlo en guerras al servicio de la fe, pero se ha llegado a tal extremo que lo que era un medio para lograr destreza se ha convertido en un fin por sí mismo: «a tanta declinación de bajeza de virtudes es venida, que no usando de aquellos notables y virtuosos actos a que fue diputada, que oy son avidos por obras de armas y de cavalleros los susodichos juegos de armas, faziendo de ellos gran men, ción como de obras en que ay honor y fama. Y especialmente unas armas que dizen al drançe y aún rompen destas lanzas con armas devisadas, en las quales algunas vezes mueren muy buenas personas» (fol. 8v–9r). La caballería, que debiera ponerse al servicio de Dios y el rey y del honor de la patria, se ejerce «por un diamante o una sortija o porque no diga que su señora es más gentil» (fol. 9r).

No son muy originales estas críticas, que se encuentran repetidas en otras obras del siglo XV, aunque sí merece la pena destacar un aspecto concreto y es que el vocabulario suele culpar de los males a los reyes, que son quienes consienten que los caballeros «seyendo ellos dispuestos al exercicio de la verdadera virtud de las armas, no se devían poner en esta manera de armas, que quanto al honor es burla y quanto al peligro son dañosas» (fol. 9r); también son los causantes de los «movimientos y discordias y rebollicios» (fol. 10r), pues después de entregar fortalezas en homenaje pretenden que les sean devueltas; y en general les echa en cara «que todo su cuydado y diligencia es en despachar sus reynos y vivir más deliçiosa que virtuosa vida, no curándose [de] corregir los vicios» (fol. 11r–v). Los prosistas doctrinales que viven en medio de una situación social y económica caótica, con unos valores cambiantes, buscan el origen de los conflictos, y muchos de ellos lo encuentran, en el declive de los valores caballerescos, hecho nada extraño si pensamos que el siglo XV está caracterizado por las luchas por el poder sostenidas entre las facciones nobiliarias y la realeza, por el surgimiento de una nueva nobleza y por la apetencia generalizada de acceder a la hidalguía, con los privilegios sociales y económicos que conllevaba[15]. Son los nobles los mayores exponentes de la caballería y los más conspicuos en sus desmanes, de ahí que se establezca una comparación fácil entre las funciones que debía ejercer este estamento y las que verdaderamente ejerce; entre los valores por los que se

---

[15]   Véase sobre estos temas L. Suárez, *Nobleza y monarquía. Puntos de vista sobre la historia castellana del siglo XV*, Valladolid: Universidad, 1959, además de «Los Trastámaras de Castilla en el siglo XV (1407–1474)» en el tomo XV de la *Historia de España* dirigida por R. Menéndez Pidal, Madrid: Espasa–Calpe, 1964, págs. 1–318; E. Mitre, *Evolución de la nobleza en Castilla bajo Enrique III (1369–1406)*, Valladolid: Universidad, 1968; y S. de Moxó, «De la nobleza vieja a la nobleza nueva. La transformación nobiliaria castellana en la Baja Edad Media», en *Cuadernos de Historia. Anejos de la Revista Hispania*, 3 (1969), págs. 210.

deberían regir sus miembros y por los que se rigen; entre la imagen ideal y la realidad.

Pero no pretendemos establecer aquí las razones históricas de la desintegración de la caballería, sino oír la voz dolida de los autores, que en los momentos más imprevisibles dejan que salga a la luz el pensamiento más profundo y amargo. En general existe un sentimiento de que ha dejado de ser la valía personal que determina el rango social y el baremo ha pasado a ser el dinero, «ca en este tiempo aquel es más noble que es más rico. Pues ¿para qué cataremos el libro de los linajes? ca en la riqueza fallaremos la nobleza dellos», dice Pérez de Guzmán[16]. No resulta, pues, extraño que los cargos sean venales y ésta es una de las quejas que presentan Pero Sarmiento y el común de Toledo a Juan II en 1449: «porque el dicho vuestro condestable [D. Álvaro de Luna] á dado logar, mediante la dicha cobdicia, que los oficios de la dicha justicia e regimiento, e los oficiales tenporales e espirituales, e todos los otros oficios, se vendiesen como se an acostunbrado fasta aquí vender e comprar por dinero, lo qual es verdadera anvición e simonía»[17]. Queja en la que abunda Diego de Valera en una epístola a Enrique IV[18] o fray Martín de Córdoba en el *Libro del regimiento de los señores*[19]. Mas no son solo los cargos los que se compran, sino también la voluntad del poderoso «ca con dones e presentes se ganan oy los coraçones de los reyes e perlados, mas no con virtudes e devoçiones»[20]. El poderoso es débil asimismo a la adulación «ca los reyes non dan galardón a quien mejor sirve nin a quien más virtuosamente obra, sino a quien más les sigue la voluntad e los complaze»[21], razón en la que quizá pensaba Alonso de Palencia al afirmar: «E aun yo quiero dexar aparte las causas por las quales en este tiempo se den a los fingidos nobles los galardones que son devidos a los verdaderos; e proceder adelante en declarar por luenga fabla la corrupción sería demasiado...»[22], si bien luego se defiende de los que le podrían acusar de loco por sacar a la luz las culpas de los poderosos erigiéndose en voz de la conciencia «Que entre mill lisonjeros ya de mucho tiempo acá era necesario algún declarador de la verdad»[23].

El dinero y la ansiedad por aparentar riqueza se hallan en el fondo de otra de las críticas repetidas: la ostentación infundada, «que bien ha hombre visto en algunas casas que ay contador y maestresala y trompeta y ni ay dineros que

---

[16] *Generaciones y semblanzas*, ed. R. B. Tate, Londres: Támesis, 1965, pág. 18.

[17] *Crónica del halconero de Juan II, Pedro Carrillo de Huete*, ed. de J. de M. Carriazo, Madrid: Espasa–Calpe, 1946, pág. 521.

[18] «Ca disen, señor, que las dais [las dignidades] a onbres indinos, no mirando servicios, virtudes, linages, ciencias, ni otra cosa alguna, salvo por sola voluntad, e, lo que peor es, que muchos afirman que se dan por dineros», en Mosén Diego de Valera, *Epístolas*, ed. M. Penna, Madrid: Atlas, 1959, pág. 8.

[19] Ed. de F. Rubio, Madrid: Atlas, 1964, págs. 156–216, la cita en pág. 185.

[20] Diego de Valera *op. cit.*, pág. 34.

[21] *Ibidem*, pág. 8.

[22] *Tratado de la perfección del triunfo militar*, Madrid: Atlas, 1959, págs. 345–392, la cita en pág. 351.

[23] *Ibidem*, pág. 391.

cuente el contador, ni tanta vianda que sea maestresala neçesario a la horden dello, ni gente que acuda a la trompeta» (fol. 7v), como dice nuestro vocabulista. Una de sus variantes es la presunción en lo ornamental y superfluo, olvidando lo básico «...deve ser todo cavallero bien armado y mal vestido, y deven ser las armas más fuertes que preciosas, más duras que fermosas. Lo qual no fazen los cavalleros de agora, los quales gastan más en una ropa o en pequeño anillo que en todas sus armas; assí mesmo más gastan en guarniciones superfluas que no en la principal armadura, ca a las vezes trahen muy fermoso penacho y de gran valor y trahen las armas de vil precio»[24].

De igual modo que los dineros no se gastan en lo importante sino en lo superfluo, también el esfuerzo se dedica a cosas vanas. Ya nos decía el vocabulista que los caballeros estaban dispuestos a morir por cuestiones triviales y así lo ratifica Alfonso de Cartagena en su *Doctrinal de cavalleros*: «mas ¿qué diremos nos, que vemos el reino lleno de platas e de guardabraços, e estar en paz los de Granada e el fermosa meneo de las armas exercitarse en ayuntar huestes contra los parientes e contra los que desvían ser amigos, o en justas o en torneos»[25]. No hace falta más que ver los trabajos de M. de Riquer ya citados[26] para darse cuenta hasta qué punto era este comentario reflejo de una auténtica plaga que merecía no sólo la prohibición hecha en las cortes de Toledo de 1480 («Una mala usança sse frequenta agora en nuestros reynos, que quando algúnd cavallero y escudero y otra persona menor tiene quexa de otro, luego le enbía una carta a que ellos llaman cartel sobre la quexa que dél tiene y desto y de la respuesta del otro vienen a concluyr que salgan a matarse en lugar çierto, cada uno con su padrino o padrinos o syn ellos, segúnd los tractantes lo conçiertan. Y porque esto es cosa reprovada y digna de puniçión ordenamos y mandamos que de aquí adelante persona alguna de qualquier estado o condiçión que sea no sea osado de fazer nin enbiar los tales carteles...»[27], sino la mucho más grave condena de la iglesia, que ya desde antiguo había prohibido los torneos a causa del abuso al que habían llegado, a la que no le importaba dar por condenado a un caballero muerto en este ejercicio, como lo demuestra lo sucedido en el caballero aragonés Esberte de Claramonte en el paso honroso de Suero de Quiñones, a quien ni siquiera pueden enterrar en sagrado, ya que el obispo de Astorga niega la licencia[28]. Y por si los pecados enumerados no fueran suficientes, habría que añadir el de la gula: «ca más combites se fazen en la guerra que no en las cibdades»[29].

Es Diego de Valera quien mejor da cuenta de la situación: «Ya son mudados por la mayor parte aquellos propósitos con los quales la cavallería fue comenzada:

---

[24]   R. de Arévalo, *Suma de la política*, ed. de M. Penna, Madrid: Atlas, 1959, págs. 249–309, la cita en pág. 277.

[25]   Burgos: Fadrique Alemán, 1487, fol. 83r.

[26]   Citados *supra* nota.

[27]   Cita tomada del manuscrito de la Biblioteca Nacional de Madrid, Res. 125, fol. 91r.

[28]   Véase P. Rodríguez de Lena, *Libro del passo honroso*, Madrid: Espasa–Calpe, 1970, pág. 169.

[29]   Rodrigo de Arévalo, *op. cit.*, pág. 237; comentario en el que insiste en el *Vergel de príncipes*, ed. M. Penna, Madrid: Atlas, 1959.

estonce se buscaba en el cavallero sola virtud, agora es buscada cavallería para no pechar; estonce, a fin de honrar esta orden, agora para robar el su nombre; estonce para defender la república, agora para señorearla; estonce la orden los virtuosos buscavan, agora los viles buscan a ella por aprovecharse de solo su nombre. Ya las costumbres de la cavallería en robo e tiranía son reformadas; ya no curamos quánto virtuoso sea el cavallero, mas quánto abundoso sea de riquezas; ya su cuidado que ser solía en conplir grandes cosas es convertido en pura avaricia[30].

Situemos estas críticas en su justo término. Los textos de los que se han extraído las citas son de autores que, como el vocabulista anónimo, piensan que la cavallería es el oficio fundamento de todos los demás y que, al igual que la sociedad que los rodea, han hecho propios sus ideales. No podemos perder esta cuestión de vista, todos ellos han escrito obras en las que de uno u otro modo se exalta el ideal de vida caballeresca o en las que se compilan las normas de conducta por las que se han de regir los caballeros. ¿Qué significa entonces esta aparente contradicción? Como ha demostrado suficientemente J. Scudieri[31], ya desde mediados del siglo XIV, si tomamos en cuenta las palabras de Juan de Castrojeriz, y hemos de hacerlo, se venía produciendo un progresivo distanciamiento entre la realidad y las aspiraciones caballerescas. En este proceso la caballería fue perdiendo paulatinamente su contacto con la realidad, en la que se iba convirtiendo en inservible, para terminar refugiándose por un lado en el universo literario y por otro en la fiesta, ambos, espacios aislados del entorno cotidiano y con múltiples interconexiones entre sí. En esta transformación, que también para Stanesco comienza a partir del siglo XIV, el código caballeresco deja de «decirse» para pasar a «mostrarse», el juego, en su manifestación en torneos, justas y fiestas, marca la eclosión de la caballería hacia sí misma, según el mismo Stanesco[32]. En palabras de Huizinga, «La realidad da un continuo mentís al ideal. Por eso se refugia éste más y más en la esfera de las letras, las fiestas y los juegos. Solo allí podía mantenerse la ilusión de la bella vida caballeresca»[33].

Hemos visto que las críticas se dirigen principalmente contra ese modo de caballería superficial cuya esencia es el brillo externo, mientras que, olvidada de sus fundamentos originales, se aleja de sus primitivas funciones. Los autores que dejan escapar su queja personal son aquellos que, cruelmente conscientes de su época, son capaces de ver bajo el falso brillo lo que éste supone de vacuidad. Sin embargo, también ellos están fascinados por la caballería y aun criticando su disfuncionalidad siguen creyendo que los ideales que representa son válidos. Para solucionar el caos en el que se vive solo hace falta que la caballería torne a sus esencias primeras, pues de ese modo la vida volvería a sus antiguos cauces, ahora

---

[30] Diego de Valera, *Espejo de verdadera nobleza*, ed. de M. Penna, Madrid: Atlas, 1959, págs. 89–116, la cita en pág. 107.

[31] *Op. cit.*, págs. 59–118.

[32] Véase M. Stanesco, *Jeux d'errance du chevalier médiéval*, Lieden: Brill, 1988, págs. 225–227.

[33] *Op. cit.*, pág. 161.

abandonados por culpa de los malos caballeros (y son muchos) incapaces de encarnar el auténtico ideal.

Llegados casi al final volvamos al título de este trabajo. Si atendemos a la historia, es indudable que ya para el siglo xv la caballería había entrado en un declive del que no se recuperaría jamás, pero que, como en un canto de cisne próximo a la muerte, mostraría entonces sus mejores y más llamativas galas. Por el contrario, si centramos la vista en los prosistas doctrinales, tenemos que admitir que el ideal sigue vigente en toda su extensión y que a sus ojos es tan solo la realidad imperfecta la que provoca el desencanto.

La retórica del *Tratado de amores* de Diego de San Pedro y su impronta en la prosa de Fray Antonio de Guevara

José BARROSO CASTRO

A Emilio Moratilla

Puntos en común de las obras de Diego de San Pedro y fray Antonio de Guevara son no sólo su filiación claramente cortesana, sino también su evidente vocación retórica. No resulta extraño, entonces, que sus obras lleven el marchamo del éxito editorial dada su plena identificación con los gustos de la época que van desde el apacible entretenimiento hasta la divulgación literaria de los saberes. Esto no excluye la existencia de puntos bien distantes: por un lado, la dirección ensayística del obispo de Mondoñedo y, por otro, cual es el caso de Diego de San Pedro, el modo narrativo y novelesco de los «casos de amor».

Es normal, pues, que nuestro franciscano no fuera ajeno al ambiente literario cortesano de la novela sentimental[1], tanto más cuanto que en su juventud cortesana participó en devaneos amorosos y escribió cartas de amores según él mismo reconoce[2]. Más tarde se reincorpora a la corte, esta vez con Carlos V, que lo nombra predicador oficial en 1523[3], época en que la novela sentimental sigue teniendo gran vigencia como así lo prueban las numerosas ediciones que circulaban. Tal es es el vigor del relato amoroso que Guevara no sólo incorpora en su *Libro áureo*, que estaba ultimando por esa época, algunas de las cartas de amores que presumiblente él escribía con relativa frecuencia[4], sino que también

---

[1]   Estudios generales sobre novela sentimental, véase Carmelo Samonà, *Studi sul romanzo sentimentale e cortese nella letteratura spagnola del Quattrocento*. Roma: Carucci, 1960. Dinko Cvitanovic, *La novela sentimental española*, Madrid: Prensa Española, 1973. Bibliografía más completa en Keith Whinnom, *The Spanish Sentimental Romance, 1440–1550: a Critical Bibliography*, Londres: Grant & Checklists, 1983. En preparación un repertorio bibliográfico que completa el de Whinnom, a cargo de Deyermond y Severin.

[2]   «Gasté mucho tiempo en ruar calles, ojear ventanas, *escrebir cartas*, reqüestar damas, hacer promesas y enviar ofertas», *Epístolas familiares*, I, 34, ed. José María Cossío, Madrid: Aldus, 1950, pág. 219.

[3]   Un magnífico y monumental estudio de la biografía, la carrera oficial y la obra de fray Antonio de Guevara, Véase Augustin Redondo, *Antonio de Guevara et l'Espagne de son temps*, Ginebra: 1976.

inserta en ellas fragmentos, como ya en su día estudió Augustin Redondo[5], del *Tratado de amores de Arnalte y Lucenda*, en su segunda edición que Alonso de Melgar imprime en 1522. He aquí una relación directa de intertextualidad literaria que trasciende el mero ámbito cortesano y que, sin embargo, desciende a medida que su dirección humanística y creadora va tomando más cuerpo, y por eso en el *Libro llamado Relox de príncipes* [6] decide no publicarlas.

Así las cosas, nuestro pequeño trabajo[7] quiere partir de la siguiente afirmación de Augustin Redondo, el gran estudioso de Guevara:

> Hay que reconocer que la retórica de San Pedro está acorde con la de Guevara. El franciscano bien debió darse cuenta de ello, ya que introdujo en sus cartas trozos de las del *Tratado*[8].

Tengamos en cuenta que sólo es la retórica y no lo que pueda haber de doctrinal ya que Guevara recrimina, no sin su particular ironía, la novela sentimental[9]. Profundizando en el camino abierto por A. Redondo y después de un análisis de la retórica literaria de estas dos obras (*Tratado de amores de Arnalte y Lucenda* y *Libro áureo de Marco Aurelio*), descubrimos que punto común de Diego de San Pedro y Fray Antonio de Guevara es el uso de las mismas técnicas amplificatorias[10], en sus *genera* diferentes, cuales son, entre otros, la *ratiocinatio*, el *incrementum*, la *expositio*, la *oppositio* y la *interpretatio*. Todo esto, naturalmente,

---

[4]   «On a donc de sèrieuses raisons de croire que les lettres d'amour de Marc Aurèle et la lettre adressée à Piramon furent écrites entre la deuxième moitié de 1523 et la fin de 1524, et plutôt en 1524 qu'en 1523», Augustin Redondo, *op. cit.*, pág. 496.

[5]   Agustín Redondo, «Antonio de Guevara y Diego de San Pedro: las cartas de amores del *Marco Aurelio*», *Bulletin Hispanique*, 78 (1976), págs. 226–239. Véase del mismo, *op. cit.*, págs. 465–523.

[6]   Antonio de Guevara, *Libro llamado Relox de príncipes*, Valladolid: Nicolás Tierri, 8–IV–1529, *editio princeps*; no confundir con la edición pirata a dos columnas: *Libro del emperador Marco Aurelio con el Relox de príncipes*, Valladolid [?]: Nicolás Tierri [?], 8– IV–1529 [?]. De pronta aparición la magnífica edición crítica del *Relox* a cargo de Emilio Blanco, en la colección Biblioteca de Autores Franciscanos.

[7]   Mi reconocimiento a los profesores Carmelo Samonà y Emma Scoles (con los que he trabajado en la *Università di Roma «La Sapienza»*) por sus valiosas observaciones.

[8]   A. Redondo, *art. cit.*, pág. 230 y *op. cit.*, pág. 496.

[9]   «Compassión es de ver los días y las noches que consumen muchos en leer libros vanos, es a saber: a amadís, a primaleón, a durarte, a lucenda, a calixto, con la doctrina de los quales ossaré dezir que no passan el tiempo, sino que pierden el tiempo», *Libro llamado Relox de príncipes*, Prólogo General, fol. vii., *ed. cit*. Posteriormente será mucho más duro a medida que su posición de moralista aumenta: «vemos que ya no se occupan los hombres sino en leer libros que es affrenta nombrarlos: como son amadís de gaula, tristán de leonís, primaleón, *cárcel de amor* y a celestina: a los quales todos y a otros muchos con ellos se deuría mandar por justicia que no se imprimiessen, ni menos se vendiessen, porque su doctrina incita la sensualidad a peccar y relaxa el espíritu a bien biuir», *Aviso de privados*, argumento.

[10]   Frida Weber de Kurlat señaló la importancia de que el estilo de nuestro autor «tiene su razón de ser en el principio de la *amplificatio*», «El arte de Fray Antonio de Guevara en el *Menosprecio de corte y alabanza de aldea*», *Studia Iberica*, Munich, 1973, págs. 669–697.

en el plano de la *inventio*. Por supuesto, en el plano de la *elocutio* coinciden en el empleo común de muchísimas figuras retóricas, respondiendo, como hemos dicho antes, a su deliberada intención retórica[11], «voluntad de estilo» en feliz expresión de Juan Marichal, pero este último aspecto del estilo no lo vamos a tratar aquí[12].

De la *ratiocinatio* existen dos definiciones en la retórica: una, los razonamientos de comprobación utilizados en la argumentación de un discurso[13]; la otra, es que es uno de los *genera amplificationis*. Es el segundo tratamiento el que nos interesa, es decir, siguiendo a Lausberg, sería la amplificación de las circunstancias que acompañan al objeto mentado o al caso –aquí casos de amores– de tal forma que al público –aquí las destinatarias– se le conduce al raciocinio o *ratiocinatio*[14]. Citando a Quintiliano:

> haec amplificatio... alibi valet: ut aliud crescat, aliud augetur, inde ad id, quod extoli volumus, *ratione ducitur* [...] ex alio colligitur aliud (Quint., 8, 4, 15).

En la primera carta de Leriano a Lucenda encontramos ejemplos de *ratiocinatio* amplificatoria. En el *exordium* de la carta tenemos:

> antes quisiera que conocieras mi fee que vieras mi carta; lo cual ansí hoviera sido si visto me hovieras, porque en mis señales la conoscieras; e pudiera ser que con mi vista ganara lo que en mi carta espero perder; porque en mi carta leerás mi mala razón, y en mis lágrimas mi mala vida vieras[15].

Amplifica el caso por lo que no se debe dar a conocer si se quiere seguir una de las virtudes de la *narratio* y del discurso, la brevedad. Es decir, amplifica haciendo referencia a las circunstancias antecedentes («si visto me hovieras»), que son uno de los lugares comunes o *loci* de toda *ratiocinatio*; según Quintiliano, contar por los antecedentes (*ex iis quae antecesserunt*).

---

[11] Por lo que se refiere a la prosa del obispo de Mondoñedo hay algunos estudios que han intentado describir el estilo y la retórica de la elocutio, véase A. Redondo, *op. cit.*, págs. 197–215; Frida Weber de Kurlat, *art. cit.*; y Pilar Concejo, *Antonio de Guevara. Un ensayista del siglo XVI*, Madrid: Ediciones Cultura Hispánica, Instituto de Cooperación Iberoamericana, 1985, págs. 175–222.

[12] Para un estudio del estilo de la literatura del siglo XV hay que partir de la teoría del *caro professore* Carmelo Samonà: «Se si vuol racchiudere in una formula la particolare situazione di questa letteratura, si dirà che essa oscilla fra un'acuta e generale tendenza alla stilizzazione ed una altrettanto evidente immadurità formale [...] Ma non c'è alcuna contradizione fra questa tendenza stilizzatrice e l'immaturità espressiva degli artisti che la praticano... Anzi: in certo senso proprio quell'incapacità di imitare... induce gli imitatori a rifugiarsi nell'ornato esterno, negli elementi spettacolari, palpabili, decorativi di quelle simbologie: in una parola a stilizzarle», *op. cit.*, págs. 62 y 63.

[13] «Ratiocinatio est oratio ex ipsa re probabile aliquid eliciens, quod expositum et per se cognitum sua re vi et ratione confirmet», Cic. *Inv.*, 1, 34, 57.

[14] Heinrich Lausberg, *Manual de retórica literaria,* I, Madrid: 1975, pág. 343, §405.

[15] Keith Whinnom, ed. Diego de San Pedro, *Tratado de amores de Arnalte y Lucenda. Sermón,* Madrid: 1985, pág. 103.

Ya en la *narratio* de esta misma carta se continúa amplificando a través de la *ratiocinatio*. La narración comienza contando la causa:

> Pero como mijor puedo, digo que te hago saber que desde el día que a tu padre enterraste, mi afición y tu hermosura mi señora te hizieron (pág. 104)

Seguidamente vienen los razonamientos de carácter amplificatorio contando los antecedentes:

> y cuando a tu posada aquel día te fuiste y el llanto por su muerte acabaste, yéndome yo a la mía, a llorar la que tú me diste comencé (pág. 104).

Aquello que no es necesario en toda *narratio brevis* (estamos siempre en el nivel de la *inventio*), es decir, el regreso de Lucenda a su posada llorando la muerte de su padre, se incorpora aquí para amplificar el razonamiento («como mijor puedo») por lo no conocido o lo que se debería omitir; en este caso también son los antecedentes. Por otra parte, aquí se compara el regreso de Lucenda con el de Arnalte, es decir, se encadenan los *elementa narrationis* en correspondencia con la experiencia del público (aquí Lucenda) y con el objetivo de provocar más fácilmente el razonamiento o *ratiocinatio*. Además, y según la retórica, esta presentación de los elementos de la narración siguiendo la experiencia del oyente es uno de los medios para hacer una narración más verosímil, o *narratio probabilis*[16]; que como todo el mundo sabe, la verosimilitud es, entre la claridad y la brevedad, una de las virtudes de toda *narratio*[17].

Todavía en esta carta, ya al final de la *narratio*, se sigue amplificando a través de la *ratiocinatio* (si yo pudiera, te huyera que te buscara) :

> y hágote cierta que más poco poder que mucha voluntad tuyo me fizo, porque antes, *si yo pudiera, te huyera que te buscara*; pero tuviste tú tanto poder en mi coraçón y yo tan poco en mi libertad, que cuando quise no quererte, ni yo pude, ni tú me dexaste, porque ya en el triste coraçón mío mi firmeza atada tus gracias tenían: por do certificarte puedes que, si pudiera, quisiera antes huirte que esperarte (pág. 104).

Seguidamente viene la *petitio–argumentatio*[18]:

> Pero ya por ventura ordenado lo tuviese, de ser tuyo no pude escusarme. E pues esto no puede ser que no sea, *tus mercedes no me niegues*, que aunque tú dello sabidora no seas, mucho merescidas te las tengo (pág. 104).

---

[16] «Verisimilis narratio erit, si, ut mos, ut opinio, ut natura postulat, dicemus...», *Ad Her.*, 1, 9, 16.

[17] Un estudio de las virtudes de la *narratio* (brevedad, claridad y verosimilitud) y su tratamiento en la preceptiva retórica y en las cartas españolas del siglo XV, véase Carol A. Copenhagen, «*Narratio and Petitio* in fifteenth–century Spanish letters», *La Corónica*, 14 (1985), págs. 6 y 9.

[18] Para el seguimiento de la *petitio* en las cartas españolas del XV, véase Carol A. Copenhagen, *art. cit.*, págs. 9–13.

Hay más ejemplos en el *Tratado*, uno clave es el discurso de respuesta de Lucenda a Arnalte en la iglesia, que es todo un ejercicio de retórica (la *sermocinatio*[19]) dentro de los *praeexercitamenta*[20]. Tal discurso tiene como núcleo la respuesta de que «no hay fuerça deste mundo que de quicios la fuerça de mi propósito saque, porque tú puedes bien ver que tan erradas labores del dechado de tu demanda sacaría» (págs. 107 y 108). De inmediato se pasa a profundizar en la causa (se hace por *amplificatio*) a través de los razonamientos siguientes (véase el texto de la edición citada, pág. 108):

Y si agora responderte quise, más fue porque mi confiança de todo beneficio te desespere...

E si en mis palabras el enojo que deviera no muestro, es por a tu fee alguna paga hazer...

Y porque podrá ser que pensaras, que pues son mis palabras blandas, que mis obras ásperas no serán, te desengaño y te digo, que si del rebés tus deseos no buelbes.... (*petitio*)

Y porque no digas que con las palabras te engañé y con las obras te vendí, te aviso diziéndote que será tu daño mucho y mi sufrimiento poco...

El mismo razonamiento amplificatorio de la primera carta del *Tratado* («si yo pudiera te huyera que te buscara» etc.) aparece en la carta XVI del *Libro áureo* enviada por Marco emperador a Macrina, donde se incorporan trozos de la del *Tratado*. Después de contar el núcleo de la *narratio*:

pocos días ha te vi a vna ventana donde tenias tus braços tan cogidos, como yo mis ojos despegados[21]

pasamos de inmediato a varios razonamientos amplificatorios de carácter antecedente:

De huir de vn trabajo vienen alos hombres infinitos trabajos: digolo, porque si yo no estuuiera oçioso, no saliera de casa, y no saliendo de casa, no passara por tu calle, y no passando por tu calle, no mirara a tu ventana, y no mirando tu ventana, no deseara tu

---

[19] «Sermocinatio est, cum alicui personæ sermo attribuitur et is exponitur cum ratione dignitatis», *Ad Her.* 4, 52, 65.

[20] Para el uso de los *præexercitamenta* en la novela sentimental, véase Keith Whinnom, ed. *Cárcel de amor*, págs. 44–66; y en todo el siglo XV, véase Luisa López Grigera, «Notas sobre el renacimiento en la España del siglo XV», págs. 230 y sigs. Para el de la *sermocinatio* en fray Antonio véase, A. Redondo, *op. cit.*, págs. 478–482.

[21] Raymond Foulché–Delbosc, ed. Fray Antonio de Guevara «Libro de Marco Aurelio», *Revue Hispanique*, 76 (1929), pág. 301.

persona, y no molestando tu persona, no pornia en tanto peligro tu fama, ni yo
arriscara la vida, ni dariamos que dezir a toda Roma. (pág. 301)

Este mismo razonamiento se amplifica por otro que viene inmediatamente a
continuación:

> Por çierto, señora Macrina, en este caso a mi condemno pues te quise mirar, y a ti no
> saluo pues quesiste ser mirada. Pues te pusiste por blanco, no es mucho assestase yo
> conlas saetas de mis ojos a tu terrero. Alcoholar los ojos, çerçenar las pestañas,
> entresacar las çejas, enterneçer el rostro, encarnar los dientes, colorar los labrios,
> descrinar los cabellos, entornijar las manos, estirar la garganta y vestirse de mill
> maneras de ropas, traer las bolsas llenas de olores, las muñecas y orejas llenas de
> bugerias, pregunto vna muger con todas estas cosas, que es su fin ponerse alas
> ventanas? (págs. 301 y 302).

Sin más comentarios vemos que se narra por lo que se debe omitir en toda
narratio brevis y se acumulan amplificaciones en cadena teniendo como punto de
partida el modelo textual del *Tratado*. Hemos seleccionado un ejemplo de la carta
XVI, pero hay muchos. Sin ir más lejos, la *petitio* de esta misma carta se repite
varias veces en diferentes formulaciones[22] (esto no es más que una *expolitio*), cada
vez amplificadas con *ratiocinationes*. En las otras cartas de amores ocurre lo
mismo.

He aquí entonces la técnica en común de estos dos autores, si bien una de las
novedades de Guevara con respecto a San Pedro en el empleo de la *ratiocinatio* y
las otras formas de amplificación es el uso de lo que los retóricos llaman la
evidentia, que sería «la descripción viva y detallada de un objeto... mediante la
enumeración de sus particularidades sensibles»[23], también puede ser un proceso, en
este caso un proceso de amores (*res...ut sit gesta ostenditur*, Quint. 9, 2, 40[24]). No
hay más que releer los textos antes citados para comprobar la minuciosidad en lo
narrado.

Se trataba, según Hermógenes, de presentar «ante los ojos lo que se muestra»,
de tal forma que con la *evidentia*, al mismo tiempo que una *narratio verisimilis*
(como ya sabemos una de las *virtutes necessariae* de la *narratio* es la
verosimilitud), conseguimos una *narratio ornata* (el fin de las virtudes añadidas o
assumptae es el *ornatus*). En definitiva, en Fray Antonio, con estas amplificaciones
encadenadas, lo que se pretende es profundizar en la causa (los casos de amores),
indagando en y con razonamientos, y narrando ante los ojos o con *evidentia*.

---

[22] Sólo un ejemplo de una *ratiocinatio* dentro de toda una cadena :«y si assi es, como affirmo que
assi es, paresçeme, señora Macrina, deues querer a quien te quiere, amparar a quien te busca, responder
a quien te llama y sentir a quien te siente y entender a quien te entiende, pues me entiendes que te
entiendo y te entiendo que me entiendes» (pág. 302), a esto sigue otra amplificación mediante un
ejemplo, el «justiciar a unos ladrones»

[23] H. Lausberg, *op. cit.*, II, pág. 224.

[24] *Apud* H. Lausberg, *op. cit.*, II, pág. cit.

Según Hermógenes, estos constituirían los medios de toda amplificación. Citando a Hermógenes:

> En primer lugar se amplifica de este modo: por la expresión. En segundo lugar, indagando en lo omitido, expresaremos también eso con cuantos miembros podamos. En tercer lugar sin embargo, buscaremos la causa de lo que se ha hecho y cuando la hayamos hallado, comentaremos la cosa con cuantos miembros podamos. También amplifican la narración los razonamientos. Hermógenes, 119, 23–122[25].

Según Luisa López Grigera, existen «dos corrientes retóricas adversarias, ambas humanistas, no medievales, que conviven en España desde la época de los Reyes Católicos: una representada por la escuela de Trapezuncio, con fuerte influencia de Hermógenes, y otra clasicista, inspirada en Aristóteles y en los autores latinos»[26]. Elena Artaza describe con detalle la retórica de Hermógenes y Jorge de Trebisonda, este último difusor de las doctrinas retóricas griegas y bizantinas cuya «primera edición apareció en Alcalá en 1511». Según esta estudiosa «para comprender el interés de esta edición conviene recordar que las obras de Hermógenes, Aftonio y los griegos menores acababan de ser publicadas en Venecia en 1508 y 1509 por Aldo Manucio, y que el número de ediciones se sucedieron y difundieron rápidamente por la Europa del siglo XVI»[27].

Con estos datos podemos hacer una primera conclusión. La amplificación retórica de Fray Antonio de Guevara, mucho más acusada que la de Diego de San Pedro, probablemente responda por lo de la *evidentia* a esta corriente griega y bizantina, mientras que la del *Tratado* está al servicio de la dialéctica amorosa de la novela sentimental, cuyo eje de coexistencia es dialéctica–razonamientos–sentimientos[28]; esta frase puede definir este eje: «Bien piensas tú, Arnalte, que *la fuerça de mi voluntad has con tus razones de enflaquecer*», pág. 107; pero no hay que descartar que el tono sentimental o *ethopeia* (prescrito en los *præexercitamenta*), presente en las obras de Diego de San Pedro pueda inscribir a este autor, en la corriente hermogenista, si seguimos, para el caso de la *Cárcel,* a Ivy A. Corfis:

> The *ethopoeia* was prescibed by the *præexercitamenta* tradition of Hermogenes and Priscian, which has already been noted as possible influence on the *Cárcel de amor*'s polyphonic construction and direct speech. Here again, the *præexercitamenta* have a

---

25   *Apud* Elena Artaza, *El ars narrandi en el siglo XVI español*, Universidad de Deusto, 1989, págs. 93 y 94.

26   Luisa López Grigera, *art. cit.*, pág. 232.

27   Elena Artaza, *op. cit.* , pág. 99.

28   O como dice Whinnom refiriéndose a San Pedro: «la disciplina misma de la retórica, estilística y estructural, facilita el análisis exacto y cuidadosamente expresado de las reacciones emocionales», es decir, retórica para analizar «las leyes enamoradas», Keith Whinnom, ed., *Cárcel de amor*, Madrid, 1985, pág. 55.

possible influence of the *Cárcel* sentiment and tone. The *ethopoeia*, however, is a problematic conjecture for Diego de San Pedro's source[29].

Esta «problematic conjecture» necesita de un mayor estudio aplicado a toda la novela sentimental y de un análisis en detalle de los *præexercitamenta*. Lo que está claro, para mí, es que Guevara, leyendo e imitando a San Pedro, se ejercitó no sólo en las técnicas de la amplificación, sino también en los *præexercitamenta* (*sermocinatio, narratio*, epístolas, etc.) combinados[30] dentro de una unidad o «una historia seguida»[31]. La dificultad en la descripción de la prosa de nuestro ilustre franciscano estriba en su complicada textura compuesta, por un lado, de influencias venidas del género epistolar sentimental, del arte de la predicación, del género epidíctico, etc., y por otro, de los nuevos géneros humanistas que por aquella época van surgiendo en el ámbito de la cortesanía. Ambas, tradición y originalidad, van unidas y, por lo tanto, resulta absurdo acusar al pobre Guevara de medievalista o rescatarlo y ponerle la medalla póstuma de humanista. El punto de vista de las influencias de la novela sentimental en la prosa de nuestro obispo nos muestra que él se ejercitó en las técnicas retóricas de los discursos y de las *artes dictandi* ; estas últimas, al decir de Kristeller y Di Camillo[32], constituyeron el paso de la tradición retórica medieval occidental al «renacer de un concepto más clásico de la retórica». No sólo éstas, también las *artes prædicandi*. Lo que define, pues, a Antonio de Guevara como «humanista creador» es precisamente ese nuevo concepto, el cual puede quedar mucho más claro si estudiamos a fondo dichas influencias.

Interesante punto de vista es el de Chopernning, que ve la retórica de San Pedro como un instrumento para aplicar y defender los postulados feministas del *Sermón*[33]. Esta fórmula retórica como «instrumento de..», consistente en el empleo de los *præexercitamenta* como medio de aplicación de ideas (no es más que la amplicación de los *loci* de la *quaestio infinita* o tesis a la *quaestio finita*) posiblemente sea precursora de lo que después será el ensayismo en forma de ficción[34]. Por ejemplo el discurso de Marco Aurelio a Faustina que le había pedido

---

[29]   Ivy A. Corfis, «The *Dispositio* of Diego de San Pedro's *Cárcel de amor*», *Iberomania*, 21 (1985), pág. 46.

[30]   Un análisis de estas técnicas en fray Antonio y su relación con las *artes prædicandi*, véase A. Redondo, *op. cit.*, págs. 478–482.

[31]   Keith Whinnom, *ed. cit.*, *Cárcel*, pág. 47.

[32]   P. O. Kristeller, *Renaissance Thought. The Classic, Scholastic and Humanistic Strains*, Nueva York, 1961, págs. 98 y sigs; y Ottavio Di camillo, *El humanismo castellano del siglo XV*, Valencia, 1976, págs. 65 y 66.

[33]   «In the *Sermón* he gives an *ars amandi*; in the *Cárcel* he puts his theory into practice. Consequently, in the *Cárcel* San Pedro is an *auctor* exercising his *auctoritas*. The most important lesson San Pedro learned from his rhetorical education was how to take a position and defend it. This fact is clearly discernible in the *Sermón* and the *Cárcel*», Joseph F. Chorpenning, «Rhetoric and feminism in the *Cárcel de amor*», *Bulletin of Hispanic Studies*, 54 (1977), pág. 4.

[34]   Modelo de comentario retórico donde se analiza sobre terreno todo el entramado retórico (*quæstio finita–infinita, praeexercitamenta, amplificatio, dispositio*) es el que hace A. Blecua de un

la llave de su estudio no es más que una *sermocinatio* confeccionada cuidadosamente para defender la ideas antifeministas de Guevara. Otro ejemplo muy estudiado es el discurso del villano del Danubio. ¿Qué significa esto? Que ese nudo recopilador de diferentes géneros y modos de discurso en una «historia seguida», cual es el caso del *Tratado* y la *Cárcel*, pudo muy bien servir de modelo al *Marco Aurelio* del franciscano.

Pasamos a otro de los *genera amplificationis*: el *incrementum*, definido por Quintiliano como la designación gradualmente ascendente, en la que, siendo ya fuertes los grados inferiores, quedan después superados por el último grado, es decir, *in superiora tendit* (Quint. 8, 4, 9). De *incrementum* hay ejemplos en el *Tratado*. Un caso podría ser el discurso de Belisa a Arnalte, su hermano, pidiéndole le confíe sus secretos amorosos. En él la frase núcleo del discurso o *sermocinatio* «haz a mí de tus angustias secretario», que funciona como una *petitio*, se amplifica con las oraciones que vienen a continuación: primero por medio de una pregunta retórica («¿ A quién si no a mí tus fechos dezir deber?»), después mediante el *incrementum* retórico:

> pues que sabes muy bien que si tú quisieres la muerte, yo no querré la vida; e si tú quisieres pesar, que yo no querré plazer; e si tu quisieres trabajos, que mi enemigo será el descanso. Tus males e los míos un coraçón atormientan. (pág. 117)

El grado final es la última frase. Inmediatamente después se vuelve a repetir la *petitio* («a mí como a ti así debes descubrite»), que de nuevo se ve amplificada con una pregunta retórica y un *incrementum*[35]. En fray Antonio también tenemos ejemplos, que son mucho más numerosos[36]:

> No es tan repentino el rayo que no le pregone primero el trueno, no caen tan subito las paredes que antes no se desmoronen algunos terrones, no viene con tan gran sobresalto el frio que no nos aperçiban con algun voçezo; solo el amor no es sentido, hasta que en la estrañas esta apoderado (pág. 307)

La diferencia vuelve a ser la *evidentia*.

---

capítulo del *Persiles*; véase Alberto Blecua, «Cervantes y la retórica (*Persiles*, III, 17)», *Lecciones cervantinas*, Caja de Ahorros de Zaragoza, Aragón y La Rioja, 1985, págs. 133-147.

[35] «¿Con quién mejor podrás que con quien de desear tu bien nunca cansa? Si quieres de tu pena descargar, tú e yo la suframos. Si quieres que lloramos, nunca otra cosa hagamos. Si quieres morir, sea de por medio la muerte. Si quieres que tú y yo tus males consolemos, así se haga. Si quieres que se encubra, tu e yo mejor que tú solo encubrirlo podemos. Si quieres que tu remedio se busque, tú por tu cabo y yo por el mío, dc fuerça lo hallaremos», pág. 117.

[36] «Yo no niego que nuestra flaca naturaleza no se recuda con nuestra virtud, yo no niego iuueniles deseos no se repriman con virtuosos propositos, yo no niego que el brio dela moçedad no se enfrene con el freno dela razon, yo no niego que lo que la carne procura muchas veces cordura se lo estorua, pero tambien confiesso que hombre que no es enamorado, no puede ser sino neçio», pág. 309.

Los otros modos de amplificación: *expolitio, interpretatio, expolitio affere contrarium, comparatio, oppositio*, todos ellos estudiados por Whinnom en su artículo[37] sobre el estilo del *Arnalte y Lucenda* y la *Cárcel* aparecen también en fray Antonio de Guevara, sobre todo la *oppositio* y la *expolitio*. No hay espacio para comentar estas otras formas de amplificación.

Concluyendo. Las retóricas de nuestros dos autores coinciden en las técnicas de amplificación y en el uso de los *præexercitamenta*, si bien persiguen objetivos literarios diferentes. El *Tratado* y otras novelas sentimentales, como dice Whinnom, «son historias amorosas y, en mayor grado que los demás tipos de ficción, concentran su antención sobre los estados emocionales y los conflictos internos más bien que sobre las acciones externas»[38]. El *Libro áureo*, es la biografía, a modo de *exemplum*, de un emperador romano, escrita en prosa de ficción, al mismo tiempo que ensayística (y humanística) y perteneciente, sobre todo, al género epidíctico. El *Tratado* constituye un modelo de ejercicio retórico para la construcción de discursos y para la amplificación, el mismo es como una especie de manual para el incipiente escritor Guevara cuyo punto de vista del lenguaje se acerca más a los postulados renacentistas, aunque algunas veces los coloridos retóricos se ajusten a los hábitos del XV.

Quedan por descubrir otros tipos de huellas en el complicado entramado retórico de Guevara. Pero lo que sí *parece* claro, en mi opinión, es que la retórica de Diego de San Pedro marca una impronta en la prosa artística de fray Antonio de Guevara.

---

[37] Véase Keith Whinnom, «Diego de San Pedro's stylistic reform», *Bulletin of Hispanic Studies*, 37 (1960), págs. 1–5; del mismo *Diego de San Pedro*, Nueva York, 1974, págs. 113–116; de estas páginas véase un extracto en «La renovación estilística de Diego de San Pedro», en *Historia y Crítica de la Literatura Española*, I, ed. Alan Deyermond, págs. 386–389.

[38] Para el caso de la *Cárcel de amor* Esther Torrego piensa: «la calidad de la *Cárcel* debe buscarse más bien en el modo como Diego de San Pedro relata una historia desde coordenadas enteramente retóricas. El narrador como personaje es, según mi tesis, la pieza clave del procedimiento; porque, literariamente, tan legítimo le es a ese narrador acudir a la convención de la memoria para introducir los dos puntos del estilo... como para narrar simplemente sus recuerdos», Esther Torrego, «Convención retórica en la *Cárcel de amor*», *Nueva Revista de Filología Hispánica*, 32 (1983), pág. 338.

La huella de *Tirant lo Blanc* en la *Celestina*

Rafael BELTRÁN
Universitat de València

Introducción

En la presente comunicación pretendo ofrecer un estado de cosas y, en parte, un adelanto sobre algunos aspectos de la investigación que desde hace algún tiempo me ocupa en torno a la relación entre dos textos cruciales en las literaturas medievales catalana y castellana: *Tirant lo Blanc* y la *Celestina*. Basándome en algunos de los puntos que juzgo más incontestables de anteriores trabajos míos, y en otros que aquí aporto, me atreveré a sostener por vez primera como una certeza y no como simple hipótesis una afirmación que siempre me había parecido sugerente pero difícilmente demostrable: que *Tirant lo Blanc* fue una obra que, en parte o en su totalidad, en su lengua original o en una traducción parcial, estuvo presente entre las lecturas del primitivo autor del auto I de la *Comedia de Calisto y Melibea*, y posiblemente también entre las de Fernando de Rojas, el estudiante en Salamanca que asegura haber encontrado «estos papeles» y proceder a su continuación[1].

Lo que comenzó –y de hecho aún continúa– siendo un trabajo básicamente orientado hacia la literatura comparada, y hacia la demostración de la fácil permeabilidad entre géneros distintos, en este caso comedia y novela, ha ido poco a poco convirtiéndose en lo que tal vez podría considerarse una pequeña aportación al conocimiento actual de las fuentes literarias de la *Celestina*, aportación que a su vez redundaría en favor del mayor y mejor conocimiento de

---

[1] La investigación nace de mi primer estudio, *Tirant lo Blanc: evolució i revolta de la narració de cavalleries*, València: Institució Alfons el Magnànim, 1983, donde, sin embargo, no era tratado este tema. Ha continuado en los siguientes trabajos: «Paralelismos en los enamoramientos de Calisto y Tirant lo Blanc: los primeros síntomas del 'mal del amar'», *Celestinesca*, 12, 2 (noviembre, 1988), págs. 33–53; «Las 'bodas sordas' en *Tirant lo Blanc* y la *Celestina*», *Revista de Filología Española*, 70 (1990), págs. 91–117; «Eliseu (*Tirant lo Blanc*) a l'espill de Lucrecia (la *Celestina*): retrat de la donzella com a còmplice fidel de l'amor secret», *Miscel·lània Joan Fuster*, ed. A. Ferrando y A. Hauf, I, Barcelona: Publicacions de l'Abadia de Montserradt, 1990, págs. 95–124, y «Relaciones de complicidad ante el juego amoroso: *Amadís, Tirant* y la *Celestina*», en *Evolución narrativa e ideológica de la literatura caballeresca*, ed. Mª E. Lacarra, Bilbao: Universidad del País Vasco, 1991, págs. 103–126.

una obra tan presumiblemente alejada de la *Tragicomedia* como es *Tirant lo Blanc*[2].

Datos externos

Solamente como introducción, haré mención de algunos datos externos, de muchos seguramente conocidos, que permitan recordar las fechas aproximadas de redacción de ambas obras, y así justificar la hipótesis sobre el plausible conocimiento de *Tirant lo Blanc* por parte del autor (o autores) de la *Celestina*. La dedicatoria del primer y principal autor de la novela catalana, Joanot Martorell, parece indicar, siguiendo a Martí de Riquer, que ésta había sido comenzada en 1460. Joanot Martorell muere en 1468 y Martí Joan de Galba da punto final al trabajo, aunque no sabemos a ciencia cierta en qué medida interviene en la modificación del legado de Martorell. La primera impresión de la obra, en su catalán original, es de 20 de noviembre de 1490, en Valencia. Dado el éxito de esta edición, la obra se volverá a imprimir en Barcelona, en 1497. Y esta nueva edición es terminada por el castellano Diego de Gumiel. El mismo Gumiel, trasladado a Valladolid, publicará allí, en 1511, una traducción castellana y anónima de la obra. Tengamos presente que 1511 era un año crucial dentro de la etapa de formación del género del libro de caballerías[3]. Recordemos tan sólo la publicación de los cuatro libros de *Amadís* (1508), seguidos de las *Sergas de Esplandián* (1510), *Don Florisando* (1510) y *Palmerín de Oliva* (1511), o la misma recuperación de *El caballero Cifar*, publicado en 1512[4].

Principalmente nos interesa el conocimiento de la obra, previo a la traducción de 1511, dentro del ámbito de las letras castellanas. La primera edición

---

[2]   Seguiremos las ediciones de M. de Riquer, ed., Joanot Martorell i Martí Joan de Galba, *Tirant lo Blanc (i altres escrits de Martorell)*, Barcelona: Ariel, 1979; y Dorothy S. Severin, ed., Fernando de Rojas, *La Celestina,* Madrid: Alianza, 1969.

[3]   Estos datos pueden ser ampliados en los primeros y esenciales artículos sobre las ediciones de la obra: Isidre Bonsoms i Sicart, «La edición príncipe del *Tirant lo Blanch*: cotejo de los tres ejemplares impresos en Valencia en 1490, únicos conocidos hoy en día», *Discursos leídos en la Real Academia de Buenas Letras de Barcelona en la recepción pública de D. Isidro Bonsoms y Sicart el día 9 de mayo de 1907*, Barcelona: Tip. La Académica, 1907, págs. 9–63; M. Guitiérrez del Caño, «Ensayo bibliográfico de *Tirant lo Blanch*», *Revista de Archivos, Bibliotecas y Museos*, 37 (1917), págs. 239–69; y Homero Seris, «La reaparición del *Tirant lo Blanch* de Barcelona de 1497: primera descripción bibliográfica completa», *Homenaje a Menéndez Pidal*, III (1925), págs. 57–76. Martí de Riquer proporciona un resumen aquilatado de los mismos en su *Història de la literatura catalana,* II, Barcelona: Ariel, 1974, págs. 632–721. Tal vez a Gumiel no hubiera sólo que achacarle esa labor meramente editorial, sino mucho más, tal como parece sugerir el acercamiento de Pedro Cátedra, «Diego Gumiel i la imprenta incunable a Girona», en el estudio preliminar a su edición de la *Història de París i Viana. Edició facsímil de la primera impressió catalana (Girona, 1495)* , Girona: Diputació de Girona, 1986, págs. 59–85

[4]   Federico Francisco Curto Herrero, *Estructura de los libros españoles de caballerías en el siglo XVI*, Madrid: Fundación Juan March, 1976, llama a ésta la etapa fundacional de los libros de caballerías españoles del XVI, y concede a *Tirant lo Blanc* un lugar de preferencia en ella.

de la *Tragicomedia* data de 1499, si bien no se excluye la existencia de alguna edición anterior, hoy perdida. En todo caso, la búsqueda de un hipotético conocimiento por parte de Rojas de la novela caballeresca habría de partir del texto catalán (o bien de la ed. de Valencia, 1490, o bien de la de Barcelona, 1497), a no ser que encontrásemos pruebas de que la traducción castellana de 1511 había sido anterior a 1500, cosa ciertamente improbable, puesto que todo parece indicar que fue fruto de una urgente necesidad editorial de saciar, un tanto indiscriminadamente, los nuevos apetitos lectores despertados por la publicación de *Amadís de Gaula*. Pudiera darse, sin embargo, que sólo algunos pasajes, los que destacarían ya entonces (coincidentes seguramente con los que hoy día continúan llamando especialmente la atención al lector), fueran traducidos para lectura y esparcimiento de algunos círculos lectores castellanos. O pudiera darse el caso, todavía más probable, de que esos mismos pasajes fuesen leídos, entendidos y disfrutados sin mayor dificultad por lectores cultivados y abiertos a novedades, como aquellos que rodearían al joven Fernando de Rojas[5].

Pero no vamos a basar nuestra hipótesis de vinculación de una obra con la otra en el hecho de sus cercanas fechas de publicación. Tampoco lo podemos hacer en la exposición de unas características generales, que todo buen lector capta, en lo que se refiere al tono realista, al humor y al desenfadado y procaz enfrentamiento con el mundo del erotismo en ambos libros. Hemos de intentar acercarnos al máximo a esa vinculación a través de una serie de paralelos textuales, escapando de la tentación de proponer relaciones vagas e impresionistas, que nos podrían fácilmente hacer caer en falsas trampas. Tratando de sistematizar esos paralelos textuales, los personajes, en su evolución, nos servirán de guía ordenada. Hablaremos de dos grupos de personajes, el primero formado por los protagonistas masculinos, y el segundo por algunos personajes femeninos[6]:

1 *Tirant y Calisto*: Las similitudes en las trayectorias sentimentales de ambos personajes son notorias. Nos centraremos solamente en tres momentos, si bien cruciales: los inicios del enamoramiento, la consumación del amor, y la muerte.

1. a. *El enamoramiento*

En otro lugar he examinado más detalladamente los paralelismo entre los enamoramientos de Tirant y Calisto[7]. Tras la visión de la dama, abiertamente sensual, se dan igualmente en las dos obras, con llamativas identidades, incluso

---

5   La más reciente discusión sobre el tema de la autoría que conozco la aporta Nicasio Salvador Miguel, «La autoría de la *Celestina* y la fama de Rojas», en Luciano García Lorenzo, ed., *Actas de las XI Jornadas sobre Teatro Clásico de Almagro (septiembre 1988)*, Madrid, 1989.

6   Siempre nos referiremos, en este apartado del enamoramiento, a los caps. 117–120 de *Tirant lo Blanc* y auto I de la *Celestina*.

7   Me refiero a mi artículo «Paralelismos en los enamoramientos...». Sólo tendría que añadir un paralelo más. Llamaba la atención en este trabajo sobre una cita de *Tirant* que hacía divertida metáfora de la admiración de Tirant por Carmesina: «los *pits* [...] donaren *entrada al ulls* de Tirant, que d'allí avant no trobaren la *porta* per on eixir». Pues bien, en el auto vi se da, en boca de Calisto: «!Oh mis *ojos*! Acordaos como fuistes causa y *puerta* por donde fue mi corazón llagado».

léxicas, los siguientes pasos: el abatimiento (desahogo en la cámara y en la oscuridad, metonimias de cautividad y tristeza); las referencias comunes a Píramo y Tisbe; la presencia del interlocutor (Diafebus y Sempronio), como elemento de contraste que hace resaltar la locura del amante; la confesión del amor a este interlocutor («Que amas a Melibea...» / «Jo ame...»); la caída en la melancólica debilidad de las lágrimas y suspiros, mientras el interlocutor reflexiona sobre la extraña pasión del amo o amigo; el intento de consuelo, obligándose el interlocutor a mediar en la solución («vós d' una part e jo d' altra porem donar remei a la vostra dolor» / «Y porque no te desesperes, yo quiero tomar esta empresa de cumplir tu deseo»); e incluso el planteamiento del problema fundamental: la diferencia social entre los amantes y las damas ambicionadas, ponderadas en ambos casos como excelentes en nobleza, riqueza y soberanía. Todo ello, sin entrar, como hemos dicho, en relaciones de tipo más general, como es el hecho de que ambos, a causa de su irrefrenable pasión, sin saberlo están abandonando la realidad objetiva e ingresando en la imitación peligrosa de los ideales amorosos de la ficción sentimental, abandono que se aprecia en el uso de una jerga cultista y ridícula, incompresible para el interlocutor.

Pero estos elementos paralelos, se nos podrá decir, son asimismo comunes a gran parte de la tradición de la novela sentimental, que revela en semejantes términos la evolución de la enfermedad amorosa. En efecto. No lo es tanto, sin embargo, el que se combine la aparición de ellos con la utilización de otros dos recursos que a continuación comentamos, en absoluto tan comunes, sobre todo el segundo. Me refiero, en primer lugar, al aprovechamiento, dentro del episodio del enamoramiento, de la *descriptio puellae*, que sigue en ambos casos la tradición de las preceptivas poéticas, asumida en la leyendas troyanas y en la novela sentimental, pero que no suele insertarse en el capítulo del enamoramiento, como sucede en nuestras dos obras, Y, en segundo lugar, y más importante en cuanto que más insólito, me refiero al equívoco sobre el lugar del encuentro. Como he intentado demostrar con más datos que los que aquí me fuerza el espacio a resumir, las primeras palabras que salen de boca de los dos amantes, tras la contemplación del objeto amoroso (la conocida frase con la que se abre la *Celestina*: «En esto veo, Melibea, la grandeza de Dios»), no pueden ser interpretadas, en ninguna de las dos obras, independientemente del ámbito físico circundante en que se produce el encuentro primero. Porque en ambos casos se hace uso literario de un mismo equívoco. «En esto veo, Melibea, la grandeza de Dios», dice Calisto, jugando sacrílegamente con la confusión entre el cuerpo de la amada y el lugar del encuentro con ella, seguramente la iglesia que proponía Martí de Riquer en su esclarecedor artículo (la iglesia, nada menos que Santa Sofía, donde tiene lugar también el segundo encuentro entre Tirant y Carmesina)[8]. Pues bien, ese equívoco lo encontramos igualmente en boca de Tirant –y fue destacado

8   Martí de Riquer, «Fernando de Rojas y el primer acto de *La Celestina*», *Revista de Filología Española*, 41 (1957), págs. 373–95.

ya por Vargas Llosa en su ensayo sobre la obra[9]–, durante ese mismo primer encuentro, sólo que referido, en su caso, al espacio igualmente magnífico de una habitación grandiosa, tapizada con escenas de las más grandes parejas de amantes de la literatura: «No creguera jamés que en aquesta terra haguès tantes coses admirables com veig» [...]. «Veo... tantas cosas admirables», dice Tirant «Veo... la grandeza de Dios», dice Calisto. «E deia–ho més –aclara Martorell, más explícito que Rojas, como con miedo de que su equívoco no sea entendido– per la gran bellea de la Infanta. Emperò aquell no ho entès». «Y lo decía –podríamos haber añadido en el caso de Calisto– por la gran belleza de Melibea; sin embargo, ella no le entendió». El espacio da pie al juego malicioso de la ironía, con un equívoco que no parece casual que los dos autores utilicen en la misma escena, o para el que no encuentro, al menos por el momento, precedente que les pudera ser común.

A estos paralelismos, habríamos de añadir una cita común –repito, en el mismo contexto– a Aristóteles. Pregunta Sempronio a Calisto: «¿No has leído el filósofo, do dice: 'Así como la materia apetece la forma, así la mujer al varón'?». Alusión a la misma cita, en las palabras de Diafebus a Tirant: «Natural condició és a la natura humana amar, car diu Aristòtil que cascuna cosa apeteix son semblant»

1. b. *La consumación de las relaciones*

En *Tirant lo Blanc* hay una serie de episodios especialmente procaces en cuanto a descripción de actos sexuales, episodios ciertamente insólitos en la literatura de caballerías, y que han abonado parte de la fama de la obra valenciana. Me refiero en concreto al conocido pasaje de las bodas sordas (caps. 162– 63), al malogrado intento de Tirant por acostarse, sin ser visto, en la cama de la Infanta (caps. 229–33), pero también a la menos recordada escena del encuentro amoroso final entre Tirant y Carmesina (caps. 435–39). Estos episodios, aunque parezca insólito, tienen un correlato muy cercano en los encuentros amorosos entre Calisto y Melibea (autos XIV y XIX), y también en el encuentro de Elicia con Pármeno (auto VII). La semejanza no es vaga, sino literal. Lo cierto es que ambas obras siguen casi textualmente la lección de la más famosa comedia elegíaca, el *Pamphilus,* y repiten en los monólogos dramáticos de sus protagonistas femeninas los mismos grados que hallamos en el encuentro amoroso entre Pánfilo y Galatea. Baste leer los dos monólogos en los que Melibea y Carmesina se defienden de los ataques violentos de sus respectivos amantes. El de Melibea, primero:

> « ...no quieras perderme por tan breve deleite [...] Goza de lo que yo gozo [...]; no pidas ni tomes aquello que, tomado, no será en tu mano volver. Guárdate señor, de dañar lo que con todos tesoros del mundo no se restaura» (auto XIV).

> «¿Cómo mandas a mi lengua hablar y no a tus manos que estén quedas? ¿Por qué no olvidas estas mañas? Mándalas estar sosegadas y dejar su enojoso uso y conversación incomportable. Cata, ángel mío, que así como me es agradable tu vista sosegada, me es enojoso tu riguroso trato; tus honestas burlas me dan placer, tus deshonestas manos

---

[9] M. Vargas Llosa, *Lletra de batalla per «Tirant lo Blanc»*, Barcelona: Edicions 62, 1969, pág. 71–73.

me fatigan cuando pasan de la razón [...]; no me destroces ni maltrates como sueles. ¿Qué provecho te trae dañar mis vestiduras? (XIX).

Y Carmesina: «Mon senyor Tirant, no canvieu en treballosa pena l'esperança de tanta glòria com és atènyer la vostra desijada vista. Reposau–vos, senyor, e no vullau usar de vostra bel. licosa força, que les forces d'una delicada donzella no són per a resistir a tal cavaller. No em tracteu, per vostra gentilea, de tal manera [...] Ai, senyor ! I com vos pot delitar cosa forçada? Ai! ¿E amor vos pot consentir que façau mal a la cosa amada? Senyor, deteniu–vos, per vostra virtut e acostumada noblea. ¡Guardau, mesquina! ¡Que no deuen tallar les armes d'amor, no han de rompre, no deu nafrar l'enamorada llança! Hajau pietat, hajau compassió d'aquesta sola donzella! ¡Ai cruel, fals cavaller! Cridaré! Guardau, que vull cridar! Senyor Tirant, no haureu mercè de mi? No sou Tirant! ¡Trista de mi! Açò és el que jo tant desijava? ¡Oh esperança de la mia vida, vet la teua Princesa morta!»

Todos son elementos paralelos: el inicio del acoso, renuncia de la dama, el empleo de la fuerza («No me trates de tal manera; ten mesura, por cortesía» (Ar., VII) / «No em tracteu, per vostra gentilea, de tal manera», «No seas descortés» / «No siau cruel»); la intensificación de esa fuerza hasta la violencia final... Los monólogos terminan igualmente con un lamento por parte de la doncella desflorada: «¡Oh, mi vida y mi señor! ¿Cómo has querido que pierda el nombre y corona de virgen por tan breve deleite», en boca de Melibea, frente a «la brevitat de tan poc delit ¿ha pogut empedir a la virtut consentint que hajau tan maltractada la vostra Princesa?», en boca de Carmesina. No sólo es literalmente idéntica la referencia al breve deleite, sino a la pérdida del «nombre y corona de virgen», que Carmesina eufemiza como «la pèrdua per escampament dels meus carmesins estrados»

A continuación de este lamento, y pese a los reproches, el rendimiento amoroso es el mismo. Melibea y Carmesina se despedirán de sus respectivos amantes pidiéndoles, primero, su salida en secreto, y después la promesa del retorno: «no me niegues tu vista» (XIV) / «no em sia tarda la vostra tornada»; basando esa claudicación en términos absolutos muerte / vida: «Faltándome Calisto, me falte la vida» / «viure sens vós m'és impossible»

Estamos ante un episodio con fuente común, originalmente aprovechado en cada una de las obras. ¿Justifica esa fuente común, el *Pamphilus*, la utilización idéntica del recurso del monólogo femenino? El *Pamphilus* no cuenta apenas con tradición conocida hasta el momento en la literatura catalana. Sí en la castellana, y ya fue propuesto por Castro Guisasola y Mª Rosa Lida como fuente original de la *Celestina*[10]. Pero, aun así, dentro de la tradición castellana o catalana medievales, ¿en qué otras obras, hallamos descritos los pasos de la seducción sexual con un recurso y términos semejantes?

---

[10]   Castro Guisasola, *Observaciones sobre las fuentes de la «Celestina»*, anejo 5 de la *Revista de Filología Española*, Madrid, 1924, y Mª Rosa Lida de Malkiel, *La originalidad artística de «La Celestina»*, Buenos Aires: Eudeba, 1970.

La utilización común, en el monólogo de la doncella, de la fuente del *Pamphilus* se efectúa, además, en dos momentos estratégicos de ambas obras, sobre los que gravitan los ejes de las acciones. El primer «matrimonio secreto» tiene lugar hacia la mitad de la trama, entre la pareja de cómplices secundaria: Pármeno y Areúsa, en la *Celestina*; Diafebus y Estefanía, en *Tirant lo Blanc*. El segundo, entre las parejas principales, cerca del desenlace de las obras. Un solo encuentro definitivo –¿para qué más?– entre las parejas principales, primero y último explicitado en la novela catalana. Uno también, y trágico, el encuentro amoroso en la versión de la *Comedia*, aunque la *Tragicomedia* lo desdoblará, pretendiendo que entre el primero y el segundo ha pasado un mes, con citas repetidas. En medio de los encuentros entre parejas principales y secundarias, toda una trama de muy distinta índole. El propósito dramático y narrativo de este orden consitía en exponer cómo el ejemplo de las parejas secundarias, más desinhibidas por diferentes razones (en la celestinesca, donde la fórmula triunfó, por corresponder a un estrato social más bajo), arrastra fatalmente a la primera pareja. Después –y a causa de– este último encuentro, que resultará fatal en ambos casos, se efectúa un vertiginoso descenso hacia el desenlace en ambas obras.

1. c. *La muerte del caballero*

Entramos en el tercer paralelo entre las trayectorias paródicas de los dos personajes. La controvertida caída y muerte de Calisto resultaría francamente cómica, ridícula, si no fuera porque la *Tragicomedia* ahonda en la relación de causalidad (amor–muerte) y carga esa relación de un profundo sentido religioso (muerte sin confesión), obligando a una lectura moralista y ejemplar. Pero ese sentido no tenía por qué existir en la *Comedia* primitiva. Y nos ayuda a sospecharlo el final en *Tirant lo Blanc*, donde ese mismo orden (amor seguido de muerte) existe, pero nunca infiriéndose del mismo una lección religiosa semejante. Tirant consuma hacia el final de la novela su relación con Carmesina en un capítulo que, con el mismo monólogo dramático usado en la *Celestina*, tal como hemos visto, muestra abiertamente la crudeza (lo mixto) de esa relación. A continuación, se celebran los esponsales (cap. 452), es proclamado César y heredero del Imperio (cap. 454) y, en la cumbre de su poder, enferma casual e inesperadamente –tan ridiculamente como muere Calisto– de «un mal de costado» que le causan unos aires al pasear a orillas de un río (cap. 467). Muere confeso y bien confeso, recitando completo el ritual de agonizantes (cap. 471).

Las muertes de uno y otro, abundando en el sentido de la parodia, son caídas simbólicas, relacionadas con el acto amoroso. Tirant tropieza y cae repetidamente, y siempre a renglón seguido de cada uno de sus avances sentimentales: cae del caballo (cap. 163); cae de una terraza, al verse obligado a huir precipitadamente de la habitación de la Infanta, donde se encontraba escondido, y se rompe una pierna (cap. 233); vuelve a romperse la misma pierna y está a punto de morir, cuando Carmesina se le otorga de palabra como mujer (cap. 290). Cada avance ha estado castigado en relación proporcional a sus logros. El logro final recibe la punición máxima: la muerte. La muerte ridícula de Calisto hace igualmente parodia de un elemento ritual del acceso amorso, el simbolismo fatídico de la escalera, la *scala amoris*, escalera de acceso al huerto y al cuerpo de Melibea.

Con razón se asombraba el cura de *Don Quijote* de que en *Tirant lo Blanc* «comen los caballeros, y duermen, y mueren en sus camas, y hacen testamento antes de su muerte, con otras cosas de que todos los demás libros deste género carecen» La muerte de Tirant lo Blanc –tan ridícula, por lo realista, como la de Calisto – es la culminación de la parodia del acceso amoroso (también la muerte de Don Quijote, en la cama como Tirant, es la culminación de la parodia del comportamiento caballeresco). El amante cortés muere, en el código amoroso, si no recibe el galardón definitivo de su dama. Invirtiendo los términos, los amantes de las dos obras mueren a causa de y por abuso de ese galardón. Las dos obras llevan a su extremo más radical la *muerte* cortés, trasladando al terreno de lo real las exageraciones literarias de la cortesía.

Hay algunas semejanzas más posteriores, pero que guardan relación con las muertes de los dos caballeros. La reacción de las amantes es la misma. El ejemplo de Dido pesa sobre ambas, aunque sólo es Melibea quien lo seguirá literalmente. Sin embargo, también Carmesina se deja morir, con igual pretensión de unirse con el amado en la muerte. Las palabras que lo expresan son las mismas: «Contentarle he en la muerte, pues no tuve tiempo en la vida» (auto XX); «ab tu vull fer companyia en la mort, puix en la vida, que t'he tant amat, no t'he pogut servir» (c. 473). En la muerte de Melibea, como en la de Carmesina, la figura paterna es la que sufre directamente del suicidio, del abandono. Tanto es así que el padre de Carmesina muere de dolor instantes antes que ella misma. El cuerpo de Carmesina rinde su alma flanqueado por los cadáveres de Tirant y de su padre, y así yacerá en su sepultura. Melibea pide a su padre que su sepultura sea junto a Calisto, y el desconsolado llanto de Pleberio hace suponer un estado también cercano a la muerte.

Finalmente, dejemos constancia de que los paralelos entre las trayectorias de los amantes, que hemos tan sólo aplicado a tres momentos, no se agotan aquí. Baste un ejemplo significativo. Calisto tiene arrebatos respecto al cordón de Melibea («mensajero de mi gloria», lo llama), elemento en el que concentra su pasión por momentos, provocando la burla de Celestina cuando le pide permiso para «salir por las calles con esta joya, porque los que me vieren sepan que no hay más bienandante honbre que yo» (auto VI, pág. 115). Esos excesos ridículos se dan igualmente en la entronización por parte de Tirant de otra prenda que actúa como fetiche de posesión de la dama. Se trata de un zapato, el zapato con el que Tirant logró, escondido, alcanzar «el lugar vedado» de Carmesina (cap. 189) (por cierto que «lugar secreto» y también «lugar vedado» son metáforas eufemísticas utilizadas también en la *Celestina*).

2. *Plaerdemavida y Celestina*

El personaje de Plaerdemavida es uno de los más complejos y sugestivos de la obra. Algunos aspectos de su personalidad fueron destacados admirativamente por Vargas Llosa, y se han venido repitiendo un tanto alegremente: impotencia, represión, voyeurismo y tendencia al lesbianismo. Adjetivos que conviene manejar con prevención para evitar rodear al personaje de un halo de excentricidad y heterodoxia que ciertamente no le corresponde. Lo curioso es que alguna de estas características, y especialmente la de la sexualidad reprimida y traslaticia, nos hace forzosamente volver la vista hacia un personaje como Celestina, que trata de excitar su marchita sexualidad mediante la contemplación de la lozanía de los cuerpos jóvenes. Pero Plaerdemavida desempeña no sólo el papel de mediadora e incitadora de Celestina (desprovisto, desde luego, de su amargo cinismo y acidez), sino el de otro personaje, Lucrecia, que se le asemeja en juventud y deseos de aprendizaje amoroso. La contemplación del amor tiene efectos contagiosos en Plaerdemavida, que decide buscar el suyo, tras haber espiado por una rendija los retozos de las parejas en las bodas sordas: «E la mia ànima com sentia aquell saborós plant, complanyia'm de ma desventura com jo no era la tercera ab lo meu Hipòlit [...] La mia ànima hagué alguns sentiments d'amor que ignorava, e dobla'm la passió del meu Hipòlit com no prenia part dels besars així com Tirant de la Princesa, e lo Conestable d'Estefania» (cap. 163). Tanto el acto de espionaje, como la reacción son los mismos que caracterizan a Lucrecia, cuyo arrebato repentino por Calisto, y posterior actitud hacia Tristán, ha sorprendido: «Mala landre me mate si más los escucho. ¿Vida es ésta? ¡Que me esté yo dehaciendo de dentera y ella esquivándose por que la rueguen! [...] Pero también me lo haría yo si estos necios de sus criados me hablasen entre día; pero esperan que los tengo de ir a buscar» (XIX). De hecho, Lucrecia es un personaje poco esbozado en la *Celestina*, que sugiere más de lo que ofrece. Por eso, tanto su confrontación con Plaerdemavida, como con otro personaje secundario en *Tirant lo Blanc*, la doncella Eliseu, nos podrían aclarar algunos de esos presupuestos. Eliseu y Lucrecia comparten, como he explicado más detalladamente, el hecho de ser cómplices del amor secreto de sus señores, y el hecho de, siendo casi niñas, aprender a través de ellos los goces amorosos, pasando de enemigas a amigas, de acusadoras a protectoras, al tiempo que se transforman de niñas en mujeres, a través de ese aprendizaje somatizado[11].

Pero insistimos en que el papel de Plaerdemavida se aproxima más al de Celestina, aunque si tratamos de relacionar a ambos personajes partiendo de características generales, saldremos malparados. Contra las varias que las emparentarían (humor, erotismo y realismo, a más de su condición de terceras en el amor), se levantan diferencias que parecen insoldables: la edad, la primera, pero también la malicia, el cinismo, la embriaguez, la codicia..., todos aquéllos atributos que hacen de Celestina un ser realista y trágico, se trocan en simpleza, alegría, espontaneidad, infantilismo en Plaerdemavida, dificultando cualquier tipo de emparejamiento. Ahora bien, si consideramos a ambos personajes actantes, y los despojamos de sus atributos, entonces percibimos que «funcionan» a veces como uno mismo, obviamente porque derivan de un mismo prototipo. No podemos hablar, por tanto, de personajes iguales, sino de funciones o situaciones iguales,

---

[11]   De nuevo he de remitir a un trabajo mío, «Eliseu a l'espill de Lucrecia...» (cit. en n. 1) para una exposición más detallada del tema.

procedentes en último término de la comedia latina, a las que los personajes se acomodan.

Así, el papel de incitadora que desempeña Plaerdemavida con el amante: «Oh Déu, quina cosa és tenir la donzella tendra en sos braços, tota nua, d' edat de catorze anys! !Oh Déu, quina glòria és estar en lo seu llit e besar–la sovint!» (cap. 229), es el mismo que el de Celestina con Areúsa: «No parece que hayas quince años. !Oh quién fuera hombre y tanta parte alcanzara de ti para gozar tal vista!» (VII), y con el en un principio tímido Pármeno.

Sin entrar en polémicas sobre el género de la obra, lo cierto es que esas palabras están exigiendo a veces una escenificación o dramatización. En la misma escena citada, en la que Celestina trata de convencer a Areúsa, preparándola para Pármeno, sus palabras presuponen el acompañamiento de un juego manual: «CEL. – Pues dame lugar, tentaré [...]; / AR. – Mas arriba la siento, sobre el estómago / CEl. – [...] !Y qué gorda y fresca que estás! !Qué pechos y qué gentileza!» (VII). Pero si teatral es el texto celestinesco, no lo es menos el de otros capítulos de *Tirant*, a quien nadie, sin embargo, discute su esencia novelesca. Son parangonables al juego manual y palabras de la vieja, las palabras de Plaerdemavida a la Princesa, en el baño, con idéntico propósito de excitarla sensualmente para un encuentro con Tirant: «Eixiu ara del bany e teniu les carns llises e gentils: prenc gran delit en tocar–les. / Toca on te vulles –dix la Princesa–, e no poses la mà tan avall com fas» (cap. 233). El diálogo directo exige una lectura oral, enfatizada, como se ha apuntado para otros libros de caballerías. Y la posiblidad de la tercera persona del narrador, que «acota» las acciones, permite en *Tirant* un juego dramático incluso a veces más explícito y esclarecedor que en la *Celestina*. Por ejemplo, en este caso nos informa el narrador de que Tirant está espiando la escena, mientras que en la *Celestina* no sabemos exactamente si Pármeno espera abajo o ya detrás de la puerta, si escucha o no. De hecho, las patentes similitudes entre los dos episodios nos permiten de nuevo proponer los capítulos de *Tirant* como plausible fuente del auto VII de la *Celestina*.

De manera que, para recapitular, nos encontramos con una serie de paralelismos de acción, situación y retórica en al menos cuatro momentos cruciales de las obras: primero, el enamoramiento (auto I; caps. 117–20); segundo, la escena de encuentro de las parejas secundarias (auto VII, en *Celetina*; desdoblada en *Tirant* entre los caps. del castillo de Malveí, caps. 162–63, y los de la excitación visual, caps. 229–33); tercero, el encuentro, tras diversas peripecias y gracias a la insistente labor de la tercera, entre los amantes (auto XIV y XIX; caps 435–39); cuarto, la muerte del amante a continuación y como consecuencia de la relación mixta con su dama (auto XX; caps. 467–71), al que se añadiría la muerte de la amante y el desconsuelo irreparable del padre, que muere también en *Tirant lo Blanc* (auto XXI, cap. 477).

Las implicaciones que tendría el reconocimiento de que *Tirant lo Blanc* debe ser reconocido como una de las fuentes de la *Celestina* son, a mi juicio, dobles. De un lado, saber que capítulos cruciales de *Tirant lo Blanc* nacen directa o indirectamente de una peculiar interpretación de la comedia elegíaca, puede hacer necesario volver a examinar algunas partes de la novela a la luz de este género, desde la perspectiva de la oralidad, de la lectura enfática, e incluso, por qué no, de la potencial escenificación o dramatización de ciertos pasajes. Pero seguramente interesa más aquí sugerir las implicaciones que la relación entre ambos textos puede tener para el estudio de la *Celestina*. Pienso que algunas lecciones nos podría dar la confrontación de *Celestina* con una obra esencialmente narrativa, como *Tirant*, que se permite esos esporádicos pero decisivos coqueteos con la comedia, aunque sólo el tiempo dirá si esa vinculación resulta fructífera para el mejor conocimiento del texto de Fernando de Rojas. Y esas lecciones pueden ser extraídas, aun en el caso de que nos neguemos a reconocer en la *Celestina* los ecos de la novela catalana. Sin embargo, confío en que la mención de una serie de paralelos, que difícilmente podrían ser juzgados todos ellos fortuitos –y que no son naturalmente todos los que tengo localizados, ni los que un rastreo más exhaustivo podría localizar–, habrá servido para abrir una senda que una ambas obras y permita avanzar caminos en el terreno de las vinculaciones entre las literaturas catalana y castellana de finales del XV.

La prosa histórica de don Juan Manuel:
La *Crónica abreviada* y el *Libro de las armas*

Carmen BENITO–VESSELS

Dos obras tradicionalmente consideradas de carácter histórico, la *Crónica abreviada* (*CA*) y el *Libro de las tres razones* (*LTR*) o *Libro de las armas*, figuran en la primera y última fase de la producción literaria de don Juan Manuel. La *CA*, que es el primer texto derivado de la *Estoria de Espanna* (*EE*) de Alfonso X, se basa en la desaparecida **Crónica manuelina*[1]. Lo mismo que la obra de la que deriva, la *CA* relaciona la historia de los reinos peninsulares con los acontecimientos que van desde el diluvio universal hasta la muerte de Fernando III el Santo. Nuestro segundo texto, el *Libro de las tres razones*, consta de tres partes: en la primera, se narra el origen e interpretación simbólica de las armas de los Manueles; en la segunda, se describen los acontecimientos históricos que le permiten al Señor de Peñafiel y a su primogénito investir caballeros y, en la última, se elabora un relato literario con las palabras que el moribundo Rey don Sancho le dirige al joven don Juan Manuel[2].

El objetivo de mi estudio es señalar algunos de los rasgos que el discurso histórico de estas dos obras comparte con otras tradiciones y géneros literarios. En particular, analizaré la función que los motivos folclóricos y los recursos de la prosa de ficción juanmanuelina desempeñan en la que aquí llamamos su prosa histórica.

En el prólogo de la *CA*, que es un sermón en el que se desarrolla el tópico del entendimiento humano como un don divino, don Juan Manuel afirma haber escrito la *CA* para uso personal (*Obras*, II, 576). Sin embargo, el propio texto

---

[1] Mis citas de la *Crónica abreviada* y del *Libro de las tres razones* son de la edición de José Manuel Blecua, *Obras completas de Don Juan Manuel*, Madrid: Gredos, 1983, 2 vols. Para el estudio de la *CA*, véase Diego Catalán, *De Alfonso X al conde de Barcelos. Cuatro estudios sobre el nacimiento de la historiografía romance en Castilla y Portugal*, Madrid: Gredos, 1962, págs. 177–205 y «Don Juan Manuel ante el modelo alfonsí: el testimonio de la *Crónica abreviada*», en *Don Juan Manuel Studies*, ed. Ian Macpherson, Londres: Támesis, 1977, págs. 17–53.

[2] Para el *Libro de las armas* véase Alan Deyermond, «Cuentos orales y estructura formal en el *Libro de las tres razones* (*Libro de las armas*)» en *Don Juan Manuel VII centenario*, Murcia: Universidad de Murcia y Academia Alfonso X el Sabio, 1982, págs. 75–87; Germán Orduna, «El *Libro de las armas*: clave de la justicia de Don Juan Manuel», *Cuadernos de Historia de España*, 47–48 (1982) págs. 230–268 y Derek W. Lomax, «El padre de Don Juan Manuel», en *Don Juan Manuel VII centenario*, págs. 163–176.

revela que esta finalidad no fue tan personal como su autor asevera. Tanto en el prólogo, como en las tablas iniciales, y en los tres libros de la *CA* hay verbos en tercera persona que apuntan claramente hacia un receptor implícito. Según ha observado Reinaldo Ayerbe–Chaux, los cambios gramaticales de primera y tercera persona, que a veces se anotaban en las ediciones juanmanuelinas como «curiosas variantes», podrían ser un reflejo del proceso de elaboración seguido por nuestro autor[3]. Pero, en el caso particular de la *CA*, además de los verbos en tercera persona, también hay que tener en cuenta el significado de los predicados en los que dichos verbos constituyen el núcleo. Veamos, por ejemplo, este párrafo tomado del prólogo de la *Crónica abreviada*:

> e quando alguna razon e palabra y fallare que nos sea tan apuesta nin tan conplida commo era menester, non ha por que poner la culpa a.otri sinon a.si mismo. E si ouiere alguna bien dicha, que se aprouechen ende. Pero si alguno otro leyere en.este libro e non lo fallare por tan conplido, cate el logar onde fue sacado en.la Cronica, en.el capitulo de que fara mencion en.este libro, e non tenga por maravilla de lo non poder fazer tan conplida mente commo conviene para este fecho. E ssi fallare y alguna bona razon, gradescalo a.Dios e aprouechese della. (*Obras*, II, 576–77).

Los predicados verbales «si alguno otro leyere», «non lo fallare por tan conplido», «cate el logar», «tenga por maravilla», «fallare y alguna bona razon», o «aprouechese della», tienen núcleos en los que el sujeto de la enunciación es diferente del sujeto del enunciado y, puesto que el texto cronístico al que estas palabras sirven de prefacio no admite la dualidad narrador/narratario, parece lógico suponer un receptor implícito para este epítome juanmanuelino. El prólogo, por tanto, anticipa que la *CA* es algo más que un libro destinado al uso personal.

A pesar del indiscutible carácter libresco de la historiografía alfonsí, la *EE* del Rey Sabio incluye elementos procedentes de la tradición oral y éstos se mantienen en la *CA*. Me refiero, naturalmente, a la prosificación de cantares de gesta, a la inclusión de *exempla*, al uso de fórmulas narrativas que implican una actualización oral y al elevado índice de motivos folclóricos presentes en el texto. Dada la brevedad de la crónica juanmanuelina, me parece especialmente relevante la presencia de unos veinte motivos folclóricos que se repiten en casi cuarenta ocasiones[4]. Acepto como motivos floclóricos todos los catalogados por Stith Thompson y, para este aspecto particular, asumo las objeciones y presupuestos que Alan Deyermond, en colaboración con Margaret Chaplin, planteó en su artículo sobre los motivos folclóricos en la épica peninsular[5]. Es decir, entiendo que la presencia de motivos folclóricos en cualquier situación histórica o contemporánea

---

[3]   Reynaldo Ayerbe–Chaux, «Don Juan Manuel and Oral Literature, sources and Dictation», resumen en *La Corónica*, 11 (1982), págs. 1–3.

[4]   Una detallada relación de los motivos folclóricos en la *CA* se encuentra en mi artículo «Género literario y técnicas narrativas de la *Crónica abreviada*», *Crítica Hispánica*, 10 (1988), págs. 41–49.

[5]   Alan Deyermond y Margaret Chaplin, «Folk–Motifs in the Spanish Epic», *Philological Quarterly*, 51, 1 (1972), págs. 36–54.

no es óbice para su catalogación como tal. Más aún, según observó el mencionado hispanista, ciertos motivos suceden «a causa de» y no «a pesar de» su posible ocurrencia en situaciones de la vida cotidiana. En este sentido, podríamos afirmar que la naturaleza ontológicamente histórica de ciertos motivos folclóricos justificaría su inclusión en la épica y en las crónicas. En estos textos, los motivos folclóricos adquieren una dimensión narrativa de carácter documental pero mantiene vestigios propios de la tradición narrativa de la que proceden.

Los muchos motivos folclóricos registrados en la *CA* proceden, obviamente, de la *EE* y su importancia radica en su presencia misma dentro de esta obra, ya que don Juan Manuel se había propuesto conservar sólo lo más granado de la historia alfonsí. Es decir, quería llegar a la esencia del «fecho de Espanna» por medio de su magistral *abbreviatio*. Todos los motivos incluidos en el epítome juanmanuelino, y en particular las narraciones sobre eclipses que ocurrían para permitir victorias guerreras o episodios como el de aquella mujer de Sigüenza cuyo hijo volvió al seno materno como presagio del peligro que se avecinaba, tienen para el lector contemporáneo carácter dudosamente factual, pero tienen también todas las características de las narraciones con clara intencionalidad literaria.

En el *LTR* se recoge el registro personal y maduro de lo que fueron relatos contados a un adolescente, mientras que en la *CA* teníamos los resultados de la lectura y síntesis personal de un escritor en ciernes que se iniciaba en las letras bajo la tutela del legado alfonsí. En ambos casos, la aportación más genuina del autor es su interpretación literaria de un determinado material histórico: en la *CA* leemos lo que don Juan Manuel dice que leyó, y en el *LTR* «oímos» lo que él dice que oyó. Si se admite hablar de «texto» o de «literatura» cuando se trata de un relato no escrito, podríamos decir que las dos obras a que me refiero son un reflejo metatextual o metaliterario de dos tradiciones dominantes en la Edad Media: la tradición narrativa oral y la exégesis de la palabra escrita en busca de su significado original. La diferencia más significativa entre los dos textos juanmanuelinos aquí estudiados es que en el *LTR*, como es propio de las obras de tradición oral, carecemos de lo que sería la versión supuestamente «correcta» y lo que ha llegado hasta nosotros es el resultado de lo que, en el sentido etimológico, llamaríamos una memoria folclórica.

Desde hace tiempo, se ha observado la necesidad de deslindar la ficción y la facticidad en el *LTR* y se ha ponderado el discurso del Rey don Sancho como un logro literario sin par en su época. Recientemente, Derek Lomax ha demostrado que los errores históricos del *LTR* que se refieren al padre de Juan Manuel, debieron ser intencionales ya que sirven para presentarlo como un príncipe de honradez y nobleza inigualables. Gracias a sus deliberadas distorsiones, el linajudo don Juan Manuel se sitúa por encima del monarca reinante y, como dice Germán Orduna (1982), transforma esta obra en un testamento público y político para hacer justicia duradera contra Alfonso XI.

Lo mismo que en la *CA*, en el *LTR* hay numerosos motivos folclóricos, vestigios hagiográficos y de la tradición bíblico–exegética. La identificación del linaje de los Manueles con la tribu de Judá, elegida para el nacimiento del

Redentor, y simbolizada por el «rey de las animalias» lo mismo que la familia de nuestro autor, al igual que la divinización que nuestro autor hace sobre el patronímico «Manuel», bien pudieran permitir una interpretación figural de este libro de familia. No obstante, las «razones» que ofrece don Juan Manuel para explicar el significado de sus armas y justificar su derecho a investir caballeros, así como el discurso final atribuido al Rey don Sancho, nos permiten referirnos a este texto como una obra de prosa histórica o, al menos historicista, ya que, empíricos o no, su autor presenta los datos como tales y eleva al máximo su dimensión política. El *LTR* se basa en la palabra de testigos oculares y es, por tanto, el prototipo de historia según lo concibieron Herodoto y San Isidoro. El paso del tiempo, el modo de transmisión y el marcado subjetivismo de don Juan Manuel dieron como resultado un texto literario con trasfondo histórico en el que se reconoce «algo más que un libro de historia».

Estrechamente unidos a la tradición oral están los numerosos motivos folclóricos incorporados en el *LTR* e identificados por Alan Deyermond en su estudio dedicado a esta obra en particular (1982). Entre otros, el prestigioso medievalista cita: el odio nacido de la envidia de una pariente menor y más hermosa cuya vida peligrará por esta razón, la prueba impuesta por el padre de una doncella al pretendiente de ésta antes de otorgarle el reino, la intervención de un personaje noble en disfraz humilde para hacer fracasar el matrimonio de su hermana menor, el temor de que el novio ofendido interrumpa y rapte a la novia y la disfrazada presencia del novio ofendido entre el séquito nupcial de la que hubiera podido ser su mujer.

La sola inclusión de estos motivos folclóricos bastaría para cuestionar mi postulado inicial y estudiar el *LTR* como un texto de ficción lo mismo que los relatos del *Conde Lucanor* con trasfondo histórico. Más aún, en la razón del Rey don Sancho, es sabido que se acentúa el entrelazado ficción–realidad porque en ella se adapta el trasfondo histórico a la narrativa propia de los cuentos del *Conde Lucanor*[6]. Esta es una narración enmarcada que refleja el incidente original: se narra la muerte del agonizante Sancho IV que, a su vez, recuerda otra muerte: la de Fernando III. La similaridad literaria entre el *LTR* y el *CL* afecta también al principio narrativo que rige la pragmática del texto. En el *LTR* el relato está orientado hacia la verosimilitud discursiva y no hacia la extra–literaria o referencial. Es decir, el autor elimina la oposición «verdad/mentira» y ofrece explícitamente la alternativa «verdad/no verdad», pero ésta se torna insoluble porque carecemos de la evidencia que serviría para resolver el binomio. A través de la ficcionalización de la realidad, don Juan Manuel persuade al lector de lo verosímil de otra realidad. De tal forma que la «no–verdad» de su relato y la posible exhumación histórica de los hechos carece de sentido frente a la magnificencia literaria de los cuentos, lo mismo que ocurre en el *LTR*.

En este último, Juan Manuel no plantea la divinización de su linaje como una entelequia inasible sino a través de un narrador cuya función es re–construir una verdad, su verdad, y a ésta le concede el valor de documento histórico. No

---

[6] Alan Deyermond, «Cuentos orales», págs. 85–86.

obstante, advierte que podría equivocarse: «Todo esto non lo digo yo afirmando que / en toda guisa fue todo así, mas digo que me paresçe que.lo oy en.esta manera» (*Obras*, I, 128). Es, precisamente, con esta velada declaración dubitativa con la que don Juan Manuel le confiere un sesgo fabulador al relato histórico.

El narrador–cronista en el *LTR* desempeña una función testimonial que procede de la estructura semidialogada y semiepistolar del texto. En cuanto que en la *CA*, la respetable autoridad del cronista–narrador se manifiesta a través de múltiples fórmulas literarias con las que advierte que ya dirá algo, que ya lo ha dicho, o que no dirá más. Irónicamente, estas fórmulas no son patrimonio exclusivo de las historias verdaderas, sino que son la base del entrelazado narrativo de las historias fingidas, es decir, de las novelas de caballería. Pero el cronista–narrador de la *CA* es, por definición, digno de confianza, y a su cargo están las fórmulas narrativas del texto. Mientras que en el *LTR* nos encontramos ante un narrador–cronista que, paradójicamente, se confiesa infidente a través de expresiones fidedignas, en ellas admite que hay datos que no los recuerda bien, o que sólo recuerda parte de la información, o que bien pudiera equivocarse, por lo cual recomienda que «vos, et los que este scripto leyeren, si lo quisieredes crer, plazernos [a]; et si fallaredes otra razon mejor que esta, a.mi me plazera mas que.la falledes et que.la creades» (*Obras*, I, 122). Mas aún, afirma que: «por que las palabras son muchas [et] oylas a.muchas personas, non podria ser que non oviese y algunas palabras mas o menos, o mudadas en alguna manera; mas cred por çierto que la iustiçia et la sentencia et la entencion et la verdat asi passo commo es qui scripto.» (*Obras*, I, 140).

Es decir, el narrador–cronista del *LTR* es, a fuer de infidente, ligeramente irónico, ya que juega con la inversión semántica que caracteriza a la ironía verbal como antífrasis u oposición entre lo que se dice y lo que se quiere que el receptor entienda. Don Juan Manuel consigue esto a través de la continua alusión a sus muchos y autorizados testigos de los que «oyó» sus relatos pero a los que no podemos recurrir como «evidencia». De este modo, el memorioso don Juan Manuel se erige en testigo único de su historia.

En conclusión, don Juan Manuel inicia su hacer literario con el epítome de una historia factual en la que no faltan elementos procedentes de tradiciones y géncros litcrarios no históricos, y en la última época de su producción literaria el príncipe de Villena nos presenta, con carácter factual, un relato que procede de una historia transmitida de forma oral y al que la propia escritura le confiere carácter de verdad. De modo que si la *CA* es más que un libro para uso personal y el *LTR* es más que un libro de historia, ambas son historias literarias en las que hay una marcada voluntad re–creadora. El «modus historiandi» de nuestro autor está enriquecido por elementos narrativos procedentes de géneros no históricos, de ahí las frecuentes referencias a ambos textos como «algo más que» lo que su título indica. Es decir, don Juan Manuel le concede tanta relevancia al aspecto narrativo como a la documentación factual de sus relatos históricos y concibe la historia de forma literaria y totalizadora.

La *CA* y el *LTR* parten de la «memoria» de otros y son fruto del entendimiento de su autor de quien podríamos decir, parafraseándole, que «por su entendimiento entendió que pasara todo el fecho en esta manera en que lo puso por escrito», pero que bien pudiera haber ocurrido de otro modo.

La dinámica espacio–temporal como elemento estructural en *Triste deleytaçion*

Vicenta BLAY MANZANERA
Universitat de València

Si a algún capítulo literario cabe adscribir la obra intitulada *Triste deleytaçión*, éste es, sin duda, el recientemente denominado «ficción sentimental» española, capítulo literario cuyo rubro denominativo, entidad genérica, caracterización y *corpus* distan mucho de estar resueltos. Evidentemente, no voy a entrar ahora en tan prolijas cuestiones de implicaciones teórico–literarias (y filosóficas) que excederían el propósito del trabajo presente. Por otra parte, esta vasta polémica ya ha sido abordada, en otras ocasiones, por varios estudiosos[1].

Dentro de la «ficción sentimental» española, *Triste deleytaçion* ocupa un puesto fundamental hasta el momento distorsionado o negligido por la crítica, iniciando la que podríamos considerar su segunda generación modélica, que, siguiendo cronológicamente el modelo establecido entorno a la década de 1440 por el *Siervo libre de amor* (que incluye la *Estoria de dos amadores*) –y dejando aparte posibles precedentes castellanos o catalanes– culminaría, gracias en gran medida al papel desempeñado por la irreconocida personalidad literaria del Condestable de Portugal, con las conocidas creaciones de Diego de San Pedro y Juan de Flores[2].

---

[1]   Sobre esta polémica la bibliografía es abundante. Carmelo Samonà, *Studi sul romanzo sentimental e cortese nella letteratura spagnola del Quattrocento*, Roma: Carucci, 1960, sugirió el sintagma «tradizione letteraria» por parecerle más oportuno que «genere». Sobre el debate en torno al anacrónico rubro «novela sentimental», acuñado por Menéndez y Pelayo, la falta de una palabra castellana equivalente a la inglesa «romance» –defendida desde P. E. Russell por los hispanistas ingleses–, y mi adhesión al apelativo «ficción sentimental», propuesto por Alan D. Deyermond («Las relaciones genéricas de la ficción sentimental», en *Symposium in honorem prof. M. de Riquer*, Barcelona: Quaderns Crema, 1986, págs. 75–92), así como sobre la búsqueda de un criterio válido que permita establecer un *corpus* coherente de obras, tengo en proyecto la publicación del artículo: «*Triste deleytaçión* en el marco genérico de la ficción sentimental española del siglo xv».

[2]   En adelante utilizaremos la abreviatura *TD* para referirnos a la obra que nos ocupa, así como títulos abreviados con respecto a las otras ficciones sentimentales españolas (F.S.): *SL* por *Siervo Libre de amor*, *EDA* por *Estoria de dos amadores*; *Sátira*, por la obra del Condestable don Pedro; *Cárcel*, por *Cárcel de amor*, *Arnalte*, por *Arnalte y Lucenda*; *G&M* por *Grisel y Mirabella*, *G&G* por *Grimalte y Gradissa*; *Processo* por *Processo de cartas de amores*, *Quexa* por *Quexa y aviso contra Amor...*, etc. Recientemente Regula Rohland de Langbehn ha defendido también esta hipótesis:

En efecto, *TD* se nos revela como un punto de inflexión decisivo de cara a la comprensión de la F.S. española, tanto del S. XV como del XVI. Sin embargo, no ha recibido todavía la atención que se merece. Por un lado, las dos ediciones existentes, además de reducidas en su circulación no solucionan satisfactoriamente los múltiples problemas que esta obra presenta, tanto en su contenido cuanto en su forma; por otro, las escasas referencias y estudios parciales con respecto a *TD* siguen perpetuando diversos errores de apreciación y punto de partida, que conviene con urgencia reformular[3]. Entre otras cosas, hay razones para creer que *TD* no es una tentativa primeriza del género, sino una obra pergeñada en un momento bastante posterior –posiblemente ubicable entre finales de la década de los 70 y la primera mitad de los 80, fechas que se aproximarían al período de gestación de las obras sampedrinas y de Juan de Flores–. De igual manera, no resulta nada clara su hasta ahora incuestionada atribución a un tal Fra Artal de Claramunt del que no se conoce producción literaria alguna[4].

Dejando aparte estas cuestiones –que estudio a fondo en otro momento–, me centraré, de inmediato, en el análisis del espacio–tiempo en *TD*.

Me interesa especialmente la manipulación que efectúa, con respecto a estos parámetros, el punto de vista narratorial, según Percy Lubbock (*The Craft of Fiction*, 1921), aspecto central del arte narrativo. A partir de aquí se pretende dar cuenta de la «consistencia» estructural que articula *TD*, coherencia y estructuración no apriorísticamente establecida según nuestro anacrónico concepto de estructura, sino derivada, de manera inductiva, del propio devenir interno del relato, partiendo siempre de lo que en la Edad Media se entendía por estructura[5].

Como es sabido, las buenas obras medievales expresan su peculiar unidad –«generic unity»– en la medida en que sus varios episodios, a través de un uso determinado de imaginería, forma y tema, son apropiados (que no absolutamente indispensables) para la historia o fábula del mundo que se narra. Así pues, los

---

«Desarrollo de los géneros literarios: la novela sentimental española de los siglos XV y XVI», *Filología*, 21 (1986), págs. 57–76.

[3]   Me refiero a las ediciones de E. Michael Gerli (1982) y Regula Rohland de Langbehn (1983), al conocido artículo de Martín de Riquer en *Revista de Filología Española*, 40 (1956), págs. 33–65; y más recientemente de Olga T. Impey, «Un doctrinal para doncellas enamoradas en la *T. D.* », *Boletín de la Real Academia Española*, 66 (1986), págs. 191–234, y de Françoise Vigier, «Le *De Arte Amandi* d'André le Chapelain et la *T.D.*, roman sentimental anonyme de la seconde moitié du XVe S.», *Mélanges de la Casa de Velázquez*, 21 (1985), págs. 159–174.

[4]   Sobre el estado de estas cuestiones trato por extenso en mi estudio citado. Algunas apreciaciones del prof. Cátedra en el prólogo a su edición de *Conmemoración Breve de los Reyes de Portugal...*, Barcelona: Humanitas, 1983, pág. 35, son valiosísimas.

[5]   Tomo el término «consistencia» estructural según el significado que propone Norman Friedman, «that the parts have been adjusted to the whole, the means to the end, and hence that the maximum effect has been rendered». Véase «Point of View in Fiction: The Development of a Critical Concept», *Publications of the Modern Language Association of America*, 70 (1955), págs. 1160–1184, pág. 1182. Sobre el concepto de estructura, véase Tony Hunt, «The Structure of Medieval Narrative», *Journal of European Studies*, 3 (1973), págs. 295–328, y William W. Ryding, *Structure in Medieval Narrative*, The Hague: Mouton, 1971.

diversos episodios que conforman *TD* no se guían tanto por una ley lógica, de causalidad, cuanto por una relación de «analogía»[6].

En consecuencia, lo que a primera vista pudiera parecer un conglomerado heterogéneo de elementos dispares e inconexos, se nos revelará como un todo articulado coherentemente en función de unos principios que difieren de los nuestros[7].

El estudio de las coordenadas espacio–temporales, nos conducirá en último término a ilustrar estos hechos.

* * *

Al igual que otras «ficciones sentimentales» de «amor violento»[8], *TD* articula en su seno una dialéctica de tensiones entre dos realidades hasta cierto punto contradictorias: una realidad «real» («fact» o «history») –sucesos que se pretenden observables y demostrables desde el punto de vista histórico–, y una realidad «ideal» («story» o «fiction»), en este caso, la literatura perteneciente a un código cortesano ya caduco que el heroe se esfuerza por emular. Los umbrales y fronteras entre ambos planos quedan altamente difuminados. Con el *G&G* de Juan de Flores esta fusión será ya completa, resultando en buena medida la razón de ser del texto.

En el mismo prólogo o «accessus»[9] con el que se inicia *TD*, el anónimo F.A.D.C. se nos muestra como un autor lo suficientemente maduro y experimentado como para ser consciente del inefable poder que tiene la palabra para registrar tanto una verdad histórica como una ficción. Y en efecto, se servirá de la literatura no sólo como vehículo de entretenimiento –alarde estético–

---

6   Véase Norris J. Lacy, «Spatial Form in Medieval Romances», *Yale French Studies*, 51 (1974), págs. 160–169, y Eugène Vinaver, *The Rise of Romance,* Oxford: Clarendon Press, 1971.

7   El concepto de estructura no es unitario. Depende del criterio adoptado. Resulta útil la diferenciación entre «estructura temática» y «estructura formal» (véase Tony Hunt, «The Structure...», pág. 299). En *TD*, tripartición y bipartición funcionan dialécticamente a un tiempo, tanto en lo que se refiere a la forma como al contenido. En cuanto al contenido el autor se preocupa en separar amor «mixtus» de amor «purus», recurriendo a dos parejas de amantes, la primera de las cuales se propone como comportamiento ejemplar digno de ser desdeñado. Al mismo tiempo, las relaciones amorosas son de tipo violento y conciernen a tres miembros. Desde el punto de vista formal, hay dos partes fundamentales desde una perspectiva teórico–doctrinal (la disputa de la Razón y la Voluntad y el doctrinal de la *madrina* a la *Senyora*) y dos dramatizaciones básicas de tales enseñanzas (los hechos que conciernen a la vida de los personajes de la fábula, y la alegoría que en el Otro Mundo vive el *Enamorado* en carne propia).

8   Patricia E. Grieve, *Desire and Death in the Spanish Sentimental Romance (1440–1550),* Newark, Delaware: Juan de la Cuesta, 1987.

9   Véase Pedro Cátedra, *Amor y pedagogía en la Edad Media,* Universidad de Salamanca, 1989, pág. 154, refiriéndose al ovidianismo del *SL*, habla de «un *accesus* al principio, equivalente a los necesarios que encabezan las epístolas del *Bursario* como guía interpretativa de lectura, en donde se declara la intención del autor, procurando establecer una aséptica separación entre éste y su protagonista (que la crítica se ha empeñado en desdibujar, dando sólo importancia al desarrollo sentimental del texto), con la intención de dar sentido trascendente a lo que toma forma de experiencia individual». Hacemos extensivas estas palabras a *TD*.

portador de determinadas enseñanzas (ars amandi), sino incluso como mecanismo conmovedor de elevada eficacia para persuadir a un auditorio y orientarlo en función de sus propios intereses (extra e intratextuales).

En estrecha conexión con esta dialéctica vida–literatura se articula –entre otras cosas– el uso nada fortuito de una ambigua 1ª y 3ª persona narratorial, del verso lírico o narrativo junto con la prosa; así como el manejo, en el seno de *TD,* de diversos niveles de estilo (que no sólo el «elevado»)[10], de registros expresivos diferentes, e incluso idiomáticamente distintos[11].

En este sentido, me interesa especialmente la disolución de fronteras entre el espacio–tiempo alegórico y el verosímil o real, que por ello se impregna, como por ósmosis, de una hondura simbólica polivalente –arduo trabajo textual cuyo alcance y significado viene siendo hasta el momento desatendido o menospreciado–.

La fábula de un doble «auto de amores» que en *TD* se nos narra se ubica en un escenario real, ambiguo e impreciso, paradójicamente más inconcreto que el correspondiente a la parte alegórica de la obra.

La descripción del paisaje es escasa; elaborada, en todo caso, en función de los sentimientos de los personajes, siendo siempre reducida a mera impresión subjetiva: se sugiere, se dan toques sintéticos y alusivos, pero más sobre los efectos que sobre las formas. Al autor no le interesa, en absoluto, la ubicuidad geográfica de sus personajes a cada paso. La única referencia a un espacio geográfico concreto es la ciudad de «Barcelona» y sus alrededores. El resto son localizaciones tópicas e interespaciales: una ciudad, un valle, un camino, una casa, una cambra, una ventana... A veces, la ubicación espacial se resuelve sólo mediante el uso de un adverbio o locuciones parejas: «allý», «de donde partidos eran...»

Se ha señalado que, con el *SL(EDA),* la imagen del campo y la ciudad se fusionan en el triunfal mausoleo de los desafortunados amantes. En *TD*, el viaje de la corte al campo, presente en otras obras del género –vgr. *SL(EDA), Arnalte, Cárcel*–, resulta una dualidad irrelevante. La dicotomía, señalada por Dudley, entre

---

[10]   Véase Regula Rohland de Langbehn, «Fábula trágica y nivel de estilo elevado en la novela sentimental española de los siglos XV y XVI», comunicación presentada en el I Congreso Internacional sobre los Reyes Católicos y el Descubrimiento, Pastrana, 1986.

[11]   El autor de *TD* –como Juan de Flores en el *G&G*–, incorpora la lírica amorosa –vehículo literario– dentro de las vidas «reales» de sus personajes, en un intento de recrear la dialéctica literatura–vida existente en el siglo XV español. Lo que era principalmente un código cultural-literario –el amor cortés y su poesía–, se propone como comportamiento individual deseable que, sin embargo, fracasa, dada una nueva realidad social que lo hace inviable. Por otra parte, incidiendo en esa confusión de umbrales entre ficción y realidad, el autor configura su obra yuxtaponiendo ambiguamente la 1ª y la 3ª persona narratorial, e implicando –en ocasiones– que la narración en 3ª persona es ficción inventada, mientras que la otra se pretende positivamente real. En efecto, por todos es sabido el valor de la 1ª persona como recurso de «auctoritas», así como el mayor efectivismo e inmediatez que conlleva su uso, íntimamente ligado a la experiencia dramática –cuya conexión con la F. S. no se ha estudiado todavía. Por otra parte, la mezcla de registros expresivos diferentes, el carácter de «experimento ensayístico» de *TD*, o el insólito caso de diglosia lingüístico–cultural que presenta, son aspectos cuyo análisis merecería estudios monográficos aparte.

«court» –escenario de amor frustrado– y «country» –lugar de plenitud amorosa– no resulta pertinente[12]. Entre otras cosas, porque el espacio en que nos situamos no es el típicamente cortesano característico de otras ficciones, sino más bien aburguesado: los personajes, aunque nobles, no son príncipes de alta alcurnia, o al menos no se dice que lo sean.

Más interesante resulta la identificación de la naturaleza con los estados emocionales de los héroes (vgr. unos «spesos granados» dan acogida al afligido *Enamorado* /38v/), o la asociación, consciente o no por parte del autor, entre determinados microespacios concretos y la situación propia y característica de cada personaje. Por ejemplo, la *Senyora* no sale nunca de su casa, todo lo más se la ubica «en la ventana», junto a la *Madrastra*. Las connotaciones de represión social que de ello se desprende resultan bien diáfanas.

Por otra parte, el estudio del espacio, desde un punto de vista sintagmático, nos proporciona también datos interesantes. Es posible observar una oscilación constante entre espacios abiertos (urbanos o naturales) y cerrados (escenarios interiores y espacios de conciencia). Esta oscilación es significativa en la medida en que, en ocasiones, es fiel reflejo del movimiento de sentido que se articula en el relato. Por ejemplo, al principio de la obra nos encontramos con el *Enamorado* en la calle siendo víctima de las flechas de Cupido, entonces se retira a su «cambra», se retrae luego en su lecho, para finalmente sumirse, mediante el sueño, dentro de su propia conciencia –cerrazón interior total–. Lo mismo ocurre con la *Senyora*, cuando al enterarse de la posible muerte del *Enamorado* estando a la mesa en su casa, a fin de mantener el «secretum» requerido para no mancillar su fama, se ve obligada a retirarse a su cuarto, en donde también se verá sumida en su propia subjetividad, recibiendo la advertencia de *Vergüença* personificada.

Sin embargo, lo que resulta de mayor interés para el objetivo de este trabajo es el análisis paradigmático de la coordenada espacial. Me refiero, evidentemente, a los casos en los que el elemento espacial adquiere una hondura simbólica importante. En concreto, me centraré en un uso singular y extremadamente complejo de la «res ficta» alegórica en *TD*. Se trata de la *ficción del palacio Aborintio*.

Tres veces se alude explícitamente en el texto a la citada alegoría:

1– En el *prólogo*, en prosa, por boca del autor:

> /2v/ ... cómo vi en la *fición del Aborintio* la vida e plática que tienen aquéllos que, tomados de Amor, sus dulces y amargosos bienes continuamente sienten; y los que /3r/ cautelosa y fictamente aman, las penas que en el infierno y purgatorio pasan; y la

---

[12]   Por ejemplo, la citación amorosa que tiene lugar en un valle (136r–136v) (naturaleza abierta), sin embargo fracasa, mientras que el escenario urbano y cerrado de la casa (137r–140v) proporciona a los amantes ciertos momentos de disfrute amoroso, hasta que son descubiertos por la vieja malvada. Sobre la citada dicotomía, véase Edward J. Dudley, «Court and Country: The Fusion of Two Images of Love in Juan Rodriguez's *El siervo libre de amor*», *Publications of the Modern Language Association of America*, 82 (1967), págs. 117–120.

gloria y reposo que los bienabenturados, por firmeza de verdadera amor, para siempre en paraýso posseen.

2– En el seno de otra alegoría, en este caso la *disputa* entre las potencias racional y volitiva del *Enamorado* personificadas, por boca de la *Razón*, y a propósito de «los variables fechos de la Fortuna» /25r/, ésta nos dice «cómo el prinçipio /25v/ de amor es muy diferente al fin, porque Amor en el comienço se nos muestra benigno y amigable, atorgándonos quanto le pedimos», mas luego, cuando el enamorado se encuentra cerca de alcanzar su fin, se ve irremediablemente obligado a enderezar «sus furiosos pasos» hacia «la vía del *palacio Aborintio* [...], el qual es asituado en metá del mundo, y [de] fechos de entretaladas figuras hordenado, en forma de torre redonda, tan alta que las almenas de aquélla al[l]egan cerqua de la luna». Allí, en «tan desdichosa istançia» /26r/ se encuentra Cupido y se es testigo de cómo «continuamente salen llamas de vivo fuego» de la puerta principal, en cuyo quicial hay inscrito un mote cuyo tema es la privación de libertad y la enajenación de los potencias anímicas para todo aquél que se apreste a rendir homenaje al peligroso dios Amor. Una vez el enamorado ha sido herido por la flecha de Cupido, «guiado por el deseo» /26v/ –como Leriano en la *Cárcel*, y como el Corazón del rey René en su *Libro*–, «pasa por aquella llama y sube por una scala que llega a una marabillosa sala», con sus puertas «d'oro fino» /27r/, y en cuyas paredes había «pintados infinitos *autos* pasados y presentes d'amor»[13]. En dicha sala estaba entronada Venus y era posible advertir «gran multitud de gentes del linaje masqulino y femenino» de la cual, nos dice el narrador en una recurrencia al tópico que más tarde traiciona: «no me curo aquí azer mençión». Tal era la belleza y placeres que había en aquel sitio que uno creería estar en el paraíso. Pero advierte la Razón: «¡Sabe que todo es falso y sufístiquo!», pues, una vez el enamorado entra, traspasando las llamas, en la sala de Venus, después de beber el filtro amoroso de manos de Adriana[14], toda «aquella deleytaçión» desaparece, y los «cantos y tenores» se transforman, por «adynaton», en «congoxas y jemidos». Esta metamorfosis paraíso–infierno se retoma, al final de la obra, en el alegórico viaje del *Enamorado* por el Transmundo.

3– La tercera mención del Aborintio, la hallamos en la advertencia de *Vergüença* a la doncella, cuando se encuentra indecisa entre condescender o no a los requerimientos de su enamorado /64r–65r/.

En la parte alegórica del Viaje al Más Allá de nuestro *Enamorado*, no se hace explícita mención del palacio Aborintio, pero los indicios de que se trata de dramatizar todas sus connotaciones resultan bien manifiestos. El *Enamorado* pasa sucesivamente por el infierno, el purgatorio y el paraíso de Amor. Aquí la alegoría

---

[13] Sobre el sintagma «auto de amor», véase Vicenta Blay, «La *TD*, ¿un 'auto de amores'? Contribución al estudio de la F. S. del S. xv», comunicación leída en el I Congreso Internacional sobre la lengua y la literatura hispánicas entre el s. xv y el xvii, Pastrana, 1988.

[14] Deformación de Ariadna, ya presente en el *Triunfus Cupidinis* de Petrarca y en el *Triunfete de Amor* de Santillana.

se cruza de un modo inverso a como la expone la Razón, y coincidiendo con el orden señalado en el prólogo del texto. Si antes íbamos de un jardín placentero a un infierno en llamas, aquí de un infierno de penosos tormentos pasamos –con una escala intermedia en el purgatorio– al jardin igualmente deleitoso del paraíso de Amor. Hay reminiscencias incluso textuales, para con los pasajes anteriormente citados.

En definitiva, nos encontramos con una alegoría cruzada y de una complejidad muy profunda. No sólo se desvanece así la hipótesis de la vinculación de la parte prosística asociada a lo real y de la parte en verso asociada a lo alegórico, sino que además esta alegoría tiene un reflejo parangonable en la historia verosímil que sobre un doble «auto de amores» se relata[15]. Y es que en el palacio Aborintio no sólo podemos advertir una alegorización de los placeres marchitos, comparable a la imaginería arquitectónica de varios poemas de Cancionero, a manera de prefiguración del motivo de la «cárcel de amor», retomado por Diego de San Pedro; ni tampoco basta solucionar esta alegoría con las connotaciones (señaladas por Regula Rohland) de «laberinto» –que remiten a la obra de Juan de Mena (1444), o a alguna tradición catalana que identificaba este término con el infierno–; ni a los matices de «aborrecible» que se desprenden de tal palabra. La cuestión es más profunda.

En la supuesta parte realista tenemos también una especie de paralelo en la placentera casa donde los amantes durante varias noches logran su deleite hasta que, de manera súbita e inesperada, son descubiertos por una vieja malvada. Aquí las connotaciones de «plaziente», «folgura» o «deleytes», se transforman por culpa de la «infernal furia», en las reminiscencias de un infierno. Por otra parte, la «ventana» a través de la cual los enamorados acceden a la casa –disfrazados con una toca–, y por donde, tras ser descubiertos, huirá «en forma de paje» la *Madrastra*, se carga de un simbolismo comparable al de la «escala» del huerto de Melibea, que June Hall Martin ha conectado con el *Roman de la Rose*[16].

Evidentemente, hay más ejemplos de juego simbólico–espacial. Es el caso del mar y de la nave, como metáfora del acto de gestación del texto o como alegoría de la Fortuna del Enamorado, e incluso, como signo estético portador quizás de un especial sentido de la obra como alegoría penitencial un tanto ironizada con cierto escepticismo por parte del narrador; pero dejaremos estas cuestiones para otra ocasión.

* * *

---

[15] Por otra parte, es de notar que se desarrolla en verso un diálogo, con matices dramatizables claros, entre el *Amigo* y el *Enamorado*, que nada tiene que ver con alegoría alguna. De igual manera, no sólo dentro de la historia marco (realista) se insertan episodios alegóricos, sino que incluso, dentro del pasaje alegórico final (res ficta) en verso, hay relatos –como el de Isabel, hija del delfín de Francia– con todos los ingredientes verosímiles de un «auto de amores» (res gesta o res ficta quae tamen fieri potuit), en el que también nos encontramos con una relación triangular de tipo trágico y violento.

[16] Véase *Love's Fools: Aucassin, Troilus, Calisto and the Parody of the Courtly Lover*, London: Tamesis, 1972.

El estudio del manejo de la coordenada temporal nos conduce a unas conclusiones semejantes. Sólo una referencia temporal concreta, 1458, término «a quo» para la composición de la obra. A partir de aquí, la dimensión temporal en que suceden los acontecimientos queda imprecisa. Sabemos que los hechos suceden simbólicamente durante el período estival, o que el *Enamorado* pasa tres días en una ciudad sin nombre tras mudar los colores de su traje por los de su dama, pero nada se nos dice del lapsus de tiempo que éste pasa en la guerra, o de la duración del doctrinal entre la madrina y la doncella. Todo ello es buen ejemplo de que el narrador establece para su obra una propia dinámica interna (tiempo de la historia), que no se corresponde en absoluto con la necesaria cronología lineal del tiempo del discurso. El llamado *grado cero* de la escritura –momentos de digresión en que la fábula no parece avanzar– juega también un papel importante en la obra.

Por otra parte, es posible advertir en *TD* una alternancia entre momentos estáticos y dinámicos, que incide en un mayor suspense y concentra su climax en los episodios que suceden tras el doctrinal de la *madrina* culminando con la muerte de la *Madrastra*. En el Viaje al Otro Mundo del *Enamorado* los momentos climáticos son muchos más.

Sin embargo, lo más significativo es el hecho de que lo que en *TD* se manifiesta en un contexto de manera estática y acrónica –propuesta teórica que se corresponde con un carácter de tratado doctrinal–, se dramatiza a menudo en el siguiente. En efecto, los consejos de la *madrina*, se corresponden con las desventuras de los amantes en la trama, mientras que la exposición de la Razón se dramatiza en el errar visionario del *Enamorado* por el trasmundo. Además hay varias correspondencias paralelas entre los distintos episodios que configuran *TD*: por ejemplo:

–Visión de la imagen de la *Senyora* por el *Enamorado* en la guerra
–Visión de la imagen del *Enamorado* por la *Senyora* (al parecer simultáneamente)

Si estudiamos la coordenada temporal como manipulación del punto de vista narrativo, advertimos, de inmediato, la enorme complejidad de *TD*. Es posible distinguir en ella una conjugación dialéctica de varios parámetros temporales, que se podrían resumir a grandes rasgos en dos tipos fundamentales: tiempo de presente acrónico (correspondiente a los fragmentos alegóricos y expositivos) y tiempo narrativo de pasado, con actualizaciones en presente en diálogos, monólogos y cartas.

Ya hemos hablado, anteriormente, de la mezcla entre temporalidad efectiva –hechos verosímiles– y no efectiva –alegoría–, por lo que no insistiré en ello.

Me interesa finalmente destacar el carácter «no perfectivo» de esta F.S. española. En efecto, se trata de una «opera aperta». Como ya ha señalado algún estudioso[17], éste es un rasgo empleado por las ficciones de caballería a fin de

---

[17]   Daniel Eisenberg, «The Pseudo–Historicity of the Romances of Chivalry», *Quaderni Ibero-Americani*, 45–46 (1976), págs. 253–259.

incrementar la impresión de que su obra es historia verdadera y no ficción. Es la misma dialéctica interna que articula nuestra obra, como venimos señalando. Y, en este sentido, *TD* se nos ofrece como un caso singular, pues la resolución del «auto de amores» que se plantea en la fábula depende, en última instancia, del veredicto final del lector, favoreciendo o no a la pareja de amantes.

No en vano ha dicho Antonio Prieto que *TD* presenta una estructura inquieta y vacilante[18]. Pero con todos los peros que se quiera, y a pesar de su heterogeneidad, no se le puede negar a esta obra una coherencia estructural que, sin duda alguna, posee. No parece ser *TD* una producción temprana adolecente de la impericia de un principiante autor. Más bien, todo lo contrario. Quizás, en todo caso, podamos hablar de «inconsistencias»: vgr. la aparición, como «deus ex machina» de la *madrina* en la obra; su posterior desaparición en la historia, al igual que el desvanecimiento del *Amigo*, una vez ha sido asesinada la *Madrastra*. Pero tales ambigüedades o virtuales «incoherencias» –si son tal– también es posible advertirlas incluso en los modelos del género[19].

La carta final del *Enamorado* a su *Senyora* es, en cierta manera, paralela al prólogo o «accessus» con el que da comienzo *TD*. En consecuencia, la obra se encerraría en una especie de círculo finito y quebrado, entre cuyas fisuras se permitiría novedosamente la participación del lector, que adquiere de esta manera un papel funcional en el desenlace de la trama. La respuesta de la dama queda pendiente de resolución, pero el final que se augura no resulta por completo trágico en modo alguno: una última esperanza sigue latente. En cierto sentido –si se me permite la semblanza–, casi se podría leer *TD* como si de un proceso judicial se tratara. Ciertamente lo que se está enjuiciando es la capacidad de persuasión de nuestro libro, obra de un autor consciente de los límites y umbrales de su misión.

El amor adúltero y violento (el loco amor) es evidentemente condenado; el código cortesano que imita el protagonista del texto, aunque positivo como «ideal», en la sociedad vigente se revela ya inoperante y caduco; tampoco la vía conventual parece la solución apropiada –hay mucha corrupción en los conventos, se desprende con ironía del texto (copla 150 /fol. 192r/)–. Sin embargo, en *TD*, a diferencia de lo que ocurre en otras ficciones sentimentales españolas[20], no existe palinodia alguna, no se acaba en ningún «contemptus mundi» final. El autor, novedosamente, parece proponer a su público una alternativa más feliz y mejor: una solución ecléctica, más pragmática y viable –más bien en la línea de un voluntarismo franciscano–: el amor carnal es bueno siempre que se use bien de él.

---

18   Véase *Morfología de la novela*, Barcelona: Planeta, 1975, pág. 266, n. 73.
19   Pamela Waley ha hablado de inconsistencias en la *Cárcel* de Diego de San Pedro («*Cárcel de Amor* and *Grisel y Mirabella*: A Question of Priority», *Bulletin of Hispanic Studies*, 50 (1973), págs. 340–55).
20   Esto es, con el *SL* que incluye la *EDA*, y *a posteriori* con el *Processo* que incluye la *Quexa*. Ambas composiciones bifrontes convergen en varios aspectos con la nuestra; por ejemplo en el hecho de que los protagonistas no lleven nombre y sean denominados por antonomasia: Siervo, Captivo, Enamorado. Formalmente coinciden asimismo todas ellas en articular dialécticamente en su seno una historia dentro de otra historia (Véase Patricia E. Grieve, *Desire and Death...*, págs. 116–128 y 137–139).

Una unión de pareja, razonada y razonable, fundamentada en la fidelidad conyugal y en el verdadero amor, máxime si es encauzada hacia fines matrimoniales –la procreación como modo de servir a Dios– es la propuesta que, entre otras cosas, aventura nuestro autor. Con todo, serán los lectores quienes tendrán la última palabra. Y en este sentido, el autor modernamente dejará por completo en sus manos no sólo la evaluación de unos hechos, sino incluso de la propia eficacia de su creación. Se cuestiona en última instancia, amén de su propuesta doctrinal, el valor de una obra literaria, la mismísima capacidad de un autor.

El saber y el dominio de la Naturaleza en el *Libro de Alexandre*

Juan Manuel CACHO BLECUA

La figura histórica de Alejandro alcanzó bien pronto categoría sobrehumana, produciéndose el proceso de mitificación en la vida del propio personaje[1]. Una biografía novelada, el *Pseudo Calístenes*, ha contribuido a difundir su imagen arquetípica, de la misma manera que algunas fuentes históricas nos han transmitido numerosas anécdotas fabulosas. Por ello no es raro que algunos rasgos de lo que se denomina héroe de la tradición los podamos encontrar en su biografía histórica[2], si bien están todavía más acentuados en las recreaciones literarias.

Para lord Raglan, las biografías heroicas se configuran a partir de tres etapas rituales, relacionadas con ritos de pasaje: nacimiento, iniciación y muerte. La trama argumental del anónimo *Libro de Alexandre* se organiza en función de la vida del protagonista, por lo que podemos descubrir algunas huellas de estas tres etapas rituales, todas de muy desigual extensión e importancia.

Poco es lo que se cuenta del **nacimiento** del héroe, coincidente en algunos de los puntos con lo señalado por el antropólogo inglés. Al igual que otros muchos héroes, es hijo de rey y se alude veladamente a que fue considerado hijo de un dios. Y si no sufre, en cambio, ningún atentado contra su vida que le lleve a ser educado en tierras extrañas, bajo padres adoptivos, etc., en su nacimiento se producen fenómenos anormales. Desde las primeras estrofas el autor resalta la excepcionalidad del protagonista. El recién nacido tiene la facultad de elegir a la nodriza que lo amamantará, escogiendo exclusivamente a mujeres de linaje (est.

---

[1] Algunos historiadores como P. Goukowski, *Essai sur les origines du mythe d'Alexandre*, I, Nancy, 1978, sostienen la tesis de que el mito de Alejandro fue un diseño político propiciado por él durante su vida. Por el contrario, para Mario Attilio Levi, «Theòs Aníketos. Aspetti cultuali della legittimità di Alessandro Magno», en Marta Sordi ed., *Alessandro Magno tra Storia e Mito*, Milano: Jaca Book, 1984, págs. 53–57, algunas actuaciones del macedonio son explicables como continuación de la tradición política de Filipo.

[2] Lord Raglan, *The Hero. A Study in Tradition, Myth, and Drama*, London: Methuen & Co, 1936, pág. 189, indicaba que algunos hitos de la vida de los héroes arquetípicos podían encontrarse en personajes históricos, si bien no sobrepasaban el número de seis o de quizás siete en el caso de Alejandro. Como señala Peter Bamm, *Alejandro Magno y su tiempo*, Barcelona: Bruguera, 1968, pág. 25, «el hecho, paradójico por demás, es que una gran personalidad histórica de pies a cabeza, al mismo tiempo es una figura mítica de arriba abajo».

7); de forma indirecta se señala su nobleza y sus condiciones extraordinarias[3]. Esta singularidad queda reforzada por los signos especiales producidos en su nacimiento: el mar, el aire, la tierra y el sol se alteran (est. 8), del mismo modo que cae una lluvia de piedras, luchan dos águilas, un cordero llega a hablar, una gallina pare un «culebro» y nacen a la vez más de cien hijos de altos condes (est. 9–10).

La función de estos acontecimientos es diversa, pudiéndose considerar algunos como signos proféticos de sucesos futuros. Por ejemplo, según Justino, en sus *Historias Filípicas de Pompeo Trogo*, en el día del nacimiento de Alejandro dos águilas se situaron en el techo de la casa de su padre, anunciando así los imperios de Europa y de Asia[4]. En la *Alexandreis* de Gualterio de Chatillon[5], fuente de nuestro autor para esta estrofa[6], las dos águilas combatieron. La referencia perdura en el *Libro de Alexandre* sin que se nos indique la interpretación del signo. Teniendo en cuenta su carácter profético inicial, podríamos pensar en un presagio de las continuadas luchas entre el héroe y Darío, aunque no podemos avalar dicha hipótesis con otros datos del texto.

También el suceso maravilloso de la gallina que pare un culebro nos remite a la tradición del nacimiento del héroe de algunas versiones. Dicho prodigio, conjuntamente con el cordero que habla, los sitúa el autor en Egipto, como también se indica en la *Alexandreis*. De acuerdo con la tradición del Pseudo Calístenes, recogida en la *Historia de preliis* y romanceada en la *General Estoria*, Filipo divisa un ave que «púsol un huevo ý luego en el regaço, e cayó esse huevo del regaço del rey en tierra, e crebó e partióse, e salió d'él una culuebra muy pequeña, e ella començó luego de andar...»[7]. El episodio tiene un carácter

---

[3]   Véase Juan Manuel Cacho Blecua, «*Nunca quiso mamar lech de mugier rafez* (Notas sobre la lactancia. Del *Libro de Alexandre* a don Juan Manuel)», en *Actas del I Congreso de la Asociación Hispánica de Literatura Medieval*, Barcelona: PPU, 1988, págs. 209–224, esp. págs. 214 y sigs. Todas las citas del *Libro de Alexandre* remiten a la edición de Jesús Cañas, Madrid: Cátedra, 1988.

[4]   «Nam ea die, qua natus est, duae aquilae toda die perpetes supra culmen domus patris eius sederunt, omen duplicis imperii, Europae Asiaeque, praeferentes», M. Juniano Justino, *Epitoma Historiarvm Philipppicarvm Pompei Trogi*, ed. Otto Seel, Stuttgart: Teubner, 1985, XII, XVI, 5.

[5]   Galteri de Castellione, *Alexandreis*, ed. de Marvin L. Colker, Padua: Antenor, 1978, lib. X, 345, «Et nisi digna fide mentitur opinio uulgi, /Tecta patris culmenque super gemine sibi tota / Qua peperit regina die uelut agmine facto / Conflixere aquilae».

[6]   Véase Raymond S. Willis, Jr., *The Relationship of the Spanish Libro de Alexandre to the Alexandreis of Gautier de Chatillon*, Princenton–París, 1934, pág. 42 [New York: Kraus Reprint, 1965].

[7]   Alfonso X el Sabio, *La historia novelada de Alejandro Magno*, ed. Tomás González Rolán y Pilar Saquero Suárez–Somonte, Madrid: Universidad Complutense, 1982, pág. 57. Véase también Pseudo Calístenes, *Vida y hazañas de Alejandro de Macedonia*, trad., prólogo y notas de Carlos García Gual, Madrid: Gredos, 1977, pág. 52; *Historia de preliis, (versión J 2) 8*, pág. 50, en Alfonso X el Sabio, *La historia novelada de Alejandro Magno, ed. cit.* La concreción del tipo de ave se establece en Julio Valerio, *Alexandri polemi res gestae Alexandri Macedonis translatae ex Aesopo graeco*, ed. Bernardus Kuebler, Leipzig: Teubner, 1888, I, 5: «Enimvero pavens cum in quadam regiae parte Philippus sessitaret, in qua aves plurimae circumerrarent, isque intentus rebus agendis animum occupavisset, repente gallina supersiliens eius in sinum considensque enixa es ovum. Sed ovum illud evolutum sinu eius humi concrepat, cuiusque testula dissultante dracunculus, ut pote tantilli conclavis

profético, al indicar el nacimiento de un hijo que conquistará todo el mundo, pero que morirá antes de regresar a su tierra. Su carácter anticipador, el hecho de situarlo en Egipto y la coincidencia general de la anécdota apoyan la relación entre la gallina que pare el culebro y el episodio del Pseudo Calístenes. Al citar junto a esta anécdota la del cordero parlante, podríamos pensar también en la posibilidad de otro signo que tuviera el mismo sentido, quizás en una transformación del dios Amón, representado en la tradición como un carnero.

Ambos prodigios extraños pudieran tener en sus orígenes las conexiones que he establecido, pero en el *Libro de Alexandre* han perdido una parte de sus caracteres iniciales para funcionar como monstruos tan frecuentes durante la Edad Media; en los dos casos se trata de una típica mezcla de especies tanto en caso del cordero con facultades humanas como en el de la gallina engendradora de serpientes.

En definitiva, algunos signos que en su origen remitían también a señales proféticas sobre la vida de Alejandro en el texto español han dejado de tener sus valores primitivos, si bien en la interpretación del nacimiento de hijos de altos nobles no cabe ninguna duda: se trata de unos nobles nacidos para el servicio del macedonio, anticipando así hechos gloriosos de la vida del héroe[8].

Desde un punto de vista general, todas las señales corresponden a hechos anómalos que rompen el curso ordinario de la naturaleza y anuncian el nacimiento de un ser «elegido». El texto alfonsí, que recoge restos de la versión novelesca de la ascendencia divina del héroe[9], nos puede avalar la interpretación: «Mugier, asmé en mío coraçón que este niñuelo que por ninguna ma-.era que se non criassse, por que non era mío fijo, pero entiendo quel concebiste tú de dios por que veo que se mudaron los elementos e trimieron, e veo que se fazen otros signos en el so nascimiento»[10].

La correlación entre signos de nacimiento especiales y llegada al mundo de un hijo de dios se presenta de manera explícita, como también sucede en algunas versiones del nacimiento de Jesús[11].

---

pertenuis, egredi visitur, isque saepe circumcursans et ambiens ovi testulam velle se rursus eo, unde emerserat, condere; sed priusquam cupitum ageret, morte praeventus est».

[8]   Ian Michael, *The Treatment of Classical Material in the Libro de Alexandre*, Manchester: Manchester University Press, 1970, pág. 29, nota, señala que el autor aumenta a cien los treinta nobles mencionados en el *Roman d'Alexandre*.

[9]   Algunos historiadores pretender remontar el origen de la leyenda hasta Olimpias, la madre de Alejandro. «La sua nascita ben presto fu circondata da notizie misteriose: una voce –sparsa forse dalla stessa Olimpiade– lo disse concepito per opera d'un serpente e per intervento di Zeus; già a quel primo istante dunque risalgono le origini della sua straordinaria «fortuna»», Chiara Frugoni, *La fortuna di Alessandro Magno dall'antichità al Medioevo*, Firenze: La Nuova Italia, 1978, pág. 1.

[10]   Alfonso X el Sabio, *La historia novelada de Alejandro Magno, ed. cit.*, pág. 59.

[11]   Además de la canónica estrella de Belén –Mateo 2, 1–3, según el *Liber de infantia Salvatoris* en el nacimiento de Jesús «se pararon todas las cosas, silenciosas y atemorizadas: los vientos dejaron de soplar; no se movió hoja alguna de los árboles, ni se oyó el ruido de las aguas; los ríos quedaron inmóviles y el mar sin oleaje; callaron los manantiales de las aguas y cesó el eco de las voces humanas. Reinaba (por doquier) un gran silencio. Hasta el mismo polo abandonó desde aquel

Estas señales no corresponden sólo a indicios de nacimientos de niños divinos, y ni siquiera son exclusivas del mundo greco–latino o del religioso, porque el índice de S. Thompson recoge como motivo folclórico el F 960. 1, correspondiente a «los fenómenos extraordinarios de la naturaleza en el nacimiento de un santo (héroe)»[12]. En la literatura medieval española pueden encontrarse testimonios similares en las más variadas tradiciones, desde el Romancero –recuérdese a Abenamar[13]–, a la tradición hagiográfica y caballeresca, como Roberto el Diablo y Florencia de Roma.

En el transfondo subyace una mentalidad mágica que no concibe a la Naturaleza como una realidad por ella misma, lo que históricamente acontecerá unos siglos más tarde[14], sino como una entidad íntimamente unida a los destinos del hombre. A partir de estas concepciones, el advenimiento de un ser excepcional puede estar anunciado por acontecimientos extraordinarios producidos en el seno de la Naturaleza.

En la biografía del arquetipo heroico, tras el nacimiento del héroe suele producirse alguna **predicción** sea a través del oráculo, del personaje que cumple las funciones de profeta y adivino, o a través de cualquier otro mecanismo en el que se nos indican y adelantan los acontecimientos futuros del personaje. En nuestro caso, Alejandro está destinado desde su nacimiento a acometer grandes hazañas como anuncian sus contemporáneos: «Est niño conquerrá las indïanas gentes» (13b), como advertirá Aristóteles (est. 85) y como reflejará la doma de Bucéfalo (est. 117).

Los años de **infancia** transcurren rapidamente, según suele suceder en el héroe tradicional, rapidez reflejada en fórmulas de abreviación (est. 14cd), pues interesa más su ingreso en el mundo de los adultos. En esta edad –«de los catorze años aún los dos le menguavan, / en la barva los pelos estonçe l'assomavan» (21ab)– Alejandro expone los conocimientos adquiridos, la clerecía, antes de ser investido como caballero. Los inicios de su aprendizaje, comenzado a los siete años (est. 16), se recuerdan retrospectivamente, sin que asistamos al proceso, quizás considerado como una etapa necesaria y previa, centrada en el estudio de las siete artes liberales. A partir de este momento, el maestro Aristóteles considera que «a buena edat sodes llegado / de seer omne bueno» (51bc), lo que posibilita la inserción de sus consejos, que deberemos considerar como un auténtico regimiento de príncipes y su preparación más precisa para comportarse adecuadamente a lo largo de su vida. Las siete artes liberales le proporcionan los cimientos necesarios para todo lo demás, mientras que estos últimos consejos

---

momento su vertiginoso curso», en *Los evangelios apócrifos*, ed. Aurelio de Santos Otero, Madrid: Católica, 1975, pág. 266. Como recoge Santiago de la Vorágine, *La leyenda dorada*, 1, Madrid: Alianza, 1982, pág. 55 y sigs., las criaturas corpóreas opacas, diáfanas y luminosas con sus hechos milagrosos contribuyeron a notificar al mundo el nacimiento de Cristo, de la misma manera que las plantas y árboles, los animales, los hombres y los ángeles.

[12]   *Motif–Index of Folk–Literature*, Bloomington–Londres: Indiana University Press, 1966.

[13]   Véase Jeanne Battesti–Pelegrin, «Astre/desastre dans le 'Romancero viejo'», en *Le soleil, la lune et les étoiles au Moyen Age*, Aix–en–Provence: CUER MA, 1983, págs. 23–37.

[14]   Véase Robert Lenoble, *Esquisse d'une histoire de l'idée de Nature*, Paris: Albin Michel, 1969.

adiestran al personaje fundamentalmente en el arte de convivir. Todo el proceso puede considerarse como una forma de iniciación, que junto con la caballeresca, configurarán las dos vertientes del héroe (clerecía y caballería).

Si mi interpretación es correcta, se trata de episodios preparatorios en los que el personaje cumple una serie de requisitos previos – intelectuales y rituales– necesarios desde una mentalidad del siglo XIII para asumir el poder, la corona regia. En la concepción de las sociedades tradicionales, como lo es la española del siglo XIII, «el saber no se crea o se hace adelantar o se aumenta por obra del sabio; se toma, o se aprehende, del lugar en que permanentemente se halla conservado. [...] Y en esto se descubre, precisamente, toda la concepción del saber que inspira al hombre de la Edad Media»[15]. Nada mejor, por tanto, que encontrar un sabio eficaz capaz de transferir los conocimientos y convertirse en maestro–guía del joven, papel que recaerá en Aristóteles, quien trasmitirá los saberes adecuados para las posteriores funciones. Desde esta perspectiva, el resto del libro puede considerarse como exposición pragmática de los conocimientos adquiridos, por lo que la iniciación en la clerecía cumple una función estructural. Al final de todo el proceso, Alejandro se considera casi insuperable: «Assaz sé clerecía quanto m'es menester, / fuera tú non es omne que me pudiés vençer» (39ab). Dada la correlación entre saber y poder existente en la época y en el contexto social, el mejor rey deberá ser el más sabio. Se trata de una concepción jerárquica del saber, correspondiente a la jerarquía de los órdenes sociales, que lleva a la construcción doctrinal medieval de la imagen del emperador o rey sabio[16].

Inmediatamente después, se relata la iniciación caballeresca de Alejandro (89–123), más centrada en la descripción de los objetos (vestidos–espada–escudo) y del caballo, que en el propio ceremonial. La singularidad de los objetos refuerza la singularidad del héroe, pues de acuerdo con un pensamiento primitivo las cualidades de los creadores, o primeros poseedores, se transmiten simbólicamente a su nuevo poseedor. En la ceremonia, no falta el componente religioso en la oración de Alejandro (120 y sigs.), tan frecuente en los teóricos medievales de la caballería como por ejemplo en las *Partidas* (II, XXI, XIII). Pero también se produce un hecho singular, creación del autor español[17], y que, a mi juicio, no ha sido suficientemente destacado:

> Quand la oraçión ovo   el infant acabada,
> enclinó los ynojos   e besó en la grada,
> desent alçós un poco   e çiñós la espada;
> es día dixo Greçia   que era arribada. (123)

---

[15] José Antonio Maravall, «La concepción del saber en una sociedad tradicional», en *Estudios de historia del pensamiento español. Serie Primera. Edad Media*, Madrid: Cultura Hispánica, 1973[2], pág. 225.

[16] *Ibidem*, pág. 265.

[17] Según Raymond S. Willis, Jr., *The Debt of the Spanish Libro de Alexandre to the French Roman d' Alexandre*, Princenton–París, 1934, pág. 16 [New York: Kraus Reprint, 1965], «Alexander's prayer (st. 120–122) is found in the Spanish alone, as is the ceremony in wich Alexander kisses the step of the altar and girds on his word».

La brevedad de la descripción no permite extraer conclusiones seguras respecto al rito, pero la ceremonia se limita al acto de ceñirse la espada, sin que medie la intervención de ninguna otra persona. Se trata del primer caso de autoinvestidura que conozco en las fuentes literarias, acorde por otra parte con las prácticas hispanas a partir de comienzos del XIII. Alfonso X el Sabio señala en las *Partidas* que «tanto encarescieron los antiguos la Orden de cavallería, que tovieron que los emperadores, ni los reyes, non deven ser consagrados, ni coronados, fasta que cavalleros fuessen. E aún dixeron más, que ninguno non puede fazer cavallero a sí mismo, por honrra que oviesse. E como quier que en algunos lugares lo fazen los reyes, más por costumbre que por derecho, con todo esso non tovieron por bien los antiguos que lo fiziessen. Ca dignidad, ni orden, nin regla, non puede ninguno tomar por sí, si otro non gela da. E porende, ha menester que en la cavallería aya dos personas: aquel que la da e el que la rescibe» (II, XXI, XI)[18].

Alfonso X podía saber muy bien que «en algunos lugares lo fazen los reyes», pues el primer caso conocido de autoinvestidura corresponde a su padre, Fernando III el Santo. Proclamado rey en Valladolid en 1217, su investidura de armas no se produjo hasta dos años después, con ocasión de su matrimonmio con Beatriz de Suabia, imponiéndose a sí mismo el cíngulo militar, con la única ayuda de su madre y valedora, doña Berenguela, que se lo ajustó, celebrándose tres días después el matrimonio del rey[19]. Con la supresión de la intervención de cualquier otro personaje que desde un plano superior confiriese al rey dicha investidura, se destacaba más el carácter peculiar de la monarquía. Esta novedad respecto a la práctica europea puede considerarse como un acto de autoafirmación de su soberanía. La investidura de armas suponía unas relaciones y dependencias entre los participantes en la ceremonia, y la existencia de alguien superior que la otorgaba. Al eliminar a este intermediario, fuera laico o eclesiástico, se suprimían las posibles relaciones y se afirmaba el carácter autónomo, independiente, de la realeza.

Con la práctica de este ritual, Alejandro está señalando su condición regia, a la par que recibe una iniciación que le capacita para su posterior ascenso al trono. Como ha demostrado Jean Flori, la entrega de la espada de la investidura está íntimamente relacionada con la entrega de la espada a los reyes en la ceremonia de la coronación[20]. Su primera acción una vez investido como caballero consistirá en armar a más que quinientos hombres en el mismo acto, dándoles los

---

18   Alfonso X el Sabio, *Las siete partidas del sabio rey don Alfonso el nono, nuevamente glosadas por el Licenciado Gregorio López*, Salamanca, Andrea de Portonaris, 1555, ed. facsímil [Madrid: BOE, 1974]. Adecúo la puntuación, mayúsculas y acentuación a los usos actuales.

19   Véase Bonifacio Palacios Martín, «Investidura de armas de los reyes españoles en los siglos XII y XIII», en *Actas del primer simposio nacional sobre «Las armas en la historia»*, Cáceres–Jaraíz de la Vera: Universidad de Extremadura–Instituto de Estudios sobre Armas Antiguas (número especial de *Gladius*), 1988, págs. 153–192, especialmente pág. 187 y sigs.

20   Véase Jean Flori, *L'idéologie du glaive. Préhistoire de la chevalerie*, Genève: Droz, 1983, y *L'essor de la chevalerie. XIᵉ– XIIᵉ siècles*, Genève: Droz, 1986.

correspondientes «regalos», de acuerdo también con la tradición, y señalando de forma indirecta la diferencia que le separa de los demás (124). Su investidura de armas la deberemos considerar más como un acto iniciático necesario en su ascenso al poder que históricamente tiene conexion con la coronación regia, que como un ingreso en una «orden caballeresca» con su correspondiente ética.

Lord Raglan relacionaba los pasajes iniciáticos del héroe de la tradición con su ascenso al trono, logrado tras la victoria sobre algún rey, gigante, dragón o bestia salvaje, y el posterior casamiento con la hija del vencido. Alejandro logrará vencer a Darío y contraerá matrimonio con Rosana, considerada en la recreación literaria como hija suya, si bien en el *Libro de Alexandre* su enlace es una muestra más de la generosidad y nobleza de comportamiento del macedonio, y ocasión propicia para que el poeta inserte una bella descripción temporal de acuerdo con los cánones retóricos, sin que el trono le llegue a través de derechos sucesorios matrimoniales[21]. Tampoco se producc ningún proceso amoroso, pues el héroe sigue los consejos de Aristóteles –«sobre todo te guarda mucho d'amar mugeres» (53d)– concorde con la misoginia de los regimientos de príncipes, y diferente del comportamiento de la mayoría de los caballeros artúricos y de sus descendientes.

El **trono** –o mejor los tronos– los obtiene por herencia o por sucesivas conquistas realizadas gracias a su valor y a sus conocimientos, para los que se ha preparado en esta etapa inicial. Su deseo de conquista está unido a la intención de ampliación de conocimientos, o al de su corroboración, aunque sus saberes geográficos le muestran la parcialidad de sus poscsiones al no dominar más que una parte de uno de los siete mundos existentes (est. 2289). Dichas aventuras terminan por confirmar su dominio sobre el mundo, tanto natural como sobrenatural (vencedor de serpientes, monstruos, gigantes.).

Casi conquistado el mundo conocido, el héroe desea bajar a las profundidades de los mares con la intención de «saber qué fazién los pescados» (2306a), es decir por una motivación relacionada con la sabiduría, idéntica a su ascenso a los aires por los grifos, realizado «por veer tod' el mundo cóm yazié o quál era» (2496d). En el intermedio entre ambos episodios, la Naturaleza descubre las ocultas intenciones de Alejandro (2325cd), quien desea conquistar sus dominios secretos, igual que ya ha hecho con los de los hombres: «querié saber los mares, los infiernos veer, / lo que non podié omne nunca acabeçer» (2328cd).

Tras la apoteosis dcl héroe, plasmada gráficamente en la magnificencia de la tienda, todo conduce ya hasta la **muerte**. Los signos extraordinarios que al nacer pronosticaron su grandeza anunciarán ahora su desaparición. El primer paso será el fallecimiento de Bucéfalo (2093–2094), seguido de grandes señales que anticipan el final de su amo (2603–2604). En estas circunstancias se pueden reconocer elementos del ritual heroico, si bien hay otros muchos incidentes de este ritual que están claramente alejados. El héroe tradicional era expulsado del

---

[21]   Históricamente, el matrimonio de Alejandro con Estatira, hija mayor de Darío, implicaba la unión de culturas de Oriente y Occidente, mientras que el desposorio con Roxana, princesa de Bactria, suponía dejar «asegurado de la manera más completa el país que quedaba a su espalda al emprender la campaña de la India», según Peter Bamm, *op. cit.*, pág. 245.

reino, tenía una muerte misteriosa, desaparecía..; aquí el fin de Alejandro tiene unas reinterpretaciones moralizantes, lejanas ya del arquetipo, aunque muere muy joven en circunstancias extrañas, en este caso a traición, envenenado con una copa de vino.

En cuanto a los signos finales, antes del envenenamiento, el autor comenta «que como fuertes signos ovo en el naçer, / vïeron a la muerte fuertes apareçer» (2604cd). Las señales remiten sobre sí mismas: desde el plano literario, se está indicando una cohesión artística al resaltar los hitos vitales que jalonan la biografía del héroe. Si en la *Alexandreis* los signos de nacimiento y los de la muerte aparecen correlativamente, el autor del *Alexandre* los ha destacado en el momento de su aparición. Además, los presagios no pueden ser más funestos: la noche es mala y peligrosa, la mañana ciega y tenebrosa (2602), mientras que las estrellas se muestran perezosas y posteriormente combaten, hasta que todo se tiene que acomodar a las órdenes de la Naturaleza, amaneciendo «un día negro e carboniento» (2606d)[22]. Se manifiesta una especie de simpatía, en su sentido etimológico de padecimiento conjunto, entre los movimientos de los astros y el héroe macedonio. La Naturaleza, que había recibido órdenes divinas de la condena del héroe, se muestra inflexible.

Tanto en su nacimiento como en su muerte se ha alterado el curso ordinario de la vida con estos signos excepcionales, que el propio autor relaciona; además, está clara la correlación entre estas señales y los sucesos posteriores, pues los signos de su muerte tienen un carácter de presagio negativo. Ahora bien, los signos de nacimiento del héroe que hemos analizado procedían de fuentes anteriores, en especial de la *Alexandreis*, pero la estrofa inicial es parcialmente original del autor hispano[23]:

> Grandes signos contieron quand' est' infant naçió:
> el aire fue cambiado, el sol escureçió,
> tod' el mar fue irado, la tierra tremeçió,
> por poco que el mundo todo non pereçió. (8)

Las señales de la estrofa tienen como nota común el ser representativas de un cambio producido en cada uno de los cuatro elementos, el aire, la tierra, el mar como representación de las aguas y el sol como representación del fuego. De acuerdo con la herencia greco–latina y la mentalidad medieval, dichos elementos

---

[22] Resulta significativo que Berceo en los *Signos que aparecerán antes del juicio final*, ed. Arturo Ramoneda, Madrid: Castalia, 1980[12], califique el sexto día con idénticos adjetivos.

[23] Willis, *The Bedt...*, pág. 9, señala los paralelismos con el *Alexandre de Paris* (22–23 y 64), en los que se relacionan los signos del nacimiento con el temor que causará el héroe: *A l'éure que li enfes dut de sa mere issir / Dieus demoustra par signe qu'il se feroit cremir... E fu a sa naissance par signe demostree*. No obstante, la idea de la turbación de los elementos se encuentra en el *De preliis*: «in nativitate eius video mutari elementa», en Alfonso X el Sabio, *La historia novelada de Alejandro Magno, ed. cit.*, 10, 5, pág. 52. La originalidad del autor español radica en sistematizar la alteración de cada uno de ellos.

constituían la totalidad del universo y del hombre[24]. El caballero anciano, en el *Livro del cavallero et del escudero* de don Juan Manuel, exponía lo siguiente: «segund lo poco que yo entiendo, tengo que los alementos son quatro cuerpos: el fuego et el ayre et el agua et la tierra; et que eran mas simples al comienço, quando Dios los crio, de quanto son agora; et que en quanto nuestro Sennor tobiere por bien que duren, que seran de cadal dia mas conpuestos. Et por ende tengo que an a seer de[s]fechos; pero esto sera commo et quando fuere la uoluntad de Dios. Otrosi por que fueron fechos, la razon es esta: tengo que fueron fechos para que sea mantenido el mundo, et por que se engendren et se mantengan los omnes et las animalias et todas las otras cosas que son conpuestas dellos [et] an por ellos vida et mantenimiento, et por que sea Dios seruido et loado de todos»[25].

Hemos visto cómo los signos podían anunciar el futuro del héroe, de la misma manera que en la base de su existencia se producía una proyección de los acontecimientos humanos en los del mundo físico, una correlación entre el microcosmos humano y el macrocosmos del mundo[26]. Esta correlación se manifiesta de forma clara en los presagios funestos de su muerte. Ahora bien, si hay una correspondencia entre los actos humanos y el mundo físico, nos podemos preguntar por qué se han turbado los cuatro elementos en el momento del nacimiento del héroe, lo que deberíamos interpretar como algo negativo[27]. ¿Por qué el autor ha puesto nada más comenzar el *Libro de Alexandre* unos signos de esta naturaleza? ¿Tienen que ver con la trayectoria del héroe?

Recordemos que Alejandro se define por su espacialidad, por su deseo de dominar toda la tierra conocida, mientras que también ha subido a los aires y ha bajado a las profundidades de los mares. Su muerte se ha producido, de acuerdo con la explicación del texto, por su intento de conocimiento y de dominio del

---

[24] Véase C. S. Lewis, *La imagen del mundo. (Introducción a la literatura medieval y renacentista),* Barcelona: Antoni Bosch, 1980, págs. 71–72, Susan J. MacMullan, «The World Picture in Medieval Spanish Literature», *Annali dell'Istituto Universitario Orientale di Napoli. Sezione Romanza,* 13 (1971), págs. 27–105, esp. 64 y sigs., y Danielle Buschinger y André Crepin eds., *Les quatre elements dans la culture médiévale. Actes du colloque des 25, 26 et 27 mars 1983.* Université de Picardie. Centre d'Etudes Médiévales, Göppingen, Kümmerle Verlag, 1983. Aparte de los textos hispanos citados por S. J. MacMullan resultan útiles también los de Alfonso el Sabio, *Setenario,* ed. Kenneth H. Vanderford, Barcelona: Crítica, 1984, págs. 49 y sigs., Ramon Llull, *Doctrina Pueril,* ed. Gret Schib, Barcelona: Barcino, 1972, pág. 226 y la correspondiente nota, etc.

[25] Ed. José Manuel Blecua, en *Obras Completas,* I, Madrid: Gredos, 1981, pág. 73.

[26] Véase Jesús Cañas, *ed. cit.,* pág. 136. Además, en su ascenso a los aires Alejandro ha visto cómo el cosmos tiene figura de hombre, de acuerdo con la tradición. Véase Francisco Rico, *El pequeño mundo del hombre. Varia fortuna de una idea en las letras españolas,* Madrid: Castalia, 1970, págs. 50 y sigs.

[27] Recuérdese que Berceo en el *Duelo de la Virgen,* ed. Arturo Ramoneda, Madrid: Castalia, 1980, señala que tras la muerte de Jesús «los elementos todos andavan amortidos» (118b), mientras que para Lucas Fernández, *Auto de la Pasión,* ed. María Josefa Canellada, *Farsas y Églogas,* Madrid: Castalia, 1976, «También los quatro elementos, / conformes todos de vn voto, / muestran graues sentimientos, / descontentos, / con áspero torromoto», vv. 86–90. Véase también Ian Michael, *op. cit.,* pág. 29, nota.

Infierno– en cuyos dominios descritos predomina el fuego–. A lo largo de su existencia ha intentado dominar todos los elementos conocidos –tierra, aire, fuego y agua–. En las palabras proféticas de los mensajeros de los escitas se percibe también esta correlación:

> Quando oviesses todos los pueblos sobjudgados,
> iriés çercar los mares, conquerir los pescados;
> quebrantar los infiernos que yazen sofondados,
> conquerir los antípodes –non saben on don nados–.
>
> En cabo si oviesses licencia o vagar,
> aún querriás de tu grado en las nuves pujar,
> querriás de su ofiçio el sol deseredar,
> tú querriás de tu mano el mundo alumbrar. (1920–21)

Es posible que el autor no haya establecido esta conexión de forma sistemática y consciente, pues, por ejemplo, Alejandro pretende en el episodio de los grifos conocer mejor la tierra y el «ascenso» a los aires ahora se relaciona con las nubes. Sin embargo, con total seguridad el héroe desea conocer los arcanos de la Naturaleza, dominándola física o científicamente, mientras que los cuatro elementos, representativos de la totalidad del universo, se perturban en su nacimiento. Su soberbia no ha podido ir más lejos, teniendo en cuenta además que se produce una ruptura en los esquemas del conocimiento de una sociedad tradicional. Según esta mentalidad no se trata de investigar y adquirir nuevos conocimientos, sino en saber aprender, comunicar y transmitir los ya conocidos, dados de una vez para siempre como una totalidad. La intención de Alejandro se aparta de la descrita:

> Enbiónos Dios por esto en aquestas partidas:
> por descobrir las cosas que yazen sofondidas;
> cosas sabrán por nos que nos serían sabidas,
> serán las nuestras nuevas en crónicas metidas. (2291)

Se trata de unos saberes nuevos que después serán difundidos para culminar el ciclo, por lo que significa la primera ruptura de Alejandro. Pretende penetrar en las cosas ocultas prohibidas para los hombres; además, de acuerdo con el esquema del saber tradicional, se produce otra ruptura todavía más importante. La sabiduría medieval no es solamente una sabiduría teórica, como demuestra el propio héroe al aplicar casi correctamente los conocimientos y ejemplos transmitidos por Aristóteles. Según los esquemas de la época «todo saber es un saber para el hombre, por tanto para regir la conducta de un ser moral. [...] En la sociedad tradicional, la ciencia toda, incluso la ciencia de la naturaleza, tiene un carácter de aplicación práctica a la conducta de la vida»[28].

---

28 José Antonio Maravall, *art. cit.*, pág. 259.

Alejandro ha podido comprender que en el mundo, como en los infiernos, predomina la Soberbia, lo que ha podido comprobar en su bajada a las profundidades de los mares (2317). Sin embargo, y hay radica su segundo gran alejamiento de la mentalidad tradicional del saber, no llega a aplicárselo a su propia persona, por lo que le sobrevendrá el castigo de acuerdo con la decisión divina:

> Él sopo la sobervia   de los peçes judgar,
> la que en sí tenié   non la sopo asmar;
> omne que tantos sabe   judiçios delivrar,
> por qual juïcio dio,   por tal deve passar. (2330)

En cuanto exponente de unos conocimientos clericales, el autor no podía dejar de alabar una parte de la personalidad del héroe, pero en cuanto transgresor de aspectos fundamentales en la sociedad medieval, Alejandro será condenado. Ha intentado el conocimiento y el dominio de la Naturaleza, y en su nacimiento los cuatro elementos han dado muestras de su alteración. El autor podía pensar que el descenso a los mares no correspondía a la verdadera historia que está contando, pero desde el punto de vista moral, de la misma manera que como ingrediente necesario para la conquista de la Naturaleza, no llega a suprimirlo de su relato. Desde cualquier ángulo que analicemos la obra, descubrimos la coherencia interna de uno de los libros más singulares de toda nuestra Edad Media.

Il *contrafactum* galego–portoghese di un *descort* occitanico

Paolo CANETTIERI

Il carattere formale inerente al genere del *descort*, come hanno mostrato gli studi di F. Wolf, H. Spanke, F. Gennrich[1], rientra nei canoni di un tipo saldamente istituzionalizzato all'epoca della produzione trobadorica da una pratica liturgica secolare: il principio di giustapposizione di strofe diseguali, iteranti segmenti metrico–musicali identici, costituiva infatti il tratto distintivo della *sequentia* mediolatina, un genere liturgico dall'origine esclusivamente musicale, nato come melisma cantato sull'ultima vocale dell'Alleluja, cui solo successivamente furono sottoposti i testi. A dar fede alle parole di Notker Balbulus, l'aggiunta dei testi costituiva un artificio mnemotecnico per poter ricordare le *melodiae longissimae*: ad ogni nota si faceva infatti corrispondere una sillaba (*«singulae motus cantilenae singulas syllabas debent habere»*)[2]. L'applicazione di parole alla *sequentia* in modo sillabico determinò una speciale struttura verbale che proprio in quanto sottesa a *melodiae longissimae* deludeva il carattere verticale della poesia, tanto da essere denominata *prosa*. Nella fase arcaica la struttura formale della *sequentia* non è assimilabile a modelli regolari di verso e tanto meno di strofe, ma nella maggior parte dei casi due linee di testo furono sottoposte a un identico tema musicale, per quanto non siano affatto infrequenti frasi non accoppiate o accoppiamenti non perfettamente simmetrici.

Già all'epoca della produzione notkeriana le frasi potevano essere molto lunghe, proprio in virtù del carattere prosastico della *sequentia*: una misura di venti sillabe per ciascun «verso» era del tutto normale. Nonostante le irregolarità della *sequentia* delle origini, il principio della ripetizione ebbe un effetto trainante sulla successiva produzione, che gradualmente rese regolari le misure sillabiche e generalizzò il parallelismo (tranne all'inizio e alla fine della composizione, dove

---

[1] Cf. F. Wolf, *Über die Lais, Sequenzen und Leiche*, Heidelberg, 1841; tra i saggi dedicati da Spanke al problema cf. soprattutto «Sequenz und Lai», *Studi Medievali*, 11 (1938), pp. 12–38 e «Über das Fortleben der Sequenzform in der romanischen Sprachen», *Zeitschrift für Romanische Philologie*, 51 (1931), pp. 309–334; di Gennrich fondamentale il *Grundriss einer Formenlehre des mittelalterlichen Liedes als Grundlage einer musikalischen Formenlehre des Liedes*, Halle, 1932, pp. 97 e ss.

[2] Cf. la lettera premessa al *Liber Hymnorum* indirizzata al vescovo di Vercelli, Liutward, in W. Von den Steinen, *Notker der Dichter und seine geistige Welt*, Bern, 1948, p. 8.

restò quasi sempre costante la strofe singola). Intorno all'XI secolo l'originaria assonanza in –*a*, che aveva la funzione di ricordare l'ultima vocale dell'Alleluja, fu sostituita dall'uso non sistematico delle rime, che potevano comparire anche all'interno della frase, spezzando così l'unità tendenzialmente prosastica del testo. Questa fase dell'*Übergangstiles* fu determinante per la produzione successiva, perché aprì la strada alla «poetizzazione» della *prosa*, verticalizzandone ritmicamente i caratteri. Nel periodo seguente con la produzione di Adamo da San Vittore la forma divenne completamente standardizzata, le rime perfette e spesso bisillabe, la struttura rimica si stabilizzò su tipi molto omogenei. Le frasi iterate assunsero un aspetto quasi strofico.

Ciononostante, il principio restava identico: l'unità di ripetizione musicale era costituita dalla frase nella sua interezza. E' una considerazione che non va sottovalutata: in questo genere di composizioni, a strutturazione sillabica, l'unità di ripetizione melodica determina, o può determinare, la scansione stessa delle misure sillabiche dei versi interni ad essa. Così è spesso in effetti per molti dei testi romanzi che si rifanno al «principio di composizione»[3] sequenziale. In essi si notano artifici metrici che rinviano sicuramente al verso lungo, sia pur suddiviso da rime interne. In primo luogo sarà da considerare come un indizio in tal senso il fenomeno spesso notato[4] della sinalefe tra l'ultima vocale di una rima femminile e la vocale del verso seguente, che ha la funzione di compensare una apparente asimmetria prosodica tra versi simmetrici in frasi diverse. Questo artificio è presente in sette *descorts* occitanici[5] ed è ben attestato in tutto il territorio romanzo. Recentemente J. H. Marshall ha studiato attentamente il fenomeno ed ha concluso giustamente che «la structure globale du vers long est un élément contrôlé par des considérations musicales évidentes. Par contre, tout ce qui concerne les rimes intérieures est à classer comme un élément purement textuel, qu'un poète peut manipuler selon les exigences sémantiques de son texte»[6].

L'esempio antico–francese riportato da Marshall nel medesimo saggio per illustrare il fenomeno è qui particolarmente interessante, in quanto la struttura metrica complessiva è quella normale del tipo sequenziale isostrofico che trova le

---

[3]   L'espressione è tratta da R. Baum, «Le descort ou l'anti–chanson», in *Mélanges... Jean Boutière*, Liège, 1971, p. 98. Nello stesso saggio si troverà una rassegna selettiva degli studi sul *descort* anteriori al 1971.

[4]   Cf. Gennrich, *Musikwissenschaft und romanische Philologie*, Halle, 1918, p. 117; U. Mölk e F. Wolfzettel, *Répertoire métrique de la poésie lyrique française des origines à 1350*, München, 1972, p. 29; J. H. Marshall, «The Isostrophic descort in the Poetry of the Troubadours», *Romance Philology*, 25 (1981), p. 144.

[5]   Marshall, in «The Isostrophic...», p. 144, lo individua nei *descorts* (numerazione Frank) 3, 4, 6, 21; vi aggiungiamo sicuramente il 13 («*strophe*» iv) e probabilmente il 17 (I, con sinalefe regressiva: i versi con rima in –*eza* contano sempre 10'. Il testo manca però di un verso).

[6]   Cf. *Id.*, «Une versification lyrique popularisante en ancien provençal», in *Actes du premier congrès international de l'Association internationale d'études occitanes*, London, 1987, p. 51.

sue origini nella sequenza «a doppio corso»[7]. Si tratta di un testo di Gautier de Dargies, *Bien me quidai de chanter* (BdaL 795, ed. Huet, XIV); eccone lo schema metrico:

a	b	a	b		a	b	a	b;		a	a	a	b		a	a	a	b		a	a	b
7	4	7	4		7	4	7	4		4	4	4	4		4	4	4	4		4	4	8.

Nota Marshall che «dans la quatrième strophe la rime *a* est féminine, et la syllabe surnumeraire est ou compensée ou élidée devant la voyelle initiale du vers suivant». Nel complesso ogni strofe è composta da quattro versi di undici e tre di sedici sillabe: l'unità verso è costituita dunque dalla frase. Il caso qui interessa soprattutto perché la sinalefe viene a raggruppare più «versetti» in un solo verso lungo. Tra i *descort* occitanici un caso analogo è riscontrabile in *Engles, un novel descort* di Raimbaut de Vaqueiras (BdT 392,16) dove le sinalefi permettono di riunire versi di tredici sillabe con terminazione rimica feminile[8].

Il secondo fenomeno da mettere in evidenza come indizio dell'unità metrico–melodica di cui si è detto è quello della eterogeneità prosodica di alcuni versi compensabile con l'accorpamento di essi in un solo verso lungo. Si veda ad esempio il caso di *Can la freidors* di Elias Cairel (BdT 133,10; Frank *descort* 21, p.190) al periodo[9] III; questo lo schema:

a	a	a	b,		a	a	a	b,		a	a	a	b,		a	a	a	b
3	4	3	3'		3	4	3	3'		3	4	4	2'		3	4	3	3'.

La seconda parte della terza frase è dunque formata da un verso di quattro sillabe più uno di due a rima femminile, mentre tutti gli altri sono trisillabi (3–3'). La somma dà per tutti un esasillabo a rima femminile. Se in questo caso l'asimmetria permette di riunire due versi in un solo esasillabo, in altri casi per ottenere la simmetria si rende necessario l'accorpamento di più versi. Si veda come esempio *Ab son gai* di Peire Raimon de Tolosa (BdT 355,1; Frank *descort* 4), tràdito da due mss. appartenenti a tradizioni differenti, che al periodo III presenta il seguente schema metrico:

---

[7] Su questo tipo di sequenza «strofica» cf. Gennrich, *Grundriss einer Formenlehre*..., p. 140 e ss.; Spanke, «Fortleben...», p. 315 e s.; *Id. Beziehungen zwischen romanischer und mittellateinischer Lyrik*..., Berlin, 1936, pp. 74–103.

[8] Frank *descort* N° 18 «strophe» II; cf. Marshall, «Une versification...», p. 52. C'è però da notare che in questo caso anche senza la sinalefe si potrebbe ottenere la simmetria del testo secondo le misure 7'5'7'6' (i versi 7' con rima interna femminile alla terza sillaba) ripetute due volte.

[9] Vista l'imprecisione di termini come «*strophe*» o «*Versikel*», abbiamo adottato la terminologia creata da R. Antonelli per il *Repertorio metrico della scuola poetica siciliana*, Palermo, 1984, p. lxv, per la quale «si indica con 'gruppo' ogni unità metrica complessa, costituita da diverse 'strutture' metriche (o 'frasi'); ogni ripetizione di 'frasi' omogenee lo definiamo 'periodo' ('strophe' in Frank)». Tali termini, infatti, oltre ad essere più precisi rinviano anche alle unità melodiche sottostanti.

a b a b,   a b a b
6 6 7 6   7 6 6 6.

Frank per ottenere la simmetria sopprime nello schema la sillaba in più degli eptasillabi, operazione peraltro ingiustificabile dal punto di vista testuale, visto che i due versi in questione molto difficilmente si lasciano sottrarre la sillaba soprannumeraria, mentre è chiaro da quanto detto sopra che l'unità metrico-melodica sottostante è per entrambe le frasi di venticinque sillabe e che quindi solo con l'accorpamento di tutti i versi in un'unica unità si ottiene la simmetria[10]. I due fenomeni di cui si è parlato sono accompagnati da sottomanifestazioni, come l'enclisi in rima femminile, che pur non essendo prova del «verso lungo» costituiscono comunque un indizio in quel senso[11].

Le considerazioni sopra esposte aprono un problema fondamentale: cosa si deve considerare «verso» nelle composizioni di affinità sequenziale? E' lecito individuare nell'unità–frase iterata anche l'unità lirica di base, o ci si dovrà piuttosto attenere al segmento metrico minimo individuato dalla rima? Crediamo che i due piani vadano comunque considerati insieme ma la nozione normale di verso vada, almeno in parte, rivista e sostituita con quella di «unità ripetizionali minime di metro, rime e melodia», concetto che permette di svincolarsi da etichette che, in quanto rimandano ai tipi strofici normali, risultano di fatto non produttivamente applicabili. Ciò che crediamo debba essere preso come base dell'analisi sono le frasi metriche così come la scansione interna le suddivide e nel loro complesso sillabico, cercando nello stesso tempo di valutare i rapporti tra scansione rimica e scansione melodica. E' evidente che la frase che permette maggior libertà di movimento ritmico–prosodico è quella al cui interno non si presentano ripetizioni che demarchino di necessità i limiti del verso, sul tipo ABCD... (o ABAC...; i tipi AAAA...fissano invece più esattamente nell'unità di ripetizione melodica anche l'unità metrica). Dall'analisi condotta da Spanke[12] sulle melodie dei *descorts* francesi si ricava che questo tipo è in assoluto il più utilizzato e rappresenta circa la metà delle frasi complessive.

Sicuramente, dal punto di vista metodologico, si ha un'indicazione chiara: l'unico elemento in grado di fornire un appiglio sicuro di confronto, a livello di identificazione di *contrafacta*, ad esempio, può essere costituito dalla frase, come unità minima indiscutibile di ripetizione metrica e, nella maggior parte dei casi, anche melodica[13]. Fra i *descorts* occitanici forniti di musica prenderemo in esame

---

[10] Casi analoghi si possono forse riscontrare anche nel *descort* BdT 461,194 (Frank n° 9, iv) e in BdT 461,5 (Frank n° 6, iv: *8 8 7 8, 7 8 8 8*).

[11] Marshall («The Isostrophic...», p. 144) individua il fenomeno nei *descorts* n° 3, 11, 13, 15, 18, 21 e nel *descort* isostrofico di Aimeric de Peguilhan, *Qui la ve en ditz* (BdT 10,45; Frank 528:1); al n° 15 non abbiamo saputo trovarlo.

[12] Cf. «Sequenz und Lai...», pp. 46–54.

[13] Ciò non toglie che anche il periodo debba essere preso come metro di valutazione al fine di individuare i vettori delle riprese intertestuali: in un lavoro di prossima pubblicazione sul *descort* romanzo, schedando serialmente i periodi per permetterne la comparazione (le lacune e le imprecisioni della sezione dedicata al *descort* dal Frank, come anche il sistema di catalogazione del

il testo di Augier *Ses alegratge*[14]. La struttura musicale è infatti organizzata secondo la responsione simmetrica delle frasi senza iterazioni melodiche al loro interno. La melodia è tràdita dal solo ms. W e presenta, soprattutto ai primi due periodi, qualche problema di ricostruzione: W, insieme a M che non è musicato[15], mostra al primo periodo uno schema metrico differente da quello fornito dai restanti otto mss. (C, D, I [che manca del v.15], K, N, R, S, c), come anche dallo schema del secondo periodo che invece negli altri mss. è uguale al primo. Nella seconda frase del primo periodo W e M recano infatti un bisillabo a rima femminile, assente in tutti gli altri mss., simmetrico a quello della prima frase. A ragione l'ultima editrice del componimento crede che la lezione errata sia quella di M–W[16], dovuta al tentativo, da parte del copista di ricostruire la simmetria tra i due componenti della frase. Purtroppo, dicevamo, la musica è tràdita dal solo W, che peraltro al secondo periodo manca del secondo pentasillabo femminile della prima frase (v.13). Quindi mentre per il primo periodo si ha una simmetria perfetta tra le due frasi musicali A B C D E; A B C D E', per il secondo evidentemente la mancanza del pentasillabo nella prima frase e l'assenza del bisillabo nella seconda creano una responsione anche musicale asimmetrica, secondo lo schema A B C D; A B C+x D', dove x rappresenta le note al di sopra delle tre sillabe necessariamente soprannumerarie. Noteremo comunque una partizione del tema musicale lungo tutta la frase del testo e la traccia di una originaria simmetria, venuta meno solo a causa delle corruzioni testuali, come confermano tutti i restanti periodi (tranne i tre finali che costituiscono una sorta di *tornada*) in cui è palese il perfetto parallelismo binario delle frasi. Degli indizi relativi al verso lungo troviamo l'enclisi alla rima che riunisce i vv. 14–15, 33–34, 40–41, 76–77 (ma 75–76 sono sicuramente da considerare due emistichi formanti un verso 7': cf. vv. 85 e 92).

Ad ulteriore conferma di quanto si diceva sopra riguardo alla maggior libertà prosodica concessa dai tipi di frasi senza ripetizione interna, si addurrà un caso che dimostra come proprio sulla base del verso lungo sia stata operata, in ambito galego–portoghese, una contraffattura dei primi quattro periodi del *descort* di cui si è appena parlato. Il testo che ne riprende la struttura metrico–musicale è *Quen oj'ouvesse* di D. Lopo Liáns[17] (Tavani 87,16; discordo 1, in

---

Mölk–Wolfzettel, hanno reso necessario l'approntamento di un nuovo repertorio metrico–musicale dei *descort*) abbiamo individuato un procedimento compositivo consistente nella giustapposizione di periodi provenienti da altri testi dello stesso genere lirico e la conseguente tessitura di una rete di rapporti intergenerici con funzione allusiva. Tra i casi più evidenti cf. il periodo I del n° 2 e del n° 18 (numerazione Frank); l'ultimo del n° 2 e del n° 5 (vi+vii); il v del n° 5 e il iv del n° 19; il i del n° 19, 21, 15; il ii del n° 23 e il i del n° 2.

[14] Il testo tenuto presente è quello di M. Calzolari, *Il trovatore Guillem Augier Novella*, Modena, 1986, pp.181–187. Il testo musicale è stato ricontrollato direttamente sul ms.

[15] Per l'identificazione di una fonte comune di M e delle aggiunte non oitanizzate in W, cf. S. Asperti, «Flamenca e dintorni...», *Cultura Neolatina*, 45 (1985), pp. 59–103, nota 43.

[16] Cf. M. Calzolari, *Guillem Augier...*, p. 172 e 176.

[17] Il testo di riferimento è quello di M. R. Lapa, *Cantigas d'escarnho e de mal dizer dos cancioneros medievais galego–portugueses*, Coimbra, 1970², pp. 405–406 (testo n° 270).

B1355 e V963), la cui rubrica fornisce un'indicazione preziosa, in quanto afferma che il componimento è stato composto sulla musica di un *descort*, senza però fornire altre precisazioni[18]. Per dimostrare che si tratta di un *contrafactum* di *Ses alegratge* sarà opportuno cominciare dal quarto periodo per risalire poi al terzo e ai primi due che, si è visto, offrono problemi di restituzione.

Il quarto periodo di *Ses alegratge* è schematizzabile metricamente nel seguente modo:

$$\text{IV} \qquad \begin{array}{cccc} a & a & a & b, \\ 4' & 5' & 5' & 5 \end{array} \qquad \begin{array}{cccc} a & a & a & b \\ 4' & 5' & 5' & 5 \end{array}$$

Il quarto di *Quen oj'ouvesse* è invece così schematizzato da d'Heur:

$$\text{IV} \qquad \begin{array}{cccc} a & a & a & b, \\ 4' & 5' & 5' & 5 \end{array} \qquad \begin{array}{cccc} a & a & a & b \\ 5' & 6' & 5' & 5 \end{array}$$

In effetti la simmetria del periodo IV del testo di Lopo Liáns è compensabile, considerando che le vocali all'inizio del secondo e terzo verso di questa frase sono in sinalefe con le *e* alla fine dei versi precedenti: la formula sillabica, complessivamente di 22 sillabe (o meglio, i versi con rima *a* complessivamente di 16' sillabe), e lo schema rimico sono conformi a quelli della prima frase: lo schema metrico del periodo nella sua interezza è dunque identico al corrispondente di *Ses alegratge*.

Per il terzo periodo di *Quen oj'ouvesse* non discuteremo le letture precedenti al d'Heur, che da questo sono state giustamente rifiutate. Il d'Heur infatti ritiene giusta solo la soppressione di *ben* dopo *eu* al v.22 e propone lo schema[19]:

$$\begin{array}{ccccccc} a & b & a & b & a & b & a & b \\ 6 & 4 & 4 & 6 & 4 & 6 & 4 & 6. \end{array}$$

Noteremo l'asimmetria tra le frasi *a b* compensabile solo con l'accorpamento dei versi a due a due, che vengono così a formare quattro decasillabi: la misura

---

Sull'identità e la datazione di Lopo cf. sempre del Lapa, «O trovador D. Lopo Lias. Introdução ao estudo do seu Cancioneiro», *Grial*, 12 (1966), pp. 129–148; in particolare interesserà che Lapa propende per «uma data situada entre o 3° e o último quartel do século XIII» (p.134).

[18] Cf. ediz. p. 405. La somiglianza dei due pezzi non è sfuggita a D. Billy (che però non arriva alla conclusione che si tratti di un *contrafactum*) in «Le descort occitan. Réexamen critique du corpus», *Revue des langues romanes*, 86 (1983), p. 26, nota 46: «la formule rimico–métrique des deux premiers *versicles* rappelle pour le moins fort étrangement les deux premiers d'un *descort* de Guillem Auger (n° 11), le quatrième, le quatrième également de la même pièce».

[19] Cf. J. M. d'Heur, «Des Descorts Occitans et des Descordos Galicien–Portugais», *Zeitschrift für Romanische Philologie*, 84 (1968), pp. 335 e s. (nota 37). Si potrebbe essere ancora più fedeli ai mss: anche senza la soppressione di *Ben* (considerando la possibile sinalefe tra *nunca* ed *el*) la frase sarebbe di venti sillabe complessive.

complessiva e lo schema rimico sono uguali a quelli del terzo periodo di *Ses alegratge* se si considerano interne le rime *a*:

    a b a b a b a b
    4' 5 4' 5 4' 5 4' 5.

Veniamo quindi al primo e al secondo periodo. Accettando, con d'Heur, la variante *pois* al v.6 di *Quen oj'ouvesse*, metricamente necessaria alla simmetria del testo, si noterà che anche la soppressione della *e* prima di *pois* non è necessaria, in quanto fa sinalefe con *dissesse* del verso precedente.

Mentre al secondo periodo la responsione è perfetta, al primo la prima frase ha un bisillabo femminile in meno. Lapa osserva che sarebbe possibile che il *doado* al v.12 «esteja a mais e seja acrescendo inútil do copista: a sua presença desfigura a regularidade métrica das duas primeiras estrofas»[20]. Probabilmente per questa ragione il d'Heur lo sopprime, almeno nello schema metrico che fornisce. Ora confrontiamo i dati complessivi delle prime due *coblas* di *Ses alegratge* e di *Quen oj'ouvesse*:

Ses alegratge   *Quen oj'ouvesse*

I   a a a a b;   a a a b   I   a a a a b,   a a a a b
    4' 5' 2' 5' 5   4' 5' 5' 5   4' 5' 5' 5   4' 5' 2' 5' 5
                     a a a a b
                     4' 5' 2' 5' 5 M–W

II a a a a b;   a a a b   II a a a a b;   a a a a b
    4' 5' 2' 5' 5   4' 5' 5' 5   4' 5' 2' 5' 5   4' 5' 2' 5' 5
                                         a a a b
                                         4' 5' 5' 5 (d'Heur).

La prima parte del primo periodo di *Ses alegratge* (in tutte le versioni) è identica alla seconda di *Quen oj'ouvesse*. La seconda di *Ses alegratge* nella versione degli otto mss. è uguale alla prima di *Quen oj'ouvesse*. L'intero periodo di *Ses alegratge* è uguale nella versione di M–W al secondo di *Quen oj'ouvesse*.

E' comunque singolare che in *Quen oj'ouvesse* come in *Ses alegratge* nella versione di M–W solo una delle due strofe presenti una corrispondenza perfetta dei due membri frastici. Si possono formulare diverse ipotesi:

1) Lopo Liáns ha operato il *contrafactum* sulla base del testo così come lo riportano gli otto mss., solo spostando il bisillabo dal primo al secondo elemento della frase: la somma sillabica (e quindi la melodia) restava identica. In questo caso sarebbe giusta la soppressione di *doado* voluta da d'Heur: il copista avrebbe

---

[20] Cf. Lapa, *Cantigas d'escarnho...*, p. 405, nota al v.12.

agito come il collega che aveva esemplato l'antecedente di M–W, recuperando la simmetria solo per uno dei due periodi.

2) Si può supporre però che a Lopo fosse pervenuto un ms. musicato della famiglia di M–W (o comunque con una peculiarità metrica analoga) e che quindi egli, esemplando il proprio componimento su questa base, abbia: a) invertito le due frasi; b) spostato il bisillabo presente nel primo componente nel secondo. Si noterà che anche in questo caso la somma sillabica dei periodi è identica. Come variante di questa ipotesi si può sostenere che già il codice pervenuto a Lopo Liáns avesse compiuto l'intervento, ovvero che il pezzo di Lopo fosse stato composto sulla base di un testo completamente «simmetrizzato» con quattro frasi *a a a a b e* che la mancanza del bisillabo al primo elemento del primo periodo sia dovuta ad un errore di copia. Che il testo originario di Augier fosse così composto è da escludere con ogni probabilità (l'ipotesi è suggerita dallo schema che Frank fornisce del *descort*): nessun ms. ha infatti tutt'e quattro le frasi simmetriche, ma è possibile che qualche copista abbia proceduto alla regolarizzazione completa, operando ciò che la fonte di W–M aveva compiuto solo parzialmente.

Tutte le ipotesi sono possibili e non è lecito scartarne alcuna. Al massimo a favore dell'ipotesi «simmetrizzante» si può notare che il testo di Martin Moxa, *Per quant'eu vejo* (Tavani 94,15; discordo 2) e quello di Joan Soares Coelho, *Martin Alvelo* (Tavani 79,35; 31:1) sono costruiti sulle misure seguenti: 4'5'5, 4'5'5; 4'2'5'5, 4'2'5'5. Il bisillabo a rima femminile è presente sia nella terza che nella quarta parte della strofe: a parte l'assenza di un pentasillabo femminile, le misure dei singoli versi e il modo di incatenamento rimico sono stessi di *Ses alegratge* e di *Quen oj'ouvesse*[21].

In effetti la questione investe più che la forma originaria del testo di Augier la forma conosciuta dai poeti galego–portoghesi. Un problema, se si vuole, di ricezione metrica, che concorre tanto più a confermare che anche l'analisi dei fenomeni metrici va condotta sia sul piano «lachmanniano», tenendo conto degli schemi presumibilmente «originali», sia su quello «bédieriano» con lo studio della

---

[21]   Cf. d'Heur, «Des Descort...», pp. 327 e ss.. Noteremo in *Per quant'eu vejo* alla prima strofe le rime in –*eza* che rinviano a quelle del secondo periodo di *Ses alegratge* e lasciano dunque propendere per un'imitazione diretta; si veda anche il rimante comune *franqueza* e le rime in –*ia* al vi per. di *Ses alegratge* e all'ultimo di *Per quant'eu vejo*): già L. Stegagno Picchio, in *Martin Moya. Le poesie*, Roma, 1968, p. 185 notava il «gusto del provenzalismo in rima, con una scelta lessicale effettuata in uno speciale settore vocabolare». Per questa ragione è decisamente più probabile che sia stato *Martin Alvelo* a contraffare le misure sillabiche (e dunque la melodia) di *Per quant'eu vejo*, gli stessi tipi rimici utilizzati mostrano nel secondo testo l'aderenza al modello occitanico (aaab,aaab) e nel primo l'adattamento secondo il tipo aaabcccb. D'altro lato *Quen oj'ouvesse* e *Per quant'eu vejo* hanno alcuni tratti comuni: cf. I vv. 27–35 di *Quen* e 57–60 di *Per*. Non si può del resto escludere una pluralità di rapporti reciproci: mi suggerisce Au. Roncaglia che Sordello potrebbe essere stato il tramite per la conoscenza del *descort* in terra portoghese, in quanto questo poeta era in Italia nel periodo in cui il *descort* fu composto, sicuramente fu in contatto con Augier (cf. Calzolari, *op. cit.*, p. 52 e nota 76) e probabilmente raggiunse il Portogallo, visto che proprio Joan Soares Coelho lo nomina in una sua composizione (cf. M. de Riquer, *Los Trovadores. Historia literaria y textos*, Barcelona, 1975, p. 1456. Su tutta la questione ritorneremo.

situazione dei singoli mss[22]. Quel che è certo, in ogni caso, è che l'indicazione della rubrica di *Quen oj'ouvesse* risponde a verità: il testo di Lopo è composto sulla melodia di un *descort* e per la precisione di *Ses alegratge* di Augier.

---

22 E' quanto metodologicamente espresso da R. Antonelli nel *Repertorio metrico...*, pp. xiv e ss. (in particolare p. xix). Una rilettura dei mss. per i *descorts* si impone del resto anche sul piano testuale: numerosi e spesso macroscopici sono infatti i fraintendimenti degli editori.

La crítica a la ornamentación femenina:
Comentarios sobre un fragmento de *Lo somni*

Rosanna CANTAVELLA
Universitat de València

El debate pro y antifeminista –es decir, el que tiene por tema la discusión sobre el carácter sublime o perverso del sexo femenino en conjunto– ocupó uno de los más largos capítulos en la historia medieval de los debates literarios. De origen seguramente escolar, como otros, empezó a generar versos en vulgar sobre la cuestión ya en el siglo XII. Pequeños textos como el irónico *Évangile des femmes* o el popular *Chastie-Musart* atestiguan que, desde antiguo, el tema de las mujeres era uno de los más rentables –digámoslo así– a nivel de difusión: a cualquier oyente potencial, hombre o mujer, le harían pasar el rato las caracterizaciones del «sexo débil». Al mismo tiempo, también era uno de los temas menos comprometidos: ¿quién se iba a enfadar seriamente porque el poeta diese su opinión sobre el asunto? De hecho, la ardiente defensa literaria de la dignidad de la mujer no implicaba en absoluto la reivindicación de un hipotético protagonismo social y político. Sobre el papel de la mujer de carne y hueso, apologetas y detractores coinciden plenamente. Por ello resulta necesario puntualizar: este debate literario importa por su extensión, su duración y los destacados escritores que lo protagonizan; pero no tiene la menor relevancia en cuanto a proyección social, ya que se concibe –al menos hasta la tardía y compleja aparición del fenómeno en la Castilla del XV– como un puro *divertimento* sin ninguna proyección social. Tal vez la única persona de letras que tomó en serio el debate fue Christine de Pizan –precisamente una mujer–, al expresar su condena al *Roman de la Rose* de Jean de Meun[1].

Son ejemplo de este tipo de textos, entre muchos otros, el *Maldit bendit* del trovador Cerverí de Girona, *Lo somni* de Bernat Metge o el *Espill* de Jaume Roig, en el ámbito catalán; en el castellano, el *Arcipreste de Talavera* o el *Grisel y Mirabella* de Juan de Flores, entre muchos otros. En algunas ocasiones, un mismo texto refleja las dos caras de la polémica, como las obras catalanas citadas o el *Grisel*. Más a menudo, las composiciones se encaminan fundamentalmente a atacar o bien a defender a la mujer. No incluyo en el debate las piezas de carácter

---

[1]   Véase para su caso concreto, Eric Hicks, ed., *Le Débat sur le «Roman de la Rose»*, Paris: Champion, 1977.

narrativo en que sólo se cuentan historias sobre personajes femeninos –como incontables apólogos y *exempla*–, sino únicamente aquellas que utilizan la argumentación, en estilo escolástico casi siempre, para defender su tesis[2].

Dada la amplitud del tema, mi comunicación se limitará a ofrecer información sobre uno de estos argumentos, en la literatura catalana y en piezas de otras literaturas que pudieron servir a aquélla de puntos de referencia.

Eran muchas las faltas que imputaban los autores antifeministas a la mujer: condenadora de la Humanidad, inclinada a la brujería, avara o/y derrochadora, cruel, mentirosa, libidinosa, y, en fin, pecadora; pero también se le reprochaban otros defectos falsamente triviales, como su gran cuidado de la apariencia física a través del atuendo y el maquillaje.

La crítica a la ornamentación femenina será un motivo muy repetido en textos misóginos; como he dicho, la frivolidad del argumento es sólo aparente, dados los parámetros morales de la época.

Es bien sabido que, en el Occidente medieval, los cuidados dirigidos a embellecer el cuerpo humano –femenino o masculino– no son vistos con buenos ojos por los moralistas. La repulsa de estos últimos se basa en dos premisas: en primer lugar, si el pensamiento cristiano concibe la vida presente como tránsito fugaz al más allá, el creyente ha de preparar para ello su alma, y no su cuerpo, que abandonará con la muerte; por tanto, quien se ocupa del cuerpo está en realidad negándose a admitir el sentido cristiano de renuncia al mundo[3]. La segunda premisa a que hacíamos alusión es mucho más concreta que la primera, en buena medida su consecuencia, y además los moralistas la aplican casi con absoluta exclusividad a un solo sexo. Se trata de criticar el arreglo personal femenino porque tiene una finalidad diabólica: inducir al varón al pecado de lujuria.

Estas dos ideas, asumidas y aducidas desde antiguo por los pensadores cristianos, fomentadas en especial desde el ámbito monacal, se difunden amplísimamente entre los creyentes a partir del siglo XIII, gracias al gran éxito que obtiene la oratoria sagrada a través del sermón. Es conocida la frecuencia con que

---

[2]   Me permito remitir al lector interesado en la cuestión (imposible de desarrollar aquí) a mis otros trabajos referentes al debate: «Sobre el *Maldit bendit* de Cerverí», *Llengua & Literatura*, 3 (1988–1989), págs. 7–40; «Del *Perilhos tractatz* al *Conhort* de Francesc Ferrer», *Actes del VIII Col.loqui Internacional de Llengua i Literatura Catalanes, Tolosa 1988*, ed. A. M. Badia i Margarit y M. Camprubí, I, Barcelona: Publicacions de l'Abadia de Montserrat, 1989, págs. 449–458; «Sobre el *Triunfo de les dones* de Roís de Corella», en *Actas del Segundo Congreso de la Asociación Hispánica de Literatura Medieval, Segovia 1987*, ed. J. M. Lucía, P. García, C. Martín, I, Alcalá de Henares: Universidad, 1992, págs. 217–228; Introducción a Isabel de Villena, *Protagonistes femenines de la «Vita Christi»*, ed. R. Cantavella y Ll. Parra, Barcelona: laSal, 1987; *Els cards i el llir: lectura de l'«Espill»*, Barcelona: Quaderns Crema, 1992.

[3]   Mucho se ha escrito sobre la teoría cristiana del *comtemptus mundi* y su proyección en múltiples facetas de la vida, como la que nos ocupa. Véanse, por representativos, el amplísimo trabajo de Robert Bultot, *La Doctrine du mépris du monde en Occident, de saint Ambroise à Innocent III*, Paris–Louvain: Béatrice–Nauwelaerts, 1963–1964, 6 tomos (11 vols.); y un análisis de la cuestión en Jean Delumeau, *Le Péché et la peur: la culpabilisation en Occident (XIIIe–XVIIIe siècles*, Paris: Fayard, 1983, esp. págs. 15–39.

los predicadores lanzan diatribas contra las personas ocupadas en su arreglo personal: la depilación, el maquillaje, el peinado y en especial la ropa[4].

En cuanto a este último elemento, a partir del siglo XIII aparece un nuevo factor conflictivo; no estrictamente moral, sino social: por el aspecto exterior, fundamentalmente por la calidad de las telas usadas, se había distinguido a la nobleza de las clases inferiores. Sin embargo, con el enriquecimiento de una burguesía comerciante –importadora de los valiosos tejidos fabricados en Oriente y países árabes–, el lujo en el vestir se extiende a muchas personas ricas pero de sangre plebeya. Teniendo en cuenta la importancia que la ideología medieval daba a las marcas externas de diferenciación entre clases, era lógico que se arbitraran medidas legales para restringir el uso de telas caras. Así ocurre en la Corona de Aragón, en donde además la demanda de estos productos importados pone en peligro la estabilidad económica de la industria textil interior[5].

Los dos recelos contra la ornamentación, el moral y el clasista, confluyen a menudo cuando se trata de criticar al sexo femenino. La mujer, como destinataria social del deseo del varón, es con mucho quien más se preocupa de su imagen física –aunque muchos hombres no le van a la zaga–, y esto se aprovecha ampliamente en los textos misóginos, de entre los cuales tomaremos como muestra un fragmento de *Lo somni* (1399) de Bernat Metge.

Esta obra del secretario de Juan I de Aragón contiene, en sus libros tercero y cuarto, un debate entre el propio Metge, quien defiende –con pose cortés– al sexo femenino en nombre de su dama, y Tiresias, el personaje mitológico transexual, quien intenta demostrar la malignidad de las mujeres. El hecho de que la argumentación de Tiresias reproduzca ocasionalmente párrafos del *Corbaccio* de Boccaccio no resta un ápice de originalidad a la elaboración de *Lo somni* –como

---

[4]   Véase el tema en el clásico de G. R. Owst, *Literature and Pulpit in Medieval England: A Neglected Chapter in the History of English Letters & of the English People*, Oxford: Basil Blackwell, 1966 (primera ed. 1933), cap. VII, págs. 375–470, y en el ámbito hispánico, Pedro Cátedra, «La mujer en el sermón medieval (a través de textos españoles)», en Yves–René Fonquerne y Alfonso Esteban eds., *La condición de la mujer en la Edad Media: Actas del coloquio celebrado en la Casa de Velázquez, del 5 al 7 de noviembre de 1984*, Madrid: Casa de Velázquez–Universidad Complutense, 1986, págs. 39–50; del mismo autor, «La predicación castellana de san Vicente Ferrer», *Boletín de la Real Academia de Buenas Letras de Barcelona*, 39 (1983–84), esp. las anécdotas de las págs. 285–286 y nota 135; también Roc Chabàs, «Estudio sobre los sermones valencianos de san Vicente Ferrer, VI: Invectivas contra las mujeres», *Revista de Archivos Bibliotecas y Museos*, 7 (1903), págs. 291–295.

[5]   Ofrece un amplio estudio de la cuestión Francisco Torrella Niubò en «Significado social de las ropas suntuarias durante la Edad Media en la Corona de Aragón», *Estudios de Historia Social de España*, 3 (1955), págs. 769–788. Véase una muestra de limitaciones legales en el vestir en S. Carreres Zacarés, «Disposicións suntuaries promulgades pels jurats valencians en lo segle XIV», *Cultura Valenciana*, 2 (1928), págs. 36–43, y en Teresa Mª Vinyoles, «La mujer bajomedieval a través de las ordenanzas municipales de Barcelona», en *Las mujeres medievales y su ámbito jurídico: Actas de las Segundas Jornadas Interdisciplinarias*, Madrid: Seminario de Estudios de la Mujer de la Universidad Autónoma, 1983, esp. págs. 143–144.

bien ha demostrado Riquer[6]–, y por otra parte el calco de motivos era en este debate, como en otros, no sólo continuo sino también preceptivo desde sus orígenes[7].

Así, el fragmento en que Tiresias critica la ornamentación femenina transcribe con frecuencia párrafos enteros de la obra italiana, aunque el armazón que los liga es obra de Metge[8]. El airado Tiresias ridiculizará la afición a los perfumes, la elaboración de afeites, el tinte de cabellos, la depilación, los caros y aparatosos vestidos y el tocado (págs. 288– 292[9]), con una plasticidad descriptiva y un tono sermonario que recuerdan en gran manera al coetáneo Francesc Eiximenis[10]. Los comentarios sobre la química de la belleza femenina, serios a veces, jocosos las más, se remontan en literatura a Ovidio (*Medicamina*) y Juvenal (*Sexta satira*), y los ejemplos medievales son incontables[11]. Más numerosas son todavía las críticas a vestidos y tocados[12].

---

[6]   «Boccaccio nella letteratura catalana medievale», *Boccaccio nelle letterature nazionali*, ed. Francesco Mazzoni, Firenze: Leo S. Olski, 1978, págs. 115–117.

[7]   De hecho, el propio Boccaccio parece haber concebido su obrita como i ntología de *topoi* antifeministas, de Juvenal al *Roman de la Rose*. Véase el amplio repertorio de fuer tes en las notas a la edición de Tauno Nurmela –de la cual citaremos–: Giovanni Boccaccio, *Il Corbaccio*, Helsinki: Suomalainen Tiedeakatemia, 1968, págs. 145–187.

[8]   Dada la gran cultura literaria del barcelonés, y la abundancia y difusión catalana de obras antifeministas, hemos de ver en sus citas de Boccaccio una elección deliberada. De hecho, en la defensa femenina del libro cuarto, Metge vuelve a citar al italiano: esta vez, a través del *De claris mulieribus*. Véase Riquer, *op. cit.*, pág. 116: «... il Boccaccio del *Corbaccio* viene impugnato da passaggi presi principalmente da una epistola del Petrarca, con ricordi del *De claris mulieribus* dello stesso Boccaccio. C'è un proposito evidente di far sì che il Boccaccio volgare venga confutato dal Boccaccio latino e sopratutto che il Boccaccio venga smentito dal Petrarca». Véase también el desarrollo de la cuestión en Lola Badia, «'Siats de natura d'anguila en quant farets': la literatura segons Bernat Metge», *El Crotalón: Anuario de Filología Española*, 1 (1984), pág. 51 y nota 71.

[9]   Cito de Martí de Riquer ed., *Obras de Bernat Metge*, Barcelona: La Universidad, 1959. En esta edición se reproducen a pie de página los préstamos del *Corbaccio*.

[10]   La entera diatriba del personaje es un puro sermón, con *thema* y todo: «Hom del mon no pot haver felicitat, qui pos sa amor en dona» (pág. 286, ls. 4–5).

[11]   Una muestra: la protesta de asco del hombre por besar a una mujer maquillada aparece, además de en *Lo somni* (pág. 294 l. 24), en las *Lamentationes* de Matheolus (vv. 1684–1689), en el *Roman de la Rose* de Jean de Meun (vv. 13.271–13.282), el *Corbaccio* (pág. 94) y el *Espill* (vv. 2.536–2.539). Un amplio estudio de cosmética y vestimenta medievales, con numerosas referencias a la literatura catalana, es realizado por Paulino Iradiel en «Tenir cura del cos, tenir cura de la imatge: els paradigmes de la bellesa femenina a la Valància de la Baixa Edat Mitjana», *Debats*, núm. 16 (junio, 1986), págs. 4–19.

[12]   Como pequeña muestra véanse el *Chastie–Musart* (vv. 129, 161, 209), el *Dit des cornetes* (pieza corta dedicada al popularísimo tocado de «cuernos»), de nuevo el *Roman de la Rose* (vv. 8.813 y sigs., 13. 253 y sigs.), el *Breviari d'amor* (vv. 18.514–18.539), y en catalán el *Espill* (vv. 1.955–2.207, 2.152–2.174, 2.959–2.961, 3.068–3.080), pero muy especialmente, por la gran semejanza en la exposición, Eiximenis en el *Terç del Crestià* (págs. 160–162) y el *Libre de les dones* (I, págs. 42–43). En cuanto al calzado, ya en aquella época aparece registrado literariamente como arma ofensiva femenina; por ejemplo, en una *tenso* (1426/38) entre los poetas Gabriel Móger y Gabriel Ferruç: este último ha hablado mal de las mujeres mallorquinas, y Móger le advierte que ellas están

En *Lo somni*, la crítica a la ornamentación se sitúa a continuación del reproche a la sucia naturaleza femenina, y Tiresias enlaza los dos motivos. Así, dice él, sabiendo las mujeres que su constitución física es miserable (se acaba de aludir a la menstruación), intentan disimularla haciendo creer que poseen «moltas cosas que natura no.ls ha donat» (pág. 288, l. 5), por medio de su maquillaje y perfumado[13]. La tradicional idea de que los afeites y vestidos intentan cubrir la falta de una auténtica belleza había sido expresada por Tomás de Aquino de la siguiente forma: las mujeres mecesitan adornarse porque les falta la belleza interior, espiritual, y ésta les falta porque sólo aparece cuando está todo ordenado por la razón, en que las mujeres son deficitarias[14].

Otro comentario nos llama la atención en el fragmento: Tiresias señala que entre las damas se ponen de moda los vestidos «trobats e portats primerament per fembres vanes, indignas star entre donas castes» (pág. 290, ls. 11–4). No es fácil definir el papel que jugaban las prostitutas en la introducción de modas, pero su importancia es innegable. Tengamos en cuenta que solían estar exentas de las limitaciones legales referentes al lujo en el vestir, por lo que muchas «donas castes» debían mirarlas con envidia[15]. Esta influencia no sólo es señalada por Metge y Boccaccio; también por Eiximenis, aunque en el franciscano es más lógica la asociación ornato–prostitución[16].

Más adelante Tiresias ataca de nuevo con otra interesante observación: si los maridos las quieren reprender por su coquetería, ellas responden airadas que lo hacen para agradarles, y que aun así no compiten con éxito con las sirvientas y esclavas. Metge transcribe este popular motivo tal como aparece en el *Corbaccio* y no lo desarrolla. Sin embargo, en las obras del debate solía añadirse una coletilla para expresar irónicamente la falacia del argumento, relatando que la mujer se

---

dispuestas a darle una paliza de muerte a golpes de chapín (Riquer, *Història de la literatura catalana*, I, Barcelona: Ariel, 1964, pág. 632). Véase de nuevo, a propósito de la vestimenta, Paulino Tradiel, «Tenir cura...».

[13] Metge deja entrever que el perfume sirve para disimular el olor menstrual: «les [...] cosas aromàtiques que porten suplexen lur pudor» (pág. 288, l. 7–9); se diría que ha leído a Eiximenis: «... flux de sanch tots mesos; del qual vénen [...] a elles males odors, per les quals males odors an a recórrer sovín a perfums e a altres odors precioses qui les males apaguen», *Libre de les dones* (I, pág. 19). Referencias menos literales pero emparentadas, *ibidem*, I, pág. 22 y *Terç*, pág. 175; también en el *Facet*, vv. 1.565–1.568.

[14] 1 *Tim*, cap. II, lect. II. Véase el comentario a la cuestión en Joan M. Ferrante, *Woman as Image in Medieval Literature, from the Twelfh Century to Dante*, New York: Columbia University Press, 1975, págs. 101–102.

[15] Véanse ejemplos de esta exención legal en Manuel Carboneres, *Picaronas y alcahuetes o la mancebía de Valencia: apuntes para una historia de la prostitución desde principios del siglo XIV hasta poco antes de la abolición de los Fueros, con profusión de notas y copias de varios documentos oficiales*, Valencia, 1876, págs. 19, 26–28, 36–40. Paulino Iradiel («Tenir cura...», págs. 10–11, 14–15) señala también la participación de la prostitución en las modas de perfumes y gestos.

[16] «Pensa que qui vol comprar vi en alcuna casa, basta que lo senyal del vi estigua a la porta [...]. E basta, donchs, si ta myller porta públicament ornament de vil fembra, què.t cal duptar que ella sia vil fembra?» (*Libre de les dones*, I, págs. 46–47).

arregla cuando sale a la calle, y en cambio en casa –precisamente estando con el marido– se pone la ropa vieja[17].

Tiresias está concluyendo con el tema, no sin antes recordar que la elegancia femenina se complementa con el gesto de insinuación provocativa, del escote en este caso[18]. En fin, ¿para qué quiere la mujer arreglarse? –parece preguntar el colérico ciego–. Para que la miren y la sigan, para que le digan que está guapa, cosa que la vuelve generosísima. En cambio, si la critican o la ignoran, sería capaz de asesinar. La vanidad de la mujer se revela en su debilidad por los halagos, tema reiterado a través del tiempo, de Andrés el Capellán al tardío Francesc Moner[19].

Hasta aquí los ataques del personaje de *Lo somni* a la coquetería femenina. Como hemos visto, Metge sigue casi escrupulosamente unos motivos tradicionales en el debate pro y antifeminista. Acostumbrados a los guiños literarios que solía dedicar el autor a los pocos lectores coetáneos capaces de entenderlos[20], nos podríamos sentir un poco defraudados. Y sin embargo el «toque Metge» aparece. Pero lo hemos de buscar en otra parte: recordemos que Bernat intentará rebatir en el cuarto libro de *Lo somni* la diatriba antifeminista de Tiresias; pues bien, uno de los argumentos que aduce para disculpar los defectos de las mujeres es que los hombres los comparten por igual. También ellos, por ejemplo, son vanidosos hasta

---

[17] Así aparece en el *Roman de la Rose* (vv. 8.450–8.487) y en el *Sermó del bisbetó* (vv. 621–630). Otros fragmentos nos revelan que ésta debía ser también la excusa favorita de las mujeres ante su confesor: «Pueis dizon a lurs coffessors / qu'elas se paro per plazer / a lurs maritz, non diso ver; / qu'elas van, todas vegadas, / per carrieira miels paradas, / els plus bels drapz porto vestitz; / e dins hosdals, pres dels maritz, / elas vestidas portaran / las plus vils raubas quez auran, / vielhas e ses tot paramen» (*Breviari d'amor*, vv. 18.717–18.726); «...e si la.n reptas, dir–vos–ha que.u fa per satisfer al marit. Con emperò, cant lo marit no y és, facen pigor; e dins casa, là on és lo marit, no se'n curen, e cant deven exir deffora, on lo marit no és, lavors se ornen millor» (*Libre de les dones*, I, pág. 22; igualmente en págs. 39 y 47). También san Vicente Ferrer: «Quan se confessen dirien elles per ço m'he aparellat axi per que mon marit es jove etc. falsia deyn [...] sou negra e posauvos hi blanquet. –E no sab vostre marit que negra sou? Oo de la folla! per altre se ho pose...» (citado por Roc Chabàs, «Estudio sobre... san Vicente Ferrer», VI, pág. 292). Incluso el saber popular era escéptico frente al argumento: «La muxer del ziego, ¿para kién se afeita?» (Louis Combet, ed., Gonzalo Correas, *Vocabulario de refranes y frases proverbiales* (1627), Bordeaux: Féret et Fils, 1967, pág. 206); «Ceguet, obri l'ull que la teua dona s'arregla molt» (Enric Bayerri, *Refraner català de la comarca de Tortosa*, I, Tortosa: La Gráfica, 1936, pág. 512).

[18] Nuevamente una observación original de Metge como ésta (págs. 292–294, ls. 21 y sigs.) tiene su correlato en otro pasaje casi idéntico de Eiximenis: «E elles per tal guisa se componen los vels que los sia vist los pits, e que axí provoquen los hòmens a cobeegar–les...» (*Libre de les dones*, I, pág. 42). En cuanto a las modas gestuales, véanse las observaciones de Iradiel, «Tenir cura del cos...», págs. 15–16.

[19] Una muestra de referencias: *De amore*, págs. 402–403; *Canterbury Tales*, vv. 293–296; *Libre de les dones*, I, pág. 21; *Maldezir de mugeres* (del catalán Pere Torroella), viia, pág. 206; *Bendir de dones*, vv. 369–370. De este tema universal se deduce «naturalmente» que la mujer está inhabilitada para juzgar con rectitud, ya que es tan fácilmente corruptible.

[20] Véase la cuestión de la complicidad de Metge con un determinado público en Lola Badia, «'Siats de natura...», págs. 39–40, 54 y 65.

el punto de teñirse las canas, perfumarse y exhibirse con ropas imposibles (págs. 352–6, l. 29 y sigs.).

Aunque el argumento nos pueda parecer obvio, la realidad es que ninguno de los autores profeministas anteriores parece haberse aprovechado de él. Metge lo recita imitando –sin duda a propósito– el registro sermonador puesto antes en boca de su oponente. Y aunque, como decimos, este motivo –el de disculpar a las mujeres exponiendo que, si ellas son pecadoras, los hombres no lo son menos– es original en el debate[21], en realidad al leerlo reconocemos de nuevo reminiscencias de Eiximenis, quien en otro contexto había criticado la ornamentación masculina[22].

A través de las notas hemos ido apuntando los paralelismos de estos fragmentos de *Lo somni* con otros del *Crestià* y del *Libre de les dones*. El franciscano no se habría permitido emular al disoluto secretario real, pero no sería raro que Metge hubiera cedido a la tentación de imitar la prosa moralizante de Eiximenis. Imitación que, puesta en boca de ese famoso crápula que se presenta como defensor de su amante, se convertiría en parodia para los pocos que la supieran captar. He aquí otro guiño de Metge.

---

[21] En realidad, Jean de Meun lo habría podido desarrollar, aunque se limitó a apuntarlo como excurso –y no como argumento explícito en defensa de las mujeres–: el marido celoso del *Roman de la rose*, después de criticar ampliamente los vestidos y afeites femeninos, reconocía: «Sanz faille ausinc est il des homes. / Se nous, por plus biaus estre, fomes / les chapelez et les cointises / seur les biautez que Dex a mises / en nous, vers lui mout mesprenons / quant a paiez ne nous tenons / des biautez qu'il nous a donnees / seur toutes creatures nees» (vv. 9.033–9.040).

[22] Véanse, por ejemplo, dos conocidos pasajes del *Terç*: «...per obtenir bellea e graciositat corporal, se raen la barba sovint, e la raurc aquell és escassat e florejat, lleixant ça e lla alguns pèls petits en certa figura [...]; van almescats e ab civeta tanta, e ab mosquct, que aparen dones de paratge...» (págs. 156–157); «...trobar vestits qui cobren la cara e les mans, e descobren les anques e les parts vergonyoses [...] jatsia que en altres hòmens ha posada altra follia major, ço és, que vagen en peals de calces, e les sabates són dins les calces [...]. E aprés ara són vengudes les polaines, que són la major oradura del món, car Déus jamés no posà coa en peu d'hom ni de neguna bèstia...» (págs. 158–159). Compárese con *Lo somni*: «...lo raura que.ls hòmens fan fer de lur barba fort sovén, e la manera que tenen de fer–la raura pèl amunt [...]; e la algàlia, ambra, perfums e aygas bé flayrants que usen» (pág. 354, ls. 6–11). «Adés van tant larchs que no.ls veu hom los peus; adés tant curts que mostren les vergonys [...]. Adés porten polaynes largues, adés curtas; adés porten les çabates sobre les calçes, adés dejús.» (*ibidem*, ls. 14–24). La semejanza en el tono descriptivo salta a la vista. Metge declaraba que el «vicio» de la ornamentación era aún peor en los hombres: «attesa lur condició, fan piyor que ellas», (*Somni*, pág. 352, 1.33); asimismo lo recordaba Eiximenis, en el mismo contexto: «E açò conferma Crisòstom, dient que corrupció de natura és que los hòmens se pinten e s'afaiten així com fan les fembres [...]; pus que a les fembres ho esquiva hom, molt més sens comparació devia ésser esquivat als hòmens», (*Terç*, págs. 157–158).

BIBLIOGRAFÍA ABREVIADA

Bendir de dones: Peter Cocozzella ed., Francesc Moner *Obres catalanes*, Barcelona: Barcino, 1970.

Breviari d'amor: Gabriel Azaïs ed., *Le «Breviari d'amor» de Matfre Ermengaud*, Béziers: Société Archéologique, Scientifique et Littéraire de Béziers, 1862–68, 2 vols.

Canterbury Tales: Walter W. Skeat ed., Chaucer *Complete Works*, London: Oxford U.P., 1912.

Chastie–Musart: Achille Jubinal ed., *Oeuvres complètes de Rutebeuf*, Paris, 1874, págs. 382–93.

Corbaccio: Tauno Nurmela ed., Giovanni Boccaccio *Il Corbaccio*, Helsinki: Suomalainen Tiedeakatemia, 1968.

De amore: Inés Creixell Vidal–Quadras ed. y tr., Andrea Capellani *De amore*, ed. bilingüe, Barcelona: Quaderns Crema, 1985.

Dit des cornetes: Mario Pagano ed., *Dit des cornetes: Poemetto misogino antico francese del xiii secolo*, Napoli: Liguori, 1982.

Espill: Ramon Miquel i Planas ed., *Spill o Libre de consells*, Barcelona: Biblioteca Catalana–Orbis, 1929–50, 2 vols.

Facet: Lluís Faraudo ed., *Facet ço es Libre de corteria*, Barcelona, 1912.

Lamentationes: A.–G. Van Hamel ed., *Les «Lamentations» de Matheolus et le «Livre de leesce» de Jehan Le Fèvre de Resson,* Paris: Bouillon, 1892–1905, 2 vols.

Libre de les dones: Frank Naccarato ed., *Lo libre de les dones*, Barcelona: Curial, 1981, 2 vols.

Maldezir de mugeres: Pedro Bach y Rita ed., *The Works of Pere Torroella,* New York: Instituto de las Españas en los Estados Unidos, 1930.

Roman de la Rose: Felix Lecoy ed., Guillaume de Lorris – Jean de Meun, *Le Roman de la Rose*, Paris: Champion, 1979–1983, 3 vols.

Sermó del bisbetó: Lluís Faraudo ed., *Sermó del bisbetó*, Barcelona, 1910.

Terç del Crestià: Albert Hauf ed., Francesc Eiximenis *Lo Crestià (selecció),* Barcelona: Eds. 62–La Caixa, 1983.

Don Enrique de Villena y la prosa epistolar del siglo X V

Derek C. CARR
The University of British Columbia

En una reciente serie de artículos publicada en *La Corónica*, Carol A. Copenhagen ha estudiado las características generales de la prosa epistolar castellana del siglo XV, examinando hasta qué punto se ha seguido la preceptiva de las *Artes dictandi* en la composición de cartas más o menos formales en lengua vernácula[1]. Curiosamente, en los artículos –de otra manera bien documentados– de la profesora Copenhagen, se echa de menos toda referencia a las actividades epistolares de don Enrique de Villena. Entre las obras de este ilustre, si bien malogrado, prócer del siglo XV, han llegado hasta nosotros varios ejemplos de su prosa epistolar, los cuales deben de figurar en cualquiera historia del género en lengua castellana.

En esta presentación quisiera examinar –aunque muy en breve– algunas de las contribuciones hechas por Enrique de Villena al género epistolar en la primera mitad del siglo XV, situándolas dentro de las líneas generales de desarrollo trazadas por Carol A. Copenhagen. En particular, quiero dedicar algunas palabras a la «Carta de D. Enrique de Villena al Deán y Cabildo de Cuenca», que saqué a luz en 1985 en el Archivo Capitular de aquella muy noble ciudad. Por su estilo, y por su lenguaje –ora jurídico, ora cultista y conceptista– merece algún comentario[2].

Los artículos de la profesora Copenhagen examinan las tradicionales «cinco partes» de una epístola, tal como las vemos definidas, por ejemplo, en la *Summa dictaminis* de Tomás de Capua (m. 1243):

---

[1]   «Salutations in Fifteenth–Century Spanish Vernacular Letters», *La Corónica*, 12 (1983–1984), págs. 254–264; «The *Exordium* or *Captatio Benevolentie* in Fifteenth–Century Spanish Letters», 13 (1984–1985), págs. 196–205; «*Narratio* and *Petitio* in Fifteenth–Century Spanish Letters», 14 (1985–1986), págs. 6–14; «The *Conclusio* in Fifteenth–Century Spanish Letters», 14 (1985–1986), págs. 213–219.

[2]   Para la transcripción de la carta al deán y cabildo de Cuenca, véase el art. de Russell V. Brown y Derek C. Carr, «Don Enrique de Villena en Cuenca (con tres cartas inéditas del mismo)», *El Crotalón: Anuario de Filología Española*, 2 (1985), págs. 514–515.

Partes autem epistole sunt quinque a veteribus definite: salutatio scilicet, exordium sive benevolentie captatio, narratio, petitio et conclusio...[3]

En términos generales, la profesora Copenhagen ha concluido que: a) en el siglo XIV, el uso del *ars dictaminis* era la norma para la composición de cartas formales en español; b) en el siglo XV, no tanto. Es decir que, aunque el *ars dictaminis* flota como una presencia oculta detrás de la mayor parte de las cartas españolas del siglo XV, la consulta directa de los manuales de *dictamen* no era necesario, ni frecuente. Los cambios de estilo y formato epistolares que se producen durante el siglo XV se deben a fluctuaciones de gusto, a la influencia de la prosa de cancillería, a la copia de cartas–modelo, a nociones de formato comúnmente aceptadas, al interés humanístico (y, por eso, experimentación) en el género epistolar, al cambio desde la comunicación oral a la escrita, y tal vez al impacto de tratados dictaminales contemporáneos que todavía nos hace falta identificar y estudiar[4].

¿Dónde figura don Enrique de Villena en todo esto? Parece, pues, que Villena era un infatigable escritor de cartas, varias de las cuales han llegado hasta nosotros. Algunas, de índole más o menos legal, y relativamente desprovistas de interés artístico (por muy importantes que sean para la reconstrucción de su biografía), proceden de los años 1404–14, período de su administración caótica y bastante corrupta de la Orden de Calatrava[5]. Fue el período también en que Villena era, o quería o pretendía ser muy privado de su primo don Fernando de Antequera. Otras epístolas que tienen mucho más interés a la luz de los artículos de la profesora Copenhagen son las que encabezan algunas de las obras de Villena, además de varias cartas escritas para un foro público. Todas forman una parte apreciable de la producción literaria de don Enrique. De consciente artificio literario, y abastecidas de toda la pesada artillería del *dictamen* medieval, fueron compuestas para servir como modelos del género epistolar. Por eso deben ser consideradas en el contexto del programa enunciado por Villena para la reforma de la vida política a base del ejercicio de la elocuencia como virtud cívica.

Despojado del maestrazgo de Calatrava, rechazado y hasta tachado de traidor por la Corona de Aragón, sospechado de la Corona de Castilla, y más o menos desterrado en la serranía de Cuenca, Villena no tiene nada más que las letras para ayudarle a recuperar la posición social y la influencia política que, según él, debían de corresponder a una persona de su rango y estirpe. Y es durante aquellos años de su exilio conquense, efectivamente el período de su mayor actividad literaria, que don Enrique concibe un mundo de fantasía, derivado de sus solitarias lecturas, en que el regimiento de la cosa pública, «que tancto en la presente sazón deformada paresçe», ha de ser reformado mediante el cultivo de la

---

[3]   Ed. Emmy Heller, *Sitzungsberichte der Heidelberger Akademie der Wissenschaften. Philosophische–Historische Klasse*, 19 (1928–29), págs. 16–17.

[4]   *La Corónica*, 14 (1985–1986), pág. 13 y 216–218.

[5]   Transcritas por Pedro M. Cátedra en su edición y estudio de la traducción de la *Eneida*, de próxima aparición en la «Biblioteca Española del siglo XV» (Salamanca).

elocuencia. La idea, que Villena pudo haber tomado directamente de Cicerón o de algún texto humanístico, y que está presente ya en los *Doze trabajos de Hércules* de 1417, constituye el tema principal de las glosas a la traducción de la *Eneida* (1427–28), y parece formar el germen de un programa de reeducación cívica y política a base de supuestos modelos clásicos[6]. Naturalmente, Villena parece dispuesto a inaugurar tal programa en persona. Es interesante notar que, precisamente durante los años 1427–28, cuando pone tanto énfasis sobre la importancia de la elocuencia en la vida pública, Villena traduce al castellano la *Eneida* de Virgilio, modelo de la elocuencia clásica; la *Rhetorica ad Herennium*, modelo de la preceptiva clásica; y la *Divina Commedia* de Dante, modelo y punto culminante de la vulgar elocuencia medieval[7].

Para Villena, inevitablemente, elocuencia significa retórica. Así, la carta dedicatoria de la traducción de la *Eneida*, dirigida al rey don Juan II de Navarra, aparte de ser dedicación, sirve también de modelo para la composición de una carta *ad maiorem*, como expresamente se ve en una de las glosas:

> En esta carta vsando el dicho don Enrrique de las distinçiones rretoricales ha carta pertenesçientes, porque el escreuir es vna de las partes de locuçion, la qual es subdyvidida en çinco partes, es a saber, salutaçion, exordio, narraçion, petiçion, conclusion, entiéndese potençialmente, porque actualmente non es neçesario que en toda carta sean falladas, antes pueden constar con algunas dellas, pero en ésta actualmente son falladas, o de aquéllas vsar complidamente quiso[8].

Sigue luego en la misma glosa un análisis completo de las cinco partes de la carta dedicatoria. Modelo también —en este caso, de una carta *ad magistrum*— lo es la carta que precede al *Tratado de la consolación* de 1424, y que sirve de pretexto para la composición del tratado. Aunque se la supone escrita por Juan Fernández de Valera, «escrivano del rey e criado del magnífico e muy alto señor don Enrique de Villena», la rúbrica indica que se trata del «tenor de una carta», lo que hace sospechar que Villena pudiera haberla retocado o refundido para que se

---

[6] He tratado el tema en «Pérez de Guzmán and Villena: A Polemic on Historiography?», en *Hispanic Studies in Honor of Alan D. Deyermond. A North American Tribute*, Madison, 1986, págs. 57–70. Véase también Ottavio Di Camillo, *El humanismo castellano del siglo XV*, trad. Manuel Lloris, Valencia, 1976, págs. 101–103, y especialmente pág. 102, nota 49; R. G. Keightley, «Enrique de Villena's *Doze trabajos de Hércules*: A Reappraisal», *Journal of Hispanic Philology*, 3 (1978–79), págs. 49–68.

[7] La traducción de la *Rhetorica ad Herennium* ha de contarse entre las obras perdidas de Villena; para el texto de la *Eneida* y glosas, véase la edición prometida de Pedro M. Cátedra, y la de R. Santiago Lacuesta, *La primera versión castellana de la 'Eneida', de Virgilio*, anejo 38 del *Boletín de la Real Academia Española*, Madrid, 1979 (sólo libs. I–III sin glosas). La traducción de la *Divina Comedia* sigue inédita en su totalidad, pero véase José A. Pascual, *La traducción de la 'Divina Commedia' atribuida a D. Enrique de Aragón: estudio y edición del Infierno*, Salamanca, 1974.

[8] Cito del Ms. 17975 de la Biblioteca Nacional, Madrid, fol. 1v, pero con puntuación mía y acentuación según el uso actual.

conformara estrictamente al *dictamen* formal. Y se conforma a ello, no solamente en su estructura externa, sino también en el lenguaje[9].

Otro modelo es la epístola a Mosén Pero Pardo de la Casta que precede a las dos versiones de los *Doze trabajos de Hércules*, y cuya versión catalana fue plagiada (como se sabe) por Martorell en el momento de componer su prólogo al *Tirant lo Blanch*[10]. Y modelos también son dos cartas conquenses que tuve la suerte de localizar en 1985 durante un rastreo de los archivos de Cuenca con el Prof. Russell V. Brown. La primera, fechada el 22 de julio de 1423, y transcrita en su totalidad en las *Actas* del Concejo de Cuenca, es la respuesta a una carta del Concejo que vuelve a pedirle a don Enrique que tome las medidas necesarias para evitar las entradas de sus vasallos «a labrar e roçar» en los terrenos municipales de la sierra de Cuenca[11]. Asunto bastante mundano, pero lo trata don Enrique con toda la seriedad y el formalismo que pueda proporcionar el arte de los *dictadores*. La segunda carta, que vale la pena comentar un poco, es del año 1427. Va dirigida desde Iniesta al deán del cabildo de Cuenca en defensa de algunos vasallos de Villena que andaban descomulgados por un atraso en el pago de los diezmos. Villena basa su defensa sobre una cuestión de procedimiento legal, aunque la *petitio* de la carta contiene una fuerte llamada al ejercicio de la caridad cristiana por parte del cabildo conquense. La respuesta del deán no la tenemos, de modo que no sabemos cuál fuera el resultado de la intervención de don Enrique. Efectivamente, lo interesante de esta carta no es el problema legal de que se trata, sino su estructura y su lenguaje.

Según Carol A. Copenhagen, el protocolo formal es un elemento menos frecuente en las cartas del siglo XV que en las del siglo XIV[12]. Pero aquí lo tenemos en la carta al deán y cabildo de Cuenca. Comienza con una salutación tripartita completa: a) *inscriptio*: «Reuerente deán e venerable cabildo de la iglesia de Cuenca»; b) *intitulatio*: «Yo, don Enrrique de Villena, tío de nuestro señor el rey e vno de los de su consejo»; c) *salutatio*: «vos envío mucho saludar», que luego se extiende en *captatio benevolentiae*: «como aquéllos por cuya contemplaçión faría las cosas en vuestra paçibilidat honesta e hutilidat fructuosa reduzibles». No hay *exordium*; pero como ha indicado la profesora Copenhagen, la omisión del *exordium* es en sí un recurso retórico, ya que al entrar directamente en la *narratio*, el autor infunde un mayor sentido de urgencia a su misiva[13]. Sigue, pues, una extensa *narratio* del caso: «en los pasados días ove ynformaçión quántos e quáles de mis vasallos e súbditos se ynnodaran obligatiuamente a la soluçión de los refectoriales emolumentos a vuestra capitular mesa pertenesçientes», etc., hasta

---

9   Para un ejemplo de la imitación del estilo dictaminal en esta carta, remito al lector a mi edición del *Tratado de la consolación*, Madrid, 1979, pág. lxix.

10   Véase Martín de Riquer, «Nuevas contribuciones a las fuentes del *Tirant lo Blanch*», en *Conferencias desarrolladas con motivo del IV centenario del nacimiento de Miguel de Cervantes*, Barcelona, 1949, págs. 8–17.

11   Para la transcripción, véase Brown y Carr, *art. cit.*, págs. 513–514. En las citas de la carta al deán y cabildo de Cuenca he introducido unas ligeras correcciones a la transcripción original.

12   *La Corónica*, 12 (1983–1984), pág. 256.

13   *La Corónica*, 13 (1984–1985), pág. 200.

llegar a la elocuente *petitio*: «Por ende, vuestras discreçiones con humanidat tractable en el peso de rrazón consideren sy es de fazer exsecuçión en los temporales bienes por laycal çensura a los que por sý, en sý mesmos e en sus propias sustançias fazen execuçion de fecho...» La *conclusio* también sigue la preceptiva dictaminal, en cuanto no contiene nada relacionado con la materia de la carta. Villena la hace formal, con una *salutatio* final, o despedida: «...segund ofreçido tengo a vuestra congregaçión, el bien de la qual la deydat trasçendente conserue et aucmente, cubicando de virtud en virtudes en la excubaçión de su basílica por que, transmigrados de la mundana noche al çelífico día, fruyendo su beatífica visión, podáys pervenir». Y luego el protocolo final, o mejor dicho, el escatolo, en latín para darle más aire de autoridad: «Datum apud villam mean de Ginesta ixº kalendas junij anno xxvij». Y la firma del autor: «don enrrique».

Concluimos. A primera vista, la prosa epistolar de Villena parece seguir algunos de los rasgos generales que Carol A. Copenhagen ha señalado en las cartas españolas del siglo XV. El *Tratado de la consolación* –hasta cierto punto una extensa carta– y la muy semejante *Epístola a Suero de Quiñones*, parecen flirtear con una forma que pudiéramos considerar un género humanístico: la carta consolatoria[14]. Otras cartas revelan una estructura menos formal que la de las cartas que hemos mencionado aquí, y la que precede a la *Exposición del salmo 'Quoniam videbo'* tiene un tono que hasta se pudiera caracterizar por conversacional. Pero cuando Villena quiere hacer una impresión pública, cuando se trata de algo que le va a afectar visiblemente, en cuanto se refiere a su orgullo personal, a su posición social y económica, o a la visión de sabio que de sí mismo tiene, siempre recurre al estilo artificioso y al rígido formalismo de los viejos *dictadores*. Y eso no supone, en mi opinión, un caso de *stasis*, sino un salto hacia atrás. Pedro M. Cátedra, en un reciente artículo, ha caracterizado la producción literaria de don Enrique como una mezcla de novedades y antiguallas[15]. Desde el punto de vista de la lengua castellana, yo casi diría que sus novedades siempre son antiguallas. Es decir que su lenguaje y su concepto del estilo quedan vinculados, por una parte, en una retrospectiva latinidad medieval, con una fuerte base en la retórica formal; y por otra parte, en sus años de formación en Valencia. Huérfano de padre, abandonado por su madre, criado por su abuelo don Alfonso de Aragón en el castillo de Gandía (en compañía de fray Francesch Eiximenis, entre otros), el joven Enrique de Villena empieza a mamar una «leche rectorical» muy del siglo catorce, y que ha de incluir no sólo la preceptiva latina, sino también la valenciana prosa de cancillería, las que intentará transferir al castellano[16]. Es, sin embargo, una «leche rectorical» de la que nunca ha podido (o querido) destetarse. Cuando,

---

[14]   Para el texto de la *Epístola a Suero de Quiñones*, véase mi artículo «La *Epístola que enbio Don Enrrique de Villena a Suero de Quiñones* y la fecha de la *Crónica Sarracina* de Pedro de Corral», en *University of British Columbia Hispanic Studies*, Londres, 1974, págs. 1–18.

[15]   «Sobre la obra catalana de Enrique de Villena», en *Homenaje a Eugenio Asensio*, Madrid, 1988, pág. 129.

[16]   Concuerdo con Cátedra, *art. cit.*, págs. 127–129 y *sigs.*, sobre la importancia de los años valencianos en la formación intelectual de Villena.

en 1427 –el año de las grandes traducciones– Villena intercede con el cabildo de Cuenca por sus vasallos descomulgados, nos ha dejado una carta en la que –como dice Pedro Cátedra– «nada se diferencia de la que prologa *Los dotze treballs de Hèrcules*» de diez años antes»[17]. No sólo sigue al pie de la letra la preceptiva retórica del siglo anterior, sino suelta también una retahila de exóticos latinismos entre los que hay más de cuarenta casos de *hapax* o de primera documentación en una sola hoja[18]. He aquí, me parece, una de las razones fundamentales por el fracaso de don Enrique en su programa de renovación cultural: los modelos que él sigue proponiendo para el futuro son siempre de un pasado ya pasado de moda, y –hasta cierto punto– de un pasado que nunca fue.

---

[17] Cátedra, *art. cit.*, pág. 140, nota 50.

[18] Doy una lista, y entre paréntesis, los datos de 1ª doc. según el *DCECH: aperitivas* (Laguna 1515); *arduas* (1431–50, Díaz de Games); *arrogante* (s. XV, Pulgar); *basílica* (APal., 1490); *capitular* (h. 1440: *Crón.* de Álvaro de Luna); *censura* (1471); *complectorias* (¿Autoridades?); *coruscar* (Acad. 1884); *cruciativas* (no doc. en *DCECH*); *deydat* (Mena); *discurso* (1ª doc. como part. pas.); *dispendio* (Covarrubias); *egecçión* (*hapax* del lat. *ejectio*, poco frecuente en latín); *expectaçión* (Aldana, m. 1578; fin s. XVI, *Aut.*); *excubaçión* (*hapax* del lat. *excubatio*, 'vigilancia, atalaya', rarísima en lat. clás.); *expelidos* (*expeler*: h. 1440, A. de la Torre; *expelir*: APal., 1490); *fedados* (¿*hapax*? del lat. *foedatum*, 'tachado'); *factibilidat* (*hapax*; no doc. en *DCECH*); *flaminieras* (*hapax*; adj. deriv. del lat. *flamen*; ='sacerdotales'); *fruyendo* (de *fruir*, 'gozar'; Mena); *fulminar* (h. 1440, A de la Torre, Santillana); *meridiano* (h. 1525, Alvar Gómez); *minuyçión* (¿*hapax*?); *molestaçión·* (¿*hapax*?); *obligaçión* (APal., 1490); *paçibilidat* (¿*hapax*?); *p[r]orrogaçión* (Oudin; h. 1575, A. de Morales); *prefixos* (1580, Fdo. de Herrera); *prelibado* (*hapax*); *rebelión* (h. 1440, A de la Torre); *refectoriales* (*hapax*); *residuo* (Nebrija); *reverente* (Santillana); *sançidas* (*hapax* del lat. *sancire*, 'otorgar'); *solar* (Santillana, Mena); *transmigrados* (Mena, *Yl.*); *venerable* (Santillana); *vesperiales* (*hapax*); *vilipensores* (*hapax*); *vinculados* (Pérez de Guzmán); *ynibidos* (*inhibir*: 1597, Castillo Bobadilla); *ynjuncto* (*hapax* del lat. *injunctus*, part. pas. de *injungere*, 'imponer, mandar'); *ynnodaran* (*hapax* del lat. *innodare*, 'implicar, enredar'); *yntervalo* (1575, A. de Morales según *Aut.*; *entrevalo* en Nebrija); *ynobediencia* (no doc. en *DCECH*); *ynpedidos* (APal., 1490); *ynventivas* (fin s. XV según *Aut.*).

La recepción de *Celestina* a mediados del siglo XVI: Evaluación de dos lecturas

Félix CARRASCO
Université de Montréal

El auge adquirido por las investigaciones sobre la recepción y sobre la pragmática lingüística nos han sensibilizado y nos han despertado la conciencia histórica para recuperar el contexto socio–histórico de la comunciación artística y, a través de él, los mecanismos extratextuales activados por la instancia de la enunciación para la producción de sentido.

Desde esta óptica nos proponemos detectar las huellas de lectura de *Celestina* en dos textos del siglo XVI, conservados en forma manuscrita hasta comienzos del siglo actual y que, en nuestro conocimiento, no han sido objeto de atención por parte de la crítica celestinesca. Se trata de *El Scholástico* de Cristóbal de Villalón, editado parcialmente por Menéndez y Pelayo en 1911 y en su totalidad por J. A. Kerr en 1967[1] y de la *Comedia de Sepúlveda*, atribuida por Cotarelo y Mori, su editor, al sevillano Lorenzo de Sepúlveda[2].

1. *El Scholástico*

El enjundioso coloquio que nos ha legado Cristóbal de Villalón bajo el título de *El Scholástico*, pertenece, como se sabe, a la familia textual de ensayos iniciada por *El Cortesano*, donde se trata de diseñar en sus diversas facetas la figura social del humanista, maestro y discípulo. La obra recoge un muestrario bastante representativo de las cuestiones que se debatían en los círculos académicos de la Salamanca renacentista, y en ella aflora el bagaje de lecturas del intelectual de la época.

---

[1] Cristóbal de Villalón, *El Scholástico*, ed. J. A. Kerr, Madrid: CSIC, 1967.
[2] *Comedia de Sepúlveda*, ed. E. Cotarelo y Mori, Madrid: Revista Española, 1901. Según Cotarelo, el manuscrito utilizado es una copia de Pascual de Gayangos de un manuscrito sevillano fechado en 1547, hoy desaparecido. La copia pertenecía a Menéndez y Pelayo (cf. *op. cit.*, pág. 5). Existe otra copia en la colección de Gayangos en la Biblioteca Nacional. No sabemos de ningún crítico que lo haya relacionado con *Celestina*. Ni siquiera Mª Rosa Lida la menciona en sus exhaustivas listas de imitaciones.

Como no podía ser menos en un debate de esta índole, la *Celestina* era de mención obligada. Las referencias explícitas son escasas, pero no es difícil detectar a lo largo de la obra ecos inconfundibles de la *Tragicomedia*. Una buena ilustración de estos ecos aparece cuando los participantes se enfrascan en un tema, hoy de candente actualidad, y que ya entonces les preocupaba lo bastante como para dar lugar a una larga y apasionada discusión: el puesto de la mujer en la sociedad. Dado que el debate refleja adecuadamente el espectro ideológico, los conservadores utilizan el arsenal de argumentos de la corriente misógina que les brindaba Rojas. Dice uno, nada sospechoso de feminismo, después de contar una facecia[3] del folklore masculinista: «No penséis, que començaría por Pasiphe que tuuo açeso con el toro ni por Minerua que se juntó con el can ny por la otra que se llegó con el ximio» (pág. 179). No tengo que recordarles que estamos ante una paráfrasis de las palabras de Sempronio: «¿No has leydo de Pasife con el toro, de Minerua con el can? [...] Lo de tu abuela con el ximio ¿hablilla fue? Testigo es el cuchillo de tu abuelo» (aucto I, pág. 30)[4]. Poco antes el mismo interlocutor ha utilizado otro segmento de la misma diatriba semproniana: «grandes señoras se mueren por açemileros y moços despuela...» (pág. 177)[5].

Aparte de los múltiples ecos más o menos evidentes, hay una referencia explícita, que incluye una larga cita de la tragicomedia, y que no sólo corrobora la estima a la obra de Rojas por parte de la elite intelectual salamantina, sino que nos da indicios valiosos sobre problemas polémicos de sentido:

> sabed que yo conosçi vna señora generosa y hermosa de viuo juizio y discreçion: la qual sin nunca haber visto ni conoscido a vn hombre no de muy auentajado linage ni hermosura ny valor, por solo hauerse le loado mucho vna señora que le queria bien: diziendole ser gentil hombre y sabio y galan y afamado por valiente en el exerçiçio de las armas dispuesto en el luchar y dançar y vailar (aunque en la verdad todo esto no era asi) ella se enamoro tanto del que nunca sosego su spiritu hasta que le houo y effetuo con el su voluntad: porque de la primera informaçion tuuo tanta fuerza en ella la opinion que formo, que luego se le asento en su juizio que solo aquel era el que merescia su amor. Pues para que alego yo cuentos tan lexos que no creo que seran creidos por su inçertitud pues mostro bien ser esto que digo verdad aquel graçioso y mas que ingenioso auctor de Celestina obra de artifiçio admirable, quando fingio que Melibea no tuuo en tanto a Calisto con hauer le visto en el huerto quanto le tuuo despues que Celestina la informo de su gentileza y merescer? Vereis que quando le ve, y

---

[3] «O quan bien hizo aquel sabio varón, que hayándose en vna gran tempestad y mandando el piloto que todos hechassen al agua las cosas pesadas por el peligro de yr a lo hondo, el hechó en el mar la muger: y siendo reprendido de todos dixo: yo he hechado lo que más me hace pesar» (*op. cit.*, pág. 179).

[4] Citaremos por la edición de M. Criado de Val y G. D. Trotter, Madrid: CSIC, 1970. El carácter oscuro e insólito de este pasaje celestinesco garantiza que Celestina es la única fuente pensable (cf. Otis Green, «*Celestina*, aucto I: 'Minerua con el can'», *Nueva Revista de Filología Hispánica*, 7 (1954), págs. 470–474; y *Celestina*, ed. M. Marciales, Urbana and Chicago: University of Illinois, 1985, II, pág. 25 y I, págs. 109–115).

[5] Reproducción casi literal de «muchas de las quales, en grandes estados constituydas, se sometieron a los pechos y ressollos de viles azemileros...» (aucto I, pág. 30).

el la quiere hablar le llama torpe, y con mucha fiereza huye del y no le quiere oyr: y venida Celestina a la hablar no trae mediçina de mas valor que començarse le a loar diziendo. *Por dios señora si a este enfermo bien conosciesses no le juzgasses por el que has dicho y mostrado con tu yra: en dios y mi alma no tiene hiel graçias dos mill: en franqueza Alexandre en esfuerzo Héctor gesto de vn rey graçioso alegre jamas reyna en la tristeza. De noble sangre gran justador pues armado es vn sant Jorge fuerza y esfuerzo no tuuo tanto Hercules: la presençia y façiones disposiçion y desemboltura otra lengua auia menester para las contar: todo junto semeja angel del çielo. Por fe tengo que no era tan hermoso aquel gentil Narçiso que se enamoro de su propia figura quando se vido en las aguas de la fuente. El mayor remedio que tiene para su passion es, tomar vna vihuela y tañe tantas cançiones y tan lastimeras que no creo que fueran otras las que compuso aquel emperador y gran musico Adriano de la partida del anima por sufrir sin desmayo la ya vezina muerte: que aunque yo se poco de musica paresce que haze aquella vihuela hablar: pues si acaso canta de mejor gana se paran las aues que no aquel Antioco de quien se dize que mouia los arboles y piedras con su canto: siendo Calisto nascido no alabaran a Horpheo* [aucto IV, págs. 97–98]. Tuuieron tanta fuerza estas palabras en el pecho femenil de aquella muger, que ninguna otra cosa antes ni despues tanto basto que la hiziesse amansar: y que presa de amores de su propia voluntad se viniesse a rrendir. (págs. 165–66).

Nuestro personaje aborda aquí un problema de interpretación que toca de lleno en uno de los temas cruciales de la crítica contemporánea, es decir, la función del conjuro y de las prácticas brujeriles puestas en juego por Celestina para obtener la rendición de Melibea. El pasaje citado opta claramente por atribuir el enamoramiento de Melibea al despliegue del poder persuasivo de la tercera y su dominio de los recursos retóricos; de la intervención diabólica se hace caso omiso. De la misma opinión son los imitadores de la época: al explotar estos dos rasgos de Celestina, astucia dialéctica y auxilio sobrenatural, el elemento dominante es claramente el primero[6].

II. *Comedia de Sepúlveda*

La presencia de *Celestina* es de mucho más relieve en la *Comedia de Sepúlveda*. Aunque la obra de Sepúlveda no es ciertamente una de la imitaciones a la moda de *Celestina*, trataremos de demostrar que la andadura dramática retenida por Sepúlveda está modelada teniendo al texto de Rojas como telón de fondo. No vamos a fundar nuestra propuesta en la coincidencia banal de que las dos se basen, en el plano del contenido, en una historia de amor entre miembros de la clase alta y en su filiación inequívoca con la comedia humanística italiana.

---

6   A título de ejemplo recordemos un pasaje de *Segunda Celestina* de Feliciano de Silva: «Pues la mejor trama que ella puede tramar, es con hipocresía y santidad urdir para tejer sus telas, que con este hilado, podrá ella mejor urdir tu tela con Poliandria, que con el de las madejas texó el de Calisto y Melibea» (10ª cena). El pasaje corresponde al momento en que Pandulfo propone a Felides recurrir a los servicios de Celestina para conseguir a Polandria.

Nos basamos en que, a lo largo del desarrollo de la *Comedia de Sepúlveda*, hay diseminadas una serie de marcas discursivas, explícitas o implícitas, que denuncian más allá de toda duda razonable que la obra de Rojas está siendo utilizada como *cotexto*. Estas marcas son de muy diversa índole, desde referencias pasajeras a algún personaje o máxima de *Celestina* hasta la evocación de los graves problemas ideológicos debatidos en dicha obra.

La obra puede pasar por una muestra interesante del teatro renacentista. Es una imitación de *Il Viluppo* de Girolano Parabosco, comedia humanística con tema de «novella», en el que se ha insertado por «contaminatio» *Il Negromante* de Ludovico Ariosto para que funcione a manera de entremés dentro de la obra. A pesar del origen foráneo, Sepúlveda logra transferir la acción sin mayores artificios al medio social de la Sevilla de 1500[7].

1. *Explotación varia de Celestina*

Pasemos por alto el sistema de acotaciones escénicas, generalmente incrustadas en el texto dramático, que imitan muy de cerca la técnica de Rojas, por ser un rasgo común al teatro de la época, celestinesco o no. Una originalidad de Sepúlveda es la de convertir en texto dramático lo que podría aparecer más bien como una didascalia prologal. Se abre la obra con un diálogo entre un espectador que va buscando el lugar de la representación y un amigo, que a su vez es amigo del autor Sepúlveda. De este modo se nos informa que el autor tiene la profesión jurídica de escribano; el personaje espectador muestra su sorpresa de que teniendo el autor profesión tan ocupada «gasta el tiempo en componer tales poemas; pues de necesidad se ha de desocupar de su oficio» (pág. 14), para dar pie a una larga y erudita defensa de los autores de comedias. Tras este elogio le declara «que la causa que a ello mueve es exercitar el entendimiento y ofrecer éste y otros semejantes trabajos a los de su patria». En definitiva, vemos aquí, en forma de realización escénica, una versión apenas disfrazada del texto prologal de Rojas «El auctor a su amigo», en que se repiten varios de los tópicos presentes en el modelo[8].

---

[7]   Es evidente que la interacción entre Italia y España facilitaba en la época el trasiego cultural. En la obra de Ariosto, Nibbio hace un retrato de su amo el Negromante, un embaucador de oficio, y nos cuenta cómo va cambiando de nombre y de origen, de lugar en lugar, y lo identifica como judío de los expulsados de Castilla, dando pruebas claras de antisemitismo la instancia de la enunciación: «Or è Giovanni, or Piero; quando fingesi / greco, quando d'Egitto, quando d'Africa; / et è, per dire il ver, giudeo d'origine, / di quei che fur cacciati di Castilla», (Ariosto, *Il Negromante*, acto II, págs. 549–552). Por otra parte, *Il Viluppo* era a su vez una adaptación al medio italiano de varias comedias plautinas (cf. James P. W. Crawford, «Notes on the Sixteenth Century *Comedia de Sepúlveda*», *Romanic Review*, 11 (1920), pág. 121; y Robert L. Hathaway, *Love in the Early Spanish Theatre*, Madrid: Playor, 1975, págs. 211–219).

[8]   Es decir, se imita el cuadro de la comunicación, tal como se presenta en Rojas, el *autor* hace a un *amigo* unas advertencias sobre su obra, y se repiten los tópicos de la difícil compaginación de la profesión de jurista con la de autor de comedias y la voluntad del autor de «servir a los coterráneos». Incluso puede detectarse algún eco del prólogo posliminar que añade Rojas en su edición sevillana de 1502.

Más relevantes a nuestro propósito son otros ecos de expresiones y evocación de personajes o de situaciones de la tragicomedia.

Montalbo, padre de Alarcón, comenta con Figueroa, padre de Osorio: «Paréceme, señor Figueroa, que se podría decir por nosotros que *es perdido quien tras perdido anda* [...]» (ob. cit., pág. 125), donde se evoca la utilización de esta máxima popular por Pármeno (cf. aucto I, pág. 47). Figueroa interpela a su hijo de vuelta de una jornada agitada con otro recuerdo de *Celestina*: «¿A tal hora andan los hijos de los hombres honrados y con tal hábito que parece que contrahacéis a *Centurio*?» (ob. cit., pág. 126). El mismo personaje continúa sus recriminaciones a su hijo: «¡Ay, hijo, hijo! si tuviésedes tan quitadas las ocasiones de vuestras culpas como halláis aparejadas las disculpas, *ni yo estaría quejoso ni vos culpado*» (ibidem), en que parafrasea las famosas palabras de Melibea, «que ni tú estarías quexoso ni yo descontenta» (aucto XII, pág. 212), cuando se queja de las puertas en su primera entrevista con Calisto. El pretexto de la salida de Alisa, madre de Melibea, para visitar a su hermana, que está enferma, permite a Celestina quedarse a solas con Melibea; pues bien, el mismo truco es utilizado por Sepúlveda: «Hoy me paresce tiempo muy oportuno para enviarle la carta; porque no ha de estar su madre en casa, *que va a ver a una cuñada suya que está en la muerte*» (ob. cit., pág. 57)[9]. Las palabras de Salazar a Violante, tratando de denunciar los engaños de los hombres, bien podrían ser un eco de las famosas palabras de Calisto, «Melibeo soy, y a Melibea adoro, y en Melibea creo...». Dice Salazar: «[...] y aquellas palabras blandas: 'ya que sois mi norte, mi vida y mi gloria', y otras mill confitadas heregías con que hacen idolatrar las tristes mujeres son un falso reclamo para meterlas en su engañosa red [...]» (ob. cit., pág. 73).

2. Problemas ideológicos
2.1. La intervención de la tercera

Cuando Américo Castro comenta el extraordinario éxito editorial de *Celestina* en los países europeos, afirmando que «*Celestina* se abre paso en Europa por su problematismo ta auténtico como desconcertante»[10], está emitiendo un juicio sobre la dificultad de conectar el sistema de valores del universo socio–histórico con el vigente en el universo posible de la obra literaria. Desde esta misma perspectiva, muchos críticos han expresado su estupor ante el hecho de que Calisto no vacile en recurrir a un mediador tan poco honroso como Celestina, y más asombroso aún, que Melibea, después de su primera reacción señorial de rechazo y amenazas, acepte y convalide tanto el plan de mediación como a la mediadora.

---

[9]   Aunque este pretexto, como tantos otros de la comedia humanística, proviene de la comedia plautina, es claro que es su utilización en *Celestina* lo que lo mantiene vivo en la memoria del público, ya que la familiaridad con las comedias latinas estaba muy circunscrito a un reducido número de humanistas.

[10]   Américo Castro, *«La Celestina» como contienda literaria*, Madrid: Revista de Occidente, 1961, pág. 74.

Sepúlveda pone a Alarcón, el homólogo de Calisto, en una tesitura análoga a la crisis en que se encuentra Calisto tras el rechazo de Melibea, y hace que se le brinde como recurso último el echar mano de una celestina en el caso de que falle el recurso de la carta a Violante, la figura homóloga de Melibea: «Cuando él no lo hiciere como queremos, yo conozco una vieja que dará quince y falta a la madre *Celestina*; que es ladina y sabe más ruindades que cuatro mill diablos, que por dos reales corromperá la más sincera castidad del mundo y venderá por casto y loable al adulterio, según tiene la retórica; y yo haré que tome a su cargo este negocio» (ob. cit., pág. 60). En lugar de acceder a la propuesta siguiendo la lógica subversiva del primer autor de *Celestina*, Alarcón se distancia de Calisto rechazando con decoro un recurso tan impropio de un amante de la clase alta: «Menos es de fiar desa tal que tiene eso por oficio, y será ocasión para que Violante se disfame; por lo cual yo quiero hacer lo que está acordado, e ir luego a escribir la carta, que se me hace tarde, y luego la enviaré con Salazar». (ibid.). Se podría pensar que hay aquí un intento de rectificar la escritura de Rojas, conciliándola con los valores de la sociedad española de la época.

2.2. *Violante versus Melibea*

Cuando Salazar lleva la carta a Violante, que corresponde al primer encuentro de Celestina y Melibea, Violante, que tiene un hondo sentido de la honra, comparable al que muestra Melibea en su primera reacción, se niega con firmeza a aceptar la misiva, poniendo en evidencia el error de Melibea al no haber mantenido su actitud inicial de rechazo a las insinuaciones de Celestina: «[...] que yo estoy tan escandalizada de las palabras de los hombres, que no solo me entran por un oído y salen por otro como a algunas mujeres; pero sabé que aun no las dejo entrar y que los cierro como hace el áspide por no oír las palabras del encantador [...] y por esta ocasión os ruego que llevéis la carta y digáis a vuestro señor que no la quise rescibir, y que le estaría muy mejor volverse a su estudio que andar por aquí disfamándome» (ob. cit., pág. 74). El procedimiento, por consiguiente, es idéntico al anterior; es decir, crear una réplica del personaje celestinesco, ponerlo ante la encrucijada y hacerlo virar 180° con respecto a la trayectoria celestinesca.

2.3. *El suicidio*

El suicidio por amor de Melibea era otro escollo difícil de sortear desde la ideología vigente, según se manifiesta en un crítico tan ecuánime como Valdés. La firmeza y la lucidez con que Melibea pone en marcha su plan, para que nada ni nadie se lo obstaculizara, debía chocar frontalmente con las expectativas del público, no digamos con el establecimiento eclesiástico o civil. No deja de ser extraño, como ya subrayó el maestro Bataillon[11], que ninguno de los numerosos imitadores o continuadores de Rojas, que llegaron a explotar hasta los elementos más insignificantes del modelo, reutilizaran el suicidio de la heroína. Y no

---

[11]   Cf. Marcel Bataillon, *La «Célestine» selon Fernando de Rojas*, París: Didier, 1961, pág. 188.

solamente se apartan del prototipo en este punto por omisión, no faltan declaraciones fustigando esta audacia de Rojas: en *Segunda Celestina*, de Feliciano de Silva, cuando preguntan a Celestina por la suerte de Melibea, responde con evasivas por cautela, pero no deja de afirmar la posición cristiana ante el problema: «Ya hija, me han preguntado esa miseria otra vez. Mi amor, no se pueden decir esos secretos, bástete saber que *fue homicida de sí misma*» (cf. cena 20ª).

Sepúlveda suscita también el problema y en cierto sentido lo lleva a realización; en efecto, Florencia de Figueroa, hija de un amigo del padre de Alarcón, se enamora perdidamente de éste, que no le hace el menor caso. Desesperada se mete en un monasterio, pero su pasión sigue viva, y allí concibe la idea de salirse y, disfrazada de hombre, se hace contratar como paje por el hombre que amaba. Para cubrir la deshonra, su fiel ama se encarga de inventar la historia de su muerte: «[...] porque ansí como, hija, os salistes del monesterio, yo dije a la Abadesa que convenía a la honra de su monesterio y a la vuestra decir que os habíades muerto súpito, y porque se tenía por cierto que había sido de pestilencia, por el escándalo no se lo habían enviado a decir hasta estar enterrada; y, paresciéndoles bien, enviaron este mensaje, el cual oído por vuestro padre y madre, quedaron tan atónitos y tan sin moverse como estatuas de mármol [...] ¡Oh, hija!: grande yerro habemos cometido, digno en verdad de un áspero castigo [...] vos sois dello buen testigo que por otra cosa no permití y di manera como hiciésedes este desvarío de saliros y asentar por paje de Alarcón, *sino por estorbar que no os matásedes, como muchas veces lo intentastes, y, al fin, creo que lo hiciérades*; y al fin, de dos males, tuve por bien escoger el menor, que fue éste», (ob. cit., págs. 36–37). En resumen, Sepúlveda introduce en el universo de ficción el tema del suicidio, sacado de la vida real, y lo explota hasta el límite de lo permisible, pero tiene buen cuidado de no sobrepasar el estadio de tentativa, marcando de nuevo su distanciamiento de la solución de Rojas.

2.4. *El conjuro*

El otro gran debate de la crítica celestinesca sobre el carácter ornamental o funcional del conjuro y, por supuesto, sobre la eficacia de lo sobrenatural demoníaco en la seducción de Melibea es indirectamente tocado en la lectura de Sepúlveda, como hemos visto en un pasaje citado anteriormente con otro propósito: «yo conozco una vieja que dará quince y falta a la madre Celestina; que es ladina y sabe más ruindades que cuatro mill diablos, que por dos reales corromperá la más sincera castidad del mundo y venderá por casto y loable al adulterio, según tiene la retórica». Los medios de que se vale Celestina para conseguir sus fines son todos de tejas abajo; de su abundante artillería se subrayan su experiencia, su sabiduría, su astucia, su retórica. Ninguna referencia al diablo, salvo su utilización para exaltar el grado de su conocimiento.

Diríamos para concluir, que en la *Comedia de Sepúlveda* se constatan dos corrientes de fuerzas que manipula la instancia de la enunciación: por una parte, una serie de alusiones de carácter superficial son utilizadas para inscribir la obra en la tradición de la tragicomedia y para establecer la clave artística, y de otra se crea un distanciamiento radical frente a la actitud de Rojas respecto a los problemas ideológicos debatidos. Independientemente del talante del autor, del que se sabe bien poco, es evidente que el medio siglo que separa las dos obras marca una trayectoria desde la apertura hacia el cierre en cuanto a la circulación de ideas. El intento de reescritura de la tragicomedia según las exigencias de los códigos sociales, anuncia, quizás, el principio del período de involución en que se sume la sociedad española bajo el reinado de Felipe II.

Subrayemos para terminar, que un punto tan fundamental para recuperar el sentido de *Celestina*, a una generación de distancia de Rojas, como es establecer la prioridad entre poder diálectico y poder demoníaco de Celestina, las dos lecturas que hemos considerado coinciden en la solución. Por nuestra parte, estamos convencidos que ésta fue unánime en las generaciones inmediatas. El dar relieve a la dimensión satánica del personaje es un fenómeno tardío. Por supuesto que cada generación e incluso cada lector tiene derecho a su propia lectura, pero no podemos olvidar que una tarea primordial del crítico es la de reconstruir los códigos vigentes en el momento de la producción del texto para arrancar las capas de sentido investidas en él. Las investigaciones sobre la recepción y la corriente de la pragmática nos han hecho más sensibles a estos problemas, pero la tarea no es tan nueva si consideramos que para esto nació, hace ya algún tiempo, la filología.

La poesía litúrgica en el monasterio de Ripoll durante el siglo XI: Tropos del introito y prosa en honor de Sta. Cecilia (Barcelona, Arch. Cor. Arag., *Ripoll* 52, f. 210)

Eva CASTRO

I. PRESENTACIÓN

A lo largo de varios siglos, concretamente del X al XIII, el monasterio de Sta. María de Ripoll ocupó una posición destacada como foco de cultura hispánica, tanto en el campo de la erudición científica y técnica como en el literario[1]. El trágico destino de la biblioteca ripollesa[2] ha hecho que lo que fue la actividad creadora del cenobio tenga que colegirse mediante composiciones aisladas conservadas en fragmentos, espacios en blanco y márgenes de diversos tipos de manuscritos salvados de la destrucción y la rapiña.

Pese a todo, se ha logrado configurar un *corpus* latino al que se ha dado en llamar *Carmina Rivipullensia*, el cual, en palabras del Prof. J. L. Moralejo, forma parte ya del «caudal de textos normalmente manejado y tenido en cuenta por los estudiosos de la poesía mediolatina»[3]. La primera recopilación de este tipo fue hecha por Nicolau d'Olwer que dio cuenta de 81 textos, la mayoría de ellos inéditos[4]. El mérito de la obra no queda desmerecido por el hecho de que tal

---

[1]   Sobre la historia de este monasterio véanse, J. Villanueva, *Viage literario a las Iglesias de España*, VIII, Valencia 1821; G.M. Colombás, «Ripoll», *Diccionario de Historia Eclesiástica de España*, III, Madrid, 1973, págs. 1630 y sigs. La importancia como foco cultural fue destacada por H. Focillon, *L'An mil*, Paris, 1952, y por P. Bonnassie, *La Catalogne du milieu du Xᵉ siècle à la fin du XIᵉ siècle. Croissance et mutations d'une société*, Toulouse, 1975.

[2]   Sobre la historia de la biblioteca de Ripoll es esencial el trabajo de R. Beer, «Die Handschriften des Klosters Santa Maria de Ripoll», *Sitzungsberichte der kaiserlichen Akademie der Wissenschaften*, 1–2 (1907–1908), págs.155–158; traducción al catalán de P. Barnils en *Boletín de la Real Academia de las Buenas Letras de Barcelona*, 9–10 (1909–1910). Es asimismo esencial la obra de W. v. Hartel–Z. García, *Bibliotheca Patrum Latinorum Hispaniensis*, Wien 1886–1915, 2 vols. (reimpr. 1 vol., Hidelsheim 1973), págs. 544 y sigs.

[3]   *Cancionero de Ripoll*. Texto, traducción, introducción y notas de J. L. Moralejo, Barcelona, 1986, pág. 22.

[4]   Ll. Nicolau d'Olwer, «L'Escola poètica de Ripoll en els segles X–XIII», *Anuari de l'Institut d'Estudis Catalans*, 6, 1915–1919 (1923), págs. 3 y sigs.

corpus pueda verse incrementado con piezas que pasaron desapercibidas o fueron conscientemente rechazadas por nuestro autor[5].

La producción poética de Ripoll ha sido objeto parcial de estudio, fundamentalemente en lo que se refiere a la lírica profana de carácter amoroso[6]. Falta aún un estudio de conjunto que sólo podrá realizarse con resultados satisfactorios cuando quede fijado el fondo general, incluyendo piezas hasta ahora desconocidas o desechando aquellas de atribución falsa[7].

Nuestra comunicación pretende contribuir modestamente a la consolidación de este *corpus* al dar a la luz nuevos textos poéticos ripolleses, esta vez de carácter litúrgico.

La valoración que se ha venido realizando sobre los fondos bibliográficos de este monasterio ha ponderado fundamentalmente el caudal de códices de contenido científico y técnico, así como los *libri artium* y la abundancia de textos de autores clásicos y cristianos[8]. Por el contrario, la riqueza y buena provisión de códices litúrgicos musicales han pasado casi desapercibidas[9], aun cuando en manuscritos de tal tipo se encerraban un gran número de composiciones poéticas. No puede despreciarse el dato de que en 1047 el catálogo de las bibliotecas ripollesas[10] (la propia de Ripoll y la de Sta. Cecilia de Montserrat, dependiente de aquélla) relacione nada menos que 14 antifonarios, (manuscritos con antífonas y reponsorios de los oficios), 12 misales (tanto de rito hispano como romano, que daban cuenta de las piezas de canto del Propio de la misa, de las oraciones, y de las

---

[5]   Editados en *Analecta Hymnica* 16, núms. 404 y 405; analizados por B. M. Moragas, «Transcripción musical de dos himnos», *Miscelánea en homenaje a Monseñor H. Anglès*, II, Barcelona, 1958–1961, págs. 591–598, y por J. Szövérffy, *Die Annalen des Lateinischen Hymnendichtung*, I, Berlin, 1964, págs. 385 y sigs.

[6]   Th. Latzae, «Die Carmina erotica der Ripollsammlung», *Mittellateinisches Jahrbuch* 10 (1974–1975), págs. 138 y sigs. P. Dronke, «The interpretation of the Ripoll love–songs», *Romance Philology*, 33 (1979), págs. 14 y sigs. Véase el trabajo de Moralejo citado en n. 3, donde se proporciona una abundante bibliografía, *op.cit*, págs. 129–143.

[7]   Sigue planteando problemas la determinación del origen de la composición denominada *Carmen Campidoctoris*, cuyo único testimonio se encuentra en un manuscrito de Ripoll, París, B.N., *acq. lat* 5132; véase J. Horrent, *Historia y poesía en torno al Cantar del Cid*, Barcelona, 1973, págs. 93 y sigs. Se han atribuido erróneamente a este monasterio dramas litúrgicos contenidos en códices guardados en Vic, Bibl. Mus. Episc., *Mss.* 105 y 106; véase E. Castro, «El texto y la función litúrgica del *Quem queritis* pascual en la catedral de Vic», *Hispania Sacra*, 41 (1989), págs. 399–420.

[8]   Ll. Nicolau d'Olwer, «La littérature latine au Xe siècle», «La littératue latine au XIe siècle», y «La littérature latine au XIIe siècle», en *La Catalogne à l'époque romane*, Paris, 1932, págs. 181 y sigs. J. M. Millás Vallicrosa, *Estudios sobre historia de la ciencia española*, Madrid, 1987, 2 vols. M. C. Díaz y Díaz, «El monasterio de Ripoll y la transmisión de la cultura clásica», *Boletín del Instituto de Estudios Helénicos*, 2 (1968), págs. 5 y sigs.; del mismo autor, «La transmisión de los textos antiguos en la Península Ibérica en los siglos VII–XI», en *La Cultura Antica nell'Occidente Latino dal VII all'XI secolo*, I, Spoleto, 1975.

[9]   H. Anglés, «La musique en Catalogne aux Xe et XIe siècles. L'École de Ripoll», en *La Catalogne à l'époque romane*, Paris, 1932, págs. 157–179. Del mismo autor *La música à Catalunya fins al segle XIII*, Barcelona, 1935.

[10]   R. Beer, *op.cit*. I, n. 2, págs. 101–109.

lecturas), 11 himnarios (que aglutinaban los himnos de los diversos oficios) y dos prosarios (códice litúrgico–musical de la segunda o tercera generación de libros destinados al culto que surgieron para dar cabida a un nuevo tipo de composiciones añadidas a la misa, que hoy conocemos como tropos y prosas).

Desgraciadamente buena parte de todo este material adscrito al siglo XI se ha perdido y, como en el resto de la investigación de la actividad poética, hemos de contentarnos con piezas sueltas[11]. Este estado fragmentario de conservación presenta siempre dificultades añadidas al estudio de la materia. No sólo es importante llegar a establecer con seguridad el origen de estas composiciones, sino también determinar si estuvieron alguna vez en uso o, lo que es lo mismo, si formaron parte del repertorio establecido de cantos de uso oficial en el cenobio. La precisión no es baladí en cuanto a lo que el hecho de la utilización real, ya de piezas de amplia difusión en otras iglesias, ya de composiciones únicas, implica en la comprensión del fenómeno literario de un determinado centro.

Entre el material poético–litúrgico de nuestro monasterio perteneciente al siglo XI se encuentra un fragmento con tropos y una prosa, unos tipos peculiares de formas poéticas de la misa que revolucionaron el arte de la creación medieval. La importancia del testimonio aquí presentado se debe fundamentalmente a cuatro razones:

1.– porque hasta el presente su contenido no fue tenido en cuenta entre los *Carmina Rivipullensia*;

2.– porque constituye el ejemplo más antiguo conservado en la Península Ibérica de tropos y prosa;

---

[11]   Además de los textos del presente trabajo, pertenecen al siglo XI las siguientes piezas poéticas de carácter litúrgico: Versus in natale apostolorum Petri et Pauli: *Tempora fulgida nunc ritilant*, Barcelona, Arch. Cor. Arag., *Ripoll* 40, fol. 63v; véase R. Beer, I, Tafel XI; *Biblioteca Patrum*, pág. 560; H. Anglés, *La música a Catalunya, op. cit.*, núm. 9, pág. 140, núm. 8/1; *AH* 16, núm. 404; I. Fernández de la Cuesta, *Manuscritos y fuentes musicales en España: Edad Media*, Madrid, 1980, pág. 72.

Versus in honore sancti Michaelis archangeli: *Splendida nempe dies rutilat*, Barcelona, Arch. Cor. Arag., *Ripoll* 40, fol. 64v. *Bibliotheca Patrum*, pág. 560; H. Anglés, *ibidem*, núm. 8/2; *AH* 16, núm. 405; I. Fernández de la Cuesta, *Manuscritos*, pág. 72.

Himnos en honor de S. Valentín: *Incliti festum, Sacer concentus*, Barcelona, Arch. Cor. Arag., *Ripoll* 59, fol. 317v; *Bibliotheca Patrum*, pág. 575; Nicolau, «L'Escola poética», núms. 64–65.

Imnus in omnium sanctorum: *Exultet celi sidera*, Barcelona, Arch. Cor. Arag., *Ripoll* 106, f.26; *Bibliotheca Patrum*, pág. 597; *AH* 19, núm. 25; U. Chevalier, *Repertorium Hymnologicum*, Louvain–Brussels, 1892–1920, núm. 5778; Nicolau, *art.cit.*, núm. 60.

Himno del común de confesores: *Iste confessor*, Barcelona, Arc. Cor. Arag., *Ripoll* 106, fol. 114v; I. Fernández de la Cuesta, *Manuscritos*, pág. 74.

Himnus in natale apostolorum: *Christe splendor glorie*, Barcelona, Arch. Cor. Arag., *Ripoll* 106, fol. 140; R. Beer, I, Tafel IV–IX; *Bibliotheca Patrum*, pág. 599; *AH* 14, núm. 138; *RH* 24436; Nicolau, *art. cit.*, núm. 61; I. Fernández de la Cuesta, *Manuscritos*, pág. 74.

3.– porque constituye, asimismo, el primer ejemplo conservado de un fragmento del manuscrito litúrgico conocido como troparío–prosario;

4.– porque, si nuestro análisis es correcto, éste es el único ejemplo relacionado directamente con Ripoll, dado que ciertas atribuciones hechas a este monasterio deben considerarse erróneas[12].

II. DESCRIPCIÓN DEL FRAGMENTO: DATACIÓN Y ORIGEN

El fragmento se conserva como hoja de guarda final, actualmente numerada como fol. 210, del códice depositado en Barcelona, Archivo de la Corona de Aragón, *Ripoll* 52[13], datado en el siglo X.

El folio es de pergamino, bastante bien conservado a pesar de las manchas de humedad que alteraron gravemente la conservación del texto. Sus dimensiones son de 295x250 mm, es decir, de menor tamaño que el resto del códice que tiene unas medidas de 322x255 mm. Este tipo de encuadernación, en el que las hojas de guarda se utilizaron para proteger solamente la caja de escritura, es propio del monasterio catalán.

El texto ocupa el recto del folio; presenta 16 líneas de escritura con sus correspondientes de notación musical, trazadas a punta seca. El verso permaneció en blanco, siendo utilizado posteriormente para realizar *probationes pennae*.

El tipo de letra es una carolina de trazado fino y ágil, de módulo pequeño, que presenta una gran semejanza con la de otros manuscritos ripolleses de comienzos de la segunda mitad del siglo XI. Esta similitud se aprecia en el peculiar

---

[12]   Véase *supra*, n. 7.

[13]   La historia bibliográfíca del manuscrito se inicia en el catálogo ripollés de 1047, donde en la entrada núm. 62 se le describe como *Liber omelierum super Jezechielem*; véase. R. Beer, I, pág. 102, y 91. Lo describe asimismo J. Villanueva, *Viage*, VIII, pág. 50, «Vol. fol. vit., Ms. 104, med. sec. XI», conteniendo la vida de S. Gregorio Magno y algunas de sus obras exegéticas. La confusión tenida por Z. García Villada en *Bibliotheca Patrum*, págs. 579–570, describiendo al comienzo de su análisis, aunque no en el cuerpo del mismo, el contenido como «Vida y Homilías de S. Jerónimo», en lugar de S. Gregorio se fue transmitiendo hasta nuestros días. Se da cuenta del contenido específico del fol. 210 en *Bibliotheca Patrum*, pág. 570, que lo señala erróneamente en el fol. 209v y lo describe como «Hymnus auf die Heil. Caecilia mit Neumen». También menciona este fragmento, proporcionando el facsímil del folio, G. M. Sunyol, *Introducció a la Paleografía Gregoriana*, Montserrat, 1925, pág. 234, facs., núm. 88. H. Anglés, *La Música a Catalunya*, pág. 138, núm. 6. A. Olivar, «Les supervivències litúrgiques autóctones a Catalunya en els manuscrits dels segles XI–XII», *II Congrés Litúrgic de Montserrat*, III, Montserrat, 1967, pág. 28 define bien el contenido del manuscrito pero da el fragmento en el fol. 209v, y cataloga el contenido como himno en honor de la santa. I. Fernández de la Cuesta, pág. 73, repite las imprecisiones de García Villada en su descripción. Expreso mi agradecimiento a la Profª. Gemma Avenoza que me proporcionó datos muy valiosos sobre la descripción del fragmento.

trazado del signo abreviativo *et*, de la ligadura *ns*, y del uso de *g, n* y *s* unciales a comienzo de palabra[14]. El sistema de notación musical empleado es el catalán[15].

El copista se muestra descuidado en lo que a la calidad de la copia se refiere pues repite palabras que posteriormente él mismo tacha (1.1 *fest*), omite letras (1.4 *ageli*), etc.

La decoración se limita a unas iniciales que son capitales de tamaño y trazado mayor que las del texto.

Ciertos indicios permiten suponer que el folio perteneció a un códice litúrgico musical, como hoja adicional de alguno de sus cuadernillos. Así, en el margen inferior izquierdo puede leerse todavía la rúbrica con el lema *adendi*. Esta señal no es pertinente en un folio que estuviese destinado desde el principio a ser hoja de guarda y que después sirviese como depositaria de un texto aislado; tampoco el contenido del folio presenta relación alguna con el texto que hoy está precediéndole, el comentario de Gregorio sobre el Cantar de los Cantares (fols. 202–209v). De este modo, la rúbrica sólo tiene sentido como indicación del escriba para que se realizase su inclusión en un manuscrito ya organizado. Además, el folio consta de una lengüeta interior que facilitase el cosido a la hora de la confección final del manuscrito.

¿Qué tipo de códice pudo ser éste?. El fragmento es testimonio de la celebración de una misa tropada en algunos de sus elementos básicos, en este caso, en el introito y en el canto del aleluya. Ambos tipos de composiciones trópicas han sido concebidas para la misma festividad, puesto que existe una fuerte coherencia interna, –como veremos–, no sólo de contenido, sino de elementos lingüísticos y poéticos. Por otra parte, el códice al que estaba destinado el folio era de dimensiones medianas, y muy parco en decoración[16]. Todos estos rasgos, tanto externos como internos, apuntan hacia el libro litúrgico de canto conocido como tropario–prosario. Este tipo de códices fueron conocidos en Ripoll, dado que en el inventario de su biblioteca de mediados del XI se mencionan dos. Con toda probabilidad nuestro fragmento perteneció a alguno de ellos.

Una vez establecido el origen de la copia, resta por indagar qué significación tiene respecto de Sta. María de Ripoll la presencia de estas composiciones en honor de Sta. Cecilia.

La virgen mártir romana, cuyo natalicio se celebró el 22 de noviembre, no perteneció al calendario universal de fiestas tropadas; de hecho sólo existen tropos y prosas de la misa referidos a esta santa durante los siglos X–XI en un códice de la

---

[14] El tipo de letra es semejante al del himno de S. Pedro y S. Pablo de Barcelona, Arch. Cor. Arag., *Ripoll* 40, fol. 63v; véase. R. Beer, I, Tafel 11. Los trazados descritos se encuentran también en el códice ripollés, Roma, Vat. Ms. Reg. lat 123; véase. A. Canellas, *Exempla Scripturarum Latinarum in usum scholarum*, II, Caesaraugustae 1974 (2), págs. 64–65, facs. núm. 32. Incluso recuerda el estilo de un manuscrito ripollés más antiguo, el tonario conservado en Barcelona, Arch. Cor. Arag., *Ripoll* 72, seac. x; véase. G. M. Sunyol, *Introducció*, facs. Núm.82.

[15] Véanse las descripciones musicales de G. M. Sunyol y H. Anglés cuyas obras están citadas *supra*, n. 13.

[16] Sobre la simplicidad de formas de los troparios prosarios, véase. P. Evans, *The Early Trope Repertory of Saint Martial de Limoges*, Princenton, 1970, págs. 29–40.

Biblioteca Vaticana, *Ms. lat.* 833, y en el tropario de Aurillac, Paris, BN, *acq. lat.* 1084[17]. La celebración de una misa ornamentada con estos tipos de textos indica una especial veneración por parte de la comunidad en la que así se ejecutaba. Esta festividad era ya conocida en los libros litúrgicos hispánicos de rito nacional[18], sin embargo, en Ripoll tuvo una especial relevancia por lo menos a partir de mediados del siglo XI, puesto que el primer calendario conocido de rito romano–galicano de este monasterio, incluye además del día del natalacio, la festividad de vísperas para el 21 de noviembre[19].

La introducción en Ripoll de la misa tropada de Sta. Cecilia parece haber sido realizada con cierta premura; de otro modo no serían explicables la inclusión de un folio adicional en un códice organizado, ni la utilización del texto genérico y polivalente *Gaudeamus omnes in Domino* como antífona del introito[20], en lugar de la antífona asignada específicamente a Cecilia, *Loquebar de testimoniis*[21]. Este último hecho resulta más sorprendente al comprobar que los textos de rito romano de esta misa eran ya conocidos durante el siglo XI en Ripoll, como revelan el Sacramentario de Oliba y un fragmento del aleluya de la misa de Sta. Cecilia[22]. Varias pueden ser las motivaciones de este extraño uso: o bien nos encontramos ante un gradual poco desarrollado y en proceso de formación, lo cual no es muy admisible si tenemos en cuenta que el rito romano se practicaba ya desde hacía tiempo en este monasterio[23], o bien el tropista recurrió a una antífona cuya

---

[17] Prosa de sancta Caecilia, *Virgo devota cunctis, AH* 34, núm. 214. Agradezco a la Drª. R. Jacobsson del *Corpus Troporum* de la Universidad de Estocolmo, la noticia sobre el tropario de Aurillac.

[18] J. Vives–A. Fábrega, «Calendarios hispánicos anteriores al siglo XII», *Hispania Sacra*, 2 (1949), págs. 119–146. Los calendarios de rito hispánico utilizados son el Vigiliano y el Emilianense, Escorial, Bibl. Monast., Mss. d.I.2 y d.I.1; de los mismos autores, «Calendarios hispánicos anteriores al siglo XIII», *Hispania Sacra*, 2 (1949), págs. 339–380, 3 (1950), págs. 145–161. Los calendarios hispánicos relacionados son los de Silos en Bibl. Monast., Mss. 4 y 3, y en París, BN, nouv. acq. lat. 2169 y 2171, el Compostelano y el Leonés.

[19] J. Vives, «Calendarios hispánicos anteriores al siglo XII», pág. 133.

[20] J. Pascher, *El año litúrgico*, Madrid, 1965, págs. 645–649.

[21] *Ibidem*, págs. 645–649. *Antiphonale Missarum Sextuplex*, ed. R. J. Hesbert, Bruxelles, 1935, núms. 165 y sigs.

[22] El aleluya de la misa de Sta. Cecilia de rito romano se encuentra copiado en Barcelona, Arch. Cor. Arag., *Ripoll* 106, «Collectaneum. Ars metrica Bedae», fol. 92v; véase. H. Anglés, *La música*, págs. 134–137; I. Fernández de la Cuesta, *Manuscritos*, pág. 74. Los textos de este Sacramentario se encuentran asimismo en el de Vic; ambos fueron editados por A. Olivar, *El Sacramentario de Vich*, Madrid–Barcelona, 1953, pág. 100, núm. cliii; *Sacramentarium Rivipullense*, Madrid–Barcelona, 1964, pág. 188, núm. ccxciii.

[23] Sobre el cambio de rito en la Marca Hispánica véanse H. Anglés, *La Música*, págs. 34 y sigs.; A. Mundó, «El Commicus palimpsest Paris Lat. 2269. Amb notes sobre litúrgia i manuscrits a Septiània i Catalunya», *Liturgica*, I , Montserrat, 1956, págs. 225 y sigs.; L. Serda, «La introducció de la litúrgia romana a Catalunya», en *II Congrés Litúrgic de Montserrat*, III, Montserrat, 1967, págs. 6–19.

capacidad para recibir tropos estaba bien consolidada y le facilitaba de este modo la composición de nuevos textos[24].

La razón de lo que parece ser una repentina veneración hacia Sta. Cecilia ha de buscarse en los problemas surgidos durante la primera mitad del siglo XI con una de las posesiones ripollesas asentadas en la montaña de Montserrat. Con la erección de su abadía a mediados del siglo X, la comunidad benedictina de Sta. Cecilia de Montserrat intentó independizarse de Ripoll, de tal modo que el abad Oliba tuvo que recurrir al conde de Barcelona para que éste declarase en 1023 sujeta a Ripoll la abadía díscola[25]. Tal vez la inclusión de la fiesta de Sta. Cecilia, como una de la fiestas mayores de la casa madre sea reflejo de una actitud conciliadora e inteligente por parte del gran abad–obispo.

III. LOS TEXTOS

III.1. *El introito.* El fragmento, como ya indicamos, contiene un introito tropado y la prosa ejecutada tras el Aleluya. Este tipo de misa tropada, configurada en primera instancia por sus elementos más simples, se encuentra en otros troparios catalanes, fundamentalmente en los de Vic, para representar festividades de carácter local[26]. El testimonio ripollés presenta no obstante ciertos rasgos peculiares en lo que hace a la forma de ejecución del canto de entrada.

En líneas generales, el introito constaba de una antífona, un versículo de un salmo y la doxología, si bien su ejecución podía alcanzar elaboraciones más complejas mediante la repetición de la antífona a lo largo de cada una de las secciones antes descritas[27]. En los troparios donde se recogen tropos a este canto base resulta a veces muy difícil determinar el modo exacto de ejecución en cada una de las misas en particular. En el texto de Ripoll dislumbramos que el canto del introito se ciñe en cierta medida a la norma establecida por los *Ordines Romani*, según los cuales el introito debía iniciarse con el canto doble de la antífona[28]. No

---

[24] La facilidad con que esta antífona se adaptó para recibir tropos se observa en la edición de los *AH*, 47, donde se encuentra en los introitos tropados de las misas en honor de Sta. María, Todos los Santos, S. Dioniso, Conversión de S. Pablo, S. Teoponto, Invención de S. Esteban, Sta. Valeria, Común de Vírgenes, etc.. Por el contrario, la antífona *Loquebar* sólo está tropada en una misa del Común de Vírgenes en troparios de Winchester del siglo X y XI. Véase. A. Planchart, *The Repertory of Tropes at Winchester*, I, Princenton, 1977, pág. 124; II, págs. 8, 18, 29 y 117.

[25] J. Villanueva, *Viage*, VII, págs.157–170.

[26] Este hecho se aprecia fundamentalmente en el tropario de Vic más reciente, Vic, Bibl. Mus. Episc., *ms* 106, dado que representa un estado de pleno desarrollo tanto del tipo de manuscrito como de repertorio. Algunos ejemplos son la misa de Felipe y Santiago, f. 59, del jueves de la semana de octava de Pentecostés, fol. 69v, y de s. Agustín, fol. 88; véase. E. Castro Caridad, *Tropos y Troparios hispánicos*, Santiago de Compostela, 1991.

[27] Para el desarrollo histórico del introito es de gran utilidad la consulta de J. Jungmann, *El sacrificio de la misa*, págs. 329–330, 359–373.

[28] *Les Ordines Romani du haut moyen âge*, ed. M. Andrieu, II, Louvain, 1948, págs. 81–84, 158–159, 244–245

obstante se señala una tercera repetición, no del texto completo, sino de la parte final del mismo. La repetición parcial viene indicada por el signo abreviativo de *Pre*, es decir una *P* con un trazo horizontal sobre ella. Puede ser la abreviación del participio *pressa*, con valor de «volver a tomar» o «repetir». Permanece una duda, saber en qué momento se producía esta repetición: ¿tras el segundo canto de la antífon, tras el salmo, tras la doxología?. La parquedad en rúbricas explicativas, tan característica de los troparios–prosarios, deja sin solucionar esta cuestión.

Por lo que se refiere a nuestro canto tropado de entrada, su esquema es el siguiente:

tropo de introducción con dos elementos al canto completo de la antífona.

tropos de interpolación (3 en total, constituidos cada uno de ellos por un solo elemento) sobre frases de la antífona repetida.

repetición parcial del final del texto de la antífona.

III.2. *Los tropos: Técnica de construcción.*

El tropo, en su conjunto, consta de cinco elementos[29]. Tanto los de introducción como los de interpolación son hexámetros métricos a los que se añaden otros recursos poéticos tardíos, como son las rimas internas[30], entre el primer hemistiquio ante la cesura pentemímeres y el final del verso (v.1: *festum / almum*; v.3: *sollempnis / festi*; v.4: *sancte / palme*; v.5: *eximio / triumpho*); y la rima entre los finales de verso[31]: v.1 *almum* / v.2 *laudum*.

El empleo de hexámetros en esta composición tiene un doble aval, por una parte la autoridad conferida por la utilización frecuente de este recurso en los repertorios europeos de tropos del Propio, y por otra su presencia notable en la producción poética de nuestro cenobio[32], que de esta forma se inscribe en el desarrollo que, a partir de año 1000, experimenta la cultura literaria latina.

---

[29]   Si la definición operativa de tropo, hoy generalmente aceptada y propuesta por el *Corpus Troporum*, es la de «les chants (texte et mélodie) qui constituent une introduction, une intercalation ou une addition insérée soit dans un chant liturgique de la messe romaine (texte liturgique de base), soit dans un chant de l'office», *Corpus Troporum*, I. Tropes du propre de la messe, 1. Cycle de Nöel, pág. 11, n. 3; la definición de elemento es la «unidad más pequeña que forma un todo y de la que se componen los tropos», *ibidem*, pág. 20.

[30]   Son los hexámetros leoninos descritos por D. Norberg, *Introduction a l'étude de la versification latine médiévale*, pág. 65.

[31]   Son los hexámetros *caudati* o pareados; véase D. Norberg, *Manuel practique de latin médiéval*, Paris, 1968, pág. 78.

[32]   Dos son las formas dominantes en los tropos, la prosa estructurada y los hexámetros. Por lo que se refiere a los versos, éstos suelen formar un elemento de tropo, como sucede en nuestro texto. Las tablas de contenido de los volúmenes aparecidos del *Corpus Troporum* muestran que los tropos de santos presentan un mayor número de hexámetros que los tropos de Tiempo. Se percibe asímismo una

Un segundo aspecto a señalar es el de que cada elemento–hexámetro constituye una frase coherente y con significado por sí misma. Se recurre a una fórmula de construcción según la cual la frase se articula sobre una forma verbal como elemento que ocupa la posición central del verso (v.1: *pangentes*; v.2: *reboantes*; v.3: *recolentes*; v.4: *tribuit*; v.5: *modulamur*); y sobre la distribución de los complementos en una doble forma: recurriendo bien al paralelismo dentro del verso (v.1: *Cecilie festum / virginis almum*; v.3: *Annua sollempnis / tempora festi*), bien al quiasmo entre versos (en el ejemplo anterior el primer verso presenta los sustantivos antes de la forma verbal, y en el segundo son los adjetivos los que ocupan esta posición).

Estas fórmulas se encuentran fundamentalmente en textos aquitanos de la zona más meridional y pervivieron como técnica compositiva en textos catalanes tardíos del siglo XIII[33], aunque en ningún caso se llegó a la rigidez de los creados en Ripoll.

III.3. *Los Tropos: Aspecto temático. Relación con el texto base*

El contenido incide en tres aspectos que de algún modo parafrasean el contenido del texto de la antífona:

---

mayor preferencia por las formas métricas en repertorios aquitanos e ingleses, que alemanes e italianos; véanse *CT*, I, págs. 40 y sigs, y 224 y sigs., etc. Sobre las composiciones ripollesas en hexámetros véanse, Ll. Nicolau, *L'Escola poètica*, pág. 17, y J. L. Moralejo, *Cancinero*, pág. 108 y sigs, y los comentarios a las diversas piezas.

[33] Nótese la semejanza de estructuras con los elementos del tropo de Sta Cecilia de los siguientes ejemplos aquitanos meridionales, *CT*, III. Tropes du propre de la messe, 2. Cycle de Pâques, págs. 83, 56 y 161:

Discipulis Dominus reserans arcana superna AQUA SAPIENTIAE
Aetherea de sede manans sapientia summa FIRMABITUR IN ILLIS
Pneumate namque replevit eorum pectora sacro ET EXALTABIT.

Este esquema se encuentra asimismo en otros tropos únicos catalanes; así en honor de la Magdalena, Vic 105, fol. 75v, add. saec. XIII:

Nos Magdalene celebremus festa Marie GAUDEAMUS OMNES;

en el tropo del introito de la misa de la Natividad de la Virgen, Vic 105, fol. 32v, add. saec. XIII, y en Barcelona, BC., Frag.M. 1451/3, f.4:

Caelitus instructi dicamus flamine sancto SALVE SANCTA;

y en el introito de la misa de S. Agustín, Vic 106, f.88, Barcelona, BC., Frag. M. 1451/3, f.4:

Laudibus instantes Domino psallamus ovantes
Christum laudantes Augustinum venerantes STATUIT.

a) La actualización de la festividad litúrgica. El tropo anuncia el tema de la fiesta que se va a celebrar mediante sintagmas como *festum almum, Annua tempora* y *sollempnis festi, sollemnpitate, recolentes*, y con la utilización de formas verbales en presente. Este tema se encuentra en la antífona en la frase *diem festum celebrantes*, y en ambos casos se está haciendo referencia a la función litúrgica del *hic, nunc, hodie* [34].

b) La invitación al canto como muestra de alegría. El tropo incide fundamentalmente en el campo semántico del canto: *pangentes*, v.1; todo el v.2 con *Dulcibus modulis, carmina laudum* y *reboantes*; *modulamur* y *mela* , v.5. Por su parte el texto del introito se circunscribe más al tema de la alegría: *Gaudeamus omnes, gaudent* y *conlaudent*.

c) La participación de la comunidad de fieles. La casi totalidad de la composición trópica gira en torno a la primera persona del plural. Las formas nominales de los tres primeros elementos dependen del *Gaudeamus omnes* del texto base; su manifestación explícita se realiza con *modulamur* (v.5). La antífona presenta un rasgo más, el de la comunidad de hombres y ángeles en la celebración y en el canto.

Los tres aspectos se manifiestan mediante frases y expresiones vanales, fijadas por el uso como es el caso de *Annua tempora*, y con epítetos ornamentales sin incidencia significativa como son las formas *almum* o *solemnis* referido a *festum*, o como *dulcibus* unido a *modulis*, y a *triumpho*. Las expresiones literarias son típicas de este género de piezas, y no hay ningún dato personal referido a la santa, salvo que su nombre se repite dos veces.

Los temas y expresiones léxicas son comunes a otros ejemplos de poesía litúrgica ripollesa original del siglo XI, tales como son los himnos en honor de S. Pedro y S. Pablo, y S. Miguel Arcángel, en los que se pueden leer fórmulas como *Tempora fulgida, Annua commoda, nova gaudia* y *Festa dies hodie* en el primero, o *Splendida dies, Angelicis canore, Aethereus chorus* y *nova gaudia* en el segundo; es más, la semejanza se hace evidente en algunos versos de los dos himnos dedicados a S. Valentín[35]:

> Incliti festum colentes Valentini caelebre,
> Letabunda laudum vota concinamus hodie.

y

> Sacer concentus carmina
> pangat Christo caelebria,

---

[34] Sobre este tema litúrgico véase R. Jonsson, «The liturgical function of the tropes», en *Research on Tropes*, Stockholm, 1983, págs. 99–123.
[35] Para la edición de estas piezas véase *supra*, n.11.

cui recoluntur annua
Valentini sollempnia ...

Cuius triumphum nobile
nosmet clangentes hodie,
quoram sancti presentia
demus laudum preconia.

El eco de este tipo de composiciones siguió resonando en la poesía amatoria como es el caso del poema *Noster cetus / psallat letus* que parodia la temática y la versificación litúrgicas[36].

Estos usos se manifiestan como rasgos definidores de la producción tropística de los repertorios aquitanos como pusieron de manifiesto tanto L. Elfving en lo que se refiere a la creación de prosas[37], como G. Iversen en lo que respecta a los tropos del Propio y del Ordinario de la misa[38].

Nuestro tropo logra su entidad no sólo como paráfrasis de la temática del texto base, sino también como desarrollo sintáctico del mismo texto. Hemos hecho notar anteriormente la utilización de los elementos como frases aisladas con significado propio, si bien desde el punto sintáctico estas frases son subordinadas de carácter adjetivo. Para ello se recurre al empleo de participios de presente, todos ellos dependientes del *Gaudeamus* antifonal, y a la oración de relativo *qui tribuit* cuyo antecedente es *Domino* del texto base.

III.4. *Coherencia de las formas trópicas. La prosa*

La misa se completa con una prosa del Aleluya. Esta prosa se organiza en estrofas dobles irregulares con un final desarrollado de un elemento triple isosilábico. El recurso poético utilizado es la rima en *a* que de este modo marca su correspondencia con los melismas sobre las vocales del texto base.

El contenido de las prosas suelen poner en evidencia los rasgos más sobresalientes de la festividad del Tiempo que celebren, o los hechos más destacados de la vida del santo cuyo natalicio recuerden. En este caso, el dato individualizador de la fiesta es la mención de la conversión inducida por Cecilia de su marido y de su cuñado, y los tormentos a los que fueron sometidos. Por lo demás, el contenido de la prosa es de lo más común. Se conmemora con cantos de alegría el martirio y muerte de Cecilia, la cual por sus méritos forma parte de la corte celestial entre vírgenes y ángeles triunfantes.

---

[36]   Un amplio comentario sobre la pieza con su bibliografía correspondiente puede leerse en J. L. Moralejo, *Cancionero*, págs. 50, 266 y sigs.

[37]   L. Elfving, *Etude lexicographique sur les séquences limousines*, Uppsala, 1962.

[38]   G. Iversen, *Corpus Troporum*, IV. Tropes de l'Agnus Dei, Stockholm, 1980, págs. 267 y sigs.; de la misma autora, «Pax et Sapientia. A thematic study on tropes from different traditions», en *Pax et Sapientia. Studies in Text and Music of Liturgical Tropes and Sequences In Memory of Gordon Anderson*, ed. R. Jacobsson, Stockholm, 1985, págs. 23 y sigs.

La coherencia de los textos tropados no sólo se establece con el mantenimiento de los temas, sino en la repetición de elementos léxicos claves en ambas composiciones. Tanto es así que en las seis primeras estrofas se retoman gradualmente y en la misma disposición vocablos del tropo.

TROPO		PROSA	
v.1	pangentes	estr.1	pangat odas ovans
v.2	reboantes	estr.2	dulcia reboans carmina
v.2	dulcibus modulis carmina laudum		dulcia carmina
v.3	annua tempora	estr.4	annuata solemnia
v.4	premia palme	estr.6	palma virginea
v.5	mela	estr.3	Melos clari

Tras una pequeña exposición de los méritos de la santa, el texto de la prosa retoma el tema de la actualización de la fiesta (estr. 12), para dar paso al tema final, la invocación.

Otro de los rasgos peculiares de esta composición es su léxico helenizante: *preclua, celebs, cluis, sceptrigera, polegtra*, etc. El artificio no es ajeno a la creación de prosas en otras iglesias, pero el hecho de que se de con tanta insistencia en esta prosa de Ripoll lo pone en relación con el gran número de glosarios griego–latinos registrados en la biblioteca del cenobio, y con el estilo pseudo–helenizante de algunas de sus composiciones más antiguas[39].

* * *

He pretendido, y espero haberlo conseguido, poner de relieve la importancia del testimonio hoy presentado, no tanto en lo que se refiere a la calidad poética de los textos, cuanto al valor testimonial del fragmento mismo y de las formas trópicas contenidas en él. Nuestro análisis, encaminado a demostrar el origen ripollés de la copia y de las composiciones –con lo que ello supone para la consolidadción del *corpus* de *Carmina Rivipullensia*–, ha sido un primer ejercicio de identificación de técnica compositiva. El fragmento evidencia que Ripoll poseía los recursos suficientes para adecuar su repertorio poético–litúrgico a las necesidades su calendario festivo. Estos recursos se fundamentan en la buena asimilación de la preceptiva literaria. De hecho, nuestros textos, con una rígida construcción del hexámetro métrico, con el empleo de una temática casi vanal, con

---

[39]   Es de señalar el elevado número de glosarios contenidos en la biblioteca de Ripoll y su influencia sobre algunos de los escritores de la época; véase Ll. Nicolau, «La littérature latine», en *La Catalogne*, págs. 181 y sigs.; J. Bastardas, «Nota sobre l'influència dels glossaris en el llatì medieval català (segle X–XI)», en *In Memoriam Carles Riba (1959–1969)*, Barcelona, 1973, págs. 67 y sigs. El uso de términos griegos es otra de las constantes de las prosas aquitanas meridionales como puso de manifiesto L. Elfving, *Etude lexicographique*, págs. 88–131.

su léxico en buena medida helenizante y su estrecho parentesco con fuentes trópicas aquitanas meridionales, tienen un carácter más de ejercicio escolar, que de composición motivada por la propia inspiración. Esta labor de análisis de piezas únicas ha de ser continuado si queremos llegar a conocer en profundidad la escuela poética de Ripoll.

ANTÍFONA DEL INTROITO

Gaudeamus omnes in domino,
diem festum celebrantes
in honore sanctae Ceciliae, de cuius solemnitate
gaudent angeli et conlaudant filium Dei.

* * *

Alegrémonos todos en el Señor
celebrando la fienta en honor de Sta. Cecilia,
de cuya solemnidad se alegran los ángeles y alaban
a coro al Hijo de Dios».

TROPOS DEL INTROITO: Barcelona, ACA., *Ripoll* 52, f.210.

1   Cecilie festum pangentes virginis almum
     Dulcibus et modulis reboantes carmina laudum
     GAUDEAMUS OMNES IN DOMINO...

2   Annua sollempnis recolentes tempora festi
     GAUDEAMUS OMNES IN DO(mino)...

3   Cecilie sancte tribuit qui premia palme
     DIEM FESTUM CELEBRANTES...

4   Cuius ob eximio modulamur mela triumpho
     DE CUIUS SOLLEMPNITATE GAUDENT ANGELI ET
     CONLAUDANT FILIUM DEI. P. GAUDENT ANGELI.

1,1 virginis: virginis fest *erasum*.
4,3 ANGELI: ageli *ms*.

* * *

Celebrando la venerable fiesta de la virgen Cecilia
y haciendo resonar los cantos de alabanza con agradables melodías,
ALEGRÉMONOS TODOS EN EL SEÑOR...

Honrando el tiempo anual de la solemne fiesta, ALEGRÉMONOS
TODOS EN EL SEÑOR...

Que concedió a santa Cecilia el premio de la palma, CELEBRANDO
LA FIESTA...

Por cuyo singular triunfo modulamos canciones, DE CUYA
FESTIVIDAD SE ALEGRAN LOS ANGELES...

La aparición de Florestán:
Un episodio en el *Amadís* de Montalvo

Victoria CIRLOT

En el libro I del *Amadís* hay un pasaje que llena de sorpresa al lector. Es un episodio importante y totalmente imprevisto, lo cual no deja de ser raro en un relato donde la técnica narrativa todo lo prevee, de modo que el horizonte de expectación generado por la lectura, se encuentra, de un modo constante y sistemático, culminado y nunca contrariado[1]. En contraste con estos rasgos dominantes en el arte de narrar, de pronto emerge en esta obra un episodio que contradice la norma, introduciendo un brusco giro en las expectativas. Me refiero a la súbita aparición en el capítulo XL de Florestán, el hermano bastardo de Amadís y Galaor. Y no sólo este episodio cambia el rumbo del desarrollo novelesco, sino que además queda aislado en la obra, sin continuación. Me propongo aquí aclarar estas impresiones, y, quizás, algo iluminen acerca del complejo asunto de la labor de refundición de Garci Rodríguez de Montalvo.

Tres son las cuestiones que trataré de dilucidar: en primer lugar, lo extraño del episodio en sí; en segundo lugar, lo inesperado del episodio en el contexto de la obra; y, en tercer lugar, su falta de continuidad en los tres libros restantes del *Amadís*.

1

Amadís cabalga junto con Galaor y Agrajes hacia el castillo de Grovenesa y Briolanja para vengar a la «niña hermosa» de su tío Abiseos en batalla judicial de tres contra tres. Cabalgando por un camino, encuentran a una doncella que les dice que mejor lo abandonen, pues hay un caballero que defiende el paso. Al oir Amadís como lo alaba la doncella, siente grandes deseos de conocerlo, y le ruega que le conduzca hasta él. Se internan por la floresta y «a la salida de la floresta vieron un cavallero»[2]. Hasta aquí no hay nada de particular. La figura del caballero defensor del paso ya ha aparecido anteriormente en la novela (cap. XVII, Angriote d'Estraváus). No obstante, este nuevo defensor del paso no puede confundirse con otro. El aspecto del caballero es «estraño»: «vieron un cavallero grande todo armado en un fermoso cavallo ruano». Nada se dice en esta primera y

---

[1] W. Iser, *Der Akt des Lesens*, Munich: Fink, 1984.
[2] Garci Rodríguez de Montalvo, *Amadís de Gaula*, ed. V. Cirlot y J. E. Ruiz Domenec, Barcelona: Planeta, 1989.

rápida descripción de sus señales heráldicas, pero más adelante Galaor lo reconoce cuando le describen sus armas: «Un escudo bermejo y dos leones pardos en él, y en el yelmo otro tal[3]». En el Libro III se vuelve a describir el escudo de Florestán («aquel de las armas coloradas y leones blancos es don Florestán»), con lo que Riquer blasona tal escudo como «de gules dos leopardos de plata[4]». Ciertamente, nada especial tiene este escudo de leopardos, sino fuera porque esta señal heráldica no se encuentra sólo en el escudo, sino también en el yelmo. Interpreto la expresión «y en el yelmo otro tal» como que el caballero portaba el yelmo coronado de dos leopardos, o sea, que llevaba una cimera. Esta pieza cuya existencia estaba documentada en Europa en el siglo XIII podía tener una función ornamental, y también heráldica como ocurría en Alemania[5]. En este caso, hay una perfecta adecuación entre las figuras representadas en el escudo y las representaciones de la cimera, de modo que se trata de una cimera heráldica. Como más adelante se contará, el caballero de la cimera viene de Alemania, por lo que la ostentación de tal pieza con función heráldica se encontraría plenamente justificada. El caballero que guarda el paso es un «cavallero estraño» pues procede de un país extraño, lo que quedaría representado justamente por portar tal pieza. Pero además, es el único caballero en todo el *Amadís* que lleva una cimera. La figura del caballero de la cimera de leopardos sorprende, indudablemente, a Amadís, a Galaor, a Agrajes y también al lector.

La extrañeza del caballero de la cimera no sólo procede de un aspecto extraño: también lo es su comportamiento. Se dedica a «guardar esta floresta de todos los cavalleros andantes quinze días», lo que constituye un tipo de acción habitual en la caballería, pero no tanto así la forma: «y mándavos dezir que si os plaze con él justar, que lo hará con tanto que la batalla de las espadas cesse»[6]. Es decir, que el caballero de la floresta sólo quiere justar a caballo y con lanza. Revela un depurado conocimiento del peligro de las armas, de los grados en el juego de la muerte, y además lo expresa de un modo explícito: combatir con lanzas es menos peligroso que combatir con espadas: guardar la floresta no puede requerir un tipo de batalla a ultranza y se impone dejarlo bien claro[7]. El caballero de la floresta se muestra mesurado, ajeno a la ira y a la «saña», cortés, en definitiva. La justa que él propone, contrasta con la crudeza de la batalla judicial que en el relato acaba de mantener Olivas contra el duque de Bristoya (cap. XXXIX) y con la que habrán de mantener Amadís y Agrajes contra Abiseos y sus hijos (cap. XLII). Cierto que estos dos combates son batallas judiciales a muerte, pero la descripción de este tipo de justa propuesta por el caballero de la floresta no deja

---

3   *Amadís*, pág. 316.

4   M. de Riquer, *Estudios sobre el Amadís de Gaula*, Barcelona: Sirmio, 1987, págs.169–170.

5   M. Pastoureau, *Figures et couleurs. Etude sur la symbolique et la sensibilité médiévales* («Du masque au totem: le cimier héraldique et la mythologie de la parenté», págs, 139–159), París: Le Léopard d'or, 1988; cf. también mi «La Cimera como máscara caballeresca», en *L'immagine riflessa*, Anno XII (1989), N. 1, págs. 109–120.

6   *Amadís*, pág. 310.

7   V. Cirlot, «El juego de la muerte. La elección de las armas en las fiestas caballerescas de la España del siglo XV», en *Actas del VII Convegno di studio*, Narni, 14–16 oct., 1990, págs. 55–78.

de provocar un efecto muy diferente al que se acaba de experimentar en el combate inmediatamente anterior en el relato (cap. XXXIX). También sigue resultando diferente si lo comparamos con la justa que mantiene Angriote d'Estraváus con Amadís (cap. XVII), y, en este caso, deberían ofrecer un grado de peligrosidad similar. Como Angriote, el caballero de la floresta guarda el paso a petición de una doncella, aunque Angriote lo haga por «la amiga más hermosa». En el combate entre Amadís y Angriote, se manejan las lanzas y las espadas, hasta que Angriote se ve «en aventura de muerte»[8]. En cambio, el caballero de la floresta no permite llegar a ese grado. Después de advertir que «la batalla de las espadas cesse» justa con Agrajes, y con gran facilidad lo derriba al suelo de un golpe de lanza. Al ver venir a Galaor, toma otra lanza, y, al juntarse con los caballos, Galaor cae en tierra del golpe. La pericia del caballero en el manejo de la lanza queda probada después de derribar a Agrajes y Galaor. Pero lo que ningún lector puede esperar, es que también derribe a Amadís. Es la primera vez en todo el relato, y será también la última (al menos en los cuatro libros del *Amadís*), en que el gran héroe de la novela es derribado y así vencido. El momento es prodigioso: «Después dixo al cavallero que se guardasse. Entonces se dexaron ir el uno al otro; y las lanças bolaron por el aire en pieças; mas juntáronse los escudos y yelmos uno con otro que fue maravilla; y Amadís y su cavallo fueron en tierra; al cavallo se le quebró la espalda; el cavallero de la floresta cayó, mas llevó las riendas en la mano y cavalgó luego muy ligeramente.»[9]. La situación de Amadís, en el suelo y con el caballo medio muerto, mientras el otro ya se ha recuperado, resulta totalmente novedosa. En cualquier caso, la situación está matizada, pues como reclama Amadís: «Cavallero, otra vez os conviene justar, que la justa no es perdida, pues ambos caímos.»[10]. Al otro nada le importan las palabras de Amadís, y, tal y como había anunciado, la batalla ha de concluir antes de desenvainar las espadas. Mientras el caballero extraño se aleja, ellos, Agrajes, Galaor y Amadís, lo contemplan sentados en el suelo y «tuviéronse por muy escarnidos, y no podían pensar quién fuesse el cavallero que con tanta gloria dellos se avía partido.»[11]. Cuando tratan de perseguirle para descubrir su identidad, la doncella les persuade que no lo hagan, pues «sería locura pensar vos de lo hallar.»[12]. Sólo Galaor insiste en la persecución, y, mientras Amadís y Agrajes continúan hacia el castillo de Grovenesa y Briolanja, Galaor se separa de ellos para ir en su busca.

2

De pronto hay un caballero desconocido que deja a Amadís «escarnido», en una situación vergonzosa. ¿Quién es el caballero de la cimera, guardador de la floresta? Por nada deja Galaor de saberlo. Una doncella le conduce hasta el

---

[8] *Amadís*, pág. 157.
[9] *Amadís*, pág. 310.
[10] *Amadís*, pág. 310.
[11] *Amadís*, pág. 310.
[12] *Amadís*, pág. 310.

caballero desconocido. Van a justar de nuevo y el caballero extraño «pareçía tan bien y tan apuesto que era maravilla»[13]. Quiebran las lanzas y cuando Galaor «metió mano a la espada», el caballero se continúa resisitiendo, requiriéndole a justar de nuevo. El caballo de Galaor «hincó las rodillas y por poco no cayó», pero Galaor logra enderezarlo. En este punto, Galaor vuelve a desenvainar la espada, y ahora sí comienza la batalla de las espadas. Sin embargo, por parte del caballero desconocido es sólo una aceptación al requerimiento de Galaor, pues dice: «Cavallero, vos desseáis la batalla de las espadas, y cierto yo la recelava más por vos que por mí, si no, agora lo veréis.»[14]. La saña de Galaor se manifiesta en sus palabras: «Hazed todo vuestro poder, que yo assí lo haré fasta morir o vengar aquellos que en la floresta malparastes.»[15]. La batalla de las espadas parece, en efecto, batalla a muerte. Y es ahora cuando comienza la «brava batalla», «para se matar», primero a caballo, luego a pie. Cuando Galaor se ve con más ventaja, le insta a que le descubra quién es. El desconocido se niega, y la batalla prosigue con gran saña. Nunca antes en el relato le había costado a Galaor vencer a un adversario, excepto en una ocasión, y ésta fue en el combate con Amadís (cap. XXII). Ambas suceden de tal modo, que difícilmente se sabe quién de los dos obtendrá la victoria. Y como en aquella otra anterior, también aquí la batalla se interrumpe por intervención de alguien, en este caso, la amiga del caballero desconocido. Al descubrir la identidad del desconocido, pone fin al combate. Sus palabras suenan de un modo inesperado: «Dígovos que este nuestro cavallero ha nombre don Florestán, y él se encubre assí por dos cavalleros que son en esta tierra sus hermanos, de tan alta bondad de armas, que ahunque la suya sea tan creçida como havéis provado, no se atreve con ellos darse a conoçer hasta que tanto en armas haya hecho, que sin empacho pueda juntar sus proezas con las suyas dellos; y tiene mucha razón, según el gran valor suyo; y estos dos cavalleros son en casa del rey Lisuarte, y el uno ha nombre Amadís y el otro don Galaor, y son todos tres hijos del rey Perión de Gaula.»[16]. Si desde el principio de este libro se sabía que Amadís iba a tener un hermano, Galaor, nada en cambio, señalaba la aparición de un tercero, de Florestán, engendrado antes que éstos, según una historia, la del rey Perión y de la hija del conde de Selandia, que se narra en el capítulo siguiente (cap. XLII). Se trata de una historia inesperada después de habérsenos contado que el rey Perión jamás había amado a doncella antes de conocer a Helisena (cap. I) y, en efecto, es la hija del conde la que se enamora de Perión y la que le obliga a acostarse con ella, porque de lo contrario se suicidaría. Con todo, el episodio no sólo es imprevisible porque no haya sido anunciado, o porque añada un nuevo relato a la historia de Perión que el lector creía ya conocer. La aparición de un tercer hermano de Amadís supone un cambio en la concepción de la estructura de la obra, pues destruye el binomio Amadís–Galaor, sobre el que se ha insistido de un modo tenaz a lo largo de todo el primer libro. Se trata de un binomio que

---

[13]   *Amadís*, pág. 319.
[14]   *Amadís*, pág. 319.
[15]   *Amadís*, pág. 319.
[16]   *Amadís*, pág. 322.

podríamos denominar arquetípico, pues hace alusión al mito gemelar. Las vidas de Amadís y Galaor corren paralelas: ambos son perdidos poco después de su nacimiento (Amadís echado en el río y Galaor raptado por el gigante), sus infancias transcurren alejados de sus padres y son adoptados, ambos desean ser armados caballeros y reciben armas de Urganda (Amadís, la lanza, y Galaor, la espada), ambos realizan una primera hazaña (Amadís combate con el rey Abiés de Irlanda y Galaor con el gigante de la Peña Galtares). En el relato existe una clara intención de compararlos. Se habla de su intenso parecido en reiteradas ocasiones, pero también, como conviene al mito gemelar, de su carácter antinómico[17]. Ya su propia circunstancia de pérdida es opuesta: uno fue perdido por voluntad de la madre (Amadís) y el otro raptado contra su voluntad (Galaor), tal y como acentúa Ungán al desvelar a Perión el significado de su sueño. Al mismo tiempo, su oposición se muestra con nitidez en un rasgo que es esencial a cada uno de ellos: el amor. Según el mito, los gemelos se enfrentan y uno de ellos debe morir. Urganda prevee cómo sería semejante combate, al decir: «Pues razón es que lo sepáis, que él es de tal coraçón y vos así mesmo, que si vos topássades no os conosciendo, sería gran mala ventura.»[18]. Esta estructura gemelar, que también repercute en la ordenación del relato (la historia de Amadís alterna con la de Galaor), se rompe con la aparición de Florestán. Parece que el episodio va a orientar de un nuevo modo el relato, creando una nueva estructura. Sin embargo, no sucede estrictamente de ese modo.

3

A partir del Libro I el binomio Amadís–Galaor se debilita, sus historias dejan de ser alternadas, y las analogías se van desvaneciendo. Pero la introducción de Florestán no genera una tríada, y el propio personaje se diluye, o, al menos, no ocupa un lugar más destacado que otros muchos. En el Libro I se describe una situación en la que vive Florestán de la que sólo se volverán a hacer escasas menciones. Se trata de un tipo de situación conocida en la tradición artúrica: una dama poderosa, señora de una isla, retiene a un caballero por amarlo demasiado. Ese es el caso de Florestán, pues como le cuenta una doncella a Galaor, «y tiénelo consigo, que lo no dexa salir a ninguna parte»[19]. El poder de la señora, la prisión en que tiene al caballero amado, nos recuerdan el motivo del hada amante, conocido desde el *Erec* de Chrétien en el famoso episodio de la «Joie de la Cort» hasta la Isla de Oro en el *Bel Inconnu* de Renaut de Beaujeu[20]. En este caso, la señora no deja inactivo al caballero, sino «por lo detener fácele passar algunos cavalleros que lo quieren con que se combata». Es ella una «muy hermosa dueña,

---

[17]   C. G. Jung, *Transformaciones y símbolos de la libido*, Buenos Aires, 1952. F. Cumont, *The Mysteries of Mithra*, Nueva York, 1956 (1ª ed. 1903)
[18]   *Amadís*, pág. 88.
[19]   *Amadís*, pág. 317.
[20]   L. Harf–Lancner, *Les fées au moyen âge*, París: Champion, 1984.

y ha nombre Corisanda, y la ínsola, Gravisanda.»[21]. Después del combate, Galaor y Florestán curan sus llagas en el castillo de Corisanda, y después deciden ir en busca de Amadís. «Cuando Florestán se despidió de su amiga, sus angustias y dolores fueron tan sobrados y con tantas lágrimas, que ellos avían della gran piedad; y Florestán la conortava prometiéndola que lo más cedo que ser pudiesse la tornarían a ver.»[22]. Pero Florestán no regresa nunca a la ínsola Gravisanda. Es Corisanda quien va en su búsqueda, y, pasando por la Peña Pobre, llega a la corte del rey Lisuarte (cap. LI), donde se encontrará con Florestán. De nuevo, el caballero le promete acudir a sus tierras, lo que tampoco cumple (cap. LIII). Y es que, en realidad, Florestán no es un «leal amador» como se demuestra en el arco de la Insola Firme (inicio del Libro II). En esto se parece a Galaor; al final, ambos se casan: Florestán lo hace con la reina de Cerdeña, Sardamira, (cap. CXX). De Corisanda no queda ni rastro y el propio Florestán se va difuminando, sobre todo si se compara cualquier episodio en que reaparece con su irrupción primera en el relato. Casi me atrevería a decir que aquel caballero de la cimera defensor de la floresta, aquel excelente justador enemigo de las batallas a espada al menos para las «justas corteses», no vuelve a salir en toda la obra. Así como los rasgos que definen a los personajes principales persisten coherentemente a lo largo de los cuatro libros (Amadís, Galaor, Agrajes), de Florestán quedan sólo unas débiles huellas. No deja de ser curioso que en las *Sergas de Esplandián*, Montalvo lo cualifique como el mejor caballero junto a Esplandián, por encima de Amadís y Galaor, una afirmación que es sólo coherente con la primera aparición del personaje en la obra[23]. Quizás Montalvo, al refundir el *Amadís* o los *Amadises* primitivos se resistiera a suprimir tan bello episodio, para después como hiciera en otros casos, cortar ahí donde la pareciera que no convenía a la intención general de la obra. Quizás Florestán ocupara un lugar mucho más destacado en las versiones antiguas. Pero esto son puras conjeturas sin ningún asiento. Sólo podemos continuar sorprendiéndonos en el *Amadís* de Montalvo de la extraordinaria y extraña aparición del caballero guardador de la floresta.

---

[21]   *Amadís*, pág. 317.

[22]   *Amadís*, pág. 339.

[23]   J. Amezúa, «Oposición de Montalvo al *Amadís*», *Nueva Revista de Filología Hispánica*, 21 (1972), págs. 326–328.

La muerte de los caballos en el *Libro del caballero Zifar**

Antonio M. CONTRERAS MARTÍN

...c. 1300 surge el *Libro del Cauallero Zifar*. Han transcurrido ya casi siete siglos, y sin embargo muchas preguntas permanecen irresueltas, entre ellas la que nos ha movido a escribir estas páginas: ¿por qué se le mueren los caballos a Zifar?

Los críticos, como era de esperar, se han pronunciado de forma diversa, con todo y con eso es posible agrupar en tres las posturas sostenidas por la crítica. La primera encabezada por Charles Ph. Wagner, arguye que la muerte de los caballos alcanza su interpretación si se tiene en cuenta como origen de ese motivo la muerte de los animales narrada en la leyenda de San Eustaquio[1]. La segunda la conforman las opiniones de Justina Ruiz de Conde[2], Roger M. Walker[3] y James F. Burke[4] para quienes la muerte de los animales es el resultado de una maldición ocasionada por los pecados de un antecesor de Zifar, el rey Tared. La tercera y más reciente, es la defendida por Cristina González quien argumenta que dicho motivo no tiene explicación directa en el texto[5].

La intención del presente trabajo es tratar de desvelar la causa y significado del motivo por el cual se le mueren los caballos a Zifar, pues a nuestro juicio reviste una gran importancia para la comprensión de este libro de caballerías.

---

[*]   Este trabajo se complementa con «El caballero Zifar en busca del linaje», en *Actas do IV Congresso Associação Hispânica de Literatura Medieval (Lisboa, 1 a 5 de Outubro de 1991)*, II, Lisboa: Edições Cosmos, 1993, págs. 155–159.

[1]   «We have in the legend the simple statement that Placidus loses all his cattle had horses by a pestilence», en Charles Ph. Wagner, «The Sources of El Cavallero Zifar», *Revue Hispanique*, 10 (1903), págs. 5–104, (pág. 21).

[2]   Justina Ruiz de Conde, *El amor y el matrimonio secreto en los libros de caballerías*, Madrid: Aguilar, 1948, pág. 63.

[3]   «Zifar's horses die after he has had them for ten days as a result of the curse of his family», en Roger M. Walker, *Tradition and Technique in «El Libro del Cavallero Zifar»*, London: Tamesis Book Ltd., 1974, pág. 101.

[4]   «...tells her that he is descended from a family of kings which had lost its position of power because of the evil actions of one its members», en James F. Burke, *History and Vision: The Figural Structure of the «Libro del Cavallero Zifar»*, London: Tamesis, 1972, pág. 55.

[5]   «La muerte de los caballos de Zifar cada diez días es un hecho inexplicable e inexplicado en el texto [...]. En el texto no se dice porqué mueren los caballos cada diez días», en *Libro del Caballero Zifar*, ed. Cristina González, Madrid: Cátedra, 1983, pág. 75.

Un análisis de las posibles fuentes del *Libro del Cauallero Zifar* donde puede localizarse este motivo: la leyenda de San Eustaquio y «La historia del rey que perdió el reino y la esposa y la riqueza y Alá se lo devolvió todo», ayuda a esclarecer este prodigio.

En la leyenda de San Eustaquio, como señaló Ch. Ph. Wagner, al protagonista efectivamente se le mueren los caballos:

> E non tardó mucho despues desto que toda su conpanna le enfermó, e morieron á poco tienpo todos, asy seruientes como caualleros. E en esto entendió Don Eustaquio que era comienço de sus tentaçiones, e en rreçibiéndolas, gradeçiéndolas e dando loor á Dios, e rrogó á su mugier muy de corasçon que por esto nin por al non le falleciese sufriencia. A vn poco despues desto cayó mortandat en sus cauallos e en todas sus bestias e en todo su ganado, asy que non le fincó nada[6].

En esta obra el suceso (=muerte) no tiene nada de extraordinario, de maravilloso, pues el autor nos ofrece una explicación: los «cauallos», «bestias» y «todo el ganado» se mueren a causa de una «mortandat». Es decir, una epidemia o una peste[7]. Sin embargo, sí cabe contemplar la consecuencia que produce este hecho: la ruina de la familia, debido a la pérdida de todo («no le fincó nada»). A esto debe añadirse que la carencia de montura para un caballero es sin duda un hecho lamentable, ya que supone el perder aquello que es consustancial y necesario para él: el caballo, con todo lo que ello le puede acarrear.

En el cuento titulado «La historia del rey que perdió el reino y la esposa y sus riquezas y Alá se lo devolvió todo», perteneciente a *Las mil y una noches*, propuesto por Ángel González Palencia[8] y Roger M. Walker[9] como fuente directa del *Zifar*, también aparece el motivo de la pérdida de las cabalgaduras:

> Whenas wayfare grew sore upon them, there met them highwaymen on the way, who took all that was with them, so that naught remained to each of them save a shirt and trousers; the robbers left them without even provaunt or camel or other riding-cattle, and they ceased not to fare on afoot, till they came to a copse, which was an orchard of trees on the ocean shore[10].

En este relato las cabalgaduras («camel» y «other riding-cattle») las pierde el protagonista tras un robo. También en este caso, el acontecimiento queda

---

[6] *Dos obras Didácticas y dos leyendas*, ed. Hermann Knust, Madrid: Sociedad de Bibliófilos de España, 1878, pág. 133.

[7] En el texto «mortandat» (duplicado popular de «mortalidad») se emplea con el valor de «epidemia, peste». Seguimos la definición realizada por Don Roque Barcía: «multitud de muertes causadas por alguna epidemia, peste o guerra», en *Primer Diccionario General Etimológico de la Lengua Española*, Barcelona: F. Seix Editor, 1879, 5 vols.

[8] Ángel Gómez Palencia, *Literatura arábigo-española*, Barcelona: Labor, 1945[2].

[9] Roger M. Walker, *op. cit.*, págs. 65-70.

[10] «The Tale of the King Who Lost Kingdom and Wife and Wealth and Allah Restored Them to Him», en Richard F. Burton, *The Book of the Thousand Nights and a Night*, repr. and ed. Leonard C. Smithers, IX (págs. 213-222), London, 1894.

explicado de forma lógica. De nuevo a causa de la pérdida de las monturas el héroe se encuentra en una difícil situación, al tiempo que ocasiona en la familia un claro empeoramiento, produciéndole la ruina.

El autor del *Libro del Cauallero Zifar* recoge en parte el valor y significado de este motivo (generar pobreza), pero le añade y dota de un nuevo sentido, transformándolo en un hecho maravilloso[11] que adquiere dimensiones míticas.

Para lograr esclarecer el sentido completo del motivo realizaremos un estudio de éste orientado en un doble plano. Al primero de ellos lo denominaremos «plano real» (=patente) y al segundo «plano simbólico» (=latente).

1. *Plano real (=patente)*

El estado de pobreza en que se halla Zifar («que yo por eso ando asy apremiado de pobre», pág. 133) como consecuencia de la constante muerte de los caballos, debió de ser recibido de forma clara por el público del momento. Piénsese que si al caballero se le mueren los caballos (sin tener en cuenta las «bestias de carga») cada diez días, ésto supone que al cabo de un ano necesita la cantidad nada despreciable de 36 caballos (para ser más precisos 36,5). Dicha cantidad trasladada al horizonte económico –primeros años del siglo XIV– es un gasto monetario importante y visible para cualquier receptor de la obra. En un documento perteneciente a las cuentas del rey Sancho IV datado en el mes de abril de 1294, se nos informa de que se pagó la suma de 1600 maravedíes por un caballo regalado a Ferrán García de Sanabria[12]. La carestía de la vida y la inflación se incrementaron durante el reinado de Fernando IV[13] –época de redacción del libro–, luego el coste de un caballo debió aumentar. Sin embargo, tomando como referencia el precio de una montura de 1294, 1600 maravedíes, la suma que necesitaría Zifar para abastecerse de éstas ascendería a unos 58.400 maravedíes, cantidad realmente impresionante para las posibilidades de un caballero. Por lo tanto el público alcanzaba a comprender la difícil situación en que se encuentran tanto Zifar como vasallo (=receptor) como su señor, el rey de Tarta (=donante).

---

[11]   «Desto fue el hermitaño mucho marauillado». Todas las citas de este trabajo proceden de *Libro del Caballero Zifar*, ed. Cristina González, Madrid: Cátedra, 1983, (pág. 152).

[12]   Véase, M. Gaibrois de Ballesteros, *Historia del reinado de Sancho IV de Castilla*, I, Madrid, 1922, pág. xlv.

[13]   Véase, César González Mínguez, *Fernando IV de Castilla (1295–1312). La guerra civil y el predominio de la nobleza castellana*, Vitoria: Colegio Universitario de Álava, 1976. El esfuerzo que suponía para la economía de un caballero mantener su estatus era ciertamente elevado. J. F. Verbruggen señala como en 1297, Gerard de Moor, señor de Wessengem, poseía siete caballos valorados en 1200 libras tornesas, cantidad equivalente a los ingresos anuales de algunos caballeros de alto estado del reino de Inglaterra, en *The Art of Warfare in Western Europe during the Middle Ages*, Oxford, 1977.

2. *Plano simbólico (=latente)*

Pese a que el hecho en ningún momento sea explicado por el autor es permisible interpretarlo como una maldición («ca tal ventura me quiso Dios dar», pág. 133) que acosa al linaje de Zifar. Maldición provocada por las «malas costumbres»[14] de su antepasado, el rey Tared:

> E asy el rey Tared, commoquier que el rey su padre le dexara muy rico e muy poderoso, por sus malas costumbres llego a pobredat e ouose de perder, asy commo ya lo conto el auuelo del Cauallero Zifar, segunt oyestes; de guisa que los de su linaje nunca pudieron cobrar aquel logar que el rey Tared perdió. (pág. 95)

Estas «malas costumbres», identificadas con la maldad («grant fuerça de maldat», pág. 93) pueden ser entendidas como un pecado, si consideramos las palabras del autor, según las cuales los pecados de los antepasados perviven en los descendientes:

> ca bien asy commo la gafedat encona e gafeçe fasta quarta generaçion desçendiendo por liña derecha, asy la trayçion del que la faze manziella a los que del desçienden, fasta quarto grado; ca los llamarian fijos e nietos e visnietos de trayçion e pierden onrra entre los omnes» (pág. 237)[15].

Pecado[16] que se materializa en un hecho ominoso y lamentable para este o cualquier otro caballero como es *la muerte de los caballos*. Esta maldición estigmática adquiere dimensiones míticas, pues cumple con aquello que es inherente a la naturaleza del mito, a saber, la no explicación del fenómeno de forma directa y racional por parte del autor y su repetición cadente[17].

---

[14] Recordemos la importancia que otorga el autor a las «costumbres«: «la primera es aprender buenas costumbres; la segunda es vsar dellas; ende la vna syn la otra poco valen al ome que a grant es ado e grant onrra quieren llegar» (pág. 266). Las «malas costumbres», aun no apareciendo de forma explícita, pueden ser deducidas por medio de la comparación con los reyes anteriores, ya que: «se non falla en escriptura ninguna que otro rey ouiese en la India mal acostumbrado synon el rey Tared» (pág. 98). Las costumbres que no posee Tared (= «mal acostumbrado») son: «seso», «nobleza», «saber», [no] «estudiar en la divinidat», [no tener] «buena fe», [no tener] «buena creencia» y [no] «creer en Dios» (extractadas de la página 98).

[15] La trasmisión hereditaria de la enfermedad y la igualación de ésta a las deficiencias morales es algo patente a lo largo de toda la Edad Media. Véase, M. D. Grmek, *Les maladies à l'aube de la civilisation occidentale*, París: Payot, 1983. Aquí no se trata de un número concreto, pues podemos considerar un espacio y un tiempo míticos.

[16] De pecador se califica al que ha llevado a Zifar a la situación en que está: «Çertas este ome bueno de Dios es, e pecado fizo quien le puso en este grant pesar» (pág. 140).

[17] G. S. Kirk, *Myth. Its meaning and functions in Ancient and other cultures*, Cambridge: Cambridge University Press, 1970.

A Zifar se le mueren los caballos cada diez días como ya se anticipa en el Prólogo:

> Mas atan *grant* desventura era la suya que nunca le duraua cauallo nin otra bestia ninguna de dies dias arriba, que se le non muriese, a avnque la dexase o la diese ante de los dies dias. (pág. 75).

La muerte de los équidos es un suceso que irremisiblemente debe acontecer transcurridos esos «dies dias». La inexorabilidad del hecho permite calificarlo como «fático», pues se muestra como una prueba ineludible para el caballero[18].

La reiteración del acontecimiento queda destacada, considerando que el *diez* es un número que tradicionalmente posee el valor de la totalidad, del fin de una situación, al tiempo que es el retorno a la unidad, a la normalidad, y así indefinidamente[19]. De este modo Zifar vive durante los «dies dias» a la espera de la muerte del animal, y así de forma continuada[20]. Se convierte en último término en el estigma del linaje.

A ello debe añadirse que son cinco las veces en que a Zifar se le mueren las monturas:

> E acabo de los diez dias, entrando en el onzeno de la mañana, auiendo caualgado para andar su camino, murioscle al cauallero el palafre, de que resçibio la ducña muy grant pesar. (pág. 98).

> Era ya contra la tarde e conplise los dies dias que ouiera ganado el cauallo quando mato al sobrino del señor de la hueste, e ellos estando asy fablando, dexose el cauallo caer muerto en tierra. (pág. 133).

> e el cauallo quel diera el señor de la hueste moriosele a cabo de dies dias, e non tenia cauallo en que yr. (pág. 134).

> E quando se conplieron los dies dias despues que salieron de Galapia, moriosele el cauallo quel diera la señora de la villa, de guisa que ouo de andar bien tres dias de pie. (pág. 135).

> 'Sy', dixo cl hcrmitaño, 'mas non he çeuada para vuestro cauallo que traedes'. 'Non nos incal', dixo el cauallero, 'ca esta noche ha de ser muerto'. 'Commo', dixo el hermitaño, 'lo sabedes vos eso?'. 'Çertas', dixo el cauallero, 'porque se cunplen oy los dies dias que lotengo, e non se podria mas detener que non muriese'. 'E commo', dixo el hermitaño, 'lo sabedes vos esto?'. 'Porque es mi ventura que non duran mas de dies dias las bestias'. E ellos estando en este departimiento cayo el cauallo muerto en tierra. (pág. 152).

---

[18]   Así Zifar al hablar con el ermitaño explica ese sentido fático del fenómeno: «'Non nos incal', dixo el cauallero, 'ca esta noche ha de ser muerto' [...] 'Porque es mi ventura que me non duran mas de dies dias las bestias'» (pág. 152).

[19]   M. Ghyka, *Philosophie et mystique du nombre*, París: Payot, 1971.

[20]   Zifar responde al «cauallero de la hueste»: «lo que suele sienpre en mi» (pág. 133).

Tras estas cinco «muertes» desaparece de repente toda mención a este motivo. ¿Por qué esa omisión tan brusca? Una vez más el simbolismo del número puede ayudar considerablemente a interpretar, aunque sea parcialmente, el significado de la muerte de los caballos. Teniendo en cuenta que «el cinco simboliza la manifestación del hombre, al término de la evolución biológica y espiritual»[21], no sería casual que una vez conseguido Zifar su evolución espiritual («Cauallero de Dios») y biológica («Rey de Mentón») –adviértase que el caballo es la parte inferior del caballero– el autor crea innecesaria y elimine toda mención al estigma. Al caballero le acompaña el pecado hasta que consigue alcanzar su plenitud como veremos más adelante.

Pero ¿qué significa ese cadáver, ese cuerpo muerto ante el individuo? El cadáver es la *actualización* del pasado del linaje. Zifar ante el caballo lo que está viendo es una parte de su pasado. El cadáver es el lado muerto, putrefacto del linaje, la parte oscura del «yo» del caballero[22], pero al mismo tiempo mediante su «constante actualización»[23] recuerda y pone de manifiesto a Zifar su responsabilidad para con su linaje, siendo en último extremo el motor de la salida del héroe[24].

La muerte de los caballos, generadora de pobreza y origen de la salida, deviene así el medio que posibilita la recuperación de Zifar y por ende la redención del linaje. De este modo el caballo conserva su valor simbólico como vehículo mediante el cual el individuo pasa de un estado a un estado–otro[25]:

SITUACIÓN: pobreza y vasallaje $\rightarrow$ Rey de Mentón.

En este libro la salida se justifica como solución a la «crisis» en la que ha entrado el héroe, pues a la «maldición equina» se suma el alejamiento de la función guerrera a que es sometido, sintiéndose destinado al olvido. En esa

---

[21]   Jean Chevalier y Alain Gheerbrant, *Diccionario de símbolos*, Barcelona: Herder, 1988².
[22]   Como dijo Heinrich Zimmer: «L'animale è l'aspetto 'inferiore' del cavaliere» en *Il re e il cadavere*, Milano: Adelphi Edizione, 1983, pág. 56.
[23]   Como señaló Friedrich Nietzsche: «Para que algo permanezca en la memoria se lo graba a fuego; sólo lo que no cesa de doler permanece en la memoria –éste es un axioma de la psicología más antigua–» en *La genealogía de la moral*, Madrid: Alianza Editorial, 1987, 16 reimpr., pág. 69.
[24]   «La via della morte è di per sí la via dell'iniziazione», Heinrich Zimmer, *op. cit.*, pág. 258.
[25]   El caballo es en última instancia el que provoca la caída de Roboán, el hijo de Zifar, haciéndole perder su posición: Emperador de las «Ynsolas Dotadas». El caballo es descrito de forma negativa («un cauallo maldito», pág. 424) y positiva («fue commo sy fuera viento» = veloz, pág. 427; «muy fermoso» y «muy blanco»). Roboán pierde su estado por el caballo, pero al mismo tiempo tras ser transportado por él a Trigrida, acaba siendo emperador. Al igual que Zifar, su hijo Roboán consigue ensalzar el linaje al ensalzarse, a consecuencia de los caballos, en último término.

situación de «olvido» (distanciamiento de la sociedad) el caballero toma «conciencia»[26] y «recuerda» su pertenencia a un linaje real[27]:

> Yo seyendo moço pequeño en casa de mi auuelo, oy dezir que oyera a su padre que venia de linaje de reys. (pág. 92).

Se convierte en la esperanza, en el héroe redentor de su linaje:

> 'E çertas non he esperança', dixo mi auuelo, 'que nuestro linaje e nuestro cobre, fasta que otro venga de nos que sea contrario de aquel rey. (pág. 93)

Surge de este modo la idea de «yr de todo en todo», que a lo largo de la obra irá configurándose, y se produce súbitamente la salida:

> 'Mas señora', dixo el cauallero, 'yo veo que ueuimos aqui a grant desonrra de nos e en grant pobredat, e asy por bien touiessedes, veo que seria bien de nos yr para otro regno, do no nos conosçiesen, e quieçabe mudaremos ventura. (pág. 94).

Nos encontramos, pues, ante un caballero («cauallero viyandante») que se marcha a la aventura. Durante ese proceso de recuperación, ese camino de penitencia, ese camino «iniciático» en que se convierte la aventura, el héroe sufre una transformación. Transformación que consiste en el paso de: «rey caído a rey restaurado».

A lo largo de su vida errante el orgullo de este caballero como miembro de un linaje[28] se va fortaleciendo y mostrando de forma progresiva. Orgullo que se manifiesta mediante el constante rechazo de Zifar a entrar al servicio de nadie. Este rechazo se muestra desde el principio, aunque atenuado. Así en el episodio de la «señora de Galapia» acepta entrar a su servicio pero imponiendo condiciones:

> 'Çierto señora', dixo el Cauallero Zifar, 'no me querria poner a cosa que non sopiese nin pudiese fazer un cauallero; [...] yo presto so de servir en todas aquellas cosas que me vos mandardes e al vuestro serviçio cunpla [...] auie prometido de folgar alli con ellos vn mes» (pág. 105).

Orgullo que expresa al negarse a crear lazos de parentesco con un «cauallero de los muy poderosos»:

> que non fue la mi entençion de venir a este logar por entrar en parentesco con ninguno. (pág. 107).

---

[26] «Ca ninguna cosa non faze medroso nin vergoñoso el coraçon del ome synon la conçiençia de la su vida, sy es mala», (págs. 77–78).

[27] «Ca la memoria del ome non pierde ninguna cosa nin oluida, sy non aquello que non quiso catar muchas vegadas», (pág. 333).

[28] El linaje es aquella estructura de parentesco en la que el individuo antes de *sentir–se* se siente perteneciente a una colectividad.

La clara conciencia que tiene Zifar del linaje como estructura social y de parentesco, se hace palpable cuando rechaza los bienes que le ofrece la señora de Galapia, puesto que son la herencia de su hijo:

> 'Çertas', dixo ella, 'muy de grado; ca darvos he el aguisamiento de mi marido, que es muy bueno'. 'Señora', dixo el cauallero, 'non lo quiero donado mas prestado ca he redamiento es de vuestro fijo; e porende vos no lo podedes dar a ninguno'. (pág. 109)

Ahora bien no tan sólo es Zifar quien va confirmando su pertenencia a un linaje, sino por medio de las manifestaciones que hacen algunos personajes advertimos cómo lo ven, cómo detectan su ascendente real:

> E este cauallero paresçe como de alfaja. (pág. 154)

y:

> que era ome de gran seso e de grant logar. (pág. 175)

y:

> e bien cuydo que este cauallero de mas alto lugar es de quanto nos cuydamos. (pág. 185)

Garfín y Roboán también presentan un comportamiento y poseen unas cualidades que indican su pertenencia a la realeza:

> e semejauales que de natura e de sangre les venia este esfuerço e estas buenas costumbres que en ellos auia. (pág. 206).

La redención de Zifar se produce de forma progresiva y continuada, finalizando en el instante en que alcanza su plenitud «biológica» y «espiritual», como hemos indicado anteriormente. En ese momento desparece la maldición que acosa de forma angustiosa al linaje: *la muerte de los caballos*. Zifar evitará perder su estado, al mantener «dos años de castidat» (pág. 197) con la princesa de Mentón, pues de lo contrario cometería adulterio («malas costumbres»), cayendo en desgracia. El linaje queda redimido y fijado. El linaje experimenta un reforzarse al lograr Roboán ser coronado como emperador[29]. Ahora el linaje debe permanecer atento y vigilante, pues «nunca les uenia el sueño a los oios». Se cumple así la afirmación que explica el sentido del libro: «ca toda criatura torna a su natura».

---

[29] «Ca todo ome deue onrrar e fazer bien a sus parientes, ca por fazer bien e onrrar sus parientes esfuerçase la rays e cresçe el linage», pág. 279.

La prosa literaria de Pedro I a través de los romances[*]

Amelina CORREA RAMÓN

> Señor noble, rey alto,
> oid este sermón
> que os dice don Sem Tob,
> judío de Carrión.
> No hay sin noche día
> ni segar sin sembrar,
> ni sin caliente fría,
> ni reir sin llorar.
> Todo lo heredará
> alguno que no te ama.
> Para tí quedará
> sólo la mala fama.
>
> Sem Tob de Carrión[1]

La figura de Pedro I, hijo ilegítimo de Alfonso XI de Castilla y de María de Portugal, coronado con apenas dieciseis años cumplidos y vinculado desde siempre a los calificativos de «el Cruel» y «el Justiciero»[2], ha sido apasionantemente discutida durante siglos. Envuelto en luchas continuas con la nobleza tradicional de Castilla, probablemente el término que defina su política de una forma más idónea sea el de *personalismo*.

Como el Cid, Santiago Apóstol o Séneca, el rey Don Pedro pasó pronto a formar parte de la mitología popular española. Y de manera inmediata se creo todo un halo de leyenda en torno a su figura: se literaturizó su reinado, sus luchas, sus amores, e, inevitablemente su muerte a manos del bastardo Enrique de Trastámara. Éste había llevado a cabo una habilísima campaña de propaganda, destinada a recomponer la figura de su hermano el rey, dotándole principalmente de rasgos negativos, a la vez que componía una imagen personal favorable a su propia causa. El fratricida Enrique se parapetó tras un escudo de libertador, al tiempo que se encargaba de difundir la leyenda y mito del Rey Cruel.

Como bien dice el estudioso Gonzalo Moya en un interesante libro sobre la figura de Pedro I, donde expone su tesis acerca de la parálisis cerebral infantil que debió sufrir, basándose, entre otras cosas, en el estudio de sus huesos que se conservan en la Catedral de Sevilla, «En las guerras civiles el vencedor es quien

---

[*] Quisiera agradecer a Ramón Madaula su atención y exquisita amabilidad.
[1] Sem Tob de Carrión, *Proverbios Morales*.
[2] Fue Felipe II quien hizo sustituir en la lista oficial de reyes de España el epíteto de «Cruel» por el de «Justiciero», aunque no consiguió, sin embargo, que el segundo borrara al primero.

escribe la Historia»[3]. No nos debe extrañar, pues, encontrar los siguientes versos de un romance sobre la muerte del rey:

> ¡Oh buen rey Henrique, honrado!
> Dios te dará galardón
> por el bien que has causado
> al apartar deste mundo
> a un tan cruel tirano.[4]

Basándonos en el *Romancero del rey Don Pedro (1.368–1.800)* recopilado por Antonio Pérez Gómez, intentaremos con este breve estudio a través de los versos medievales, introducir el análisis de la figura literaria de Pedro I.

Como tal, protagonizó todo un ciclo de romances históricos, en el cual se entremezclan los detalles novelescos y líricos. (Como veremos un poco más adelante se pueden rastrear aisladas algunas de las características típicas de los romances de los ciclos carolingio y artúrico que no suelen, sin embargo, abundar en los romances históricos).

Michelle Débax ha estudiado las diversas funciones que puede desempeñar el romance. Durante esta guerra civil, ambas facciones dieron cauce de manera abierta a una de sus funciones características: la noticiera. Es por ello que casi todos los romances conservados de esta época presentan el punto de vista del triunfador. Señala Moya cómo desde el principio los enriqueños llevaron a cabo una campaña divulgadora con dos claras vertientes: una, dirigida al pueblo, hostil al rey Pedro I, centrada en sus crueldades y crímenes, y otra, dirigida a la clase alta, apología de Trastámara en razón de sus proverbiales «mercedes».

Pero un romance, aún siendo en primera instancia un rumor, o quizá en parte por esto, puesto que se halla sujeto «a toda modificación en el curso de su transmisión de boca a oído»[5], es un complejo mecanismo que pone en marcha y combina elementos de muy diversa procedencia. De este modo podemos explicar la rica mixtura de aspectos que presenta el romancero el rey Don Pedro. La sobria materia histórica se adorna de ribetes líricos, que demuestran a veces la redacción tardía de la composición, cuyo «esqueleto» argumental ha ido recibiendo paulatinamente posteriores añadidos. Es el caso del romance sobre Doña Blanca de Borbón:

> Ya se marchitó mi flor,
> ya se bolbió el lirio cárdeno,
> porque el sol del rey me ha herido
> con sus muy ardientes rayos
> (Romance XI)

---

3   Gonzalo Moya, *Don Pedro el Cruel*, Madrid: Júcar, 1974, pág. 181.
4   Antonio Pérez Gómez, *Romancero del rey Don Pedro (1368–1800)*, Valencia, 1954, Romance XXVa (a partir de ahora todos los fragmentos extraidos de esta obra se señalarán en el texto con el número de romance de que proceden).
5   Moya, *op. cit.*, pág. 111.

O también el romance sobre la muerte que comienza «A los pies de Don Enrique / yace muerto el rey Don Pedro», en el cual se puede observar una cierta objetividad plasmada en la serie de aspectos favorables al rey, ya que se le reconocen partidarios y se excusa el abandono de su causa «porque amistad y justicia / siempre mueren con el muerto». Así mismo resulta sintomático el hecho de que la figura de Doña María de Padilla es tratada muy favorablemente y se la hace merecedora del amor del rey («que nadie verá sus ojos / que no tenga al rey por cuerdo»). Por otro lado, son muy breves las alusiones a los crímenes cometidos por el rey. Todo esto hace pensar a Gonzalo Moya que el «cambio en el contenido del romance se debe a la boda de Doña Catalina de Lancaster, nieta de Pedro I, con Enrique III, que obligó a quienes lo recitaban o a cambiar su texto ellos mismos o a incorporar estrofas de los romances petristas sobre la muerte del rey para no ofender[la].»[6]

Pero el motivo de nuestro interés lo constituye, en este momento, un fragmento del poema en que se nos muestra la desolación de la ya viuda, María de Padilla, de un lirismo impresionante:

> Rasgó las tocas mostrando
> el blanco pecho encubierto
> como si fuera cristal
> por donde se viera Pedro
> (Romance XIIIa)

Encontramos, por otro lado, un fragmento de alto contenido poético en un romance, hostil al rey, donde se cuenta la muerte de Doña Blanca. En él se implica a María de Padilla en el crimen, a pesar de resultar absuelta por todos los historiadores, y se da por sentado que Doña Blanca murió asesinada cruelmente por su esposo. Los versos en cuestión son los siguientes:

> Y por hacer menosprecio
> a doña Blanca de Borbon;
> a Medina Sidonia enbio
> a que me labre un pendon,
> sera el color de su sangre,
> de lagrimas la lavor.
> (Romance XIV)

Palabras estas que recuerdan asombrosamente las pronunciadas por otro marido antes de asesinar a su esposa, pero en muy distintas circunstancias. Se trata del «Romance de la amiga de Bernal Francés», cuya protagonista, Catalina, muere a manos de un marido vengador de su honor que, al volver de un viaje, la ha sorprendido en brazos de Bernal Francés, su amante y jardinero. Se juega en

---

6   Moya, *op. cit.*, pág. 245.

ambos casos, con la sugerente imagen de las telas carmesíes, de fuerte poder connotativo. La tragedia se envuelve en sutiles lirismos:

> Por regalo de mi vuelta
> te he de dar rico vestir,
> vestido de fina grana
> forrado de carmesí,
> y gargantilla encarnada
> como en damas nunca vi;
> gargantilla de mi espada,
> que tu cuello va a ceñir.[7]

Otro elemento en cierto modo ajeno al rigor histórico, que se infiltra con frecuencia señalable, es la aparición de la esfera sobrenatural, propia de los romances de los ciclos carolingio y artúrico, pero inhabitual en el romancero castellano. Esta presencia de lo mágico y prodigioso rodea de tal manera la figura del rey que, cuando éste sea adoptado –muy fecundamente, por cierto–, como personaje del teatro clásico, el halo lo envolverá irremediablemente. Así lo atestiguan unas palabras del erudito Marcelino Menéndez Pelayo, referidas en concreto al teatro de Lope de Vega: «[...] reflejó idealizada la imagen de un Don Pedro siniestro y terrible, pero grande, cruel, justiciero, personaje fatídico, como los de la tragedia antigua, circundado de sombras y presagios de otro mundo [...] Esta grande y teatral figura nació de una extraña pero fecunda confusión entre la *Crónica* de Ayala y la tradición popular»[8].

Estas sombras y presagios quedan plenamente plasmadas en el romance donde se nos narra una salida a cazar del rey. Tras un mal agüero, le aparece un «bulto negro» que baja de los aires y le pronostica el mal fin de su causa. De tal «bulto» resulta salir un «pastorcico», a quien se rodea de elementos simbólicos que nos sitúan desde el principio en una premonición oscura. Estos elementos varían según las versiones, pero la descripción más completa nos ofrece el siguiente cuadro:

> rebuelto trae el cabello
> y los pies llenos de abrojos
> el cuerpo lleno de bello
> y en su mano una culebra
> en la otra un puñal sangriento
> en su hombro una mortaja
> y una calabera al cuello
> a su lado de traylla
> traya un perro negro.
> (Romance XIIIa)

---

[7] Ramón Menéndez Pidal, *Flor nueva de romances viejos*, Madrid: Espasa–Calpe, 1938, págs. 123–124.

[8] Marcelino Menéndez Pelayo, *Obras Completas*, IV, Santander: CSIC, 1949, pág. 336.

Culebra, puñal, mortaja y calavera no hacen más que prevenirnos sobre el contenido de la advertencia que, entre «aullidos muy tristes» hará el pastor a Don Pedro. Esta varía también según las versiones, pues en alguna se le reprocha su rechazo por Doña Blanca, y es invitado a volver con ella, premiándole Dios con un heredero, en otros añade que, por su mal proceder, será «por armas muerto». En algún caso, se añade la acusación de haber quitado la vida a su hermano, de matar «sin justicia / los mejores de tu reino» o de crueldades similares. Por último abundan las versiones en que se le dice directamente que su hermano Enrique heredará el reino:

> y tu hermano don Henrique
> te haura de heredar el reyno:
> moriras a puñaladas,
> tu casa será el infierno.
>
> (Romance XIIId)

Otro aviso, aunque esta vez menos sobrenatural, aparece en el romance «Teniendo el rey don Pedro / su real fortalecido», en el que un clérigo narra al rey la revelación que le ha hecho Santo Domingo, previniéndole contra su hermano. Don Pedro, incrédulo y desconfiado, ordena quemarlo en una hoguera. Hay que señalar, además de la evidente hostilidad de ambos romances hacia Don Pedro, la composición con posterioridad a su muerte, en vista de lo acertado de sus «premoniciones».

Aparición del elemento sobrenatural se puede señalar también en el romance que se hace eco de una curiosa leyenda, tejida, como otras tantas, en torno a Don Pedro. En ella, la culpable del aborrecimiento de Blanca de Borbón fue María de Padilla, amante del rey, la cual, celosa, recurrió a las malas artes de un hechicero judío quien consiguió que se volviera culebra, ante los ojos del rey, la cinta de pedrería que su esposa le había regalado. Esta visión aterrorizó a Pedro de tal modo que le hizo repudiarla definitivamente.

Lo que resulta curioso en este romance, que se escribió un siglo después de la muerte de Pedro I, es que éste aparece como un juguete en manos de los judíos, víctima y no responsable de los hechos. Todo esto se debe a que la muerte de un rey acaecida un siglo antes no resultaba de actualidad y no parecía importar a nadie, mientras que los judíos ocupaban puestos de importancia en la sociedad castellana de la época. Contra ellos iba, pues, dirigida la leyenda. La conocida simpatía de Pedro el Cruel por los judíos motivó el nacimiento de la singular fábula, de clarísimo contenido social:

> entregola a un hechicero
> de la Hebrea sangre ingrata
> hizo parecer culebras
> lo que eran prendas del alma.
>
> (Romance IX)

En cualquier caso, esta simpatía manifiesta del rey por el pueblo judío (consecuente con su apoyo decidido a la burguesía embrionaria) le había reportado al monarca innumerables odios en vida, fruto del fuerte sentimiento anti–semita existente. Incluso se extendió la calumnia de un supuesto origen judío, explicado por un cambio que habría realizado su madre, que sólo tenía descendencia femenina, por el recién nacido de un judío llamado Gil. De ahí que los enemigos del monarca le llamaran Pero Gil. Con tal nombre aparece en el famoso romance que comienza «Cercada tiene Baeza», hecho que fue puesto de relieve por Menéndez Pelayo, quien consideró el poema como documento de carácter histórico.

Lo último significativo que debemos comentar en relación con este tema de la presencia de lo sobrenatural en un ciclo de romances históricos habrá que englobarlo en un apartado más amplio que podríamos denominar como «mecanismos de defensa del rey Don Pedro». Dentro de éstos, encontraremos las versiones exculpatorias gallegas, plagadas de sombras del más allá.

Para introducir el tema recurriremos una vez más a una cita de Gonzalo Moya, quien afirma lo siguiente: «Los partidarios de Don Pedro darán pruebas de menor imaginación que los del bastardo en su argumentación, y además permanecerán a la defensiva en vez de contraatacar. Dos son sus argumentos, pero los dos poco brillantes: Por una parte dirán: –con toda razón– que al rey le han calumniado quienes han hecho la historia, porque eran enemigos suyos. Por otra, que el rey no ha cometido alguno de los crímenes que le son atribuidos o que ha hecho siempre justicia cuando no se puede demostrar que no haya intervenido en el crimen»[9]. La defensa de Pedro I se muestra, pues, incompleta y, en comparación con la táctica empleada por los partidarios de Don Enrique, pobre a nivel ideológico y de escasa identidad.

De cualquier manera, en el romancero no resulta demasiado complicado rastrear una tendencia favorable al rey Don Pedro, tendencia que viene a plasmarse de diversas maneras.

En primer lugar, entre los romances que conservamos, hay que destacar el «Romance de los jaboneros», del cual poseemos únicamente unos pocos versos y que sabemos de inspiración petrista gracias a un brillante trabajo de investigación llevado a cabo por Diego Catalán. La clara parcialidad del romance origina la siguiente deducción: «Sin duda, junto a este romance que celebraba la prisión de don Juan de la Cerda se divulgarían, durante los años de la lucha civil, otros muchos favorables a don Pedro como propaganda polémica, pero por la ley inaludible del *Vae victis!* fueron relegados al olvido después del triunfo de Enrique de Trastámara»[10].

Resulta evidente que, tras la muerte de Pedro I, se llevaría a cabo una represión física e ideológica durante un período aproximado de veinte años, como nos testimonia en sus sorprendentes memorias Doña Leonor López de Córdoba,

---

[9]   Gonzalo Moya, *op. cit.*, pág. 207.
[10]   Diego Catalán, *Siete siglos de romancero*, Madrid: Gredos, 1969, pág. 78.

hija de un declarado partidario del rey legítimo, quien sufrió en su carne las consecuencias de su lealtad[11].

Establecida, pues, esta situación, podemos repasar brevemente los mecanismos de exculpación que, pese a todo, se pusieron en marcha. Un primer caso lo hallamos en romances sobre la muerte del Maestre de Santiago, Fadrique, hermano bastardo de Pedro. Dos tipos de variantes ideológicas se pueden señalar según provengan de uno u otro grupos social favorable a su causa, judío o gallego. Es el mecanismo que este último grupo pone en marcha al que hicimos alusión con anterioridad. Las versiones exculpatorias gallegas, en efecto, introducen gran proliferación de datos e intervenciones sobrenaturales ausentes en otras versiones: visiones del Maestre a caballo y sin cabeza, María de Padilla volando por los aires, alusiones al diablo... La exculpación viene a producirse por un desplazamiento de responsabilidad que hace a María de Padilla culpable del crimen cometido.

En cuanto a las versiones exculpatorias de origen judío, se centran en una desaparición de referencias a Don Pedro en el tiempo y en el espacio. La muerte del Maestre se presenta como desligada en todo momento del rey Pedro I de Castilla.

Otro mecanismo de exculpación que ha sido localizado es el que aprovecha fragmentos de dos romances hostiles a Pedro, de la muerte del Maestre y de la de Doña Blanca, para, recitándolos juntos, producir el efecto de la sugerencia del adulterio. Arma, pues, en extremo sutil empleada por la corriente petrista.

Hay que señalar como nota curiosa las pruebas de ingenio que revelan ciertos juegos de palabras en los romances de Doña Blanca. Dichos juegos de palabras toman como objeto el nombre de la protagonista, que se presta tanto por su homonimia con el color como con la moneda de la época, o incluso con el blanco que hacen los disparos («está una Blanca, que es blanco / a donde tiran los tiros, / que arroja un rey inhumano». Romance XI)

Claramente de inspiración petrista es el romance «Entre las gentes se suena», del que poseemos varias versiones, en el cual se da salida a un rumor acerca de la presunta maternidad de Blanca de Borbón. Ésta, para ocultar el hecho, entrega el niño a un servidor de D. Fadrique:

> Entre las gentes se suena,
> y no por cosa sabida,
> que d'ese buen Maestre
> Don Fadrique de Castilla
> la reina estaba preñada;
> otros dicen que parida.
> (Romance II)

Reponde, bien se ve, a un intento de exculpación del rey Pedro, pretendiendo justificar ambas muertes como castigo ejemplar a un adulterio flagrante.

---

[11] Reinaldo Ayerbe–Chaux, «Las memorias de Doña Leonor López de Córdoba», *Journal of Hispanic Philology*, 2 (1977–1978).

* * *

Ha quedado clara, pues, la función divulgadora que ejercieron este tipo de composiciones, pero yendo un poco más allá podríamos preguntarnos de dónde les viene el atractivo que ejercen sobre el pueblo, o, formulado de otra manera, qué representan los romances en el mundo imaginario colectivo. La pregunta, en cualquier caso, no tiene respuesta, pero lo que no se puede negar es la siguiente afirmación de Michelle Débax: «Efectivamente, lo que puede llamar la atención en el Romancero –más que la exaltación patriótica– es el número de incestos, adulterios, problemas matrimoniales o extramatrimoniales, etc [...] ¿no se explicará el atractivo que siguieron ejerciendo tales composiciones por razones de adecuación profunda con un trasfondo no por ocultado menos presente?»[12].

Tal adecuación profunda parece innegable. Daremos por concluida esta breve reflexión sobre la función simbólica del romance con una significativa cita de Rodriguez Puértolas, quien ve en el romancero «la historia de una frustración y de un extrañamiento, la del ser humano en un momento de crisis religiosa, política, social y económica»[13].

---

[12]   Michelle Débax, *Romancero*, Madrid: Alhambra, 1982, pág. 87.
[13]   Julio Rodriguez Puértolas y Iris M. Zavala, *Historia social de la literatura española*, I, Madrid: Castalia, 1978, pág. 154.

Aventuras, peregrinaciones y reencuentros: notas sobre el *roman* español

Antonio CRUZ CASADO

Parece conveniente adoptar, en el ámbito de la literatura medieval española, el término caracterizador de la narración larga de carácter ficticio bajo la forma de *roman*, incluyendo en el mismo lo que Deyermond llamó el «lost genre»[1], el género literario perdido de nuestra cultura medieval.

La adopción del término francés evita la colisión homonímica entre el *romance* (acepción a), referido a la lengua distinta del latín en que se escribieron los primeros textos españoles[2], el *romance* (acepción b), que es la expresión popularizada desde el siglo XVI, que ha prevalecido hasta nuestros días, para designar a una forma métrica específica y a su contenido, y el *romance* (acepción c), que se empleó para referirse a la narración extensa no histórica. De este último empleo no quedan muchos ejemplos plenamente convincentes, aunque en algunas ocasiones su ambigüedad es tal que quedan dudas razonables de que se designase siempre a la lengua derivada del latín y nunca al relato. Así el propio Berceo habla de *romance* al referirse a alguna de sus obras:

> El romançe es cumplido, puesto en buen logar:
> Días ha que lazdramos, queremos ir folgar[3],

---

[1]   Cf. Alan D. Deyermond, «The lost genre of medieval Spanish Literature», en *Actas del IV Congreso de Hispanistas, 1971*, I, Salamanca: Universidad, págs. 791–813. Este fundamental estudio sobre la materia que tratamos también fue publicado en la *Hispanic Review*, 43 (1975), págs. 231–259. Unas notas sobre el tema en Alan Deyermond, *Edad Media*, en Francisco Rico, *Historia y crítica de la literatura española*, I, Barcelona: Crítica, 1980, págs. 351–357; sin embargo, el crítico emplea el término inglés *romance*, que presenta el mismo problema de homonimia que el término español, por lo que proponemos el empleo del francés *roman*, teniendo en cuenta que el de *novela* se refiere a una realidad literaria distinta, generalizado a partir del siglo XIX; en el período áureo de nuestras letras suelen aparecer los términos *libro* e *historia*, para designar a la narración larga de carácter ficticio; en tanto que el término *novela* se aplica exclusivamente a las narraciones cortas del tipo de las ejemplares cervantinas.

[2]   Para lo que sigue tenemos en cuenta la aportación de Miguel Garci–Gómez, «*Romance* según los textos españoles del Medievo y Prerrenacimiento», *The Journal of Medieval and Renaissance Studies*, 4 (1974), págs. 35–62, donde se estudia puntualmente la cuestión.

[3]   *Ibidem*, pág. 40. La cita corresponde al *Sacrificio de la misa*.

Aun merçed te pido por el tu trobador,
Qui este romançe fizo, fue tu entendedor[4].

Al igual que el autor del *Libro de Apolonio* va a

Conponer un romançe de nueua maestría,
Del buen rey Apolonio e de su cortesía[5],

o la propia Tarsiana, la cual

tornóles a rezar un romanz bien rimado
de la su razón misma por ó habiá pasado[6].

Con este nombre parece designarse, durante toda la Edad Media, a composiciones que un juglar cantaba o recitaba. Incluso en el siglo XV la expresión sigue refiriéndose a una narración larga en verso de muy variado contenido; así, Enrique de Villena habla del «romance que fiço el gran Atalante»[7], o Juan de Mena, que también menciona el mismo «romance de Athalante»[8].

El empleo del término señalado para realidades diversas y bastante frecuentes en el mundo literario pudo influir decisivamente para que no se adoptase también para designar en un último momento a la narración larga en prosa.

Por otra parte, la expresión francesa *roman* no contradice esencialmente el significado de la misma en su aplicación a la literatura medieval española, puesto que, como trataremos de determinar, no solamentente existen en nuestra literatura una amplia serie de obras que admiten tal designación desde el punto de vista del contenido, sino que también en el aspecto formal es factible su empleo, aludiendo no sólo a narraciones en prosa sino también a relatos en verso, de tal forma que se puede extrapolar sin gran violencia la situación de la literatura francesa a la española. Pensamos, por ejemplo, que, si los *romans* de Chretien de Troyes están escritos en verso, las secuelas del ciclo de Grial[9] o las obras que se atribuyen a

---

4   *Ibidem.* Texto tomado de *Loores de Nuestra Señora.*

5   *Libro de Apolonio*, ed. Manuel Alvar, II, Madrid: Juan March–Castalia, 1973, pág. 19.

6   *Ibidem*, pág. 161.

7   Miguel Garci–Gómez, «*Romance* según los textos españoles del Medievo y Prerrenacimiento», pág. 50. Villena, al igual que Mena en el texto que sigue, se refiere a un poema de variado contenido astronómico e histórico, que canta Iopas y que compuso Atalante, ante la reina Dido y Eneas; por tanto, en la versión de la *Eneida* que realiza Villena, así como en las interesantes notas o comentarios que aclaran aspectos de la obra, refiriéndose a la realidad medieval española, se emplea el término *romance* para referirse a la extensa canción o poema de Atalante.

8   Juan de Mena, *La Coronación*, ed. Feliciano Delgado, Córdoba: Monte de Piedad, 1978, pág. 123.

9   Contamos con una buena traducción española de la obra de Chretien y sus continuaciones: *El cuento del Grial de Chrétien de Troyes y sus continuaciones*, ed. y trad. Martín de Riquer e Isabel de Riquer, Madrid: Siruela, 1989; el empleo del verso en estas primeras composiciones del ciclo da paso a la prosa en otras, por ejemplo, en *Perlesvaus o el alto libro del Grial*, ed. Victoria Cirlot, Madrid:

Robert de Boron emplean la prosa como forma de expresión. El mismo paso del verso a la prosa se documenta también en la literatura española; así, en el caso del tema de Apolonio, sobre el que luego volveremos, encontramos una versión en verso, bastante antigua, quizá de principios del siglo XIII, y otra versión más tardía, fechada hacia finales del siglo XV, que recurre al empleo de la prosa. Sin embargo, los ejemplos no son especialmente numerosos en nuestra literatura, aunque se puede pensar que se han perdido muchos textos, como pone de manifiesto Deyermond[10] en su catálogo de obras españolas medievales perdidas.

Para centrar nuestro estudio vamos a ocuparnos de manera sucinta de tres ciclos narrativos, que están integrados por obras que pueden ser consideradas *romans*. En los tres aparecen los elementos que se han señalado en el título de nuestro estudio: las aventuras, las peregrinaciones y los reencuentros, que admiten la designación clásica de anagnórisis. Adaptan temas muy conocidos en toda la Romania, de origen clásico, griego o latino, y se suelen adscribir a diversos apartados de la literatura medieval, como el mester de clerecía o los libros de caballerías. Sin embargo, desde nuestro punto de vista, se deben considerar más bien como variaciones o versiones de la antigua novela griega de amor y aventuras, bordeando en ocasiones, tras imbuirse del espíritu cristiano primitivo, la leyenda hagiográfica o la narrativa caballeresca. Con todo, no son ni leyendas de santos, ni libros de caballerías, aunque existe cierta contaminación de ambos grupos, especialmente del segundo, puesto que, como señala María Rosa Lida[11], la novela griega se reinterpreta en España en términos caballerescos.

De manera general, en todas estas obras se encuentran diversos componentes que remiten de forma inequívoca a relatos clásicos. Tiene lugar en un momento importante de la narración una separación de los protagonistas, que corren diversas aventuras cada uno por su parte, antes de que vuelvan a reunirse y a reconocerse como prometidos, esposos o padres e hijos; el final feliz con el castigo de los malvados cierra la obra, que suele carecer del comienzo *in media res*, tan característico de algunas novelas griegas, elemento que se adoptará más tarde, como rasgo esencial en los libros de aventuras peregrinas del Siglo de Oro[12].

Siruela, 1986. Cf. también Carlos García Gual, *Primeras novelas europeas*, Madrid: Istmo, 1974, págs. 237–253, y Mijail Bajtin, *Teoría y estética de la novela*, Madrid: Taurus, 1989, págs. 191–201.

[10] Alan Deyermond, «The lost literature of Medieval Spain: Excerpts from a tentative catalogue», *La Coronica*, 5 (1976–1977), págs. 93–100. En este artículo las referencias al *roman* son escasas, aunque Deyermond señala que el número de obras catalogadas perdidas se acerca a las 500; seguramente el catálogo irá ampliándose de manera progresiva.

[11] María Rosa Lida de Malkiel, *La idea de la fama en la Edad Media castellana*, Madrid: Fondo de Cultura Económica, 1983, pág. 168.

[12] Cf. Antonio Cruz Casado, «Los libros de aventuras peregrinas. Nuevas aportaciones», en *Actas del IX Congreso de la Asociación Internacional de Hispanistas, Berlín, 1986*, I, Frankfurt: Vervuet Verlag, 1989, págs. 425–431, y *«Los amantes peregrinos Angelia y Lucenrique»: un libro de aventuras peregrinas inédito*, Madrid: Universidad Complutense, 1989.

Parece factible la aplicación de algunas de las funciones de Propp[13] a este esquema narrativo; encontramos la función ß, alejamiento; la función G, desplazamiento, que afecta a cada uno de los protagonistas; la función K, reparación; la función O, llegada de incógnito; la función Q, reconocimiento; la función U, castigo del malvado, y la función W, matrimonio, en el caso de que los protagonistas no estén previamente casados. De esta manera, el esquema del relato ofrece una disposición parecida a la siguiente:

$$\beta \underset{\diagdown}{\overset{\diagup}{}} G_2 \overset{G_1}{\underset{G_n}{}} K \underline{} O \underline{} Q \underline{} U \underline{} W$$

Sin embargo, no hay que pensar que el componente folklórico sea muy fuerte; no lo es más que en cualquier obra literaria medieval, salvo en algunas ocasiones no muy tipificadas, al igual que ocurría en la narrativa clásica, en la que aparecen novelas en las que no se advierte apenas, como las *Etiópicas*, en tanto que en otras se convierte en un rasgo importante, como en *Calímaco y Crisórroe*, con su carga de elementos maravillosos, entre los que cabe mencionar, el rey, los tres hermanos, la princesa, el dragón, la bruja, el jardinero, etc., que, como señala García Gual[14], ni siquiera tienen nombre propio, como ocurre en los cuentos.

Sí tienen nombre propio y están, en consecuencia, bastante individualizados los personajes de estos *romans* medievales españoles: Apolonio, Eustaquio o Flores y Blancaflor son entes de ficción inconfundibles, aunque sus actuaciones remitan a un modelo clásico, como hemos señalado.

Podemos dividir el grupo de *romans* que tratamos en tres apartados: el ciclo de Apolonio, el de Eustaquio y el de los jóvenes enamorados separados. Los dos primeros han sido bastante estudiados, no así el tercer apartado, que está constituido por una serie de relatos no muy extensos, asociados normalmente a la narrativa caballeresca, a la tendencia que Menéndez Pelayo[15] denominó «greco-orientales».

El tema de Apolonio cuenta con varios textos en nuestra Edad Media. El más importante y conocido, el *Libro de Apolonio*, pasa por ser el más antiguo de los relatos que se incluyen en el llamado «mester de clerecía». En el principio del poema encontramos una especie de resumen argumental:

---

[13]   Vladimir Propp, *Morfología del cuento*, trad. María Lourdes Ortiz, Madrid: Fundamentos, 1971.

[14]   *Calímaco y Crisórroe*, ed. Carlos García Gual, Madrid: Editora Nacional, 1982, págs. 22–23.

[15]   Marcelino Menéndez Pelayo, *Orígenes de la novela*, I, Madrid: Aldus, 1949, págs. 234–240; es todavía uno de los escasos estudios de conjunto que existen sobre el tema.

> El rey Apolonio, de Tiro natural,
> que por las aventuras visco grant temporal,
> cómo perdió la fija y la mujer capdal,
> cómo las cobró ambas, ca les fue muy leyal[16].

Este rey Apolonio, al que con frecuencia se le va a llamar peregrino o romero a lo largo del relato, lleva una vida azarosa, llena de aventuras y naufragios, pierde consecutivamente a su mujer y a su hija, aunque logra encontrarlas luego, tras largo tiempo y búsqueda.

Todos estos elementos se encontraban ya en el original latino, la *Historia Apollonii regis Tiri*, aunque el autor español los somete a una acentuada elaboración personal.

En el fragmento elegido se hace referencia a aventuras, naufragios, separación y cobro de las mujeres, lo que equivale, en una ordenación distinta, a los elementos más específicos del relato de aventuras peregrinas: separación, peripecia, anagnórisis y conclusión feliz consecutiva.

La narración del rey Apolonio se convirtió en uno de los relatos más divulgados y conocidos de la Edad Media[17], y, de esa predilección popular por la obra quedan algunas muestras en los últimos siglos del período.

El tema fue adaptado por el inglés John Gower en su poema *Confessio amantis*, terminado hacia 1392, que Shakespeare pudo tener en cuenta para componer su drama *Pericles, Prince of Tyre*. Se realizó luego una versión portuguesa de la obra de Gower, que no se ha conservado, y, a partir de esa versión perdida, Juan de Cuenca tradujo su *Confisión del amante por Joan Goer*, hacia 1430[18].

Homero Serís[19] estudió y editó por vez primera la *Historia del rey Apolonio*, que se había conservado en un sólo texto, impreso, al parecer, en Zaragoza, por Pablo Horus, hacia 1488. Esta narración sigue el argumento conocido de acuerdo con la versión que se cuenta en las *Gesta romanorum*.

Por último, y sobrepasando ya los límites medievales, encontramos la atractiva elaboración del tema que Juan de Timoneda incluye en la patraña oncena, de *El Patrañuelo* (1567). Hay en este relato cierta visión personal del argumento conocido, posiblemente debida a los influjos del naciente género renacentista de aventuras peregrinas, que surge al calor de las traducciones de la antigua novela griega de Heliodoro. No sabemos de dónde tomaría Timoneda el

---

[16]   *Libro de Apolonio*, ed. Manuel Alvar, pág. 143.

[17]   Cf. *Historia de Apolonio de Tiro. La novela favorita de la Edad Media*, ed., trad. y pról. Rodolfo Oroz, Santiago de Chile, s.a. [1954].

[18]   Deyermond editó esta traducción, en *Apollonis of Tire: Two Firteenth century Spanish prose Romances*, ed. A. D. Deyermond, Exeter: University, 1973, junto con el texto del presunto incunable de Zaragoza. Del último texto mencionado hay reproducción facsímil y transcripción, en la edición de Manuel Alvar del *Libro de Apolonio*, II, págs. 525–580.

[19]   Homero Serís, *Nuevo ensayo de una biblioteca española de libros raros y curiosos*, New York: The Hispanic Society of America, 1954, págs. 80–115.

núcleo de su relato, aunque hay detalles que se parecen más a la *Historia* que al *Libro*; quizá no haya que descartar completamente que la historia de Apolonio le llegase también por cauces tradicionales o folklóricos[20], o por los populares pliegos sueltos.

La historia de la conversión al cristianismo del general romano Plácidas, al que en el santoral se le conoce con el nombre de San Eustaquio, fue un tema muy popular a lo largo de la Edad Media y dio origen en el Siglo de Oro español a diversas obras de teatro. El estudio de Krappe[21] analiza minuciosamente las versiones del tema en todo el occidente europeo y su relación con un relato arquetípico hindú. Para nuestro propósito baste señalar que el relato hagiográfico se apoya en una estructura característica de relato griego de pérdidas y reencuentros, con ciertas similitudes al de Apolonio, que ha dejado varias versiones en nuestra literatura medieval, la trama inicial de *El caballero Zifar, El caballero Plácidas* y la historia del rey Guillermo, de la que existen en castellano dos versiones, la *Estoria del rey Guillelme* y la *Crónica del rey Guillelme*, que difieren esencialmente en la extensión y en que se apoyan en distintas fuentes.

Uno de los medios más importantes de difusión del tema es el que se debe a diversos textos religiosos y enciclopédicos medievales, como el *Speculum Historiale*, la *Leyenda áurea* o las *Gesta romanorum*, además de que se conservan referencias al tema en obras de San Juan Damasceno.

La narración hagiográfica adquiere una formulación bastante completa y extensa en la *Leyenda áurea*, de Jacobo de Vorágine, y en ella se nos cuenta el proceso de conversión al cristianismo del general romano Plácidas, que pasa a llamarse Eustaquio, junto con toda su familia: su esposa Teóspita y sus hijos Agapito y Teóspito. El converso va a ser sometido a diversas pruebas con el fin de probar su paciencia y su fe en Dios. En esta parte del relato el modelo es la narración bíblica de Job, a la que remite con cierta frecuencia, al igual que ocurre en el *Plácidas* español, que se acerca bastante a la historia conocida. Eustaquio pierde primero a su mujer, de la que se ha enamorado el capitán del navío que los transporta y, en consecuencia, el raptor abandona al resto de la familia en una tierra inhóspita; más tarde el protagonista se ve separado de sus dos hijos, uno de los cuales resulta raptado por un lobo y el otro por un león, mientras el padre pasa un río. Sin embargo, ninguno de los componentes de la familia sucumbe, sino que cada uno vive distintas aventuras paralelas que les hacen confluir en una posada regentada por la propia madre, donde tiene lugar el reconocimiento de los cuatro, en un momento en que Eustaquio vuelve a gozar del favor del emperador romano. La condena a muerte de toda la familia, por proclamar la fe en Cristo, y el martirio consiguiente pone fin al relato.

---

[20]   Algunos cuentos de *El Patrañuelo* son de carácter folklórico; cf., el prólogo de Alberto Sánchez a Juan de Timoneda, *El Patrañuelo*, Madrid: Espasa Calpe, 1982, págs. 25–26; se trata de una reproducción facsímil de la edición original, *Primera parte de las patrañas*, de Joan Timoneda, Valencia: Juan Mey, 1567. Cf. también *Cuentos españoles de los siglos XVI y XVII*, ed. Maxime Chevalier, Madrid: Taurus, 1982.

[21]   A. H. Krappe, «La legenda di S. Eustachio», en *Nuovi Studi Medievali*, III, 1926–1927, págs. 223–258.

Hay un momento en la trama de *El caballero Zifar* en el que se nos remite claramente a su origen clásico: el caballero recuerda a los protagonistas de la historia romana y pide ayuda a Dios en su actual situación de desgracia: «Así como ayudaste los tus siervos bienaventurados, a Uestechio e a Çeuspita, su muger, e a sus fijos Agapito e Te[óspito], plega a la tu misericordia de ayudar a mí e a mi muger e a mis fijos, que somos derramados por semejante»[22].

La estructura de la obra en su parte inicial ofrece marcados rasgos de tipo bizantino[23]. Al principio del relato, al igual que ocurría en el *Libro de Apolonio*, localizamos una especie de resumen del argumento: «Cuenta la estoria que este cavallero avía una dueña por muger que avía nombre Grima. [...] E ovieron dos fijuelos que se vieron en muy grandes peligros, así como oiredes adelante, tan bien como el padre e la madre. E el mayor avía nombre Garfín e el menor Roboán. Pero Dios [...] mandóles la fortuna que avían en el mayor e mejor estado que un cavallero e una dueña podrían aver, pasando primeramente por muy grandes trabajos e grandes peligros»[24].

El autor ha esbozado unas líneas maestras del relato de los «grandes trabajos» de Zifar, que comprenden una situación inicial, los peligros y aventuras, y la solución feliz de sus sucesos, debida esta última a la ejemplar actuación cristiana de toda la familia a lo largo de la obra.

Igualmente ejemplar es la trayectoria del caballero Plácidas, en la obra del mismo título, la cual se ciñe de manera bastante ajustada al relato conocido, basándose en su mayor parte en la versión que incluyen las *Acta Sanctorum*. Conservada en un códice del monasterio del Escorial, suele fecharse hacia la segunda mitad del siglo XIV (1360–1370).

Los rasgos propiamente novelescos, relacionados con la narración griega de aventuras, son el viaje por mar, el deseo amoroso que provoca Teóspita en el capitán del barco, rasgo muy común en relatos griegos, la accidentada separación de los miembros de la familia, junto con algunas historias recapitulatorias que sirven para los sucesivos reconocimientos.

Como era de esperar predomina el elemento hagiográfico y el espíritu cristiano sobre el mundo caballeresco, manteniéndose también el modelo bíblico de Job. Cristo habla a Eustaquio y, entre otras cosas, le dice: «otrosy sé rresio e fuerte en te defender del cometer e del assetar del diablo e por guardar mi amor,

---

[22] *Libro del caballero Zifar*, ed. Joaquín González Muela, Madrid: Castalia, 1982, pág. 118. Creemos que el fragmento «sus fijos Agapito e te», debe reconstruirse en «sus fijos Agapito e Te[óspito]», como hace Wagner, *El libro del cauallero Zifar*, ed., Charles Philip Wagner, Ann Arbor: University of Michigan, 1912, edición que reproduce y moderniza Felicidad Buendía, *Libros de caballerías españoles*, Madrid: Aguilar, 1960, pág. 92, para el fragmento señalado. Otra edición reciente y fiable, *Libro del caballero Zifar*, ed. Cristina González, Madrid: Cátedra, 1983, pág. 139.

[23] Cf. Marcelino Menéndez Pelayo, *Orígenes de la novela*, pág. 296; Francisco López Estrada, *Introducción a la literatura medieval española*, Madrid: Gredos, 1979[4], pág. 243; Roger M. Walker, *Tradition and Tecnique in «El libro del cavallero Zifar»*, London: Tamesis, 1974, págs. 56–69; R. G. Keithgley, «The Story of Zifar and the structure of the *Libro del cavallero Zifar*», *Modern Language Review*, 73 (1978), págs. 308–327, etc.

[24] *Libro del Caballero Zifar*, ed. J. González Muela, págs. 58–59.

que so enperador del perdurable inperyo, ca asy ha de ser que tú serás tentado commo fue tentado Job. E tú vencerás el diablo por verdadera paciencia»[25].

En cuanto a la historia del rey Guillermo de Inglaterra se mantienen en ella una serie de elementos del esquema narrativo conocido, como la separación, las aventuras y el reencuentro.

El argumento, que tentó también a Chretien de Troyes, puesto que existe un *roman Del roi Guillaume d'Engleterre* que se le atribuye, nos presenta al rey Guillermo y a su esposa que, siguiendo una voz divina que oyen en sueños, abandonan la corte y marchan al destierro. Allí la reina da a luz a dos hermosos hijos y, al poco tiempo, unos marineros se llevan rapatada a la dama, dejando abandonado al rey y a los niños. Más tarde un lobo se lleva a uno de éstos y el otro resulta también extraviado. Siguen las aventuras de cada uno de los personajes del relato por separado, hasta que por último, superadas las peripecias, se reúnen todos felizmente y vuelve la pareja a ocupar el trono de Inglaterra.

El tono del relato ya no es hagiográfico, aunque sí aparece lleno de religiosidad. Las aventuras no tienen un carácter caballeresco muy marcado, sino que éste se ve sustituido por el viaje y el comercio, al que se dedica el rey Guillermo, cambiando su nombre por el de Guy de Galvoya[26]. La tormenta marina es un elemento que está presente también en este libro y que recuerda otras descripciones parecidas de la narrativa antigua.

Si las obras más importantes del ciclo de Apolonio, al igual que las que componen el de Eustaquio, cuentan ya con ediciones y estudios fundamentales, no ocurre así con el ciclo que podemos denominar de los jóvenes enamorados separados, cuya muestra más antigua en el occidente románico parece ser *Flores y Blancaflor*, en su versión francesa del siglo XII[27], pero que mantiene, en nuestra opinión, los caracteres más importantes de la antigua novela griega de amor y aventuras. Hasta tal punto se carece de textos fiables en este grupo, que casi siempre se suele incluir entre los libros de caballerías, con los que mantiene sin duda fuertes vinculaciones, que alguna de las obras más características del mismo, como *Pierres y Magalona*, no es asequible al estudioso sino en tardías ediciones del siglo XVII, excluida de conocidas recopilaciones de la caballeresca realizadas durante el siglo XIX o a principios del siglo XX.

La relación con la narración griega no es fácil de delimitar, puesto que casi siempre se han visto como producciones exclusivas del mundo románico. Sin embargo, hay que tener en cuenta que tras el período de apogeo de la novela

---

[25] *De vn cavallero Plácidas que fue después cristiano e ouo nombre Eustacio, Dos obras didácticas y dos leyendas*, ed. German Knust, Madrid: Sociedad de Bibliófilos, 1878, págs. 131–132. No he podido ver la edición de Roger M. Walker, *El cavallero Plácidas*, publicada por la Universidad de Exeter.

[26] *El rrey Guillelme*, ed. John R. Maier, University of Exeter, 1984, pág. 33. El texto fue también editado por German Knust, *Dos obras didácticas y dos leyendas*; la edición de Maier ha contado con serios reparos de Carlos Gumpert en su reseña de la obra, aparecida en *El Crotalón*, 2 (1985), págs. 581–587.

[27] Cf. Fernando Carmona, *El roman lírico medieval*, Barcelona: PPU, 1988, págs. 28–36.

griega clásica, entre los siglos I al IV de nuestra era[28], se produce un proceso de cristianización y latinización de muchos de los elementos integrantes de su trama, como hemos visto en las historias de Apolonio y de Eustaquio, pero será hacia los siglos XII y XIV cuando se produzca una revitalización del género en el mundo bizantino, de tal forma que estas narraciones, que ahora sí pueden calificarse de bizantinas en el sentido exacto del término, se consideran «un remedo tardío»[29] de las viejas novelas, obra de eruditos que actualizan esquemas muy conocidos.

Estas versiones renovadas que se componen aproximadamente hacia el siglo XII (recordemos que por la misma época surge el *roman*, igualmente en verso) son poco conocidas por el investigador de temas románicos. Entre ellas se cuentan *Rodante y Dosicles*, de Teodoro Prodromo, *Drosila y Caricles*, de Nicetas Eugeniano, y *Aristandro y Calitea*, de Constantino Manasés. Alguna de ellas empieza a emplear ya la prosa como forma de expresión, como *Ismine e Isminias*, de Eustacio Macrembolita, de la que tenemos una versión al español en pleno período romántico; el paralelismo con el *roman* que pasa a emplear progresivamente la prosa en lugar del verso resulta igualmente llamativo.

Ahora bien, ¿existe alguna relación entre estas tardías novelas bizantinas y el naciente *roman* de la Romania? Nos falta el eslabón, la comprobación fidedigna y patente; pero los elementos comunes entre algunos relatos medievales y otros bizantinos, así como la serie de trasvases culturales que tiene lugar en europa en el momento que se inician las cruzadas nos hace apuntar a una posibilidad con algún viso de verosimilitud. Porque el fenómeno contrario sí aparece, sólo que dos siglos más tarde. De esta forma, en el siglo XIV, encontramos en el mundo bizantino narraciones que, según la crítica autorizada, adaptan originales románicos, con lo que, si nuestra hipótesis de contaminación de elementos de la narrativa griega al *roman* medieval no es errónea, el círculo se cierra con una readmisión de recursos que ya formaban parte de la tradición cultural de oriente.

Entre estas narraciones bizantinas se encuentra *Florio y Patsiaflora*, que es el tema de *Flores y Blancaflor*, transparente incluso en los nombres, o *Imberio y Margarona*, adaptación de *Pierres y Magalona*, en tanto que de otras desconocemos su original románico, pero aparecen claros rasgos de contaminación; por ejemplo, en *Libistro y Rodamne* el héroe lucha con un rey de Babilonia, llamado Verderico, que es el equivalente del germánico Federico, o en *Beltrando y Crisanza*, en la que el héroe, Beltrando, deja ver la adaptación de Beltrand, nombre francés, y con él se designa al hijo del emperador de Romania.

Independientemente de estas cuestiones de prioridad temporal y temática, que sería interesante aclarar mediante un estudio más minucioso de los textos y una datación lo más ajustada posible, interesa señalar los rasgos comunes de la narrativa bizantina y los de determinados relatos románicos, alguno de los cuales, no hay que olvidarlo, gozaron del aprecio de doctos humanistas, que hacían

---

[28] Carlos García Gual, ed., *Calímaco y Crisórroe*, pág. 13. El tema de la novela griega se trata con más amplitud en Carlos García Gual, *Orígenes de la novela*, Madrid: Istmo, 1972, págs. 189–317, y en otros estudios especializados.

[29] *Ibidem*, pág. 16.

compatible la búsqueda de manuscritos griegos y latinos con el gusto por diversos relatos de amor y aventuras, quizá no tan ajenos a la cultura clásica como pudiera pensarse. Pensemos, por ejemplo, en Boccaccio, que incluye en *Il Filocolo* una adaptación de *Flores y Blancaflor*, o en Petrarca, del que se dice que admiraba tanto la historia de *Pierres y Magalona* que llegó a traducirla al latín[30].

Estos relatos ofrecen una estructura muy parecida a la que tiene la novela griega, aunque se incorpora a ésta última una secuencia inicial, la relativa al desarrollo del héroe desde su nacimiento hasta el momento en que empieza efectivamente la acción, lo que se denomina *enfances*, o mocedades en terminología española. De esta forma, el característico comienzo *in media res* de algunos de los más importantes relatos griegos se ve sustituido por un explicativo comienzo *ab ovo*. Tras esta secuencia tiene lugar el enamoramiento de los jóvenes protagonistas, la huida, porque existe algo que se opone a la boda, la separación y la búsqueda de la amada por parte del protagonista, peregrino casi siempre por países orientales, donde sufre el cautiverio de los árabes o los turcos; en esta parte del relato también se advierte alguna diferencia con el relato griego clásico, puesto que aquí es esencialmente el protagonista masculino, el caballero, el que corre las aventuras, en tanto que la joven es más estática que la heroína griega, puesto que se la suele encerrar en una fortaleza, a veces guardada por algún personaje de rasgos folklóricos, como un dragón o una bruja, y en ocasiones en el mágico *erotocástron* o castillo de amor. Tras las aventuras del caballero se realiza la liberación de la dama, previamente localizada, y el reconocimiento de ambos, o *anagnórisis*; a esto sigue el final feliz con la boda de los enamorados. En realidad, en este tipo de relatos el final está prefigurado ya en el comienzo, la separación se soluciona con el reencuentro, y el resto del argumento se limita a retrasar, mediante una serie de mecanismos literarios, el enlace previsto.

En la literatura medieval española contamos con algunos relatos en los que se observa la aparición de gran parte de estas características, independientemente de que se trate de versiones más o menos fieles de originales franceses o provenzales. Tales pueden considerarse *Flores y Blancaflor, Pierres y Magalona, Paris y Viana, El Conde Partinuples*, etc., de muchos de los cuales hay también versiones catalanas[31] e incluso alguna morisca[32], lo que da idea de su difusión en ambientes culturales bastante distintos.

La composición de la mayoría de ellos suele situarse hacia el siglo XV, aunque parece que algunos relatos ya eran conocidos en el siglo anterior. En este sentido, Juan Ruiz, Arcipreste de Hita, menciona a Flores y Blancaflor en la «Cántica de los clérigos de Talavera»:

---

[30]   Marcelino Menéndez pelayo, *Orígenes de la novela*, págs. 237–240.

[31]   *Historia de Pierres de Provença y de la gentil Magalona*, ed. R. Miquel y Planas, Barcelona, 1908; *Paris y Viana* (con otras narraciones), ed. R. Miquel y Planas, Barcelona, 1910; *Historia de l'esforçat cavaller Partinobles*, ed. R. Miquel y Planas, Barcelona, 1910.

[32]   *Historia de los amores de París y Viana*, ed. Álvaro Galmés de Fuentes, Madrid: Gredos, 1970.

> Ca nunca fue tan leal Blanca Flor a Flores,
> nin es agora Tristan con todos sus amores[33],

lo que puede resultar indicativo de una versión de la época, si bien la primera edición conservada hay que retrotaerla hasta la de Alcalá, en 1512.

La oposición a los amores de Flores y Blancaflor, el primero hijo del rey moro de España, y la segunda de una cristiana cautiva, procede del padre de Flores, que envía al muchacho a un lugar lejano, Montorio en el libro español, y tras intentar la muerte de la joven, la vende como esclava a unos mercaderes de Babilonia. Los recursos de los que se vale Flores para localizar a su amada son característicos de la novela griega; el viaje, la búsqueda, el descubrimiento de Blancaflor encerrada en una torre con otras doncellas; el enamorado logra penetrar en la torre escondido en un cesto de flores. Sin embargo, el dueño sorprende a los amantes y los condena a muerte, aunque tras diversos subterfugios ambos logran salvarse y regresar a su país, evitando con ello que se cumpla la fatal orden. Flores se hace cristiano antes de contraer matrimonio con Blancaflor.

Existe en la obra algún elemento de carácter mágico o maravilloso, como la torre en la que está encerrada Blancaflor: «Dentro de aquella torre hay un verjel, y, en medio de aquel verjel, está un árbol que de invierno y de verano siempre está florido; y al pie del árbol está una fuente de agua muy clara, y tienen tal virtud, que, si la mujer no es virgen, allí se parece. El Almiral face que, cada mañana, las doncellas que en la torre están, cojan una flor, y hácela echar en la fuente, y que, aquella que es virgen, el agua sale clara, y si no lo es, el agua sale turbia y bermeja como sangre»[34]. Las pruebas acerca de la virginidad de las doncellas son características de alguna novela griega, como *Leucipa y Clitofonte*, de Aquiles Tacio, y se han querido ver restos o adaptaciones de estos juicios en algunos episodios caballerescos, como el paso de Amadís por el Arco de los Leales Amadores[35]; en el ejemplo señalado la relación nos parece más clara y visible. También aparece, como es previsible, en el antiguo original francés:

> Gran mervelle i puet on aprendre,
> car quant il i passe pucele,
> lors est li eve clere et bele;
> au trespasse de feme ëue
> l'eve en est lués tote mëue[36],

por lo que hay que descartar una posible interpolación más tardía.

---

[33] Arcipreste de Hita, *Libro de Buen Amor*, ed. G. B. Gybbon–Monypenny, Madrid: Castalia, 1988, pág. 465.

[34] *Flores y Blancaflor, Libros de caballerías*, Madrid: Libra, 1972, pág. 55.

[35] Juan Bautista Avalle–Arce, «El arco de los leales amadores en el *Amadís*», *Nueva Revista de Filología Hispánica*, 4 (1952), págs. 149–156.

[36] *Flore et Blancheflor*, ed. Wilhelmine Wirtz, Hildesheim: Verlag Dr. H. A. Gerstenberg, 1974, pág. 63.

El elemento mágico presente en el *erotocástron* de *Flores y Blancaflor* se da también en otros relatos del ciclo, aunque no sea muy abundante en la mayoría de ellos; así lo encontramos también en las aventuras del conde Partinuples, en el castillo de Cabezadoyre, con su emperatriz fantasmal, a la que no se puede ver en la oscuridad, y sus servidores invisibles, que recuerdan rasgos similares del mundo bretón, o en el fabuloso caballo volador, origen del Clavileño cervantino, en *Clamades y Clarmonda*, cuyo origen no es propiamente griego, sino que parece proceder de un relato de aventuras de *Las mil y una noches*.

El comportamiento de los enamorados suele ser casi siempre plenamente moral, apartándose de esta forma de algunos modelos de la narrativa griega, como *Leucipa y Clitofonte*. Salvo en algunos episodios del *Partinuples*, cuya inclusión en este grupo no parece muy convincente, las relaciones entre los jóvenes nunca sobrepasan los límites de la más férrea decencia; ni siquiera Pierres osa tocar los pechos de Magalona cuando ésta yace dormida en su regazo, sólo se atreve a mirarlos: «no se pudo tener de la desabrochar y mirar muy bien sus hermosos y blancos pechos, que eran más blancos que el cristal»[37]. Sin embargo, parece como si esta inocente acción motivara la serie de calamidades que siguen, en una correlación pecado–castigo, puesto que allí, en el seno de Magalona, encuentra el enamorado el cendal colorado, con los tres anillos, que deposita a un lado; consecutivamente el ave de rapiña le arrebata el lienzo, creyendo que es carne, y Pierres la sigue tirándole piedras, de tal manera que tiene lugar la separación de los enamorados.

Baste la somera exposición realizada, a la manera de planteamiento general, acerca de un grupo de narraciones españolas medievales, que no dudamos en calificar de *romans*, cuyo estudio sistemático, especialmente en cuanto se refiere al último apartado, puede resultar atractivo y, sin duda, ameno. La estructura narrativa, así como la posible relación con la antigua novela griega, nos configura una serie de relatos de aventuras y reencuentros de indudable interés, cuya comprensión quizá resulte enriquecedora desde la perspectiva señalada.

---

[37] *Historia de la linda Magalona, hija del rey de Nápoles, y del esforzado caballero Pierres de Provenza y de las fortunas que pasaron*, Madrid: Francisco Sanz, 1676, pág. 16.

Preliminares sobre el tema de la magia en Lope de Barrientos

Paloma CUENCA MUÑOZ

Resulta difícil acotar el tema de la magia en cuanto que se presenta como resultante de un compendio de artes y ciencias[1], que a su vez tampoco aparecían claramente delimitadas en la Edad Media. Así magia es la astrología, la brujería, la astronomía, la hechicería, la nigromancia o el aojamiento. Pero a su vez es necesario mencionar que entre esa variedad de formas existe un fin común a todas ellas, el de adivinar. El problema se plantea al considerar que este conocimiento no es una potencia que pertenezca al alma humana, sino a la divinidad o a lo sobrenatural. Por ello, que el hombre consiga esta transmutación es dudoso, pero que lo intente o crea en ello es inadmisible para una teología como la que se desarrolla en el siglo XV, en gran parte influida por la patrística y el tomismo, sobre todo cuando se observa como práctica muy difundida, y se tiene el afán pedagógico que ha caracterizado a algunas de las órdenes religiosas, ya desde sus inicios.

Cuando el rey don Juan II encarga a Lope de Barrientos que escriba una obra sobre el tema de los agüeros y los posibles tipos de adivinación[2], y éste redacta el tercer tratado que dedica a su rey, el *Tratado de la divinança*, no solamente lo hace en calidad de fraile dominico[3], sino también como hombre conocedor de las intrigas políticas que acusaban constantemente al rey de debilidad a la hora de establecer sus enjuiciamientos políticos y judiciales, aunque la intencionalidad de Barrientos en su afán evangelizador va más allá del propio rey y transciende a cualquiera que pueda recibir noticia de su tratado[4].

Bien es cierto que no es éste el único compendio en el que Barrientos se ocupa del tema de la adivinación. Anteriormente en el *Tratado de los sueños*,

---

[1]   A fines del medievo Arnaldo de Villanova basó su doctrina médica y filosófica en la astrología. Véase Julio Caro Baroja, *Vidas mágicas e inquisición*, Madrid: Taurus, 1967, en la parte que dedica a los conflictos a fines de la Edad Media.

[2]   Lo explica el propio Barrientos en la dedicatoria de la obra. *Tratado de la divinança* (ms. h.iii.13 de la Biblioteca del Real Monasterio de El Escorial), fol. 1r; cf. Luis G.A. Getino, *Vida y obras de Fray Lope de Barrientos*, Salamanca: Anales Salmantinos, 1927, pág. 89.

[3]   Véase Luis G. A. Getino, *op. cit.*, pág. xvii y sigs. y en Vicente Beltrán De Heredia, *Bulario de la Universidad de Salamanca*, II, Salamanca: Universidad de Salamanca, 1966, págs. 269–270.

[4]   Me refiero al texto de Barrientos por el manuscrito mencionado en nota 2, a falta de una edición crítica y completa. Esta clara intencionalidad del autor aparece en los fols. 37v y 38r.

había rozado, más que abordado este mismo asunto, aunque allí sólo aludía a la adivinación que se puede llevar a cabo en una evolución posterior al dormir, que es el sueño[5]. Pero donde realmente podemos decir que aborda de manera monográfica el tema de la magia es en el primero de los libros aquí citado, aunque fue el último que redactó, al que nos referiremos a partir de ahora.

Sobre las partes del tratado

La obra, de inspiración escolástica, se divide en seis partes principales que, a su vez, se subdividen en diferentes apartados, y estos en otros, de manera que su estructura subyacente es la de un gran diagrama arbóreo, común a muchos de los tratados y libros de fines del medievo[6], pero a su vez como reflejo de un tomismo posiblemente impregnado por la filosofía bonaventuriana, ya que, aunque son dos sistemas diferentes de interpretar el cristianismo, no se excluyen, y el grado de sistematización es tal en la doctrina bonaventurista que no se puede percibir el fragmento como tal, sino la doctrina como un todo sistematizado mediante una jerarquización ideológica y formal[7].

De las seis partes generales mencionadas, la primera la ocupa en intentar discernir si es posible la divinanza o arte mágica. Analizado desde dos puntos de vista, filosófico y teológico, tan sólo las razones teológicas permiten aceptar cierto tipo de adivinación, que después de muchas consideraciones y de negar fehacientemente la posibilidad racional de la *incorporatio* de los espíritus, concluye en que tan sólo el misterio y la permisión divina pueden dar lugar a estos fenómenos, «siendo, quien lo contrario creyere, infiel y peor que pagano».

En cuanto al nacimiento del arte mágica, segunda parte del tratado, Barrientos se adhiere a la teoría que, de un modo u otro, se relaciona con la existencia del libro *Raziel*, donde se contenían los principios de la magia natural, defendido por unos y denostado por otros, pero de enorme difusión posterior. Este texto habría llegado a los hombres bien, mediante el ángel que guardaba el paraíso y poseedor del secreto contenido en el libro, o por otro tipo de espíritu. A partir de esta exposición el autor intenta argumentar contra la efectividad de ambas posibilidades aunque para ello tiene que recurrir a una teoría maniqueísta, y no muy racional.

En un tercer apartado se ocupa de qué es la adivinanza. En la respuesta realiza una división bipartita: en la primera considera las cosas advenideras en sí mismas, donde el conocimiento de éstas solo concierne a Dios en su condición de "*factotum* anticipatorio". Y en una segunda consideración atiende a las cosas

---

[5]   La única edición que se puede consultar por ahora de dicha obra es la de Luis G. A. Getino, *Vida y obras...*

[6]   Véase por ejemplo, Diego de Valera, *Tratado de las armas* o *Tratado de Providencia contra Fortuna* en *Prosistas castellanos del siglo XV*, ed. D. Mario Penna, Madrid: Atlas, 1959.

[7]   Etienne Gilson, *La philosophie de saint Bonaventure*, París: Librairie Philosophique J. Vrin, 1924. Hace también referencia a una influencia paralela Pedro M. Cátedra, *Amor y pedagogía en la Edad Media*, Salamanca: Universidad de Salamanca, 1989.

advenideras en sus causas, y establece, según el principio aristotélico y tomista[8] de la potencia y del acto, una gradación en tres niveles, basada en una relación de necesidad, así tan sólo cuando el acto no se infiere necesariamente de la potencia o, lo que es lo mismo, cuando la causa no da lugar a la cosa advenidera, podemos hablar realmente de adivinación, y Barrientos no se encuentra remiso a aseverar que quien practica este tercer tipo comete un grave pecado de usurpación a la divinidad.

Se ve, por tanto, cómo va desgranando de un panorama general de la magia los aspectos que posiblemente resultaban más controvertidos en el siglo XV, pero siempre desde un punto de vista prescriptivo.

A la vez su intención de racionalismo teológico, que se puede detectar casi en cualquier folio del tratado, le lleva a intentar analizar algo que hasta ahora había aparecido como una cuestión de *facto*, así, dedica la cuarta parte a demostrar por qué es pecado practicar la divinanza. De las razones aducidas, tan sólo el trato con los espíritus malignos no es intrínseco a la propia definición de pecado cristiano.

A partir de aquí Lope de Barrientos desciende de los argumentos filosóficos y teológicos, a la práctica concreta. Su estilo complejo, sus continuas citas y su estricta división del texto no debieron ayudarle mucho en su labor evangelizadora (no hay que olvidar por otra parte la extensa cultura que poseía nuestro autor)[9], y a partir de aquí realiza una clasificación de las especies mágicas, donde aclara el significado de cada una de ellas –quinta parte–, para finalmente abordar el tema de la magia a través de veinte cuestiones que responden a problemas reales de prácticas mágicas –sexta parte–.En estos dos últimos puntos la intención pedagógica se explicita[10] y se completa con los continuos juicios de licitud e ilicitud sobre cualquiera de los tipos de adivinación o suertes mágicas.

Comenzamos esta reflexión analizando el problema de la magia como creencia y práctica muy difundida. Voy a intentar aclarar brevemente alguna distinción necesaria entre el concepto de magia moderno, expuesto por James G. Frazer[11], y el que defiende Barrientos en el siglo XV. Según la división que establece James G. Frazer, bastante admitida por la crítica, todo lo que está causado por una ley de semejanza se puede denominar magia, que a la vez se divide en magia teórica y magia práctica. Tan sólo la magia práctica o la magia como pseudo arte encuentra paralelo en nuestro tratado, y con la salvedad de que, al abordar el problema del aojamiento, donde funciona la ley de semejanza, Barrientos considera que el aojador tiene dañada la vista, y por ello causa ese mal;

---

[8]   E. Gilson, *La philosophie de saint Bonaventure...*; G. M. Manser, *La esencia del tomismo*, trad. Valentín G. Yebra, Madrid: Instituto «Luis Vives» de Filosofía, CSIC, 1947; Umberto Eco, *Il problema estetico in Tommaso d'Aquino*, Milano: Bompiani, 1982.

[9]   Diego de Colmenares, *Historia de la muy antigua, noble y leal ciudad de Segovia: y compendio de las historias de Castilla*, Madrid, 1640. Lope de Barrientos, *Refundición de la Crónica del Halconero*, ed. Juan de Mata Carriazo, Madrid: Espasa–Calpe, 1946.

[10]   Véanse los fols. 37*v* a 38*r* y 48*r* a 48*v* del ms. citado.

[11]   James George Frazer, *La rama dorada. Magia y religión*, trad. Elizabeth y Tadeo I. Campuzano, México: Fondo de Cultura Económica, 1981.

eso no es magia[12]. La relación establecida magia–religión es por otra parte, una de las más antagónicas[13], pero no existe, en este caso, una distinción del tipo que propone Frazer, donde la religión supondría la dirección del universo por parte de agentes concretos, frente a la magia que presupone la existencia de leyes inmutables que actúan mecánicamente. Esto segundo para Barrientos no es magia sino ciencia, por lo tanto el hombre puede preverlo o en cierto modo «adivinarlo», sin, por ello, pecar. Si las fronteras entre la magia y la ciencia no se pueden establecer en la Edad Moderna de manera definitiva, en el siglo XV tampoco era fácil de distinguir, de ahí, la funcionalidad de este tipo de tratados[14], pero el estado eclesiástico sí intentaba discernir entre lo que era pecado y lo que no, y así visto, la magia era pecado entre otras cosas porque se rendía culto al diablo y se contactaba, en formas diversas, con espíritus malignos[15]. Luego, de la religión a la magia hay un cambio de agente consciente, Dios por Satán, y no sólo la intervención de leyes inmutables, como aducía Frazer[16].

Sobre la Astrología

La astrología como forma de predicción es quizás el aspecto al que Barrientos dedica una mayor importancia[17], en parte porque no le ofrecía la posibilidad de ser tan taxativo como en otros juicios, y, en parte, también porque el siglo XV supuso un apogeo de la magia y la astrología como lo demuestran la cantidad de censuras de tipo antiastrológico recogidas[18].

En la primera mitad del siglo XV aparece el *Tratado de Astrología* atribuído a don Enrique de Villena[19]. En él se polemiza en torno a la licitud de la astrología, asunto en el que Villena toma la actitud de compatibilizar la ortodoxia y la astrología, ya que existía una tendencia por parte de las principales religiones

---

[12] Téngase en cuenta la opinión del propio Barrientos, detractor de la magia, sobre el aojamiento: «e así mesmo, temer el daño que puede venir a los niños de aquellos que tienen dañado el instrumento de la vista por tal manera que pueden aojar, e por ende temer el tal daño non es cosa illícita»; fol. 55r del ms escurialense. Sigo unos criterios básicos de transcripción, en ésta como en las otras citas del texto.

[13] A diferencia de otras relaciones como magia–amor. Pedro M. Cátedra, *Amor y pedagogía...*, pág. 85 y sigs.

[14] Como ejemplo de la reacción literaria a la corriente de despreocupación de las prácticas religiosas, Marqués de Santillana, *Bias contra Fortuna*; Diego de Valera, *Tratado de Providencia contra Fortuna*; Fray Martín de Córdoba, *De próspera y adversa Fortuna*.

[15] Para testimonios de cultos diabólicos, véase Julio Caro Baroja, *Las brujas y su mundo*, Madrid: Alianza, 1988.

[16] Todo ello en James George Frazer, *La rama dorada...*; pág. 77 y sigs.

[17] Principalmente en la V y VI parte del tratado.

[18] Eugenio Garin: *El zodiaco de la vida. La polémica astrológica del trescientos al quinientos*, trad. Antonio–Prometeo Moya, Barcelona: Ediciones Península, 1981.

[19] *Tratado de Astrología* atribuido a don Enrique de Villena, ed. y notas de Pedro M. Cátedra e introducción de Julio Samsó, Madrid: Río Tinto Minera S.A., 1980.

practicadas en la España medieval (catolicismo, judaísmo e islamismo) a dudar de la ortodoxia de los astrólogos y de sus defensores. Esta defensa, de lo que hoy denominaremos 'astronomía', pero que en el siglo XV es aún astrología[20], aunque no de modo tan favorable, aparece también en el tratado de Barrientos. Son bastantes lo que escriben para prevenir sobre los malos influjos de la astrología a partir del siglo XIV, desde Petrarca o Nicolás Eymerich, (*Tractatus contra daemonu invocatores*), a Pedro Ciruelo, (*Reprobación de las supérsticiones*) o Martín del Río, que redacta ya en el siglo XVII sus *Disquisitionum magicarum*; pero no es esta censura la que Barrientos establece, él admite cierta influencia astrológica, la que ejercen los astros sobre los cuerpos humanos (incluso hombres de religión anteriores a él, como San Bernardino, habían manifestado una disposición favorable hacia la astrología). Ahora bien, esta defensa se convierte en una reprobación cuando se utiliza la astrología para que los humanos intenten cambiar los designios divinos; es muy similar a lo que escribe Fray Martín de Córdoba en su *Compendio de la Fortuna*, en el siglo XV, donde también se admite esta influencia, pero se condena su utilización para averiguar cuestiones relacionadas con las facultades del alma, influido por San Agustín[21].

Así pues, Lope de Barrientos admite una astrología condicional. La incluye dentro de las especies de divinanza, pero le atribuye características que anulan su enfoque mágico, y como mucho la encuadran dentro de la 'magia natural', magia de la que derivan los tratados médicos del XVI y XVII, así como investigaciones posteriores en otros campos científicos. La astrología permitida en el *Tratado de la divinança*, guía del rey Juan II, entre otros, se realiza sin expresa invocación, lo que anula el rasgo de voluntariedad y control humano, y no se utiliza para manipular, su funcionamiento es como el de las ciencias experimentales, se observa y *a posteriori* se induce de 'forma natural'. En consecuencia, cuando en la VI parte del tratado, da una solución concreta a diferentes preguntas, (la primera de veinte es «si es cosa líçita divinar e judgar por el juyzio de las estrellas»[22]), concluye que sólo será ilícito cuando intervenga la voluntad humana y el libre albedrío. Barrientos basa su argumentación en Santo Tomás, pero esta separación ya aparecía en las *Etimologías* de San Isidoro (a quien tantas veces cita en otras partes del tratado). El reflejo de esta dualidad astrológica se mantendrá durante el siglo XVI, (en Marsilio Ficino, por ejemplo) pero el carácter prescriptivo y maniqueísta que adquiere la división teológicamente, se va mutando en una distinción más clara entre ciencia y arte mágica.

Otros tipos de magia. Conclusión

Pero la astrología era, en el siglo XV, una posibilidad entre otras de «hacer magia». Asimismo se podía practicar la magia, sin expresa invocación, mediante

---

[20] Véase el prólogo de J. Samsó en la edición citada del *Tratado de Astrología*.
[21] Señalado por Julio Caro Baroja en *Vidas mágicas e inquisición...*
[22] Lope de Barrientos, *Tratado de la divinança*, fol 50r y sigs.

las suertes. Barrientos describe cinco de estas suertes adivinatorias: lanzar puntos con peñolas e interpretar por el dibujo que formen, leer en las figuras que realiza el plomo derretido en el agua, con cédulas, con pajas según quien reciba la más corta, echando los dados y abriendo un libro de magia al azar para realizar una lectura interpretativa. Y esto, por supuesto, si descendemos a las ramas más bajas del árbol invertido, que el propio autor utiliza para plasmar sus múltiples divisiones, ya que los grandes problemas que plantea la magia provienen precisamente de la expresa invocación de los espíritus malignos, como es el caso del *prestigium*, la nigromancia, o la adivinación por phitón, entre otras. En la última parte del tratado, la VI, a lo largo de las veinte soluciones que da el autor a problemas concretos, aborda temas como, si es lícito encantar serpientes o juzgar por agüeros, si se deben colgar al cuello tablillas con frases de la Biblia, o si es cierto que las brujas van por las noches cabalgando para causar daño a los niños[23]. Barrientos mezcla, como se ve, problemas de falso cristianismo con otros de estricta brujería.

Como resumen de esta disputa entre magia y religión, de la que es reflejo este tratado y que tan importante es para comprender textos medievales y renacentistas, valgan las palabras de E. Garin, cuando escribe: «no podía haber acuerdo entre filosofía medieval, que es una teología del orden estable, cristalizada en determinada etapa del aristotelismo, y la magia»[24]. En la España del siglo XV muestra de este desacuerdo es la Inquisición; muestra de la teología del orden estable aristotélica, Lope de Barrientos.

---

[23]   Para esta última cuestión, Julio Caro Baroja, *Las brujas y su mundo...*
[24]   Eugenio Garin, «Magia y Astrología en la cultura del Renacimiento» en *Medioevo y Renacimiento. Estudios e investigaciones.* trad. Ricardo Pochtar, 1973, Madrid: Taurus, 1981, pág. 117.

Poesías menores de Juan de Mena: Experiencias editoriales

Carla DE NIGRIS

Lo que me propongo en esta comunicación es exponer algunos de los problemas que se me han presentado durante el trabajo de preparación y redacción de la edición crítica de las poesías menores de Juan de Mena, que he publicado recientemente[1].

Una de las cuestiones más importantes por resolver me ha parecido, desde el inicio del trabajo, la de conciliar la necesidad de estudiar la tradición de cada uno de los poemas, considerándolos como textos autónomos, con la intención de reconstruir un cuadro conjunto de las relaciones que hay entre los cancioneros que transmiten las poesías de Mena. Es bien sabido que no siempre los poemas transmitidos por un cancionero tienen todos una única fuente; muy a menudo el copista o el recopilador, al organizar un conjunto de textos, bebieron de tradiciones diversas: de ahí, por lo tanto, la oportunidad de estudiar la tradición manuscrita e impresa de cada poesía en vistas a la reconstrucción de cada texto. Las observaciones y las reflexiones que han servido de apoyo para elegir el texto base y para reconstruir el texto crítico (observaciones y reflexiones que hace cada editor, pero que usualmente quedan marginadas entre los apuntes de trabajo) han sido reordenadas y expuestas en breves párrafos que constituyen una especie de comentario a la tradición y que me ha parecido útil anteponer al texto de cada poema. Por lo que se refiere al razonamiento global sobre las relaciones entre los cancioneros, éste se ha ido constituyendo sobre la marcha, a través de la comparación de los resultados de la *collatio* de las variantes de las diversas poesías y sobre la base de los datos más concluyentes y constantes surgidos de dicha comparación.

El estudio global de la tradición ha confirmado la existencia de dos tradiciones, ya individuadas por Varvaro[2], de tipo pasivo o 'quiescente' por usar su terminología: la primera es la familia que Varvaro llama *a* y que comprende

---

[1]   Cf. Juan de Mena, *Poesie minori*, edizione critica a cura di Carla de Nigris, Napoli: Liguori Editore, 1988.

[2]   Cf. Alberto Varvaro, *Premesse ad un'edizione critica delle poesie minori di Juan de Mena*, Napoli, 1964, págs. 46–70 y 76–89. Para la distinción entre tradiciones 'quiescenti' y activas cf. las págs. 86–90 en A. Varvaro, «Critica dei testi classica e romanza», *Rendiconti dell'Accademia di Archeologia, Lettere e Belle Arti di Napoli*, 45 (1970), págs. 73–117.

tres manuscritos de la Bibl. Nat. de París[3]: Esp. 226, Esp. 230, Esp. 313 y además el *Cancionero de Estúñiga*, el *Cancionero de Roma* y el *Cancionero de la Marciana*; la segunda es la representada por el *Cancionero de Módena* (= *MO*) y por el *Cancionero de Herberay des Essarts* (= *Lb*), dos manuscritos que se remontan a un mismo ejemplar. Se ha individuado, también, una tercera tradición en la que beben, pero sólo por lo que se refiere al corpus de poesías amorosas, tres vastos cancioneros, que además presentan un material muy compuesto: el *Cancionero de Gallardo* (= *MH*), el *Cancionero de Vindel* (= *NY*) y el *Cancionero General* (= *Gen*). Las relaciones entre estos tres testimonios resultan las típicas de una tradición de tipo activo: las concordancias en variante adiáfora prevalecen sobre los errores conjuntivos; los testimonios concuerdan entre ellos según esquemas no constantes; el simple testimonio presenta más innovaciones y variantes no erróneas que errores evidentes.

En el interior de esta tradición de tipo activo resalta, por la cantidad y variedad de intervenciones el *Cancionero General*, cuyo recopilador fue, como se sabe, Hernando del Castillo. Pérez Priego ya señaló[4] que el texto del poema *Presumir de vos loar* transmitido por *Gen* resulta del todo deformado por la voluntad de Hernando del Castillo de atenuar o enmascarar afirmaciones irreverentes o blasfemas, al menos a su parecer. Una intervención del mismo tipo, pero más discreta, se encuentra también en el breve decir *Por ver que siempre buscáis*. Un par de intervenciones macroscópicas se vuelven a hallar en las coplas de arte mayor del *Claro escuro*; se puede ver, por ejemplo, que en los versos 39–43 Hernando del Castillo ha sustituido una lista de nombres mitológicos (la de los participantes en la caza del jabalí caledonio) por otra lista extraída siempre de la mitología (se trata de los participantes en las bodas de Perseo y Andrómeda). Pero de la *collatio* de las variantes han surgido también otros tipos de intervenciones, menos vistosas, pero no menos significativas. El *Cancionero General* presenta a menudo variantes que eliminan la dialefa, corrige versos de medida irregular, funde hábilmente lecciones derivadas de tradiciones diversas. Quizás no sea inútil

---

[3]   Doy seguidamente la lista de los testimonios manuscritos e impresos citados en estas páginas, dando para cada uno de ellos la signatura, el eventual nombre con que se le conoce y, donde es necesario, la sigla con la que lo indico. Paris, Bibliothèque Nationale, Esp. 226; Esp. 230; Esp. 233; Esp. 313. Madrid, Biblioteca Nacional, Vitr. 17–7, *Cancionero de Estúñiga*. Madrid, Real Academia de la Historia, 2–7–2, Ms. 2, *Cancionero de Román o de Gallardo* (= *MH*). Roma, Biblioteca Casanatense, 1908, *Cancionero de Roma*. Venezia, Biblioteca Marciana, 268, *Cancionero de la Marciana*. Londres, British Museum, Add. 33383, *Cancionero de Herberay des Essarts* (= *Lb*); Add. 10431, *Cancionero del British Museum*. Modena, Biblioteca Estense, alpha R.8.9, *Cancionero de Modena* (= *MO*). New York, Hispanic Society of America, B–2280, *Cancionero de Vindel* (= *NY*). Montserrat, Biblioteca de la Abadía, 992, *Cancionero de Pero Martínez* o *Cancionero del Marqués de Barberá y de la Manresana* (= *MS*). Salamanca, Biblioteca Universitaria, 1865, *Cancionero de Santillana*; 2763 (= *Sx*). *Cancionero General... recopilado por Hernando del Castillo*, Valencia, 1511 (= *Gen*). *Las ccc. del famosíssimo poeta Juan de Mena...* Sevilla, 1517 (= *L 1517*). *Las Trezientas del famosíssimo poeta Ivan de Mena...*, Anvers, 1552 (= *O 1552*). *Las obras del famoso poeta Juan de Mena...*, Salamanca, 1582.

[4]   Cf. Juan de Mena, *Obra lírica*, ed. Miguel Ángel Pérez Priego, Madrid, 1979, pág. 81.

dar algún ejemplo de estas intervenciones más menudas. Sólo en la poesía *Cuidar me faze cuidado* se hallan tres casos de dialefa que es eliminada en la lección de *Gen*. Además de *Gen*, el poema es transmitido por *MO*, por el *Cancionero de Pero Martínez* (= *MS*), por el ms. 2763 de la Biblioteca Universitaria de Salamanca (= *Sx*), por la edición del *Laberinto* de 1517 (= *L 1517*) y por la edición de las *Obras de Mena* de 1552 (*O 1552*); la *collatio* de las variantes de este texto ofrece pruebas seguras de afinidad entre *Gen*, *L 1517*, *O 1552* y *Sx*. En el verso 3 todos los testimonios presentan *cuidando en lo pasado* (paso naturalmente por alto las diferencias gráficas o errores mínimos), lección que comporta dialefa entre *cuidando* y *en*, mientras que *Gen* atestigua *y cuidando en lo pasado*. En el verso 57 todos presentan *mi esperar desespera* y sólo *Gen* transmite *mi esperar ya desespera*. En el verso 63 *Gen* atestigua *vida l'es la esperança* y todos los demás, excepto *MO*[5], tienen *vida le es esperança*, lección que impone dialefa entre *le* y *es*.

Doy un único ejemplo de intervención tendente a regularizar la medida del verso, tomándolo siempre del decir amoroso *Cuidar me faze cuidado*. El texto de los versos 33–36 es el siguiente: «Non dudé de cometer / amores en tal lugar / que esperança de bien aver / esforçó mi desear». El verso 35, hipermétrico, se presenta así (aparte de variantes de escaso peso) en todos los testimonios, incluso los que son afines a *Gen*. Sólo *Gen* transmite *que sperando bien aver*, lección que se insiere peor en el contexto que la otra, pero que, precisamente, elimina la hipermetría.

Para terminar con estos ejemplos sobre los tipos de intervención del recopilador de *Gen* me gustaría señalar al menos uno de los casos en que la lección de *Gen* parece que nazca de la fusión de dos lecciones concurrentes. En *Ya non sufre mi cuidado* (que está transmitida por representantes de la familia *a*, por *Lb* y *MO*, por *MH*, *NY*, *Gen* y además por *Sx*) en los versos 14–18, el texto se ha reconstruido de esta manera: «Si según mi plaga fuerte / mi daño se intitulase / presumo, según mi suerte / la muy más raviosa muerte / que sin nombre se quedase». En el verso 17 *la muy más raviosa muerte* es la lección transmitida (con varios errores) por los derivados de *a*, la cual resulta sustancialmente confirmada por *MH*, *NY* y también por *Sx*. El antígrafo de *Lb* y *MO*, quizás al no darse cuenta del duro hipérbaton de los versos 16–18, modificó el verso 17 en *ser tan rabiosa la muerte*. *Gen* tiene una lección que presenta a la vez el infinitivo *ser* y el adverbio *más* (*ser la más raviosa muerte*) y que parece que nazca, pues, precisamente de la fusión de las dos lecciones disponibles.

Decía, por lo tanto, antes de esta digresión con la que he querido mostrar algunos tipos de intervención hallados en el *Cancionero General*, que se han podido individuar, para el corpus de poesías amorosas, tres tradiciones principales, dos de tipo 'quiescente' y una de tipo activo. Dada esta situación, el criterio general al que me ha parecido correcto atenerme para la reconstrucción del texto crítico y para la elección del texto base ha sido el de seguir, cada vez que ello

---

[5]   El *Cancionero de Modena* presenta «la vida le es esperança»; nótese que también en esta lección la dialefa resulta eliminada.

fuese posible, un representante de una de las tradiciones 'quiescenti' y el de utilizar con cierta cautela los representantes de las tradiciones activas.

De la *collatio* de las variantes han surgido algunos otros resultados dignos de señalar. El estudio del pequeño corpus de poesías políticas ha permitido individuar una afinidad entre la última sección del *Cancionero de Roma*, el ms. Esp. 233 de la Bibl. Nat. de París y un fragmento de cancionero, cuya existencia ha sido apuntada en el primer volumen de *Incipit*[6].

La colación de las variantes de las preguntas y respuestas intercambiadas entre Mena y Santillana ha permitido individuar un parentesco seguro entre el llamado *Cancionero de Santillana* y el ya citado ms. 2763 de la Biblioteca Universitaria de Salamanca.

Otro dato surgido del estudio de la tradición es que la edición del *Laberinto* de 1517, la edición de las *Obras* de 1552 y la de las *Obras* de 1582 están estrechamente relacionadas entre sí, en el sentido que derivan una de otra sucesivamente. Esclarecido este dato, hubiera tenido que dejar de lado las dos ediciones posteriores, en cuanto resultaban privadas de valor para la reconstrucción del texto. Sin embargo, he preferido inserir siempre en aparato y comentar alguna vez en las notas también la lección de las dos ediciones más tardías, y ello porque, a menudo, el texto de la primera edición resulta modificado en las sucesivas en una serie de tentativas de ajuste del sentido y de la métrica que me han parecido dignas de ser señaladas. Sólo en las canciones las tres ediciones presentan un texto prácticamente idéntico; en los decires más largos y elaborados y sobre todo en las dos poesías mitológicas, se encuentran en las ediciones más tardías varias tentativas de *emendatio* de errores de las ediciones precedentes, que resultan interesantes en caso de que se quiera poner en evidencia cómo un texto se modifica en la historia de su transmisión. He aquí un ejemplo de ese estado de cosas. En el verso 115 de *El fijo muy claro de Hiperión*, Tereo, rey de Tracia y yerno del rey Pandión, es señalado con la perífrasis «el yerno traçiano del rey Pandión». *L 1517*, por un banal error de impresión, transmite, en vez de *el yerno traciano*, *el reyno traciano*, lección que naturalmente perjudica el sentido de la hemistrofa (la hemistrofa entera suena así: «Mis lágrimas tristes atales non son / qual dizen que fueron las que derramara / el yerno traçiano del rey Pandión / quando a su fija con fraude robara»). Las dos ediciones siguientes corrigen, respectivamente, en *del rey Traciano al rey Pandión* y en *del rey Traciano el rey Pandión*. Son éstas, evidentemente, tentativas poco felices de ajuste del sentido a partir de la lección inaceptable de *L1517*.

En la reconstrucción del texto crítico, el criterio general al que me he atenido ha sido el de intervenir muy poco, respetando al máximo el texto transmitido; en los casos de errores evidentes en la tradición, naturalmente he enmendado el texto, pero recurriendo a conjeturas que comportasen una intervención mínima. Doy a continuación el ejemplo de un caso en el que ha sido

---

6 Cf. *Incipit*, 1 (1981), págs. 79–80. Sobre la tradición de las poesías políticas de Juan de Mena ya traté en «Notas para la tradición de las poesías políticas de Juan de Mena», *Incipit,* 6 (1986), págs. 129–140.

necesario recurrir a conjetura: lo tomo de la poesía *El fuego mas engañoso*, transmitida por un único testimonio, el *Cancionero del British Museum*. En los versos 19–21 del manuscrito se lee: «quando vi ser cativada / primero que se metía / libertad». En el verso 20 hay un error de rima, ya que *se metía* rima con 14 (*fantasía*) y 17 (*falsía*), en vez de hacerlo, como correspondería, con 23 (*feneçida*). Rennert, que se encargó de una edición parcial del manuscrito, regularizó la rima conjeturando *ser vençida* en el lugar de *se metía*[7]. Pérez Priego sigue a Rennert[8]. He preferido corregir *se metía* por *sometida*: esta conjetura, si bien es obvia, me ha parecido más aceptable porque comporta una intervención verdaderamente mínima y porque de *sometida* por un banal error de lectura se puede derivar fácilmente el *se metía* del manuscrito.

Naturalmente la reconstrucción del texto crítico ha comportado también problemas relacionados con la métrica. El corpus de poesías que he examinado ha presentado, como por lo demás era previsible, una métrica muy regular en su conjunto[9]. No obstante, ha habido algunos casos en los que el texto, transmitido por un testimonio único o reconstruido a través de la *collatio* de las variantes, ha resultado métricamente irregular. También en estos casos me he sujetado al criterio general de intervenir lo mínimamente posible, eliminando o introduciendo al máximo un monosílabo y sólo cuando la corrección resultaba más que obvia. Por lo demás he preferido no intervenir para enmendar por conjetura y, en el caso de textos con tradición múltiple, no he acogido en el texto crítico las lecciones métricamente regulares que a veces presentaba uno u otro de los testimonios, pero que, en base a la *collatio* de las variantes, no podían remontarse al original. Estos versos de medida irregular han sido señalados en el texto con dos cruces y comentados en nota. Ya he hablado antes de la situación del verso 35 del decir amoroso *Cuidar me faze cuidado* (el verso, transmitido por testimonios que pertenecen a tradiciones diversas, es *esperança de bien aver*, hipermétrico; solo *Gen* atestigua *que sperando bien aver*, lección métricamente regular, pero no bien inserida en el contexto). La lección de *Gen* es verosímilmente una conjetura de Hernando del Castillo quien, como se decía más arriba, está siempre atento a la regularidad métrica; no me ha parecido oportuno, así pues, aceptar esta lección. Es posible que *esperança* sea una banalización que se remonta al arquetipo y que el original presentase el infinitivo *esperar* (infinitivos sustantivados en función de sujeto o de objeto se encuentran muchas veces en el corpus de poesías estudiado); sin embargo, he preferido adoptar en el texto la lección de la que derivan todos los testimonios y señalar en nota la conjetura.

Pero centrémonos ahora en la interpretación y comentario de los textos. La interpretación de cada uno de los pasos no ha sido siempre ágil y ello es debido a varios motivos. El uso de palabras y construcciones latinizantes, la sintaxis

---

[7]   Cf. Hugo Albert Rennert, «Der spanische *Cancionero* des British Museum (Ms. Add. 10431)», *Romanische Forschungen,* 10 (1895), págs. 1–176 (pág. 58).

[8]   Cf. Juan de Mena, *Obra lírica,* ed. M. A. Pérez Priego, pág. 140.

[9]   Las dos únicas poesías que presentan una métrica irregular son *Por qué tan sin trabajo* y *Pregunto por qual razón*, dos textos para los cuales hay que descartar la paternidad de Mena.

retorcida y enrevesada en algún caso, el recurso frecuente a hipérbatons también muy duros, la voluntaria oscuridad de las citaciones y de las referencias doctas, dificultan a menudo la comprensión de las coplas de las dos poesías mitológicas, pero también los más largos y elaborados decires amorosos y las coplas intercambiadas con Santillana, todas ellas poesías en las cuales es evidente la voluntad de Mena de crear una poesía docta y no accesible a todos. Las demás poesías menores de Mena, varios poemas de circunstancias, poemas satírico–burlescos, enigmas, conceptual y lingüísticamente más simples y ciertamente menos ricas de referencias cultas, han presentado problemas de interpretación y comentario bastante menores. En algún caso, sin embargo, ha resultado problemática la interpretación global de un texto, a pesar de la relativa simplicidad de las afirmaciones contenidas en él. Una poesía breve y conceptualmente muy simple y que sin embargo ha presentado algún problema, es por ejemplo el enigma *Quién es aquel que apalpa lo vano*. El enigma es, en realidad, una adivinanza en la que se alude a una figura de trabajador. Es transmitida por *Gen* y, con algunas variantes que no cambian el sentido, por un pliego suelto de la Bibl. Nac. de Madrid[10] que recoge varias preguntas o enigmas, dando la solución de cada uno de ellos. El pliego suelto aclara al final de este enigma que la referencia es al albardero. Pero no parece que la alusión sea realmente a esta figura, aunque pueda subsistir alguna duda, porque aquí, como en general en los enigmas, el discurso es voluntariamente ambiguo. De la persona en cuestión se dice que «apalpa lo vano» (v. 1); que «esconde lo suyo en muchos lugares» (v. 2), ganándose así con que vivir; que no peca «por romper lo sano» (v. 4); que cumple su trabajo teniendo «la horca en la mano» (v. 8). Me parece que las cuatro alusiones se pueden referir al campesino mucho mejor que al albardero: las cosas que el trabajador esconde «en muchos lugares» pueden ser las semillas ocultas bajo tierra; el verso 4 (*no peco por romper lo sano*) puede contener una alusión a operaciones agrícolas como la poda o la rotura del terreno; además, me parecen clarificadoras las dos alusiones contenidas, quizás no por casualidad, en los versos de apertura y de clausura: aquí, en efecto, son nombradas dos herramientas agrícolas: la criba y la horca.

También han presentado algunos problemas de interpretación global la copla *Es coronista y más secretario*, quizás de Juan Agraz, y la respuesta de Mena *Soy yo por cabsa de ser nesçesario*. *Es coronista y más secretario* parece una copla de elogio a las excepcionales cualidades poéticas de Mena. Pero me parece que estos versos encubren, bajo los aparentes elogios, alguna flecha envenenada: por lo menos en dos casos el autor recurre, en efecto, a expresiones ambiguas que pueden servir de alabanza, pero también decir exactamente lo contrario. El verso 2 en el que se afirma que Mena «las mercoriales sençias avarca», es decir, que posee y domina las actividades o disciplinas protegidas por Mercurio, puede ser entendido como una exaltación de sus cualidades oratorias o de su prudencia,

---

[10] Se trata del pliego suelto R–31364–21 de la Biblioteca Nacional de Madrid, *Aquí se contienen treynta y seys preguntas o enigmas con sus declaraciones muy sentidas y graciosas*, s.l., s.a.

pero también como una flecha destinada a subrayar una astucia interesada. En el v. 7, donde se dice que «todas prosas exemplan su pluma», se puede entender que las obras poéticas de los demás autores tomen como modelo la obra de Mena, pero también que las obras de los demás lanzan descrédito sobre la suya. Si la interpretación es correcta (si bien subsiste duda ya que el texto, transmitido por un solo testimonio, aparece más bien corrompido), estamos ante una poesía que, expresando la crítica de manera encubierta y velada, se coloca en la línea de las *cantigas d'escarnho* galaico–portuguesas. Me parece que se puede hallar la confirmación de esta hipótesis en la copla de respuesta de Mena, que no sería adecuada si la primera poesía fuese de puro elogio. *Soy yo por cabsa de ser nesçesario* está conducida, también, sobre el hilo de la ironía: Mena se justifica, se autocompadece, hasta lamentar, siguiendo un topos bien conocido, la propia condición de miseria y de dependencia.

Entre las poesías de cuya edición me he encargado figura un pequeño grupo de textos atribuidos a Mena solo por una parte de la tradición y cuya paternidad, por lo tanto, es incierta. He publicado estas poesías en una sección aparte, discutiendo para cada una de ellas el problema de la atribución. Como conclusión de estas páginas me gustaría exponer los motivos que me han impulsado a sostener la paternidad de Mena sobre el poema más amplio e importante entre los de atribución incierta: *Muerte que a todos combidas*. Lida[11] señalaba que *Muerte que a todos combidas* presenta elementos que contrastan con las habitudes de Mena, como la referencia a personajes bíblicos y la citación de fuentes, pero a la vez subrayaba la presencia, en esta poesía, de una «actitud simpática con los simples labradores al equipararlos con los grandes en poder o ciencia», que vuelve a encontrarse en la copla 80 del *Laberinto* o en las *Coplas de los pecados mortales*. Pérez Priego[12] está de acuerdo con la primera de las observaciones de Lida, señala que los testimonios que atribuyen la poesía a Mena abundan en falsas atribuciones y por lo tanto niega la paternidad de Mena. Estas consideraciones tienen que ser debidamente tenidas en cuenta, como es natural. Hay que decir, sin embargo, que los dos pasos en los que el autor citaría las propias fuentes (v. 64: «Las estorias que oy leo» y v. 79: «segunt Ovidio e Dante») son referencias muy vagas y genéricas, y no una citación circunstanciada de las propias fuentes, a la manera de Santillana. En lo que concierne, además, a la referencia a personajes bíblicos, hay que notar que por lo menos dos de los personajes nombrados en estas coplas (Salomón y David) son recordados por Mena en la *Coronación* (c. 36). No me parece, pues, que haya en este texto elementos que contrasten con las habitudes de Mena. Al contrario: el poema, aun estando caracterizado por una sintaxis más bien simple, presenta construcciones y artificios estilísticos que se hallan repetidamente en el cancionero de Mena: es frecuente la anticipación del objeto, que luego vuelve a aparecer en forma de pronombre redundante; en el verso 136 hay una oración absoluta de tipo latino;

---

[11] Cf. María Rosa Lida de Malkiel, *Juan de Mena, poeta del prerrenacimiento español*, México, 1950, págs. 109–110.

[12] Cf. Juan de Mena, *Obra lírica*, ed. M. A. Pérez Priego, pág. 268.

es frecuente el recurso a las parejas de sinónimos; varios son los paralelismos y también las estructuras en quiasmo; tampoco faltan las perífrasis amplificadoras. Me parece oportuno señalar, además, el uso del arcaismo *guarnidas* (v. 5), arcaismo que Mena emplea en el *Laberinto* en 142f y 175d. Al fin y al cabo, el elemento más desconcertante del poema, por lo menos a primera vista, es la manera desordenada y casi caótica con la que se lleva a cabo la evocación de los personajes del pasado, como si el autor no supiese distinguir entre héroes míticos y personajes históricos. Pero negarse por este motivo a atribuírselo a Mena sería un prejuicio, tanto más teniendo en cuenta que la acumulación desordenada de nombres de personajes del pasado es una característica de todas las obras que explotan el esquema del *Ubi sunt*[13] y que el propio Mena, en la *Coronación* (c. 36) pasa tranquilamente de personajes bíblicos a grandes poetas.

---

[13] Cf. Pedro Salinas, *Jorge Manrique o tradición y originalidad*, Barcelona, 1981[2], págs. 146 y sigs.

Libros de caballerías y poesía de cancionero: Invenciones y letras de justadores

Alberto DEL RÍO NOGUERAS

La crítica que se ocupa de la poesía cancioneril apenas ha prestado atención al género que Hernando del Castillo agrupa en su *Cancionero General* bajo la rúbrica de *invenciones y letras de justadores*[1]. La denominación no es uniforme y, en su vaguedad y variación, se presta a confusiones. Sin embargo, las diferentes formas con que se alude a esta conjunción visual de poesía e imágenes, o poesía y colores, se convierten en indicio de las múltiples relaciones que mantiene con otros campos de la literatura y del conocimiento. En primer lugar, su presentación como divisas o empresas habla de sus lazos con la heráldica[2]. En un principio, la

---

[1]   El apartado ocupa el grupo quinto de su ordenación, situado entre los romances y las glosas de motes. *Cancionero General recopilado por Hernando del Castillo, (Valencia, 1511). Sale nuevamente a luz reproducido en facsímile por acuerdo de la Real Academia Española con una introducción bibliográfica, índices y apéndices por Antonio Rodríguez–Moñino*, Madrid, 1958, fol. cxxxx r–cxxxxiii v.

[2]   Conviene, por otra parte, no perder de vista que el género en su brevedad y esencia ingeniosa y conceptista coincide con los motes, denominación por cierto con la que también se alude a la breve inscripción que figura en las empresas, y para la que el maestro Martín de Riquer prefiere el nombre de *lema*. (*Heráldica castellana en tiempos de los Reyes Católicos*, Barcelona: Quaderns Crema, 1986, págs. 28–30). Al igual que los motes, los versos de que nos ocupamos pueden dar pie a glosas y se prestan al juego de réplicas y contrarréplicas cancioneriles, lo que ha sido factor añadido que ha potenciado la indistinción. Véase, por ejemplo, en el *Cancionero General* (fol. cc v) la composición de don Francisco Fenollete «a un cavallero que sacó en una justa por cimera un infierno y dezía la letra: entré forçado, quedé de grado», o lo que Cartagena apostilla al respecto de algunas de las recogidas en la misma antología, «declarando su parescer», (fol. cxxxx r–v), o las letras del Conde de Benavente, del de Lemos y de don Juan Pimentel en el mismo lugar (fol. cxxxx v). La vertiente espectacular de justas, banquetes y saraos en que los caballeros y damas hacen gala de su imaginación les procura en muchos documentos la denominación de *invenciones*, por contaminación con el aparato teatral de tales regocijos (Se pueden leer unas jugosas páginas sobre la corte como lugar privilegiado para lo teatral en el capítulo titulado «Le jeu de la cour», incluido en la obra de Paul Zumthor, *Le masque et la lumière. La poétique des grands rhétoriqueurs*, Paris: Seuil, 1978. Así como en el colectivo *La fête et l'écriture. Théâtre de Cour, Cour–Théâtre en Espagne et en Italie, 1450–1530. Colloque International France–Espagne–Italie, Aix–en–Provence, 6–7–8 décembre 1985*, Aix–en–Provence: Université, 1987. El libro completa una extensa bibliografía de la que no se puede excusar la cita de los ya clásicos estudios editados por J. Jacquot en *Les Fêtes de la Renaissance*, Paris: CNRS, 1973[2], 1975[2], 1975, 3 vols.). *Invención* es, precisamente, el término

elección de divisa fue un acto personal, que suponía poner en juego los gustos particulares. Pero una vez aceptadas por el grupo familiar las armas y sancionadas por el uso, su incorporación por parte de los descendientes era obligatoria y se heredaba con el apellido. Quizás por ello, como ha resaltado Michel Pastoureau, se abre paso un tipo de reacción personalista que cultiva una emblemática más liviana, menos rígida, pero también más viva, con la que el individuo puede dar rienda suelta a sus gustos[3]. Esa moda que recorre las cortes europeas a finales del

---

empleado por Hernando del Castillo para designar lo que es el cuerpo de la divisa, elemento asociado en numerosos casos a las fantásticas elaboraciones de la cimera que hacían aparecer este ornamento del yelmo en forma de dragón, de torre, de cántaro, de yunque o de mil y una atrevidas maneras. (A este respecto debe consultarse la nota 19 al cap. lxxxiiii de la edición que Martín de Riquer preparara del *Tirante el Blanco*, III, Madrid, Espasa–Calpe, 1974, págs. 79–80. Así como su obra básica: *L'arnès del cavaller. Armes i armadures catalanes medievals*, Barcelona: Ariel, 1968, § 58 e ilustraciones. Es también de interés el curioso documento gráfico dado a conocer por Francisco Rico en sus «Sylvae (XV–XX)», editadas en *Estudios sobre Literatura y Arte dedicados al Profesor Emilio Orozco Díaz*, III, Granada: Universidad, 1979, págs. 87–93, concretamente la Sylva XVI: Una torre por cimera).

El problema se complica con la difusión renacentista de la moda emblemática; el mismo Covarrubias en su *Tesoro de la lengua* confesaba que el término *emblema* «se suele confundir con el de símbolo, hieroglífico, pegma, empresa, insignia, enigma, etc.» y aconsejaba acudir al prólogo de las *Empresas morales* de su hermano para mayores detalles. Pero hemos entrado en un terreno cronológico que excede los límites de este congreso. Volviendo a nuestros derroteros, traeré la autoridad de Juan del Encina, no con el ánimo de zanjar la cuestión sino para añadir un dato que contribuya a clarificar mínimamente este espinoso punto. En su *Arte de poesía castellana* nos dice el poeta al hablar *de los versos y coplas y de su diversidad* lo siguiente: «Muchas vezes vemos que algunos hazen solo vn pie, y aquel no es verso ni copla, porque avían de ser pies y no solo vn pʾe, ni ay allí consonante pues que no tiene compañero; y aquel tal suélese llamar mote. Y si tiene dos pies, llamámosle tanbién *mote o villancico o letra de alguna invención*, por la mayor parte. Si tiene tres pies enteros o el vno quebrado, tanbién será villancico o letra de invención; y entonces el vn pie ha de quedar sin consonante según más común uso» (Francisco López Estrada, *Las poéticas castellanas de la Edad Media*, Madrid: Taurus, 1984, pág. 90). Así pues, según esto último, y teniendo en cuenta la diversidad de denominaciones, no parece muy improcedente el decantarse por la que Hernando del Castillo eligiera para su antología, sin rechazar ninguna de las aplicadas por los contemporáneos al fenómeno literario: Con el término *invención*, pues, designaré, por norma general, el cuerpo o figura, y con el de *letra* me referiré a los versos que constituyen el alma del conjunto.

[3] Michel Pastoureau, «Aux origines de l'emblème: la crise de l'Héraldique européenne aux XVe et XVIe siècles», en *Emblèmes et devises au temps de la Renaissance*, ed. M. T. Jones–Davies, Paris: Centre de Recherches sur la Renaissance, 1981, pág. 130. El artículo se recoge sin variaciones sustanciales bajo el significativo título de «*Arma senescunt, insignia florescunt*. Note sur les origines de l'emblème» recopilado junto a otros interesantísimos trabajos en *Figures et couleurs. Étude sur la symbolique et sensibilité médiévales*, Paris: Le Léopard d'Or, 1986, págs. 125–137. Del mismo autor: *Traité d'héraldique*, Paris: Picard, 1979, y *L'hermine et le sinople. Études d'Héraldique Médiévale*, Paris: Le Léopard d'Or, 1982. Conviene no perder de vista que el arte de las divisas bebe, como tantas otras cosas a mediados del siglo XV, en la preferencia por la exprexión mediatizada: enigmas, alegorías, etc.; y en última instancia en la vieja concepción de la naturaleza como libro escrito por Dios con signos que hay que aprender a leer e interpretar. Consúltese al respecto: José Antonio Maravall, «La concepción del saber en una sociedad tradicional», en *Estudios de historia del pensamiento español*, Madrid: Eds. de Cultura Hispánica, 1967, págs. 236 y sigs., en donde se analizan las implicaciones de este pensamiento en el método ejemplar y alegórico de transmisión de

XV y que conjuga la figura o cuerpo de la divisa y el lema o alma deja la puerta abierta, en España y Portugal exclusivamente si hemos de hacer caso a Pierre Le Gentil, para el asentamiento de un género poético[4] nacido por ampliación del estricto lema a la conjunción de dos, tres o cuatro versos octosilábicos, incluso cinco en casos más raros. Su difusión, ligada a todo tipo de demostraciones festivas, alcanzará fecundamente la cronología renacentista y barroca[5]. La conversión del escueto lema de las empresas caballerescas en una pequeña estrofa y su ligazón a las invenciones mostradas en justas y muestras de la clase noble encuentra un amplio eco entre los cortesanos. Son estos cultivadores de la poesía viviente, como la denominaba Pfandl[6], quienes ayudan a difundir el curioso caso de literatura aplicada que nos ocupa[7]. Tal es su éxito y difusión que pronto se consolida como pequeño género poético al encontrar su puesto en las antologías cancioneriles. Una ojeada a *El Cancionero del Siglo XV* de Brian Dutton declara al *Jardinet de Orats* catalán como el primer cancionero en recoger estas composiciones. En sus folios quedan señaladas, con sus versos, las cimeras exhibidas en el torneo barcelonés del 22 de abril de 1486[8]. El *Cancionero General* de Hernando del Castillo recoge más de un centenar y la familia que de él deriva mantiene el grupo pensado para las invenciones y letras con muy ligeros cambios o exclusiones[9]. Sin embargo, el género ha merecido en época moderna unas veces el olvido, justificado en palabras de Rodríguez–Moñino por su carácter

---

las enseñanzas. Las divisas están íntimamente relacionadas con la idea de correspondencia entre el macrocosmos y el microcosmos, prestan un lenguaje a la naturaleza muda que se representa en las figuras. (Véase a este respecto: Marie–F. Tristan, «L'art des devises au XVIe siècle en Italie: Une théorie du symbole», en M. T. Jones Davies, *ed. cit.*, págs. 47–63. Esos objetos representados en el cuerpo de la divisa sólo declaran su sentido oculto cuando son convocados por las palabras, alma del conjunto que ayuda a resaltar el concepto, entendido a la manera de Gracián como «acto del entendimiento que exprime la correspondencia que se halla entre los objectos» (*Agudeza y arte de ingenio*, Madrid: Castalia, 1987, pág. 55).

[4] «Petit genre poétique» lo denomina Pierre Le Gentil en su estudio *La poésie lyrique espagnole et portugaise à la fin du Moyen Age*, Rennes: Plihon, 1949, en las páginas 214–220 del tomo I dedicadas a los géneros menores.

[5] Bástenos citar dos ejemplos literarios situados en el pórtico de la centuria decimoséptima: las *Guerras civiles* de Ginés Pérez de Hita y el *Quijote* apócrifo.

[6] Ludwig Pfandl, *Historia de la literatura nacional española en la Edad de Oro*, Barcelona: Sucesores de Juan Gili, 1933, pág. 620. Dentro de su apéndice sobre «Enigmas y jeroglíficos».

[7] Johan Huizinga, *El otoño de la Edad Media. Estudios sobre la forma de vida y del espíritu durante los siglos XIV y XV en Francia y en los Países Bajos*, Madrid: Alianza, 1983, pág. 116.

[8] Brian Dutton, *El Cancionero del siglo XV, c.1360–1520*, Salamanca: Universidad, 1990, BU1–34–1–34–14. Han sido editadas por Pedro Cátedra en *Poemas castellanos de cancioneros bilingües y otros manuscritos barceloneses*, Exeter, 1983, págs. 12–15.

[9] Véanse los datos en la introducción de Antonio Rodríguez–Moñino a la edición facsímile del *Cancionero General* ya citada. Consúltese también su *Suplemento al Cancionero General de Castillo*, Valencia: Castalia, 1959, especialmente pág. 60. En el *Cancioneiro Geral* de García de Resende.se transcriben las cimeras del torneo de Evora celebrado el 29 de diciembre de 1490. Véase la edición de Alvaro J. da Costa Pimpao y Aida Fernanda Dias, Coimbra: Centro de Estudos Romanicos, 1973, II, págs. 154–157.

de «ingeniosidades añejas, poco gratas al paladar contemporáneo»[10], y otras el desprecio surgido de su comparación con las grandes obras de los poetas cuatrocentistas[11].

No obstante, la importancia de este tipo de composiciones no puede escapar a la vista del estudioso de la literatura, pues al margen de su inclusión en cancioneros, las crónicas, relaciones, documentos y novelas se hacen eco del gusto de una época por la conjunción ingeniosa de imágenes y poesía escondida en estas invenciones. La crítica actual ha comenzado progresivamente a prestar atención al género a raíz del estudio ya mencionado de Pierre Le Gentil. Un artículo ya clásico de Francisco Rico, «Un penacho de penas: sobre tres invenciones del *Cancionero General*»[12], es el primer estudio de obligada cita cuando se trata de emprender cualquier pesquisa sobre el género. La importancia de esta parcela literaria no escapó a la agudeza de Keith Whinnom. En sus estudios sobre la poesía cancioneril y en la edición de la continuación de la *Cárcel de Amor* de Nicolás Núñez dedica varias páginas al fenómeno[13]. No es casualidad, pues, que en el homenaje tributado por el *Bulletin of Hispanic Studies* en 1988 a este singular hispanista nos encontremos con varios artículos en los que se hace mención expresa de letras e invenciones. En uno de ellos, el redactado por Alan Deyermond, se pasa revista, precisamente, a la poesía de Nicolás Núñez. El trabajo se detiene en el estudio de las composiciones que ocupan el sueño del *auctor*, o sea las letras que traen Leriano y Laureola unidas a las invenciones de sus vestidos y ornamentos. Deyermond establece una serie de números y porcentajes que le sirven para concluir muy acertadamente que hasta que no dispongamos de unos inventarios en los que se incluyan los poemas recogidos en las obras de ficción sentimentales no nos podremos hacer una idea cabal de la envergadura de la lírica española de finales de la Edad Media[14]. A su vez aprovecha para anunciarnos la existencia del estudio de Joaquín González Cuenca en que se recogen y examinan invenciones y letras de justadores diseminadas hasta ahora en cancioneros y novelas sentimentales. La publicación ha de constituirse por necesidad en punto de referencia inexcusable para la reivindicación del género.

---

[10] Introducción citada en la nota anterior, pág. 18.

[11] Menéndez Pelayo en su *Antología de poetas líricos castellanos*, VI (Madrid: Sucesores de Hernando, 1911, págs. ccxcii–ccxciii) mete en un mismo saco despreciable «invenciones y letras de justadores, glosas, motes, preguntas y respuestas, o triviales e insulsas galanterías», al referirse a la producción de un grupo de poetas nobles con obra representada en el *Cancionero General*.

[12] Apareció en *Romanistisches Jahrbuch*, 17 (1966), págs. 274–284. Ahora recogido y ampliado en *Texto y contextos. Estudios sobre la poesía española del Siglo XV*, Barcelona: Crítica, 1990, págs. 189–230.

[13] Keith Whinnom, *La poesía amatoria de la época de los Reyes Católicos*, Durham: University, 1982, págs. 47–53. *Dos opúsculos isabelinos: La coronación de la señora Gracisla (BN Ms. 22020) y Nicolás Núñez, Cárcel de amor*, Exeter: University, 1979, págs. 51–92.

[14] Alan Deyermond, «The Poetry of Nicolás Núñez», en *The Age of the Catholic Monarchs, 1474–1516. Literary Studies in Memory of Keith Whinnom*, eds. Alan Deyermond, Ian Macpherson, Liverpool: Liverpool University Press, 1989, pág. 27. Véase en el mismo homenaje el artículo de Ian Macpherson, «Juan de Mendoza, El bello malmaridado», especialmente las páginas 98–99.

Mi intento ahora es llamar la atención sobre la presencia de este tipo de composiciones en la ficción caballeresca. Era de esperar que en unos libros en los que la recreación de la faceta espectacular de la clase noble suele ocupar un sitio nada desdeñable, estas muestras de poesía ligadas especialmente a torneos, justas y fastos encontrasen con facilidad un hueco en que anidar. Sin embargo, los modelos hispánicos del género, *Amadís* y *Palmerines* notablemente,[15] no cuentan entre sus páginas con ningún ejemplo de estas características. Quizás por ello la crítica centrada en la novela de caballerías no ha tenido ocasión de ocuparse en este asunto. Y sin embargo, el modelo siempre presente de las relaciones históricas y el contacto genérico con la ficción sentimental favorecían la inclusión de los poemillas en esta serie de libros.

Hoy traigo aquí a colación dos muestras importantes de un primer rastreo que no ha pretendido ser ni mucho menos completo. Se trata, en primer lugar, del *Don Polindo*, libro del que según la bibliografía de Eisenberg[16] sólo se conoce una edición de 1526, salida de prensas toledanas. Y del *Don Florindo*, escrito por Fernando Basurto y alumbrado en Zaragoza, en 1530, por el maestro impresor Pedro Hardouin[17]. El primero recoge en su interior una veintena larga de

---

[15] Otro es el caso del *Tirant*, libro que recoge, al margen de varias empresas o lemas grabados en vestidos, ornamentos y enseñas (Véase, por ejemplo, págs. 380–81, 420, 423, 641 de la edición de M. de Riquer, *Tirant lo Blanch i altres escrits de Joanot Martorell*, Barcelona: Ariel, 1979), cuatro letras en estricto sentido que acompañan a las invenciones de banderas, escudos o paramentos del caballo (págs. 399, 623, 626–27). No podía ser de otra forma en un libro que presta atención considerable al lujo de que se rodea el ambiente cortesano. Véase, aunque de conclusiones discutibles, el artículo de Harriet Goldberg, «Clothing in *Tirant lo Blanch*: evidence of *realismo vitalista* or of a new unreality», *Hispanic Review*, 52 (1984), págs. 379–392. Más desapercibido ha pasado el ejemplo del *Don Clarisel de las Flores*, cuyas invenciones y letras fueron recogidas en el estudio que le dedicara Jerónimo Borao, *Noticia de Don Gerónimo Jiménez de Urrea, y de su novela caballeresca inédita D. Clarisel de las Flores*, Zaragoza: Imprenta de Calisto Ariño, 1866, págs. 116–117. Pierre Geneste, sin embargo, renunció a editarlas junto a la ampliación y puesta al día de los textos poéticos de esta obra del capitán poeta aragonés. Véase su artículo: «Les poésies dans le *Clarisel de las Flores* de Jerónimo de Urrea. Mise à jour d'un ancien recueil», en *Mélanges à la mémoire de Jean Sarrailh*, I, Paris: Centre de Recherches de l'Institut d'Etudes Hispaniques, 1966, págs. 367–378.

[16] Daniel Eisenberg, *Castilian Romances of Chivalry in the Sixteenth Century. A Bibliography*, London: Grant & Cutler, 1979, pág. 86. Véase ahora, para un resumen argumental acompañado de la discusión de su incorrecta adscripción al ciclo de los Palmerines y de la revisión de sus características novelescas, el artículo de María del Carmen Marín Pina, «La recreación de los modelos narrativos caballerescos en la *Historia del invencible cavallero don Polindo* (Toledo, 1526)», *Cuadernos de Investigación Filológica*, 15 (1989), págs. 87–98.

[17] *Libro agora nuevamente hallado del noble y muy esforçado cavallero don Florindo, hijo del buen duque Floriseo de la Estraña Ventura, que con grandes trabajos ganó el Castillo Encantado de las Siete Venturas*. Véase para un recorrido por su argumento y sus peculiaridades dentro de la tradición hispánica de los libros de caballerías mi artículo: «Una trayectoria caballeresca singular: el *Don Florindo* de Fernando Basurto», *Journal of Hispanic Philology*, 12 (1988), págs. 191–205. Pueden consultarse también los siguientes trabajos: «Dos recibimientos triunfales en un libro de caballerías del siglo XVI», en *Homenaje a José Manuel Blecua*, Huesca: Instituto de Estudios Altoaragoneses, 1986, págs. 19–30. «Sobre el *Don Florindo* de Fernando Basurto (1530). Un caballero andante asedia el Castillo Interior», *Revista del Instituto de Lengua y Cultura Españolas*, 4 (1988), págs. 55–

invenciones y letras, y el segundo sobrepasa la treintena de composiciones descritas minuciosamente[18]. En ambos casos, y salvo raras excepciones, los poemas se agrupan en la descripción de justas, torneos y pasos[19].

El modelo literario existía ya en la ficción sentimental[20] desde sus primeros inicios, pero el aldabonazo pienso que puede atribuirse, entre otros factores al auge de difusión del *Cancionero General* de Hernando del Castillo y derivados. La fecha de las dos novelas examinadas, 1526 y 1530, así lo hace suponer, pues ya la recopilación de poemas anda por su quinta edición.

Pero conviene no olvidar otro dato: los autores de libros de caballerías, fabuladores de un mundo ideal, poseen en este aspecto, paradójicamente, multitud de referentes reales en los ritos de la nobleza, muchas veces alimentados a su vez por lecturas literarias. Ya he dicho que no puede resultar extraña a estos libros la meticulosidad con que este capítulo de la cultura aristocrática es tratado. La importancia concedida a la descripción minuciosa de trajes y arreos, armaduras y divisas es síntoma de una mentalidad preocupada por los aspectos formales y dramáticos de la clase caballeresca. Estas muestras deportivas que en un principio tuvieron una función obvia de entrenamiento para la guerra, además de representar un medio eficaz de promoción económica y social dentro del estamento caballeresco[21], pasan a convertirse progresivamente en ocasión para el lucimiento de una clase que va perdiendo parcelas de poder en el entramado social y que, en compensación, segrega toda una serie de usos y rituales que tienden a cohesionar las fuerzas del estamento[22]. El espectáculo surgido en torno a las justas

---

72. «Misoginia y libros de caballerías. El caso de don Florindo, un héroe del desamor», en *Actas del II Congreso de la Asociación Hispánica de Literatura Medieval, Segovia, Octubre de 1987*, II, Alcalá de Henares: Universidad, 1992, págs. 691–703. «El *Don Florindo* de Fernando Basurto como tratado de *rieptos* y desafíos», *Alazet*, 1 (1989), págs. 175–194.

[18] Los autores del *Don Polindo* y del *Don Florindo* no tienen el mismo reparo que el autor del falso *Quijote* aduce para abreviar: «Tras éstos entraron veinte o treinta caballeros, de dos en dos, con libreas también muy ricas y costosas, y con letras, cifras y motes graciosísimos y de agudo ingenio, que dejo de referir por no hacer libro de versos el que sólo es corónica de los quiméricos hechos de don Quijote». Alonso Fernández de Avellaneda, *El ingenioso hidalgo don Quijote de la Mancha, que contiene su tercera salida y es la quinta parte de sus aventuras*, ed. Fernando García Salinero, Madrid: Castalia, 1972, pág. 165.

[19] Véase el *Apéndice*, donde recojo las invenciones y letras de estos dos libros.

[20] Quizás sean la continuación de la *Cárcel de Amor* realizada por Nicolás Núñez y la *Questión de Amor* los libros más representativos a este particular, pero el género está presente también en *Arnalte y Lucenda* , en el *Triunfo de Amor* y en *Veneris Tribunal*, entre otros, y cuenta con el antecedente de las dos enigmáticas empresas bordadas en cotas y mantos en el *Siervo libre de amor* de Juan Rodríguez del Padrón.

[21] Puede consultarse el precioso libro de Georges Duby, *Guillermo el Mariscal*, Madrid: Alianza, 1984. Y así mismo, la obra de Maurice Keen, *La caballería*, Barcelona: Ariel, 1986, caps. V y XI.

[22] Son ya clásicas las páginas de Johan Huizinga al respecto en *El otoño de la Edad Media*, (*ed. cit.*, especialmente caps. 4–7). Véase también: Jacques Heers, *Fêtes, jeux et joutes dans les sociétés d'Occident à la fin du Moyen Age*, Montréal: Institut d'Etudes Médievales, 1971, especialmente el capítulo III: «Les jeux et les groupes sociaux». Y Roger Boase, *The Troubadour Revival. A study of social change and tradition in Late Medieval Spain*, London: Routledge & Kegan Paul, 1978. Sin

se convierte así en ocasión propicia para reconocerse como tal clase superior. Es el momento idóneo también para la recreación fastuosa de un tiempo idealizado, para desplegar unas maneras dramáticas y gesticulantes que tienden a captar la adhesión de los espectadores complacidos en el boato y la pompa exhibidos[23].

Las páginas de las crónicas históricas reservan un lugar privilegiado para la descripción de estas manifestaciones y los escritores de novelas de caballerías tienen en ellas un referente libresco prestigiado con el que completar el que la realidad les ofrece. A ello hay que añadir el acercamiento pretendido por los autores hacia el género de la historia[24], la postulación fingida de fuentes documentales[25] y el título de crónica o similares con que estos libros se entregaban al público. No es raro, pues, que el nivel de aproximación al registro cronístico alcance su cota mayor en nuestros libros precisamente en la descripción atenta de todo el lujo que rodea a los fastos cortesanos. Los autores del *Polindo* y del *Florindo* adoptan los recursos estereotipados de toda esa profusión de relaciones que dan cuenta de solemnidades y regocijos: minucia en la descripción, hipérboles acuñadas por la tradición, frases similares que se repiten para la introducción de cada uno de los elementos que se describen, parecidos tópicos de abreviación, etc.

En nuestro caso esa concentración en el más mínimo detalle es una exigencia que deriva de la necesidad de describir ajustadamente lo que en términos de emblemática sería la *res picta*, entendiendo por tal en este caso, desde la combinación de colores, cuyo simbolismo es clave, hasta la definición exacta de elementos figurativos conjugados. Veamos un ejemplo de entre los múltiples que ofrecen los dos libros. El fragmento es del *Don Florindo* y dice así:

> Primeramente se declara que iva Madama Tiberia en un blanco palafrén guarnido y arreado de una guarnición de brocado pelo, con unas ruedas brosladas de piedras preciosas y perlas senbradas por ella, con una letra a la redonda que dezía:
>
> La sperança es por demás
> Que ha d'estar siempre en un ser,
> Pues se tiene de volver.
>
> Llevava ansí mesmo una rica faldilla de brocado acuchillada, debaxo de la qual se mostrava por las cuchilladas un riquíssimo aforro de tela de oro, tirado con un manteo

---

olvidar el trabajo de Michel Stanesco, *Jeux d'errance du chevalier médiéval. Aspects ludiques de la fonction guerrière dans la littérature du Moyen Age flamboyant*, Leiden: E. J. Brill, 1988.

[23] Aunque el análisis atañe a época posterior, son ejemplares las páginas dedicadas por José Antonio Maravall a este asunto en *La cultura del Barroco*, Barcelona: Ariel, 1975, especialmente la cuarta parte y el apéndice.

[24] Véase el libro de James Donald Fogelquist, *El «Amadís» y el género de la historia fingida*, Madrid: Porrúa Turanzas, 1982. Y la introducción de Juan Manuel Cacho Blecua a su edición del *Amadís de Gaula*, Madrid: Cátedra, 1987, págs. 82–107.

[25] Consúltese el estudio clásico de Daniel Eisenberg: «The Pseudo–Historicity of the Romances of Chivalry», en *Romances of Chivalry in the Spanish Golden Age*, Newark, 1982, págs. 119–129 y en estas mismas actas la comunicación de mi compañera María del Carmen Marín Pina.

encima de lo mesmo, aforrado en raso azul, cuya orla era sembrada de pedrería [...]. El qual manteo llevava cubierto por debaxo del braço derecho, por donde se parecía la manga del gonete que era del mesmo brocado; en la qual iva figurado un árbol con una letra que dezía:

Quien no teme la justicia
El fruto come vedado
Mas al fin paga el bocado

Llevava una gorra quarteada de brocado y seda negra con una medalla de grandíssimo valor, con una letra en cifra que dezía:

Fundada sobre la fe   (fol. XLVI r–v)

Como se habrá podido apreciar en este breve y significativo ejemplo, el muestrario de los soportes de divisas en el *Don Florindo* es muy variado. Lo propio ocurre con el *Don Polindo* y el dato es un claro exponente de la atención prestada a la vestimenta y al ornato por una época y una clase volcadas de lleno en el culto a lo suntuario. Como observa Pastoureau la moda de los emblemas se vio favorecida por el desarrollo de la etiqueta cortesana y las fiestas, inseparables de la moda y el gusto por los accesorios que adornaban la persona[26]. El desplazamiento de su función identificadora primigenia hacia la exclusivamente ornamental corre parejas con esa extensión del lujo que fuera ligada al desarrollo del incipiente capitalismo por Sombart, cuyas tesis, por cierto, se ven confirmadas en este elocuente fragmento del *Don Polindo*: «E como cada uno ordenase las invenciones que de sacar avía a estas justas, todos los officios andavan faziendo sus obras con tanto rumor que parecía que el todo el mundo se hundía» (fol. XCVIII r).[27]

Por último, existe aún un aspecto que no querría dejar sin comentario en este breve escorzo. En las justas recreadas en estas novelas no se premian exclusivamente los mejores encuentros, sino también los atavíos más llamativos y las más ingeniosas divisas. El cartel ordenado para tal ocasión en el *Don Florindo* establece que «quien sacasse la mejor [devisa] y mejor letra que recebiesse de la mano de su hija Madama Tiberia un diamante labrado en quadra del tamaño de una cereza, que era de mucho precio y valor; y que el cavallero que saliesse a la

---

[26]   «Agrafées aux ceintures, cousues sur les chapeaux, brodées sur les gants et les chaussures, gravées sur les armes et les bijoux, les devises sont partout, et certaines finissent par en perdre, au milieu du xve siècle, toute destination autre qu'ornementale» (Michel Pastoureau, *art. cit.*, págs. 131–132). Rafael Lapesa en su estudio sobre *La obra literaria del Marqués de Santillana*, dedica las págs. 155–160 a la importancia de la descripción del vestido. Véase en estas mismas actas la comunicación de María Pilar Martínez Latre, «Usos amorosos e indumentaria cortesana en la ficción sentimental castellana: siglos XV y XVI».

[27]   Hay traducción española de la edición original alemana concluida en 1912: Werner Sombart, *Lujo y capitalismo*, Madrid: Alianza, 1979.

tela más gentil hombre y no fuesse casado que le darían por muger a una dama con cient mil escudos de dote; y que el cavallero que justasse mejor que hoviesse por muger a su hija madama Tiberia con todo el principio de Taranto» (fol. XXXIX v).

Esta división de los premios obedece a una valoración conjunta de la destreza en las armas y la compostura en la aparición que rara vez falta en las crónicas de la época: «E don Alvaro de Luna avía salido a la justa muy ricamente armado, con unos paramentos muy ricos, e llevaba assimismo aquel día una joya de su amiga de unas trançaderas de oro e seda, que le ceñían por las espaldas, e por encima de la vuelta del escudo. [...] E fízolo muy bien aquel día, e rompió muchas lanças e traxo muy buen tiento, e anduvo muy fermoso caballero». Esto sucedía en 1418, en unas justas habidas en Madrid para celebrar la coronación de Juan II como rey de Castilla[28]. Leemos en los *Hechos del Condestable don Miguel Lucas de Iranzo* con ocasión de una sortija corrida en el año 1461, que el Condestable, «así por les galardonar su valioso militar como por los esforçar y él manifestar su convalençioso deseo, les mandó poner çiertos jubones de rico brocado e de seda, e condiciones cómo e porqué cada vno ouiese de ganar; así por estos actos de guerra, el que más polido saliese e el que más diestro cauallero andouiese, como después del correr de la sortija los que esa noche en la sala mejor dançasen, o más desenbuelto baylase»[29]. Casi setenta años más tarde, el 17 de mayo de 1528, el doctor Francisco de Villalobos, médico del emperador Carlos V, escribía al arzobispo de Toledo dándole noticia de las fiestas con que había sido agasajado el soberano. Decía entre otras cosas en su misiva: «En este mismo día a la tarde ubo un gran juego de cañas en que su Magestad salió el más esmerado jugador de todos y el más gentil hombre»[30]. El modelo de caballero de la época esgrime habilidad y dominio de las armas, pero también demuestra su pericia en elegir el atavío y mantener la apostura.

El establecimiento de tres premios en el cartel del *Don Florindo* sigue de cerca un modelo de época que se prolonga a lo largo de los siglos XVI y XVII y que marca el reparto de preseas a los participantes en regocijos religiosos o profanos. En un torneo en el Valladolid de 1544, cuyo cartel firma el Almirante de Castilla Enrique Enríquez de Guzmán, se asignan premios para los mejores combatientes, para los más galanes y para aquellos que hagan su entrada acompañados de la mejor invención. En la misma ciudad, pero en 1590, el Marqués de Camarasa y don Hernando del Prado mantienen una sortija con la condición de que «ayan de entrar la primera vez, so pena de no ser admitidos, con libreas y cubiertas nuevas, y con inbención, letra y tarxeta»[31]. Y en las fiestas

---

[28]   *Crónica de don Álvaro de Luna, Condestable de Castilla, Maestre de Santiago*, ed. Juan de Mata Carriazo, Madrid: Espasa–Calpe, 1940, pág. 29.

[29]   *Hechos del Condestable don Miguel Lucas de Iranzo (Crónica del siglo XV)*, ed. Juan de Mata Carriazo, Madrid: Espasa–Calpe, 1940, págs. 57–58.

[30]   El texto íntegro puede leerse en Jenaro Alenda y Mira, *Relaciones de solemnidades y fiestas públicas en España*, I, Madrid: Sucesores de Rivadeneyra, 1903, nº 43.

[31]   *Ibidem*, nos. 124 y 330. El texto de este último en la página 101.

zaragozanas que en 1619 celebran el nombramiento de fray Luis Aliaga como Inquisidor General de España, el cartel del Estafermo establece:

> De ámbar un par de guantes
> por devido premio ofrecen
> al que en la estatua espantosa
> mejor sus lances rompiere.
>
> Al más galán una pluma
> de la preciosa Ave Fénix,
> y al mejor mote y empressa
> un curioso mondadientes[32].

Importa, pues, tanto la fuerza de los brazos y la destreza de los movimientos como la galanura en el vestir y la agudeza en elegir la letra relacionada con la invención: «cada uno se havía de mostrar en la tela, ansí con los arreos de sus personas como con el esfuerço de sus coraçones» (fol. XLVI r.), nos dice el narrador del *Florindo*.

No hay, pues, disociación entre fortaleza, ingenio y ostentación; el héroe reúne una y otros en su persona. Posee los atributos del perfecto caballero, que ya no residen exclusivamente en su vigor físico, sino también en el manejo del críptico lenguaje cancioneril y en la apostura de sus atavíos. En ese sentido, los libros que nos ocupan no hacen sino reflejar una de las múltiples consecuencias del desplazamiento del caballero medieval por el cortesano[33], en quien se valora no tanto la fuerza bruta como el dominio de las artes: sean éstas las de la palabra ingeniosa, la poesía, la heráldica, la danza o el buen vestir.

---

[32] Luis Díez de Aux, *Compendio de las fiestas que ha celebrado la Imperial Ciudad de Çaragoça por aver promovido la magestad Cathólica del Rey nuestro Señor, Filipo Tercero de Castilla, y segundo de Aragón, al Illustrísimo Señor don Fray Luis Aliaga su Confessor, y de su Real Consejo de Estado, en el Oficio y Cargo Supremo de Inquisidor General de España*, Zaragoza: Juan de Lanaja y Quartanet, 1619, págs. 25–26. Para integrar este ejemplo en conjunto festivo más amplio, véase: Aurora Egido, «Los modelos en las justas poéticas aragonesas del siglo XVII», *Revista de Filología Española*, 60 (1978–80), págs. 159–171, especialmente pág. 168.

[33] Me ocupé de este asunto en «Del caballero medieval al cortesano renacentista. Un itinerario por los libros de caballerías», en *Actas do IV Congreso da AHLM*, II, Lisboa: Cosmos, 1993, págs. 73–80.

APÉNDICE

Don Polindo, Toledo, 1526

E las donzellas llevavan por guarnición un bosque y en lo más alto dél iva una garça con una letra que dezía: Toda en todo (fol. XCIII v)

E con él vino don Claribeo armado de unas armas de color celeste. Y con unas coronas de oro por divisa y en el escudo, en campo verde, un rostro del qual salían unos rayos que en un coraçón davan, con una letra que dezía: Ardome sin morir/mas no espero de bivir (fol. XCIX r)

Vino el duque de Pera armado de unas armas pardillas con unas manos que tenían en su puño que cerrado estava unas bardascas de oro, guarnecidas de perlas e lo mesmo en el escudo, en campo indio, y en la cortapisa del cavallo una letra que dezía: Verdascas que a mí matan /e al coraçón maltratan (fol. C r)

Vino el rey de Tracia y su cormano Isidoro [...] e traían un manojo de lanças todas amarillas y las cortapisas de oro texido con unas esperas verdes sembradas por las armas e cortapisas, e por guarnición una letra que dezía: Si lo verde es esperança/del bien que puede venir,/lo amarillo lo alança/e lo tray al morir (fol. C v)

E aquella noche embió la princesa a su fermoso cavallero (Polindo) unas armas que eran de su padre, todas blancas, con unos emperadores sentados en sus sillas, con sus çetros en las manos. Y embióle un sayo de la misma forma de brocado blanco e unas cubiertas de lo mesmo; e por guarnición una letra que dezía: A vos, mi bien, dó esta silla/porque en ella está mi vida (fol. CI v)

E venía con él el fuerte don Claribeo con unas armas amarillas cubiertas con un sayo de terciopelo negro, e dado muchas cuchilladas de tal arte que fazían unas llamas, e a los cabos de las llamas atadas con unas madexas de seda amarilla; e así mesmo las cubiertas del cavallo eran de terciopelo amarillo, e cubiertas con terciopelo negro con sus cuchilladas, e por guarnición una letra que dezía: Pues en tal infierno arde/mi pensamiento y querer,/venga, venga, no se tarde/mi coraçón a padescer (fol. CI v)

Flamizén [...] vino [...] el yelmo puesto en la cabeça e armado de unas armas de color de púrpura e sin ninguna devisa, salvo muchas perlas e piedras en sus armas. Mas traía unos paramentos de terciopelo carmesí sin otra cosa ninguna e por guarni[ci]ón una letra que dezía: Si veis que traigo alegría/no la tiene el alma mía (fol. CI v)

E los donzeles venían vestidos de encarnado con unas pestañas de raso verde claro con una guarnición de unas letras de terciopelo verde claro como el raso de lo que las pestañas o bivos fechos eran, que dezía: Esta esperança me quitó/la que amor me prometió (fol. CII r)

El rey de Tracia [...] venía armado de unas armas negras y en un cavallo negro y paramentos de brocado negro. Y por guarnición una letra que dezía: Yo vengo harto y muy triste/y harto de os enojar,/mas no mis ojos de llorar (fol. CII r)

Venía con él el fuerte Isidoro, armado de unas muy fuertes ojas de azero e muy limpias. E una ropa sobre las armas de paño amarillo muy basto e los paramentos del cavallo de lo mesmo. Y por guarnición una letra que dezía: Pues me veis desesperado/y con pena de me rendir,/no será para bivir (fol. CII r)

Isidoro [...] traía más encima del yelmo por penacho un escudero de oro con un rétulo en la mano de unas letras muy negras que dezía: No será mi coraçón/alegre de su ventura,/pues que ya tiene tristura (fol. CII r)

Traía más en sus espaldas un yelmo guarnescido al derredor dél con una letra que dezía: Siempre yo me llamaré/cavallero,/pues de ti vengança espero (fol. CII r)

E después que ovieron entrado en el campo, tomó el rey de Tracia una hacha de cera en la mano ardiendo, con unas letras de oro de martillo en ella puestas que dezían: Esto es lo que yo espero/para que arda/la mi vida en vuestra palma (fol. CII r)

No tardó mucho que vino el príncipe de Ungría don Beraldo y el fuerte Quirino, ambos armados de unas armas pardillas e sin ninguna divisa, salvo en el escudo un grifo e las cortapisas de tertiopelo pardo, e por guarnición una letra que dezía: Con la congoxa /el tormento no se afloxa (fol. CII v)

Don Polindo, muy alegre con la empresa que la princesa Belisia su señora dado le avía, y con mucho plazer, se armó por mano de los donzeles de unas armas azules con unas cefras hechas muy hermosas de oro, sentadas sobre las armas. Y en el escudo tenía una saeta de oro en campo azul, y alrededor del escudo unas letras azules en campo dorado que dezía: Sin piadad me firió (fol. CV v)

(Don Polindo) vio a Flamizén armado de unas armas negras y en el escudo unas letras de oro en campo indio que dezían: Esto cubre el alma mía/pues que tura/mi desastrada ventura (fol. CV v)

En este comedio entraron por la otra parte del campo ocho cavalleros armados de unas armas blancas con cruzes coloradas y en los escudos unas onças que en la frente tenían una cruz colorada y en campo blanco. Y todos ocho en unos cavallos blancos e por el cerco del escudo unas letras doradas en campo blanco que dezían: Esta tomo por vandera, / porque quiero /morir por lo verdadero (fol. CVI r)

314

Entró por la puerta del çercado un cavallero en un cavallo alazán, e armado de unas armas rosadas muy ricas, y en el escudo un león en campo verde. Y este león era coronado, y en el cerco del escudo unas letras que dezían: De tu mesma progenia (fol. CVI r)

El rey de Tracia y el príncipe don Beraldo, y el duque de Normandía y el duque de Pera y el fuerte Quirino. Estos vinían armados de unas armas azules e con unas llaves doradas y en los escudos unas puertas que con una llave cerradas estavan, e alrededor de los escudos unas letras azules en campo dorado que dezían: Pues son çerradas las puertas/donde mi bien jazía,/ciérrense al alegría (fol. CVI v)

Vino un cavallero al torneo armado de unas armas verdes guarnecidas de perlas e piedras de gran valor e unos penachos de oro de martillo sentado en las armas, y en el escudo tenía un coraçón hecho muchas partes e con unas letras de oro en el cerco del escudo que dezían: Aunque de esperança me veis,/no espero,/que del dolor que siento muero (fol. CVI v–CVII r)

Y no tardó mucho que entraron cincuenta donzellas que venían vestidas de tela de plata e terciopelo verde a quartos y entre las costuras unas pestañas azules con unas letras por guarnición que dezían: Lo onesto en todo priva (fol. CX v–CXI r)

E ya qu'estas donzellas ovieron algún tanto servido a las mesas e acabados aquellos manjares, entraron otros cincuenta donzeles todos vestidos de tela de plata, guarnecidos con una letra que dezían: Mucho más (fol. CXI r)

Como don Polindo no reposase, deseando la mañana para dar remedio a su señora, como la fermosa luz viese, un ligero salto de su lecho dio, e luego de los donzeles fue servido de rica vestidura, la qual para tal hecho era conveniente, e por guarnición una letra que dezía: Ya mis alegres dulçores/no se van/con el bien que les darán (fol. CXLIIII r)

Fernando Basurto, *Don Florindo*, Zaragoza, Pedro Hardouin,1530

El rey Federico [...] le embió una valerosa ropa de brocado pelo alcarchofado de tres altos para encima de las armas, con siete piedras preciosas de grandíssimo valor que llevava en el lado del coraçón, con una letra que dezía: Ellas declaran su gloria/y él publica mi victoria (fol. XLIII r)

Ansí mesmo le embío una rica cimera, la devisa de la qual era un tigre figurado de pintas de oro y plata con una letra que dezía: ¿Quién se podrá defender/que a manos suyas no muera,/si el fin del mal espera? (fol. XLIII r)

Embióle ansí mesmo un valeroso escudo de chopo nerviado con la cubierta de fino azero esmerado, con un castillo de oro plantado en el medio del escudo, con una letra que dezía: En más flaco se defiende/Quien a sí mesmo no offende (fol. KLIII r)

El qual [cavallo] le embió encubertado con unas cubiertas de oro tirado, quarteadas de seda verde y sembradas de coraçones de oro, con un letrero a la redonda que dezía: Por lo que hazen se haze/Lo que all alma satisfaze (fol. XLIII r)

Las quales [tiendas de campo para los caballeros mantenedores] eran de tela de brocado y plata hechas, con ondas de llamas de fuego quarteadas; los cordeles de las quales eran de oro y seda, y el árbol de dentro de plata, encima del qual estava puesto el sol en el uno y la luna en el otro, cuyos letreros (alusivos a la Asunción) dezían: Hasta el más supremo cielo/Es subida quien desea/Qu'el mundo todo le vea (fol. XLV v)

Cuyos alfaneques [de las tiendas de los mantenedores] eran de la mesma devisa y letra de las tiendas, salvo que tenía cada uno un ángel de bulto puesto en lo alto con un castillo en la mano y una letra (alusiva a la Ascensión) que dezía: Ave gracia, pues meresces/Alcançar con Dios victoria /En este alcaçar de gloria (fol. XLVI r)

Estava la tela cubierta de seda de raso verde con unas vandas de brocados a trechos otravessadas [sic] con una letra que dezía: Por no encubrir la esperança/La puse aquí por memoria/Si no me niega victoria (fol. XLVI r)

Iva Madama Tiberia en un blanco palafrén guarnido y arreado de una guarnición de brocado pelo con unas ruedas broslladas de piedras preciosas, y perlas senbradas por ella, con una letra a la redonda que dezía: La sperança es por demás/Que ha d'estar siempre en un ser,/Pues se tiene de volver (fol. XLVI r)

El qual manteo llevava [Madama Tiberia] cubierto por debaxo del braço derecho, por donde se parecía la manga del gonete, que era del mesmo brocado, en la qual iva figurado un árbol con una letra que dezía: Quien no teme la justicia/El fruto come vedado,/Mas al fin paga el bocado (fol. XLVI r)

Llevava una gorra quarteada de brocado y seda negra con una medalla de grandíssimo valor con una letra en cifra que dezía: Fundada sobre la fe (fol. XLVI r)

Iva Margarita Rusela en otro palafrén blanco con una guarnición de brocado y seda pardilla con muchas campanillas de oro y metal colgando della, con una letra broslada en la orla della que dezía: El sosiego de la vida/Es bien bivir./Y si aquélla es bien perdida,/gran victoria es bien morir (fol. XLVI v)

Ansí mesmo iva con muchos y grandes atavíos de brocado, con otra gorra ansí como la de Madama con un escudo figurado en ella con una letra que dezía: Sólo uno es la defensa /Contra nuestra adversidad,/Y no muchos si ay maldad (fol. XLVI v)

Y amás de aquello [Florindo] sacó otra devisa que conformava con la fiesta (de la Asunción), ansí como por el rey havía sido mandado. Esta era un cielo puesto sobre la tierra con una letra que dezía: En él ni en ella/ Tal Virgen ni tal donzella (fol. XLVI v)

Otrosí llevava en el escudo qu'el rey le dio un diamante fixado en una torre del castillo que ansí como el sol relumbrava, de gran precio y valor, con una letra (alusiva a la Virgen) que dizía: No ay claridad verdadera/Que ansí nos puede alumbrar/Como es la qu'es sin par (fol. XLVII r)
Su invinción (la de Monsieur de Xue, Conde de Alta Roca) era una rica escala de oro con una letra que dezía: Quien por ella ha de subir/A la gloria que es el cielo,/Viva bien en este suelo (fol. XLVII v)

Los paramentos de su cavallo eran de brocado y seda azul con un batel figurado en ellas con una letra que dezía: La vida mal ordenada/No tiene remo ni vela,/Pues la culpa la desvela (fol. XLVII v)

Ansí mesmo llevava un escudo cubierto la metad dél de chapas de oro e la otra de fino azero, con una letra en el borde d'él que dezía: El que buena muerte muere, /¿Qué mejor reguarda quiere? (fol. XLVII v)

E haviendo los juezes registrado la letra y devisa que traía, y sus arreos y atavíos, se halló que llevava [el Conde de Alta Roca] por devisa una nube de plata con una figura que era la Vida, con una letra que dezía: No ay mayor seguridad/Para no morir la vida/Que tenerla apercebida (fol. XLIX v)

Otrosí llevava en el escudo la Muerte figurada, con una letra a la redonda que dezía: Fin del fin de los males/Y sus estremos iguales (fol. XLIX v)

También se vio que llevava una valerosa ropa encima de las armas con un letrero que dezía: Por el trocado deseo/Se descubre mi passión/Y no espero el galardón (fol.XLIX v)

Magno Alexander [...] llevava por devisa una rica fuente de oro con una dama que estava beviendo en alla [sic] con una letra que dezía: Sola fue quien meresció/Hallarse tan junto a ella./Pues por su gracia alcançó/Que los tristes beban della (fol. L v)

Llevava por cubierta de las armas una ropeta de gran valor, de seda azul con vandas de brocado sembradas de pedrería, con un monte de olivas porque era enamorado de una dama llamada Oliva Monte. Y siendo de celos penado por ella, sacó en las vandas una letra que dezía: En ellas por el color/Se verán las ansias mías,/Pues las canta Jeremías/En el monte de Tabor/En mis postrimeros días (fol. L v)

Otrosí llevava un rico escudo por estraña forma hecho, con un pelícano figurado en él con un letrero a la redonda que dezía: No quiero tener defensa/Pues ando por offender/La vida por bien querer (fol. L v)

E averiguada la devisa y letra que llevava (el Cavallero Encubierto), se vio que era la Fortuna, que lo que dava con la una mano quitava con la otra, con una letra que dezía: Pues te lo puedo quitar/Lo que sin dever te di,/¿Por qué te quexas de mí? (fol. LI r)

El qual palenque fue cubierto de raso azul con barras de brocado a trechos, y el río Tiber en él figurado, con una letra que dezía: Va no como viene,/Viene no como va,/Pues en él mi vida está (fol. LXXXVI v)

Debaxo del qual raso y letra estava el palenque cubierto de luto por la parte de dentro, con una letra sembrada por él que dezía: No le pone el coraçón,/Pues no le tiene consigo,/Sino el alma que es testigo (fol. LXXXVI v)

Y por la parte de fuera (del palenque) estava otra letra que dezía: Pues perdí la vida bien,/No digan que se perdió,/Pues la Fama la ganó (fol. LXXXVI v)

Iva el Cavallero Estraño en su poderoso Jayán, armado de muy valerosas armas; encima de las quales llevava una ropeta hecha a quartos, con una espera en los pechos hecha toda de pedrería de grandíssimo valor, puesta encima de una linda flor, por memoria del nombre que primero tuvo, al pie de la qual estava una cifra en caldeo, que su intérprete no la entendía, que dizía: Espero que mi victoria/Usará de más grandeza/Con mi fe y su fortaleza (fol. CVII r)

Vieron salir al Cavallero de la Ventura de muy ricas armas armado. E por devisa, encima del almete, la Fortuna [...] con una letra cifrada que dezía: Si en blanco sale mi suerte,/Ella ha sido/Quien ha trocado el partido (fol. CXLIII r)

Sacó así mesmo unas cubiertas de brocado encima, de tela de plata, acuchilladas con unos eslavones de oro a la redonda, con una letra sembrada por ellos que dezía: Para el secreto cuidado/Que en bivas llamas se arde/Es [sic] socorro llegó tarde (fol. CXLIII r)

Sacó ansí mesmo un rico escudo tumbado de fino azero la vista, con unas alas de oro en medio del toque, con una letra por la orla que dezía: Sub umbra alarum tuarum protege nos (fol. CXLIII r)

Una primera lectura del *Sacramental* de Clemente Sánchez de Vercial: Fuentes

Mª Jesús DÍEZ GARRETAS

El escritor Clemente Sánchez viene siendo objeto de estudio en estos últimos años por parte de bibliófilos y críticos de la Lengua y de la Literatura. Desde las primeras aportaciones de don Marcelino Menéndez Pelayo[1], varios investigadores se han ocupado de la biografía de este autor, sacando a la luz las facetas más sobresalientes de su vida[2]. En cuanto a sus escritos, el mismo autor nos proporciona una relación en el *Compendium Censure*[3], tratado en el que da noticia de siete obras compuestas y de otra en período de elaboración, el *Libro de los enxemplos por A.B.C.* Esta última es, sin duda, la más conocida y estudiada por la

---

[1]   Marcelino Menéndez Pelayo, *Orígenes de la novela*, Santander: CSIC, 1943, págs. 152–164.

[2]   El lugar de nacimiento fue descubierto por A. García y García en una obra del propio autor, *Compendium Censure*: «in Sepuluega mei originis loco», en «Nuevas obras de Clemente Sánchez, arcediano de Valderas», *Revista Española de Teología*, 34 (1974), págs. 69–89, la cita en pág. 83; del mismo autor «En torno a las obras de C. S., arcediano de Valderas», *Revista Española de Teología*, 35 (1975), págs. 95–99. Sobre el año de nacimiento, véanse las obras citadas de A. García y García; también Vicente Beltrán de Heredia, *Cartulario de la Universidad de Salamanca*, I, Salamanca, 1970, págs. 436–453, año en pág. 438, y *Bulario de la Universidad de Salamanca*, 1–2, Salamanca, 1966, obra en la que aporta numerosos datos del paso de Vercial por las aulas salamantinas y los beneficios eclesiásticos que tuvo a lo largo de su vida. Eloy Díaz Jiménez y Molleda, «Clemente Sánchez de Vercial», *Revista de Filología Española*, 7 (1920), págs. 358–368, y «Documentos para la biografía de Clemente Sánchez de Vercial», *Boletín de la Biblioteca de Menéndez Pelayo*, 10 (1928), págs. 205–224, con importante documentación extraída del Archivo Capitular Leonés. Sobre el autor como maestro y quizás fundador del estudio de gramática de su villa natal, véase Tomás Calleja Guijarro, «Clemente Sánchez de Vercial y el estudio de gramática de Sepúlveda», *Anuario de Estudios Medievales*, 17 (1987), págs. 245–263. La biografía más completa, Antonio Linage Conde, «El arcediano sepulvedano de Valderas, Clemente Sánchez, en los orígenes de la novela», *Studium Legionense*, 18 (1977), págs. 166–219. Y Rose Marie Erika Horch, *Luces e fogueiras dos albores da impresa ao obscurantismo da Inquisição no Sacramental de Clemente Sánchez*, Tesis Doctoral (inédita), Universidad de Sao Paulo (Brasil), 1985.

[3]   A. García y García descubrió el *Compendium Censure* en la Biblioteca Universitaria de Valladolid, Ms. 147, fols. 1r–91r y de su análisis nos ofrece una lista de ocho obras y el Ms. 59 de la Catedral de Burgo de Osma contiene además de esta obra el *Libellus de Horis Dicendis*. Véase A. García y García, «En torno a las obras...», págs. 75–89.

crítica, ya que se trata de una de las más importantes colecciones de cuentos, tanto por el número como por la variedad de su temática[4]. Además, conocemos, el ya citado *Compendium Censure* y el *Libellus de horis dicendis*, descubiertos hace unos años por Antonio García y García[5], y el *Sacramental*.

El *Sacramental*, recogiendo las palabras de su autor en el Prólogo que le precede «fue començado en la çibdat de Çigüença, tres días del mes de agosto, año del Señor de mill e quatroçientos e veynte e vn años, e acabóse el año de veynte e tres, en fin de março en la noble çibdat de León»[6]. De este manual, escrito para «los saçerdotes que han curas de ánimas»[7], se conservan cinco manuscritos conocidos hasta hoy[8] y dieciséis ediciones en lengua romance. De ellas, doce en castellano, una en catalán y tres en portugués, sin contar las dos dudosas salidas de las prensas sevillanas, la de 1470 citada por Vindel y la de 1551 citada en el Indice Expurgatorio de Madrid de 1747[9]. Estos datos nos muestran la importancia de la obra del arcediano de Valderas desde varios puntos de vista. En primer lugar el bibliográfico, pues señalan la presencia del *Sacramental* en los inicios de la imprenta española y el poder establecer, mediante un estudio de las distintas ediciones, un cuadro comparativo de las características formales del libro impreso desde el último tercio del siglo XV hasta mediados del siglo XVI. En segundo lugar el filológico; el análisis de las diferentes ediciones nos permite observar los cambios lingüísticos que se producen en el castellano a lo largo de este período

---

[4]   Del *Libro de los exemplos por A.B.C.* se conocen las ediciones de Gayangos de 1860 (B.A.E. 51), págs. 443–542; Morel–Fatio en *Romania*, 7 (1878), págs. 481–526 y la edición crítica de J. E. Keller, Madrid: CSIC, 1961. Además A. H. Krappe, «Les sources del *Libro de los exemplos*», en *Bulletin Hispanique*, 39 (1937), págs. 5–54 y P. Groult, «Sánchez de Vercial y su *Libro de los Exemplos por A.B.C.*», *C.S.R.*, 10 (1968–69), págs. 1–33 y H. Goldberg, «Deception as a Narrative Function in the *Libro de los Exemplos por abc*», *Bulletin of Hispanic Studies*, 62 (1985), págs. 31–38.

[5]   Habría que señalar dos obras más: *Breve copilación de las cosas necesarias a los sacerdotes*, Sevilla, 1477–1478, que cita Eloy Díaz Jiménez y Molleda, en «Clemente Sánchez...», pág. 366 y el *Penitencial* o *Confesional* que se encuentra en el mismo manuscrito de la Biblioteca Nacional de París, fols. 151r–171v, junto al *Libro de los Exemplos por A.B.C.* y que es objeto de otra comunicación en este Congreso.

[6]   Citamos por el manuscrito existente en la Biblioteca del Monasterio del Escorial, Ms. j–ii–20, fol. 2v.

[7]   *Ibidem*, fol. 1v.

[8]   Se encuentran en la Biblioteca del Escorial, Ms. j–ii–20; en la Biblioteca Nacional de Madrid, Ms. 9370 y Ms. 56; Biblioteca Pública de Soria, Ms. 25H y en la Biblioteca de Palacio, Ms. 254. De este último, creemos desconocido hasta ahora, nos dio noticia el Dr. D. Ángel Gómez Moreno. Se trata de un códice del siglo XV, escrito en letra gótica, con anotaciones en los márgenes. Consta de 131 folios, recto y vuelto, con lagunas en el interior, e incompleto en su final, pues concluye en el sacramento del matrimonio.

[9]   Mª Luisa López Vidriero da una relación de las ediciones en romance del *Sacramental* de Sánchez de Vercial, en «La edición incunable del *Sacramental* de Sánchez de Vercial», en *El Libro Antiguo Español, Actas del Primer Coloquio Internacional (Madrid, 18–20 de diciembre de 1986)*, Salamanca: Universidad de Salamanca–Biblioteca Nacional de Madrid–Sociedad Española de la Historia de Libro, 1988, pág. 379.

(aspiración de f– inicial, disolución de grupos consonánticos latinos, fijación ortográfica, etc.)[10]. Y, finalmente, el interés histórico eclesiástico, pues no sólo refleja la moral y pastoral sacramental de la época, sino también, la extraordinaria difusión manuscrita y sobre todo la impresa en miles de ejemplares son prueba de la gran popularidad que alcanzó este manual escrito en lengua romance[11]. Sin embargo, su éxito se vio interrumpido al ser incluido en el *Index* de Valdés de 1559 y en los siguientes hasta 1790[12].

Sánchez de Vercial escribió este manual con una clara intención didáctica. Sentía una gran preocupación por la poca preparación de los clérigos de su tiempo y así lo expresa en el prólogo:

> [...] en el tiempo de agora muchos sazerdotes que han cura de ánimas non solamente son ynorantes para ynstruyr e enseñar la fe e creençia e las otras cossas que pertenesçen a nuestra saluaçión. Más aún, no saben lo que todo buen christiano deue de saber nin son ynstruydos nin enseñados en la fe christiana segúnt deuían e lo que es más peligroso e dañoso, algunos non saben nin entienden las escripturas que cada día han de leer e de tratar [...] (fol. 1v)

Como él mismo se siente falto de conocimientos para abordar las materias que va a tratar, expone a continuación la relación de obras y autores de los que se sirvió para componer el libro:

> Biblia, Maestro de las Sentençias, Decreto, Decretales, Sexto, Clementinas, Extrauagantes, San Ysidro en las Ethimologías, Catholicon, Papias, Huguiçio, Estorias Escolásticas, Textos de leyes, Sant Gerónimo, Santo Thomás de Aquino, e Nicolao de Lira, Sant Gregorio, Alixandre de Alis, Arçediano sobre el Decreto e sobre el sesto, Ynoçençio, Bernardo, Tancreto, Gofrido, Hostiense, Enrrique, Guillermo de Monte, Laudino en el Sacramental, e Guillermo en el Raçional, Glosa del Salterio, Suma Bartolina, Juan Calderín, Chino, Bartholo, Scala Yldribrandina, Yldibrando... llamado Gregorio VII, Johanes in Suma Confesorum, Leyes de Partidas e de Fueros de Castilla e de otras scripturas santas que yo pude auer. (fol. 2r)

Estas lecturas contrastan notablemente con la humildad intelectual de que hace gala, pues al terminar la relación se disculpa de nuevo por su «poco saber».

---

[10] Sobre la evolución del castellano, véase Rafael Lapesa, *Historia de la Lengua Española*, Madrid: Gredos, 1980[8], sobre todo capítulos X–XIII, y Mª Luisa López Vidriero en «La edición incunable del *Sacramental...*», págs. 259–272.

[11] Sobre las ediciones incunables, véase F. Vindel, «El arcediano Sánchez de Valderas y su libro el *Sacramental*», en *Artículos bibliológicos*, Madrid, 1948, págs. 112–130, la cita en 124– 126, y *El arte tipográfico en España durante el siglo XV*, Madrid, 1945–51; K. Haebler, *Bibliografía Ibérica del siglo XV*, La Haya, 1903–17; Mª Luisa López Vidriero, «La edición incunable del *Sacramental...*», págs. 259–272.

[12] José Simón Díaz la señala junto a la *Égloga de Plácida y Victoriano,* de Juan de la Encina, como dos casos notables de reiteración, pues fueron incluidos en 1559, 1570, 1581, 1583, 1612, 1632, 1640, 1707, 1747 y 1790. En «La literatura medieval castellana y sus ediciones españolas de 1501 a 1560», en *El Libro antiguo español...*, págs. 371–396, cita en pág. 379.

En este aspecto coincide con don Juan Manuel, sin embargo su confesión posterior «a los que en este libro leyeren sy algunas cosas fallaren no bien hordenadas o defectuosas que las quiero tolerar, corregir e emendar e intrepetrar [...]» muestra claramente que no tiene el orgullo profesional que caracteriza al autor de *El conde Lucanor* y sí nos recuerda una de las estrofas del *Libro de Buen Amor*:

> Qual quier omne que lo oya, si bien trobar sopiere,
> puede más y añadir e enmendar, si quisiere;
> ande de mano en mano, a quien quier quel pidiere;
> como pella a las dueñas, tome lo quien podiere.[13]

En cuanto a la estructura formal y el contenido de cada una de las partes del libro, están expuestos en el prólogo:

> E entiendo partir este libro en tres partes: En la primera se trata de la nuestra creençia e artículos de la fe e declaraçión del credo e Pater Noster e Aue María e de los diez mandamientos de la ley e de los siete pecados mortales e de todos los otros en que omne pueda pecar e de las siete virtudes e de las obras de misericordia. En la segunda de los sacramentos en general e en espeçial de los tres primeros, conuiene saber: del babtismo e de la confirmaçión e del sacramento del cuerpo de Dios. En la terçera de los otro quatro sacramentos que son: penitençia, estrema unçión, orden de clereçía e matrimonio. (fol. 2v).

Del contenido del libro se deduce el título del mismo. De las tres partes dos van dedicadas a los sacramentos y el mismo autor nos dice que ese es el motivo por el que le puso el nombre de *Sacramental*. Porque el manual fue escrito para instruir al clero en general y éste es el encargado, ordinariamente, de administrar los sacramentos, se detiene en ellos, dando una explicación pormenorizada de la liturgia y de la casuística que gira en torno a ellos.

El método que emplea para llevar a cabo su intención didáctica es muy simple: en el caso de una oración comienza dando una explicación del origen y de la formación de la misma, para pasar después a explicar cada una de las partes en que divide a cada una (siete peticiones en el caso del Padre Nuestro, fol. XVIv–XXIr o los seis secretos o salutaciones en el caso del Ave María, fol. XXIr–XXVv). Partiendo del texto latino, traduce al romance, generalmente mediante la expresión «que quiere deçir» y utilizando como apoyo en las explicaciones y aclaraciones,

---

[13] D. Juan Manuel, *Obras completas*, ed. de J. M. Blecua, I, Madrid: Gredos, 1982, págs, 32–33. Juan Ruiz, arcipreste de Hita, *Libro de Buen Amor*, ed. de G. B. Gybbon–Monypenny, Madrid: Castalia, 1988, copla 1629, págs. 445 y nota, 30 y 74. En el caso de Sánchez de Vercial puede responder a un tópico, aunque el autor es consecuente pues la confesión de su «poco saber» se corresponde con la corrección posterior, cosa que no ocurre con D. Juan Manuel, por ejemplo, que orgulloso de su obra le dice al lector, en el Prólogo General a su obra, que en el caso de encontrar «alguna razón mal dicha» no le eche la culpa a él. La copla de Juan Ruiz (1629) puede explicarse como una salida irónica más o considerar que su *Libro* no está «cerrado», según afirma Monypenny.

citas de las Sagradas Escrituras, tratadistas medievales y otros textos cultos. En el caso de los sacramentos el método es muy similar: definición, basándose en autoridades como en el caso anterior, para pasar a explicar de forma detallada y por extenso la liturgia y casuística de cada uno de ellos. Acude a veces a ejemplicaciones tomadas de la Biblia, santos mártires y a las comparaciones. Por ejemplo, para explicar el significado de «carácter» en el bautismo, dice que es «como el caráter que ponen al cauallero en el braço con fierro caliente e al falsario en la fruente, nunca se puede quitar syn corromperse el cuero, asy el caráter que es puesto en el ánima nunca se podría quitar syn corrupçión della» (fol. LXXr); o cuando compara al envidioso con la lechuza o el murciélago «que aborreçe la claridat» (fol. XLIIII.)

En cuanto a las fuentes del *Sacramental*, objeto de esta comunicación, queremos adelantar que tal y como anunciamos en el título de nuestro trabajo, se trata de una primera lectura y que por tanto no pretendemos agotar el tema. La gran cantidad de obras y de autores utilizados por Sánchez de Vercial en este tratado así como el tiempo limitado de que disponemos lo harían imposible.

Para este trabajo hemos realizado diversas calas en la amplia bibliografía citada por el autor. En primer lugar la Biblia es utilizada con frecuencia; las citas, que hemos comprobado en su totalidad, creemos que están tomadas directamente y se corresponden con el texto latino de las Sagradas Escrituras, es decir la Vulgata. Acude para sus ejemplificaciones tanto al Antiguo como al Nuevo Testamento. Del primero, recoge un amplio espectro: *Pentateuco* o *Ley vieja*, *Génesis*, *Éxodo* y *Números*. Los personajes que se citan de estos libros le sirven para aludir a vicios o virtudes concretos, así por ejemplo, Lot o Esaú para la gula (fol. 46v), Rebeca como ejemplo de sumisión al marido (fol. 281v), Raquel en la oración sentida (fol. 22r), Abraham en la obediencia (fol. 55r). También cita a *Rut*, *Samuel*, 1 y 2, *Reyes*, *Tobías*, *Job*, *Salmos* del rey David, éste, llamado el profeta, es el autor más citado del Antiguo Testamento. Menor es el número de citas de los *Proverbios* y de los otros libros atribuidos a Salomón y de los profetas Isaías, Jeremías, Daniel, Joel, Nahún y Zacarías.

El Nuevo Testamento se recorre con cierto detenimiento: los cuatro evangelistas y de San Juan además la *Epístola* primera y el *Apocalipsis*. No faltan las menciones a los *Hechos de los Apóstoles*, la *Epístola* de Santiago, y sobre todo a San Pablo, llamado el apóstol, hasta el punto de que podamos hablar quizás del comienzo de la corriente paulinista tan clara en la segunda mitad del siglo: *Epístolas a los Romanos, Corintios, Gálatas, Efesios, Tesalonicenses, Timoteo, Tito* y *Hebreos*, son recordadas por Clemente Sánchez.

La nómina de los Santos Padres es amplia: San Gregorio, San Benito, San Isidoro, San Agustín, San Anselmo, San Bernardo, San Jerónimo, Santo Tomás, etc. De San Gregorio toma preferentemente las *Homilías sobre los Evangelios*, alude frecuentemente a las *Etimologías* de San Isidoro, pero sin duda, el más citado es Santo Tomás de Aquino, aprovechado por Vercial a lo largo de toda la obra. La amplitud temática da para ello.

Pero los pilares más imprtantes de la obra de Vercial son las obras de los tratadistas medievales: Guillermo Durando[14], el Ostiense[15], Pedro Lombardo[16] y Enrique[17], preferentemente los dos primeros. Si antes hablábamos de citas ahora tenemos que hablar de amplios capítulos deudores del *Sacramental* o del *Racional* de Durando o del Ostiense. De los *Cuatro libros de las sentencias* de Pedro Lombardo utiliza Vercial los dos últimos, el tercero para los artículos de la fe y el cuarto para los sacramentos, acudiendo, como la mayor parte de las veces, a la fuente original.

Centrándonos en el *Racional* de Durando, a él acude nuestro autor para elaborar la primera parte de su libro y prácticamente la segunda, sobre todo para el bautismo y la confirmación. De los ochos libros en que se divide el tratado de Durando, Vercial se va a centrar para la primera parte del suyo en un apartado del libro IV casi con exclusividad, el tratado llamado «De symbolo», capítulo vigésimoquinto, aunque no faltan referencias a algún otro capítulo. Para el sacramento del bautismo, sigue de cerca el libro VI en su capítulo LXXXII «De baptismus». Clemente Sánchez mantiene el orden establecido anteriormente por Durando. En el sacramento de la Eucaristía podemos hablar en algunos momentos de transcripción, bien que el arcediano de Valderas comenta y explica con cierto detenimiento las partes de la misa, movido por un evidente afán didáctico. No vamos a acusar a Vercial de plagio, conocemos perfectamente su intención al escribir el libro y los criterios por los que se guían los autores medievales acerca de la imitación poética o cultural en general. Pero desde luego, cuando Vercial escribió el *Sacramental* tenía muy cerca los tratados de Guillermo Durando.

Muy escasas son las referencias de las obras clásicas latinas. Vercial, seguramente, no pretendía hacer una obra literaria ni adornarla con eruditas citas de los autores clásicos. Deseaba hacer una obra de carácter didáctico doctrinal, específicamente dedicada a los sacerdotes desconocedores del latín y por extensión también de las ordenanzas eclesiásticas e incluso de los textos bíblicos y litúrgicos. Sin embargo alude alguna vez a Séneca (fol. 44v), Ovidio (fol. 45), Casiodoro (fols. 44, 45 y 46) y a Tulio Cicerón (fols. 50, 59 y 60).

Las fuentes literarias medievales apenas tienen cabida en el *Sacramental*. Una cita de carácter general a *Los milagros de Nuestra Señora*, sin citar autor y sin

---

[14] G. Durando, obispo de Mende, escribió varias obras. Un *Rationale*, cuyo título completo es *Prodiron vulgo rationale divinorum officiorum* (Lugduni, 1551); *Repertorium aureum juris speculum iudiciale* (Imprenta de Venetis, 1488, 2 tomos, con comentarios de Juan Andrea et Baldi) y un *Sacramental*.

[15] Parece tratarse de León Marsiciano, obispo y cardenal de Ostia, muerto hacia 1118. Entre sus obras cuenta con *Sermones de Pascua, De Natividade, Historia Peregrinorum, Historia casinensis archisterii divisa in quatuor libros* (Migne, *Patrología Latina*, tomo clxxiii). También se apoda «El Ostiense» a Henri de Suze que escribió una *Summa Aurea*, muy leída, con varias reimpresiones hasta el siglo XVI.

[16] De Pedro Lombardo es la conocida obra *Sententiarum Libri Quatuor* (Migne, *Patrología Latina*, CXCII).

[17] No podemos precisar quién puede ser Enrique, así citado por Vercial, quizás el ya citado Henri de Suze en la nota 15.

referirse a un milagro en concreto (fol. 25r) y otras dos a sendas obras de carácter jurídico: *el Fuero Juzgo* (fol. 285) y *Las Siete partidas* (fol. 282).

Las conclusiones a las que hemos llegado en este trabajo, sobre las fuentes empleadas por Sánchez de Vercial en el *Sacramental* son provisionales. Podemos adelantar, sin embargo, de las citas comprobadas, que el autor acude directamente al original en la mayor parte de las obras que consulta. Traduce con libertad el texto latino que casi siempre escribe. Nombra al autor y su obra, aunque a veces cita uno u otra: «como dice Salomón», «como dice el Salmo», o simplemente «el apóstol» o «el profeta». Las obras de Guillermo Durando, sobre todo el *Sacramental* y el *Racional*, son los pilares más importantes, así como Pedro Lombardo y El Ostiense. Escasas son las deudas de los autores clásicos latinos y menos aún de la literatura medieval castellana.

Turpín, de clérigo a juglar

Camilo FLORES

Para Don Manuel C. Díaz y Díaz,
maestro de medievalistas

Uno de los episodios más relevantes de la épica paródica es el de los «gabs» del *Pèlerinage de Charlemagne*, por ello mismo ha sido objeto de varios estudios y conjeturas. Se ha escrito mucho sobre el tema de las reliquias, sobre el de las maravillas de Constantinopla, pero la atención de la crítica se ha detenido, con razón, mucho más en lo paródico. De este modo Gaston Paris[1] parece sorprenderse de que Carlomagno tenga «un pied dans le sublime et l'autre dans le ridicule»[2], al menos su formación academicista le hace ver como «un contraste qui nous est étrange» entre el emperador de los cantares propiamente épicos y el osado que se sienta «en la caëre u sist maimes Deus» o lanza fanfarronadas contra el rey Hugo y los bizantinos. Para él se trata de «une historiette moitié comique, moitié héroïque»[3] que halla su justificación en las «deux sources différentes auxquelles l'auteur a puisé: d'une part le conte des GABS, primitivement étranger à Charlemagne, d'autre part la tradition du Charlemagne épique»[4]. Su perplejidad parece grande, pues llega a decir que «Le Voyage de Charlemagne à Jérusalem et à Constantinople» no es un cantar de gesta, sino «un fabliau par le sujet comme par le ton. Toutefois l'auteur de cet amusant petit poëme a su se garder des grossières farces dans des compositions de ce genre... et, malgré la ridicule situation qui est faite à Charlemagne, sa figure est conçue et dessinée avec grandeur»[5]. En lo referente a los «gabs», G. Paris no se plantea muchos problemas porque en estas bromas de mejor o peor gusto las víctimas, si de ellas se puede hablar, son los lejanos y mal conocidos griegos de antes de la Cuarta Cruzada, y los que, a pesar de todo, se llevan la mejor parte son Carlos y sus barones. El «gab» de Turpín, por su discreción, pasa inadvertido.

---

[1] G. Paris, «La chanson du Pèlerinage de Charlemagne», *Romania*, 9 (1880), págs. 1–50.
[2] G. Paris, *art. cit.*, pág. 13.
[3] G. Paris, *Histoire poétique de Charlemagne*, París: Bouillon, 1905, pág. 342.
[4] G. Paris, «La chanson du Pèlerinage...», pág. 15.
[5] G. Paris, *Histoire poétique*, pág. 342.

En la obra de Joseph Bédier, el *Pèlerinage* ocupa una posición más teórica, a pesar de dedicarle un estudio francamente superficial. Se trata de un texto de «intention parodique»[6], pero como la parodia, en su escala de valores, no merece gran consideración, parece lamentarse de que «très anciennement déjà la parodie bourgeoise atteint les nobles chansons de geste», como el *Pèlerinage*, en el que se usa una parodia fina, reidora, «avec ses gabs étranges» en contraste con la escatología de la *Chanson d'Audigier*[7]. Lo mejor que se le ocurre es criticar, con acierto, a los que han visto en su autor «non pas un jongleur en veine d'inventions drôlatiques, mais un clerc, qui, pour jeter du discrédit sur la poésie vulgaire, aurait voulu composer une satire des chansons de geste et un roman moral»[8]. Arrancando de la doble fuente entrevista por su maestro, Bédier cree que el cantar transpone «au mode comique, en même temps que des thèmes de roman d'aventures, une histoire de reliques vénérées»[9]. De este modo nos hallamos ante la puerta de uno de esos monasterios que tan importante papel juegan, según él, en el nacimiento de la épica, y el día de feria en que se reúne el bajo público que conviene, en su concepción de la literatura medieval, a la parodia: ante Saint–Denis el día de la feria del Lendit. «Les clercs ont fait leur métier, qui était d'exalter leurs reliques et d'attirer vers elles des pèlerins nombreux: de là, à Saint–Denis, la Descriptio» (es decir, la versión oficial de la translación de numerosas reliquias por Carlomagno hasta a aquel santuario). «Les jongleurs ont fait leur métier, qui était de divertir les pèlerins: de là, à Saint–Denis, la Chanson du Pèlerinage. Clercs et jongleurs furent les ouvriers d'une même tâche; mais ils sont restés, les uns comme les autres, dans la vérité de leur condition et de leur rôle»[10]. Todo muy coherente con las teorías del autor, tanto que no hace sino subrayar con tan armoniosa colaboración lo artificial de su teoría sobre el origen de la épica, además de no dar interpretación ni del episodio de Jerusalén ni, mucho menos, de la estancia del emperador en Constantinopla en el que los gabs tienen un papel determinante.

Las opiniones de otros críticos más cercanos a nosotros en el tiempo han sido analizadas por J. Horrent, y van desde los que no ven en el cantar sino una burda «gauloiserie», hasta los que creen que se trata de una obra monacal, un sermón moralizante o un disimulado panfleto contra Leonor de Aquitania, y favorable por tanto a Luis VII. Para Horrent el «Pèlerinage... est épique par son sujet, son idéologie, ses personnages, son dénouement, par certains de ses motifs»[11], aunque no tiene en cuenta que no hay hechos de armas y que el triunfo se logra por amor de la hija del rey, en el caso de la prueba de Oliveros, y una intervención divina muy distinta de las de los textos propiamente épicos, los

---

6   J. Bédier, *Les Légendes épiques*, IV, París: Champion, 1929[3], pág. 151.
7   J. Bédier, *Les Fabliaux*, París: Champion, 1925[5], pág. 373.
8   J. Bédier, *Les Légendes épiques*, págs. 152–153.
9   J. Bédier, *Les Légendes épiques*, págs. 153–154.
10   J. Bédier, *Les Légendes épiques*, págs. 155–156.
11   J. Horrent, *Le Pèlerinage de Charlemagne. Essai d'explication littéraire avec des notes de critique textuelle*, París: Les Belles Lettres, 1961, págs. 10–12.

restantes, no por la fuerza de las armas al servicio de Dios, como en los verdaderos cantares de gesta.

Prosigue el maestro belga: «il est comique par la familiarité narquoise avec laquelle est présenté son grave sujet, par la naïveté voulue avec laquelle est traduite la précellence de Charlemagne, par la manière haute en couleurs dont est amené le dénouement. Le comique de notre poème n'est ni un comique de mot ni un comique de caractère» (evidentemente no estamos en un texto clásico). «Si l'auteur sait s'élever jusqu'au trait d'esprit finement ironique, il manie d'ordinaire, mais avec aisance, un comique plus gros, qui ressortit a la farce: comique de gestes, de «position», comique gigantesque des gabs extravagants. Il recourt surtout au comique de situation et s'en sert pour imprimer à son récit son mouvement original. Celui–ci est composé d'un double retournement de situation: les dupeurs français sont dupés par Hugon qui à son tour est dupé par les Français»[12]. Conclusión que nos parece muy acertada en lo que se refiere a la comicidad, pero no tanto cuando prosigue con consideraciones sobre la «gratuité souriante» del autor y de su obra que, a nuestro parecer, pone en cuestión más de lo que parece uno de los referentes serios del texto: las conquistas de los guerreros de Carlomagno. Las pone en cuestión dentro de los límites de lo permitido o, mejor, dentro de los modelos de una sociedad y de una época en las que la hipérbole y la inversión paródica servían en cierta medida para integrar la crítica en el modelo o para criticar, sin romper el modelo establecido, como tantas y tantas manifestaciones carnavalescas de la época.

Una opinión cercana a ésta nuestra, aunque es excesivo al utilizar términos como desencanto o laico con un sentido demasiado moderno, es la de Guido Favati[13], para quien el Pèlerinage «ci si presenta come un'opera d'arte sorvegliata con vigile solerzia e ispirata dal divertimento che promana dal materiale e dalle forme dell'epica, quando nei suoi eroi e nelle loro vicende si sappia vedere controluce quanto di gratuito e di buono soltanto per folle di gusti approssimativi essi contengano perfino nei prodotti più alti, se riguardati col disincanto d'un intellettuale che, da laico quale tutto induce a credere che il Nostro fosse, è capace di negare la sua adesione sentimentale e il suo rispetto perfino al culto di cose le quali, come le reliquie dei Santi, si pongono nella stima comune su di un piano degno di ben maggiore rispetto di quanto non ne suscitino il Carlomagno dell'epica e i suoi dodici pari».

En la épica, el tema de las reliquias puede parecer ajeno e incluso, desde una perspectiva moderna, laico y gracioso, pero la realidad medieval francesa está llena de referencias a fundaciones de Carlomagno dotadas siempre con alguna reliquia. De ahí a que el *Pèlerinage* desarrolle la leyenda de Carlomagno en Jerusalén y que lo haga aludiendo a numerosas reliquias hay un paso: el que separa la simple

---

[12]   J. Horrent, *Le Pèlerinage*, págs. 115–116.
[13]   G. Favati, «Il Voyage de Charlemagne en Orient», *Studi Mediolatini e volgari*, 11 (1963), págs. 158–159 (Un larguísimo estudio sobre el Pèlerinage, que ocupa las págs. 75–159, en el que revisa todas las tesis y se opone a alguno de los aspectos que hemos destacado en el libro de Horrent).

hipérbole de la hipérbole que pueda resultar graciosa a un lector moderno. Todo el episodio está marcado también por el distanciamiento con que se concebía todo lo extranjero: el judío crédulo que confunde a Carlomagno y sus Pares con Jesús–Dios y los apóstoles no es, sin embargo, muy distinto del Perceval, joven y «nices», que encuentra a los caballeros armados en el bosque. En cualquier caso es una sonrisa que reconforta al oyente francés medieval, la sonrisa de la superioridad y de la seguridad en las propias fuerzas que auyenta el fantasma del miedo a lo lejano, a lo desconocido, el miedo a perder o a no lograr reconquistar la Ciudad Sagrada.

La aventura de Constantinopla es otra cosa; aquí la hipérbole es una exigencia del motivo inicial y, al mismo tiempo, del momento en el que se produce la acumulación de elementos cómicos hiperbólicos o carnavalescos. M. Bonafin, siguiendo las teorías de Bajtin, ha subrayado ya en el *Pèlerinage* varios elementos carnavalescos[14].

Entre todos los elementos cómicos del *Pèlerinage*, son los «gabs» los que más han llamado la atención de los críticos. Se han explicado convenientemente, por ejemplo, el hiperbólico tajo de Carlomagno que, más que el que acaba con Baligante en la laisse CCLXII del *Cantar de Roldán*, recuerda al que su sobrino propina a Grandonio en la CXXIV o al del Fragmento de La Haya, y que no tiene nada especialmente gracioso. El «gab» de Roldán explota el episodio roncesvaliano del olifante, sólo que lo que, en la gesta contra los sarracenos, era un poco exagerado y coherente con el referente serio de la batalla y con el uso del instrumento, se convierte ahora en una hipérbole sin más sentido que provocar la risa. Lo mismo ocurre con el «gab» de Oliveros, éste no sólo hiperbólico sino también francamente cómico, por entender en sentido erótico la palabra «cortois» aplicada al héroe en el *Cantar de Roldán*.

Pero el «gab» de Turpín ha sido muy mal entendido y está sin explicar convenientemente. Coulet[15] sostiene que el autor ha acentuado y exagerado el contraste entre el Turpín prelado y el Turpín guerrero. Para Horrent no se puede hablar de «une caricature malveillante», sino que el valiente obispo se dejaría llevar por la alegría general y se divierte imaginando una escena de «haute voltige sur des chevaux et de haute adresse avec des pommes»; y se pregunta a continuación: «Est–il risible? Parodie–t–il sa propre adresse de prélat? Oui, si le poète l'a fait sérieux. Non, si on se souvient que Turpin plaisante, qu'il forge de lui–même une image jongleresque impossible et qui'il chevauche volontiers des destriers fougueux. Sa faintaisie, qui s'en prend à elle–même, n'est pas inconvenante, mais simplement drôle»[16]. Sugiere en nota que se podría pensar en una multiplicación por tres de su caballo Grosallo, descrito en la laisse CXIV del Roldán con todo detalle, pero no ve relación ni explicación para las manzanas que lanza al aire el arzobispo.

---

14   M. Bonafin, «Fiaba et chanson de geste», *Medioevo Romanzo*, 9 (1984), págs. 3–16.

15   J. Coulet, *Études sur l'ancien poème français du Voyage de Charlemagne en Orient*, Montpellier, 1907, págs. 308–309.

16   J. Horrent, *Le Pèlerinage*, págs. 69–70.

A pesar de su argumentación bastante razonada, no podemos estar de acuerdo con Horrent en lo referente a que Turpín no pueda dar de si una imagen juglaresca o paródica, en primer lugar, porque está tan borracho como los demás; en segundo lugar, porque en un texto paródico, cómico o como se le quiera llamar, los personajes son siempre en cierta medida marionetas entre las manos de quien produce el texto; finalmente, y reservándonos nuestro mejor argumento para más adelante, porque en la Edad Media eran muy conocidas y celebradas varias fiestas profanas por el entorno eclesiástico en las que se elegía el obispillo o «evesque des fols», durante las cuales se producían toda suerte de banquetes, procesiones y sermones burlescos[17], de modo que a nadie le podía parecer extraña la parodia de un personaje que era parodiado en la vida real.

Guido Favati ha desarrollado lo apuntado por Horrent en lo referente al caballo Grosallo, resaltando la condición de excelente jinete del Turpín roncesvaliano en las tiradas LXXXIX, XCV, CXIV, CXXI, CXXXI y CXL, además de «una enunciazione lapidaria dei doveri del combattente a cavallo, quasi l'autore riconoscesse che egli fosse il più adatto a formularla:

> Ki armes portet et en bon cheval set,
> en la bataille deit estre forz et fiers,
> u altrement ne valt quatre deners (vv. 1878–80);

e tanto meno è stato notato che come l'olifante o Durendal sono un po' il simbolo di Rolando, cosí il simbolo di Turpino è lo sperone; ma è proprio sulla sua estrema abilità di cavaliere che gioca l'immaginazione del Nostro, per trasformare l'arcivescovo in un cavallerizzo da circo equestre, capace di saltare in groppa al terzo di tre cavalli in corsa pur avendo le mani impacciate da una girandola di mele, e anzi, pur continuando a palleggiarle, riuscirà egualmente a condurre alla vittoria l'animale sul quale sarà balzato»[18]. Además, Favati recuerda en nota que «lo sperone di Turpino appare sotto Durendal e con essa in mezzo a due corni e due mazze di Rolando e due più piccoli corni e mazze di Olivieri in un antico scudo, che è stato scelto per adornare la copertina del Bulletin bibliographique de la Société Rencesvals».

En un trabajo reciente, Bonafin insistía en los mismos argumentos, subrayando el carácter juglaresco del gab de Turpín, pero sin explicarlo: «L'arcivescovo Turpino conserva nel Voyage alcune caratteristiche di cui era già corredato nella Chanson, come la sua qualità di cavallerizzo, ora tuttavia messa alla prova in un esercizio di acrobazia equestre, che trattiene più della jonglerie che della gravità di comportamento richiesta ad un sacerdote di rango elevato»[19].

A nuestro entender esta argumentación es correcta para explicar sólo en parte el «gab» del arzobispo. Estamos de acuerdo en que lo que se ha usado para dar una imagen más o menos paródica de los personajes es su misma imagen

---

[17] J. Heers, *Fêtes des fous et Carnavals*, París: Fayard, 1983. (Véase especialmente el capítulo III, págs. 105–189).

[18] G. Favati, «Le Voyage de Charlemagne», pág. 114.

[19] M. Bonafin, «Fiaba et chanson de geste», pág. 11.

oficial exagerada o invertida, en nuestro caso la de Turpín como jinete, pero es que además el jinete hace malabares con unas manzanas a modo de bolas, es decir se convierte en un juglar, y, para entendernos mejor, acudamos al juego que dan las palabras en francés: «un jongleur qui jongle avec quatre pommes sur son cheval». En este sentido, los argumentos de Favati, si bien son más sólidos para la interpretación de la hiperbólica maestría del Turpín jinete, no pueden convencernos totalmente, porque no explica satisfactoriamente la actitud juglaresca del arzobispo.

Por nuestra parte, más allá de si la figura del arzobispo sale mejor o peor parada que la de otros personajes, intentaremos buscar una explicación definitiva al «gab» de Turpín con un nuevo argumento que confirme su condición de juglar. Estamos de acuerdo con todos los que han justificado los «gabs» por producirse cuando los franceses están borrachos, recordando que la mesa y el banquete los hacen a todos iguales y disculpan sus palabras y que, además, las francachelas son habituales en todas las fiestas de carnaval y similares, como las fiestas de los obispillos, el San Nicolás y otras. Añadimos que en broma se puede decir de todo y que, según Godofredo de Vinsauf, «ex animi levitate jocus procedit»[20], por tanto a personajes avinados convienen discursos de borrachos. Finalmente señalamos, como ya lo hemos hecho anteriormente, que de la hipérbole heroica a la hipérbole deformadora, característica de la parodia, hay un paso imperceptible y que basta sólo con el cambio de actitud para que una espadada heroica se convierta en una espadada de matamoros.

Como Turpín, desarrollando una hipérbole deformadora de sus excelentes dotes de jinete, se convierte en juglar circense, sólo nos queda por explicar esta su condición de juglar. Nada más fácil de entender desde la perspectiva medieval, porque el arzobispo–juglar no es nada imposible de imaginar. En efecto, Turpín es un gran juglar, incluso se podría decir que Turpín es el gran juglar de la gesta carolingia. Dada su condición de autor, si bien apócrifo, de la *Historia Turpini*, en la que se inspiraron muchos autores de cantares de gesta y a la que críticos modernos, como Burger[21] o Moisan[22], atribuyen una importancia decisiva en la historia del género, Turpín era para todos el gran juglar que había narrado las gestas de Carlomagno y, además, había sobrevivido al desastre de Roncesvalles, de modo que se presentaba a los ojos de las gentes de la Edad Media como el garante de la veracidad de aquellas hazañas. Su garantía era doble, pues además de partícipe de la narración ajuglarada, era clérigo y había escrito en latín. Quien compuso el *Pèlerinage* lo sabía bien. Por eso, partiendo de un Turpín juglar además de jinete, sólo tuvo que hacer, siguiendo el lógico juego de la inversión paródica, del juglar de gesta un juglar de circo y ponerle unas manzanas en las

---

[20] Cito el verso 1911 de su *Poetria Nova* por la edición de E. Faral, *Les Arts Poétiques du XIIe et du XIIIe siècle. Recherches et documents sur la technique littéraire du Moyen Age*, París: Champion, 1923, pág. 258.

[21] A. Burger, «La légende de Roncesvaux avant la Chanson de Roland» *Romania*, 70 (1948–1949), págs. 433–473.

[22] A. Moisan, «La mort de Roland selon les différentes versions de l'épopée», *Cahiers de Civilisation Médiévale*, 28 (1985), págs. 101–132.

manos para que hiciese acrobacias y malabares. Como el «gab» y la pose que adopta Turpín no son inconvenientes con otros aspectos de su condición de obispo y, además, no ofende al rey Hugo; el oyente medieval puede pensar como el espía de bizantino con respecto a su señor: «Ni ad huntage nul!».

Así pues, del mismo modo que la *Historia Turpini* ha pasado de ser un texto clerical y latino a ser el texto que inspirara varios cantares de gesta juglarescos, su pretendido autor ha pasado de clérigo a juglar y, como tal, ha podido ser evocado paródicamente haciendo de juglar ecuestre y malabarista.

TEXTO DEL «GAB» DE TURPÍN, según la edición de P. AEBISCHER, *Le Voyage de Charlemagne à Jérusalem et à Constantinople*, Ginebra: Droz, 1965, vv. 493–506, págs. 61 y 63:

«E vus, sire arcevesque, gaberez vus od nus?»
«Oïl, ço dist Turpin, par le comant Carlun!
Treis des meillurs destrers qui en sa cité sunt
Prenget li reis demain, si'n facet faire un curs
La defors en cel plain. Quant melz s'esleserunt,
Jo i vendrai sur destre, curant par tel vigur
Que me serrai al terz, e si larrai les deus,
E tendrai quatre pumes, mult gro, en mun puin,
Sis irrai estruant e getant cuntremunt,
E lerrai les destrers aler a lur bandun:
Se pume m'en escapet, ne altre en chet del poin,
Carlemaine mi sire me cret les oilz del frunt!»
«Par Deu, ço dist li escut, cist gas est bel e bon:
N'i had huntage nul vers lu rei, mun seignur!».

Prolegómenos a una edición «común» del *Libro de la caza de las aves* de Pero López de Ayala

José Manuel FRADEJAS RUEDA

Desde que en 1869 la Sociedad de Bibliófilos Españoles publicara la edición de Lafuente–Gayangos del *Libro de la caza de las aves*[1], ha ido aumentando la nómina de los manuscritos localizables, o mejor dicho accesibles[2], y la de las ediciones[3]. Todas ellas han permitido avanzar en el estudio y conocimiento de esta peculiar obra de Pero López de Ayala.

A lo largo de ellas y de los estudios que se han ido publicando, la opinión de los críticos respecto al carácter de esta obra ha variado de un polo al otro. Primero se creyó que era la mayor expresión de los libros de cetrería españoles, en los últimos años se la considera un mero plagio de Pero Menino.

Pero ninguna ha hecho uso de todos los manuscritos que en su época eran accesibles, ni tampoco se plantearon la posibilidad de una edición crítica, tan sólo hay un ligero asomo en las publicaciones en 1986.

Ambas, basadas en un mismo manuscrito, el Add. 16392 de la British Library, ofrecen un texto con un ligero aparato de variantes y comparten el mismo fallo de base: no han censado todos los manuscritos conocidos y accesibles existentes. Montandon–Hummel sólo se interesa por las variantes de los manuscritos del siglo XV, olvida los cuatro manuscritos que se conservan en Estados Unidos (mss. B–2583 y B–2584 de la Hispanic Society of America y 79 y 138 de la Beinecke Rare Book and Manuscript Library, Yale University), de los cuales dos son del siglo XV (mss. B–2583 y 138). Por su parte Cummins no

---

[1]   Pero López de Ayala, *El Libro de las aves de caça*, Madrid: Sociedad de Bibliófilos, 1869.

[2]   José Manuel Fradejas Rueda, «Los manuscritos del *Libro de la caza de las aves*: Intento de un censo y descripción del MS Krahe», *Epos*, 5 (1989), págs. 497–504. Véase también la nota 6.

[3]   *Libro de la caza de las aves, et de sus plumages, et dolencias, et melecinamientos*, en *Libros de cetrería de el príncipe y el canciller*, ed. José Gutiérrez de la Vega, Madrid: M. Tello, 1879, págs. 137–344, reimp. Madrid: Atlas, 1983; *Libro de la caza de las aves*, edición modernizada de José Fradejas Lebrero, Valencia: Castalia, 1959, Madrid: Castalia, 1969[2], con sucesivas reimpresiones; *Libro de cetrería. Edición basada en los códices del siglo XV*, ed. Madeleine Montandon–Hummel, Basilea: Facultad de Filosofía y Letras, 1986 (tesis doctoral); *Libro de la caça de las aves*, ed. John G. Cummins, London: Tamesis, 1986; *Texto y concordancias del MS Additional 16392 de la British Library: «Libro de la caça de las aves» de Pero López de Ayala*, ed. José Manuel Fradejas Rueda, Madison: Hispanic Seminary of Medieval Studies, 1992.

incluye en sus exhaustivas descripciones tres manuscritos madrileños (mss. 4261 y 5959 de la Biblioteca Nacional de Madrid y ms. 26 de la Real Academia Española). Su selección de variantes es más amplia, utiliza doce manuscritos, entre ellos un hipotético ms. *X* que no es sino la edición de Lafuente–Gayangos[4]. A esto hay que añadir cuatro manuscritos más, del siglo XV: uno vendido en 1987 en Montecarlo, hoy en la colección de Javier Krahe, procedente de la Bibliothèque Marcel Jeanson (París)[5], otro en el Colexio de Nuestra Señora de Antiga, Monforte de Lemos (Lugo)[6], un tercero en el Palacio de Lina (Madrid) que lleva la signatura ms. 94, y por cuarto del que únicamente sé que se conserva en la Biblioteca Vaticana (Roma).

Ninguna de estas ediciones desea reconstruir el original ya que la selección que se hace dentro del texto no está orientada sino a ofrecer un texto completo en el que se toma como base un manuscrito y se corrigen lecturas evidentemente erróneas, aunque no siempre, así, en la tabla –de la edición de Cummins–, podemos leer: «Capitulo xlvi°. De como se deve enxerir las peñiolas quebradas» y señala las siguientes variantes para *deve*: «FHILMNOTX: *deven*» (pág. 56). Lo correcto hubiera sido corregir, con el testimonio de esos nueve manuscritos, *deve* en *deven*, además el sentido lo exige. Siguiendo la clasificación de las ediciones críticas hecha por López Estrada podría tratarse de una «edición crítica singular»[7].

No me ha traído a estas páginas el hacer una crítica de las ediciones de Montandon–Hummel ni de Cummins[8], pues ambas, como ya he dicho, suponen un gran paso adelante en el conocimiento de esta obra. Mi intención es editar un único capítulo, a modo de ensayo general, basándome en todos los manuscritos que en la actualidad son conocidos y accesibles del *Libro de la caza de las aves*.

La primera cuestión que se plantea es ¿qué tipo de edición? La edición crítica, es decir, reconstruir o intentar reconstruir el original que salió de la pluma del canciller el mes de junio de 1386, sería la elección correcta, pero eso es poco menos que imposible, de ahí que haya pensado en una edición «común».

La idea de darle este nombre surgió de la lectura de la edición unificada del *Libro de Alexandre* preparada por Francisco Marcos Marín[9], pues en cierta medida lo que pretendo es una edición unificada, ya que mi objetivo es crear, dicho sea

---

[4]   Hipotético porque no se sabe en qué manuscrito se basó Lafuente y de ahí que se utilice la edición como un manuscrito más.

[5]   Fradejas Rueda, 1989.

[6]   José Manuel Fradejas Rueda, «Otro manuscrito del *Libro de la caça de las aves*, de Pero López de Ayala», *Notas y Estudios Filológicos*, 7 (1992), págs. 149–158.

[7]   Francisco López Estrada, *Introducción a la literatura medieval española*, Madrid: Gredos, 1979, págs. 77–79.

[8]   Sabemos de las siguientes reseñas de ambas ediciones: Albert Gier, *Revue de Linguistique Romaine*, 51 (1987), págs. 596–97; Albert Gier, *Zeitschrift für romanische Philologie*, 104 (1988), págs. 394–96; José Fradejas Lebrero, *Ínsula*, 42, núm. 493 (diciembre 1987), págs. 5–6, José Manuel Fradejas Rueda, *Epos*, 4 (1988), págs. 481–86; David Hook, *Journal of Hispanic Philology*, 14 (1989–90), págs. 178–81 y Juan Carlos Conde, *Dicenda. Cuadernos de Filología Hispánica*, 10 (1991–92), págs. 349–54.

[9]   *Libro de Alexandre*, estudio y edición de Francisco Marcos Marín, Madrid: Alianza, 1987.

esto con todas las limitaciones pensadas o por pensar, un texto del *Libro de la caza de las aves* cuyas lecturas estén basadas en las que sean comunes al mayor número posible de manuscritos disponibles. A la vez pretendo obtener una edición sinóptica, tal y como hace Jean Roudil y cuyo exponente más actual es su edición de Jacobo de Junta, el de las Leyes[10], pero adaptándolo en gran medida a mi propósito.

Cómo he llegado a un texto común es lo que procede antes de ver el ejemplo.

He creado unas plantillas en las que he dibujado unas casillas. El número de las horizontales es totalmente variable, tan sólo depende del tamaño del papel. Las verticales las he limitado a veintisiete, de las que las veintiseis primeras están etiquetadas con la sigla identificativa de manuscritos, según el sistema establecido por mí[11]. La vigésimo séptima lleva el marbete «común», y será la que refleje el resultado.

En cada casilla se ha transcrito una palabra hasta completar la línea correspondiente; se pasa al siguiente manuscrito y así hasta que todos los testimonios han sido transcritos. Finalmente en la casilla «común» he puesto el texto que era común al mayor número de manuscritos. Así he procedido con cada una de las formas del capítulo seleccionado.

Este tipo de edición me ha impuesto una serie de restricciones para hacer más manejable el gran volumen de variantes, y es el regularizar el uso de cinco grafemas: *u, v, i, j* e *y* dándoles sus respectivos valores actuales. Se han eliminado los casos de ʃ igualándolos con *s*. El mayor problema se ha planteado a la hora de elegir la forma de la conjunción copulativa. Aquí me he apartado de la idea inicial, que me habría llevado a usar exclusivamente *y*, forma a todas luces contraria a la realidad ya que ésta no se impuso hasta el siglo XV–XVI. También me he permitido acentuar y puntuar siguiendo las normas actuales[12].

---

[10]   Jacobo de Junta, *el de las Leyes*, *Oeuvres. I. Summa de los nueve tiempos de los pleitos*, ed. Jean Roudil, París: Klincksieck, 1986. Los antecedentes de la mecánica de la *collatio* utilizada se encuentra en la empleada por John M. Manley y Edith Rickert en su *The Text of The Canterbury Tales*, II, Chicago: University of Chicago Press, 1940, págs. 3–10; sistema que según Charles Moorman en su *Editing the Middle English Manuscript*, Jackson: University Press of Mississippi, 1975 es un «fool–proof system» (pág. 47).

[11]   Fradejas Rueda, 1989, págs. 498–500.

[12]   También he tenido en cuenta las ideas de Jean Roudil, «Édition de texte, analyse textuelle et ponctuation. (Brèves réflexions sur les écrites en prosa)», *Cahiers de Linguistique Hispanique Médiévale*, 3 (1978), págs. 269–99, de Christiane Marchello–Nizia, «Ponctuation et 'unités de lecture' dans les manuscrits médiévaux», *Langue Française*, 40 (1978), págs. 32–44 y Marguerita Morreale, «Acentuación de textos medievales (Ejemplificado por el MS Esc. I–I–6 del siglo XIII)», *Yelmo*, (abril–mayo–junio 1977), págs. 17–18; «Problemas que plantea la interpunción de textos medievales, ejemplificados en un romanceamiento bíblico del siglo XIII (Esc. I–I–6)», en *Homenaje a don Agapito Rey*, Bloomington: University of Indiana, 1980, págs. 149–75; «Para la transcripción de textos medievales: el problema llamado 'de la unión y separación de las palabras'», *Romanica*, 8 (1975), págs. 49–74, sobre los problemas que plantean la unión y separación de palabras, la acentuación y la interpunción de textos medievales.

El capítulo ha sido elegido de manera tal vez arbitraria, pero vino impuesta por la existencia de una reproducción de la mayor parte del capítulo 40 del ms. 123 de Marcel Jeanson, aunque posteriormente he tenido acceso a la totalidad de la obra ya tenía transcritos todos los textos y entresacadas las variantes, pero esto nos ha impedido hacer uso de otros tres manuscritos ya que carecen de él (ms. P_2; M_2 y M_7). Por otra parte tiene una ventaja, todo él es original de Pero López de Ayala, es decir, nada de su contenido procede de Pero Menino.

Capítulo XL
Cómo farás a tu falcón desque fuere mudado.

Después que vieres que tu falcón ha derribado todo lo grande e está ya en el cuchillo postrimero e tisera, vele tirando carne e dale menos
5 vianda en guisa que la coma con fambre, e vaya gastando de su vagar del saín que tiene. E esto aprovecha a que saldrá de la muda más seguro, e ternás menos de trabajar en él, e á menos peligro del falcón. Ca quando salen muy cerrados de carne es gran peligro si se debate e le quebrase saín, ca nunca en aquel año andaría como devía ni lo podrás ordenar
10 bien.

E desque los cuchillos e tiseras oviere derribado e apuntan las tiseras quanto dos dedos, sácalo de la muda en la noche e ande en la mano, e madruga bien con él, dándole sus pollos pequeños e afogados en agua fría por resfriar el falcón. E destas viandas delgadas e frías fazle
15 buen papo. E si fiziere siesta ponlo en una alcándara en casa fría e escura, que no entre ý quien lo espante, e desque fuere tarde tómalo en la mano. E así le faz en manera que vaya gastando el saín e le finque buena carne. E desque fuere dasainado fazle bolar el señuelo a la tira, e algún poco el recuesto arriba, ca non ha cosa en el mundo que más desaine el
20 falcón que el bolar a la tira. E todavía no se te olvide las plumas e juntas cada tarde mojadas en el agua tibia desque començare a aver fambre, ca en quanto estoviere çerrado non las querrá tomar.

1: Capítulo XL] quarenta E; xxxx Y_2, M_1, M_6; xxxviii M_5; xlii M_8; 40 M_{11}, H_2; *om.* M_9; *om.* XL M_{13}; C. quarenta A.

2: Cómo farás a tu falcón desque fuere mudado] En c. f. desque tu falcón f. m. M_5; c. f. desque tu falcón f. m. Y_2, P_1; c. as de facer quando t. f. estoviere m. M_8; De c. f. a. t. f. después que f. m. M_9; c. f. al t. f. d. f. m. M_{11}; De lo que harás a. t. f. d. f. m. M_{13}; Cómmo f. a. t. d. fuer m. Y_1; c. harás a. t. alcón d. sea m. M_4; c. f. a. t. f. d. f. bien m. H_1; c. se á de hazer con el f. d. f. m. H_2; c. f. a. t. f. de que f. m. R, M_{14}; c. f. desque oviere M. L.

3: Después que vieres que tu] d. q. *om.* t. A, E, M_4; desque vieres q. t. Y_1, M_{12}.   ha derribado] h. mudado et d. E; a. d. B, N, M_1, M_3, M_4; a derrivado M_{13}; h. m. τ d. A   grande] mejor A, E; granado Y_1, M_8, M_{12};

grand M_5; mayor M_9.   e] t B, N, K, Y_1, P_1, H_2, R; et E, M_1, M_5; y M_4, M_6, M_8, M_9, M_{10}, M_{12}, M_{13}, M_{14}.

    4: está ya] que ya está M_{13}.   cuchillo] cachillo Y_2; cochillo M_{10}, H_1. postrimero] postremero N; posterniero M_5; *om.* A   e] de B; t A, N, K, Y_1, P_1, H_2; et E, M_1, M_5; y M_4, M_6, M_9, M_{12}, M_{13}, M_{14}, R; de H_1.   tisera] tijera Y_2, M_8, M_{10}, M_{14}; tissera P_1; tixera M_6; tigera M_9, M_{13}; tijeras M_{11}.   vele] velo A, E; vel K; vale M_4, M_{13}, H_1; veesle M_{14}; vehesle R.   tirando carne] quitando de c. M_4; quitando carnes M_{11}; t. la c. M_{13}; t. carnes H_2.   e] t A, B, N, P_1, H_2; et M_1; y E, M_6, M_8, M_9, M_{12}, M_{13}, M_{14}, R.   dale] dando A, E, Y_1 M_{12}; dándole M_4, M_5.

    5: en guisa] e. guissa P_1; de manera M_4, M_9; en manera M_{13}.   que la] q. lo A, E, P_1, M_5; q. él l. Y_1, M_3, M_{12}; q. *om.* M_{14}, R.   con] en M_{11}. fambre] fanbre A, B, N, Y_1, P_1, M_3, M_8, M_{12}; hambre M_4, M_9, M_{13}.   e] t A, B, K, Y_1, P_1, H_2; et N, M_1, M_5; y M_4, M_6, M_8, M_9, M_{12}, M_{13}, M_{14}, R. gastando] guastando H_1.   de] a Y_1, M_{12}.   vagar] bagar M_8; vaguar H_1.   del] de su B, N, M_1, M_6, M_{14}, H_1, R; el M_9.

    6: saín] sagín N; sangre M_1, M_6.   E] t A, B, N, K, Y_1, H_2; et E, P_1, M_1, M_5; y M_4, M_6, M_9, M_{13}, M_{14}, R; *om.* M_8.   aprovecha a que saldrá] aprovechará a. q. s. A, E; a. a. q. salga Y_2; le haze salir M_4; a. *om.* q. s. M_8, M_9, H_1. seguro] siguro M_9; segura M_{13}.   e] t A, N, K, Y_1, P_1, H_2; et M_1, M_5; y M_4, M_6, M_8, M_9, M_{12}, M_{13}, M_{14}, R.

    7: de trabajar en] d. trebajar e. R, M_{14}; que t. e. A, E, M_1; d. t. con Y_2, M_{11}, H_2; que t. con M_4, M_{13}; d. travajar e. P_1; que travajar con M_3; que trabaxar e. M_6; que travajar *om.* M_8; de trebajo e. H_1.   en él] *om.* M_8.   e] t A, B, N, K; et M_1, M_5; y M_4, M_6, M_{10}, M_{13}, M_{14}, R; *om.* P_1, M_9.   a] ha M_{11}. menos] ternás *om. ex om.* menos Y_1, M_{12}.   peligro] periglo N, peliglo M_1. del falcón] suyo M_4.   Ca] e B, Y_2, M_3, M_{11}, H_1; et N, M_1; y M_6, M_8, M_{10}, M_{14}, R; t H_2; porque M_4; que M_9; y que no M_{13}.   quando] *om.* M_{13}.

    8: salen] sallen B, N, P_1, H_1.   muy] *om.* M_4, M_9,   cerrados] çerrados A, B, E, K, Y_1, Y_2, M_3, M_4, M_8; cerados M_1; cerradas M_9; çerradas M_{10}. carne] carnes R.   es] son A, E; están M_4.   gran] grave N; en grant A, E; muy grand K; muy gran Y_2, M_{14}, R; grant P_1; en grande M_4. es gran peligro si] e. g. p. del falcón e s. H_1 se] sse B, P_1. debate] devaten M_4; devate M_8, M_{12}, M_{13}.   e] t A, N, Y_1, H_2; et E, M_1; y M_4, M_6, M_8, M_{13}, M_{14}, R; o M_{12}; el M_5.   le] la K; les M_5; se M_4; lo M_{13}. quebrase] quebrasse N, M_5, M_{14}, R; quebrantase P_1; crebase M_1; crebasse H_1; quebrassen M_6; quiebra M_8.

    8–9: debate e le quebrase saín] quebrase saín debatiéndose M_9.

    9: saín] la saín Λ, E, M_4; el saín K, M_8, M_{11}; laín Y_2; sainos M_1; saines M_6; sangre H_1.   ca] car B, N, M_1, M_{14}, R; porque M_4; que M_8, M_9; nunqua H_1. nunca en aquel año] n. e. a. ayno N, M_{14}, R; n. e. aquelle anyo M_1; e. a. a. nunca M_4; muchos e. a. a. M_6; n. e. a. anno M_{10}; nunqua e. aquell anyo H_1. andaría] non a. M_1; no andarrá M_6; andará M_8; no a. L   como] commo N, K, Y_1.   devía] debía E, M_3, M_{11}, M_{14}; deviera M_1; deve M_4; debiere M_6.

ni] nin E, K, Y_1, P_1, M_6, M_{12}; ni no M_1.　　　　　podrás] podrías S, A, E, K, Y_1, Y_2, P_1, M_3, M_5, M_9, M_{12}, M_{13}.　　　　ordenar] hordenar B, N, M_4, M_6, M_9.

　　10: bien] vien P_1, M_1.

　　11: E] τ A, Y_1, H_2; et N, E, P_1, M_5, M_{14}, R; y M_4, M_6, M_9, M_{13}, L; *om*. M_8. desque] después M_1; después que M_6.　　　　cuchillos] cuchiellos N; cochillos M_{11}, H_2.　　　　e] τ A, B, N, K, Y_1; et E, M_5; y M_4, M_9, M_{10}, M_{12}, M_{13}, M_{14}; o M_6.　　　　tiseras] tijeras Y_2, M_3, M_4, M_{10}, M_{13}, M_{14}; tixeras M_6, M_{11}; las tigeras M_8; tigeras M_9, H_2.　　　　oviere] ovier N, M_{10}, R; ovieras P_1; hovieren M_1, M_6; huviere M_5, M_9; obieren M_8; hubiese M_{14}.　　　　e] τ A, B, N, K, Y_1, P_1, H_2; et E, M_1, M_5; y M_4, M_6, M_9, M_{12}, M_{13}, M_{14}, R; que M_8.　　　　apuntan] apunta E; apuntare Y_1, M_{12}.

　　12: tiseras] tijeras Y_2, M_4, M_{10}, M_{11}, M_{13}, M_{14}; tixeras M_6; tigeras M_8, M_9 H_2. sácalo] sácale Y_1, Y_2, M_3, M_{12}.　　　　en la] ante M_{11}.　　　　e] τ B, N, Y_1, P_1, H_2; et E, K, M_1, M_5; y M_4, M_6, M_8, M_9, M_{10}, M_{12}, M_{13}, M_{14}, R.　　　　ande] anda B, M_{13}; tráelo M_8.

　　13: mano] noche Y_2; *om*. P_1.　　　　e] τ A, B, N, Y_1, P_1, H_2, L; et E, M_1, M_5; y M_3, M_6, M_8, M_9, M_{10}, M_{12}, M_{13}, M_{14}, R.　　　　madruga] madruguen B, N, M_3, M_{12}, M_{13}, M_{14}, H_1, R; madrugue A, E, Y_1, Y_2, M_1, M_5, M_{10}; madrugan H_2. bien] vien P_1.　　　　dándole] e d. K; et d. M_1; y d. M_6, M_{10}.　　　　sus] *om*. M_6, H_2; de los M_9.　　　　pequeños] pequenyos M_1, H_1, R; pequenos M_8; e] τ A, B, N, K, P_1, H_2; et E, M_1, M_5; y M_6, M_8, M_{13}, M_{14}, R; *om*. Y_1, M_4, M_9, M_{12}. afogados] afogagados B; ahogados M_4, M_9, M_{13}; affogados M_5, M_6, R; affoguados H_1; fogados M_8.

　　14: por resfriar el] p. refriar e. N, M_{14}, H_1, R; porque resfría e. A, E; p. rrefriar e. K, P_1, o p. refriar e. M_1; por rrefrenar e. M_4; p. reffriar e. M_5; o p. r. *om*. M_6; para rresfriar e. M_9; p. r. al M_{10}; p. rresfriar e. M_{12}; p. r. a e. M_{13}; p. rresfriar al H_2.　　　　falcón] alcón M_4.　　　　el falcón] *om*. M_6.　　　　E] τ A, Y_1, H_2; et N, E, P_1, M_1, L; y M_4, M_6, M_{10}, M_{13}, M_{14}, R; *om*. M_8, M_9. destas] de estas M_1, M_9.　　　　viandas] biandas M_8.　　　　delgadas] delguadas H_1; delicadas M_{12}.　　　　e] τ A, B, N, K, Y_1, P_1, H_2, L; et E, M_5; y M_1, M_4, M_6, M_8, M_9, M_{10}, M_{11}, M_{12}, M_{14}, R; ansí M_{13}.　　　　fazle] faz A; fázele N; fas E; hazle M_4, M_9, M_{13}; le faz M_8; fasle M_{10}, M_{12}; fáçele M_{11}; farenle M_{14}; e f. H_1, L; fázenle R.

　　15: buen] luego buen M_{13};　　　　papo] paso K.　　　　E] τ A, Y_1, P_1, H_2, L; et N, E, M_1, M_5, M_{14}, R; y M_4, M_6, M_8, M_9, M_{12}, M_{13}.　　　　si fiziere siesta] *om*. H_2.　　　　fiziere] fesiere E; hiziere M_4, M_{13}; ficiere M_6, M_8; fiere M_9; feciere M_{10}; feçiere M_{11}.　　　　siesta] calor M_5; a esta M_8; fiesta M_9, M_{13}; sin esta M_{11}.　　　　ponlo] ponle Y_1, M_9.　　　　una] un M_5, M_{11}. casa] cassa M_1;　　　　en una alcándara en casa fría] la casa fría en una alcándara M_{13}.　　　　e] τ A, N, K, Y_1, P_1, H_2, L; et E, M_1, M_5; y M_3, M_4, M_6, M_8, M_9, M_{12}, M_{13}, M_{14}, R.

　　16: escura que no entre ý] e. q. non e. ý B, H_1, L; oscura q. non e. ý N; e. et q. non e. ý E; e. τ q. non e. ý A, K, Y_1, P_1; e. p. n. e. *om*. Y_2, H_2; *om*. aý M_1; e. q. n. aya *om*. M_6; obscura q. n. e aý M_9; oscura q. n. e. ý M_{10}; desvía q. n. e. dende

M_{11}; e. y. q. non e. ý M_{12}; e. la casa q. n. e. *om.* M_{13}; oscura q. no hí entren M_{14}, R.   quien] que A, E; quando M_{10}; y M_{14}, R.   lo] le Y_2; se M_{10}. espante e] e. et N, P_1, M_1; e. τ Y_1, H_2, L; e. y M_6, M_9, M_{12}, M_{13}; e. ni can et E; espanten y M_{14}; spanten y R; e. nin can τ A.

17: e así] e si B, H_1; et si N; et así E, M_1; τ así A, K, Y_1, H_2; τ assí P_1; et assí M_5; y assí M_6, M_9; ca si M_8; en ansí M_{10}; y así M_{12}, M_{13}; y si M_{14}, R; τ ansí L. le faz] l. fas E, Y_2, M_{12}; lo f. M_1; lo fes M_6; l. as M_8; lo haz M_9; hazlo M_{13}. en manera] de m. M_4; e. la m. M_8; por m. M_{13}.   gastando] guastando H_1; usando M_8.   el saín] del saino M_1, M_6; e. suyo M_3.   e] τ A, B, N, Y_1, P_1, H_2, L; et E, M_1, M_5; y M_4, M_6, M_9, M_{12}, M_{13}, M_{14}, R.   le] el A, E, M_4, M_8.   finque buena] quede b. B, H_1, H_2; pon en b. Y_2; quede en b. M_4.

18: e] τ N, Y_1, H_2; et A, E, P_1, M_5; el M_1; y M_4, M_6, M_9, M_{13}, M_{14}, R. fuere desainado] f. dessainado B, N, Y_1, M_5, M_6, H_1; fuese d. E; fuera sancho M_{10}; *om.* d. M_{14}.   fazle] fasle E, M_{12}; fesle M_1, M_6; hazle M_3, M_9, M_{13}; fazlo M_4.   bolar] volar M_4, M_{11}, M_{14}.   el] al A, E, Y_1, M_1, M_3, M_4, M_5, M_6, M_{12}, L; a el M_9; en H_1.   señuelo] señolo N; senyuelo M_1, M_{14}, R; siñuelo M_9; senuello H_1.   tira] tierra M_1, M_6.   e] τ A, B, N, Y_1, P_1, H_2; et E, M_1, M_5; y M_4, M_6, M_8, M_9, M_{11}, M_{12}, M_{13}, M_{14}, R.   algún] algunt N; al A, E.

19: poco] poquo H_1.   el recuesto] en r. B, N, M_6, M_{14}, R; e. rrecuesto Y_1, P_1, M_4, M_9, M_{12}; e. scñuelo Y_2; en requesto M_1; por r. M_8; a rrequesto M_{10}; un r. L; a e. r. M_{13}.   arriba] ariba B, N, M_1; ayuso A, E; abaxo M_4. ca] que B, M_8, M_9, H_1; car N, M_1, M_{14}, R; porque M_4; como M_5; y M_6. non] no Y_2, M_4, M_8, M_9, M_{10}, M_{11}, M_{13}, M_{14}.   ha] ay B, Y_2, M_4, M_8, M_{13}, H_1, H_2; a N, M_1, M_3.   cosa en el mundo] c. *om.* Y_2, M_4, M_8, M_{13}; cossa e. e. m. M_9; c. ninguna e. e. m. M_{12}.   desaine] dessaine N, Y_1, M_6. el] al M_1, M_8, H_2; a el M_9, M_{13}.

20: que el] quel A, B, N, E, M_3, M_4, M_{10}, H_1, H_2; q. *om.* Y_2, M_8, M_9, M_{13}. bolar] volar M_8, M_{11}, M_{14}; revolar M_{13}.   a] en H_2.   tira] tierra M_6;   E] τ A, B, N, Y_1, P_1, H_2; et E, M_1, M_5; y M_4, M_6, M_8, M_9, M_{10}, M_{12}, M_{13}, M_{14}, R.   todavía] todo el día M_6.   no] non A, B, N, E, Y_1, P_1, M_1, M_6, M_{12}, H_1, R, L.   se te] see t. P_1; se *om.* M_{12}, M_{13}.   olvide las plumas] o. la plumada A, E; olviden l. p. M_5, M_6; o. darle l. p. M_{14}, R. plumas] plumada A, E; prumada K.   e] τ A, B, N, Y_1, P_1, H_2; et M_5; y M_1, M_6, M_9, M_{10}, M_{11}, M_{12}, M_{14}, R; *om.* M_{13}, H_1.   juntas] juntas de huesos M_5.

20–21: juntas cada tarde mojadas] A presenta un *amplificatio* muy extensa

21: mojadas] et mogadas M_1.   tibia] tivia M_8.   desque] et d. A, E, P_1; de que M_2; y d. M_{13}.   començare] començara B, M_3, M_{14}; comiencara H_1; comencara N, R; comencare P_1, M_1; comenzare M_6, M_{13}; comencaren M_4.   a aver fambre] a. a. fanbre B, Y_1, M_3, M_{12}, L; a daver fanbre N; a. daver fambre R; *om.* a. f. Y_2, M_{10}, H_2; *om.* a. fanbre P_1; hambre tener M_4; a. dar fanbre M_1; a. dar f. M_6; a. haver P_1; hambre tener M_4; a. dar fanbre M_1; a. dar f. M_6; a. haver f. M_5, M_9, H_1; a. aber fanbre M_{11}; a. haber f. M_{14}. ca] que B, M_8, M_9, H_1; e que M_{10}; car N, M_{14}, R; et M_1; y M_6; porque M_4.

22: estoviere] toviere N, R; comiere M_1; oviere M_6; esto entre M_{10}. çerrado] cerrado N, P_1, M_1, M_5, M_{12}, M_{14}, H_1, H_2, R; ençerrado Y_1; cenado M_6; *om.* M_{11}.   non] no Y_2, M_4, M_5, M_6, M_8, M_{10}, M_{11}, H_2.   querrá] querría Y_2; quiere M_1, M_6, H_1.   tomar] t. la pluma M_8.

Apostilla final: Este trabajo fue realizado y redactado en 1989. Desde aquel entonces a hoy he localizado tres manuscritos más y se ha publicado una nueva edición del *Libro de la caça de las aves*, por lo que he creído necesario incorporar las lecturas que esos dos nuevos testimonios tenían que aportar. Por otra parte, desde aquel lejano octubre de 1989 mis ideas y práctica editorial han cambiado sutilmente, por lo que ya no comulgan con el sistema aquí expuesto, y hoy considero esta comunicación como un mero exponente de la ardua labor que le espera a quien se arrisque por los enredados vericuetos que supone hacer la edición crítica de esta obra. [Febrero de 1994].

Vestigios de Terencio en el primer teatro castellano

María Jesús FRAMIÑÁN
Universidad de Salamanca

He de limitar *ab initio* el alcance de esta exposición, pues, lejos de abordar el elenco de primeras piezas castellanas, anónimas o de autor, en relación con los más de seis mil versos terencianos –como podría sugerir un título impreciso–, voy a centrar mi atención en un poeta–dramaturgo, Juan del Encina (1468–1530), que ha sido el foco de atención de muchas investigaciones recientes, y aun recentísimas.

En efecto, a las nuevas ediciones de Rambaldo y Zimic[1], se suman análisis de obras concretas, de Stern, Yarbro–Bejarano y Schoell[2]; el examen de temas puntuales, a cargo de Díez Borque y Hermenegildo[3], y, en especial, la aportación del encuentro internacional de Aix–en–Provence, en el otoño de 1986, sobre *Juan del Encina y el teatro del siglo XV*[4], donde se ha afianzado como perspectiva de

---

[1]   A. M. Rambaldo, ed., Juan del Encina, *Obras completas*, IV, Madrid: Espasa–Calpe, 1983, que yo misma reseñé en *Stvdia Zamorensia*, 8 (1987), págs. 321–324; Stanislav Zimic, ed., *Teatro y poesía*, Madrid: Taurus, 1988.

[2]   Charlotte Stern, «Yet Another Look at Encina and the *Égloga Interlocutoria*», *Bulletin of the Comediantes*, 33 (1981), págs. 47–61. Yvonne Yarbro Bejarano, «Juan del Encina's *Representación a la pasión*: Secular Harmony through Christ's Redemption», *Revista de Estudios Hispánicos*, 9 (1982), págs. 271–278; asimismo, «Juan del Encina's *Égloga de las grandes lluvias*: The Historical Appropriation of Dramatic Ritual», en *Creation and Recreation: Experiments in Literary Form in Early Modern Spain (Studies in honor Stephen Gilman)*, ed. de R. Surtz y N. Weinerth, Newark: Juan de la Cuesta–Hispanic Monographs, 1983, págs. 41–48; y «Juan del Encina and Lucas Fernández: Conflicting Attitudes towards the Passion», *Bulletin of the Comediantes*, 36 (1984), págs. 5–21. También Konrad Schoell, «*Égloga en recuesta de unos amores*», *Das spanische Theater vom Mittelalter bis zur Gegenwart*, ed. Volker Roloff and Harald Wentzlaff–Eggebert, Düsseldorf: Schwann Bagel, 1988, págs. 10–22.

[3]   J. M. Díez Borque, «Juan del Enzina: una poética de la modernidad de lo rústico–pastoril», en *Actes del I Simposi Internacional d'Història del Teatre*, ed. de Jordi Coca y Laura Conesa, Barcelona: Institut del Teatre–Diputació, 1986–87, págs. 107–126; Alfredo Hermenegildo, «La neutralización del signo carnavalesco: el pastor del teatro primitivo castellano», *Texte, Kontexte, Strukturen. Beiträge zur französischen, spanischen, und hispanoamerikanischen Literatur. Festschrift zum 60. Geburtstag von Karl Alfred Blüher*, ed. de Alfonso de Toro, Tübingen: Gunter Narr Verlag, 1987, págs. 283–295.

[4]   *Juan del Encina et le théâtre au XVème siècle. Actes de la Table Ronde Internazionale (France–Italie–Espagne) les 17 et 18 octobre 1986*, Aix–en–Provence: Université, 1987, citado en adelante como *Actes*.

estudio una línea que iniciara hace años Maria Grazia Profeti en su acertado «Luoco teatrale e scritura»[5]: me refiero al análisis de la dimensión escenográfica de su teatro. Otras intervenciones han puesto de manifiesto los diferentes sedimentos que se entrelazan en la base de sus *Églogas*: esquemas rituales del teatro litúrgico navideño y pascual; tradiciones carnavalescas de raíz folklórica; el soporte formal y expresivo de la lírica cancioneril; o, en fin, pautas de carácter musical[6].

De menor trascendencia para la comprensión global de su obra es el aspecto que propongo considerar hoy, y que arranca de un dato biográfico bien conocido: nuestro autor, cuando aún respondía al nombre de familia 'Juan de Fermoselle'[7], fue discípulo aventajado de Nebrija en el Estudio salmantino[8], lugar donde el aprendizaje gramatical incluía, entre los poetas «paganos», la lectura de Terencio, uno de los maestros del *sermo humilis* –el practicado por Encina en sus primeras *Églogas*– dentro de la retórica medieval.

En absoluto pretendo postular entre ambos una relación de filiación o parentesco –no era leído Terencio en clave teatral–, sino proponer unos pocos elementos que acaso pueden rastrearse en las piezas de Encina, de aquellos textos dialogados en verso, que sin duda hubo de escuchar en clase, memorizar y aun componer ejercicios sobre su pauta, durante los primeros años de formación en esta Academia. Por otro lado, esta propuesta –que tampoco depara resultados espectaculares– no nace del azar, sino que viene sugerida por una evidencia documental, al comprobar en los fondos de archivo universitarios el papel desempeñado por las *fábulas* de Terencio en la instrucción de futuros bachilleres.

La presencia del comediógrafo latino en el mundo universitario salmaticense de la segunda mitad del siglo XV puede acotarse sobre una doble coordenada:

1) En primer lugar, he de proceder a una sucinta descripción de los contenidos textuales de códices medievales terencianos, sobre la base de los salmantinos, a fin de pergeñar el modo de lectura medieval de sus obras.

---

[5]   Maria–Grazia Profeti, «Luogo teatrale e scrittura: Il teatro di Juan del Encina», *Lenguistica e Letteratura*, 7 (1982), págs. 155–172.

[6]   Más recientemente, M. A. Pérez Priego, «Las fuentes del teatro a finales del siglo XV: el caso de Encina», en el marco del curso *Textos básicos de la literatura medieval*, organizado por P. M. Cátedra, Santander: U.I.M.P., julio de 1989.

[7]   Así figura como testigo en un acta capitular de la catedral salmantina en 1484; por otro lado, hasta 1490 no hay constancia documental del cambio de su apellido por *del Enzina* según R. Espinosa Maeso, «Nuevos datos biográficos de Juan del Encina», *Boletín de la Real Academia Española*, 8 (1921), pág. 645.

[8]   R. Espinosa Maeso, en su *art. cit.*, pág. 641n., exhuma los datos relativos a su bachillerato en leyes. Por otra parte, en su *Gramática de la lengua castellana*, Nebrija elogia así el *Arte de poesía castellana* (*Cancionero*, fols. 2r–5v) del salmantino: «Pudiera io mui bien aquesta parte con ageno trabajo estender mi obra i suplir lo que le falta de un *Arte de poesía castellana*, que con mucha copia i elegancia compuso un amigo nuestro, que agora se entiende, i en algún tiempo sera nombrado...» (*Gramática*, ed. de P. Galindo Romeo y L. Ortiz Muñoz, Madrid, 1946, pág. 57).

2) En segundo lugar, examinaré el posible tratamiento que tal obra recibió en las aulas de esta Universidad, a juzgar por las noticias que ofrecen diversas fuentes consultadas.

[1] Como se sabe, en torno a una treintena se cifran los manuscritos conservados en España, que incluyen dos, cuatro o las seis comedias terencianas, copiadas íntegramente o en versión abreviada. Su disposición se atenía al orden fijado por la tradición textual[9]; orden al que no era ajena la práctica académica, de tal modo que, cuando un rector señalaba «la comedia terzera que se sigue después del *Eunuco*» –como recoge un acta salmantina, ya del siglo XVI[10]–, escolares y maestros identificaban de inmediato la lectura que debían realizar el curso siguiente.

Y la norma consabida establecía: (1) *Andria*, (2) *Eunuchus*, (3) *Heautontimorumenos*, (4) *Adelphi*, (5) *Hecyra*, (6) *Phormio*.

Una porción de los manuscritos e incunables conservados presenta los textos dramáticos arropados con otros de variada índole: vida del autor, argumentos de las comedias, discusión entre 'comedia y tragedia' y, mucho más a menudo, los comentarios de Donato a *Andria* y *Eunuchus*, o al conjunto de comedias, al lado de nuevas glosas, unas de Donato, otras espúreas, añadidas hacia la segunda mitad del Cuatrocientos[11].

Manuscritos terencianos en Salamanca

[1.1I] A ese momento y a esa caracterización responde *latu sensu* el manuscrito 78 de la Bibl. Universitaria de Salamanca: un *Donati commentum super Andriam et Eunuchum*, que perteneció a la Biblioteca del Colegio Viejo de san Bartolomé[12]. Sus actuales 96 folios contienen, íntegro, el primer título y 240 primeros versos del *Eunuchus*.

El códice presenta diversas marcas que apuntan a un cierto o, más bien, a un continuado uso escolar: conserva todavía un resto del herraje que lo encadenaría al banco correspondiente; anotaciones en los márgenes con nombres de *auctores*, conceptos gramaticales y figuras retóricas, de mano ajena al copista y trazo no

---

[9]   Cf. el clásico estudio de Edwin J. Webber, «Manuscripts an Early Printed Editions of Terence and Plautus in Spain», *Romance Philology*, 11 (1957), págs. 29–39.

[10]   Así se indica en la asignación de lecturas de 15 de octubre de 1578 para los regentes de la llamada segunda clase, según recoge el acta del Archivo Universitario de Salamanca (citado en adelante como A.U.S.), 46 (1577–78), fol. 115r.

[11]   Para la localización de ejemplares concretos de estas características, cf. E. J. Webber, *art. cit.*, pág. 30.

[12]   En el *verso* del primer folio –en realidad, una hoja de guarda– aparece caligrafiado: «Apud Valentiam emit Alfonsus palentinus p precio 19 ff auri aragonie». Parece que se debe al historiador Alfonso Fernández de Palencia, que vive entre 1423 y 1492. Nada se anota, en cambio, sobre la fecha de adquisición del manuscrito.

muy posterior; los típicos dibujitos, a modo de reclamo, sobre ciertos pasajes; y los errores de copia, que salpican de vez en vez los versos de Terencio y que aparecen tachados y enmendados por pluma ajena.

El volumen consta de una *Praefatio*, que compendia una semblanza biográfica del autor y los inicios de la tragedia y la comedia en Grecia y Roma. Incluye, asimismo, una *declaratio quid sit comoedia* [fol. 5r], donde categoriza y define *genera fabularum* y *genera comoediarum*[13], y una división de la comedia en cuatro partes: *prologus, prothesis, epithesis* y *catastrophe*.

Diversas explicaciones en torno al color apropiado a los trajes de personajes[14], al habla y gestos de los actores, e instrucciones para entrar y salir del escenario [fol. 7r–v], dan paso a la *declaratio argumenti in comoedia Andria* [fol. 8r], acto por acto, en una división que, hasta el quinto y último, no coincide con la hoy normativa.

A partir de ahí discurre el texto de Terencio, comentado verso a verso por Donato, al modo que puede leerse hoy en ediciones accesibles, como la clásica de Karsten[15], por lo que tan sólo cabe recordar ahora que a los escolios de índole gramatical y retórica, se suman los *commenti* sobre ordenación de escenas y argumentos, carácter y costumbres de personajes, correspondencias internas de la acción, apostillas sobre pronunciación y gestos, etc.

Y sobre un esquema similar, tras la *Declaratio argumenti* y la *Expositio prologui*, sigue el texto del *Eunuchus*, del que se conserva aproximadamente la cuarta parte [fol. 57r].

[1.2] Algún pequeño dato más poseemos sobre circulación de manuscritos e incunables de Terencio, en Salamanca, en los años postreros del siglo XV.

Una relación de libros de la Biblioteca capitular –por aquel entonces asentada en la capilla de santa Catalina de la Catedral Vieja–, censa 750 volúmenes, en su mayor parte manuscritos, entregados al maestro León de Castro en 1533. Entre ellos figura: «Entrando por la puerta a mano izquierda, en el duodécimo banco», una «*Glossa de Terentio*» y, tres asientos después, un «*Terentius*»[16].

Resulta aventurado concretar, sobre esa base, la naturaleza de tales títulos –tal vez el segundo careciera de comentos; acaso el primero se tratara de un manuscrito como el detallado en (1.1)–, pero sí puede establecerse alguna precisión de orden cronológico, ya que el grueso de esta rica colección provenía de sendas donaciones

---

13 *Latinos multa fabularum genera protulisse*, y cita: *togatae, praetextatae, atellanae, rhyntomicae, tabernariae, mimicae* (fol. 4v). A éstos se añade, en el apartado de 'comedia', la *planipedia*, en alusión a que sus actores van sin coturno (fol. 6r).

14 *Purpura est puelle habitus: peregrinus induit melochino* ('morado'); *leno pallio colore uario ututur: meretrici ob* (?) *auaricia luteum datur* (fol. 7r).

15 H. T. Karsten, *Commenti Donatiani ad Terenti Fabulas. Scholia Genuina et Spuria*, Leiden: A. W. Sijthoff, 1912, 2 vols.

16 Florencio Marcos Rodriguez, «La antigua biblioteca de la catedral de Salamanca», *Hispania Sacra*, 14 (1961), págs. 316–317.

de obispos en 1480 y en 1510[17]. En el inventario de esta última no se halla ninguno de los textos citados y, a falta de otros legados y adquisiciones hasta 1533, entra en lo probable que los títulos arriba citados se debieran a la primera gran aportación, cuya relación, ésta sí, se ha perdido[18].

[1.3] Dejo a un lado, por su carácter de repertorio de sentencias, la mención de algún otro códice salmantino, también del Cuatrocientos, igualmente del Colegio de san Bartolomé y hoy en la Biblioteca Universitaria, que compendia extractos de Terencio junto a otros de Casiodoro, Quintiliano, Cicerón, Séneca, Macrobio, Petronio, Plauto y Varrón, y que apuntan en último término a la valoración o componente ético, implícito para el lector medieval en la obra de Terencio[19].

Pero no es ésta la faceta que más interesa ahora, sino la consideración del comediógrafo latino como integrante del *canon* escolar de *auctores* medievales y el modo concreto en que tal premisa se materializaba en las aulas salmantinas hacia el último cuarto del siglo XV. Y no carecemos de datos en el primer sentido, referidos ya al propio ámbito hispánico: baste recordar el pequeño, pero valioso testimonio de una rúbrica que acompaña una relación de códices del siglo XIII, donde se agrupan una docena de poetas, clasificados aparte bajo la mención «Éstos son libros de gramátiga (sic)»[20]. La nómina incluye algún autor 'cristiano' –*Sedulio, Priscianus, Arator*– junto a *Terentius, Juvenalis, Virgilius, Ovidius maior, Lucanus, Salustius*. El carácter eminentemente religioso de la biblioteca a que pertenecían, la del Real Monasterio de san Salvador de Oña, ahonda en la idea de que tales libros, así etiquetados por una mano del siglo XIII, se destinaban al uso específico de la enseñanza del latín.

Terencio y los estudios salmantinos

[3] En lo que hace al ámbito salmantino, los *Estatutos sobre estudios de gramática*, otorgados en 1439[21], nos orientan sobre lo que sería, en términos actuales, el «programa de lecturas» vigente en dicho Estudio en los años de formación de Juan del Encina, los cuales podemos situar en torno a la década de los ochenta. Además de los manuales obligatorios, y al lado de los *Libros menores*, como el *Catón* o el

---

17   La primera, de don Gonzalo de Vivero y la segunda, de don Juan de Castilla. Fl. Marcos Rodríguez, *art. cit.*, págs. 285–286.

18   Fl. Marcos Rodríguez, *art. cit.*, pág. 290.

19   El códice, ms. 2306 de la B.U., se titula *Regimen et cure ad episcopum salmantinum*. Cf. Guy Beaujouan, *Manuscrits scientifiques médiévaux de l'Université de Salamanque et de ses «Colegios Mayores»*, Bordeaux: Féret & Fils, 1962, págs. 140–141.

20   Es ejemplo que tomo de E. J. Webber, *art. cit.*, pág. 30n.

21   Así corrige V. Beltrán de Heredia, en su *Cartulario de la Universidad de Salamanca*, II, pág. 227n, la fecha establecida por F. G. Olmedo, en *Nebrija en Salamanca*, Madrid: Editora Nacional, 1944, pág. 29, de cuyo capítulo II extracto los datos siguientes.

Floretus; y de los *Libros mayores*, entre los que figuraba el Salterio, el *Libro de Tobías* de Mathieu de Vendôme, los Evangelios y la *Aurora* de Pedro de Riga –especie de exposición de los libros de la Sagrada Escritura–, los escolares podían elegir, para su traducción y comentario, autores profanos que se ceñían, en breve nómina, a Ovidio –las *Elegías desde el Ponto*, las *Metamorfosis*, según testimonio coetáneo de Nebrija[22], editor a la fuerza de muchos de estos títulos–, y a Terencio, depurado asimismo de bazofias gramaticales por Elio Antonio[23]. Y subrayo 'podían leer' porque, como se sabe, la asignación anual de lecturas se hacía *ad vota audientium*, dentro de los márgenes, claro es, que fijaban las Constituciones.

Ahora bien, los indicios y testimonios que poseemos sobre las preferencias de los estudiantes son coetáneos de la etapa escolar o docente de Elio Antonio de Nebrija, y diré que nada entusiastas a favor de mi tesis –lo que no impide que los cite–. Así, aunque sin indicar fuente, un benemérito investigador nebrisense –jesuita él– señala que:

> Los discípulos, cuando los maestros les daban a escoger, preferían la *Aurora* a Terencio, y el *Libro de Tobías* y los Evangelios a las *Elegías del Ponto* (1464?)[24].

Afirmación que es corroborada, de modo inapelable, por el siguiente apunte del primero de los Libros de claustro conservados. En la sesión de 15 de marzo de 1473 se registra:

> Estando leyendo el dicho bachiller [Juan Roquino] en su General de los Menores de *Tobías* [...], en presencia de mí, Juan López, notario del dicho Estudio, el dicho bachiller Juan Roquino preguntó a alta vos a todos los oyentes que ende estaban, [...] si eran contentos todos que concluyese el dicho *Libro de Tobías en lugar de Terencio* [...]. E todos *una voce dicentes* respondieron que sí[25].

A la par que el rechazo estudiantil a la opción de Terencio, merece destacarse del extracto otra circunstancia, y es el hecho de que tal lectura corresponde al curso de Menores, esto es, a un nivel de aprendizaje destinado a

---

22 *Apud* F. Rico, «El nuevo mundo de Nebrija y Colón», en *Actas de la III Academia Literaria Renacentista*, Salamanca: Universidad, 1983, pág. 166.

23 El modo de proceder de Nebrija respecto a los versos del autor latino parece reconstruido por F. G. Olmedo, aunque sin base documental seria: «Y asi como cuando leemos en Terencio: *Quod in prologis, scribendis operam abutitur*, en vez de: *Quod in prologis scribendis opera abutitur*; y *Ipsius Davos michi dixit*, en vez de: *Ipse Davus michi dixit*; [...] enmendamos la frase según conviene [...], advertimos a nuestros discípulos que noten en las márgenes los pasajes en que se apartan de las reglas gramaticales o emplean giros o palabras contrarios a la índole de la lengua latina» (*Nebrija*, Madrid: Editora Nacional, 1942, pág. 152). Por otro lado, con fecha de 24 de octubre de 1511, se concede en Burgos un privilegio de impresión a favor de Arnao Guillén de Brocar para llevar a las prensas «los libros menores con himnos e oraciones y el *Terencio* enmendados e corregidos por el maestro Antonio de Lebrija» (V. Beltran de Heredia, *Cartulario...*, II, *item* 358), edición que parece no haber visto la luz.

24 F. G. Olmedo, *Nebrija en Salamanca*, Madrid: Editora Nacional, 1944, pág. 37.

25 V. Beltrán de heredia, *Cartulario...* II, *item* 148.

adquirir los rudimentos de la lengua clásica y a familiarizarse con ella. Como luego vendrán a confirmar las actas claustrales del siglo XVI, éste parece ser el espacio que corresponde al autor latino: suministrar un texto para la iniciación, ser una especie de, si se me permite la expresión, 'maestro de primeras letras'... latinas, por supuesto.

Desconocemos el rumbo que tomarían las decisiones de los alumnos en años posteriores, al interrumpirse entre 1481 y 1502 los Libros de claustro. Sin embargo, salvado ese paréntesis, y una vez que se retoma el hilo de la documentación, son varias las fuentes que atestiguan el mantenimiento de los textos de Terencio como materia obligada de lectura y posiblemente como objeto de representación. Convendrá retener algún que otro dato destacado de tales noticias, aun cuando no concuerden estrictamente con el marco temporal fijado para este trabajo.

[a]   –En primer lugar, los Libros de cuentas dan fe, desde su aparición, de los salarios –los más bajos de todo el escalafón–percibidos por quienes desempeñaban las llamadas «cátedra y catedrillas de Terencio» –en razón de la materia que impartían–, instituidas por la propia Universidad y vigentes bajo tal denominación hasta mediado el siglo XVI. En ese momento fallece el último titular de dicha cátedra, el maestro Almofara; y al bachiller Juan de Zamora, identificado como «*lector de Terençio de esta Universidad*», se le concede el 'jubileo', en atención a que:

> avía cuarenta años que leía gramática, e así mismo hera onbre muy biejo [...], e que para leher y pronunçiar le faltava la dentadura, por lo qual podía haçer muy poco provecho, e así no tenía oyentes porque no le podían entender; e si algunos le iban a oir, hera más por le ir a cocar que por le ir a oir[26].

Bien entendido que la extinción de estas plazas –valga la expresión– no implicó la de la materia impartida, sino que ésta volvió, como antaño, a ser feudo de los regentes de Menores, que, según las mismas fuentes, también cobraban poquísimo.

Harina de otro costal son las cantidades abonadas por premios y multas impuestos según se cumpliera o no con la obligación estatutaria que prescribía:

> De cada Colegio, cada año se representará una comedia de Plauto o Terencio, o tragedia [...]; y el regente que mejor hiziere y representare las dichas comedias o tragedias se le den seis ducados del arca del Estudio[27].

A propósito de este mandato, los Libros muy rara vez, en su primera etapa, ofrecen indicios sobre qué se había puesto en escena –para eso hay que aguardar a

---

26   Sesión de 26 de marzo de 1552 (A.U.S. 20 [1551–52], fol. 73v).
27   Estatutos de 1538, Título LXI, en E. Esperabé Arteaga, *Historia de la Universidad de Salamanca*, I, Salamanca: Imprenta y Librería de F. Núñez, 1914, pág. 203.

la segunda mitad del siglo–; ni señalan –para nuestra desesperación– posibles título, autores, etc. Sólo tenemos constancia del hecho en sí, y de quién cumplía y quién no, con nombres y apellidos.

[b] Otra fuente documental, acaso de mayor interés, es la integrada por Constituciones y Estatutos, emanados en sucesivos momentos de la historia universitaria, que detallan bajo qué pautas maestros y bachilleres deben ejercitar a los alumnos en la lectura de Terencio. Indicaciones tan concretas como éstas:

> [A] – Regentes de *segunda clase de Menores*. [...] De dos a tres [de la tarde] leerán estos regentes *algunos renglones de Terencio* declarando todos los principios de la gramática que en las dos clases [las de la mañana] se han enseñado, y se van leyendo preguntando a los unos y a los otros, tentando todos los discípulos del General, y haciendo con ellos ejercicio deteniéndose, de manera que todos entiendan lo que se les enseña y ha enseñado.
> [B] –[*Curso de Medianos*]
> De dos a tres en invierno y de tres a cuatro en verano, leerán *las comedias de Terencio* que el Rector les señalare, por la mesma orden y con los mesmos exercicios que en las *Epístolas* de Tullio [las 'familiares', que se explicaban por la mañana], a saber, no dexando cosa de gramática, preguntando en latín en qué caso está el nombre y pronombre, y de qué género es, y el verbo cómo se conjuga, cómo haze en pretérito, y en qué caso rige, gastando la mayor parte de la hora en declinar y conjugar los nombres y verbos de que usa el autor; preguntando algunas vezes cantidades de síllabas, cremento y acento, y dando latines conforme a los que en el autor que les uviere notado[28].

[c] Por último, la continuación de los Libros de claustro suministra pocas noticias, si prescindimos de las actas sobre asignación de lecturas, que emparejan títulos de Terencio, como *Phormio* y *Excyra*, o *Excyra* y *Andria*, para cursos de Medianos y Menores, respectivamente[29]. Se diría que el carácter consolidado de dicha lectura propicia que no afloren a las Actas sino aquellos casos conflictivos –por ejemplo, las protestas de un maestro suspicaz que se siente eclipsado por la lectura de Terencio que, coincidiendo con su hora, hacía un bachiller[30]– o excepcionales, como el ya visto del bachiller Zamora.

No pretendo, al aducir estos datos, interpretar al trasluz de lo que ocurría entrado ya el Quinientos, la realidad de fin del siglo XV. Más bien, intento trazar una panorámica de suficiente amplitud temporal, en la que hemos de acomodar un paréntesis documental de veinte años, cuyo comienzo viene a coincidir con el momento en que Juan del Encina declara haber iniciado algunas de las composiciones de su primera entrega cancioneril, si hemos de creer las palabras del

---

28   Estatutos de 1561, Tít. LXII, en E. Esperabé Arteaga, *Historia...*, I, pág. 339.
29   14 de octubre de 1585 (A.U.S. 55 [1586–87], fol. 272v) y 15 de octubre de 1592 (A.U.S. 61 [1592–93], tras fol. 178v, sin numerar).
30   Se trata del maestro Romero y el bachiller Diego Cuadrado, asunto recogido en Claustro de 3 de diciembre de 1551 (A.U.S. 20 [1551–52], fol. 13v).

Prohemio a los Reyes Católicos, cuando habla de sus «obras hechas desde los catorze años hasta los veynte e cinco»[31].

Y si éste viene a ser, a grandes rasgos, un posible marco configurador, para establecer conclusiones algo más sólidas es preciso acudir directamente a los textos, siquiera en unas breves calas.

Aunque es posible confrontar en varios planos *Comedias* y *Églogas* –y así, es sugestivo el cotejo de *prólogos* y *encabezamientos* de unas y otras–, voy a centrar mi propuesta en un ámbito menos «narrativo» y ceñirme a mostrar, con un número de ejemplos, proporcionado al tiempo de que disponemos, *algunas semejanzas de procedimientos y de registros expresivos en situaciones dramáticas análogas* en ambos autores. Para ello, me he servido de las piezas de Encina anteriores a su ida a Italia, por tanto hasta 1499, si bien las cuatro primeras del *Cancionero* son nulas a efectos de cotejo y, como se verá en los casos examinados, el grueso de los ejemplos se refiere a la séptima y octava.

[Comento, en primer lugar, los textos de Encina, por más conocidos, y, a continuación, los latinos, todos ellos en el APÉNDICE final[32]].

[APÉNDICE, NÚMERO 0] Por tratarse de un lugar común o una situación universal, el mayor número de paralelismos expresivos corresponde a la exclamación de sorpresa y al saludo para acoger a un personaje en escena o implicarlo de nuevo en la acción. Selecciono tan sólo como botón de muestra la serie:

– «*Dome a Dios* que estás defunto», que dice BRAS en la Egloga V;
– «*Dome a Dios* que esta cabaña/ es bien chapada...», de MENGA; o
– «*Por Dios* que está muy gentil...», de GIL a MENGA, ambas en la *Égloga* VII, en relación con el latino «*Ita me di ament*».

O bien, la fórmula del tipo «*Nora buena vengas, Mingo*» con que recibe a éste PASCUALA –también en la *Égloga* VII–, próxima al «*Salvos sis*» de la salutación latina. Puede señalarse una gran variedad de ejemplos en construcciones de esta misma clase, algunas en el *apéndice*, pero no voy a detenerme en más.

Son más significativos los casos de similitud de procedimientos y registros expresivos en otra gama de situaciones.
[NÚM. 1] Un primer tratamiento paralelo se produce ante la entrada de un personaje, que se encuentra fuera del escenario –o del espacio acotado como escenario–, mediante la llamada de otro, ya situado a la vista del público.

---

[31] *Cancionero de Juan del Encina*, ed. facsímil de E. Cotarelo Mori, Madrid: Real Academia Española, 1928, fol. 1r.
[32] P. Terencio Afro, *Comedias*, texto y traducción de Lisardo Rubio, Barcelona: Alma Mater, 1957.

En los dos primeros versos de la *Égloga* VIII, GIL 'debe' llamar a su compañero; le grita, casi:

«Ha, Mingo ¿Quedaste atrás?»

y le indica,

«pasa, pasa acá adelante».

En el fragmento seleccionado de *Eunuchus*, el esclavo PÁRMENO, que está a punto de ofrecer un regalo muy especial a la cortesana THAIS, ordena:

«... *Heus, iubete istos foras exire quos iussi ocius*»,

'¡He! Haced salir a los exclavos que dije', esclavos que no han hecho su aparición en el escenario; y, a la escogida, le indica:

«*Procede tu huc*»,

'Avanza tú acá'; y la presenta:

«Ex Aethiopiast usque haec»,

'Llega del fondo de Etiopía'; se trata, claro, de una esclava negrita. Acto seguido, PÁRMENO hace entrar al acompañante, un eunuco –en realidad, otro personaje, CHAEREA, bajo tal disfraz–:

«Ubi tu es, Dore?» —es el nombre del presunto eunuco—

«*Accede huc*»,

'Llégate acá'.

«Procede tu huc, accede huc», *«pasa, pasa acá adelante»*, remiten a un mecanismo común de presentación de personajes, que se detecta, siempre con verbos de movimiento, en otros lugares del *Eunuchus* mismo: 706, 714–15.

Un segundo caso [núm. 2] se refiere a la aceptación de una sugerencia o consejo, que lleva implícita su inmediata realización en escena. En la *Égloga* VIII, el inexperto MINGO acoge las instrucciones de GIL, para presentarse ante los Duques en palacio, con un *«Muy bien me has aconsejado»*, que pone en práctica diez versos después: «Mira cuan sin empacho / a ver a mis amos llego» dice ufano.

De igual modo, en varios lugares de Terencio, ejemplificado aquí en *Andria* y *Heautontimorumenos*, el paso del diálogo a la acción concreta, se verbaliza, en situaciones análogas, con la misma clase de expresiones equivalentes:

«*Bene mones*: ibo», 'Me das buen consejo, allá voy', responde CHARINUS cuando le incitan a conquistar al futuro suegro, CREMES, antes que a la novia, en la comedia *Andria*; o, de modo similar, CLITIPHO: «*Recte suades*, faciam», 'Bueno es el consejo, así lo haré', frase con la que este personaje pone en marcha la artimaña, recién sugerida, para averiguar su verdadera filiación; esta vez, en *Heautontimorumenos*.

Otro punto de aproximación [NÚM. 3] se produce en situaciones que cabría denominar, para entendernos, 'la porfía entre dos –o más– personajes' para vencer las resistencias de un interlocutor, donde la construcción escénica responde a un esquema similar: el intercambio de parlamentos se trueca al cabo en juramentos, imprecaciones o golpes. En el único ejemplo que confronto, se trata de una exclamación y frase exhortativa: el toma y daca entre MINGO y GIL, en la *Égloga* VIII,

[GIL] ¿Quiéreslo?
[MINGO] No lo quiero.
[GIL] Mira si quieres, etc.

halla un posible correlato en la discusión con el usurero DORUS de la comedia *Phormio*; la testarudez de los protagonistas llega hasta el ¡*Porfiar*! de MINGO y el *Optunde*! –de traducción equivalente– de DORUS, atajados, el uno por GIL: «*No te hagas de rogar*», y el otro por ANTIPHO: «*Dorio, exoret sine*», 'Doro, déjate convencer' –en este caso, de prestar unos dineros.

Por último, [4] un número significativo de coincidencias expresivas atañe a otro marco de acción, bien característico de la comedia, por otra parte: el del protagonista que es blanco de un engaño. Se trata de la pregunta retórica que, en un contexto irónico, lanza la víctima mostrando su desconfianza, al modo de MINGO en la *Égloga* VIII:

«¿*O soncas burlas de mí?*», y el subsiguiente desmentido en clave de humor, «¡*Guárdeme Dios! ¿yo de ti?*», juego que se registra en Terencio con la variedad de formulaciones que es lógica en un género donde el ardid y la burla son habitual hilo conductor de la trama: *Adelphi, Phormio, Heautontimorumenos, Andria*, en diversos lugares, ofrecen ejemplos a placer. En el primero citado en apéndice:

[AESCHINUS] Pater, obsecro, *nunc ludis tunc me*?
[MICIO] *Ego te? Quamobrem*?
[EASCHINUS] Nescio, ...

Dejo lógicamente a un lado, aunque me he permitido incluirlos entre los ejemplos [de nuevo, NÚM. 0], los textos y referencias donde ambos autores desarrollan, o sólo mencionan, motivos de la tópica amatoria –la enfermedad de amor, el poder transformador del amor–, con un tratamiento muy próximo tanto en el molde expresivo como de orden situacional. Han de quedar al margen, puesto que, como digo, pertenecen al acervo literario y, en lo que hace al salmantino, deben contemplarse desde otro código genérico.

Habrá que prescindir también del tono desenfadado e informal de estas instantáneas a la hora de esbozar una conclusión. Aun sin esa muestra de textos a la vista, a nadie se le oculta que el posible rastro de Terencio en las piezas encinianas en absoluto se centra en motivos de inspiración comunes, ni atañe a la concepción o al planteamiento estructural de la obra, ni mucho menos afecta a la tipología de personajes.

El probable punto de partida en la serie de coincidencias señaladas es tal vez un Terencio, leído entre estudiantes bisoños, bien sazonado de comentos y con una fuerte carga gramatical. En el marco de esa relación *auctor*–escolar lector es donde acaso cabe encuadrar semejanzas como las apuntadas en los versos de Encina, diseminadas en determinados puntos de la acción dramática de sus *Églogas*, al servicio, en un mayor o menor grado, del juego escénico. En tal caso, no de otra cosa que de vestigios de Terencio puede hablarse, y como tales vestigios los propongo a su consideración.

APÉNDICE

[NÚMERO 0]

[BRAS]	*Dome a Dios* que estás defunto.	*[Égloga V, v. 8]*
[MENGA]	*Dome a Dios* que esta cabaña es bien chapada y bien lluenga.	[*Égl.* VII, 175].
[GIL, a Menga]	*Por Dios* que está muy gentil, no es ya esposa de pastor.	[*Égl.* VII, 467–68].
[MINGO]	*Así te mantenga Dios,* Pascuala, que tú nos digas...	[*Égl.* V, 177–78].

Eunuchus, 474.
[THAIS]   *Ita me di ament.*

– – –

[PASCUALA]	*Nora buena vengas,* Mingo.	[*Égl.* VII, 2].
[ESCUDERO]	Venga, venga en hora buena.	[*Égl.* VII, 191].

– – –

[PASCUALA]	Mingo, *Dios te dé salud.*	[*Égl.* VII, 34].

Adelphi, 978.
[SYRUS]   *Di, tibi,* Demea, *omnes semper omnia optata offerant.*

* * *

[NÚMERO 1]

Égl. VIII, 1–2.
[GIL]   Ha, Mingo, ¿quedaste atrás?
Passa, passa acá delante.

– – –

Eunuchus, 469–471; 473.
[PARMENO]   ... Heus, iubete istos foras
exire quos iussi ocius. *Procede tu huc:*
ex Aethiopiast usque haec. [...]
Ubi tu es, Dore? *Accede huc ...*
[He. Haced salir a los esclavos que dije, pronto. Avanza tú acá.
Ésta viene del fondo de Etiopía. [...] ¿Dónde estás, Doro?
Llégate acá].

* Eunuchus, 706.
* Eunuchus, 714–15.

[NÚMERO 2]

Égl. **VIII, 63–68.**

[GIL]   Llega ahora que hay espacio.
[MINGO]   *Muy bien me has aconsejado.*
Más tengo mucho temor
de caer en muy gran falta,
que senorança tan alta
requiere muy gran valor.

— — —

Andria, **372–74.**

[DAVUS]   Quasi necesse it, si huic non dat, te illam uxorem [ducere,]   nisi
uides, nisi senis amicos, oras, ambis.
[CHARINUS]   *Bene mones:* ibo, etsi hercle saepe iam me spes haec frustratast.
[–Como si necesariamente, porque se la niega a éste, debieras
casarte tú con ella, sin visitar ni suplicar a los amigos del viejo sin
interesarlos.
–Me das buen consejo. Allá voy, aunque, por Hércules, varias
veces ya me ha decepcionado esta esperanza].

Heautontimorumenos, **996.**

[CLITIPHO]   *Recte suades:* faciam.
[Bueno es el consejo; así lo haré]

* * *

[NÚMERO 3]

Égl. **VIII, 425–26.**

[GIL]   ¿Quiéreslo? [A propósito del sayo]
[MINGO]   No lo quiero.
[GIL]   Mira si quieres.
[MINGO]   *Porfiar.*
[GIL]   *No te hagas de rogar.*

— — —

Phormio, **515.**

[PHAEDRIA]   Si non tum dedero, unam praeterea horam ne oppertus sies.
[DORUS]   *Optunde*!
[ANTIPHO]   Haud longum est id quod orat, Dorio: *exoret sine*!
[Si para entonces no te diera el dinero, no esperes ni hora más].
–¡Porfiar!
–No es largo el plazo que solicita, Dorio: déjate convencer].

[NÚMERO 4]

Égl. **VIII, 450–53.**

[MINGO]	¿Dime, dime qués aquesso?
	¿Es cosa de carne y huesso?
	¿o soncas burlas de mí?
[GIL]	*Guárdeme Dios. ¿Yo de ti?*

— — —

Adelphi, **696–97.**

[AESCHINUS]	Pater, obsecro, *nunc ludis tun me?*
[MICIO]	Ego te? *Quamobrem?*
[EASCHINUS]	Nescio, ...
	[–Padre, por favor, ¿eres tú precisamente quien te has de burlar de mí?
	–¿Yo de ti? ¿Por qué?
	–No lo sé ...]

Heauton. **823–24.**

[CLITIPHO]	*Garris*: unde? [A propósito de unos dineros]
[SYRUS]	A tuo patre.
[CLITIPIIO]	*Ludis fortasse me.*
	[–Hablas en broma: ¿de donde lo sacaré?]
	–[Del bolsillo] de tu padre.
	–Sin duda te burlas de mí.]

Phormio, **915.**

[PHORMIO]	*Satis superbe inluditis me.*
[DEMIPHO]	*Qui?*
[PHORMIO]	Rogas?
	[Os burláis de mí con mucha arrogancia.
	–¿Cómo?
	–¿Lo preguntas?]

* *Heauton.* **741.**
* *Andria*, **757–58.**
* *Heauton.* **536.**
* *Andria,* **500.**

[NÚMERO 0]

Representación ante el Príncipe don Juan, 438–400.
[PELAYO]   E vos sabéis deste mal,
¿es mortal o no es mortal?
¿soy de vida o soy ageno?

* Égl. VIII, 273–88 y 472–96.

Eunuchus, 225–27.
[PARMENO]   Di boni, quid hoc morbist? Adeon homines inmutarier ex
amore ut non cognoscas eundem esse!
[Bondad divina ¿Qué enfermedad es ésta?¡Que el amor
trastorne a las personas de tal manera que no las reconocerías
por las mismas!].

Eunuchus, 305–06.
[CHAEREA]   Egone? Nescio hercle, neque unde eam neque quorsum eam ita
prorsum oblitus sum mei.
[PARMENO]   Qui quaeso?
[CHAEREA]   Amo.
[PARMENO]   Hem!
[–Yo? Por Hércules, no sé ni de dónde vengo ni a dónde voy,
tan fuera estoy de mí mismo.
–¿Cómo, por favor?
–Estoy enamorado].

Representación ante el príncipe don Juan, 317–320.
[ESCUDERO]   Y este triste, sin sentido,
tan vencido,
tan preso, tan cativado.

Andria, 82–83.
[SIMO]   Egomet continuo mecum: «certe captus est, habet».
[Yo, acto seguido, pensé: «No hay duda, me lo han cazado;
herido está»].

Los exorcismos hispanolatinos en el manuscrito de la *Razón de amor*

Enzo FRANCHINI

     Esta comunicación es, en cierto modo, la continuación de la que presenté, hace dos años en el II Congreso de la AHLM en Segovia. Con aquella ocasión puse de relieve la importancia del tratado de confesor (los *Diez Mandamientos*) que sigue a la *Razón de amor* en el ms. lat. 3576 de la Biblioteca Nacional de París. Esta vez quisiera someter a examen el tercer y último texto hispánico del códice (fol. 123r–v), que precede directamente a dicho poema famoso y llena con éste y con los *Diez Mandamientos* justamente un cuaderno del manuscrito[1]. La primera observación que se impone es que hasta la fecha los estudiosos no han prestado ni la menor atención a estos exorcismos, por lo que tampoco han sido editados. En el marco de una amplia monografía sobre la *Razón de amor*, que acabo de terminar, voy a presentar por este motivo un facsímil y una transcripción, acompañada de un comentario de lectura. He aquí un breve extracto (principio del texto):

---

[1]   Es un cuaderno de originalmente 8 folios de los que dos están actualmente recortados entre los fols. 124 y 125, o sea en medio de la *Razón de amor*. Sin embargo, no se percibe ninguna laguna textual. El recorte se hizo, pues, antes de ser copiado el poema hacia mediados del siglo XIII.

fol. 123r

/ [1] Non sis oblit*us* d*o*m*i*ne oraciones p*au*p*er*um ad te clamamus d*o*m*i*ne noli nos /[2] delinquere. Tu d*o*m*i*n*us* xriste saluator et*er*ne rex τ p*ro*tector i*n* ma*nus* tuas /[3] d*o*m*i*ne com*m*e*n*do sp*i*ritu*m* meu*m*. D*o*m*i*ne exaudj o*r*ati*o*nem mea*m*. Et clamor m*eus* /[4] ad te ueniat. Orem*us*.

/[5] [D]omi*n*e d*eus* omnipot*ens* q*u*i sedes sup*er* septimo tr*o*no audi me ora*n*te*m* τ dep*r*eca*n* /[6] te*m* tu dispergas m*er*gas artes uincit ista*m* dep*r*ecationem p*er* milia /[7] q*u*inq*u*aginta τ te co*n*iuro sic*ut* aratri rota i*n* primo exies t*er*ribilis de t*er*mi /[8] nis m*e*is dico t*i*bi d*i*abole sa*n*cta[m] susanna[m] de falso crime*n* liberau*it* tres /[9] pueros de camino ignis eripuit τ de ui*n*culi*s* ada*m*. Ecce crucem /[10] d*o*mini fugite partes adu*er*se ui*n*cit leo de t*ri*bu iuda radix d*a*ui*d*[2]

La causa del desinterés total radica, sin duda, en el hecho de que se trate de una colección, casi me atrevería a decir un popurrí, algo caótico de exorcismos contra el mal tiempo, sobre todo contra el granizo. Además, como están escritos en latín, se sospecha a primera vista más bien una relación con los otros textos latinos del manuscrito, es decir una colección de sermones *dominicales et sanctorales* para el ciclo del año litúrgico, escritos con toda seguridad a finales del siglo XII o principios del XIII en el sur de Francia. Ahora bien, la transcripción revela enseguida que los exorcismos objeto de esta comunicación se distinguen esencialmente de aquellas homilías dado que –y esto parece que no se ha visto hasta ahora– no están redactados enteramente en latín. En dos ocasiones se deslizaron palabras claramente castellanas, como *cabeças* (línea 26) y *posseas* (líneas 16 y 17; en vez de *possideas*), las cuales delatan la procedencia hispánica del texto. De ahí mi esperanza de que su estudio permitiera desentrañar algunos datos concretos, y científicamente fundados, acerca del usuario, la localización geográfica y la datación del códice en la Península Ibérica (lo que interesa sobre todo con vistas a la *Razón de amor*). Y, en efecto, creo que cuatro aspectos merecen ser resaltados:

    1) La paleografía
    2) La lengua
    3) El contenido
    4) Una relación textual con el *Liber Ordinum*.

Veámoslos brevemente uno tras otro:

1) *La paleografía*

La escritura de los exorcismos presenta con toda evidencia rasgos más arcaicos que la de la *Razón de amor* y de los *Diez Mandamientos*. Concretamente me refiero a los criterios que propuso Augusto Millares Carlo en la 3ª edición de su magnífico *Tratado de paleografía española*, I: Texto, Madrid, 1983, pág. 183. El primero es la *d* recta (y no uncial), de la que el texto arroja un número relativamente importante (36,6 %). También el porcentaje de la *r* común tras *o*, en lugar de la *r* redonda, que era corriente en el siglo XIII, es bastante elevado (38,9 %). Finalmente es inexistente la unión de curvas opuestas según la Ley de Meyer.

---

[2]   Edición completa en *Revista de Literatura Medieval*, 4 (1992), págs. 213–214.

En virtud de estos resultados y de un análisis realizado por su propia cuenta, el Prof. Tomás Marín Martínez, paleógrafo madrileño y reconocida autoridad en la materia, concluye en un informe que amablemente me redactó que la letra de los exorcismos es «carolina–gótica o gotizante de comienzos del siglo XIII y, posiblemente, de su primer cuarto». A pesar de la mucha dificultad que hay para distinguir caracteres regionales en la escritura de la época, Tomás Marín estima que «puede relacionarse con alguna zona aragonesa (muy amplia)».

2) *La lengua*

El latín del texto está corrompido y plagado de faltas hasta el extremo de hacerlo prácticamente incomprensible en algunos pasajes, lo que induce a pensar en un autor o tal vez más bien en un copista de cultura bastante mediocre. No parece aventurado buscarlo entre el clero inferior, cuya formación deficiente constituía una de las grandes preocupaciones de la Iglesia española del siglo XIII. Sirva de ilustración el párrafo VII de las Constituciones Sinodales de Lérida (año 1229) que reza[3]:

> También establecemos que todos los beneficiarios y los que hayan de ser promovidos para las iglesias parroquiales, que ignoren la lengua latina, esceptuando aquellos de quienes por su avanzada edad no hay esperanza de que la aprendan, sean obligados a estudiarla por el obispo o arcediano local [...] quitándoles el beneficio hasta que sepan hablar en latín.

El párrafo finaliza con la frase categórica:

> A nadie se confieran las órdenes sagradas, como no sepa latín.

En resumen, el probable aragonesismo paleográfico y las dos palabras castellanas citadas que figuran en el texto sugieren un localización en el Noreste de la Península Ibérica. Téngase también en cuenta que los *Diez Mandamientos* están escritos sin la menor duda en dialecto navarro–aragonés. Por lo demás estoy convencido, tras un detenido examen, que también la lengua de la *Razón de amor* es aragonesizante.

3) *El contenido*

Como una presentación detallada de los diversos temas abordados por los exorcismos sobrepasaría con mucho el margen de esta breve comunicación, me limito a señalar que el usuario era con toda probabilidad el sacerdote de una

---

[3]   J. Tejada y Ramiro, *Colección de Cánones y de todos los Concilios de la Iglesia Española*, III, Madrid, 1851, pág. 332.

parroquia rural. Apoyo esta afirmación en el hecho de que el ususario recurra a las fórmulas exorcistas para ahuyentar de «términos meos» los demonios del mal tiempo, cuyo granizo constituye un peligro para los campos de «ista uilla». La propia circunstancia de tratarse de exorcismos meteorológicos, así como también la imagen «sicut aratri rota» apuntan en la misma dirección. Y recuerdo finalmente la larga sarta de nombres de demonios paganos y la fórmula final «Abra Calabra», que tiene sabor de magia popular, por no decir populachera.

4) *Relación textual con el «Liber Ordinum»*

Finalmente, hay otro argumento –de mayor monta que el anterior– que sugiere una vinculación del texto con el Noreste de la Península Ibérica. Y es que contiene un exorcismo mozárabe conocido (el que comienza «Recordare Sathanas...» (línea 11). Doscientos años antes se le encuentra dos veces en el *Liber Ordinum*, un importante misal mozárabe. De esta obra se conocen dos códices. El primero y más antiguo, custodiado actualmente en la Real Academia de la Historia bajo la signatura 56³⁰, procede del famoso cenobio riojano de San Millán de la Cogolla. Según Manuel Díaz y Díaz[4] fue «escrito a fines del s. X, sin ningún género de duda en el propio San Millán». Sobre el segundo manuscrito antes mencionado puntualiza el mismo autor[5]: «En 1054 se copia en Albelda, por orden del abad de San Prudencio de Monte Laturce (Logroño), dependiente del mismo Albelda, un *Liber Ordinum*. Se encarga su confección a Bartolomé, presbítero, que lleva a cabo su obra con gran diligencia y a expensas de un matrimonio piadoso de Albelda. El códice se conserva actualmente en Silos, en cuya biblioteca lleva el número 480 y antes la cota C.» Las raíces se sitúan, pues, en la Rioja. Además hay que tener presente que tanto San Millán como Santo Domingo de Silos, abadías hermanadas como bien se sabe, entre otras cosas, por la obra de Gonzalo de Berceo, fueron en la alta Edad Media importantísimos centros de irradiación religiosa y cultural en el Noreste peninsular.

En el *Liber Ordinum*[6] el exorcismo «Recordare Sathanas...» figura una vez en el rito bautismal mozárabe y, en otro lugar, bajo el título «Ordo celebrandus super eum, qui a spiritu inmundo uexatur». En vista de que el texto de nuestro manuscrito está evidentemente corrompido y presenta por ello dificultades de comprensión, conviene compararlo con la versión del *Liber Ordinum*, al cual parece remontar:

Ms. lat. 3576	*Liber Ordinum*
Recordare Sathanas quod tibi mando a pena confideris τ deus meus	Recordare, satanas,que tibi maneat pena. Quum uideris homi– nem. quem deus et dominus meus

---

4   M. Díaz y Díaz, *Libros y librerías en la Rioja altomedieval*, Logroño, 1979, pág. 198.
5   *Ibidem*, pág. 76.
6   *Liber Ordinum*, ed. de Dom G. Férotin, París, 1904.

ad suam sanctam gratiam uocare	ad suam gratiam uocare [digna–
dignatus es confusus fugas τ	tus][7] est. confusus fugias
iam non recedas de sic falla–	et recedas. Quod si fallaciter
cito spiri–	gesseris, erit tibi ipse Chris–
tus preparato iudicium	tus in preparato iudicio. Deo
τ uas	uiuo rationem reddes et uas
signatum τ non designauis adiu–	signatum non designabis[8], adiu–
ratus es in nomine patris. τ.	ratus in nomine patris et filii
filii . τ spiritus . sancti .	et spiritus sancti, cuius est
amen . Dic tribus uicibus	hoc signum et nomen inuictum.

El texto izquierdo está tan alterado que en un caso dice incluso lo contrario de lo que debería:

Liber Ordinum: «fugias et recedas»
Ms. lat. 3576: «fugas τ iam non recedas»

Apenas cabe otra explicación que los –ya destacados– conocimientos insuficientes que tenía el copista del latín, pues, de otro modo, no habría introducido las palabras «iam non» ('ya no') o, si ya hubieran estado en el manuscrito que le servía de modelo, las hubiera omitido. Parece evidente que el amanuense no comprendió la palabra «recedas», introdujo o conservó «iam non», que tiene visos de ser un calco de la lengua romance[9], e interpretó «iam non recedas» equivocadamente como 'ya no vuelvas'.

Para la teoría de las relaciones del manuscrito con el Noreste de la Península Ibérica, respaldada por los hechos paleográficos, puede explotarse también –aunque en menor grado– el hecho de que los exorcismos aquí examinados formen parte, junto con el *Rituale de Urgel*, de un grupo muy reducido de textos que proponen la lectura del pasaje evangélico *Novissime Recumbentibus*.

Estos resultados, junto con los obtenidos por el examen de los *Diez Mandamientos* aportan, a mi juicio, elementos importantes para la investigación del texto que, sin lugar a dudas, interesa más que ninguno en este manuscrito, es decir, la *Razón de amor con los denuestos del Agua y el Vino*[10].

---

[7] Esta palabra figura en el exorcismo del rito bautismal, pero falta, al parecer por error, cuando el exorcismo aparece por segunda vez en el *Liber Ordinum*.

[8] *designare* es lo contrario de *signare* ('señalar con la cruz'), es decir, significa 'quitar u ofender el carácter cristiano'. Cf. nota de la pág. 74 en la edición de Dom Férotin.

[9] A la lengua vulgar se debe probablemente también *es* por *est*, así como la confusión entre *fugias* y *fugas*.

[10] La monografía anunciada se ha publicado mientras tanto en dos libros: Enzo Franchini, *El manuscrito, la lengua y el ser literario de la «Razón de amor»*, Madrid: CSIC, 1993; *Id.*, *Los «Diez Mandamientos»*, París: Klincksicok, 1992.

La edición crítica de *Visión deleytable*: Apostillas a un criterio neolachmanniano[1]

Jorge GARCÍA LÓPEZ

La exhaustiva colación de los testimonios hoy conocidos de la obra del bachiller de la Torre conduce al sorprendente resultado de dividir la tradición manuscrita de forma rigurosa en dos ramas perfectamente diferenciadas. Por una parte se hallan los manuscritos FG – A 3337 de la Biblioteca Nacional de Lisboa (L), 6958 de la Biblioteca Nacional de Madrid (A), escurialense L–III–29 (F) y 3387 de la B.N.M. (C), dependientes de un común arquetipo del que se singularizan progresivamente merced a una serie de importantes lagunas que se reproducen a lo largo del texto y en las varias etapas de la transmisión textual en ese área del *stemma*. Dichas lagunas se deben la mayor parte de las veces a saltos de igual a igual, originados en el proceso de la copia manuscrita, lagunas que a su vez multiplican los manuscritos y arquetipos dependientes de esta rama dentro de un comportamiento idéntico a su presumible arquetipo. La existencia de esas lagunas y corruptelas comunes nos da idea de una transmisión conformada por pocos estadios intermedios, integrada por códices de notable calidad en casi todos los casos[2], copiados posiblemente en ambientes ajenos al medio escolar y no dependientes de recensiones intermedias. Dentro de esta familia se ha elegido el manuscrito de la Biblioteca Nacional de Lisboa como la base de la edición crítica[3], si bien, de no haberse conservado, igualmente lo podría haber sido el manuscrito escurialense L–III–29 (F), mientras el testimonio C, códice originariamente desencuadernado y acéfalo que fue reconstruido a principios del siglo XVII, posee lecciones puntuales de gran calidad, que posiblemente remontan, de acuerdo con la jerarquía que es posible establecer mediante la exposición de errores comunes, a los más antiguos arquetipos de esta rama (α). Posiblemente este grupo de manuscritos conserva los trazos, lengua y caracterizaciones originarias de la pluma

---

[1]   El lector podrá seguir la exposición más fácilmente a la vista del *stemma* que se halla al final de esta comunicación.

[2]   El códice A no merece ninguna consideración cualitativa por sí mismo, aunque sí dentro de la mecánica del *stemma* puesto que nos permite controlar las corruptelas singulares del *melior*.

[3]   Directriz que debemos al maestro Eugenio Asensio, y que el análisis ulterior confirma plenamente. Obsérvese que el mejor testimonio conservado se debe a una cuidadosa copia para el rey de Portugal. Debe recordarse al respecto que algunos manuscritos nos hablan de un códice conservado en la cancillería aragonesa del que se habría extraído una copia. ¿Es simplemente una casualidad o nuestro amanuense lisboeta sabía qué rama copiaba?

del bachiller de la Torre. Por su parte la rama paralela (ß) se haya formada por los restantes testimonios manuscritos, ediciones incunables e impresos castellanos e italianos. A juzgar por la gran cantidad de conjunciones comunes a todos ellos y que los singularizan frente a los cuatro testimonios anteriormente citados, remiten a un mismo arquetipo que modernizaba la lengua de nuestro bachiller, que quizá ya orientalizaba su lenguaje y que deturpaba los lugares problemáticos de su arquetipo adaptándolos a la lectura. Con todo, lo más curioso es la ausencia de importantes lagunas, que parece apuntar a una cuidada recensión de su arquetipo. Es posible, en efecto, que este manuscrito ß represente en realidad una recensión del texto originada en la Corona de Aragón, quizá con objeto de ponerlo en circulación (pre–vulgata). De hecho, el texto de nuestro autor va a ser conocido fundamentalmente, incluso hasta nuestros días, mediante testimonios salidos de esa recensión primitiva. Así sucede con la impresión incunable catalana de Mateu Vendrell (I) y los testimonios escurialenses h–III–5 (H), M–II–4 (M) y el manuscrito conservado en la Nacional de París (signatura Esp. 39) (P)[4], dependientes de una redacción originada probablemente en la corona de Aragón y de calidad notable comparada con los restantes testimonios de esta rama (subarquetipo ε), especialmente por lo que respecta al códice escurialense h–III–5 (H), el mejor testimonio de la recensión ß, aunque plagado de grafías navarras ausentes del resto de la tradición manuscrita (qu*o*al, ag*o*a, etc.). Finalmente, los restantes manuscritos forman parte de una nueva recensión del texto (subarquetipo δ) que remoza las divisiones capitulares de su arquetipo, probablemente adaptándolo a la lectura y especialmente al uso escolar. En esta familia de manuscritos se halla el códice B.N.M. 3367, códice que nos ha transmitido glosas universitarias cuatrocentistas, testimonio de ese uso escolar[5]. También dentro de esta familia va a surgir la lección impresa, destinada a convertirse en la vulgata de nuestro bachiller, merced a la impresión burgalesa de Fadrique de Basilea (*ca.* 1489), impresión de la que dependen directa o indirectamente todas las posteriores, incluidas las versiones italianas y sus correspondientes traducciones hispanas. Desgraciadamente la impresión burgalesa se realizó sobre un manuscrito que había perdido folios, mutilación que van a heredar todos sus descendientes.

El uso escolar que ya hemos mencionado no es extraño a un texto que al parecer tuvo origen en la formación del príncipe de Viana, pero dicho uso provocó con el tiempo la mayor distorsión textual de nuestra obra, incidiendo sobre su transmisión esa finalidad pedagógica inherente. La recensión δ podría haber sido ya originada por una exigencia similar, traducida, como ya hemos visto, en la emergencia de nuevas divisiones capitulares, que no se simplifican, sino que, muy contrariamente, se multiplican en los testimonios dependientes de esta rama, como si cada ambiente *scholar* dejara su impronta sobre el texto del bachiller. Así el

---

4   Curiosamente, el incunable de Mateu Vendrell (i) posee una calidad textual superior a e^2 (HPM), e incluso es posible seguir los *loci* de *e* como innovaciones anteriores en la rama ß–*e*. Esta cualidad de i lo convierte en muy valioso, puntualmente, para confirmar errores en las ramas superiores de ß.

5   Dichas glosas se editan como apéndice al texto crítico.

manuscrito 970 de la Biblioteca de Catalunya (B)[6] y la impresión de Fadrique de Basilea no sólo aceptan la nueva división capitular, sino que introducen dos nuevas subdivisiones en el largo capítulo de la gramática (I,3); la rigurosa recensión nos permite también descubrir numerosas glosas procedentes de su arquetipo e incorporadas al texto en diferentes niveles de la transmisión manuscrita[7]. Otro tanto sucede con los manuscritos V–II–20 (V), B.N.M. 2455 (D), 3043 de Palacio (Q) y B.N.M. 8402 (N)[8], que constituyen quizá el más claro ejemplo de lección escolar[9], puesto que presentan un texto completamente alterado con respecto a sus estadios presumiblemente arquetipos, al tiempo que manipulan conscientemente el texto de nuestro autor y, finalmente, introducen un nuevo prólogo que sustituye al actual proemio[10]. Pero el uso escolar no altera sólo el texto y su presentación manuscrita, sino que incluso las numeraciones capitulares que tienden a aclarar o matizar el acceso a diferentes partes de la obra. Será esta presión pedagógica lo que lleve al olvido progresivo de la división originaria en dos partes, de muy probable origen autorial, para dar paso a una división tácita en cuatro libros (artes liberales o propedéutica, filosofía primera [Sabieza], natural [Natura] y moral [Razón]), subdivisión implícita en la pluma del autor. En fin, es posible profundizar la exposición de las singularidades textuales de ese uso escolar y anotar cómo la transmisión completamente deturpada del actual capítulo I, 31, donde se realiza un resumen del texto, deturpación común a los códices B, Bg, S, V, D, Q y N, presenta ciertas similitudes con las glosas del manuscrito E, similitudes que no ignoro podrían ser debidas al medio escolar y originadas independientemente, pero que nos llevarían posiblemente a idéntico razonamiento: la existencia de un *pecia* simplificado o simplemente alterado para uso escolar. También atribuíble a esa utilización *scholar* será el carácter claramente misceláneo y contaminado que tienen algunos manuscritos, cuyos epígrafes y texto se originan en ocasiones en diferentes familias, permitiendo entrever la existencia de etapas intermedias perdidas[11]; compleja transmisión que parece exigir un texto de

---

6   Importante manuscrito que perteneció a don Rafael Floranes, quien realizó una colación parcial con la tradición impresa, colación viciada en su origen por cuanto B y Bg pertenecen a idéntico arquetipo, al tiempo que exponía extremos de su pensamiento a cuento de los desarrollos filosóficos de nuestro bachiller, glosas que se editan también como apéndice al texto crítico.

7   Tanto el arquetipo de ambos como cada uno por separado introdujeron glosas en el texto, puesto que esas ampliaciones se dan en el mismo o en diferente lugar, según los casos. Perteneciente a esta misma familia, aunque ulterior a las divisiones capitulares, es el manuscrito 7–4–18 de la Biblioteca Colombina (S), copia deficiente e inferior a B.

8   Tengo conocimiento de los mss. 3043 (Q) de Palacio y B.N.M. 8402 (N), ausentes todavía de los catálogos bibliográficos, gracias a la amabilidad del profesor Charles B. Faulhaber.

9   Arquetipo reconstruíble sobre el texto de N, sobre el que lee fundamentalmente Q y secundariamente DV.

10   Prólogo que se publicará también como apéndice y con las lecturas de los diferentes manuscritos, que representan tres estadios de redacción diferentes (N, Q y DV).

11   Tal como sucede con el códice B.N.M. 6638 (G), con aragonesismos generalizados en su lenguaje, y amorfo de su identidad manuscrita puesto que aparece muy cercano al códice E pero transmite los epígrafres de la rama BBg.

referencia. La lección vulgata surge, así, naturalmente exigida –aunque no causalmente condicionada– cumpliendo idéntica función a la que tuvieron en su momento las recensiones intermedias originadas en los *scriptoria*.

Estamos, pues, ante una compleja transmisión manuscrita donde se nos han conservado «islotes» de amplias familias de manuscritos en cuyo interior la filiación de los testimonios se realiza con relativa facilidad, y la distancia entre familias, originada en la existencia de recensiones intermedias, algunas perdidas, nos permite materializar en alguna ocasión la configuración lingüística y material de los ascendientes. Dado que no estamos ante una sucesión de códices aislados, las lecturas de los diferentes subarquetipos y estadios intermedios predominan sobre el comportamiento singular de los testimonios (*eliminatio lectionum*), lo que conduce a que la constitución del texto crítico y la selección de lecciones variantes se apoye fundamentalmente sobre el *stemma*, es decir, sobre las relaciones demostrables que mantienen entre sí los manuscritos conservados. Parece claro que no será indiferente el testimonio elegido para sanar el *melior*, no sólo porque tal testimonio puede transmitir idénticas corruptelas y lagunas, sino porque, en caso de no transmitirlas, puede representar perfectamente la lectura de un subarquetipo o, lo que es más grave –y suele suceder, en este caso–, conjeturas derivadas de las principales ramas escolares o manipulaciones debidas a adaptaciones interesadas. Una lectura en solitario del *melior* nos entregará las corruptelas singulares del *melior*, pero no la forma en que deben ser sanadas. El *codex melior* no puede ser corregido a la vista de ningún testimonio en concreto, ni mediante la lectura atenta que ponga de relieve las corruptelas evidentes, sino únicamente en presencia del *stemma*. Sometido a una comparación mecánica con el resto de la tradición, el manuscrito base nos va entregando el secreto de su singularidad, permitiéndonos entrever los estadios de transmisión de la familia α (LFAC). Inmediatamente se pone de relieve que el *melior* no puede leer contra su gemelo (A) (es decir, L / AFCß), ni contra sus principales estadios arquetipos (L / FCß, L / Cß), si bien la aplicación mecánica se torna problemática a medida que nos acercamos a α. Aplicación mecánica que, no obstante, sí logra reconstruir los *contornos* del *estadio* arquetipo, tanto en las reconstrucción de las lagunas de α como en una importante franja de vocabulario literario (cultismos, etc.) y técnico que este grupo de manuscritos presenta deturpado; de esta forma la función de ß en la constitución del texto consistirá en dictaminar sobre la divergencia interna entre los miembros de α –LFA / C, fundamentalmente–, pasando al texto crítico, en líneas generales, la lección que apoye ß.

De esta forma, el principal problema que nos plantea la singularidad de la tradición manuscrita es entregarnos dos arquetipos originarios muy diferentes entre sí. Las lagunas que transmite α sólo pueden juzgarse a la vista del contexto, lo que si bien es suficiente en la mayoría de los casos, no lo es en todos; discriminar laguna o adición puede tornarse sutilmente complicado. Otro tanto sucede con lecciones adiáforas de todo tipo, donde en general se ha dado prioridad a las lecciones de α, si bien ß ha conservado una buena parte de vocabulario técnico corrompido en α[12]. Tampoco un estudio detallado de la transmisión manuscrita va a permitirnos resolver el arduo problema de la orientalización del lenguaje autorial. Dado que ambas ramas transmiten orientalismos, parece claro remitirlos a la voluntad autorial, si bien el auténtico problema consiste en delimitar adecuadamente los límites de esa orientalización. Deben descartarse navarrismos que tan sólo transmite H en solitario, y con nula autoridad al respecto. También es necesario desterrar una utilización generalizada de léxico aragonés, especialmente en grafías y paradigmas, tal como los manuscritos E y especialmente G. El comportamiento de ambas familias al respecto es divergente. Los testimonios de la familia ß tienden naturalmente al orientalismo; la rama α occidentaliza concretamente el vocabulario. Así las cosas, el texto de α se corrige de acuerdo con esta última observación en los casos en que un orientalismo se conserva en C –es decir cuando se cumple *g* / Cß–, pero en los casos restantes no parece prudente abundar en la alteración del texto base. De esta forma es necesario mantener una importante cantidad de lecciones adiáforas (nada (α) / res (ß), etc.)[13]. Por su parte, la confrontación con las fuentes hoy conocidas ha dado escasos aunque interesantes resultados, especialmente por lo que se refiere al texto de Maimónides, que nos permite apreciar corruptelas comunes a toda la tradición manuscrita en algunas de las enumeraciones filosóficas expuestas por el autor; confrontaciones que confirman el análisis propuesto, primando en lecturas concretas la lección de C o su presencia ineludible[14].

---

[12]   En este caso se trata casi siempre de un vocablo conservado en un manuscrito *deterior* de ß que el análisis verbal permite recuperar, documentándose su origen en el aparato crítico selectivo; son casos contados.

[13]   Afortunadamente tuve la suerte de contar al respecto con la valiosa comunicación del profesor J. A. Pascual, «Los aragonesismos de *La visión deleitable* del bachiller Alfonso de la Torre», en *Actas del I Congreso Internacional de Historia de la Lengua Española*, Cáceres, 1987, págs. 647–676, y sus valiosas observaciones con respecto al comportamiento de los copistas, que me permitieron en su momento superar prejuicios ultraconservadores.

[14]   Las pocas confrontaciones exteriores al análisis propuesto no sólo confirman éste, sino que subrayan la aplicación mecánica hasta donde sea posible. Parece claro esperar mayor aclaración a medida que conozcamos más fuentes de nuestro autor.

STEMMA CODICUM

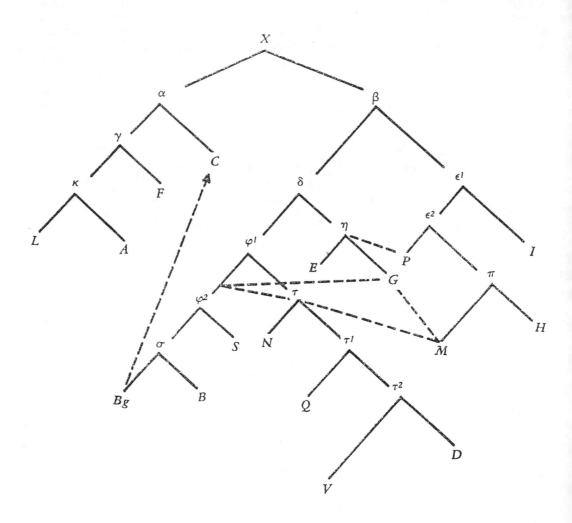

Algunas cuestiones léxicas en el manuscrito L–III–2 de *Poridat de las poridades*

José María GARCÍA MARTÍN
Juan SÁEZ DURÁN

En algunas ocasiones han sido tratadas ya las particularidades de los términos que indican posesión de un conocimiento en los textos medievales castellanos. Uno de los investigadores que más tempranamente se dedicaron a esta labor fue Ramón Trujillo[1]. Sin embargo, además de la posible falta de adecuación del lema *intelectual* a la Edad Media[2], no hay que dejar a un lado tampoco el hecho de que las fuentes elegidas para los siglos anteriores al XV no se han transmitido en manuscritos no ya originales, sino ni siquiera pertenecientes a la misma centuria en que fueron redactados –supuestamente– los originales (la distancia más corta es, como mínimo, de setenta años). Ello quizá no sea una circunstancia totalmente descalificadora en un análisis de semántica léxica desde una perspectiva diacrónica, pero sí puede conducir en ciertos casos a conclusiones parcialmente desviadas, sobre todo si se pretende atribuirlas a una etapa cronológicamente sobrepasada. Por ello nos parece más adecuado metodológicamente el camino elegido por Margherita Morreale, que ha centrado sus investigaciones, hasta donde llega nuestra información, en la *General Estoria* y en los romanceamientos bíblicos I–j–6 e I–j–4[3], obras que nos han llegado en manuscritos confeccionados efectivamente en el siglo XIII, los dos primeros, y a principios del XV el último. Esto es, los resultados de los análisis hechos sobre los dos primeros textos sí serán aplicables al siglo XIII, pero no los obtenidos de I–j–4.

Hecha esta precisión, pasemos al manuscrito escurialense L–III–2, que contiene, entre otras obras, la *Poridat de las poridades*[4]. Pertenece tal manuscrito a

---

[1] Véase Ramón Trujillo, *El campo semántico de la valoración intelectual en español*, La Laguna: Secretariado de Publicaciones de la Universidad, 1970.

[2] Margherita Morreale, «Consideraciones acerca de *saber, sapiencia, sabencia, sabiduría* en la elaboración automática y en el estudio histórico del castellano medieval», *Revista de Filología Española*, 60 (1978–80), pág. 3, n. 6.

[3] Además del artículo citado anteriormente, se puede apuntar, de la misma autora, «Acerca de *sapiencia, sabencia, sabid[u]ría* y *saber* en la IVª. parte de la *General Estoria*», *Cahiers de Linguistique Hispanique Médiévale*, 6 (1981), págs. 111–122.

[4] Es de lamentar que no hayamos tenido ocasión de contrastar nuestro texto con el original árabe del que es traducción, el *Sirr Al–Asrār*, accesible en *Fontes graecae doctrinarum politicarum*

finales del siglo XIII; es, por tanto, unos cincuenta años posterior a la fecha que se concede al original, pero lo estudiaremos en sí y no como reflejo de un estado de lengua anterior. Nuestro punto de partida estará nuevamente en una observación de Morreale, a saber, que, frente a la técnica utilizada por Trujillo, el núcleo del campo semántico del conocimiento no se encuentra en los adjetivos, los cuales suponen un punto de vista derivado, sino en los sustantivos abstractos[5]. Ahora bien, junto a ello, no se debe olvidar la importancia que pueden tener los nombres que designan a los sujetos portadores del conocimiento o, en su caso, a los que no poseen esa cualidad. Y ello viene a cuento de que, en esta otra parcela, el correlato léxico de la realidad extralingüística queda reducido a la mínima expresión, en este manuscrito del *Poridat* y probablemente en los demás, esto es, *sabio/torpe*. Debemos puntualizar que el primero de los dos vocablos sólo aparece como sustantivo en plural[6]:

> Ya dixieron los sabios que los cabos de todas las cosas son malos *et* los medios son buenos. (33.15–16);

> *Et* el rey quando lo uio pesol de coraçon *et* demando a sos sabios, *et* todos se acordaron quel dexassen con su natura. (46.9–10)

Por el contrario, *torpe* se da una vez en singular («que non pare [omne] mientes al yerro del torpe», 34.19–20) y dos en plural:

> *et* non seades de los torpes que non se quieren guardar (41.21–22);

> non paredes mientes a los dichos de los torpes que dizen que la sciencia de la astronomia non pueden della saber nada los om*n*es. (41.24–42.1)

Esto es, parece dominar la sustantivación cuando hay una concepción genérica del poseedor del conocimiento. Entre los dos polos de la dicotomía solamente encontramos el término *philosopho*, como en:

> El Miramomelin mando a mi su sieruo que buscasse el libro de manera de hordenar el regno quel dizen Poridat de las poridades, el que fizo el philosopho leal

---

Islamicarum, ed. Abdurrahman Badawi, El Cairo, 1954. Ello podría haber facilitado comparaciones interesantes como las efectuadas por Morreale en los estudios ya indicados o por Georg Bossong en *Probleme der Übersetzung wissenschaftlicher Werke aus dem Arabischen in das Altspanische zur Zeit Alfons des Weisen*, Tübingen: Max Niemeyer Verlag, 1979, tercera parte; del mismo autor, «La abstracción como problema lingüístico en la literatura didáctica de origen oriental», *Cahiers de Linguistique Hispanique Médiévale*, 3 (1978), págs. 99–132 y «*'El Libro conplido en los iudizios de las estrellas'* y su origen árabe. Cotejos lexicológicos», en *Homenaje a Álvaro Galmés de Fuentes*, III, Oviedo: Universidad y Madrid: Gredos, 1987, págs. 601–611.

[5]   Cf. M. Morreale, «Consideraciones...», pág. 3 y n. 7, y los trabajos de Bossong citados en la nota previa.

[6]   Los textos se reproducen según la edición de Lloyd A. Kasten, Madrid: CSIC, 1957.

Aristotiles, fijo de Nicomaco, a su discipulo Alixandre, fiio del rey Phelipo. (29.1–5).

Yo uos digo lo que dixieron los philosophos que la primera cosa que conuiene a todo rey es guardar todos los mandamientos de su ley. (36.9–11).

Es evidente que no estamos ante el significado etimológico de la palabra, 'amante de la sabiduría', lo que podría abrir paso a una oposición gradual, sino que el término citado se usa como equivalente de *sabio* o, en todo caso, como 'cultivador profesional de la filosofía', o sea, de una actividad intelectiva que implica un saber o que está constituida como tal, en definitiva, una clase de sabio.

Volviendo a los abstractos, los sustantivos que propiamente expresan la idea de conocimiento adquirido (y consolidado, si se quiere) en nuestro texto son cuatro: *conoçencia, saber, sapiencia* y *sciencia*. A la vista de los ejemplos que hallamos con estos nombres en *Poridat* parece observarse que entre los términos de mayor extensión lógica, *conoçençia* y *saber*, no hay aquí la oposición entre incoativo y durativo que se da actualmente en español. Se podría aventurar que *conoçençia* está orientado especialmente hacia el ámbito de la vida práctica en «entended estas sennales que uos dixiemos con u*ues*tra conoçencia uerdadera *et* u*ues*tro entendimiento agudo e u*ues*tro catamiento çierto, *et* toda uia uos fallaredes ende bien, si Dios quisiere». (66.22–25), pero parece consistir en un valor puramente contextual. Además, *saber*, como se puede comprobar fácilmente en «[Aristotiles] era de bon seso et de bon entendimiento, por que non auie par en sus bondades nin en so saber de las sciencias de Dios» (29.8–10), conserva en parte su carácter verbal, inexistente en su cuasi–sinónimo, fenómeno que no se da, como es de prever, en plural:

El ochauo [tractado] es de los saberes ascondidos *et* de pr*o*priedades de piedras *et* de las plantas... (32.25–33.1)

Dada su indiferencia a la clase de palabras, consideramos a *saber* como elemento nuclear del término no marcado en la oposición general/particular; ese núcleo incluye, como hipónimo, a *conoçencia*.

Por su parte, *sapiencia* (que se separa significativamente de *saber*) y *sciencia* tienen un valor predominantemente particularizador. Si bien el primer vocablo sólo se construye con modificadores especificativos («Alexandre, por que fue la sapiencia de facionia de las sçiençias ondradas *et* pensadas, conuiene uos de saber esta sçiencia», (66.2–3)), el segundo ofrece una diversidad de valores mucho mayor:

a) 'saber en general': «*et* que [u*ues*tro aguazil] aya sciencia» (47.21);
b) 'cada manifestación particular del saber humano': «por la u*ues*tra gracia mucho y dix de sciencia et de philosophia» (44.8–9); llama la atención el contraste entre *sciencia* y *philosophia*;
c) probablemente 'libros de ciencia', esto es, el soporte material de aquellas manifestaciones: «Et por esto metieron le [a Aristotiles] muchos de los sabios en

cuenta de los prophe*t*as que prophetizaron sin libro...; *et* fizo muchas sçiençias que seríen luengas de contar» (29.11–15).

Así, en el campo de lo particular, la versatilidad de *sciencia* nos lleva a postular una relación de inclusión de *sapiencia* respecto de aquella palabra. Por lo tanto, deducimos la existencia de una oposición básica entre *saber* y *sciencia*, de acuerdo con el grado de generalidad con que se toma el conocimiento: si experimenta o no una determinación o restricción conceptual. Y ello a pesar de la posibilidad de que *sciencia* tenga alcance general en una ocasión, pues nos parece que lo normal es, en cualquier caso, lo contrario, es decir, que *saber* pueda ofrecer las dos orientaciones, la general y la particular, lo cual indica que es el término no marcado de una oposición que se puede esquematizar como sigue:

'GENERAL'	'PARTICULAR'
SABER	*SCIENCIA*
CONOÇENCIA	*SAPIENCIA*

Obsérvese, en fin, la curiosa ausencia de un término muy extendido ya en el siglo XIII, dentro de este campo léxico: nos referimos a *sabiduria*[7].

En cuanto a los medios o instrumentos para llegar al conocimiento, hay que distinguir entre propios y ajenos al sujeto cognoscente. Entre los primeros, nuestro manuscrito reconoce los siguientes: *conseio, engenno, entendimiento, razon, sen (sentido) y seso*. De todos ellos, el básico parece ser el último, dada la caracterización que de él se nos da en la obra estudiada:

---

[7]   Véanse los artículos de Morreale citados en las notas 2 y 3 y, además, de José Jesús de Bustos Tovar, *Contribución al estudio del cultismo léxico medieval*, Anejo 28 del *Boletín de la Real Academia Española*, Madrid, 1974; del mismo, «Notas para el léxico de la prosa didáctica del siglo XIII», en *Studia Hispanica in honorem R. Lapesa*, II, Madrid: Gredos, 1974, págs. 149–155.

> Sepades que el seso es cabeça de todo ordenam*ien*to et endereçamiento del alma *et* espeio de las tachas; *et* con el seso despre*cia omne* los pesares *et* ondra las cosas amadas, *et* es cabeça de las cosas loadas *et* rayz de las bondades. (34.22–35.3)

Todavía más tajante y revelador es este otro pasaje:

> Sepades que la primera cosa que Dios fizo fue una cosa simple sp*i*rital *et* mui co*n*plida cosa, *et* figuro en ella todas las cosas del mundo, *et* pusol no*n*bre seso. *Et* del salio otra cosa non tan noble qual dizen alma, *et* pusolos Dios con su uirtud en el cuerpo del om*n*e; *et* pues el cuerpo es commo cipdad, *et* el seso es commo el rey de la çipdat, *et* el alma es como el su aguazil qual sirue *et* quel ordena todas sus cosas, *et* fizo morar el seso en el mas alto logar *et* en el mas noble della, *et* es la cabeça del om*n*e... (44.14–21)

De estos dos fragmentos se deduce que el seso es el principio esencial del conocimiento en el ser humano, incluso en el terreno de las actitudes morales. Ese principio básico se manifiesta en dos modalidades fundamentales, que comprenden en su mayor parte a las potencias intelectuales del ser humano según la psicología escolástica. Son éstas:

a) *Entendimiento*, concebido como 'inteligencia', esto es, como una forma de conocimiento por abstracción[8]. Es susceptible de especificación mediante diversos calificativos o asimilados, ya positivos (*sotil, agudo, buen*), ya negativos (*gruesso, poco*). Véase la contraposición entre estos dos fragmentos:

> Pues pensat en el pensamiento uerdadero, *et* con entendimiento sotil, *et* entendredes ayna todas u*ue*s*t*ras faziendas (43.23–25);

> El que a los labros gruessos es loco *et* de gruesso entendimiento (64.14).

Finalmente, nos inclinamos a pensar que es un término indiferente a la distinción entre vida especulativa y vida práctica, pues quizá haya un significado de índole más bien ética, relacionado con el comportamiento en la vida, en un texto como «uuestra carta muestra qual es uuestro seso *et* uuestro entendimiento *et* lo que queredes a los que ueen uuestra carta» (50.6–7), en el que nos encontramos ante una construcción coordinada de tres miembros, el último de los cuales precisa el valor que se debe otorgar a los precedentes.

---

8   Sobre los problemas que plantea la caracterización del entendimiento, básicamente en cuanto a la presencia de una concepción averroísta u ortodoxa de aquél, se pueden ver, por ejemplo, Frederick Copleston, S.I., *Historia de la filosofía, II: De San Agustín a Escoto*, Barcelona–Caracas–México: Ariel, págs. 200–203 y 211–213; y Francisco Rico, *El pequeño mundo del hombre*, Madrid: Castalia, 1970, págs. 69–70.

b) *Memoria*, 'la facultad de recordar lo pasado'[9], es decir, el conocimiento por recuerdo, como en «*Et* que sea [el rey] muy noble de coraçon *et* sin desden, *et* que sea de buen sen *et* de buena memoria. (36.16–18).

A su vez, el entendimiento, como inteligencia en general, sin cortapisa de ningún tipo, puede ser especificado de varias maneras, todas ellas, en la *Poridat*, de naturaleza eminentemente práctica. Las podemos delimitar del siguiente modo:

a) *Conseio* 'inteligencia orientada a la vida práctica' + 'carácter resultativo'[10], con un valor semejante a 'criterio':

> Por su buen seso et por su buen conseio fizo Alixandre los grandes fechos que fizo de ganar las tierras *et* los regnos. (30.2–3);

> Alexandre, meted mientes en u*ues*tra fazienda toda uia, *et* sera u*ues*tro conseio muy bueno, et u*ues*tro fecho. (40.14–15).

La duda puede surgir en «El que el uientre delgado *et* los pechos angostos es de buen seso, *et* de buen conseio *et* de buen entendimiento (65.12), en donde quizá se establece una jerarquía en que *conseio* y *entendimiento* ocupan posiciones inversas a las que defendemos. Acaso se utilizan como sinónimos textuales, en cuyo caso no se actualizaría más que la base de comparación y el rasgo distintivo se dejaría en suspenso.

b) *Engenno* 'inteligencia orientada a la vida práctica' + 'carácter, forma de ser', y ello aunque los distintos diccionarios y léxicos consultados dan uniformemente 'inteligencia, entendimiento', 'mente, razón'[11].

> apriso [el moço] todas las sciencias, *et* los libros de las eras del mundo, *et* el engenno de los reyes, fasta quel fizo el rey su aguazil mayor. (46.1–3).

Parece que la consecución del puesto de alguazil mayor en la corte se deriva de la capacidad que desarrolla el mozo para adecuarse a la mentalidad del rey.

---

[9]   Ralph S. Boggs, Lloyd A. Kasten, Hayward Keniston y Harry B. Richardson, *Tentative Dictionary of Medieval Spanish*, Chapel Hill: University of North Carolina, 1946, *s.u.*, acep. 1ª Abreviaré esta obra como *TDMS*.

[10]   *TDMS*, *s.u.*, acep. 1ª, 'parecer, dictamen'. Cf., en el mismo sentido, Huerta Tejadas, *Vocabulario de las obras de don Juan Manuel (1282–1348)*, Madrid: Real Academia Española, 1956 *s.u. conseio*, acep. 1ª.

[11]   Cf. *TDMS, s.u.*, acep. 2ª, y Huerta Tejadas, *op. cit., s.u.*, acep. 2. En cambio, Louis F. Sas, *Vocabulario del Libro de Alexandre*, Anejo 34 del *Boletín de la Real Academia Española*, Madrid, 1976, *s.u., engeño*, da como significado único 'ingenio'; quizá haya alguna interferencia del otro valor del término, 'ingenio de guerra, artificio bélico' (cf. *TDMS, s.u., engeño*, acep. 1ª; y Huerta Tejadas, *op. cit.*, acep. 1ª). esto es, podría haber en la acepción que nos interesa algún sema tal como 'artificio, técnica', considerado como factor integrante del carácter de una persona, que es lo que ocurre en el significado dominante hoy en día.

c) *Sen*: 'inteligencia orientada a la vida práctica' + 'acierto'[12]:

> non cerre tanto sus poridades si non miedo que non caya my libro en manos de omnes de mal sen *et* desmesurados, que sepan de lo que non merescen. (32.7–9);

> Et que sea [el rey] muy noble de coraçon *et* sin desden, *et* que sea de buen sen *et* de buena memoria. (36.16–18).

En ambos casos, *sen*, igual que *sentido* (véase «que sea [v*uest*ro aguazil] de buen sentido» 47.20), manifiesta que la inteligencia es certera en la apreciación de la realidad.

d) *Razon*: 'inteligencia orientada hacia la vida práctica' + 'rectitud'[13], como se comprueba en el siguiente pasaje, en el cual *razon* se opone a una serie de características delictivas, pecaminosas o, simplemente, desviadas en la conducta humana (voluntad 'capricho', bestialidad, violencia), lo que conduce a la corrupción:

> Por co*n*plir om*n*e todas sus uoluntades uiene om*n*e en su natura bestial que es cobdiciosa, sin razon, *et* gozas el cuerpo ques corro*m*pe *et* pierdes el seso que non a de auer fin. (36.1–3).

En resumen, queda el siguiente esquema opositivo en los instrumentos de conocimiento propios del sujeto:

seso: 'principio o medio esencial de adquisición del conocimiento', que admite tres concreciones o especificaciones:
entendimiento: 'medio de adquisición del conocimiento' + 'abstracción';
memoria: 'medio de adquisición del conocimiento' + 'recuerdo';

A su vez *entendimiento* se convierte en hiperónimo de cuatro términos:

conseio: 'entendimiento' + 'resultado;'
engenno: 'entendimiento' + 'carácter';
sen, sentido: 'entendimiento' + 'acierto';
razon: 'entendimiento' + 'rectitud'.

Por último, sólo hay dos vocablos que pueden designar las instrumentos del conocimiento ajenos al sujeto, los que residen en agentes externos a aquél o

---

[12] *TDMS s.u.*, no se olvide que, según Joan Corominas y José Antonio Pascual, *Diccionario crítico etimológico castellano e hispánico*, Madrid: Gredos, 1980–1991, *s.u. sentir, sen* proviene del germánico SINN a través del occitano antiguo *sen*, vocablo que en vizcaíno ha dado *sen* como 'juicio, carácter' y en guipuzcoano, significativamente, 'instinto'.

[13] *TDMS, s.u.*, acep. 2ª.

provienen de éstos y redundan en el aumento de la información poseída por quien los recibe o en los criterios que están a su disposición. Esas palabras son *razon* y *conseio*, compartidos ambos con la serie anterior. *Razon* indica aquí cualquier transmisión de conocimiento hecha por vía oral[14]:

> Alexandre, yo uos dixe muchas vezes, *et* agora uos quiero dezir una buena razon. (34.21–22)

> Jo uos quiero mostrar una figura sciencial philosophia de ocho partes en que mostre quanto a en el mundo *et* como podredes llegar a los que uos conuiene de la iusticia. Et partir la e por partimiento redondo que ande aderredor cada partida una razon conplida. (43.14–17).

Como se puede verificar con facilidad, en el uso de este término, no hay rastro alguno de la distinción clásica entre conocimiento cierto y conocimiento dudoso (ʼεπιστήμη / δόζα). En cambio, en *conseio*, al menos cuando vale 'dictamen, parecer, opinión'[15], sí se elije uno de los polos de la oposición, y ello se plasma en casos como «quiero u*uest*ro conseio» (30.14–15) o «esto fazed quando ouieredes conseio de om*n*e iouen» (45.13–14). Lo mismo ocurre cuando significa 'deliberación': «*Et* quando ouieredes u*uest*ro conseio con u*uest*ro aguazil» (45.6–7).

Dos observaciones finales. En primer lugar, se observa la gran simplicidad de las estructuras opositivas empleadas, hecho lógico en los primeros tanteos de formalización léxica de un terreno de la realidad tan resbaladizo como el que aquí hemos tocado; la única excepción, la referente a los instrumentos de conocer propios del sujeto, se justifica por la existencia de conceptos diferenciados lingüísticamente en la filosofía de la época. Y, en segundo término, hay que insistir en la orientación evidente del conocimiento hacia la vida práctica, fenómeno no meramente imputable a la influencia árabe, como quiere Morreale, pues Trujillo lo descubre en autores tan poco arabizantes como Berceo o el anónimo redactor del *Fernán González*[16]; no se puede olvidar, en este sentido, la tradición antimetafísica e inclinada a los estudios éticos que, en la civilización grecolatina, se da a partir del helenismo y que se prolonga en los primeros siglos medievales.

---

[14]   *TDMS, s.u.*, aceps. 15ª y 16ª.
[15]   *TDMS, s.u.*, acep. 1ª.
[16]   Cf. M. Morreale, «Consideraciones...», pág. 12, y Trujillo, *El campo...*, págs. 507–509. Puntos de vista concordantes, con fundamentos diferentes, ofrecen Frederick Copleston, S.I., *op. cit.*, págs. 208–211; y Colbert I. Nepaulsingh, «Notes for a Study of Wisdom Literature and Literary Composition in Medieval Spain», en John S. Miletich, ed., *Hispanic Studies in Honor of Alan D. Deyermond. A North American Tribute*, Madison: Hispanic Seminary of Medieval Studies, 1986, págs. 219–220.

De nuevo sobre Rodrigo de Cota

Miguel M. GARCÍA–BERMEJO GINER

En todas las Historias del Teatro en España hay un capítulo, no demasiado amplio, dedicado al teatro profano medieval, al espinoso problema de sus orígenes y características. En este capítulo aflora siempre la desilusión causada por la penuria de textos teatrales existentes hasta la aparición de los primeros dramaturgos a finales del siglo XV. Suele figurar en esta sección un número reducido de títulos y obras que los estudiosos comentan y encasillan con reservas y, en casos concretos, con opiniones encontradas. Muy recientemente ha empezado a concretarse el escrúpulo de que se vienen aplicando, con excesivo rigor desde hace siglos, criterios y métodos no del todo adecuados para la identificación genérica de ciertos textos, criterios y métodos que no atienden con total acierto a las características específicas del espectáculo teatral. Además de que, generalmente, se ha querido encontrar, en grado mayor o menor de evolución, los modelos de géneros y subgéneros admitidos como canónicos por poéticas compiladas siempre después de la época en que algunas de las obras conservadas se compusieron, obedeciendo a convenciones dramáticas tácitas o explícitas. Tal vez debió servir de aviso para variar algunos de estos criterios la conciencia de la heterogeneidad de nuestras tradiciones literarias medievales y la pluralidad de designaciones genéricas existentes desde fines del siglo XV en adelante para suavizar el dogmatismo de la poética teatral, para admitir la posibilidad de una diversidad más numerosa aún y para «...ver el campo de la Edad Media castellana con una mente menos clasificatoria»[1].

Para enfocar con ponderación esta caudalosa diversidad creativa en la que cabe percibir elementos teatrales de variada índole, hay que tener en cuenta, necesariamente, una circunstancia muy peculiar. En una sociedad como la medieval en que predominan los hombres iletrados, cuando, además, la letra manuscrita es muchas veces difícil de descifrar incluso para las personas poseedoras de alguna cultura, y los libros son escasos, el instrumento de la comunicación poética es la voz. El protagonismo de la oralidad en la difusión de la literatura medieval ha sido minuciosa y rigurosamente probado[2]. La literatura se

---

[1]   José Amícola, «El siglo XV y el teatro castellano», *Filología*, 13 (1970), págs. 145–169.

[2]   Por ciertas corrientes de investigación del medievo, nacidas hace varias décadas, que han alcanzado su culmen. Un buen número de excelentes medievalistas que dedican su atención a estos y otros aspectos están recogidos en las publicaciones de su más ilustre representante, Paul Zumthor,

conoce en la Edad Media mucho más que por la lectura individual, articulada, desde luego, por la audición colectiva de recitaciones. Toda recitación, o incluso lectura pública, tiene forzosamente mucho de espectáculo. En estos espectáculos la voz y el gesto, la realización oral y correspondiente acompañamiento gestual son decisivos en la estimación de todo tipo de literatura, muy especialmente cuando el autor se expresa en ella por medio de personajes dialogantes[3]. La oralidad, y sus variaciones expresivas, la entonación, la visualidad del gesto, la mímica, el movimiento corporal, acompañantes imprescindibles de toda recitación, son difíciles de recrear con alguna relativa seguridad cuando, además de poseer sólo el texto escrito la obra se compuso en época muy alejada. Y, desde luego, aun siendo integrantes de la naturaleza específica de lo dramático, no pueden ser usados como garantía indiscutible para catalogar indiscriminadamente cualquier obra como teatral. Pero sí es lícito destacarlos cuando no cabe duda de la necesidad de tenerlos muy en cuenta para dar sus dimensiones totales a un texto escrito.

Orientaciones actuales de los estudios literarios están proporcionando perspectivas de observación de las que cabe esperar importantes logros en los modelos de análisis de la obra dramática. Cabe recurrir provechosamente a una serie de fundamentos conceptuales que figuran en obras dedicadas a la búsqueda «de una metodología científica para el análisis del hecho teatral»[4]. Sin que ello suponga una adhesión sin reservas a todos los principios[5] que definen componentes semiológicos del teatro, estimamos muy útiles, sin renunciar a los enfoques tradicionales, criterios establecidos en las publicaciones de José María Diez Borque (1975, 1989), Louise Forthergill–Payne (1983), J. N. Alçada (1983), Miguel Ángel Garrido Gallardo (1985), Alfredo Hermenegildo (1986), Carmen Bobes (1987)[6].

---

particularmente en dos de sus obras, *La poésie et la voix dans la civilisation médiéval*, Paris, 1984 y *La lettre et la voix de la littérature mediéval*, Paris, 1987, (trad. Madrid: Cátedra, 1989), que sintetiza la labor de largos años de su autor.

[3]   Aceptamos en este punto sin reservas la afirmación de Martín de Riquer, *Historia de la Literatura Catalana*, III, Barcelona, 1980, pág. 497: «El criterio superficial de suponer dramático todo lo que aparece dialogado sólo contribuye a enrevesar más la historia del teatro medieval».

[4]   Sito Alba, «El personaje, elemento clave de la comunicación con el público», en VV.AA., *El Personaje dramático*, Madrid: Taurus, 1985, págs. 149–163.

[5]   Algunos todavía susceptibles de puntualización según se reconoce expresamente.

[6]   Respectivamente, José María Diez Borque, «Aproximación semiológica a la escena del Siglo de Oro español», en *Semiología del Teatro*, Barcelona: Planeta, 1975, y, «Teatralidad y denominación genérica en el siglo XVI: Propuestas de investigación», en *El mundo del teatro español del Siglo de Oro: Ensayos dedicados a John E. Varey*, ed. J. M. Ruano de la Haza, Ottawa: Ottawa Hispanic Studies, 1989, págs. 81–99. Louise Forthergill–Payne, «Del carro al corral: La comunicación dramática en los años setenta y ochenta del siglo XVI», en *Revista canadiense de estudios hispánicos,* 7 (1983), págs. 249–261. J. N. Alçada, «Teatralidad e intratextualidad del tema de la muerte del príncipe don Alfonso de Portugal en las literaturas culta y popular», *Literatura y Folklore: Problemas de Intertextualidad*, ed. J. L. Alonso Hernández, Groninga–Salamanca: Universidad de Salamanca, 1983, págs. 217–240. Miguel Ángel Garrido Gallardo, «Notas sobre el sainete como género literario», en *El teatro menor en España a partir del siglo XVI*, ed. L. García Lorenzo, Madrid: CSIC, 1983, págs. 13–22. Alfredo Hermenegildo, «Acercamiento al estudio de las

En su artículo de 1989, Diez Borque recomienda la aplicación cautelosa de estas novedades metodológicas a una serie de textos literarios del siglo XV, del siglo XVI, y aun anteriores que presentan confluencias entre lírica y teatralidad buscando precisar, confirmar, o rechazar, su posible catalogación dentro del género teatral. Es esto lo que vamos a intentar con una obra escrita ca. 1470, para la que se da una circunstancia realmente excepcional: la existencia de una refundición de la compuesta ca. 1470[7] escrita en el primer tercio del siglo siguiente que según esperamos puede arrojar alguna luz sobre las cualidades teatrales del original primero. Nos estamos refiriendo al *Diálogo entre el Amor y un Viejo*, de Rodrigo de Cota y el diálogo anónimo, sin título, hallado en un manuscrito de la Biblioteca Nacional de Nápoles[8] que va precedido de una escueta indicación didascálica, *Interlocutores senex et amor mulierque pulcra forma*.

La mayoría de los estudiosos de la literatura expresan elogiosa estimación del Diálogo de Cota. Pero no se da, en cambio, coincidencia en los juicios acerca de la teatralidad de la obrita. Para algunos es, sin lugar a dudas, una pieza dramática que muy bien pudo ser representada. Así lo mantienen D. Marcelino Menéndez y Pelayo, Fernández de Moratín, Fernando Lázaro en la edición acotada que incuye en su *Teatro Medieval*, Elisa Aragone en la amplia introducción a la edición comentada del diálogo[9]. Es frecuente que se repitan opiniones de los defensores o los detractores de la calidad dramática sin animarse a emitir una opinión personal[10]. En alguna ocasión se dice[11] que el debate de Rodrigo de Cota es de carácter más netamente dramático que otros debates de la época y unas páginas más adelante[12] que, desde el punto de vista dramático no tiene el valor que le atribuye Menéndez y Pelayo. Basándose en las dificultades técnicas supuestas para cualquier representación de la época se cree que no debió haber sido escrito

---

didascalias del teatro castellano primitivo: Lucas Fernández», en *Actas del VIII Congreso de la Asociación Internacional de Hispanistas*, Madrid: Istmo, 1986, págs. 709–727. Carmen Bobes, *Semiología de la obra dramática*, Madrid: Taurus, 1987.

[7]   Fecha establecida, sin precisar los fundamentos, por Leandro Fernández de Moratín en *Orígenes del Teatro Español*, II, Madrid, 1848, pág. 179.

[8]   Encontrado y publicado por el erudito italiano Alfonso Miola, «Un testo dramatico spagnuolo del XV secolo», en *Miscellanea di filologia e linguistica. In memoria di N. Caix e U.A. Cannello*, Florencia, 1886, págs. 175–189.

[9]   Marcelino Menéndez y Pelayo, *Antología de poetas líricos castellanos*, III, Santander, 1944, págs. 198–205. Fernández de Moratín, *op. cit.* Fernando Lázaro, ed., *Teatro medieval*, Madrid: Castalia, 1965. En la pág. 66 expresaba la convicción que, actualizada, reclama cambios en la concepción de la poética teatral: «...nuestro módulo de lo teatral se halla configurado por lo que este fenómeno fue en sus grandes épocas». Cree, «casi con seguridad», en que el *Diálogo* fue representado ante un público probablemente muy restringido. Elisa Aragone, ed., Rodrigo de Cota, *Diálogo entre el Amor y un viejo*, Florencia: Felice Le Monnier Editore, 1961.

[10]   Así F. López Estrada en *Introducción a la literatura medieval española*, Madrid: Gredos, 1979, pág. 470.

[11]   Pierre Le Gentil, *La poésie lyrique espagnole et portugaise à la fin du Moyen Âge*, I, Paris: 1981, (reimp. de 1953), pág. 460.

[12]   *Ibidem* pág. 502.

para representarse[13]. La respetada palabra de Crawford[14] sostiene que los diálogos y debates del *Cancionero* de Hernando del Castillo son de carácter no dramático, si bien algunos de ellos «fueron factores contribuyentes a la creación del drama refinado de comienzos del siglo XVI». Después de comentar el «delicioso» diálogo de Rodrigo de Cota, termina: «Aunque no esté pensado para ser representado, estas estrofas tienen real calidad dramática». Una línea de la investigación sobre el teatro en España suele ignorar todo elemento dramático anterior a Juan del Enzina[15]. Por último, recogemos el parecer autorizado de Ronald E. Surtz, que tiene a su cargo la sección del Teatro en la Edad Media de la *Historia del Teatro en España*[16]: El *Diálogo entre el amor y un viejo* de Rodrigo de Cota ha llamado la atención de los críticos por lo dramático de su concepción, si bien parece probable que se destinara a la lectura y no a la representación. Pero como prueba de la teatralidad del diálogo, se hizo más tarde una refundición que sí parece ser una obra teatral. Esta versión anónima[17] lleva la rúbrica «Interlocutores senex et amor mulierque pulchra forma» en un manuscrito de la primera mitad del siglo XVI. María Rosa Lida de Malkiel la bautizó con el título castellano *Diálogo del viejo, el Amor y la hermosa*. «Que sea una obra dramática lo parece confirmar el villancico que cierra la obra. Además, en un momento el viejo parece dirigirse a un público que está presenciando una representación...»; continúa Surtz recogiendo unas frases de Elisa Aragone sobre las diferencias entre la dramaticidad de Cota y la «teatralidad» de la refundición[18].

Vamos a intentar un análisis de los rasgos constitutivos de la posible teatralidad del diálogo de Rodrigo de Cota y de los del *Diálogo del Viejo, el Amor y la Bella* que, admitida ésta por muchos como representable, no aparezcan, si tal cosa ocurre, en la pieza medieval.

En el *Cancionero General* de Hernando del Castillo (Valencia, 1511) anteceden al diálogo unas líneas[19] que son ya una indicación sobre su calidad genérica: «Comiença una obra de Rodrigo de Cota a manera de diálogo entr'el Amor y un Viejo que, escarmentado d'él, muy retraydo se figura en una huerta seca y destruyda, do la casa del Plazer derribada se muestra, cerrada la puerta, en una pobrecilla choça metido. Al qual súbitamente paresció el Amor con sus ministros y, aquél húmilmente procediendo y el Viejo en áspera manera

---

[13]   Augusto Cortina, «El diálogo entr'el amor y un viejo», en *Boletín de la Academia Argentina de las letras*, 1 (1933), págs. 319–371.

[14]   *Spanish Drama before Lope de Vega*, Filadelfia, 1922, págs. 18–19

[15]   Humberto López Morales, *Tradición y creación en los orígenes del teatro castellano*, Madrid: Alcalá, 1968. Juan Luis Alborg en su *Historia de la Literatura Española. Edad Media y Renacimiento*, I, Madrid: Gredos, 1978, pág. 491: «Ante la imposibilidad de colmar el vacío de la dramática medieval perdida, se supone que aquellas obras... son el teatro de la época de donde se infiere lógicamente su corta entidad; ninguna de ellas es, en efecto, teatro de ninguna especie, y el error de los críticos consiste en querer verlas como tal».

[16]   Dirigida por José Mª Diez Borque, Madrid: Taurus, 1983, I, pág. 131.

[17]   Que Surtz edita, *Teatro medieval castellano*, Madrid: Taurus, 1983.

[18]   *Ibidem* pág. 111.

[19]   Usamos el texto editado por Elisa Aragone.

replicando, van discurrriendo por su habla fasta qu'el Viejo del Amor fue vencido. Y començó a hablar enla manera siguiente». Empezamos recordando que muchas piezas teatrales representadas carecen de acotaciones preliminares semejantes[20]. Hacen constar varias señales, de las llamadas extra textuales en los estudios metodológicos a que hemos acudido: el nombre del autor, el título explicativo (si no nos atrevemos a llamarlo de identificación genérica), y la lista de personajes, antes de incluir una didascalia explícita[21] sobre el espacio escénico (un jardín seco y destruido, una pobrecilla choza), y una información sumarizada del argumento, lo que se generaliza en la porción inicial que suele denominarse prólogo.

Como si se prologara la descripción del espacio escénico, la primera copla del diálogo precisa que el Viejo se hallaba en su rincón, cerrada la puerta, cuando Amor aparece súbitamente, tras haber saltado la tapia del jardín en un movimiento previo a sus palabras. Treinta versos describen aun el espacio escénico: una humilde cabaña de cañas cercada de troncos carcomidos, en doloroso contraste con lo que fue antes: verdor, flores, frutos, árboles, tapias cubiertas de jazmín, arroyos, fuente y pájaros. Se justifica la narración descriptiva del pasado porque es una información de la historia del personaje, causa de su situación actual, de su soledad retraída. El jardín reseco, desolado, que describen las palabras del personaje es además de espacio en que se localiza la acción un signo connotativo de la tristeza y decepción del anciano.

Ya la didascalia inicial explícita incluye otra información que encierra indicios de teatralidad. Anuncia que hay un conflicto entre los dos personajes que se expresa en diálogo[22], con palabras, en lenguaje directo. El habla áspera y la postura intransigente del viejo sufren un cambio, se modifica la actitud del viejo, movido por las palabras del Amor. Accede a escucharlo. El dios aprovechará la nueva situación y entrará en acción de nuevo, argumentando hábilmente. Hay varios cambios y reacciones que se expresan en las palabras del anciano, mientras Amor mantiene tenazmente su comportamiento hasta que consigue persuadirlo y se produce un cambio radical: el viejo se rinde. Es entonces cuando Amor da el giro definitivo a la acción: todas sus promesas son falsas, el dolor y el desengaño aguardan al viejo, cuyos repugnantes defectos físicos seniles son enumerados sin piedad; sentirá ardoroso amor pero sólo conseguirá humillación y burla. Aquí llega la modificación final de la actitud del viejo: sus palabras reconocen el error de su conducta. El diálogo se ha movido en sucesivos meandros de situación y actitudes, que han producido las variaciones sucesivas de la acción[23].

---

[20] Zumthor 268, «... a partir del siglo XIV, en la prehistoria difusa del teatro moderno, los textos que nos parecen más representativos de ese punto de vista no son mejor provistos por sus autores ni por sus copistas de indicaciones de representación (performancielles)...».

[21] Cf. A. Hermenegildo, op.cit.

[22] Cf. C. Bobes, op cit., pág. 11.

[23] Cf. Fothergill–Payne, op. cit, pág. 255. Una de las funciones del diálogo es determinar la acción, «Con acción queremos decir la transformación de una acción en otra, a manera de una cadena de reacción: Un diálogo causa una nueva situación, la cual produce otra acción, la cual conduce a otro diálogo, etc.».

La extensión de los parlamentos es variada. Los turnos de interlocutor más breves son de dos versos. Una intervención puede tener una extensión de una copla (integrada, como se sabe, por redondilla seguida de quintilla), una copla entera responder a dos versos, etc. No hay uniformidad. Amor tiene el más largo parlamento de la pieza, 161 versos (del 181 al 342); el viejo comienza el diálogo con cinco coplas. No son infrecuentes las intervenciones largas.

No hay acotaciones en la pieza y, en consonancia, es en el diálogo donde se encuentran sugerencias de movimientos en escena. La función imperativa se hace presente imponiendo o solicitando, alejamiento total, separación, acercamiento, detención de un desplazamiento iniciado. Estas didascalias motrices demarcan también el espacio escénico. El Viejo, a Amor (vv. 37–38): «¡Sal del huerto, miserable! / Ve buscar dulce floresta»; (vv. 118–126): «¡Ve d'ay, pan de çaracas! / ¡Vete, carne de señuelo!/ ...»; vv. 137–141: «dí tus enconados quexos, / pero dímelos de lexos, / el ayre no m'enfeciones. / Que, según sé de tus nuevas, / si te llegas cerca mí...». La entrega y rendimiento del viejo se revela con un imperativo de movimiento en una frase que asegura un movimiento previo: v. 496: «Allégate un poco más». Cuando Amor propone entonces un acercamiento, el acercamiento máximo posible, vv. 505–506: «Abracémonos entramos, / desnudos, sin otro medio». El viejo acepta la mutua proximidad en un grito de puro extasis, v. 509–510: «¡Vente a mí, muy dulce Amor, / vente a mí braços abiertos!».

Ahora expresan implícitamente las palabras una situación estática, culminante, cuando dice Amor en los vv. 514–515: «Hete aquí bien abraçado: /díme, ¿qué sientes agora?». Entre los sentimientos que el viejo expresa a continuación figura un deseo de evitar el alejamiento, v. 521: «No te quiero ver partido».

Una variante de estos imperativos señala las conductas, las impone o sugiere, o pide[24]. El Viejo, en v. 70: «Dexa mi cansada vida»; v. 106: «Ni me estés tú falagando»; v. 172: «No despiertes, que más quiebre»[25]; v. 177: «déxame de tu conquista». Menos frecuentemente la orden conecta con función fática; v. 138: «pero dímelos de lexos», y vv. 374–375: «Di, maldito ¿por qué quieres / encobrir tal enemiga?».

No bastaría la comunicación entre los personajes en la escena; para poder hablarse de teatralidad es forzosa la presencia física de un receptor[26], el texto dramático precisa una planeada recepción colectiva prevista[27]. En las palabras de

---

24   Cf. Bobes, *op cit.*, págs. 63–64.

25   E. Aragone, *op. cit.*, pág. 79, interpreta este oscuro verso como una indicación de que Amor no siga provocando.

26   Condición indispensable formulada en toda poética teatral. Citamos las palabras de José Mª Diez Borque, *Historia del Teatro en España*, I, Madrid: Taurus, 1983, pág. 46: «No hay teatro si no hay receptor, si no está presente físicamente alguien que contemple la representación».

27   No parece arriesgado afirmar que el posible público asistente, en un salón palaciego tal vez, a esta representación de teatro cortesano (como lo califica F. Lázaro, *op. cit.*, págs. 67–68), del último tercio del siglo XV, había de ser reducido y cultivado. Un público al que podría ser familiar la abundantísima y variada, según es sabido, producción de literatura medieval de tema amoroso. Recientemente este inagotable campo de estudio ha sido objeto, en una parcela menos atendida, de la

los dos personajes del diálogo se intuyen, o se leen en el texto señales referentes al receptor. Cuando Amor consigue que el Viejo acepte escucharle se dirige primero a él en exclusiva (vv. 181–225), pero cuando presume de sus poderes su esfuezo sería casi un despilfarro de energía si no se volviera al público, magnificando así el imperio de sus poderes, que, si afectan a todo ser viviente, según conocen cuantos le oyen, se ejerce especialmente sobre el ser humano, vv. 226–234: «Al rudo hago discreto, / al grossero muy polido, / desembuelto al encogido / y al invirtuoso neto. / Al covarde, esforçado, / al escasso, liberal, / bien regido al destemplado, / muy cortés y mesurado / al que no suele ser tal». Lo mismo cabe decir de cuando presume de proporcionar deleite, disimular la fealdad, componer canciones y música, organizar bailes y fiestas, visitar a los pobres y a los ricos, etc., en una lista interminable, tratando de congraciarse evidentemente, al público también. En alguna ocasión la referencia al receptor, expresada con el plural, parece segura, vv. 149–157: «Qual en tanto grado cresca / que más no pueda subir, / porque loe y agradesca / y tan gran merced meresca / cual me hazéys en oyr. / Por estimados provechos / a vos, gratos coraçones, / con muy bivas aficiones / os meto dentro en mis pechos». Aunque use el singular, parece buscar la confirmación de sus afirmaciones en el público, tan enterado como él, cuando dice con picaresca ironía, vv. 262–270: «Visito los pobrecillos,/ fuello las casas reales, / delos senos virginales / sé yo bien los rinconcillos./ Mis pihuelas y mis lonjas / alos religiosos atan; / no lo tomes por lisonjas, / sino ve, mira las monjas:/ ¡Verás quán dulce mc tratan!». De modo semejante usa plurales inclusivos el Viejo cuando generaliza las alteraciones que causa el Amor incluyendo a todos los presentes al decir, vv. 406–407: «Tú nos metes en bollicio, / tú nos quitas el sossiego».

Si el espectador tiene de continuo a la vista lo que está en escena se siente más aludido por referencias como la que se acaba de reseñar. En escenas de enfrentamiento[28], repetidas en el diálogo de Rodrigo de Cota, se da con frecuencia la utilización de índices de persona subrayando la oposición de los contendientes que hablan. Los deícticos personales en reiteración anafórica son un recurso que llama con intensidad la atención del espectador. Acaban de recordarse en los vv. 406–407, pero no terminan ahí, continúan (vv. 408–414): «tú con tu sentido ciego / pones alas enel vicio./ Tú destruyes la salud,/ tú rematas el saber, / tú hazes en senetud / la hazienda y la virtud / y el auctoridad caer». No es éste caso único en la pieza, a partir del verso 383 se repite el mismo deíctico pronominal veinticinco veces en versos sucesivos, si no hemos contado mal.

Cabe suponer, en repetidas ocasiones, signos gestuales manifiestos, indudable por ejemplo cuando el Amor, en venganza por la resistencia del Viejo, cambia su amabilidad por odio despectivo. Después de revelarle el triste destino que le aguarda va recorriendo en cruel enumeración el cuerpo entero del anciano, sus miserias, las repugnantes lacras de la edad, sin omitir una sola. En varias ocasiones se percibe, indubitable, el gesto: vv. 545–547: «Y ¿essos ojos descozidos

---

erudita publicación de Pedro M. Cátedra, *Amor y Pedagogía en la Edad Media. Estudios de doctrina amorosa y práctica literaria*, Salamanca: Universidad, 1989.

[28]   Cf. Bobes, *op. cit.*, pág. 90.

/ ¿qu'eran para enamorar? / Y ¿essos beços tan sumidos». La llamada de atención es más expresiva para el colectivo presente que para el personaje mismo a quien habla, ya que no puede verse a sí mismo, vv. 568–580: «¡Mira tu negro garguero/ de pesgo seco pegado!/ ... / ¡Mira enesse ronco pecho / cómo el huélfago t'escarva! / ¡Mira tu ressollo estrecho, /... / ¡mira cómo tus artejos / parescen sartas de cuentas!».

Se ha dejado, intencionadamente, de aludir al empleo de la voz y el gesto en su función de convertir un texto teatral en espectáculo, del abundante uso de la función emotiva en la encendida discusión. Los contenidos verbales de los diálogos entre los dos personajes sugieren gestos de desagrado, rechazo, ira, admiración, complacencia, burla, amenaza, humillación, desprecio, temor, calma, alegría, exaltación, orgullo, sorna, ... que un actor, sin duda, denotaría, al llevar a cabo la representación. La entonación, el timbre, la velocidad en la emisión de la voz, lo mismo que los movimientos del cuerpo, los desplazamientos, pasos de danza al mencionar fiestas, bailes y canciones, se intuyen también en distintos pasajes, pero no hay didascalia que lo pruebe. Sólo cabe afirmar que sin la adición al texto de estos recursos de eficacia visual y oral, es imposible concebir un espectáculo teatral.

Las similitudes[29] entre le diálogo de Rodrigo de Cota y el del anónimo refundidor son muy superiores a las diferencias, que serán, por ello, recordadas. Difieren en el inicio y el cierre, pero las piezas teatrales con seguridad representadas comienzan con diálogo lo mismo que con un soliloquio. En el final de la pieza de Rodrigo de Cota el Viejo reconoce su equivocada conducta y termina con una serie de dichos sentenciosos que van bien con un arrepentimiento que no hiere su dignidad. También se lamenta el Viejo en el diálogo refundido pero su autor prefiere concluir con broche que se había ido generalizando desde Juan del Enzina, un villancico que repite los engaños del amor. Introduce también un tercer personaje (que ya anunciaba el Amor en el diálogo de Rodrigo de Cota), pero esta, aparentemente, mayor complejidad es engañosa: en ningún momento hay tres personajes en escena, además de que gran parte del largo parlamento final de Amor de Rodrigo de Cota es expresado por la Bella en el otro diálogo. Es cierto que también imitando las piezas de comienzos de siglo aligera los largos parlamentos medievales, hace la filigrana de dividir un verso para triple turno de interlocutor. Las ocasiones en que se dirige ostensiblemente al público el autor anónimo son más numerosas y claras que en el otro diálogo. Pero ¿es absolutamente preciso que algún actor se dirija al público para tener segura una pieza la calidad de teatral y representable? A cambio de estas variaciones el

---

[29]   No hemos reseñado que los dos diálogos son de extensión parecida, seiscientos treinta versos el de Rodrigo de Cota, setecientos veinticinco el del refundidor anónimo. La estrofa de este último es una copla integrada por dos quintillas, en lugar de la redondilla seguida de quintilla que forma la copla del más viejo. No hay diferencias significativas en el tipo de lengua, aunque las halla en la maestría y creatividad con que cada uno las usa. Y aun cabría recordar la pervivencia de diálogos y coloquios a lo largo del siglo XVI como exponente en la estimación de la teatralidad del diálogo. Cf. José Mª Diez Borque, *Los géneros dramáticos en el siglo XVI*, Madrid: CSIC, 1986, págs. 18–19 y la nota final del artículo sobre teatralidad y parateatralidad que hemos citado.

diálogo del autor anónimo carece casi por completo de indicaciones de espacio escénico, carece de nombre del autor, de designación genérica, de argumento sumarizado.

El análisis pormenorizado del diálogo del siglo XVI, que alargaría en exceso esta comunicación, da prácticamente los mismos rasgos identificadores del género teatral en las dos piezas, por lo que no cabe suponer en la segunda mayor pureza genérica por las diferencias que se han mencionado. La conclusión a que hemos llegado se deduce sin esfuerzo: ambos autores, creador y refundidor, escribieron sus piezas para ser representadas[30].

---

[30] Aun cabría recordar que varios dramaturgos, con intuición profesional y estimación de las novedades teatrales de su época, se dejaron influir por el famoso diálogo del converso toledano. Como todo el mundo sabe, hay huellas del diálogo de Rodrigo de Cota en *Representación de Amor*, en el villancico final de la *Égloga en recuesta de unos amores*, y también en *Égloga de Cristino y Febea* y en *Fileno, Zambardo y Cardonio* de Juan del Enzina; también en la primera *Farsa o Quasi comedia* de Lucas Fernández. Gil Vicente desarrolla el mismo tema de Cota en *Auto do Velho da Horta*.

La primitiva moaxaja:
dos lenguas y dos voces poéticas

Rosa María GARRIDO

Los problemas suscitados por la aparición en 1948 de unas líneas romances al final de unas moaxajas hebreas, y en 1952 de esto mismo al final de unas árabes aún más antiguas, son extremadamente complejos y difíciles de dilucidar a once siglos de distancia dada la pobreza de datos fiables[1]. Las polémicas entre los partidarios de una tradición poética en lengua vulgar romance y los que prefieren verlas dentro del corpus de poesía árabe o hebrea han sido virulentas en extremo y no me propongo avivarlas; me limitaré a un mínimo de antecedentes para sentar las bases del punto de partida de mi posición crítica y entrar seguidamente a examinar uno de los aspectos que, aunque han preocupado a los críticos, no lo ha sido tanto que se haya agotado el tema ni tampoco llegado al cansancio de las especulaciones bizantinas.

En esta ponencia parto de la premisa de que las jarchas constituyen la muestra más antigua de una lírica oral en lengua romance. Son muchos y respetables los críticos que se inclinan hoy por esta postura que poco a poco se va abriendo paso entre los arabistas. Tal afirmación se basa aparte del hecho inegable de su lengua en: a) su semejanza temática, igualmente incontrovertible, con las *cantigas de amigo* galáico–portuguesas, los *villancicos* y castellanos y *estribillos* del norte de Francia; b) el examen de la estructura métrica, tanto de la jarcha como de la moaxaja, tan distinta de la de la *qasida* de la poesía árabe clásica[2].

La siguiente cuestión que se presenta es decidir quienes las escribieron. Los textos de las moaxajas sabemos en muchos casos quienes fueron sus autores y debemos preguntarnos si fueron estos poetas árabes o hebreos bilingues los que crearon unos poemas de tal hibridez lingüística. Muchos de ellos tendrían madre, familia o concubina cristiana o por lo menos muladí. La jarcha constuiría una

---

[1]   S. M. Stern, «Les vers finaux en espagnol dans les muwassahs hispano–hebraïques: une contribution à l'etude du muwassah et à l'etude dy vieux dialecte espagnol 'mozarabe'», *Al–Andalus*, 13 (1948), págs. 299–346; E. García Gómez, «Veinticuatro jaryas romances en muwassahas árabes», *Al–Andalus*, 17 (1952), págs. 57–127.

[2]   E. García Gómez, *Las jarchas romances de la serie árabe en su marco*, Madrid: Seix Barral, 1975, págs. 29–31. Margit Frenk, *Las jarchas mozárabes y los comienzos de la lírica románica*, México: El Colegio de México, 1975, págs 125–126.

incrustración de poesía oral y popular en poesía culta; de lengua romance en lengua árabe o hebrea. Lo que García Gómez ha llamado un folklorismo «avant la lettre»[3]. Aún así cabe preguntarse quienes interpretaban estas canciocillas; a que grupo se puede reconocer como autores originarios de esos poemillas orales que por lo menos inspiraron o llamaron la atención de los poetas refinados de al–Andalus.

Ibn Bassam de Santarem, escritor árabe del siglo XII nos dice que su inventor fue Muqqadam Ibn Mu'tafà al–Qabri el cual «tomaba palabras coloquiales o romances a las que llamaba markaz y construía sobre ellas la moaxaja»[4]. La identidad de este autor árabe es tambien controvertida. Algunos críticos piensan que se refiere a otro escritor de la misma época Muhammad Ibn Hammud al–Qabri, el ciego de Cabra. Ambos autores vivieron a finales del reinado del emir de Córdoba ´Abd Allah Ibn Muhammad al–Marwani y comienzos del de ´Abd–al–Rahman III; finales del siglo X y principios del XI[5]. Joan Corominas y otros que le han seguido identifica a través de argumentos latino–romances tanto a la moxaja como a su inventor de este origen[6]. Es posible que Ibn Bassam esté equivocado y su afirmación sea falsa pero para refutarla se necesita una evidencia más concreta de la que poseemos y por ahora parece sensato aceptarla.

Siguiendo esta línea muchos de nuestros más insignes investigadores, García Gómez, Dámaso Alonso, Rafael Lapesa, Ramón Menéndez Pidal, Margit Frenk y otros más han llegado a la conclusión que, al–Qabri primero y los que le siguieron después, se inspiraban o copiaban antiguas canciones romances. Siendo estas canciones parte de la literatura oral, de la poesía tradicional piensan que no tienen un verdadero autor: son patrimonio del pueblo que las canta y las transforma[7].

Mi posición es básicamente la misma pero me parece que se puede puntualizar algo más sobre los «cantautores», por llamarlos de algún modo, que interpretaban estas composiciones probablemente acompañadas de música y baile. Mi propósito en esta comunicación es el tratar añadir argumentos en favor de la hipótesis de que tales intérpretes y en muchos casos compositores eran del género femenino y por consiguiente puede llamársela con toda propiedad poesía

---

[3]   E. García Gómez, *Las jarchas romances de la serie árabe en su marco*, pág. 70.

[4]   Ibn Bassam, *al–Dhajirah*, I, Cairo, pág. 2: 1.

[5]   Josep Sola–Solé, *Corpus de poesía mozárabe: las hargas andalusíes,* Barcelona: Hispam, 1973, págs. 15–16; Josep Sola–Solé, «las harga–s mozárabes» en *Sobre Arabes, judíos y marranos y su impacto en la lengua y literatura españolas*, Barcelona: Puvill Libros, 1983, pág. 27.

[6]   Joan Corominas, «Del Pidal de Don Ramón» en *Estudios dedicados a Menéndez Pidal*, I, Madrid, 1950, pág. 31.

[7]   Esta afirmación habría que matizarla mucho pues hay gran diferencia entre la posición de Menéndez Pidal para el que la mayoría «son evidentemente canciones divulgadas que el poeta árabe toma de boca del pueblo» y las de García Gómez y Margit Frenk que piensan que en las jarchas «hay de todo». Menéndez Pidal, «La primitiva lírica europea. Estado Actual del problema», *Revista de Filología Española*, 43 (1960), pág. 301; García Gómez, *Las jarchas romances de la serie árabe en su marco*, pág. 69; Frenk, *Las jarchas mozárabes y los comienzos de la lírica románica*, págs. 145–146.

femenina. El poeta árabe o hebreo la escuchaba en boca de una «moza mozárabe», valga la aliteración para insistir en su condición de mujer.

García Gómez en *Las jarchas romances de la serie árabe en su marco* rechaza indignado esta posibilidad y nos dice: «no hay porque creer que son una «poesía femenina» en el sentido de que estén compuestas por las mismas mujeres en cuyas bocas se ponen. No; se trata seguramente de una convención»[8]. En otro lugar su condena es aún más enérgica caracterizando tal hipótesis de «absurda» y comparando las jarchas a los cuplés[9].

Alan Deyermond no parece tener dudas, sin embargo, cuando afirma lo contrario en su artículo «Spain's First Women Writers»: «Los textos literarios más antiguos en español, expresan el amor femenino. Son los versos finales de poemas árabes o hebreos [...] de principio del siglo XI y quizá anteriores [...] descienden de canciones de amor femeninas, muy difundidas en el imperio romano pero que nunca fueron escritas. Los textos que nos han llegado han sido trasmitidos, transformados y muchas veces compuestos por hombres que tomaron estas canciones de amor populares y las filtraron o re–escribieron a través de su sensibilidad de poetas cultos masculinos». «Parece difícil aceptar –nos dice este autor– que estas canciones sean puramente miméticas en su origen y que simplemente representen una visión del hombre de como una mujer siente y habla»[10]. Margit Frenk dedica bastantes páginas a la polémica sin pronunciarse claramente de uno u otro lado[11].

Este lirismo femenino que Deyermond considera aplicable a toda la lírica romance, me parece aún más justificado si nos limitamos a considerar el fenómeno de la jarcha romance. Al enmarcarse esta corta composición en una mucho más extensa, la moaxaja, escrita por poetas masculinos cultos en otra lengua, sus características y peculiaridades resaltan de una forma vívida. Resulta curioso hacer notar a este respecto que la palabra moaxaja quiere precisamente decir embellecida. Las moaxajas con jarcha romance no son muchas, apenas setenta y dos o setenta y cuatro (si se aceptan dos que sólamente tienen unas palabras en romance). Las jarchas son un número aún más reducido, sesenta y dos pues las hay repetidas, o sea moaxajas diferentes que terminan con la misma jarcha. Las moaxajas en su mayoría, 44, tienen un tema amoroso que lamenta un amor no correspondido: el sufrimiento causado por la ausencia del amado, el abandono, la espera, o el desprecio. Solamente unas cuatro, pueden considerarse como celebración de un amor feliz. 24 son panegíricos en los que se alaba a un personaje político importante, a un mecenas o a un amigo. En estas también interviene el léxico amoroso pues las primeras estrofas pintan una escena erótica o báquica, a

8   E. García Gómez, *Las jarchas romances de la serie árabe en su marco*, pág. 67.

9   E. García Gómez, «Las jarchas» en *El comentario de textos*, *4*, *La poesía medieval*, Madrid: Castalia, 1984, págs. 421–423.

10   Alan Deyermond, «Spain's First Women Writers» en *Miller, Beth, Women in Hispanic Literature*, Berkeley, University of California Press, 1983, págs. 27–28.

11   Margit Frenk, *Las jarchas mozárabes y los comienzos de la lírica románica*, México: El Colegio de México, 1975, págs. 78–80 y 150.

continuación viene el panegírico propiamente dicho y termina con la jarcha. Dos terceras partes están escritas en árabe y una en hebreo. En todas la voz poética es masculina. El interlocutor es también, con frecuencia, masculino pues a los 24 panegíricos hay que añadir las bastante numerosas de contenido homosexual.

Las jarchas tienen casi exclusivamente tema amoroso, y dentro de este podría reducirse a un leivmotiv, la ausencia del amado. La ausencia puede ser la causa del mayor sufrimiento, hasta la muerte y toda serie de enfermedades. La doncella que espera al amado, le suplica que venga de noche e incluso se ofrece a ir a su encuentro. En otras la llegada inesperada del amado causa una gran emoción en la doncella enamorada. Alguna se ingenia para retenerlo y otras lo invitan burlando al guardián. Solamente en dos ocasiones se expresa un sentimiento de alegría. La mujer que canta es el personaje activo, habla en primera persona y su lamento está dirigido bien a la madre, al amigo, al viento y en una ocación a sus «hermanitas». El amante recibe el nombre de habib en árabe pero también, el moreno, el morenito, impetuoso, el seductor, el desvergonzado, corderito, corazón, niña de mis ojos, señor y señorito. El amigo es dulce, bueno, hermoso, el rostro como el rayo de sol, como el alba; su boca es coloradita, roja como las cerezas, dulce como la miel; sus dientes son como perlas y su cuello es blanco. En una ocación es rechazado y en otra le contesta groseramente. 57 de las 62 están puestas en labios femeninos. Son todas canciones muy simples, sencillas sobre todo comparadas con el artificio de la moaxaja que la precede. Reflejan un arte popular y primitivo y a pesar de ser un lamento amoroso en no pocas ocasiones dan la impresión de un jugueteo amoroso espontáneo. En la moaxaja, la jarcha sirve a la vez de inspiración y de culminación tanto desde el punto de vista métrico como temático.

«La jarcha –dice Ibn Sana al–Mulk (m. 1211)– es el distintivo de la moaxaja, su sal y su azucar, su azmicle y su ámbar gris. A pesar de que viene al final debe ser alabada, pues es el sello y la precedencia»[12].

Resulta así la moaxaja un cuarteto: el poeta culto árabe o hebreo se dirige a su amada, amado o a su protector describiéndole su amor, su desconsuelo o su devoción. Este lamento se compara usando un símil continuado a la queja o desamparo que una moza dirige a su amado o a su madre por la ausencia del amado. En la estrofa final de la moaxaja, los versos cultos, en árabe o hebreo que preceden a la jarcha así lo puntualizan:

> Una moza que siempre
> se queja de un desdeñoso. . .
> cantó, pues su esperanza
> en él reposa tan sólo:
> Mi señor Ibrahim
> oh nombre dulce!
> vente a mi de noche
> si no, sino quieres,
> iréme a ti

---

[12]   Ibn Sana al–Muk (m. 1211), *Dar al–tiraz*, en *al–Rikabi J., Fi–l–adab al–andalusi*, Cairo, 1966, pág. 32.

> Dime adónde
> a verte.[13]

A la moza, doncella, niña cantante se la menciona en la mayoría, en otras se sobreentiende o bien habla el corazón, la gloria, la guerra. En muy pocas el poeta autor de la moaxaja de apropia la jarcha en una completa identificación con lo que en las otras usan como simple término; procedimiento bien conocido de comparación. En las más el poeta culto aparece como oyente de un mensaje poético popular femenino y seducido por la profundidad del sentimiento amoroso que trasmite lo usa para describir su propia situación frente al desamor que sufre. En las pocas en las que las jarchas aparecen en labios del poeta culto este la utiliza para enviar a la amada un doble mensaje de amor refinado y primitivo, de palabras y de gritos. Estos pocos casos de completa absorción creo que confirman la hipótesis del que poeta culto cuando escribe se está inspirando en un canto oral que escucha de labios femeninos.

García Gómez utiliza un texto de Ibn Rasiq (fechado entre 1063–1070) para rechazar la teoría de la creación femenina en el que se afirma lo siguiente: «dice alguno, creo que Abd al Karim: Entre los árabes es costumbre que sea el poeta el que galantee a las mujeres y se finja muerto de amor [por ellas], mientras que entre los no árabes la costumbre es que haga a la mujer solicitar y desear con sus declaraciones [a su amante], diferencia que constituye un indicio de la noble condición de los árabes y del celo con que guardan a sus mujeres»[14] Tal cita no creo que se aplique a las jarchas pues realmente no están escritas por poetas cristianos sino por árabes o judíos y con toda proballilidad Abd al Karim se está refiriendo a una poesía culta y escrita y no a las cancioncillas populares.

Los textos, que es lo más seguro que tenemos nos dicen otra cosa. En la moaxaja número XXXVIII de la colección publicada por García Gómez del visir y almojarife de Sevilla, Abu Bakr Muhamad Ibn Ahmad Ibn Ruhaim los versos en lengua árabe que preceden a la jarcha, nos dicen:

> Una doncella donosa y gallarda
> canta en palabras de lengua cristiana
> verse de tanta hermosura privada
> Qué haré yo o qué será de mí?
> !Amigo mío!
> no te vayas de mi lado!

En la número IX, anónima, la atrevida moza canta:

> Y ella dijo, al negarse por juego,
> este viejo cantar, que es tan bello:
> No te amaré sino con la condición
> de que juntes mi ajorca del tobillo con mis pendientes[15].

---

[13]   Versión de García Gómez de la jarcha I, *Las jarchas romances de la serie árabe en su marco*, pág. 82.

[14]   E. García Gómez, «Las jarchas» en *El comentario de textos*, pág. 422.

[15]   Versión de García Gómez, *Las jarchas romances de la serie árabe en su marco*, págs. 397 y 145.

El número V, una moaxaja del gran poeta, Abu–l–Abbas al–A'ma conocido como el ciego de Tudela nos describe la visita del poeta a una taberna y su conversación con la tabernera cristiana que le sirve el vino y bebe con él intercambiando bromas sobre el apego al vino de «prelados y sabios graves»[16]. Podría citar otras muchas si tuviera tiempo para ello, tampoco creo que haga falta.

La lectura de las moaxajas deja bien claro la existencia de: por un lado un ambiente culto, refinado de poder en el que el poeta masculino se entretiene en la composición de poemas de gran belleza formal; por otro el mundo popular de las clases dominadas en cuya base se encuentra la mujer cristiana que canta estos simples lamentos de amor. Su patetismo inspira al poeta una reflexión sobre la naturaleza del amor.

Leidas las jarchas en el siglo veinte, a la luz de las teorías más modernas sobre la escritura femenina de autores como Derrida, Helene Cixous, Monique Wittig, Luce Echegaray y Julia Kristeva su contenido causa verdadera sorpresa. Según estas autoras la escritura femenina debe insistir sobre la representación de las funciones del cuerpo y tener las características del discurso oral femenino: cierta irracionalidad, fluidez verbal, exageración, incoherencia, lenguaje un tanto informe, sentimentalismo. Muchas de estas características han sido imputadas y las encontramos en las jarchas. La muchacha que canta la jarcha, en la sociedad árabe de al–Andalus, estaba doblemente oprimida por su situación de mujer y de cristiana y muy lejos de la condición del poeta culto que la escuchaba. Su amor puede ser efectivamente utilizado como la imagen del dolor y del desamparo. El lamento está frecuentemente dirigido a la madre que como ella sufre de esas mismas carencias. Su lengua es fragmentaria, incoherente.

La lectura de los propios textos de las jarchas junto con las afirmaciones de los poetas que las recogen en las moaxajas, a mi entender, pueden servir de base a la hipótesis de que constituyen una verdadera poesía femenina. En ellas se alude frecuentemente al cuerpo femenino. El amor al amado se fija más en la boca y en la cabeza que en otra parte de su cuerpo; se hace referencia a la maternidad y, en algunos casos a la indelicadeza del amante. Su contenido sentimental sobrepasa con mucho al de las moaxajas que las preceden con ser estas de mayor extensión.

> No me muerdas amigo,
> no, no quiero al que hace daño.
> El corpiño es fragil.
> Basta, a todo me niego[17].

De la evidencia sacada de los propios textos voy a pasar a consideraciones de tipo histórico o sociológico que pueden también apoyar nuestra hipótesis. Al comienzo del Islam se veía como algo deseable la unión entre árabes y mujeres de

---

[16] E. García Gómez, *Las jarchas romances de la serie árabe en su marco*, pág. 111.
[17] Versión de García Gómez de la jarcha XXII, *Las jarchas romances de la serie árabe en su marco*, pág. 245.

otra raza. Umar Ibn al Jattab dice al respecto: «no hay gente de inteligencia más sutil que los hijos de concubinas extranjeras. Al orgullo de los árabes añaden la astucia de los extranjeros»[18]. Son muchos de los escritores musulmanes que afirman que las mujeres de origen extranjero –no árabe– tienen más y más hermosos hijos, la no tener ningún parentesco con el marido[19]. Egilona, viuda o hija de de Rodrigo último rey godo, se casa con Abdalaziz, hijo de Muza y el cronista eclesiastico que nos lo cuenta en latín: «no se escandaliza de este matrimonio»[20]. Sara, nieta de Witiza se casa no con uno sino con dos nobles árabes. De su segundo matrimonio con Omaid, de la tribu yemenita de Lakhm nacieron cuatro hijos que dieron origen a cuatro poderosas familias sevillanas. Omaid había tenido hijos con otras mujeres árabes pero fueron los descendientes de Sara los más poderosos gracias a las grandes propiedades maternales[21].

De acuerdo con los datos que poseemos, los árabes que invadieron España no pasarían de diez mil. Su número aumentó debido a uniones con las nativas a las que tomaron por esposas, concubinas o esclavas[22]. Los muladíes y los musalima, renegados y conversos al Islam, formaron un grupo de gran importancia que conservó su lengua y muchas de sus tradiciones pre–muslime. La mujer tuvo pues un papel importantísimo en la conservación y transmisión del patrimonio cultural latino–visigótico.

Otro detalle que me parece curioso es el hecho de que hasta mediados del siglo X las cantantes y bailarinas venían de Medina y de Bagdad[23]. A partir de esta fecha se formarán en España. Son estas las dulces y blancas cautivas cristianas que el rey poeta, Mutamid de Sevilla recordará en su destierro y dirá suspirando: «me eran tan queridas y reemplazaban con sus cantos a las palomas de las altas ramas»[24]. O sea que la aparición y florecimiento de las jarchas en el siglo X coincide con este papel de cantante bailarina que van a asumir las mujeres de al–Andalus, muchas de ellas cristianas. La lírica romance popular forzosamente tenía que ser más antigua. El interés de los poetas cultos árabes y judíos bien pudo comenzar cuando escucharon a estas esclavas cristianas. En Córdoba en el siglo X se abrieron una especie de academias conservatorios que educaban a esclavas músicas, cantantes y bailarinas en toda serie de disciplinas. Ibn al Kinani, médico cordobés de esta época adquirió fama y fortuna por las alumnas que había enseñado y que vendía a precios elevados: «Soy capaz, nos dice, de despertar la inteligencia de las piedras y con más razón de las personas más zafias e ignorantes. Sepan que poseo en estos momentos cuatro cristianas que, ayer ignorantes, son hoy sabias y llenas de cordura, versadas en el conocimiento de la lógica, de la

---

[18]   Al–Mubarrad, al–Kamil, en al–Tiyani, Tuhfat al'arus, ms. de Argel, folio 49 r.

[19]   Ver Henry Pérès, *Esplendor de al–Andalus*, Madrid: Hiperión, 1983, págs. 288–289.

[20]   R. P. Dozy, *Historia de los musulmanes de España*, II, *Cristianos y Renegados*, Madrid: Turner, 1982, pág. 49.

[21]   R. P. Dozy, *Historia de los musulmanes de España*, II, *Cristianos y Renegados*, pág. 189.

[22]   Anwar G. Chejne, *Historia de la España Musulmana*, Madrid: Cátedra, 1980, pág. 21 y 102.

[23]   Ver Henry Pérès, *Esplendor de al–Andalus*, pág. 385.

[24]   Texto citado por Pérès, *Esplendor de al–Andalus*, pág. 386.

filosofía, de la geometría, de la música, del astrolabio, de la astronomía, de la astrología, de la gramática, de la prosodia, de las bellas letras, de la caligrafía [...]»[25] El mismo al Kinani educó a una cantante que vendió a Hudayl Ibn Razin por una gran suma que era una verdadera maravilla. De ella Ibn Bassam escribe: «Nadie vio, en su época mujer con aspecto más gracioso, de movimientos más ágiles, de silueta tan fina, de voz más dulce, sabiendo cantar mejor [...]»[26]. Ibn Bassam nos informa también que las cantantes y músicas que pertenecían al mismo noble se agrupaban en orquestas denominadas sitara[27]. Los cristianos del norte adquirieron esta costumbre pero en este caso eran esclavas árabes las encargadas de distraer a los nobles cristianos.

Era pues Córdoba y no Sevilla en el siglo X la capital de la música y de la danza y no podemos olvidar que al–Qabri era cordobés. En el siglo XII esto cambiará; Córdoba representará el puritanismo árabe y Sevilla se convertirá en la capital de las fiestas. Esto justificará la conocida frase del gran filósofo Averroes: «Si muere en Sevilla un hombre sabio y se quieren vender sus libros, se llevarán a Córdoba. Si por el contrario un músico muere en Córdoba se va a Sevilla a vender sus instrumentos»[28].

Igualmente resulta revelador el que precisamente durante los siglos XI y XII exista un verdadero florecimiento de poetisas árabes andaluzas. Según Pérès fue precisamente «el ambiente creado por las costumbres cristianas lo que permitió que se llegara a un concepto más liberal de la condición de la mujer»[29]. Los versos de Wallada, de su amiga Muhya, de Umm al–Hana, Umm al–Kiram, Hamda de Guadix y de Butayna, por citar algunas de las más importantes nos revelan que son capaces de expresar «una pasión ardiente y exclusiva»[30] y tenemos que concluir ¿Por qué no sabrían hacerlo las otras andaluzas, las cristianas?

Otro argumento histórico–sociológico puede ser deducido del fenómeno paralelo de la trasmisión de los romances castellanos, especialmente bien documenta en las comunidades sefarditas. El papel casi exclusivo de la mujer en esta labor de trasmisión no puede ser negado puesto que aún perdura. El romancero español ha sido trasmitido por vía oral femenina durante un periodo de cuatro siglos. Estas cantantes han usado del material poético con gran libertad, transformándolo, enriqueciéndolo. Estas mujeres sefardíes son verdaderas creadoras o por lo menos colaboradoras de la composición que hoy se recita. Son muchas las composiciones a las que se han añadido un gran número de versos a fin de llegar a un final feliz, consiguiendo la unión imposible o suavizando el castigo de la adúltera. La profesora de Montreal Oro Anahory ha hecho investigaciones muy interesantes a este respecto. Se trataría aquí de un

---

25 Pérès, *Esplendor de al–Andalus*, pág. 386.
26 Pérès, *Esplendor de al–Andalus*, pág. 387.
27 Pérès, *Esplendor de al–Andalus*, pág. 387.
28 Pérès, *Esplendor de al–Andalus*, pág. 391.
29 Pérès, *Esplendor de al–Andalus*, pág. 401.
30 Pérès, *Esplendor de al–Andalus*, pág. 429–432; Teresa Garrulo, *Diwan de las poetisas de al–Andalus*, Madrid: Hiperión, 1986.

procedimiento inverso al de las jarchas y canciones de amigo, una feminización del mensaje masculino.

En las jarchas romances el profesor Josep Sola–Solé encuentra un «cierto matiz picante, un aire de impudor que contrasta con el recato de la mayor parte de las cantigas de amigo» que él cree se debe a la influencia de las costumbres árabes[31]. Otra explicación podría encontrarse en el hecho de que el poeta árabe o judío, al estar la jarcha en otra lengua, no la adulterara de la misma manera. Preferiría, quizá, presentarla en todo su patetismo para que el simil tuviera más fuerza. Gracias a esta separación de clases y de lengua la voz poética femenina es posible su que conserve algo más de su primitiva frescura. Los que niegan la posibilidad de que nos encontremos ante una composición femenina parecen negar al mismo tiempo a la mujer mozárabe de estos siglos la capacidad de sentimientos amorosos y de deseos.

Si aceptamos la hipótesis de que la jarcha es, o al menos puede ser, una composición poética femenina, tal como parece estar afirmado en los propio textos que nos las transmiten, la moaxaja árabe o judía se convierte en una preciosa muestra de la híbridez de la sociedad andaluza; un poema compuesto «a la limón» entre un hombre culto perteneciente a la esfera del poder y una mujer del pueblo de otra lengua y otra religión: dos sexos, dos lenguas, dos religiones y dos estratos sociales. La moxaja además al estar unas veces escrita en árabe y otra en hebreo es una de las pruebas de la síntesis de culturas que se consiguió, aunque sólo fuera por unos años, en al–Andalus. La autoría femenina de la jarcha llevaría tal síntesis un paso más adelante al convertir a la moaxaja en una primera muestra de un mundo poético que incluyera el discurso masculino y el femenino en la creación de esa especial palabra.

Al reclamar para la mujer el reconocimiento de su colaboración en la formación de la lírica española no estoy olvidando que las jarchas no son sino el reflejo de la existencia de unas simples cancioncillas mozárabes que podrían cantarse mientras se lavaba la ropa en el río o se encendía la lumbre. En gran medida su valor poético se debe al hecho de que que sirvieran de inspiración a los poetas cultos árabes y judíos de al–Andalus los cuales al incorporarlas a sus composiciones, con toda probabilidad, las transformaron y embellecieron. Estos sencillos versos no pueden compararse a la obra de poetas masculinos de la talla de Berceo, Juan Ruiz o del autor o autores del Poema del Cid. Como diría Teresa de Cartagena, nuestra primera feminista que además de ser mujer era de raza judía, monja y sorda no se pretende con este humilde trabajo «ofender al estado superior y onorable de los prudentes varones»[32].

---

[31]   Josep Sola–Solé, «las harga–s mozárabes» en *Sobre Árabes, judíos y marranos y su impacto en la lengua y literatura españolas*, pág. 44.

[32]   Teresa de Cartagena, *Arboleda de los enfermos: Admiraçion operorum Dey*, ed. Lewis J. Hutton, *Boletín de la Real Academia Española*, Madrid, 1967, pág. 118. Tomo la cita del citado trabajo de Deyermond, «Spain's First Women Writers» en *Miller, Beth, Women in Hispanic Literature*, pág. 41

Literatura paraescolar y difusión del humanismo en el siglo XV: la *Repetición de amores* de Lucena[1]

Jesús GÓMEZ

Hasta ahora se ha subrayado, sobre todo, el aspecto erótico de la *Repetición de amores* de Lucena, en relación con los libros sentimentales, con la literatura de los *remedia amoris*, o con el debate entre misoginia y profeminismo. Es cierto que todos estos temas ocupan más de dos terceras partes del texto; sin embargo, el verdadero sentido de la *Repetición de amores* no se puede entender sin tener en cuenta el desarrollo completo de su argumentación, que podemos resumir mediante un esquema parecido a éste:

PREÁMBULO: Dedicatoria a su amiga.
EXORDIO: «Preclaríssimas señoras».
–Elogio de la castidad y de la virtud.
–Transición.
EL TEXTO: las coplas de Torrellas.
–Aventura amorosa de Lucena.
–Omnipotencia del Amor.
–Descripción de Cupido.
EL NOTABLE DEL TEXTO:
–Transición.
–Importancia del libre albedrío y de la virtud.
–Reprobación del amor y de las mujeres.
LA CONCLUSIÓN DEL TEXTO:
–Transición.
–Primacía de las letras sobre las armas.
–Primacía de las armas sobre las letras.
FIN: Elogio de su amiga.

Lucena inicia su argumentación elogiando la castidad, principio que es un tanto desconcertante para una relección que pretende ser sobre el amor. Acto seguido, pronuncia un encendido elogio de la virtud como fundamento de la

---

[1]   Este resumen, donde he aligerado las referencias bibliográficas y he introducido varias modificaciones, forma parte de la introducción a la *Repetición de amores* que he preparado para la *Biblioteca Española del siglo XV*. Citaré el texto de Lucena por esta edición, sin más indicaciones.

dignitas hominis: «sola la virtud se entiende ser aquella que en tal grado de excellencia nos constituye τ confirma. Donde la belleza τ salud corporal, señoríos τ imperios, el número grande de los hijos, la muchedumbre de los siervos, la quantidad de las riquezas, la grandeza de las possessiones, la libertad de la patria τ deleites corporales son en un chico momento de nosotros arrebatados y consumidos».

La virtud (dice Lucena) es el único bien humano perdurable frente a todos los demás bienes, regidos por la Fortuna. De este modo, cultivando la virtud, el hombre reina por encima de la Naturaleza y de su propia naturaleza, porque se vence a sí mismo. Es la misma tesis que aparece una y otra vez en los escritos de los humanistas italianos. Lucena afirma que la virtud es el principal origen de la gloria terrenal o de la inmortalidad humana: «Donde, después que la inevitable muerte ha quitado de tierra la operación virtuosa, apartando el ánima del cuerpo, la gloria τ la fama renuevan en el mundo una vida libre de la contingencia τ subiección de la muerte».

Después de esta declaración de principios, hay un brusco giro en el desarrollo de la *Repetición*, apenas suavizado mediante una breve transición: «veniendo a la declaración del capítulo que en el presente acto he de examinar». Lucena afirma que su propósito es comentar las conocidas coplas misóginas del *Maldecir de las mujeres* de Torrellas. Pero antes («Porque mejor se entienda la materia del presente capítulo»), refiere su aventura amorosa con «aquella señora a quien yo he querido enderezar aquesta mi obra». Lucena se encuentra con su amiga y, a través de una tercera, le envía cartas a las que ella responde de manera desabrida. Éste es el único pasaje propiamente sentimental de la *Repetición de amores*, adaptado parcialmente y traducido a la letra, en su mayor parte, de la *Historia de duobus amantibus* (1444) de Enea Silvio Piccolomini.

Una vez que se ha frustrado esta tentativa amorosa, el protagonista (Lucena) decide buscar remedios para su desesperación «Yo, viendo que mis importunidades no podieran obrar sino mayor menosprecio, acordé dexarla por algunas días de enojar, buscando remedios assí para poderla afficionar como para sanar del dolor que Cupido, desarmado su arco, me causó con su flecha». Pero, de inmediato, reflexiona y advierte la omnipotencia del amor: «ca a mozos τ viejos, a casadas τ a vírgines con sus llamas enciende». Para probarlo, cita numerosos ejemplos de la Antigüedad copiados literalmente del *Tratado de cómo al hombre es necesario amar* atribuido al Tostado. Finalmente, describe de manera alegórica la figura del dios Cupido, copiando esta vez la última de las *Diez cuestiones* del Tostado[2].

Podemos observar que la *Repetición de amores* no se desarrolla literalmente, sino que hay bruscos giros de un tema a otro y de lo particular a lo general, como sucede también en el *Libro de buen amor*. De la virtud a la misoginia y de la misoginia al amor, o a Cupido, en un constante zigzag cuyo efecto más inmediato

---

2   Véase D. W. McPheeters, «Influencia del Tostado en Salamanca a fines del siglo XV», intervención en el *VII Congreso Internacional de Hispanistas*, ed. G. Bellini, II, Roma: Bulzoni, 1982, págs. 1091–1092.

es desnortar al oyente o al lector, que se pregunta por el sentido de las reflexiones de Lucena: elogia la castidad y, al mismo tiempo, invoca el poder del amor. Critica a las mujeres, pero intenta conquistar a una de ellas. Lucena había dicho que el propósito de su obra era glosar las conocidas coplas misóginas de Torrellas, tema al que tan sólo dedica un tercio del texto, plagiado en su mayor parte del *De amoris remedio* de Enea Silvio Piccolomini[3]. Con la salvedad, además, de que no critica a todas las mujeres: «ca muchas leemos buenas y biven hoy en día otras, las quales con gran reverencia son de nombrar». Y añade el autor: «quise vituperar a las malas, creyendo que d'ello serían servidas las buenas, como aquel que para conoscer un color lo coteja con otro». No olvidemos tampoco que la *Repetición* está enderezada a unas «preclaríssimas señoras» y que está dedicada a su amiga y «muy notable señora», como dice en el Preámbulo.

Sólo de manera superficial se puede considerar la *Repetición de amores* como una obra misógina[4]. El propósito de Lucena es otro o, por lo menos, eso es lo que se deduce de «La conclusión del texto»: «Resta agora finalmente para satisfazer la opinión de vuestras mercedes, sustentar por conclusión aquello por lo qual todas más estimáis a los hombres, que es el esfuerzo por el qual si es el hombre esclarecido, deve ser más loado que otro qualquiera puesto en otro exercicio, aunque sea de sciencia».

Retomando el debate medieval entre el clérigo y el caballero (la *Disputa entre Elena y María*), la *Repetición de amores* deriva hacia un enfrentamiento entre las armas y las letras. El sentido final de este enfrentamiento, tal y como se desarrolla en la obra de Lucena, se puede considerar como una variante del «humanismo de las armas», por utilizar la expresión acuñada por J. A. Maravall[5], aunque el método expositivo es genuinamente escolástico: Lucena divide la *quaestio disputata* en cuatro puntos que se contradicen entre sí *pro et contra*. Es decir, primero plantea cuatro argumentos en favor de la primacía de las letras sobre las armas y después los refuta. Además, estos cuatro argumentos son otros tantos silogismos: el primero y el cuarto en *Barbara*, el segundo y el tercero en *Celarent*:

> 1) a qualquiera cosa que en sí contiene mayor perfección, es razón se le atribuya mayor lohor. La sciencia es de mayor perfeción qu'el arte militar, luego aquélla se le deve mayor lohor.

---

[3] Véase Françoise Vigier, «Remèdes à l'amour en Espagne au XVe et XVIe siècle», en *Travaux de l'Institut d'Études Hispaniques et Portugaises de l'Université de Tours*, ed. A. Redondo, Tours: Université, 1979, págs. 151–187.

[4] Es la interpretación que propone B. Matulka: «An Anti–Feminist Treatise of the Fifteenth Century Spain: Lucena's *Repetición de amores*», *Romanic Review*, 22 (1931), págs. 99–116. Interpretación que ha sido desarrollada sobre todo por Jacob Ornstein, en la introducción a su edición de la *Repetición de amores*, Chapel Hill: University of North Carolina, 1954, y en dos artículos anteriores: «La misoginia y el profeminismo en la literatura castellana», *Revista de Filología Hispánica*, 3 (1941), págs. 219–232; «Misogyny and Pro–Feminist Documents», *Modern Languages Quaterly*, 3 (1942), págs. 221–234.

[5] *El humanismo de las armas en «Don Quijote»*, Madrid: Instituto de Estudios Políticos, 1948.

2) ninguna cosa contenida en mayor parte debaxo el dominio τ poder de la fortuna meresce mayor gloria que los hábitos dignos totalmente de la fortuna agenos. Y como la milicia en mayor parte consista en el servicio y favor de la fortuna, y los hábitos scientíficos sean de la fortuna seguros, síguese que la milicia o las armas no pueden a la sciencia vantaja tener.

3) ninguna cosa que repugne a la natura del hombre τ a la universal inclinación suya puede ser más dina que aquella por la qual el hombre naturalmente se conduce al fin al qual es hordenado. Y como el arte militar repugne a la natura del hombre y las letras le atraigan a la su última felicidad, que es la contemplación de las primeras sustancias, síguesse que la milicia o exercicio de armas, no meresce mayor fama que la sciencia o letras.

4) de toda perfección es más digna aquella cosa que de sí produce más noble effecto. Y, como la sciencia produzga el perfectíssimo estado; es a saber: la bienaventuranza, y las armas sólo el señorío temporal, síguese que las scientias son más dignas qu'el arte militar.

En realidad, los cuatro silogismos son discutibles porque se basan en una premisa falsa: la de considerar que las armas son bienes que dependen de la fortuna. Sin embargo, y en tanto que se basan en la *fortitudo*, las armas son un bien intrínsecamente humano, como afirma posteriormente Lucena al refutarse: «Empero, la militar disciplina se contiene entre los bienes del ánimo, asimesmo como las scientias». Con la diferencia de que las letras «son bienes particulares τ la milicia bien universal». De este modo, las armas son superiores a las letras, como queda demostrado mediante el siguiente argumento, otro silogismo en *Barbara*, esta vez definitivo e indiscutible:

qualquiera bien público τ universal es más digno de honra y loor qu'el bien privado y particular. La disciplina τ arte militar es por el bien público τ universal, y las sciencias y los estudios solamente son bienes particulares; luego la disciplina militar es más digna de loor que qualquiera otra facultad o sciencia privada.

En este último silogismo, Lucena subraya la utilidad política de la virtud, a la que ya se había referido en un pasaje anterior. La conclusión de la *Repetición de amores* enlaza también con las observaciones iniciales sobre la virtud como fundamento en la *dignitas hominis*. Lucena ha desarrollado una línea de razonamiento que le permite acentuar la dimensión del ser humano como animal sociable, de acuerdo con la teoría política de Aristóteles que se difunde, sobre todo, durante la Baja Edad Media.

En la *Repetición de amores*, se acumulan las referencias a los escritos aristotélicos o pseudo–aristotélicos, como la *Económica*, la *Política* y la *Ética a Nicómaco*, obras que la traducción latina de Leonardo Bruni había puesto de moda en la España del siglo XV[6]. Precisamente, la reivindicación teórica de las armas y del arte militar se había desarrollado, en gran medida, a partir de los comentarios a estos escritos de Aristóteles. Pensemos, por ejemplo, en el *De re militari* del propio Bruni, dos veces traducido al castellano en el siglo XV[7], o en el *De officio militis* de Pedro Martínez de Osma[8]. Ambos autores sitúan el arte militar entre las artes liberales, cuyo fin es el bien común, como sucede en la Gramática y en la Retórica. El arte militar forma parte de la teoría ética y política, ya que se basa en la *fortitudo* y en la defensa de la *res publica*. Como Lucena, estos autores subrayan la importancia que adquiere la virtud como fundamento de la actividad social del hombre.

Es cierto que Lucena soslaya los aspectos más comprometidos de la nueva afirmación de la virtud. Me refiero, sobre todo, a la disputa sobre la «verdadera nobleza». Sin embargo, desarrolla el tópico de las armas y las letras desde una perspectiva claramente humanista. En contra de la tradición aristotélica y de la tradición cristiana más extendida (pensemos en Marta y María), afirma Lucena que las armas son superiores a las letras en tanto que es superior la vida activa a la contemplativa. Este tipo de razonamiento es humanista, al menos si consideramos como tal la proyección cívica del saber y el acento en la dimensión social del conocimiento que J. N. H. Lawrance considera como notas características del «vernacular humanism»[9].

Esa misma proyección cívica del saber se refleja en las condiciones literarias de la *Repetición de amores*, que Lucena separa explícitamente de aquellas otras repeticiones habituales en las «scientíficas letras». Como se sabe, la *repetitio* es uno de los métodos utilizados en la Universidad medieval. En sus orígenes esta repetición viene a ser una lección complementaria a cargo de los profesores de menor rango (los repetidores), aunque también estaban obligados a repetir una vez al año los catedráticos de propiedad. En la constitución XIII de Martín V (1422) para la Universidad de Salamanca, se especifica que esta relección anual

---

[6]   P. E. Russell y A. R. D. Padgen, «Nueva luz sobre una versión española cuatrocentista de la *Ética a Nicómaco*: Boedlian Library Ms. SPAIN D 1», en *Homenaje a G. Guastavino*, Madrid, 1974, págs. 125–146. Véase A. R. D. Padgen, «The Diffusion of Aristotle's Moral Philosophy in Spain, ca. 1400–ca. 1600», *Traditio*, 31 (1975), págs. 287–313; Laureano Robles, «El estudio de la *Ética* en España (del siglo XIII al XX)», en *Repertorio de historia de las ciencias eclesiásticas en España*, 7, Salamanca: Universidad Pontificia, 1979, págs. 235–353.

[7]   Hay una traducción anónima dirigida a Santillana y otra traducción de Mosén Pedro de la Panda dirigida a R. Manrique. Véase Ángel Gómez Moreno, «La *Questión* del Marqués de Santillana a Don Alfonso de Cartagena», *El Crotalón: Anuario de Filología Española*, 2 (1985), págs. 335–363.

[8]   Hay una edición de J. Goñi Gaztambide en *Revista Española de Teología*, 43 (1983), págs. 181–191.

[9]   «On Fifteenth–Century Spanish Vernacular Humanism», en *Medieval and Renaissance Studies in honour of R. B. Tate*, ed. I. Michael y R. A. Cardwell, Oxford: Dolphin Books, 1986, págs. 63–87.

debe celebrarse antes de San Juan. En la constitución XVIII, se añade que es necesario también hacer una repetición para licenciarse[10].

Cuando Lucena escribe su *Repetición de amores* está estudiando, como él mismo dice: «en el preclaríssimo studio de la muy notable ciudad de Salamanca». Con posterioridad, la *Repetición de amores* se edita, sin pie de imprenta, junto con un *Arte de axedrez* también del propio Lucena, dedicado al príncipe Don Juan. La fecha *ad quem* de esta edición es, por lo tanto, 1497, año en el que muere trágicamente el heredero de los Reyes Católicos. B. Matulka[11] cree que la *Repetición de amores* pudo ser escrita entre 1480 y 1490. Por el contrario, J. Ornstein[12] apunta los años 1495–1497, sin ninguna razón aparente. B. Bussell Thompson afirma que la *Repetición de amores* tuvo que ser escrita antes de 1495, año en el que se edita la traducción castellana del *De casibus virorum illustrium*[13]. P. M. Cátedra sugiere los años 1486–1487, una de las diez ocasiones en las que los Reyes Católicos visitan Salamanca[14].

Lo único que sabemos con seguridad es lo que afirma el propio Lucena, quien dice ser hijo del «reverendo prothonotario don Juan Remírez de Lucena, embaxador y del consejo de los reyes nuestros señores». Con independencia de que este personaje sea el mismo que escribe la *Vita beata*, lo que sugiere esta afirmación es que, por aquel entonces, Lucena no era más que un simple universitario cuyo máximo timbre de gloria era el de ser hijo de un protonotario del consejo real. Parece sensato pensar que ni cuando Lucena escribe su *Repetición* ni cuando la publica es todavía bachiller porque, de haberlo sido, no lo hubiera ocultado, como no lo hace Fernando de Rojas en los versos acrósticos de su *Tragicomedia*. Si esto es así, como lo suponemos, podemos deducir que entre la fecha de composición y de edición hay un intervalo de tiempo no superior a los cinco años, tiempo aproximado que se requería para llegar al grado de bachiller. De este modo, si la *Repetición de amores* se publica hacia 1496, tuvo que ser escrita después de 1491.

En cualquier caso, no se puede aceptar la sugerencia de J. Ornstein[15], cuando dice que la *Repetición de amores* se escribe para la ceremonia del grado de licenciado, porque, de ser así, hubiera estado escrita en latín y hubiera sido dirigida a un público universitario. En cambio, Lucena se refiere explícitamente a unas «preclaríssimas señoras». Es cierto que hay vejámenes universitarios, y *gallos*, donde el auditorio femenino es una imagen invertida o trasvestida del claustro[16].

---

10   Véase, por ejemplo, Daniel Sánchez, «Metodología didáctica en la Universidad de Salamanca durante el siglo XVI», *Provincia de Salamanca*, 3 (1982), págs. 9–26.

11   B. Matulka, pág. 101.

12   Introducción a su edición citada, págs. 1–2.

13   «Another Source for Lucena's *Repetición de amores*», *Hispanic Review*, 45 (1977), págs. 337–345.

14   *Amor y pedagogía en la Edad Media*, Salamanca: Universidad, 1989, pág. 140, nota.

15   Introducción a su edición citada, págs. 2–3.

16   Pensemos, por ejemplo, en el *Gallo Benito*, que ha sido editado por Aurora Egido, «De ludo vitando. Gallos áulicos en la Universidad de Salamanca», *El Crotalón: Anuario de Filología Española*, 1 (1984), págs. 609–648. Véase ahora Francisco Layna Ranz, «Ceremonias burlescas

Pero éste no es el caso de la *Repetición de amores*, porque nada nos hace suponer que haya sido pronunciada en la Universidad. Lucena únicamente se dirige a un público cortesano y femenino, como Diego de San Pedro en su *Sermón de amores*[17]. Un público que seguramente era más aficionado a los libros sentimentales que a las repeticiones universitarias, de acuerdo con los gustos cortesanos de la época[18]. Podemos suponer que, por este motivo quizá, incluye Lucena una antología de tópicos extraídos de la literatura sentimental, para ganarse la voluntad de su público, aunque también imparte una lección aristotélica sobre la virtud y sobre la dignidad militar de los caballeros.

Hemos visto que el razonamiento sobre la virtud ocupa una parte importante y muy significativa de la *Repetición de amores*. Lucena desarrolla este razonamiento principalmente a partir de los escritos de Aristóteles que, como la *Ética a Nicómaco*, eran textos escolásticos o universitarios. Y comenta estos textos dentro de un género también universitario, como es la *repetitio*. Pero se dirige a un público cortesano y, en principio, ajeno a la Universidad. Todo ello se corresponde perfectamente con la corriente humanista de literatura paraescolar que origina lo que E. Garin llama la «educación civil»[19]. Los educadores italianos, y sus seguidores en el resto de Europa, pretenden inculcar en las clases dominantes un aprecio renovado por la educación en su sentido más amplio, como desarrollo moral del individuo. Desde esta perspectiva reformista, la *Repetición de amores* se puede entender como una condena velada de los devaneos eróticos característicos de los libros sentimentales, de los cancioneros y de otras «artes de amores»[20]. Al fin y al cabo, éste era también el propósito del autor de la *Celestina*, que escribía por aquellas mismas fechas y en aquel ambiente universitario de Salamanca.

---

estudiantiles (siglos XVI y XVII): 1. Gallos», *Criticón*, 52 (1991), págs. 141–162; artículo que hay que leer junto con su tesis, aún inédita, *Literatura áulica y ceremonias burlescas estudiantiles*, dirigida por Ana Vian, Universidad Complutense de Madrid, 1994, especialmente págs. 427–447.

[17]   Véase Pedro. M. Cátedra, *op. cit.*, pág. 133.

[18]   Véase Jeremy N. H. Lawrance, «The Spread of Lay Literacy in Late Medieval Castile», *Bulletin of Hispanic Studies*, 62 (1985), págs. 80–94.

[19]   *La educación en Europa, 1400–1600. Problemas y programas*, trad. M. E. Méndez Lloret, Barcelona: Crítica, 1987, págs. 132–138.

[20]   Con posterioridad a la redacción de estas páginas, he vuelto sobre este enfoque: «Las 'artes de amores', *Celestina*, y el género literario de la *Penitencia de amor* de Urrea», *Celestinesca*, 14 (1990), págs. 3–16; «Los libros sentimenatales de los siglos XV y XVI: sobre la cuestión del género», *Epos*, 6 (1990), págs. 521–532.

La literatura de cómputo en la Cataluña de los siglos X–XII: el caso de Ripoll

Juan GÓMEZ PALLARÉS

Es nuestra intención escribir, siempre a partir del estudio de primera mano de los manuscritos, sobre la literatura latina de cómputo eclesiástico en Cataluña en los siglos X al XII[1]. Este propósito, aunque ya existan trabajos que acoten el campo de estudio[2], supone volver sobre una buena cantidad de mss. ya conocidos, para discernir exactamente sus datos codicológicos y de contenido, además de acercarse por primera vez a otros mss. no considerados.

Pretendemos hacerlo revisando los catálogos que hablan de los mss. que estuvieron en Ripoll (mss. conservados allí, comprados, prestados o directamente producidos: todos ellos tuvieron directa repercusión en las mentes de quienes los leyeron o confeccionaron), para llegar a obtener de ellos una lista fiable de mss. con contenidos de cómputo eclesiástico. En segundo lugar, el estudio de los datos que nos proporcionen tales mss. servirá para reafirmar (o no) su procedencia ripollesa, su cronología y su contenido real, además de proporcionarnos, a continuación, una panorámica de los textos que se conocían *realmente* en Ripoll en esa época. A su vez, esta lista de textos y obras de cómputo permitirá una extrapolación hacia lo que se conocía en el resto de la España y de la Europa, fundamentalmente monástica, de aquella misma época, con vistas a intentar sacar conclusiones en una doble dirección: en primer lugar, ¿qué papel juega Ripoll en la transmisión de este tipo de conocimientos respecto del resto de España y Europa? Y en segundo lugar, ¿juega Ripoll el mismo tipo de papel respecto de la literatura de cómputo eclesiástico, que el que sabemos ya con certeza que jugaba

---

[1]   Por utilizar las sintéticas palabras de un autor muy prolífico en este campo, A. Cordoliani, «le comput écclesiastique est l'ensemble des calculs qui concernent le calendrier chrétien et permettent en particulier la détermination de la fête de Pâques [...] Cette science a donné naissance, dans l'Occident médiéval, à une abondante litterature [...] mal connue, dont certains textes parmi les plus importants attendent encore une édition», en el artículo «Comput, Chronologie, Calendriers», de *L'Histoire et ses méthodes. L'Encyclopédie de la Plèiade,* XI, Paris, 1961, págs. 44–45.

[2]   Fundamentalmente, los estudios de A. Cordoliani, «Inventaire des mss. de comput écclesiastique conservés dans les Bibliothèques de Catalogne», *Hispania Sacra,* 4 (1951), págs. 359–384 y 5 (1952), págs. 121–164 y «Los mss. de cómputo eclesiástico en las Bibliotecas de Barcelona», *Analecta Sacra Tarraconensia,* 23 (1950), págs. 103–130.

respecto de otro tipo de literatura, como por ejemplo la científica[3], es decir, un papel protagonista en la recepción, conservación y producción, o bien se trata de un papel simplemente receptor y transmisor, como sucede con la literatura clásica?

La biblioteca del monasterio de Ripoll ha sufrido tantas vicisitudes como cualquier biblioteca con más de mil años a sus espaldas y su historia está jalonada por multitud de catálogos, revisiones, inventarios y menciones, no siempre fiables o aprovechables, que nos muestran esos avatares.

El primer «catálogo» del que tengamos noticia fue hecho a la muerte del abad *Vindisclus*, el día 30 de julio de 979 y por él sabemos que el monasterio disponía de *libri numero LXV et eo amplius*[4]. El primer catálogo realmente aprovechable (aunque de él se hayan hecho distintas ediciones, producto de confusiones de los estudiosos, como si se tratara de varios catálogos) es el realizado a la muerte del abad Oliba, el 30 de octubre de 1046 (el catálogo sería de 1047) y, como dice M. Mundó[5], «representa el índice de cultura literaria de Ripoll en su punto álgido», gracias al impulso creador de su más importante abad y obispo. El catálogo, que suele titularse *Catalogus librorum qui sec.XII extabant* (*XII* es un error de copista por *XI*), y cuyo *inc.* es *Hic est breuis librorum Sanctae Mariae*, ha sido editado por J. Villanueva en su *Viage Literario*, a partir del perdido ms. Ripoll 40[6], y por Rudolf Beer, en su famoso estudio de los mss. del monasterio[7]. En aquella época, Ripoll contaba con 246 libros manuscritos.

Existe otra importante descripción del contenido de la biblioteca, transmitida por el monje *Arnaldus del Monte* en 1173, en una carta enviada al monasterio desde Santiago de Compostela y conservada en el Archivo de la Corona de Aragón (=ACA), ms. Ripoll, 99[8]. Para la documentación de época posterior (no para la franja cronológica que ahora nos hemos marcado), también hay que tener en cuenta el pergamino en que se relacionan los libros ingresados en Ripoll en 1381,

---

[3]   Quien más se esforzó en su momento por resaltar el carácter puntero de Ripoll en la recepción y transmisión de la cultura científica medieval, fue J. M. Millàs Vallicrosa, a través de algunos de sus trabajos: *Assaig d'Història de les idees físiques i matemàtiques a la Catalunya medieval*, Barcelona: CIRIT, 1983 (1ª ed. 1931); *Valoración de la cultura románica en la época de Sta. María de Ripoll*, Zaragoza: Estación de Estudios Pirenaicos, 1945; *Nuevas aportaciones para el estudio de la transmisión de la ciencia a Europa a través de España*, Barcelona, 1943.

[4]   Véase R. Beer, *Handschriftenschätze Spaniens*, Wien, 1914, pág. 411; Th. Gottlieb, *Ueber mittelalterlichen Bibliotheken*, Leipzig, 1890, pág. 270; P. Ewald, *Reise nach Spanien im Winter von 1878 und 1879*, Hannover, 1881, pág. 389 y R. Beer, *Los manuscrits del monestir de Santa Maria de Ripoll*. Traducción catalana de P. Barnils, *Boletín de la Real Academia de Buenas Letras de Barcelona*, 8 (1909), págs. 18–19 (citamos siempre la paginación de la edición tirada aparte del *Boletín*).

[5]   Véase A. M. Mundó, «Códices Isidorianos de Ripoll», en *Isidoriana. Estudios sobre San Isidoro de Sevilla en el XIV centenario de su nacimiento*, León, 1961, págs. 389–400 (pág. 391).

[6]   Cf. J. Villanueva, *Viage literario a las iglesias de España*, VIII, Valencia, 1821, apéndice 4.

[7]   Cf. *op. cit.* en nota 4, págs. 79–85.

[8]   Carta citada por R. Beer, *Hsschätze...*, págs. 413–414, donde transcribe parte del texto (*inc.*: *Reuerendis patribus et dominis suis Ro <Raimundus?>, Dei gratia Riuipullentis electo...*). La carta es importante, aunque no contenga notas transcendentales de cómputo eclesiástico, porque transcribe, de la mano del monje, tres de los libros (2, 3 y 4) del *Codex Calixtinus* compostelano.

procedentes del abad Ramón de Savarés, conservado en el ACA, Pergaminos de Pedro III, 3056, y publicado por Antonio Rubió y Lluch[9].

Más interesante para nuestro propósito es el catálogo que de lo que se encontraba en Ripoll, confeccionó Etienne Baluze, secretario de Pedro de Marca, el día 28 de agosto de 1649, conservado en la Biblioteca Nacional de Paris, Fondo Baluze, 372, inc. en el folio 2r: *Lista de los libros manuscritos en la libreria del monasterio de Ripoll a los 28 de agosto de 1649*[10]. En aquella época, el monasterio contaba con 284 mss.

Benito Ribas, monje de Montserrat (monasterio nacido bajo el patrocinio de Ripoll y cuyos primeros libros manuscritos procedían de allí), realizó en *ca.* 1800, un catálogo de mss. de Ripoll que, a lo que parece, era una copia del hoy desaparecido ms.40[11]. El catálogo se conserva en la biblioteca de la Real Academia de la Historia de Madrid, 12–27–4, E 122, y tiene en el ms., el *inc. Catálogo de los códices manuscritos que oy (sic) día existen en la biblioteca del real monasterio de Ripoll en el principado de Cataluña. Saec. XVIII.* Podemos deducir, pues, que la información de Ribas procede de la misma fuente que el ms. desaparecido 40 (publicado por Villanueva), esto es, el catálogo de época de Oliba.

J. Villanueva, además de editar en los apéndices a su vol. VIII del *Viage,* el ms.40 y otros documentos de Ripoll, ofrece en las páginas de ese volumen, descripciones de otros mss. que él viera en su estancia en el monasterio, en 1806. Por eso, también hay que tener en cuenta el trabajo de Villanueva en su doble aspecto documental.

En 1820, el monje y archivero de Ripoll, Roc d'Olzinelles, realizó también una descripción del material conservado en Ripoll. Este «inventario» se conserva hoy en el Archivo Episcopal de Vic, legajo 1057, y debiera de haber sido editado por el canónigo Eduardo Junyent, aunque nosotros no tenemos constancia de tal publicación.

A Próspero de Bofarull, director del ACA, debemos el que buena parte de los mss. de Ripoll se conserven todavía en el citado archivo. El consiguió llevarlos a Barcelona y con su deliberada demora en devolverlos, salvó a buena parte de ellos del incendio que sufrió el monasterio en 1835. El catálogo, hecho a partir de las notas de Roc d'Olzinelles y publicado por F.Valls y Taberner (*inc.: Catálogo de los códices manuscritos que en virtud de la Real Orden de 20 de noviembre de 1822 ha remitido a este Archivo general de la Corona de Aragón mi subdelegado*

---

9 Véase *Documents per l'història de la cultura catalana mig–eval*, II, Barcelona, 1921, págs. 233–242, documento núm. ccxlviii (*inc.: Nouerint uniuersi quod die ueneris uicesima sexta mensis...*).

10 Cf. L. Délisle, *Le Cabinet des manuscrits de la Bibliothèque Impériale,* I, Paris, 1868, pág. 364 y L. Auvray–R. Poupardin, *Catalogue des manuscrits de la Collection Baluze*, Paris, 1921, págs. 418–419 (n.372).

11 Cf. R. Beer, *Hsschätze...*, pág. 412 y P. Ewald, *Reise...,* pág. 389. Th. Gottlieb, *Die mittelalterliche...,* pág. 279, indica que el catálogo de Ribas está directamente apoyado en el desaparecido ms. 40 y R. Beer, *Los mss. del monestir...,* pág. 22, opina lo mismo.

Dn.P. Mártir de Olzinellas...), contiene, pues, noticias de los mss. todavía conservados en el ACA y también de los quemados y desaparecidos en Ripoll[12].

La noticia del historiador José María Pellicer y Pagès sobre el monasterio incluye una lista de mss., pero no aporta absolutamente nada: tan sólo reproduce la información de Villanueva[13].

Finalmente, dos estudios importantes sobre el *scriptorium* y la biblioteca de Ripoll. El primero, de Rudolf Beer, *Die Handschriften des Klosters Sta. Maria de Ripoll*[14], lo es porque edita alguno de los catálogos antiguos (el de la época de Oliba y extractos del de Baluze) y porque ofrece noticias pormenorizadas sobre diversos mss., *passim*. Y el segundo, también a partir de notas de Beer, pero publicado por Zacarías García Villada, la conocida *Bibliotheca Patrum Latinorum Hispaniensis*, vol II[15], lo es porque ofrece una primera descripción sistemática de los mss. conservados. Importante destacar, para finalizar este repaso, que está en curso de elaboración, una revisión del catálogo de Beer–García Villada (segunda edición corregida y aumentada), llevada a cabo por F. Miquel Rossell y M. D. Mateu Ibars, desde 1973.

Vamos a exponer a continuación la lista de mss. con textos y notas de cómputo eclesiástico que se desprende del análisis de este *corpus* de documentación. Seguimos el criterio de citar en primer lugar los mss. desaparecidos; a continuación, los conservados de segura procedencia ripollesa y, en último lugar, los conservados de probable procedencia ripollesa, haciendo constar que no es nuestro propósito citar todos los mss. ripolleses de que hemos tenido conocimiento, con contenidos distintos al cómputo eclesiástico, aunque éste sea un trabajo a emprender en colaboración con otros especialistas.

Manuscritos desaparecidos (no incluiremos los textos que se puedan desprender del estudio de estos mss., en la lista de textos que resulte del análisis del conjunto de mss.)

– En el catálogo de 1047 encontramos tres mss. que deben darse, en principio, por desaparecidos:

n.82: *Bede de temporibus*. Algún autor ha especulado con que este texto pudiera identificarse con el ms. *Vaticanus, Reginensis latinus* 123 (*uid. infra*), pero si el catálogo de Oliba se confeccionó tras su muerte, en 1046 o, como mucho, durante la parte final de su vida, tal identificación parece altamente improbable, puesto que el *Reg.* 123 es de 1056.

n.172: *Alius liber de computo* (sin ninguna otra especificación).

n.208–209: *Quaterniones de computo II*. El substantivo *quaterniones* puede inducir a equívoco: si se refiere a un único libro manuscrito compuesto por 2

---

[12] La publicación del catálogo de Próspero de Bofarull la tituló Valls y Taberner *Códices manuscritos de Ripoll,* Madrid, 1931.

[13] Cf. J. M. Pellicer y Pagés, *El monasterio de Ripoll. Memoria descriptiva de este célebre monumento en sus relaciones con la religión, las ciencias y el arte*, Gerona, 1878, págs. 231–232.

[14] Citado ya en nota 4, en traducción catalana de P. Barnils y *passim*.

[15] *Band II: Barcelona–Ripoll,* Wien, 1915.

cuaterniones de folios, entonces sin duda el ms. se ha perdido. Pero si se refiriera (y ésto es sólo una hipótesis) a 2 cuaterniones distintos ya en esa época, uno de ellos podría quizá ser el copiado íntegramente en un ms. del siglo XII (París, Biblioteca Nacional, *lat.* 7476),a partir de un modelo realizado por el monje Oliba, homónimo del abad que podría haber escrito uno de los cuaterniones de cómputo por esas fechas (los *anni praesentes* más antiguos del ms. parisino podrían corroborar tal idea).

– Ms. 37 en la antigua biblioteca del monasterio, que Villanueva todavía pudo ver *in situ* e intacto en 1806 y que describió someramente, bajo el n.19, en su *Viage*, vol. VIII, págs. 55–58. Se trata, con toda probabilidad, del ms. que Próspero de Bofarull catalogó con el número 1–2–19: desapareció pues en el incendio de 1835, tras ser devuelto al monasterio. Todos los autores que citan el ms. coinciden en otorgarle un tamaño folio, sin especificar el tipo de letra (Ewald habla de «letra medio romana medio gótica») y en datarlo a finales del siglo XI, incluso a principios del XII[16].

El libro contenía un martirologio, una *Regula Sancti Benedicti*, el tratado *De ponderibus et mensuribus*, quizás del monje Oliba, unas *Regulae abaci* del mismo autor y diversos textos de cómputo pascual y tablas. Sin especificar el contenido de los gráficos computísticos que contenía el ms., Villanueva cita y edita las conocidas *Epistolae de paschali cyclo Dionysiali ab Oliua Sancta Virginis Mariae Riuipollensis monacho editae* (*Epistola Oliuae monachi ad dominum Oliuam episcopum de feria diei natiuitatis Christi* y *Epistola Oliuae monachi ad Dalmatium monachum de feria diei natiuitatis Christi*) y el prólogo versificado que las precede.

– Ms. 6 (catalogado con el número 2–3–6 por Bofarull, quien no da ningún tipo de numeración antigua). Ms. probablemente escrito en el siglo XI (al menos así lo pensaba Bofarull) y que contenía unas *Tabulae computi ecclesiastici editae ab Oliua monacho Riuipullensi anno 1061* (Bofarull habla del año 1161, pero se trata de un evidente error, pues en 1161 Oliba llevaba ya muchos años muerto). El libro debía contener, no obstante, algún otro texto de cómputo, porque de no ser así, no se entiende que Baluze, en su catálogo (n.112), hable de *Liber computi*, si sólo hubiera encontrado unas tablas pascuales de Oliba en él[17].

Manuscritos conservados de segura procedencia ripollesa
    – Ms. ACA Ripoll, 106 (=1). Se trata de un ms. en pergamino, del siglo X, con 140 fols., unas medidas de 273 x 230 mm[18] y un contenido

---

[16]   La bibliografía fundamental de este ms. es: P. Ewald, *Reise...,* pág. 389; R. Beer, *Los mss. del monestir...,* págs. 69 y 90; Bofarull, en catálogo editado por Valls y Taberner, *op. cit.,* pág. 15 y J. M. Millàs Vallicrosa, *Assaig...,* págs. 248–249.

[17]   La bibliografía de este ms. es: Bofarull, *op. cit.,* pág. 28; R. Beer, *Los mss. del monestir...,* págs. 90–91 y J. M. Millàs Vallicrosa, *Assaig...,* pág. 251.

[18]   Una mucho más amplia descripción codicológica del ms. puede encontrarse en la revisión del catálogo de Beer–García Villada, *BPLH,* págs. 196–197, y una descripción de parte del contenido realizada de modo distinto a la nuestra, en A. Cordoliani, «Los mss. de cómputo...», págs. 107–110.

fundamentalmente misceláneo, en el que encontramos notas de cómputo en los fols. 25v, 75v, 89r, 93r–94v, 115r.

– Ms. ACA Ripoll, 59 (=2). Ms. en pergamino, de los siglos X–XI, con 304 fols. y unas medidas de 310 x 255 mm[19]. El contenido principal del ms. es una *Ars grammatica* de Prisciano y el contenido computístico se reparte por los fols.195r–200v, 201r–202v, 304v.

– Ms. *Vaticanus, Reginensis latinus*, 123 (=3). Ms. en pergamino del año 1056, con 223 fols. y unas medidas de 362 x 280 mm[20]. No precisamos folios con contenido computístico porque todo el ms. contiene textos astronómicos, astrológicos, de cómputo y *excerpta*, tanto de autores clásicos, como medievales: Plinio el Viejo, Higino, Ps.Higino, Macrobio, Calcidio, Isidoro de Sevilla, Beda el Venerable, etc.

– Ms. ACA Ripoll, 46 (=4). Ms. en pergamino, del siglo XI (¿comienzos?), menos los fols. 1v y 86v–87r, que proceden de otro ms. (forman una especie de contracubierta) y que son de finales del siglo VIII–principios del IX (fragmentos de la *Lex Visigothorum*), con 87 fols. y unas medidas de 338 x 260 mm[21]. El contenido fundamental del ms. es una *Ars grammatica* de Prisciano y las notas de cómputo se encuentran en el fol. 21r.

– Ms. ACA Ripoll, 225 (=5). Ms. en pergamino del siglo XI, con 105 fols. y unas medidas de 150 x 120 mm[22]. Es un ms. de contenido matemático, con textos computísticos y astronómicos en los fols. 39v–64v (*excerpta* del *De temporum ratione* de Beda) y en el fols. 73v.

– Ms. Paris, Biblioteca Nacional, *lat.* 7476 (=6). Ms. sobre pergamino, que no hemos podido ver personalmente (sólo en microfilm), del último tercio del siglo XII (pero copiando textos que van de 1040 a 1061), con 8 fols. (un

---

También puede consultarse el catálogo de P. de Bofarull, *op. cit.*, pág. 42; J. M. Millàs Vallicrosa, *Assaig...*, págs. 214–219; R. Beer, *Los mss. del monestir...*, págs. 48–52 y A. M. Mundó, «Códices Isidorianos...», n.18.

[19] Más amplia descripción codicológica en la revisión de la *BPLH*, págs. 100–101 y de contenido en A. Cordoliani, «Los mss. de cómputo...», págs. 104–107. También puede consultarse el catálogo de Bofarull, *op. cit.*, pág. 44; J. M. Millàs Vallicrosa, *Assaig...*, págs. 213–214 y J. Vives–A. Fàbrega, «Calendarios hispánicos anteriores al siglo XIII», *Hispania Sacra,* 2 (1949), págs. 119–140 (págs. 122–136).

[20] La información fundamental de este ms., tanto codicológica como de contenido y bibliográfica, está recogida en dos catálogos: *Bibliothecae Apostolicae Vaticanae Codices Manuscripti recensiti. Codices Reginenses Latini. Tom. i: Codices 1–250.* Rec. A. Wilmart, Città del Vaticano, 1937, págs. 289–292 y *Manuscrits Classiques Latins de la Bibliothèque Vaticane. Tom. ii.1: Fonds Patetta et Fonds de la Reine.* Par E. Pellegrin, Paris, 1978, págs. 35–38.

[21] Más amplia información codicológica en la revisión del catálogo de la *BPLH*, pág. 66. También puede consultarse a R. Beer, *Los mss. del monestir...*, pág. 29.

[22] Más información codicológica en la revisión del catálogo de la *BPLH,* págs. 345–346 y en A. Cordoliani, «Los mss. de cómputo...», págs. 114–115. También puede consultarse el catálogo de Bofarull, *op. cit.*, pág. 48; J. M. Millàs Vallicrosa, *Assaig...*, págs. 15 y sigs. y R. Beer, *Los mss. del monestir...*, pág. 46.

cuaternión encuadernado como obra unitaria)[23]. Todo el contenido del ms. es computístico y debido, probablemente, a un trabajo realizado por el monje Oliba.

Manuscritos conservados de probable procedencia ripollesa (por prudencia, no incluiremos sus textos en la lista que se desprenda del estudio de los mss.)
    – Ms. Paris, Bilioteca Nacional, *lat.* 5132. Ms. en pergamino de la primera mitad del siglo XII (?) con 110 fols. y unas medidas de 300 x 225 mm[24]. Contiene la *Altercatio fidei catholicae* de San Atanasio y distintas notas astronómicas y computísticas.
    – Ms. Madrid, Biblioteca Nacional, 19. Ms. en pergamino de principios del s. XII, con 203 fols. y unas medidas de 315 x 187 mm[25]. Su contenido es misceláneo (como pasa con la mayoría de mss. tratados), con *excerpta* y notas de Arato, Apuleyo, Orígenes, Isidoro de Sevilla, Beda, etc.

Vamos a exponer a continuación la lista de textos que se deduce de la lectura de los mss. conservados de Ripoll, la cual nos ofrecerá una completa panorámica de qué se conocía en el cenobio catalán en los siglos X–XII y a través de qué mss. se conocía (anotaremos entre paréntesis detrás de cada *inc.* de texto, el número del ms. del que procede, siguiendo la clave numérica ya expuesta). Esta visión de conjunto posibilitará, a su vez, un acercamiento a las cuestiones que intentamos responder, planteadas al principio de la comunicación.

–Annus comunis XII menses lunares abet, id est dies CCCLIIII. Embolismus... (4, fol. 21r)
–Argumentum ad inueniendum regulares minores IIII in martio, in aprili VII. Si uero auidus calculandi inquisitor artis periciam scire... (1, fol. 115r)
–Argumentum computi per XII signa. Si quis uero etiam calculandi minus idoneus lunaris tamen circuitus existit curiosus... (2, fol. 303v).

---

[23]   Para una completa información descriptiva, de contenido y de comentario sobre éste, del ms. parisino 7476, puede consultarse el amplio trabajo que hemos preparado sobre él en colaboración con el Prof. Martínez Gázquez, «Epistola de ciclo paschali ab Oliua monacho Riuipollente», *Mittellateinisches Jahrbuch*, 27 (1992), págs. 103–140.
[24]   Este ms. parisino perteneció a Pedro de Marca, quien se lo cedió a Etienne Baluze alrededor de 1704. Según las noticias anotadas por el propio Baluze sobre este ms., procedía de Ripoll y probablemente había sido escrito en el mismo monasterio. Véase, para una amplia reseña bibliográfica y codicológica del ms., *Bibliothèque Nationale de Paris. Dep. des mss. enluminés. Mss. enluminés de la Péninsule Ibèrique.* Par F. Avril et alii, Paris, 1982, págs. 54–55. También es interesante, aunque algo confuso, seguir la historia del ms. a través de R. Beer, *Los mss. del monestir...,* págs. 60, 106–107, 124, 126 y 134.
[25]   Quizá sea éste el ms. más dudosamente ripollés. J. Burnam, en «Recipes from Codex Matritensis A 16 (ahora 19)», *University of Cincinnati Studies,* serie II, vol. 8, part. I (1912), págs. 6 y sigs. y, tras él, J. M. Millàs Vallicrosa, *Assaig...,* págs. 261–263, defienden la procedencia ripollesa del ms. basándose en el análisis de su contenido, mientras que Mundó, «Códices Isidorianos...», n. 20, considera muy dudosa tal procedencia. El *Inventario General de manuscritos de la Biblioteca Nacional de Madrid,* I: *1 a 500,* Madrid, 1953, págs. 20–23, nada aporta al respecto.

—Argumentum de luna XIIII pasche. Querenda est natiuitas lune XIIII ab VIII idibus marci usque in nonas aprilis... (1, fol. 89r).

—Argumentum de omnibus terminis. Quantos dies ante kalendas aprilis habueris pascha, tantos dies ante kalendas martii... (1, fols. 115r).

—Circuli solaris et concurrentes kalendis martij... (4, fol. 21r).

—Cum uero lunam in quo sit signo quesieris, scias quod in ipso semper signo... (6, fol. 6r).

—De annis domini deque inueniendo per eos ciclo XVIIII et lunari et solari. Annos igitur domini qualiter per unamquamque... (6, fol. 2v).

—De anno magno. Si uis scire annum magnum que omnia simul errancia sidera... (6, fol. 3r).

—De anno solari et lunari. Circulus XVIIII habet menses solares CCXXVIII, lunares CCXXXV... (1, fol. 25v).

—De bissexto. Anno namque quo bissextus intercalari... (6, fol. 6r).

—De ciclo magno pasce. Ciclus pasce magnus qui multiplicato inuicem solari ac lunari ciclo... (1, fol. 25v).

—De ciclo solari. A presenti igitur concurrente uel anno usque ad primum... (6, fol. 5v).

—De XVIIII ciclo et communibus et embolismis annis. Decemnouenalis uero ciclus qui in capite istius cicli est... (6, fol. 3v).

—De XVIIIIli ciclo seu concurrentibus qualiter in digitis suputantur uel inueniantur. Memoratu autem dignum uidetur quia quidam ob... (6, fol. 5v).

—De diebus marcii VII qui infra LXXam erunt uel fuerunt semper. Quia ergo usque IIe iduum marciarum diem repperitur... (6, fol. 5r).

—De diebus pascae XXXaVe quotiens in DisXXXIIbus annis quilibet eorum ueniat. Si autem de DisXXXIIbus annis quotiens in I dierum... (6, fol. 4v).

—De dominico die pascae. Diem igitur dominicae resurreccionis qui ab XI kalendarum aprilium... (6, fol. 4r).

—De dominico die pascae quando inquolibet dierum XXXaVe fuit aut erit qualiter sciatur. Si etiam de quolibet dierum XXXVe quando... (6, fol. 4v).

—De embolismis et annis communibus. Diuiditur autem circulus XVIIII in embolismis annisque communibus quos Ebreorum quoque priscorum... (1, fol. 25v).

—De incremento saltu lunae. Primo sciendum est quis in toto XVIIII circulo unus dies de saltu augescendo... (1, fol. 25v).

—De indicione. Vt uero indicionem siue mora et absque ulla...(6, fol. 3r).

—De inicio primi diei. —ecclesiae cerensu de senitu constat—... (1, fol. 25v).

—De inuenienda per totum annum luna. Lunam etiem kalendarum ianuariarum... (6, fol. 7v).

—De inueniendis ab inicio mundi annis. Si uis inuenire annos ab inicio mundi, multiplica XI... (6, fol. 2r).

—De ipso die paschae quando sicut in presentis est, fuit aud erit. Si uero annum quo secunda pascalis diei obseruacio... (6, fol. 4v).

—De kalendarum ianuariarum tociusque anni feria. Kalendarum itaque ianuariarum feria linea... (6, fol. 5v).

–De mensibus XIIcim. Circuli autem mensium latitudo signorum circulo esse similem... (5, fol. 74v).

–De natura rerum et de ratione temporum. (se trata del título del texto del ms.3, fols. 1–223v= todo el texto, aunque después se pueda desglosar en libros).

–De ocdoade et endecade. Octo anni solares habent dies exceptis bissextis IIMDCCCCXX. occies enim... (1, fol. 25v).

–De ora uel minutissimum temporis spacium. Hora pars XII diei est. siquidem XII ore diem complent... (1, fol. 89r).

–De presenti cicli huius anno. Si uis nosse quotus sit annus cicli huius, uide annos... (6, fol. 3r).

–De presentis anni concurrentibus. Cum ergo quot epactae solis, id est... (6, fols. 5r–v).

–De XIIIIa luna pasce quota occurrat feria. Cum ergo de quolibet XVIIII pascalis dies Hebreorum queritur... (6, fol. 3v).

–De sanctorum festiuitatibus que sunt ante pasca uel post pascha. Si uero de quolibet dierum uel festo sanctorum... (6, fol. 5r).

–De signis duodecim. Post solis denique gradus signorum XIIcim designatur circulus non minus... (5, fol. 73v).

–De sole. (falta el *inc.* por haber sido arrancados los primeros 8 fols. del ms.3) (3, fols. 1–74r).

–De sole et luna in quo sint signo. Vt ergo in quo signo sit sole uideas singulis mensibus, XII extra... (6, fol. 6r).

–De tocius anni diebus. Post disposicionem igitur mensium circulus dierum subsequitur... (5, fol. 75r).

–De XXX luna embolismi. Si uis scire XXX lunacione embolismi querere, accipe unum solarem... (1, fol. 89r).

–Epistola Oliue monachi ad Dalmacium monachum de feria diei natiuitatis Christi (3, fol. 126v).

–Ianuarius in kalendis I, in nonis VI, in kalendis XIII... (4, fol. 21r).

–Incipit epistola Oliue monache ad domnum (*sic*) Oliuam episcopum de feria diei natiuitatis Christi... (3, fols. 126r–v).

–Incipit liber secundus de luna. De nomine lunae... (3, fols. 74–110v).

–Incipit liber quartus de astronomia. Isidori de astronomia... (3, fols. 152–218v).

–Incipit liber tertius de natura rerum... (3, fols. 127–150v).

–Incipit prologus metro edito eroicho. Continet iste statum paschalem circulus omnem... (6, fol. 1r).

–Incipiunt dies Aegypciacos in anno circulo quam obseruare debent de omni opere iniciare. Mense ianuario intrante die primo et exiente die... (1, fol. 115v).

–Inicium lune embolismorum. Inicium primae lunae IIII nonis decembri inchoat... (1, fol. 89r).

–Item proemium. Cum nonnulla de paschalis obseruantiae cursu reperiantur argumenta... (6, fol. 1v).

–Priusquam me uenerabilis pater operis nostri decurso uolumine... (1, fols. 58v–66v).

–Quod si adeo deses uel hebes est ut absque... (2, fol. 304r).

–Quomodo uel quare luna uel prona uel supina uel uideatur erecta. Sunt qui auras explorare conati... (5, fols. 39v–64v).
–Quota datarum est hodie? IIII nonis ianuarii et quota feria est... (4, fol. 21r).
–Si uis scire quod sint anni ab inicio mundi usque ad natiuitatem Christi secundum Orosium... (6, fol. 2r).
–Vbi nosse cupis in quo signo luna uersetur... (1, fol. 25v).

Tras esta amplia panorámica, hay que analizar, aunque sea sumariamente, el contenido de los textos, para poder trasladar después el análisis a otros textos hispanos y europeos. Tal análisis ofrece pocas perspectivas de resultados espectaculares: los únicos autores de los que documentalmente (a través de los textos localizados en los mss.) se tiene un amplio conocimiento en Ripoll, son Isidoro de Sevilla (con algunas breves referencias cronológicas, astronómicas y computísticas)[26], Dionisio el Exiguo y Beda el Venerable con, fundamentalmente, su *De temporum ratione*, con mucho, el texto computístico más ampliamente representado y leido en el Ripoll de la época[27], debiéndose aclarar, además, como ya suele ser habitual en los textos computísticos medievales, que los escritos de Dionisio nunca son conocidos por ellos mismos, sino a través de la labor exegética que sobre ellos hizo el monje de Jarrow.

Por otra parte, la presencia de estos autores tan conocidos y difundidos, poco puede ayudar a clarificar si Ripoll tenía contactos e influencias «computísticas» con otros centros peninsulares y europeos: todos los centros monásticos los conocieron, copiaron y parafrasearon en abundancia.

Para poder responder, pues, a las preguntas sobre el papel jugado por el cenobio catalán en el tráfico de textos computísticos, hay que acudir a todos aquellos textos localizados en los mss. ripolleses y que no tienen una inmediata identificación, es decir, aquellos que puedan responder más claramente a la idea de una redacción «propia» (por las especiales características de la producción literaria computística en la Edad Media, preferimos no hablar de «autoría» o de escritos personales) o peculiar. Este tipo de escritos, comparados a otros escritos similares, procedentes de mss. peninsulares y europeos, puede responder positiva o negativamente a nuestras demandas.

El material computístico con el que confrontarlos nos lo proporcionan, en este caso, algunos trabajos anteriores nuestros, que han sido confeccionados en una doble vertiente: por una parte, para establecer un *corpus* de textos latinos hispanos de cómputo eclesiástico, comunes a distintos mss. escritos con letra visigótica, del

---

26 Fundamental para este apartado del conocimiento ripollés sobre San Isidoro, es el artículo de A. M. Mundó, citado *passim,* «Códices Isidorianos...».

27 Para un cotejo claro de la influencia de Beda en el *scriptorium* de Ripoll, puede verse nuestro comentario al texto del ms. parisino 7476, citado en nota 23, y otro trabajo nuestro titulado «Los *excerpta* de Beda (*De temporum ratione*, 25–35) en el ms. ACA, Ripoll 225», *Emerita*, 59, 1 (1991), págs. 101–122. Además, debe también tenerse en cuenta la edición y comentario de Ch. W. Jones, *Bedae Opera de Temporibus,* Cambridge: Mass., 1943.

siglo X al XII[28] y, por otra parte, para establecer un *corpus* de parecidas características, pero referido a los más importantes mss. europeos de la misma época (o anteriores), nacidos a partir de la tradición computística más importante en el continente, la insular (a partir del dominio de las teorías bédicas)[29].

En el primero de los casos, la comparación arroja un pobre balance: de todos los *argumenta* (textos de cómputo que proporcionan fórmulas de cálculo más o menos rápido y accesible) característicos, señalados en mss. hispanos[30], no hay ni uno que coincida exactamente con los de Ripoll (coincidencias más o menos claras, basadas en fuentes comunes o en objetos de cálculo idénticos, sí las hay, pero éstas no demuestran nada).

Con el segundo *corpus* de textos a comparar con los ripolleses, sucede otro tanto: de todos los textos característicos que podrían determinar y señalar una relación libraria[31], no encontramos ni uno reflejado en los mss. de Ripoll (ni tan sólo aquellos textos computísticos más «clásicos», que se encuentran por doquier, como por ejemplo, el *Prologus Cyrilli de ratione paschae* o la *Epistola Paschasini*).

Hasta donde nos alumbran, pues, los textos conocidos y conservados de los mss. ripolleses, que en esta comunicación acabamos de presentar, las conclusiones son claras: en el monasterio catalán, en los siglos X–XII, sólo se conocen con aprovechamiento, los textos de cómputo eclesiástico de Isidoro, Dionisio y Beda y todos los demás parecen fruto del conocimiento y la inspiración de quienes los escribieron, sin que se puedan demostrar contactos claros con mss. paralelos en España y Europa.

Esta conclusión (que puede modificarse con el conocimiento y estudio de nuevos mss. ripolleses y, sobre todo, de nuevos mss. hispanos y europeos que puedan ponerse en relación con ellos) puede ayudarnos a cerrar la comunicación, volviendo a las preguntas que nos formulábamos al principio, respondiendo a ellas que, por lo que hace al conocimiento y transmisión de textos de cómputo eclesiástico en los siglos X–XII, Ripoll juega un papel simplemente receptor y poco activo: en su biblioteca se encuentra lo más imprescindible para moverse con soltura entre los vericuetos del calendario cristiano; en ella no se encuentran textos que demuestren claras relaciones librarias con otros centros de España o de Europa ni de ella salen tampoco textos que hayamos encontrado representados en

---

[28] Véase. «Sobre manuscritos latinos de cómputo en escritura visigótica», *Hispania Sacra*, 39 (1987), págs. 25–48; «Textos latinos de cómputo eclesiástico en los códices Emilianense y Albeldense de la Biblioteca del Escorial», *Hispania Sacra*, 41 (1989), págs. 11–34 y «Los textos de cómputo de los mss. Paris, BN, NAL 2169 y León, Archivo de la Catedral, n.8: una edición», *Analecta Sacra Tarraconensia*, 61–62 (1988–1989), págs. 373–410.

[29] Véase *Estudis sobre el Computus Cottonianus,* II, Bellaterra, 1987, y «Textos latinos de cómputo en mss. visigóticos de los siglos X–XI», *Mittellateinisches Jahrbuch*, 24/25 (1989–1990), págs. 133–142.

[30] Cf. sobre todo, las págs. 38–46 de nuestro artículo «Sobre mss. latinos de cómputo en escritura...».

[31] Véase, fundamentalmente, las págs. 11–13 del trabajo «Textos latinos de cómputo en mss. visigóticos de los ss. X–XI».

otros mss. Así pues, tal panorama nos lleva a responder a la segunda cuestión planteada, diciendo que el papel de Ripoll no es propiamente protagonista (receptor–creador–emisor), como sucedía con la literatura científica que «alimentó», por ejemplo, a Gerberto de Aurillac cuando estudió en Cataluña, ni propiamente receptora y difusora, como sucede con los textos de los autores clásicos, que aparecen en Ripoll, pero procedentes de copias europeas y en fecha ya un poco avanzada[32]. Más bien destaca, acaso, por un cierto carácter endogámico, de recibir información (tampoco muy abundante), asimilarla y crear, a partir de ella, textos para el propio consumo del monasterio y sin afán de exportación.

Este es, pues, el resultado de una primera encuesta sobre los mss. ripolleses y sus textos de cómputo eclesiástico. Esperemos que, al menos, haya servido para llamar la atención sobre el gran trabajo de primera mano que queda por hacer en este campo y para que la lista de mss. y textos expuesta, pueda irse ampliando y corrigiendo gracias a las sucesivas aportaciones de los estudiosos.

---

[32] Véanse los trabajos del Prof. Díaz y Díaz, «La circulation des mss. dans la Péninsule Ibèrique du VIIIe au IXe siècle», *Cahiers de Civilisation Médiévale,* 4 (1969) y «La transmisión de los textos antiguos en la Península Ibérica en los siglos VII–XI», en *La cultura latina nell'Occidente romano dal VII all'XI secolo,* IV, Spoleto, 1975, págs. 133–178.

La crónica particular como género literario

Fernando GÓMEZ REDONDO

1. *La crónica particular y la disolución historiográfica*

La historiografía medieval constituye el ámbito de significaciones más valioso para observar el origen y el desarrollo de los diferentes modelos genéricos que se suceden en el proceso de constitución de cada una de las literaturas románicas occidentales. De hecho, a la historiografía se debe el trazado de las circunstancias que propician la aparición y la variación de los mínimos resortes de literariedad, necesarios para afirmar tanto la conciencia de autoría de unos escritores, que casi siempre desconocen serlo, como las perspectivas de realidad que habrán de convertirse en materia literaria. Estos dos planos –autor y mundo referencial– son concebidos por el discurso historiográfico; el lenguaje irá descubriendo, después, sucesivas posibilidades de representación y de re–creación.

A la historiografía medieval, por ejemplo, le cumple la absorción de las múltiples posibilidades contenidas en las obras poéticas, que le sirven de fuente; los cantares de gesta y los poemas de clerecía son sometidos a un proceso de prosificación, es decir a una reconstrucción lingüística, que implica la aparición de nuevas formas e imágenes de la realidad. Piénsese que entre el Cid del poema épico y el Rodrigo de las azarosas mocedades no sólo median doscientos años, sino una continua revisión cronística, que es la responsable del entorno de aventuras y de maravillas con que el antiguo héroe es remodelado. Quiere decirse con esto que las obras historiográficas, en su fase de formación, necesitan signos (siempre literarios) sobre los que afianzar la representación del mundo real, a la que están dando lugar. Por este motivo, en el siglo XIII, se traducen las grandes crónicas latinas del Toledano y del Tudense; por la misma razón, la *Estoria de España* impulsada por el Rey Sabio en el 1271 precisa toda suerte de informaciones cuando se acerca al período contemporáneo de los reyes de León y de Castilla; es entonces cuando se hace uso de los «cantares et de las fablas de gesta» y cuando aparece ese dilatado cúmulo testimonial de unas formas literarias poéticas[1], encargadas de ampliar el marco referencial que la *estoria* está permitiendo entrever. En este sentido, el intento más ambicioso de construir una

---

[1] Puede verse, al respecto, el recuento que de las mismas hago en «Terminología genérica en la *Estoria de España* alfonsí», *Revista de Literatura Medieval*, 1 (1989), págs. 53–75.

visión del mundo real corresponde, precisamente, a la *Estoria de España*. Y no a la *General estoria* como pudiera pensarse. Cuando este impresionante friso de historia universal comienza a proyectarse, la mayor parte de los grupos genéricos historiográficos están ya implícitos en la primera crónica general, determinados por la asimilación de fuentes, que han seleccionado los 'auctores' alfonsíes, y pendientes, nada más, de un posterior desarrollo, que, en ninguno de los casos, modificará o mejorará esa estructura recibida.

Ningún otro grupo de obras puede presentar ese paralelismo existente entre la evolución y desintegración de los grupos sociales (de sus circunstancias históricas y políticas) y la transformación que la historiografía acusa a lo largo de los siglos XIV y XV. Y las primeras producciones cronísticas son las primeras en testimoniar esos procesos de cambio: la *Estoria de España* queda interrumpida en el 1275 tras varias calamidades sufridas por Alfonso X; de esta manera la que Ramón Menéndez Pidal numeró como «primera crónica general» no será terminada hasta que transcurran setenta años y su bisnieto Alfonso XI logre estabilizar el reino, como para hacer de nuevo deseable la recuperación de la memoria del pasado. Pero ya con una diferencia. A partir de Alfonso XI la nueva historiografía que se escriba se ajustará al modelo de crónica real; no hay otra posibilidad: la rebelión de Sancho IV y las seguidas minoridades de su hijo y nieto (tan brillantemente sostenidas por Dª María de Molina) conducen a Castilla a un proceso de desequilibrio interior, que impedirá cualquier planteamiento *general* y uniforme como el que el Rey Sabio había proyectado en su crónica y declarado en su Prólogo:

> compusiemos este libro de todos los fechos que fallar se pudieron della, desdel tiempo de Noe fasta este nuestro...[2]

No es casual, además, que haya que esperar hasta 1344 para encontrar la que ha sido llamada «segunda crónica general», es decir la *Crónica de 1344*, ni que su autor fuera un portugués, el conde de Barcelos, ni que la lengua original de la primitiva redacción fuera el idioma vecino y no el castellano. Sucede que, a mediados del siglo XIV, se ha perdido por completo el hilo del discurso historiográfico. A pesar de que se re–elaboren otras crónicas generales. Recuérdese, por ejemplo, que la llamada «tercera» no es más que la *Vulgata*, desvalorizada por D. Ramón cuando hacía su estudio sobre los infantes de Lara y reivindicada por su nieto, Diego Catalán, como una de las más importantes redacciones surgidas de los restos de lo que fue el primitivo taller alfonsí. Y la «cuarta» crónica general no es más que una Estoria del fecho de los godos (*por tanto, Toledano*), a la que se han incorporado diferentes materiales caballerescos.

---

[2]   Cito por la 3ª reimpresión de la ed. de R. Menéndez Pidal, Madrid: Gredos–Seminario Menéndez Pidal, 1977, I, 4a, págs. 44–47. (A partir de aquí, para no repetir referencias bibliográficas, citaré en nota la edición correspondiente y en texto las páginas y líneas cada vez que remita a una obra repetida).

La crónica real comienza, pues, con la llamada *Crónica de tres reyes*. Alfonso XI es su promotor; ha logrado recuperar la visión del pasado y para ello cuenta, en su cámara, con la versión completa (la llamada *regia*) de la *Estoria de España*; así, se indica en el «Prólogo» de la *Crónica de Alfonso X*:

> mandó catar las coronicas e estorias antiguas. E falló scripto por coronicas en los libros de su camara los fechos de los reyes que fueron en los tiempos passados [...] fasta el tiempo que fino el rrey don Ferrando [...] E porque acaescieron muchos fechos en los tiempos de los reyes que fueron despues de aquel rey don Ferrando, los quales no eran puestos en coronica [...], entendiendo que aquellos fechos fincaban en olvido, e porque fuesen sabidas las cosas que acaescieron [...] mandólas escrebir en este libro...[3]

La actuación es muy similar a la del Rey Sabio, pero el centro de interés del discurso historiográfico se ha desplazado ahora de unos «fechos [dEspanna]» a unos «fechos...de los reyes», iniciándose, de esta manera, el proceso de reducción o de «particularización», si se prefiere, de los contenidos historiográficos, cada vez más cercanos, por otra parte, a los textos de materia caballeresca[4]. Por ello, se intenta lograr una nueva objetividad, de la que la *Crónica de Alfonso XI* es el mejor testimonio; cuando entre 1376 y 1379 se forma la *Gran Crónica de Alfonso XI*, su autor ha de mejorar el texto primitivo, el de Ferrán Sánchez de Valladolid, mediante el *Poema de Alfonso XI* de Rodrigo Yáñez. Era la única manera de superar la ordenación analística de la primera crónica. Pero esto ya es indicio de que la historiografía, durante el reinado de los Trastámara, había llegado a un callejón sin salida, al haber perdido todos sus recursos de literariedad. Ésta, ahora, deberá generarse desde la propia estructura cronística, confiada sólo a la habilidad de su autor y no a los materiales que le puedan servir de base. La fortuna permitió que el siguiente cronista real (aún sin nombramiento oficial) fuera don Pero López de Ayala y que se ocupara de cuatro reinados consecutivos. Llegados a este punto hay que fijarse otra vez en las fechas: la historiografía castellana había sufrido de nuevo otra detención causada por la guerra civil y el fratricidio de 1369; la renuncia al presente vuelve a ocasionar el olvido del pasado y, así, un diferente proyecto textual tendrá que crearse para afirmar unas distintas circunstancias, impuestas como marco referencial. Tras medio siglo de interrupción cronística, la labor que emprende el canciller Ayala, en la última década del s. XIV, está teñida por una peculiar ideología que es la que sostendrá la aparición de ese último plano historiográfico, llamado crónica particular.

---

[3]   Ver *Crónica del rey don Alfonso Décimo*, en *Crónicas de los reyes de Castilla*, ed. C. Rossell, Madrid: Bailly–Baillière, 1953, pág. 1.

[4]   Resulta muy significativo comparar, por ejemplo, el Prólogo de la *Estoria de España* y de la *Crónica Geral de Espanha* de 1344, supuesta traducción del primero y que hace especial hincapié en esa nueva orientación caballeresca a que la historiografía está tendiendo; véanse, por ejemplo, las primeras líneas: «Os muy nobres barooes e de grande entendimento, que screveron as storias antigas das cavalarias e dos outros nobres feitos e acharon os saberes e as outras façanhas...», véase ed. de L. F. Lindley Cintra, II, Lisboa: Academia Portuguesa da História, 1954, pág. 3.

2. *Rasgos genéricos de la crónica particular*

De don Pero López de Ayala cuenta su sobrino, Fernán Pérez de Guzmán, en su correspondiente *semblanza*:

> Amo mucho las çiençias, diose mucho a los libros e estorias, tanto que como quier que él fuese asaz cauallero e de gran discriçion en la platica del mundo, pero naturalmente fue muy inclinado a las çiencias, e con esto grant parte del tiempo ocupaua en el leer e estudiar, non en obras de derecho sinon filosofia e estorias...[5]

De esas «estorias» destaca la traducción de tres de las *Décadas* de Tito Livio, emprendida con la finalidad de explicar la «ordenança e diciplina de cavallería» a una clase social, la de la nobleza, demasiado adormecida por las «mercedes» del primer Trastámara; por eso, el Canciller le pide al monarca

> que este libro sea leydo delante la vuestra real magestad, porque lo oyan los vuestros cavalleros, e ayan traslado d'el; por quanto los fechos notables que acaescen o acaescieron, quanto son mas publicados, tanto son mas loados e mas aprovechosos[6]

La constatación de la pérdida de ciertas virtudes y valores (militares, sobre todo), y la consecuente necesidad de recuperar unos principios de «disciplina» serán los resortes que impulsarán, a lo largo del s. XV, la aparición de una serie de textos dedicados a «particularizar» estos hechos. Por supuesto que los monarcas seguirán contando como principales protagonistas de las crónicas y algunos de ellos llegarán a disponer de varios historiadores; pero ya existe una voluntad de autoría que se impone sobre la materia que aborda: el rey puede ser objeto de un relato desmerecedor de su figura, como sucede en el caso de Enrique IV, sólo defendido por Diego Enríquez del Castillo. Si esto es así, no es de extrañar que la crónica, como estructura, abra sus páginas a otros personajes, capaces de sintetizar, en su vida y en sus hechos, los rasgos positivos de los que la sociedad carece. Se requieren nuevos héroes, es decir diferentes signos, para contemplar y enjuiciar una realidad con la que estos cronistas de hechos particulares no están de acuerdo. Hay, incluso, otras vías de escape, porque, al fin y al cabo, la *semblanza* o retrato moral representa la forma más extrema de disolución historiográfica; recuérdese, a este respecto, la traducción del Canciller Ayala del *De casibus virorum illustrium*. Esta visión negativa de la sociedad conduce a una constante revisión teórica de la figura y de la importancia de la función del historiador; el prólogo de F. Pérez de Guzmán a sus *Generaciones y semblanzas* es crucial a este respecto: él exige salvaguardar la *fama* de los individuos y de los hechos que se disponen por escrito, porque las crónicas pueden, incluso, ser mentirosas (recuérdese lo que pensaba de

---

[5]   Véase ed. de J. Domínguez Bordona, Madrid: Espasa–Calpe, 1965, pág. 38, lín. 16–22.

[6]   Véase Pero López de Ayala, *Las Décadas de Tito Livio*, ed. Curt J. Wittlin, I, Barcelona: Puvill, 1984, pág. 220.

la *Crónica sarracina*[7]); por estas circunstancias él se limitará a reflejar sólo unos determinados aspectos de los treinta y cuatro personajes de los que va a dar cuenta:

> pense de escriuir como en manera de registro o memorial de dos reyes que en mi tienpo fueron en Castilla la generaçion de ellos e los senblantes y costunbres dellos e, por consiguiente, los linajes e façiones e condiçiones de algunos grandes señores [...] que en este tiempo fueron (ed. cit., 8, 14–20.)

Obsérvese que a la tradición linajística (tan unida de siempre a la historiografía) se une la intención doctrinal, de la que, al parecer, carecían las crónicas reales[8]. Hay que recuperarla y la mejor forma seguirá siendo la cronística. Ahora bien, con tres matices distintivos que pueden ser reivindicados como rasgos genéricos de un grupo de obras de difícil estudio y agrupación[9]:

1º) La crónica particular renuncia a la estructura historiográfica que la crónica real ha comprimido; en buena medida, supone una vuelta a los modelos de la crónica general, ya que existe, ahora, una mayor libertad para utilizar todo tipo de fuentes e integrarlas de la forma que sea en el esquema textual; así, por ejemplo, *El Victorial* inserta dieciocho estrofas del *Libro de Alexandre* con una sola justificación:

> Estos ensennamientos puse aqui por quanto son arte de caualleria[10]

O bien, en la misma obra, se dedican once capítulos, a partir del LIV, para relatar la historia de Bruto; estas digresiones no son simples añadiduras, porque continuamente G. Díez de Games reflexiona sobre los motivos que le han llevado a fijarse en esos materiales:

> Fasta aquí he contado las razones por donde biene a los yngleses ser dibersos en sus maneras e desabenidos de las otras naçiones. Agora contar vos he de cómo le avino a Bruto en Yngalaterra (162, 7–10)

---

[7]   «...algunos que se entremeten de escriuir e notar las antiguedades son onbres de poca vergueña, e mas les plaze relatar cosas estrañas e marauillosas que verdaderas e çiertas, creyendo que non sera auida por notable la estoria que non contare cosas muy grandes e graves de creer, ansi que sean mas dignas de maravilla que de fe, como en otros nuestros tiempos fizo un liuiano e presuntooso onbre, llamado Pedro de Coral, en una que se llamo Coronica Serrazina (otros la llamauan del rey Rodrigo), que mas propiamente se puede llamar trufa o mentira paladina», *ed. cit.*, págs. 3–4.

[8]   Puede traerse a colación, a este respecto, la airada queja de F. Pérez de Guzmán por las alteraciones sufridas en el original de la *Crónica de Juan ii*, redactada por Álvar García de Santa María: «porque la estoria le fue tomada e pasada a otras manos [...] razonablemente se deue temer que la coronica non este en aquella pureza e sinpliçidad que la el hordeno», *ibidem*, pág. 8, lín. 6–10.

[9]   Por poner un ejemplo: en el estudio introductorio que J. Sanz pone al frente de la modernización a que somete al *Victorial*, encuadra en un mismo ámbito textos tan dispares y que tan poco tienen que ver entre sí como la *Historia del gran Tamorlán* (sic), la *Crónica sarracina*, el *Libro del Passo Honroso* o las *Generaciones y semblanzas*; es insólita la afirmación de que estos textos corresponden al «género biográfico en la prosa castellana», véase Madrid: Polifemo, 1989, pág. xli.

[10]   Véase ed. de J. de M. Carriazo, Madrid: Espasa–Calpe, 1940, pág. 15, lín. 19–20.

Bien que *El Victorial*, en cuanto a las referencias textuales, es un caso extraordinario, pero, por ejemplo, la *Crónica de don Álvaro de Luna* recupera, en cierta medida, ese sistema de integración de fuentes, demostrativo siempre de la cultura de su autor; Gonzalo de Chacón –si se admite como artífice de la biografía del Condestable– no sólo habla de textos clásicos[11], sino de crónicas aún no escritas[12].

2°) Como consecuencia de esa libertad de autoría, la crónica particular es un modelo genérico que carece de estrictas regulaciones literarias y no porque estos cronistas desconozcan unos mínimos principios de poética; antes bien, parecen cumplir la exigencia de F. Pérez de Guzmán de que

> el estoriador sea discreto e sabio, e aya buena retorica para poner la estoria en fermoso e alto estilo; porque la buena forma onra e guarneçe la materia (ed. cit., 5, 19–22.)

Ello significa que si las crónicas general y real se ajustan a unos determinados esquemas, la crónica particular desconoce un molde que pueda señalarse como punto de partida de la serie textual; ésta existe y ahí están las obras para afirmarlo, pero su origen es meramente casual y ajustado tan sólo a la disolución historiográfica que sucede a lo largo del siglo XIV. Por ello, son tan frecuentes las reflexiones del autor sobre el proceso de escritura que está constituyendo; así, es significativo el modo en que la *Crónica de D. Pero Niño* se ajusta a la siguiente declaración inicial:

> En comienço de qualquier obra, quatro cosas son: ynquerir e acatar la causa material, e la hefetiva, e la formal, e la final; porque el oydor sienpre deve buscar e querer quién es el autor, e de qué obra trata, e cómo en ella trata, e a qué fin, e a qué provecho (ed. cit., 1–2.)

Esta relación de principios –claramente aristotélica– refleja una diferente concepción tanto en la mentalidad del autor como en la significación que para él tiene el público al que se dirige. Hay una contrapartida en este sentido.
La crónica particular inaugura una noción de escritura personal, que no sólo afecta al plano estilístico, sino también al de la recepción de la propia obra. Pueden encontrarse de esta manera pasajes (pre–cervantinos) en que el cronista dialoga con los lectores, intercambia puntos de vista con ellos o bien orienta su parecer; de la siguiente forma, la *Crónica de don Álvaro de Luna* narra el final del Condestable:

---

[11]   Por ejemplo: «Cuéntase en la Historia de Troya, y escriben los escriptores e los historiadores de aquella...» o «...cuenta la Romana Historia de como...», véase ed. de J. de M. Carriazo, Madrid: Espasa–Calpe, 1940, págs. 255, lín. 1–2 y 355, lín. 29–30.

[12]   Así, al hablar de la relación entre Juan II y Juana de Arco señala: «como por la Corónica de la Pouzela, quando sea salida a luz, se podrá bien ver», *ibidem*, pág. 151, lín. 3–4.

> La tronpeta suena en doloroso e triste e desapazible son. El pregonero comiença su mentiroso pregón. Llámalo la Historia mentiroso, porque sin dubda así lo fue. Ca mira tú que lees, e considera qué fecho fue aquél, e qué pregón tan sin fundamento, e sin se fallar cabsa para él (ed. cit., 431, 20–24.)

Y por supuesto que son numerosas las ocasiones en que la voluntad de autoría se manifiesta para organizar los materiales que está disponiendo; así se abre el cap. VIII de *El Victorial*:

> [A]gora me conviene dezir qué es cavallero, e donde se toma este nonbre cavallero, e qué tal deve ser el cavallero...[13]

Esta actitud implica el talante conversacional que adoptan estas formas textuales[14]; son interrupciones que permiten, además, apreciar la personalidad del autor, vinculada siempre a intenciones doctrinales; en buena medida, la técnica del sermón se incorpora a la estructura de la crónica particular a través de pasajes como el siguiente:

> ¿Qué pre tiene el buen cavallero? Digo vos que por los buenos cavalleros es el Rey e el Reyno honrrado, e temido, e defendido, e manparado. Digo vos que más seguro está el Rey quando ynbía vn buen caballero con vna hueste, e le encomienda vn gran fecho, ansi por mar como por tieRa. Digo vos que el Rey sin buenos cavalleros es como vn honbre sin pies e sin manos (41, 3–9)

3º) La libertad de autoría y el proceso personal de la escritura eran planos ausentes en los otros modelos historiográficos, si bien el primero se deja entrever en la *Gran Crónica de Alfonso XI*, quizá por tratarse de una refundición. En cambio, en la crónica particular, la fusión de estos dos principios generará complejas perspectivas de construir la realidad referencial. Por una parte, hay una contaminación genérica que propicia la absorción de otros modos compositivos que se integran, con toda normalidad, en el proceso de escritura; así, por ejemplo, *El Victorial* enfoca, según el sistema de los *exemplarios*, muchas de sus digresiones morales; el siguiente pasaje recuerda, en muchos aspectos, la organización de *El Espéculo de los legos*:

> E dize aqui el avtor que los propósitos de los honbres no son çiertos ni se cunplen siempre en la fin que ellos piensan. Donde dize el profeta [...] E ansí Bruto, quando conquistó Anglia... (284, 15–18)

---

13 Por cierto, en la ed. de J. de M. Carriazo falta ese importantísimo pronombre «me» que permite apreciar el control de la escritura, ejecutado por G. Díez de Games; cito por el ms. 17648 de la BN Madrid, fol. 20*r*.

14 Por ejemplo, en *El Victorial*, G. Díez de Games, de repente, dice: «De aquí me parto de Bretaña por pasar en España», como si fuera su vida la que estuviera biografiando; véase *ed. cit.*, pág. 287, lín. 13. O bien el propio autor asume el papel de testigo de lo que está narrando; en la misma obra: «E yo oya muchas bezes esta razon, e dubdaba de ella, cómo podría ser que vna natura se pudiese del todo conbertir en otra. Paresçíame ser cosa contra natura...», pág. 280, lín. 17–19.

Apareciendo al final la secuencia narrativa que había autorizado la aparición de tales *exemplos*.

Por otra parte, la diversidad de enfoques ocasionará que, como en ningún otro género literario de la Edad Media, la crónica particular se adueñe de la realidad, en todos sus pormenores y detalles, resultando su construcción mucho más objetiva que la ofrecida por las crónicas oficiales; apréciese, por ejemplo, la opinión que le merece al redactor de los *Hechos del Condestable D. Miguel Lucas de Iranzo* el carácter de Enrique IV:

> E el señor rey y todos los otros caualleros que con su alteza avían ydo, se vieron en asaz peligro, saluo porque fueron socorridos de la gente del real [...] Y muchas veces el rey nuestro señor se ponía en semejantes peligros por yrse con poca gente y tener las cosas en poco[15]

Resulta, de esta manera, que la crónica particular se convierte en el espejo más fiable de la vida cotidiana del siglo XV; *El Victorial* es el mejor testimonio de lances militares, caballerescos y amorosos de principios de la centuria; el *Libro del Passo Honroso*[16] resulta la estampa más fidedigna de lo que sería una de esas reales aventuras sostenidas por un real caballero andante; la *Crónica de don Álvaro de Luna* interioriza las intrigas y desavenencias nobiliarias con suma crudeza; pero, con todo, son los *Hechos del Condestable don Miguel Lucas de Iranzo* y los *Hechos del Maestre de Alcántara D. Alonso de Monroy* (obsérvese la titulación) los dos testimonios más completos de la cotidianeidad social de la que están dando cuenta; la lectura de la vida de don Miguel Lucas de Iranzo –quizá conscientemente y de ahí su mérito– produce la sensación de que la escritura se va desvelando progresivamente en el tiempo, ajustándose, con todo pormenor, al movimiento, interior y exterior, de los personajes; esta crónica es una pieza excepcional para presenciar el desarrollo de fiestas religiosas y públicas[17], asistir a representaciones dramáticas:

> Y en acabando de çenar, los maestresalas alçauan las mesas. Y luego mandaua facer la *Estoria de quando los Reyes vinieron a adorar y dar sus presentes a nuestro señor Jesucristo*. Y después de fecha y mirada con grande deuoçión, mandaua traer colación; y fecha, su merçed se retraya a su cámara, y todos aquellos caualleros e escuderos se despidían 162, 6–12)

---

15   Véase ed. de J. de M. Carriazo, Madrid: Espasa–Calpe, 1940, págs. 17–18.

16   Y eso que asustan las palabras de fray Juan de Pineda, el abreviador en el siglo siguiente del original redactado por Pero Rodríguez de Lena: «calificando los fechos de armas con las mesmas palabras del original antiguo, a veces en su estilo, e a veces en el mio, e a veces mezclandolos ambos», cito por la reimpr. facsímil de 1783 preparada para Valencia: Anúbar, 1970, págs. 66–67.

17   Por ejemplo: «Y otro día vinieron al Carrizal, y dende a la çibdad de Jahén, que fue tres o quatro días antes de la fiesta de Sant Juan. Donde el señor rey estouo fasta quince días, corriendo toros e jugando cañas, e andando a monte de puercos e osos, e reçibiendo otros muchos seruiçios e deportes quel señor Condestable le buscaua e façía», véase *ed. cit.*, pág. 18, lín. 14–20.

O, incluso, es posible hallar testimonios de poesía cortesana junto a su música, como sucede con la canción «Lealtad, ¡o lealtad!»[18]; y, por supuesto, todo tipo de cartas y de documentos oficiales.

3. *Conclusión*

Se logra, de esta manera, una representación historiográfica opuesta a la de la crónica general: aquí, los modelos genéricos que se usaban de fuente se yuxtaponían siempre que se precisara alguna aclaración complementaria sobre algún suceso o personaje; en la crónica particular, en cambio, la diversidad de planos formales crea una dimensión poliédrica (encomendada a esas referencias textuales), y que es la responsable de la impresión de totalidad que ofrecen estos relatos. Cuando se cita *La Celestina* como posible primera novela de la literatura castellana[19] y se adjunta, como antecedente, de la misma al *Corbacho*, no hay que dejar en el olvido este grupo genérico de la crónica particular, porque sin él resulta imposible comprender el modo en que la realidad se convierte en espacio textual. Los *romances* de materia caballeresca tendrán mucho que aprender de estos procedimientos. Cuando Garci Rodríguez de Montalvo justifica la reelaboración del *Amadís*, denominándola como «historia fengida», no hace más que autorizar su obra desde unos tópicos de verosimilitud, desplegados fundamentalmente por esta serie de textos. Resultará que, al final de este proceso, la prosa de ficción, o el discurso narrativo como se prefiera, habrá acabado convertido en representación historiográfica.

---

[18] Para Barbieri, «el documento de música profana española más antiguo»; puede verse reproducido en la *ed. cit.*, tras la pág. 288.

[19] Véase «Género y parodia» en la ed. de Dorothy S. Severin, Madrid: Cátedra, 1988, págs. 25–39.

El apóstrofe en Guido Guinizzelli. Semejanzas y diferencias con la lírica gallego–portuguesa

Isabel GONZÁLEZ

0. *Introducción*

En el IV Congreso Nacional de Italianistas que se celebró en Santiago de Compostela en marzo de 1988 hemos presentado una comunicación en la que pretendíamos demostrar la rentabilidad del apóstrofe en un poeta de la escuela siciliana del s. XIII[1]. Ahora, un año después, en el Congreso de Literatura Hispánica Medieval de la Universidad de Salamanca, pretendemos hacer un estudio del uso del apóstrofe en un poeta del Dolce Stil Nuovo. En esta ocasión, intentamos, además, establecer una comparación con la lírica gallego–portuguesa para ver qué diferencias existen entre la utilización de esta figura retórica en el Dolce Stil (basándonos en uno de sus poetas más representativos) y en los poetas gallego–portugueses, por pertenecer cronológicamente a una misma época.

Si como representante de la Escuela Poética Siciliana hemos elegido a Giacomino Pugliese por ser el más rentable en lo que se refiere al uso del apóstrofe, para el Dolce Stil hemos elegido a Guido Guinizzelli por ser, además del fundador de la Escuela, uno de sus poetas más representativos.

1. *El apóstrofe*

Antes de pasar a su definición, conviene recordar que el apóstrofe es un recurso poético de gran importancia en la poesía medieval. No hay que olvidar que marca una dirección muy precisa: la del destinatario, y que precisamente la distinta dirección condiciona la actitud más o menos intimista del trovador.

El poeta tiene siempre muy en cuenta para quién escribe y por ello en la lírica gallego–portuguesa introduce un apóstrofe en la cabecera de la poesía que será el que marque el género de la composición. En la poesía siciliana el poeta suele retrasar un poco más la introducción del apóstrofe para hacer esperar

---

[1]   V. I. González, «Rentabilidad del apóstrofe en la poesía de G. Pugliese», en *Actas del IV Congreso Nacional de Italianistas: Il Duecento,* Universidad de Santiago de Compostela, 1989, págs. 381–386.

conscientemente al público, el cual, mientras no escuche[2] un *donna* o un *mio sire* no sabrá si la composición es de amor o de amigo. Piénsese hasta qué punto es importante el apóstrofe en este tipo de poesía.

Entendemos por apóstrofe la «figura retórica por la cual nos dirigimos directamente y con un énfasis especial a una persona o cosa personificada, presente o ausente»[3] y no hemos considerado apóstrofe casos como:

> Ahi Deo, non so ch'e' faccia ni 'n qual guisa,
> ché ciascun giorno canto a l'avenente,
> (II,61)[4]

> O signor Geso Cristo,
> fu' i' però sol nato
> di stare innanmorato?
> (III,55)

que son exclamaciones o admiraciones[5] dirigidas a Dios y a Cristo respectivamente, o a uno mismo (el poeta, en el siguiente caso, se compadece de sí mismo):

> Lasso, ch'eo li fui dato!
> Amore a tal m'ha 'dutto,
> fra gli altri son più tristo.
> (III,52)

1.1. *El apóstrofe es un sustantivo*

Guinizzelli utiliza frecuentemente el apóstrofe *donna* (cinco veces) y *madonna* (cuatro veces) solos o acompañados de un posesivo: *madonna mia,* así como otros sustantivos tipo *amore.* Veamos en qué posiciones y en qué composiciones.

Donna:

Es un tipo de apóstrofe muy corriente en la escuela poética siciliana, que se puede parangonar perfectamente a *senhor* en la lírica gallego–portuguesa.

---

[2]   Nos estamos refiriendo a una época en la que la poesía es más para cantar, y por lo tanto para ser escuchada, que para ser leída.

[3]   V. I. González, *El apóstrofe en la escuela poética siciliana,* Universidad de Santiago de Compostela, 1989, pág. 23.

[4]   Citaremos por la edición de E. Sanguineti, *Guinizzelli. Poesie,* Milano: Mondadori, 1986. El número romano es el de la composición y el arábigo el del verso.

[5]   Para ver la diferencia entre el apóstrofe y la exclamación, cf. I. González, *El apóstrofe...,* págs. 19–21.

Guinizzelli emplea el apóstrofe *donna,* así, sin ningún tipo de modificador para dirigirse a su dama porque este apóstrofe permite al poeta un gran juego poético. *Donna* aparece tres veces en posición inicial absoluta:

> *Donna,* l'amor mi sforza
> ch'eo vi deggia contare
> com'eo so 'nnamorato,
> (III,1)

> *Donna,* il cantar soave
> che per lo petto mi mise la voce
> che spegne ciò che nuoce,
> pensieri in gioia e gioia in vita m'have.»
> (XXI,1)

> *Donna,* lo fino amore
> c'ha tutto sì compreso
> che tutto son donato a voi amare;»
> (XXV,1)[6]

Una vez en posición inicial: *donna...* -sin ser incipit de composición–:

> *Donna,* Deo mi dirà: che presomisti?,
> sïando l'alma mia a Lui davanti.
> (IV,51)

Y otra en posición intermedia: *...donna...:*

> e nulla crudelezza
> pòte pensar lo core
> che aveste, *donna,* 'n voi, che non s'avvene.
> (XXV,36)

Guinizzelli emplea en dos ocasiones el apóstrofe *donna* + adjetivo, a saber *donna fina* y *donna valente* y en ambos casos, como ya sucedía en la escuela poética siciliana, en posición final de verso:

> Orgoglio mi mistrate, *donna fina,*
> ed eo pietanza chero
> a vo', cui tutte cose, al meo parvente,
> dimorano a piacere. A vo' s'inchina
> vostro servente, e spero
> ristauro aver da vo', *donna valente;*»
> (XXIV,34 y 39)

---

6   Es una composición dudosa. Sanguineti no la incluye como de Guinizzelli, por lo que en esta ocasión citamos por la edición de M. Marti, *Poeti del Dolce Stil Nuovo,* Firenze: Le Monnier, 1969.

Con respecto al apóstrofe *donna* y parangonándolo a *senhor* conviene destacar que, aparte de que la posición de *donna* aparece en cualquier verso de la composición, mientras que *senhor* aparece casi siempre en los cinco primeros versos de la composición (generalmente en incipit o, en todo caso, en el primer verso)[7], en cuanto a la rentabilidad del apóstrofe se refiere, las variantes de *senhor* son únicamente *mia senhor* o *boa senhor,* mientras que Guinizzelli emplea, como acabamos de ver *donna fina* y *donna valente.*

Madonna:

Paralelamente a *donna,* y con el mismo significado, Guinizzelli, usa también como apóstrofe el sustantivo *madonna.*

Madonna es sinónimo de *donna* y no, como sería lógico, de *mia donna,* porque ha perdido casi totalmente su matiz de posesión «mia donna».
Guinizzelli prefiere usar *madonna* en posición inicial de verso. Aparece una vez en incipit:

> *Madonna,* il fino amor ched eo vo porto
> mi dona sì gran gioia ed allegranza,
> ch'aver mi par d'Amore,»
> (II,1)

y tres veces en posición inicial:

> *Madonna,* da voi tegno ed ho 'l valore;
> (II,37)

> *Madonna,* le parole ch'eo vo dico
> mostrano che 'n me sïa dismisura
> d'ogni forfaesitade;
> (II,73)

> *Madonna,* audivi dire
> che 'n aire nasce un foco
> per rincontrar di venti;
> (III,25)

Como sucede en la escuela poética siciliana, Guinizzelli utiliza *madonna* o *donna* indistintamente, incluso el número de veces en que aparece uno u otro apóstrofe es similar.

También en el caso de *madonna* el apóstrofe aparece distribuido a lo largo de la composición y no solamente en posición inicial.

---

[7]   Cf. J. M. D'Heur, *Recherches internes sur la lyrique amoureuse des troubadours galiciens–portugais (XII–XIV siècles),* S.L., 1975.

En la poesía gallego–portuguesa no existe un apóstrofe paragonable a *madonna*[8]. Como elemento principal de un apóstrofe, *madonna* tiene en Guinizzelli una variedad menor que *donna;* frente a *donna fina y donna valente,* Guinizzelli emplea solamente en una ocasión *madonna mia*[9]. En posición inicial absoluta:

> *Madonna mia,* quel dì ch'Amor consente
> ch'i' cangi core, volere o maniera,
> o ch'altra donna mi sia più piacente,
> tornerà l'acqua in su d'ogni riviera,
> (XIII,1)

Amore:

Aparte de los sustantivos *donna* y *madonna,* Guinizzelli emplea también *amore* como apóstrofe, aunque, como veremos a continuación, con escasa rentabilidad.

Mientras que en la escuela poética siciliana el sustantivo *amore,* sin ningún tipo de determinante, es muy rentable como apóstrofe, en posición inicial, intermedia o final de verso, Guinizzelli lo emplea en una sola ocasión, en posición intermedia:

> Dolente, lasso, già non m'asecuro,
> ché tu m'assali, *Amore,* e mi combatti:
> (VIII,2)

En la poesía gallego–portuguesa no se emplea el sustantivo *amore* como apóstrofe.

1.2. *El apóstrofe es un adjetivo*

En la escuela poética siciliana se encuentran más de una veintena de adjetivos empleados como apóstrofe: *amorosa, avenente, piagente,* etc. En Guinizzelli encontramos el adjetivo *fina,* sin ningún tipo de aditamento (en la escuela poética siciliana es frecuente *fina donna*) en una ocasión, y en posición final, curiosamente:

> a ciò che la natura mia me mina
> ad esser di voi, *fina,*
> così distrettamente innamorato
> che mai in altro lato

---

[8]   «Mia senhor» tendría más relación con «mia donna».

[9]   Obsérvese hasta qué punto «madonna» se ha vaciado de su primitivo valor posesivo («mia donna»).

Amor non mi pò dar fin piagimento:
(II,8)

El apóstrofe *fina,* aplicado a la dama *(donna fina)* significa en la poesía medieval italiana «perfecta, exquisita, bella». Guinizzelli apostrofa a su dama llamándola «pura, delicada, genuina» y en definitiva la que posee el «fino amore» que es «la fin' amors» de los poetas corteses franceses y provenzales[10].

1.3. *Sustantivo + adjetivo*

De este tipo de apóstrofe Guinizzelli emplea en una ocasión, en posición final del primer verso de un soneto, *vecchia rabbiosa:*

Volvol te levi, *vecchia rabbiosa,*
e sturbignon te fera in su la testa:
(XVIII,1)

El topos de la «vieja rufiana» está muy extendido en todas las literaturas romances, Guinizzelli, aquí, emplea este apóstrofe, lo mismo que Cavalcanti[11] en sentido cómico–jocoso.
No se registran ejemplos de este tipo de apóstrofe en la poesía gallego–portuguesa.

1.4. *Adjetivo + sustantivo*

El adjetivo *gentile* es muy rentable en la escuela poética siciliana para referirlo a sus damas *(gentil donna, gentil mia donna, gentil donna mia).* Guinizzelli emplea en una ocasión el apóstrofe *gentile* + el sustantivo *donzella,* en posición inicial absoluta:

Gentil donzella, di pregio nomata
degna di laude e di tutto onore,
ché par di voi non fu ancora nata
né sì compiuta di tutto valore,
(XII,1)

Parece que se trata de un soneto dirigido a la Compiuta Donzella *(compiuta di tutto valore,* dice el verso 4 y *de tutto compimento siete ornata* en el verso 7)[12]. Por eso Guinizzelli dice *gentil donzella* y no *gentil donna* como en otras ocasiones.

---

[10] V. M. Lazar, *Amour courtois et fin' amors,* París, 1964.
[11] «Guata, Manetto, quella *scrignutuzza,*» (LI, 1).
[12] Eso cree G. Contini, *Poeti del Duecento,* II, Milano–Napoli: Ricciardi, 1960, pág. 474.

Aparte de *boa ssenhor, nobre'amiga* y *meu amor,* tres ejemplos de la única composición que se conserva de Per' Eannes Marinho, y que por lo tanto hay que considerar como casos aislados, no hay en la poesía gallego–portuguesa un ejemplo parangonable a éste de Guinizzelli.

1.5. *Otros tipos de apóstrofes*

Incluimos bajo este epígrafe cuatro apóstrofes que por ser casos aislados preferimos mencionar aparte, aunque también podrían incluirse como casos especiales dentro de los otros grupos.

En primer lugar se encuentra el sustantivo *messer* que Guinizzelli emplea como apóstrofe dirigido a una persona perteneciente al clero o a una orden religiosa[13]. Va en posición intermedia y hacia el final del soneto:

> e voi, *messer,* di regula conserva,
> pensate a lo proverbio che dir sòle:
> (XVI,12)

El siguiente caso es el del apóstrofe *voi,* que va en incipit del soneto que Bonagiunta, el poeta sículo–toscano, dedica al propio Guinizzelli y en el que le dice:

> *Voi,* ch'avete mutata la mainera
> de li plagenti ditti de l'amore
> de la forma dell'esser là dov'era,
> per avansare ogn'altro trovatore,
> (XIX, A,1)

Guinizzelli, en un soneto que dedica al poeta Guittone D'Arezzo, quizás en los primeros años de su carrera poética, reconociéndolo como autoridad en el campo de la literatura, lo apostrofa *o caro padre meo,* también en incipit de composición:

> *O caro padre meo,* de vostra laude
> non bisogna ch'alcun omo se 'mbarchi,
> ché 'n vostra mente intrar vizio non aude,
> che for de sé vostro saver non l'archi.
> (XX A,1)

---

[13]   M. Marti, *op. cit.*, pág. 89 dice que el sentido de este verso es obscuro, pero cree que *regula conserva* debe referirse a la regla que el religioso al que se dirige el soneto practica al lado de los demás frailes.

En la Divina Comedia, Dante retoma este apóstrofe y se dirige a Guinizzelli como «il padre mio e de li altri miei miglior che mai rime d'amor usar dolci e leggiadre» (Purgatorio XXVI, 97–99).

En el soneto siguiente Guittone responde a Guinizzelli que lo había llamado «caro padre» con un *figlio mio dilettoso,* también en incipit de composición:

> *Figlio mio dilettoso,* in faccia laude
> non con descrezïon, sembrame, m'archi:
> lauda sua volonter non saggio l'aude,
> se tutto laudator giusto ben marchi;
> (XX B,1)

2. *Conclusiones*

Aunque la obra de Guinizzelli no es muy extensa, apenas una treinta de composiciones entre canciones y sonetos, sí es lo suficientemente amplia para permitirnos extraer una conclusión importante por lo que se refiere al uso del apóstrofe.

En la escuela poética siciliana el uso del apóstrofe es abundante y variado, más variado que en la lírica gallego–portuguesa[14]. Lo mismo sucede en Guinizzelli, máximo representante de la poesía estilnovista, fiel heredera de la siciliana. Guinizzelli, como hemos visto, emplea un abundante número de apóstrofes en sus composiciones, pero éstos son, además, muy diferentes.

Concretamente, en la obra de Guinizzelli hemos registrado 21 apóstrofes, de los cuales 14 son diferentes, y no tienen parangón en la lírica gallego–portuguesa, que es más pobre al respecto. La superioridad de Guinizzelli, en cuanto a la riqueza de apóstrofes se refiere, es manifiesta. En la lírica gallego–portuguesa se repiten siempre *senhor, mia senhor* o *senhor fremosa* –las excepciones son mínimas– frente a Guinizzelli que emplea *donna* y *madonna* frecuentemente, pero también *amore, fina, gentil donzella, donna valente* o *vecchia rabbiosa,* entre otros.

Con respecto a la posición del apóstrofe dentro de la composición, Guinizzelli utiliza este recurso poético en cualquier verso de la composición, desde el primero al último, frente a la lírica gallego–portuguesa en donde, con excepciones mínimas, el apóstrofe va siempre en los primeros versos de la poesía, aunque luego puede (suele) repetirse igual o modificado. A los poetas gallego–portugueses les interesa dejar constancia desde el principio del género de la cantiga, mientras que la poesía de Guinizzelli –lo mismo que sucede en la escuela siciliana– es fundamentalmente amorosa, y por lo tanto la composición es de amor, del poeta a su dama, y no al revés.

---

[14]   V. I. González, *El apóstrofe...,* ya citado.

El nacimiento de Esplandián y el folclore*

Paloma GRACIA
Universidad de Granada

El nacimiento de Esplandián se produjo en circunstancias similares a las de su padre Amadís[1]: Oriana, al saber que había quedado embarazada, dispuso el modo de ocultarlo, y decidió librarse de la criatura en cuanto naciera, dado el miedo que sentía por haberla concebido antes del matrimonio. Durante el parto, que tuvo lugar a medianoche, incluso ahogaba los gritos de dolor para evitar ser descubierta. Después, la doncella puso al pequeño en brazos de su madre, momento en que dijo a Mabilia:

> –¿Vistes lo que este niño tiene en el cuerpo? [...] algo tiene en los pechos que las otras criaturas no han.
> Estonces encendieron una vela, y desembolviéndolo vieron que tenía debaxo de la teta derecha unas letras tan blancas como la nieve, y so la teta isquierda siete letras tan coloradas como brasas bivas; pero ni las unas ni las otras supieron leer, ni qué dezían, porque las blancas eran de latín muy escuro, y las coloradas, en lenguaje griego muy cerrado. (III, LXVI)[2].

Después, Mabilia puso al niño en una canasta, y lo hizo descender por una cuerda. Fuera, bajo la ventana, la Donzella de Denamarca y Durín esperaban hacerse con el recién nacido. Cuando lo tuvieron, salieron hacia el monasterio de Miraflores llevando al niño en la canasta; pues habían acordado previamente dejarlo a la puerta de la iglesia. Al cabo de poco rato, la Donzella y Durín abandonaron el camino derecho, y tomaron un sendero que discurría por una floresta:

---

* Esta comunicación se complementa con otros trabajos publicados con anterioridad: «Tradición heroica y eremítica en el origen de Esplandián», *Revista de Filología Española*, 72 (1992), págs. 133–148 y *Las señales del destino heroico*, Barcelona: Montesinos, 1991.

[1] Véase Juan Bautista Avalle–Arce, «El nacimiento de Amadís», en *Essays on Narrative Fiction in the Iberian Peninsula in honour of Frank Pierce*, Oxford: The Dolfin Book, 1982, págs. 15–25.

[2] Garci Rodríguez de Montalvo, *Amadís de Gaula*, ed. Juan Manuel Cacho Blecua, II, Madrid: Cátedra, 1988, pág. 1004. La presencia de la combinación de los colores rojo y blanco es constante en la hagiografía; acerca de su presencia, notable en el *Lancelot en prose*, y de su significación, Albert Pauphilet, en *Études sur la Queste del Saint Graal*, Paris: Champion, 1921, afirma: «Le blanc, c'est la sainteté, le rouge le sacrifice, la Passion», pág. 108.

> Pero luego ende havía un valle tan spesso y tan esquivo, que ninguna persona a mala vez en él podría entrar, según la braveza y spessura de la montaña, y allí criavan leones y otras fieras animalias. (III, LXVI)[3].

En este punto, el pequeño es introducido en una geografía maravillosa, donde las circunstancias de su nacimiento, excepcionales desde la revelación de la marca en su pecho, cobran un sentido pleno: el bosque es el reino de los animales salvajes y, a la vez, un lugar de asilo y soledad, donde las normas sociales no tienen validez. La figura del ermitaño, Nasciano, domina ese paraje; todos lo consideran un santo hasta el punto de creer que es alimentado celestialmente. Por ello, sólo aparentemente el valle es un sitio inhóspito; la condición de Nasciano hace que, por el contrario, sea en verdad un ámbito de atmósfera serena, en donde las fieras se rinden ante la evidencia de su superioridad. Aquí la narración abandona el espacio cortesano para situarse en un ambiente completamente distinto, maravilloso, pero no al modo de la geografía fantástica de la Ínsola Firme, sino a la manera de los desiertos que aparecen en las vidas de santos o en los *Evangelios apócrifos*, adecuado para conceder a Esplandián una infancia que dé razón a su vida adulta.

La imagen que sigue del ermitaño alimentando a los cachorros de la leona y dedicando sus horas a verlos jugar por la cueva contribuye a hacer de la floresta un lugar de orden, un orden anti–natural, maravilloso o, mejor, maravilloso cristiano, que lo hará propio para la crianza de un héroe de las características de Esplandián. Además, este pasaje – como el siguiente, en que se alude a las cacerías de la leona – pone en evidencia que se trata de un espacio opuesto a Miraflores: el mundo real en el que el pequeño –como Amadís– había sido separado de su madre por voluntad de ésta, y puesto en riesgo para ponerse ella a salvo. La actitud del ermitaño con los leoncillos y el comportamiento de la leona sirven de contrapunto al de Oriana, y sugieren que el sentimiento maternal es patrimonio del bosque.

La Donzella de Denamarca sintió sed, así que al llegar a una fuente –motivo asimilable a un río, esto es, a la separación de dos mundos– descendieron de los caballos, y dejaron al recién nacido en el tronco de un árbol[4]. Allí los bramidos de una leona hicieron que el caballo de la doncella huyera sin que pudiera detenerlo, por lo que Durín salió tras él abandonando al pequeño, que fue arrebatado por la leona. Por voluntad divina, el suceso fue visto por Nasciano, que santiguó al muchacho y mandó a la leona que dejara a la criatura y se retirara, a lo que obedeció muy mansa. Después le ordenó que amamantara al recién nacido;

---

3   *Amadís de Gaula*, ed. cit., II, pág. 1005.

4   Marie–Luce Chênerie, «Le motif de la *fontaine* dans les romans arthuriens en vers des XIIe et XIIIe siècles», en *Mélanges de langue et littérature françaises du moyen âge et de la Rennaissance offerts à Charles Foulon*, I, Rennes: Université de Haute–Bretagne, 1980, págs. 99–104; R. S. Loomis, *Arthurian Tradition and Chrétien de Troyes*, Columbia University Press, 1949, cap. XLIX, «The fountain», págs. 289–293; y William A. Nitze, «Yvain and the Myth of the Fountain», *Speculum*, 30 (1955), págs. 170–179.

motivos todos ellos propios del folclore[5]. El niño permaneció diez días junto al ermitaño, pasados los cuales, llegó su hermana con el objeto de hacerse cargo de su crianza. Nasciano quiso entonces bautizar al pequeño:

> mas cuando aquella dueña lo desembolvió cabe la pila, viole las letras blancas y coloradas que tenía, y mostrólas al hombre bueno, que se mucho dello spantó. Y leyéndolas vio que dezían las blancas en latín: «Esplandián», y pensó que aquél devía ser su nombre, y assí jelo puso; pero las coloradas, ahunque mucho se trabajó, no las supo leer, ni entender lo que dezían. Y luego fue baptizado con nombre de Splandián, [...] (L.III, LXVI)[6].

La marca de nacimiento otorga a Esplandián un origen acorde con su condición heroica; al determinar su nombre, éste testimoniará a lo largo de su vida la excepcionalidad de su nacimiento. Por otra parte, la marca cumple una función argumental en el texto, ya que permite que el niño abandonado, expósito o perdido pueda ser identificado sin lugar a dudas. En este caso, el reconocimiento se produjo mucho más tarde, dando a término con la crianza fuera del hogar –inevitable en el relato folclórico–, cuando Esplandián alcanzó la edad de siete años y fue visto por Lisuarte, en el bosque, mientras cazaba llevando a la leona que lo había amamantado en una traílla. El interés de Lisuarte por el muchacho motivó que Nasciano diera cuenta de las circunstancias extraordinarias de sus primeros días. Oriana, Mabilia y la Donzella sospechaban que se trataba del hijo de Amadís, pero cuando Nasciano les mostró las letras que marcaban su pecho tuvieron plena evidencia de ello.

La marca de nacimiento, como la mayoría de estos elementos que se observan en los orígenes de Esplandián, es un motivo folclórico, común, por tanto, a narraciones de procedencia muy variada: figura en el *Motif–Index of Folk–Literature*[7] como el T563, y el reconocimiento por una marca de nacimiento es el H51.1. Su tradición es inmensa; ya Aristóteles se refería en su *Poética* a este tipo de señales como a un recurso fácil para el reconocimiento de personajes. Pero, sobre todo, el motivo había pasado a integrar el repertorio de características propias del nacimiento heroico, también en la literatura artúrica.

En el *Lancelot en prose* se cuenta que Elyezer, que fue rey de Escocia en época de Joseph d'Arimathea, y había dejado su gobierno tras ser convertido al

---

[5] El poder mágico sobre los animales figura en el *Motif–Index of Folk–Literature* de Stith Thompson, Bloomington, Londres: Indiana University Press, 1966[2], 6 vols., como el D2156., más concretamente, el caso de Esplandián puede asociarse mejor, aunque no sea exacto, al D2156.3., el santo obliga a una bestia a devolver un niño robado a su madre; el león servicial es el B431.2. (y en el de Antti Aarne's, *The Types of the Folk–Tale*, Helsinki: Snomalainen Tiedeakatemia, 1928, como el tipo 156 y 590); B391 es el animal agradecido por el alimento (tipos 350, 531, 550 y 554); el B535 el animal que alimenta a un niño abandonado; el ermitaño que rescata a un niño abandonado el R131.10.

[6] *Amadís de Gaula*, ed. cit., II, pág. 1009.

[7] *Ed. cit.* Para la marca de nacimiento, véase el estudio de Karl Jaberg, «The Birthmark in Folk Belief, Language, Literature, and Fashion», *Romance Philology*, 10 (1956–1957), págs. 307–342.

cristianismo, supo por una voz divina que iba a encontrarse con su hijo, al que no conocía y había engendrado treinta años antes. Elyezer quedó admirado –tal era la belleza del joven–, y le pidió que le contase todo respecto a él, que le dijera su nombre en primer lugar:

> – «Sire, fait il, l'an m'apele Lanvalés». Et voirement cil nons li avoit esté escriz el front, quant il parti del ventre sa mere, et Lanvalés cil nons vaut autant conme ferme craance, car a son tans ne fu il onques plus prodom de lui, et bien li monstra Diex. Quant il se fu nomez a son pere, et li rois s'en mervilla moult, car onques mais n'avoit oï parler de cel non (V, LXXXIX, 6–7)[8].

La similitud con Esplandián no se limita a que sea la marca de nacimiento la que dé nombre al personaje, sino que se extiende a su extrañeza, y a la religiosidad del mismo.

Cuando Lancelot y Galehot llevaban un mes en las tierras de Sorelois, la Dame du Lac envió a su primo Lionel, uno de los hijos del rey de Gaunes, junto a Lancelot para que permaneciera con él hasta que quisiera ser caballero. A continuación, el *Lancelot en prose* se detiene a explicar por qué Lionel fue llamado así. Da cuenta de cómo, al nacer, advirtieron que tenía una mancha sobre su pecho en forma de león, y parecía que se abrazaba a ella como queriendo estrangularlo; una marca de nacimiento que, como las letras con que nace Esplandián, lleva en el pecho, es roja, y le iba a designar siempre:

> Li vallés ot non Lyoniax por une grant merveille qui avint a son naistre, car si tost com il issi del ventre sa meire, si trova on une taque vermeille en mi son pis qui estoit en forme d'un lyon et li enfes l'avoit embrachie a .II. bras et par mi le col autresi com por estrangler. Ceste chose fu esgardee a merveilles et por che fu apelés li enfes Lyoniax, qui puis fist assés de hautes proeches, si comme li contes de sa vie le tesmoigne, et moult dura le taque en mi son pis. (VIII, LIIIa, 7)[9].

La marca como signo de realeza se halla también presente en el *Merlin* de la *Vulgate*, su significado es evidente ya que tiene forma de corona real: Leodegan concibió a Guenièvre con su esposa el mismo día que engendró otra niña con la mujer de su senescal Cleodalis, también muy bella. Primero nació la hija de la

---

[8] *Lancelot,* ed. A. Micha, V, Ginebra: Droz, 1980, pág. 86. «–Señor, me llaman Lanvalés. Ciertamente ese nombre le había sido escrito en la frente cuando salió del vientre de su madre, y vale tanto como «firme creencia», pues en su tiempo no hubo nadie de vida tan santa como él, y bien lo mostró Dios. Después de decirle su nombre a su padre, el rey se quedó sorprendido, pues nunca había oído nombre semejante», pág. 1561 de la traducción castellana de Carlos Alvar, *Lanzarote del Lago*, VI, Madrid: Alianza, 1988.

[9] *Ibidem*, VIII, pág. 132. «El muchacho se llamaba Lionel por un hecho maravilloso que ocurrió cuando nació: tan pronto como salió del vientre de su madre, vieron que tenía en medio del pecho una mancha roja, con forma de león, y el niño lo tenía abrazado por el cuello como si quisiera estrangularlo. Este hecho fue considerado maravilloso y por eso llamaron al niño Lionel. Después realizó grandes proezas, tal como atestigua la historia de su vida, y la mancha le duró mucho tiempo en el pecho», *Lanzarote de Lago, trad. cit.*, II, pág. 401.

reina; después, al cabo de poco rato, la mujer del senescal alumbró a otra niña. Ambas fueron bautizadas con el nombre de Guenièvre, y se criaron juntas. Eran muy similares, tanto que resultaba difícil distinguir una de la otra, salvo por una marca en forma de corona de la legítima Guenièvre:

> auint que quant la roine fu acoucie quele troua es rains sa fille vne ensenge petite autre tel comme corone de roy. & si tost comme ele fu nee commencha a crier de son ventre la feme au senescal & engendra vne fille de trop grant biaute & fu samblable a la fille la roine que on ne connoist mie lune de lautre se ne fust lenseigne de la coroune que ele auoit es rains deriere[10].

Más tarde, la señal permitió a Leodegan reconocer a la auténtica Guenièvre.

Mucho más fecunda es la tradición de la marca de nacimiento en la épica francesa. Según las *Enfances Renier*, un cantar de gesta del siglo XIII, Renier nació, como Esplandián, a medianoche y por gracia de Dios: «crois ot vermelle et se senefia/ que s'auques vit qu'encore rois sera»[11]. El significado de la marca de nacimiento está explícito: es una marca de realeza. Casi al final de la obra, en el momento en que Renier reencuentra a sus padres[12], pues había sido separado de ellos siendo niño, vuelve a hacerse mención de esta marca, que como las que aparecen en otros relatos, sirve como señal de identificación; por ella, la madre de Renier afirma que reconocería a su hijo. En estos versos se dan más detalles acerca de la marca con que había nacido: la zona del cuerpo en donde la tenía –bajo el hombro derecho–, y las letras, también rojas, que rodeaban la cruz. En *Lion de Bourges*, un poema épico del siglo XIV, el conde Herpin tuvo que marchar al destierro junto a su mujer; en el camino, atravesaron un bosque y, en un momento en que Herpin estaba lejos de ella, dio a luz a un hijo «que sus la droite espaulle au vray considerer/ ot une croix vermeille»[13]; después, mientras el recién nacido estaba solo, un hada le concedió, a manera de don, que sería rey. Idéntico motivo, que ha venido en llamarse «la croix royale», se halla en numerosas obras de la épica francesa tardía, muy abiertos, generalmente, a la influencia del folclore. La nómina, que es muy larga[14], alcanza a nobles y a príncipes cuyo destino era ocupar

---

[10] *L'estoire de Merlin*, ed. Oskar Sommer, *The Vulgate Version of the Arthurian Romances*, II, Washington, 1908, pág. 149. «Cuando la reina dio a luz, encontró en la cintura de su hija una marca pequeña semejante a la corona de un rey. Apenas nació, la mujer del senescal empezó a gritar por el dolor de su vientre, y dio a luz una hija de gran belleza, semejante a la hija de la reina, de tal forma que no se podía reconocer quién era una o la otra, a no ser por la marca de la corona que tenía por detrás de la cintura», *trad. cast* Carlos Alvar, *Historia de Merlín*, I, Madrid: Siruela, 1988, pág. 234.

[11] *Enfances Renier*, ed. Carla Cremonesi, Milán–Varese, 1957, vv. 19–20, pág. 73.

[12] *Ibidem*, vv. 17422–17426 y 17431–17434, pág. 557.

[13] *Lion de Bourges. Poème épique du XIVe siècle*, ed. William W. Kibler, Jean Louis G. Picherit y Thelma S. Fenster, Genève: Droz 1980, vv. 382–383, pág. 14.

[14] *Richard li Biaus*; *Macaire*, hoy perdido pero reconstruible a partir de versiones como la *Historia de la Reyna Sevilla*; *Beuve de Hantone*; *Parise la Duchesse y Tristan de Nanteuil*; *Florent et Octavian, Charles le Chauve y Theséus de Cologne*; *Le Roman de Silence y Le Livre de Baudoyn, conte de Flandre*. Sobre la «croix royale», pueden consultarse los estudios de Pio Rajna, *Le origini dell'epopea francese*, Florencia, 1884, págs. 294–299; Ferdinand Lot, «La croix des royaux de

un trono; su origen debe buscarse en una tradición conservada en los *Reali di Francia*[15], según la cual los reyes franceses nacían con una marca sobre el hombro.

March Bloch tituló uno de los apartados de sus *Rois Thaumaturges* «Les superstitions; le signe royal; les rois et les lions»[16], donde incluye una lista de personajes nacidos con la «croix royale». Para March Bloch, la creencia en que los reyes nacían con una señal de identidad prueba que eran tenidos por seres maravillosos, sagrados; una suerte de santos, como evidencia también la convicción de que los leones respetaban a los reyes[17]. Fue una de las supersticiones más vivas de la Edad Media, que pudo haber nacido hacia el siglo XII y que en el XIII estaba enraizada en Francia y Alemania, donde no sólo se atribuía a tipos literarios sino también a personajes históricos[18]. La marca consistía en una mancha de la piel en forma de cruz, situada bajo el hombro derecho o, excepcionalmente, sobre el pecho; de color rojo o, más raramente, blanca; que con el tiempo fue sustituida por la flor de lis. Tanto si se trata de una cruz como si tiene forma de flor, tales marcas son exponentes de una tradición universal, arraigada ya entre los griegos, para quienes los miembros de las dinastías gobernantes nacían con diferentes señales en la piel: una lanza para los nobles tebanos; un ancla para los Seléucidas. Su valor es el mismo cualquiera que sea su forma «autant qu'une marque d'origine, elle est un signe de prédestination; elle annonce un sort royal, qui, du reste, trouve sa justification ordinaire dans les privilèges du sang»[19]. El valor de la marca de nacimiento es evidente: es un signo de realeza, señal de origen real o, en su defecto, de destino real. Todos los que nacen con ella son príncipes o nobles, y serán reyes. En cuanto al título de March Bloch resultaba muy interesante ya que sugería una relación entre la marca y el respeto de los leones hacia los reyes. Ya nos hemos referido al momento en que Esplandián fue arrebatado por una leona, con la intención de darlo como alimento a sus crías. Nasciano mandó a la leona que dejara al recién nacido. Más tarde, al ver que daba de mamar a sus cachorros, le ordenó que alimentara al niño. La paternidad de Lanvalès, el hijo del rey Elyezer, que había nacido con su nombre grabado en la frente fue puesta en duda, pues su madre había quedado embarazada justo el día en que su marido se marchó;

France», *Romania*, 20 (1891), págs. 278–281; Léon Gautier, *Les epopées françaises*, II, Paris, H. Welter, 1892, pág. 497; y Arthur Dickson, *Valentine and Orson*, Nueva York: Columbia University Press, 1929, págs. 48–49; véase también George L. Hamilton, «The Royal Mark of the Merovingians and Kindred Phenomena», *Medieval Studies in Memory Gertrude Schoepperle Loomis*, Ginebra: Slatkine Reprints, 1974, págs. 301–316; reimpr. de la ed. de París–Nueva York, 1927.

[15] Andrea da Barberino, *I Reali di Francia*, ed. Giuseppe Vandelli, II, Bologna: Romagnoli Dall'Acqua, 1890, Parte II, l.ii, cap. I, pág. 5.

[16] *Les Rois Thaumaturges*, París: Gallimard, 1983, págs. 245–258; pág. 247.

[17] March Bloch añade muy poco al respecto; según él, esta creencia no debe ser muy antigua ya que resulta desconocida para la *Chanson de Roland*; sin embargo se mantuvo viva durante largo tiempo, pág. 257.

[18] Antoine Thomas, «Le 'signe royal' et le secret de Jeanne d'Arc», *Revue Historique*, 103 (1910), págs. 278–282.

[19] March Bloch, *op. cit.*, pág. 254.

así que, cuando las señales del embarazo se hicieron evidentes, la acusaron de adulterio y se cuestionó la paternidad del niño. Al poco de nacer, el pequeño fue hecho preso hasta que se resolviera el caso. Según la decisión tomada, se le sometería a una prueba de legitimidad; quedaría demostrada la realeza de su ascendencia si superaba con éxito una prueba que fue sugerida en estos términos:

> [...] en ceste vile a .II. lyons an une cave et il est voirs que li lions est rois et sires de toutes les bestes del monde et de si franche nature et de si haute que, se il trouvoit fil de roi de droit pere et de droite mere et il n'eust plus de .II. anz d'aage, ja ne li feroit mal, tant an venist au desus. Et por ce poez esprover de cest anfant s'il est filz de roi; se vous le metez entre les lyons, bien saichiez de voir que toz li monz ne le garantiroit qu'il ne l'estranglassent maintenant (V, LXXXIX, 9)[20].

Así Lanvalès, cuando aún no contaba con tres días, fue introducido en la cueva, permaneciendo allí un día entero, tras el que, gracias a la protección divina, fue sacado sin daño ninguno (V, LXXXIX, 10)[21]. Un día, siendo Renier todavía pequeño, un ladrón entró en el palacio; no encontró nada que llevarse, por lo que cogió al niño mientras su nodriza dormía. Renier fue vendido a un mercader de Venecia; éste compraba niños para entregarlos a su señor, un sarraceno, que los daba como alimento a los leones para apagar su odio hacia los cristianos. Cuando Renier fue expuesto a los leones, que llevaban dos días en ayuno:

> Les lyons vindrent a l'enfant acourant,
> assez le flairent et derriere et devant,
> mes ne li firent nul mal ne poine grant;
> lez lui se couchent et si le vont lechant.
> Renier li enfes les vet aplaniant;
> en ce perill s'est ale endormant[22].

Después un servidor, también sarraceno, vio al niño dormido, y corrió a buscar a la hija de su señor diciéndose a sí mismo: «Grant seigneurie a cest enfant apent,/ filz est de roy, par le mien escient/ pour ce le vont les lyons deportant»[23]. Poco después de que las hadas dejaran solo a Lion de Bourges, una leona se acercó al recién nacido; lo tomó con los dientes y se lo llevó; cuatro días lo amamantó con su leche:

---

[20] *Lancelot en prose, ed. cit.*, V, pág. 88. «En esta ciudad hay dos leones en un subterráneo; el león es el rey y señor de todos los animales del mundo y tiene tan noble naturaleza y tan alta que si encuentra al hijo de un rey de padre legítimo y de madre legítima, si no tiene más de dos años de edad, no le causa ningún mal, aunque se le suba encima. De ese modo podréis probar si este niño es hijo del rey; si lo colocáis entre los leones, tened por seguro que todo el mundo no podría impedir que al punto no lo estrangularan», *trad. cit.*, VI, pág. 1562–1563.

[21] *Ibidem*, pág. 89.

[22] *Enfances Renier, ed. cit.*, vv. 1240–1245, pág. 107.

[23] *Ibidem*, vv. 1264–1266, pág. 109.

L'anffans prist a cez dent, ains ou boix l'anportait.
En sa duiere vint et leans le boutait.
Quaitre jour le norit; de son lait l'alaitait[24].

En recuerdo de la leona, que murió de dolor al separarse del niño, fue bautizado Lion.

En resumen, el nacimiento de Esplandián presenta rasgos folclóricos que subrayan su legitimidad, dan fe de la excepcionalidad del personaje y presagian un futuro heroico; la marca de nacimiento y la exposición a la leona son, por todo ello, los signos ciertos de un destino heroico.

---

[24]   *Lion de Bourges, ed. cit.*, vv. 446–448, pág. 16.

La ficción como elemento didáctico en la *Visión deleytable* de Alfonso de la Torre

Marta HARO CORTÉS
Universitat de València

La *Visión deleytable*[1] de Alfonso de la Torre fue compuesta a petición de don Juan de Beamonte, ayo del Príncipe de Viana y prior del Convento San Juan de Navarra, para instruir, según los deseos de su abuelo, Carlos III el Noble, es decir, en artes liberales, filosofía moral y todas las cuestiones relacionadas con la Divinidad, al príncipe Carlos. La obra fue terminada alrededor de 1430–40 y se publicó en 1480.

La génesis de la obra la encuadra directamente dentro de la literatura de «espejo de príncipes» y su condición de compendio doctrinal la vincularía a las enciclopedias. La *Visión deleytable*, pues, es en esencia parte de la literatura didáctica, ya que su principal función es la transmisión de unos conocimientos muy concretos.

Nosotros intentaremos en esta comunicación, analizar los aspectos internos de la obra que acrecientan el didactismo porque, como queda dicho, la *Visión* en sí es un tratado sapiencial. Nos centraremos en la ficción y sus elementos, pasando revista a la estructura narrativa que organiza el hilo argumental para detenernos después en las técnicas didácticas que emanan del nivel de lo narrado.

Respecto a la estructura ficcional se parte en el proemio de la realidad inmediata, es decir, la petición del Prior al Bachiller, a la cual se inserta por medio del sueño, la visión del autor, donde se narra el viaje de Entendimiento por las moradas de las ciencias, conformando un ensertado neutro dentro de la historia marco, ya que Alfonso de la Torre nos va relatando sucesos próximos a él, pero no interviene en ellos directamente; su papel es el de testigo que relata lo que ve. Esta historia marco constituye la visión, el paso del mundo real al alegórico.

Hay que destacar que la acción se desarrolla más en los capítulos primeros dedicados a las artes liberales[2], que en el resto de la obra, esto puede explicarse si

---

[1]   La edición consultada es la incluida en *Curiosidades bibliográficas*, ed. Adolfo de Castro, Madrid: Rivadeneyra, 1850, págs. 339–402.

[2]   Sobre las artes liberales en la *Visión deleytable*: J. P. W. Crawford, «The seven liberal arts in the *Visión delectable* of Alfonso de la Torre», *The Romanic Review*, 4 (1913), págs. 58–75; Gabriel González, «La *Visión delectable* de Alfonso de la Torre: teoría de las Artes Liberales», *Cuadernos de Aldeen*, 4 (1988), págs. 31–46.

tenemos en cuenta que estos siete capítulos iniciales reproducen el ascenso al monte sagrado, es decir, el camino iniciático que recorre Entendimiento preparándose para poder recibir las enseñanzas más elevadas y formarse en el seno de la verdad. Esto nos ha inducido a considerar los capítulos que forman el ascenso (los siete primeros dedicados a las artes liberales) como un ensertado activo dentro de la historia protagonizada por Entendimiento, ya que la acción y su sujeto están conectados por el protagonista de dichos hechos. Esta aventura iniciática que emprende Entendimiento al iniciar la subida al monte permite establecer concordancias con la estructura de los libros de caballerias, a saber, si se considera a Entendimiento como un caballero andante que ha perdido su buena posición:

> ... fue descendido [Entendimiento] de nuestro linaje et abaloria et de allí es a nosotras pariente muy cercano (pág. 349 b).

se puede establecer que parte de una situación desfavorable (explicada mediante la tópica del mundo al revés; capítulo I de la primera parte), y que mediante una serie de pruebas (subida al monte con las escalas en las moradas de las siete artes), que constituirán la situación intermedia, llega a las puertas de la «queste», la cual conseguirá tras pasar la prueba final y que ocupará el resto de la obra. A pesar de esta conexión queremos hacer una salvedad: en la *Visión* no se desarrolla toda la simbología propia de la novela de caballeria a lo divino, sino que la iniciación se trata en el ámbito intelectual, lo cual separa en gran medida a nuestro caballero andante Entendimiento de los héroes caballerescos. Pero no por ello desistimos de considerar a Entendimiento como un «caballero andante» ávido de saber y cuya meta es la gloria intelectual y la recopilación de los tesoros del saber y sobre todo llegar al conocimiento de la bienaventuranza.

Tras estos siete capítulos el resto de la obra se mantiene en la misma línea dedicándose casi por completo a la transmisión de conocimientos y dejando en un segundo lugar el desarrollo de la ficción.

El capítulo que cierra el ascenso iniciático de la figura alegórica protagonista, y al mismo tiempo sirve como apertura a la segunda fase de la acción es el capítulo VIII de la primera parte. En éste observamos dos partes:

a) Dedicada a la última arte, la astronomía.

b) Desarrollo ficcional: consejo de Verdad y las otras virtudes donde se acuerda la necesidad de que Entendimiento se libere de las falsas opiniones y purifique su corazón para que asienten en él los conocimientos verdaderos.

Siguiendo el hilo argumental es Razón la encargada de purgar a Entendimiento de las falsas y corrompidas opiniones y también es el vínculo entre Entendimiento y Verdad, tras la depuración comienza el recorrido de manos de Verdad demostrando la existencia de un solo Dios, principio del cual derivarán todos los contenidos temáticos. Por esto, una vez Verdad ha puesto la primera piedra podemos observar tres departamentos distintos que corresponden a las tres moradas que visita Entendimiento:

– Sabiduría   (xi – xvii, 1ª parte)
– Naturaleza   (xviii –xix, 1ª parte)[3]
– Razón   (iii – xiii, 2ª parte)

Después Verdad guía dos capítulos el XIV y el XV de la segunda parte, uno protagonizado por su espejo, es decir, es mostrativo, y el otro donde los interlocutores son Entendimiento y Razón, que da paso al capítulo XVI donde toma la batuta Razón preparando el camino para que Verdad cierre la obra.

El hilo ficcional que constituye la visión se puede distribuir en dos secciones, el camino ascensional iniciático (como fase preparatoria) y la estancia en el monte sagrado con las sucesivas visitas a las moradas de las anfitrionas (fase intelectual más elevada). Estas dos secciones formarían parte del viaje de Entendimiento, es decir, es este personaje el que las unifica y quien les da sentido de cara al argumento ficcional.

Esta historia está enmarcada y justificada por otra ficción protagonizada por el Bachiller, esta es, el sueño y la visión que de él se deriva. Estos dos estadios conectados por el capítulo XVII de la segunda parte (en el que se cierra la historia de Entendimiento y se narra el despertar del Bachiller), se unifican a su vez gracias a un tercero, el que representa la génesis básica de la obra, es decir la realidad más inmediata: la petición de la obra por parte del Prior.

Por tanto disponemos de dos historias marco la del Bachiller y la de Entendimiento, esto hace que pueda hablarse de un ensertado neutro cuyo enlace sería el Bachiller, que actúa como testigo narrador de la historia de Entendimiento y la otra que sería la protagonizada por el Bachiller autor, es decir, la visión, que da lugar al viaje alegórico. Ahora bien, si tenemos en cuenta el marco real que da pie a toda la obra (la petición por parte del Prior) y que convierte los dos estadios que hemos señalado en un bloque compacto; estaríamos ante un ejemplo de caja china, en este caso no de apólogos sino de ficciones completas que dependen unas de otras y cuyo eje relacionador es el propio autor, tomando en cada estadio una identidad determinada (como hombre, autor y narrador).

Reflejamos esta idea en un esquema:

a) Realidad inmediata ....Bachiller hombre
   b) Historia marco$_I$: SUEÑO ....Bachiller autor
      c) Historia marco$_{II}$: (VIAJE DE ....Bachiller narrador
                ENTENDIMIENTO)

---

[3]   Sobre los capítulos que restan de la primera parte (VIII–XIX) remitimos a Crawford, «The *Visión delectable* of Alfonso de la Torre and Maimonides's *Guide of the perplexed*», *The Modern Language Association*, 28 (1913), págs. 188–212.

Estos dos planos o estadios que hemos señalado en el ámbito estructural, se corresponden con las dos ficciones que componen la *Visión delectable*:

–Historia marco$_I$:   Visión–Sueño, protagonizada por el Bachiller

–Historia marco$_{II}$:   Viaje ascensional de Entendimiento.

Nosotros desarrollaremos los elementos que componen el núcleo temático ficcional y cuál es su incidencia en el didactismo que presenta la obra. Pero antes de centrarnos en ellos, queremos hacer constar que la ficción es un aspecto muy importante en el texto que nos ocupa ya que le permite al Bachiller componer un compendio doctrinal narrativo e incluso «novelesco»; si el autor no se sirviese de la fabulación su obra sería una sucesión mecánica de preguntas y respuestas que darían pie al desarrollo teórico de los conocimientos. Este procedimiento de cara al lector y sobre todo en el terreno de la enseñanza (finalidad de la obra) la hace más agradable, le resta seriedad y por medio de una historia ficcional se exponen los principios elementales del saber que componen la *Visión*. Al tiempo que la labor del Bachiller no se limita, de este modo, a recoger y sintetizar las teorias expuestas por sus fuentes, aunque todo hay que decirlo, la originalidad de Alfonso de la Torre, en ningún momento es relevante.

Los *elementos ficcionales* que a la vez son técnicas didácticas, cuya misión es facilitar la transmisión del saber, son una parte muy importante de la ficción ya que su fuerte carga didáctica contagia a la ficción propiamente dicha contribuyendo así a que pueda ser calificada de didáctica; nos referimos en primer lugar al diálogo y sus elementos integrantes:

– Interlocutores: en este caso figuras alegóricas, protagonistas predilectas del diálogo didáctico porque conectan totalmente con la materia o concepto que representan, de hecho son una abstracción de dichos conceptos. Además al tratarse de entidades abstractas los conocimientos que imparten sobresalen y quedan legitimados.

– Espacio y tiempo: elementos accesorios a la ficción y por tanto indefinidos. De todos modos el espacio queda restringido al típico «locus amoenus» del diálogo didáctico. En cambio no se encuentran referencias específicas al tiempo, aunque podamos imaginarnos que la visión dura una noche o unas horas.

Todos estos formantes dialógicos junto con la consideración del diálogo como camino hacia la Verdad y el hecho de que la posesión del saber verdadero se halla preestablecido en las figuras que habitan la montaña sapiencial; nos permiten calificar de diálogo didáctico al empleado en la *Visión*, pero su característica más relevante es la mecánica dialógica, basada en la típica pregunta–respuesta, ligadas ambas a las entidades maestro–alumno, encarnados por las figuras alegóricas.

Este engranaje didáctico en sí mismo constituye el desarrollo dialógico cuyo contenido son las enseñanzas que se van transmitiendo, mediante una serie de técnicas didácticas, entre las cuales hay que hacer mención del apólogo (o historia breve), que sirve de explicación complementaria o apoyo didáctico, al tiempo que dinamiza la narración. La escasez de apólogos es significativa, pero al mismo tiempo lógica; si tenemos en cuenta que el apólogo es una de las principales técnicas didácticas unida a la narración, sobre todo en aquellas obras que disponen de eje ficcional, resulta llamativa su escasa utilización, pero la propia entidad de la obra, su carácter de resumen, no permite que los apólogos sean más abundantes que las argumentaciones teóricas y además cada apólogo suele ir acompañado de una explicación alegórico–moral que acrecienta su valor doctrinal, pero también lo alarga considerablemente.

Pero con la misma función e idéntico valor que el apólogo encontramos en la *Visión* la *similitudo* (entendiéndola como comparación entre dos términos o situaciones por similitud sin desarrollar hilo argumental a diferencia del apólogo que se constituye como una narración) o comparación que es el término o concepto material que explica el abstracto o nocional, es decir, si la argumentación expositiva de la doctrina constituye la fase teórica del aprendizaje; la comparación sería la aplicación real de esa enseñanza, lo cual ayuda a Entendimiento a comprender los conceptos más complejos.

Esta utilización constante de la comparación está más en consonancia con el carácter de resumen o compendio que posee la obra. Contribuyen también y facilitan la fijación del saber por una parte los resúmenes y recapitulaciones de lo que se ha expuesto bien en un capítulo, o en un grupo de capítulos guiados por la misma anfitriona; e incluso la enumeración de temas y cuestiones que se han desarrollado en una parte precediendo el comienzo de otra. Por otra, un procedimiento que permite alternar la transmisión del saber oral con el visual, nos referimos al «Espejo de Verdad», el cual cumple tres funciones principales, a saber, la síntesis de lo tratado, la ampliación de modo enumerativo de conceptos y el punto intermedio de ambas, es decir, al tiempo que resume también amplifica conocimientos.

Hay que señalar también una serie de procedimientos que muestran cuál es el comportamiento del Bachiller con las materias que trata, es decir, las omisiones de explicación, la simple enumeración de temas, el desarrollo detallado de cuestiones que a él le merecen un mayor interés, etc.

Todos estos factores, técnicas y elementos que conforman la ficción de la *Visión* nos revelan dos aspectos muy interesantes de Entendimiento como discípulo y del Príncipe de Viana (y de nosotros indirectamente como lectores y como «vice–discípulos») respectivamente.

El primero hace referencia a la forma diálogica que se adopta, es decir, Entendimiento no actúa como el discípulo ignorante y conformado que se limita a asentir a todo lo que se le enseña; sino por el contrario, hace oír su voz, sus opiniones, sus deducciones, se muestra contrariado, expresa su desacuerdo con algunas cuestiones, etc.; en definitiva actúa como un dialogante activo (al modo de Petrarca en el *Secretum*).

La consecuencia inmediata de este papel activo de Entendimiento la sufrimos nosotros; ya que se nos relega a lectores pasivos; se nos lleva de la mano, no hemos de realizar ningún tipo de trabajo intelectual porque lo ha hecho por nosotros Entendimiento.

A grandes rasgos estas serían las características principales que constituyen la ficción de la obra del Bachiller, cuyo propósito está muy relacionado con el propio título de la obra, esto nos permite poder considerar la existencia de una estructura circular, a nivel simbólico que uniría el propósito didáctico de la obra con su mecanismo estructural: la ficción y la función de ésta. Pensamos que puede considerarse la obra como un todo cerrado, si tenemos en cuenta que el título nos anuncia el propósito y desarrollo de la misma; por tanto, a nivel simbólico, la estructura de la *Visión* se caracterizaría por ser circular, desde el comienzo propiamente dicho conocemos la esencia de la obra y argüimos el mensaje.

Ya desde el título se nos clarifica la primera caracterización de la obra, es decir su talante alegórico–ficcional y la función del mismo: «deleitar», hacer agradable la obra. Esta primera aproximación sin lugar a dudas, está en total conexión con la ficción que engloba las enseñanzas de la obra, pero si seguimos adelante, tal como hemos señalado, la ficción y sus componentes constituyen unos de los factores más importantes para definir la obra como didáctica. De aquí que de la base del título pueda extraerse la carga doctrinaria que llevará consigo la *Visión deleytable*. Pero el Bachiller no se conforma con aproximarse, sino que dada nuestra categoría de lectores pasivos, reduce los límites de interpretación concretando el título principal con un subtítulo que revela el contenido de la visión:

Visión delectable
de la
filosofía y artes liberales, metafísica
y filosofía moral.

Por tanto la ficción como elemento didáctico ya se nos revela al comienzo de la obra. Esto quiere decir que el título también desempeña una función concreta, por un lado señala la modalidad narrativa: la obra será el desarrollo de esa visión y tras el proemio sabemos que la visión adquirirá una modalidad autobiográfica, el sujeto que narra es el autor, es por tanto una vivencia personal. También nos revela una modalidad moral que se derivará de las enseñanzas que van a ser tratadas. El título en este caso, indica brevemente el contenido de la obra caracterizándose por la concentración, resumen y alusión, produciéndose adecuación entre las referencias reales del título y la obra que encabeza; lógicamente el título debe despertar el interés del lector subrayando la importancia del contenido de la obra. Se pueden señalar tres funciones del lenguaje contenidas en el título, según lo que venimos diciendo, en primer lugar la apelativa ya que es una llamada, un modo de captar la atención del lector; representativa o referencial, porque se refiere a algo en este caso la obra, y expresiva al mostrar la intención de quien la redacta.

Todo esto apoya la hipótesis de que si tenemos en cuenta el título y el propósito de la obra, no sólo se nos adelanta el contenido, sino el propio mensaje que éste conlleva; esto es lo que nos ha llevado a proponer en el plano simbólico una estructura circular para la *Visión deleytable*. Esta conexión se extiende también a la ficción que actúa como puente entre el título y el fin que se persigue con la obra, es decir, es el conducto por el que nos llegan las enseñanzas y con ellas el mensaje moral.

Por último, y teniendo en cuenta todo lo que precede, si consideramos la ficción como elemento integrante del compendio histórico–doctrinal de la *Visión*, no cabe duda que funciona como receptáculo en el cual Alfonso de la Torre almacena todos sus conocimientos eruditos[4] y muestra su técnica narrativa con el propósito de unir la enseñanza y la delectación en un todo, y es precisamente la ficción la que posibilita dicho enlace dando lugar a la *Visión deleytable*.

---

[4]   Estas palabras de J. A. Maravall apoyarían nuestra opinión: «La alegorización y moralización de cuanto se ve en el mundo constituye el procedimiento para penetrar en el saber de éste, porque todo saber es, fundamentalmente, un saber de símbolos», porque la *Visión* participa tanto de la alegoría como de la moralización; la cita proviene de: «La concepción del saber en una sociedad tradicional», en *Estudios de Historia del pensamiento español*, Madrid: Ediciones Cultura Hispánica, 1973, pág. 440.

Historia y epopeya. El *Cantar del Cid entre 1147 y 1207

Francisco J. HERNÁNDEZ

Las relaciones entre historia y literatura han sido laberinto favorito de muchos medievalistas. Algunos entraron en él para no salir nunca más. Es difícil resistir su encanto; pero hoy solo quiero proponer un paseo rápido, con la guía de un hilo conductor, a través de ese complejo laberinto. A lo largo del camino podremos explorar, sin excesivo detenimiento, algunos aspectos de la vida del ciclo poético del Cid desde mediados del siglo XII hasta principios del XIII.

Hace ya muchos años, Ramón Menéndez Pidal estudió la interdependencia que existe entre hechos heroicos y cantares de gesta. Pidal prestó particular atención a lo que podríamos denominar una «relación genética» de parentesco entre acontecimientos históricos y cantares basados en ellos. Aunque ese fue el núcleo metodológico de sus estudios, también asoma en ellos la relación que puede darse entre acontecimientos posteriores a los hechos poetizados y cantares épicos ya existentes. En esta relación, que podríamos llamar «anacrónica», los acontecimientos posteriores a un cantar primitivo crean nuevas expectativas en el público al que sirve el poeta, unas expectativas que éste tratará de satisfacer de acuerdo con la recepción que él espera de su obra. Es bien posible que éste sea el mecanismo principal que provoca precisamente la evolución de un ciclo épico.

Antonio Ubieto, José Fradejas, Jules Horrent, Louis Chalon, Alberto Várvaro, Richard Fletcher, María Eugenia Lacarra, Colin Smith, Joseph J. Duggan y otros[1] han estudiado también aspectos diferentes de esta «relación anacrónica» y han mostrado cómo la historia del siglo XII y del XIII repercutió sobre la evolución del ciclo surgido alrededor de ese héroe que vivió en el siglo XI: Rodrigo Díaz de Vivar. De ese modo han logrado explicar cambios importantes que pueden detectarse en los tres estadios del ciclo de Mio Cid: el hipotético *Cantar

---

[1]   Para publicaciones anteriores a 1980 remito a revisiones panorámicas de la bibliografía, como la de Francisco López Estrada, *Panorama crítico sobre el «Poema de Mio Cid»*, Madrid: Castalia, 1982. [Mi trabajo fue escrito antes de poder consultar el excelente libro del profesor Duggan. Me anima ver que coincido con él en el planteamiento de ciertos problemas, aunque, al contar con una documentación nueva, me permito mantener algunas soluciones diferentes de las suyas. Se trata de un libro que puede servir de modelo para revitalizar el estudio de la épica a través de un acercamiento interdisciplinario: Duggan, *The 'Cantar de mio Cid'. Poetic creation in its Economic and Social Contexts*, Cambridge: CUP, 1989. Su bibliografía pone al día la de López Estrada. (Nota añadida en marzo de 1990).]

(primitivo) del siglo XII, el *Poema* conservado de principios del XIII, y las prosificaciones alfonsinas y post–alfonsinas del XIII y el XIV.

La mayoría de los estudios anteriores se han propuesto líneas de comunicación que van en una dirección, desde la historia hacia la épica. Sin intentar postular ningún esquema nuevo[2], propongo examinar la posibilidad de que el funcionamiento de la relación «anacrónica» incluya una doble vía de contacto entre historia y épica, es decir, una vía con un tráfico de actitudes, ideas y núcleos narrativos que pueden circular en ambas direcciones. O, si se prefiere otro símil, propongo explorar el diálogo que existe entre historia y epopeya. Un diálogo en el que, naturalmente, ambos interlocutores hablan y se escuchan.

Para llevar a cabo ese examen quisiera fijarme en tres momentos históricos situados a intervalos exactos de treinta años, desde mediados del siglo XII hasta principios del siglo XIII. Este hilo de Ariadna nos llevará desde 1147 –año de la expedición de Alfonso VII a Almería–, a 1177 –año en que su nieto, Alfonso VIII, conquista Cuenca–, y a 1207 –fecha de la única versión escrita del *Cantar de Mio Cid*. Después podremos salir del laberinto.

I

Las referencias históricas fundamentales para la primera fecha (1147) proceden de la *Chronica Adefonsi Imperatoris*, la cual incluye el *Poema de la conquista de Almería*, en donde se celebra el asalto a esa ciudad por Alfonso VII en 1147[3]. Es de sobra conocido que en el *Poema* se alude a un «Rodericus, Meo Cidi sepe uocatus, / De quo cantatur» y que éste es el primer testimonio de un *Cantar de Mio Cid*.

Al lado de esa *fecha* temprana, conviene notar el *lugar*, o área de difusión de éste y otros cantares. Estamos en la región del antiguo reino de Toledo, en la región de la Transierra, desde la que parece haberse escrito la *Chronica*[4]. Podemos

---

[2]   Cf. Peter Linehan, «The Cid of History and History of the Cid», *History today* 37 (1987) 26–32; Michael Metzeltin, «El *Poema de Mio Cid*: ¿Un panegírico del siglo XIII?», en *Stylistique, rhétorique et poétique dans les langues romanes, Actes du XVIIe Congrés international de Linguistique et Philologie Romanes, Aix–en–Provence, 29 Aout–3 Septembre 1983*, VIII, 1986, págs. 161–172.

[3]   Antonio Ubieto data la obra entre agosto de 1147, fecha de la conquista, y febrero de 1149 en «Sugerencias sobre la *Chronica Adenfosi Imperatoris*» *Cuadernos de Historia de España*, 25–26 (1957) págs. 317–326.

[4]   Nos inclina a pensar así el papel central que tiene en ella la historia local toledana, de la que se proporcionan detalles que parecen reflejar una gran familiaridad con la misma. Por ejemplo, los nombres de personajes secundarios, como el alguacil Pedro o Roberto de Mongomariz pueden verificarse en documentación independiente (F. Hernández, *Los cartularios de Toledo*, Madrid: Areces, 1985, núm. 74). Erich von Richthofen también apoya el origen toledano, aunque no se detiene a explicar sus motivos, en *Nuevos estudios épicos medievales*, Madrid: Gredos, 1970, pág. 273, núm. 42. H. Salvador Martínez prefiere un origen leonés (*El «Poema de Almeria» y la épica románica*, Madrid: Gredos, 1975, págs. 85 y 120, n. 84). Para ello se basa en la presencia de las expresiones *trans Dorium* y *trans Serram*. Sin embargo, se está refiriendo a expresiones que ya estaban

percibir aquí el eco lejano de los juglares castrenses que enardecían a los guerreros de la frontera toledana. Una década después, esa actividad puede documentarse y extenderse al territorio contiguo de Ávila, según el testimonio del cantar paralelístico sobre Zorraquín Sancho estudiado por Francisco Rico[5].

Si nos fijamos en el contexto general en que aparece esa primera mención de un *Cantar de Mio Cid, notamos su evidente relación con una expedición histórica –la emprendida por Alfonso VII, el Emperador, en 1147–. Las motivaciones específicas del autor del *Poema* latino para referirse al cantar romance en su versión oficial del asalto a Almería son de dos tipos. Por un lado es posible seguir la necesidad retórica *interna* que le lleva a forjar una serie de eslabones eruditos, adornados con tópicos parangones clásicos y bíblicos, para celebrar la participación en el asalto de un descendiente de Alvar Fáñez, que es comparado con su famoso antepasado, figura prominente del *Cantar* cidiano[6]. Por otro lado, también cabe imaginar un estímulo *externo* complementario: el que en aquellos días de la salida de las tropas para Almería el autor del poema latino oyese a otros juglares el cantar romance de Mio Cid el de Vivar, «de quo cantaur». El canto de las hazañas del Cid podía fortalecer el ánimo de quienes se preparaban para iniciar una peligrosa correría lejos de sus fronteras. La incursión cidiana por territorios hostiles hasta Valencia constituía un precedente ejemplar que podía ser propuesto para su emulación a los caballeros del Emperador[7]. Para eso servían los cantares de gesta. Así nos lo recuerdan un siglo después los autores de *Las Partidas*: los caballeros *antiguos* se preparaban para la guerra oyendo a «juglares [que] non dixesen antellos otros *cantares* sinon *de gesta*, o que fablasen de fecho darmas». De ese modo «les crescían los corazones et esforzábanse faciendo bien, queriendo llegar a lo que otros fecieran»[8].

Si la conquista de Almería se emprendió, entre otras razones, como emulación de la conquista cidiana de Valencia, la realidad histórica prolongó irónicamente el paralelismo más allá del deseo. Almería, como la Valencia del Cid,

lexicalizadas en esta época (especialmente *Trasierra*, paralela a *Trasmiera*), y eran simples designaciones geográficas cuyo uso había cesado de suponer el punto de vista de cada sujeto parlante.

[5]   «Çorraquín Sancho, Roldán y Oliveros: un cantar paralelístico castellano del siglo XII», *Homenaje a la memoria de don Antonio Rodríguez Moñino*, Madrid: Castalia, 1975, págs. 537–564.

[6]   Francisco Rico, «Del *Cantar del Cid* a la *Eneida*: tradiciones épicas en torno al *Poema de Almería*», *Boletín de la Real Academia Española*, 65 (1985) págs. 197–211.

[7]   La mayoría de la crítica coincide en atribuir la obra a un participante en la expedición, o a alguien muy próximo. Con mucha menos credibilidad, se defiende la autoría del obispo Arnaldo de Astorga. Véase Luis Sánchez Belda, ed. *Chronica Adefonsi Imperatoris*, Madrid: CSIC, 1950, págs. xviii–xix. H. Salvador Martínez apoya la atribución después de revisar otras posibilidades cuyo transfondo bibliográfico facilita en El «Poema de Almería» y ..., págs. 78–122, esp. 109–122. En el momento de preparar esta ponencia no he podido disponer de la edición de Juan Gil, «Carmen de expugnatione Almariæ urbis», *Habis*, 5 (1974) págs. 45–64.

[8]   Alfonso X, *Partida II*, xxi, xx. (Madrid: Academia de la Historia, 1807, pág. 213). Cita, en parte, R. Menéndez Pidal, *Poesía juglaresca y orígenes de las literaturas románicas*, Madrid: Instituto de Estudios Políticos, 1957[6], págs. 291–92.

hubo de ser abandonada tras la muerte de su conquistador en 1157; un fracaso último que revalidaba la vigencia del *Cantar del Cid* para el futuro.

II

Treinta años después de la marcha heroica desde Toledo a Almería, otra expedición salía desde Toledo hacia el este. Después de la pérdida de Almería, de la invasión almohade de Abenjacob[9], del fugaz reinado de Sancho III y después de la larga minoría de Alfonso VIII, los castellanos emprendieron en 1177 un nuevo avance hacia el Levante perdido. En ese momento sus objetivos eran menos distantes, pero apuntaban directamente hacia Valencia, por más que quedasen a mitad del camino. Sobre la conquista de Cuenca de 1177 no tenemos un relato cronístico coetáneo comparable al de Almería. Los *Anales toledanos I* simplemente nos dicen que «en el mes de octubre prisó el rey don Alfonso a Cuenca»[10].

Algo más alejado de los hechos, Francisco Rico ha imaginado recientemente que «en los *tres o cuatro decenios* que pueden separar el *Poema de Almería* y el texto reproducido por Per Abad tampoco debieron de ocurrir [en el *Cantar*] cambios de gran envergadura.»[11] Si aceptamos esta sugerencia y la combinamos con el momento épico de la conquista de Cuenca, tendríamos en 1177 la cristalización del *Cantar* oral de Mio Cid en una forma próxima a la vertida en molde escrito en 1207.

Los elementos con que contábamos para relacionar momento histórico y cantares épicos en 1147 eran muy limitados, pero nítidos y reveladores. Treinta años después nos movemos en un terreno puramente hipotético. En 1177 solamente contamos con la coincidencia entre el momento histórico de la conquista de Cuenca y la erudita especulación de Francisco Rico, que propone para esas fechas la elaboración del núcleo textual del *Poema* transmitido por la copia de 1207.

III

La situación cambia radicalmente en esta última fecha, en 1207. De camino hacia ella merece la pena señalar ciertos hitos históricos que marcan el transcurso de esos treinta años que discurren entre 1177 y 1207.

---

[9]   Mantengo la forma romanceada medieval de este nombre, que prefiero a la transcripción arabizante de «Ya' qûb».

[10]   E. Flórez, ed. *España Sagrada*, XXIII, Madrid, 1799, pág. 393. Lucas de Tuy ni siquiera la menciona, sólo la fortificación de Moya en el límite con los montes de Valencia, en *Chronicon Mundi*, ed. A. Schott en *Hispaniæ Illustratæ*, IV, (Frankfurt a/M 1608), pág. 108. Rodrigo Jiménez de Rada, que tenía razones particulares para hablar de la catedral de Cuenca, le dedicó algo más espacio, pero poca sustancia, *De rebus Hispanie*, ed. Juan Fernández Valverde, (Turnholt: Brepols, 1987), vii, xxvi, págs. 248–49.

[11]   «Del *Cantar*», pág. 207.

Las Cortes de Carrión celebradas en junio y julio de 1188 pueden servirnos como primer mojón en el camino. Una década después de la conquista de Cuenca, Alfonso VIII –repoblador de la frontera[12], pero sin hijos varones–, confia el futuro y el honor de su familia y de su reino en sus dos hijas pequeñas –Berenguela y Urraca, de ocho y dos años de edad respectivamente–. Ambas fueron prometidas en Carrión a dos príncipes de fuera de Castilla. Berenguela, heredera del reino, fue entregada a Conrrado de Suabia, hijo de Federico Barbarroja y heredero del Imperio Germánico[13]. Urraca, la pequeña, fue prometida a Alfonso IX de León, que acababa de acceder al trono después de la muerte de su padre. El hecho se recuerda en los *Anales Compostelanos* (*desponsauit rex Aldefonsus filias suas*)[14]. La *Crónica latina* de Castilla (en la parte escrita antes de 1230) lo explica indicando que *tunc enim non habebat filium rex* [...], *sed filias*[15].

Ninguno de estos esponsales llegaron a consumarse. Y, sin embargo, serían recordados durante largos años por el pueblo. Por una vez contamos con una auténtica voz popular. En 1220, más de treinta años después de las Cortes de 1188, varios campesinos de la región de Carrión fueron llamados a declarar en una pesquisa judicial en la que había que revisar hechos remotos en el tiempo. Uno de ellos trató de establecer su calidad de testigo asegurando que podía acordarse de hechos que iban hasta los tiempos de las Cortes de Carrión, «cuando el rey de Castilla entregó a su hija en matrimonio al rey de León» (*dixit* [...] *recordari a tempore Curie que fuit Carrionis, quando rex Castelle traditit filiam suam nuptii regi Legionensi*)[16]. Su memoria no era tan buena como creía, pues funde en uno el doble esponsal de 1188. Pero su confusión es explicable, como veremos más adelante. El hecho es que aquellas Cortes carrionesas dejaron una huella duradera, aunque sucesos posteriores modificaran su sentido.

Las «bodas» de las dos hijas del rey de Carrión y su fracaso posterior traen inevitablemente a *nuestra* memoria las «bodas» de las hijas del Cid con los condes de Carrión y su fracaso. ¿Somos nosotros los únicos que, desde nuestra perspectiva, notamos ese paralelo? ¿No es posible que el núcleo narrativo de los

---

[12] Julio González, *Repoblación de Castilla la Nueva*, I, Madrid: Universidad Complutense, 1975, 2 vols., págs. 243–260 y 290–296. Salvador de Moxó, *Repoblación y sociedad en la España cristiana medieval,* Madrid: RIALP, 1979, págs. 241–258.

[13] Cronistas medievales e historiadores modernos guardan un pudibundo silencio sobre este matrimonio. La *Crónica latina* se refiere a los esponsales y a la juventud de la infanta (*Conradus* [...] *cui desponsauit* [...] *dominam Berengariam que uix erat octo annorum* (12, 1. 8–9), pero no vuelve a mencionar a Berenguela hasta su segundo matrimonio con Alfonso IX de León en otoño de 1197 (19, 1. 17–22). Don Julio González no es mucho más informativo (*Alfonso VIII*, I, págs. 198–99). Omite por completo el episodio al volver a trazar la biografía de la reina en *Reinado y diplomas de Fernando III*, I, Córdoba: Monte de Piedad, 1980–86, 3 vols., págs. 81–90.

[14] Cit. J. González, *Ibidem*, 203, n. 211.

[15] *Ibidem* 12, 1. 11–12. Gonzalo Martínez Díez trata de la reunión de 1188 y cita las fuentes y bibliografía en «Curia y cortes en el reino de Castilla» en *Las Cortes de Castilla y León en la Edad Media*, I, Valladolid: Cortes de Castilla y León, 1988, 2 vols., págs. 142–143.

[16] Ed. Julio A. Pérez Celada, *Documentación del monasterio de San Zoilo de Carrión (1047–1300)*, Burgos: Garrido, 1986, n. 84, pág. 115.

cantares II y III del *Poema de Mio Cid* de 1207 tenga algo que ver con estos nuevos hechos históricos? ¿No es acaso posible que nos encontremos ante un momento crucial, una hora punta, si se quiere, del tráfico de ideas, temas y patrones narrativos que circula entre la historia y la épica?

Pero sigamos adelante. Tras el momento triunfante de las Cortes de Carrión de 1188 siguieron años difíciles para Alfonso VIII. La amenaza almohade fue creando una inseguridad creciente en la frontera. Esa inseguridad explotó para alcanzar a más de la mitad del reino después de la terrible derrota alfonsí de 1195, cuando el rey perdió su ejército y casi la vida en la *arrancada* de Alarcos[17]. A esta derrota siguieron diez años de nuevos reveses militares y treguas humillantes para los castellanos[18]. La situación se hizo especialmente difícil cuando Alfonso IX de León apoyó a los victoriosos musulmanes en contra de su primo[19], en contra del rey de Castilla, en contra de quien le había ofrecido la mano de su hija Urraca en Carrión.

¿Por qué esta saña? Según la *Crónica latina*[20], Alfonso de León había guardado un profundo resentimiento hacia Alfonso VIII precisamente desde las Cortes de Carrión de 1188[21]. En esta ocasión, no sólo había recibido como futura esposa a la segunda hija del castellano, mientras la heredera era reservada para el príncipe alemán, sino que además, en una ceremonia sin duda coreografiada por los castellanos, Alfonso VIII le había armado caballero y le había hecho besar su mano en señal de sumisión, *presentibus Galleciis et Legionensibus et Castellanis*[22].

---

[17]   *Arrancada*, con el sentido antiguo de 'desbandada, derrota' (Corominas, *DCELC*, s. v.), es la palabra que usan los *Anales Toledanos I* (*ed. cit.*, pág. 394). La fuente cristiana más informativa sobre la batalla y su contexto es la *Crónica latina de los reyes de Castilla*, escrita entre 1236 y 1239 (ed. Luis Charlo Brea, Cádiz: Universidad, 1984, págs. 13–15). El duradero impacto de Alarcos en el Norte de Castilla se refleja en la misma pesquisa mencionada en la nota 16, donde uno de los interrogados declara no saber su edad, *sed recordatur a xv annis ante Alarcus. Ed. cit.* pág. 152.

[18]   La última se renegoció probablemente en 1207: J. González, *Alfonso VIII*, I, pág. 981.

[19]   La *Crónica latina* trató de diluir la responsabilidad regia desplazándola hacia los arquetípicos «malos consejeros» (*Rex uero Legionis, qui ibat in auxilium regis Castelle, uenit Toletum et consilio quorundam satellitum Sathane conuersus est in archum prauum* [...], *nempe manebat alta mente repositum quod contigerat in curia* [...] *in Carrione celebrata* [15, 1. 23–28]) El Tudense, desde su escriptorio leonés, atribuyó la derrota de Alarcos a la impetuosidad del rey castellano que no quiso esperar a su primo (*Veniebat quoque Adefonsus rex Legionis auxilium regis Castelle cum exzercitu magno, sed rex Castelle, bellandi animositate incensus, noluit eum expectare...* [*ed. cit.*, pág. 108]); pero Jiménez de Rada, contestando a tal aserto, insistió en que el retraso de los leoneses fue intencional (*Cum autem Aldefonsus rex Legionis et Sancius rex Nauarre uenire in eius auxilium ad bellum Alarcuris simulassent...* [*De rebus*, VII, XXX, pág. 252])

[20]   16, 1. 14–16. Texto correspondiente a la parte de la crónica escrita antes de 1230, cuando aún vivía Alfonso IX, como indica la frase: «[Alfonsus rex Legionis] qui *nunc* pro patre regnat» (11, 1. 18–19).

[21]   Aquí, y al hablar de las Cortes de Toledo de 1207 más adelante, utilizo el término 'Cortes' en su sentido más amplio; aunque quizá fuese más preciso hablar de *curia* o *cort*. Cf. Evelyn S. Procter, *Curia and Cortes in León and Castile: 1072–1295,* Cambridge: UP, 1980, y la obra mencionada en nota 32.

[22]   *Ibidem* 12, 1. 3–4.

La cancillería castellana echó sal en la herida al recordar el hecho en los pergaminos de sus privilegios, que fueron fechados en el día y mes de «aquel año [de 1188] en que el serenísimo rey Alfonso de Castilla ciñó la banda de la caballería al rey Alfonso de León, aquel mismo año en que dicho rey de León besó la mano del dicho rey de Castilla»[23]. Siete años después, cuando Alfonso no podía estar en peor situación, el leonés se tomaba la revancha.

La venganza de Alfonso IX se prolongó durante los dos años que siguieron a 1195, años en los que se mantuvo aliado a Abenjacob y facilitó las razias de éste, especialmente devastadoras en el verano de 1197[24]. Pero en el otoño de este mismo año aceptó la paz con Castilla y la mano de Berenguela, que había sido abandonada por el príncipe alemán y ahora le era entregada como mujer a pesar del impedimento canónico de consanguinidad[25]. Aunque ya no era la heredera –sus derechos estaban por detrás de los del infante Fernando (nacido en 1189, muerto en 1211)–, el leonés se resarcía en cierto modo de la ofensa de Carrión.

Pero el paradigma de las hijas del Cid y lo que podríamos llamar la «maldición de Corpes», parecen haber dejado una huella en el destino de Berenguela. Berenguela y Alfonso IX vivieron juntos seis años y medio, y tuvieron cinco hijos, incluído el futuro Fernando III (1201–1252)[26]. Pero la curia romana no reconoció la validez del matrimonio ni la legitimidad de su prole[27]. El rey de León repudió entonces a la reina, que hubo de volverse, con hijos tildados de ilegítimos, a la corte de su padre. Volvían así a encontrarse Berenguela y Urraca, las dos hijas de Alfonso VIII, las dos princesas que continúan sin marido más allá de 1207. En octubre de ese año, cuatro meses después de la fecha de copia del *Poema de Mio Cid*, en uno de los escasos momentos en que podemos documentar los movimientos de estas princesas, las vemos juntas con su madre en la corte, que permanecía en Burgos en aquel momento[28].

---

[23] « ...eo anno quo serenissimus rex prefatus A. Castelle A. regem Legionensem cingulo milicie accinxit et ipse A. rex Legionis deosculatus fuit manum dicti Aldefonsi regis Castelle et Toleti; eo etiam anno et his diebus quibus sepedictus A. illustris rex Castelle et Toleti, Romani imperatoris filium, Conrradum nomine, eccinxit in nouum militem et ei filiam suam Berengariam tradidit in uxorem» (Carrión, 28 jul. 1188: ed. J. González, *Alfonso VIII*, n. 506). La cancillería parece equiparar a los dos príncipes al decir que ambos fueron armados caballeros por Alfonso VIII; pero luego rebaja al leonés al decir que prestó vasallaje al castellano, sin mencionar su esponsal con Urraca, mientras lo único que se añade de Conrrado es que se llevó la mano de la heredera.

[24] Los *Anales Toledanos I* describen la impotencia de los toledanos, mientras los musulmanes «vinieron cercar Toledo e cortaron las viñas e las arboles e duraron y x dias en el mes de junio [de 1196]». La razia se repitió, con mayor intensidad, en 1197. 394. J. González, *Alfonso VIII*, I, págs. 977–78. D. Lomax, *La reconquista*, pág. 159.

[25] La fuente más informativa es Jiménez de Rada: Alfonso VIII «regi Legionis Vallem Oleti cum suis magnatibus uenienti dedit predictam filiam in uxorem» (*De rebus*, VII, XXXI, pág. 253.

[26] J. González, *Fernando III*, I, pág. 62.

[27] Inocencio III: *Bonorum omnium largitori* (Ferentini, 5 jun. 1203), ed. D. Mansilla, *La documentación pontificia hasta Inocencio III (965–1216)*, Roma: Instituto Español de Estudios Eclesiásticos, 1955, n. 276.

[28] Aparecen citadas en una donación a las Huelgas de Burgos (octubre 1207) hecha «delant la reyna dona Alienor e delant la regina dona Berenguela de Leon e delant la iffante dona Vrracha» (Ed.

El repudio de. Berenguela en 1203 inició un nuevo período de discordia entre Castilla y León[29]. Esta discordia no fue resuelta hasta marzo de 1206, cuando ambos reyes se reunieron en Cabreros y firmaron un tratado de paz en el que, a pesar de la mancha de ilegitimidad denunciada por Roma, se reconocía el derecho sucesorio del futuro Fernando III, hijo del leonés y Berenguela. Como en el *Poema de Mio Cid*, la cuestión de las arras de Berenguela ocupó un lugar central en las negociaciones entre los litigantes[30].

IV

Es así como llegamos a la última cota cronológica que queríamos alcanzar, a ese año de 1207 en que se puso por escrito la versión que conocemos del *Cantar de Mio Cid*, versión escrita que llamamos, para entendernos, *Poema de Mio Cid*. El *Poema*, no hace falta recordarlo, es una de las primeras obras literarias escrita en la lengua romence de Castilla, el castellano. Es un hecho que debemos mencionar ahora para poder volvernos a ese tratado de Cabreros del año anterior al que acabamos de aludir. Porque ese documento, igual que el *Poema*, no está redactado en el latín usual de la cancillería de Alfonso VIII, sino que fue compuesto para reflejar lo más cerca posible la lengua hablada que podían entender los asistentes a las ceremonias en que se firmó la paz: la lengua castellana. Es éste un hecho que debemos tener en cuenta. El primer documento conocido de la cancillería castellana enteramente escrito en romance fue escrito unos doce meses antes que el *Poema de Mio Cid*. Parece como si la propia cancillería regia estuviese creando los instrumentos con que reflejar con precisión el *Cantar* castellano del Cid.

Uno desearía tener más información sobre los acontecimientos que tuvieron lugar entre esos meses que transcurrieron entre marzo de 1206 y mayo de 1207. Es verdad que la información es ya más rica y variada que en 1147 o 1177. Pero todavía tenemos lagunas informativas que nos obligan a rastrear procesos complejos a través de síntomas superficiales y fugaces.

Hasta hace poco tiempo ni siquiera conocíamos, por ejemplo, el itinerario de la Corte regia entre noviembre de 1206 y febrero de 1207, un blanco temporal de dos meses y medio en el itinerario regio que corresponde a un salto geográfico que nos lleva desde Palencia hasta Alarcón, desde el valle del Carrión hasta el Júcar. Y nos conviene poder seguir de cerca las actividades de esta corte porque, como en el caso de 1147, es muy posible que la promoción del *Cantar de Mio Cid* en 1207 esté asociada a círculos cortesanos, interesados en utilizar el cantar para que a sus nada boyantes ejércitos «les creciesen los corazones y se esforzasen en hacer bien», según la terminología de *Las Partidas*.

José Manuel Lizoain Garrido, *Documentación del Monasterio de las Huelgas de Burgos (1116–1230)*, Burgos: Garrido, 1985, pág. 151).

[29]   «Causa uero discordie inter gloriosum regem Castelle et regem Legionis fuerat quod idem rex Legionis dimiserat filiam regis Castelle» (*Crónica latina*, 21, 1. 21–23).

[30]   Original en Archivo Catedral de León, ed. J. González, *Alfonso VIII*, III, n. 782, con referencias a ediciones anteriores.

Pero conviene una mirada panorámica antes de acercarnos al examen minucioso de esos momentos. Ya se han indicado antes las graves dificultades militares que sucedieron al desastre de Alarcos de 1195. Por si eso fuera poco, hubo luego una serie de desastres naturales que culminaron con las malas cosechas de 1206. Así fue como al año siguiente ocurrió una «grand fambre en la tierra»[31].

La carestía que precedió al hambre debió sentirse ya a fines de 1206. Fue entonces cuando la corte itinerante de Alfonso VIII se acercó a Toledo, según sabemos ahora, para celebrar en ella una reunión de Cortes, cuya legislación, o «posturas» he dado a conocer recientemente[32]. Por esta legislación sabemos que los representantes de la ciudad, a los que seguramente se unieron los de otros centros urbanos, se quejaron entonces al rey de la carestía. En concreto, le hicieron saber «que las cosas se uendien mas de so derecho, e era [...] grand daño [del concejo de Toledo] e de la tierra» (r. 1). Estas quejas y la respuesta regia, con su legislación sobre precios[33], regulación de vedas[34] y política de exportación[35], constituyen el núcleo conocido de estas primeras Cortes históricas de Toledo, un núcleo que luego fue utilizado para la programación de otras cortes más conocidas de Alfonso X medio siglo después.

Pero lo que a nosotros puede interesarnos más en este primer cuaderno conocido de unas Cortes de Castilla, no es el contenido de su legislación, no es su mensaje, sino el medio usado para expresarlo. Al igual que el tratado de Cabreros emitido nueve meses antes por la Cancillería, al igual que el *Poema de Mio Cid* escrito cinco meses después, el cuaderno de enero de 1207 está escrito en romance

---

[31] *Anales toledanos I* (395), que también registran la caída de grandes lluvias en 1200, 1203 y 1205. Las lluvias causaron inundaciones que dañaron los puentes sobre el Tajo y debieron destrozar el delicado sistema de acequias y molinos que rodeaba a la ciudad. No sorprenden así las hambres de 1207. Cf. Julio Porres Martín–Cleto, «Algunas noticias sobre el clima toledano en los siglos XII y XIII», en *Homenaje a D. Fernando Jiménez de Gregorio*, Toledo: Centro de Estudios de Los Montes de Toledo y La Jara, 1988, págs. 137–141.

[32] He discutido la celebración de una asamblea de Cortes en Toledo durante las Navidades de 1206 y primeras semanas de 1207 en «Las Cortes de Toledo de 1207», en *Las Cortes de Castilla y León en la Edad Media*, I, Valladolid: Cortes de Castilla y León, 1988, págs. 221–263. En el mismo lugar edito las «posturas» publicadas como *cuaderno de Cortes* tras esta asamblea. En lo que sigue me referiré a dicha edición, indicando el renglón del documento, tal como se ha publicado.

[33] Dictó precios máximos que estaba dispuesto a tolerar en varias categorías de mercancías: caballerías, paños, pieles, zapatos y arreos, carnes, animales, huevos, pescados, vestidos, herrajes y halcones de caza (*art. cit.*).

[34] Para evitar que un año de hambre empujase a los cazadores a cometer excesos, el rey también impuso la veda del conejo desde el primero de marzo hasta San Miguel (29 setiembre). Al mismo tiempo prohibió la pesca con red barredera durante el mismo período, pero, en atención al ayuno cuaresmal, retrasó el principio de esta veda hasta el día de Pascua, aunque cayese tarde [22 de abril] (r. 27). Se trata, al parecer, de la legislación de vedas más antigua que se conoce en Castilla. Cf. Miguel Ángel Ladero Quesada, «La caza en la legislación municipal castellana», en *La España Medieval. Estudios dedicados al profesor D. Julio González*, ed. M. A. Ladero Quesada, Madrid: Universidad Complutense, 1980, págs. 193–221, especialmente pág. 209.

[35] Parece tratarse de la primera lista conocida de objetos y animales cuya exportación estaba prohibida, lista que aparecerá repetidamente en la legislación de las Cortes medievales castellanas.

castellano. Estos datos nos inclinan a pensar que por detrás del trasvase del *cantar oral* al *poema escrito* debemos suponer a ese equipo de escribanos regios que era capaz de engendrar textos escritos que reproducían sistemáticamente por primera vez la lengua hablada y que lograba mantener una ejemplar uniformidad de convenciones escriturísticas en sus transcripciones del lenguaje romance, portador de variables léxicas y sintácticas desconocidas en el latín en que habían aprendido a leer y escribir. Tales logros son el resultado de un grupo que, como ha propuesto Roger Wright a propósito del tratado de Cabreros[36], estableció previamente unas convenciones de escritura, un sistema con reglas ortográficas diferentes de las utilizadas hasta entonces por la Cancillería para escribir en latín. Y en enero de 1207 ese grupo se encontraba en Toledo.

Sabemos que el *Poema* fue «escrito», según el explicit conservado, en mayo de 1207. En el contexto histórico que hemos estado examinando, la presentación del **Cantar de Mio Cid* en las Cortes de Toledo no podía ser más oportuna. La corte de guerreros derrotados que oía las quejas de los hambrientos ciudadanos de Toledo en enero de 1207 sin duda necesitaba que alguien les levantase los corazones. Pero, ¿ocurrió realmente así? ¿se oyó realmente la historia del Cid en el palacio regio de Toledo durante aquel mes de enero de 1207? ¿Es posible llegar a saber algo más sobre los mecanismos que hicieron posible la versión escrita del cantar?

Fijémonos, de momento, en el propio *Poema*. Las dos grandes secuencias narrativas finales, el juicio regio y el torneo final, están situadas en dos escenarios inexplicablemente distantes, Toledo y Carrión. Es comprensible el ejercicio de justicia poética que proporciona a los infantes su último castigo en su tierra de Carrión, de la que tanto han presumido. Pero ¿y Toledo? ¿Por qué reservar para Toledo la última aparición del Cid en el *Poema*? Esa última aparición que se terminaba en el folio desaparecido con el héroe alardeando sobre Babieca junto a los muros de Toledo, como había hecho ante los muros de Valencia bajo la mirada de Jimena y sus hijas[37].

¿Es posible que la economía narrativa se haya sacrificado en aras de una estrategia poética suasoria? Claro que tal estrategia, dirigida a un público pensado en Toledo, podía haberse introducido ya en 1147. Hay, sin embargo, otro elemento en el *Poema* que parece aludir directamente a las Cortes de 1207. Cuando Alfonso VI emplaza a los Condes de Carrión que han ultrajado a las hijas del Cid ante su corte judicial de Toledo, el poeta otorga el carácter de Cortes del reino a lo que, en la lógica interna de la narración, no debía ser más que una simple corte judicial. El poeta pinta unas Cortes como las que evoca algo más tarde

[36] *Late Latin and Early Romance in Spain and Carolingian France*, Liverpool: Francis Cairns, 1982, pág. 283.
[37] La última aparición del Cid en el *Poema* ocurría en el folio perdido (con unos 50 versos) que sigue, en el MS, al verso 3507. Su contenido narrativo incluye una última visión del Cid a galope sobre Babieca, haciendo un alarde a la salida de Toledo, y el rechazo agradecido del rey después que el héroe le ofrece el caballo. Véase el texto resumido de la *Crónica de Veinte Reyes*, ed. B. Powel, pág. 154, líneas 11–23, o el texto más distante del cap. 945 de la *Primera crónica general*, ed. Pidal, pág. 624, l. 27a–17b.

el autor de la *Crónica latina*. Este, desde su perspectiva de h. 1230, describe que a las Cortes de Carrión de 1188 habían acudido representantes de Galicia, León y Castilla (*presentibus Galleciis et Legionensibus et Castellanis*)[38]. De manera semejante, el poeta del Cid nos cuenta cómo

> ...Alfonso el castellano
> enbia sus cartas pora León e a Sancti Yaguo,
> a los portogaleses e a galizianos
> e a los de Carrión e a varones castellanos;
> que cort fazié en Toledo aquel rrey ondrado[39].

Ya Joaquín Costa sugirió que esta convocatoria parecía reflejar circunstancias más típicas de principios del XIII que del XII, aunque esta opinión fue luego rebatida por Pidal[40]. Los argumentos contrapuestos de Costa y Pidal tienen un peso similar. El nuevo dato de las Cortes de 1207 parece inclinar la balanza hacia el primero. Si uno de los propósitos de la épica era enardecer a los guerreros, ¿qué mejor manera de hacerlo que situándoles *dentro* del *Cantar*, fundiendo en una las Cortes de Toledo del Cid y las Cortes de Toledo de 1207? No parece necesario insistir en el efecto que tendría la recepción del *Cantar* entre quienes compartían con los héroes épicos los mismos rituales políticos y la misma topografía toledana, tan detalladamente descritos por el poeta.

Una reelaboración tardía de estas mismas escenas del cantar III[41] nos invita a indagar sobre otros aspectos de la celebración de las Cortes a principios del XIII, tal como verosímilmente se reflejan en textos de principios del XIV.

La reelaboración conservada en esos textos describe cómo un tal Benito Pérez, de Sigüenza, repostero regio de Alfonso VI, se encarga de preparar el toledano Palacio de Galiana para las Cortes en que se ha de oir la querella del Cid contra los Condes de Carrión. Aunque el nombre del repostero parece ficticio, no lo es su oficio, en cumplimiento del cual, cubre la sala principal del Palacio

> de alfamares et de tapetes muy ricos, desi pusieron en el mayor lugar la siella real en que el rey souiesse –la qual siella era muy rica, et el rey don Alfonso la ganara con Toledo, del rey Almenon cuya fuera– et derredor por el palaçio, fizieron sus estrados muy buenos e muy onrrados, [para] que souiessen y los condes et los ricos omnes que eran uenidos a la corte del rey. (*PCG*, II, cap. 939, pág. 615).

---

38   *Ibidem* 12, 1. 3–4.
39   *Poema del mio Cid*, ed. Ian Michael, Madrid, 1976, vv. 2976–80.
40   R. Menéndez Pidal, *Cantar de mio Cid: texto, gramática y vocabulario*, I, Madrid, 1964–69[4], págs. 26–27.
41   Ed. R. Menéndez Pidal en *Primera Crónica General de España* [*PCG*], Madrid: Gredos, 1955, 2 vols. Es «refundición» tardía del *Cantar de Mio Cid*, relacionada con la *Leyenda de Cerdeña*. El texto, que procede del MS Esc. x–i–4, se data entre fines del XIII y principios del XIV; véase Brian Powel, *Epic and Chronicle. The 'Poema de mio Cid' and the 'Crónica de veinte reyes'*, Londres: MHRA, 1983, págs. 37–41, con bibliografía en notas a la que me remito. Véanse también las subsiguientes matizaciones de Colin Smith en «The First Prose Redaction of the *Poema de Mio Cid*», *Modern Languages Review*, 82 (1987) págs. 869–86.

Según este testimonio, el arreglo del 'hemiciclo' del Palacio de Galiana, donde, con mucha probabilidad se celebraron las Cortes históricas de 1207, 1254 y 1259[42], parece haber sido ocupación del repostero regio. Sin embargo, el oficio específico de los *repositarii* era dar de comer a sus señores, y era precisamente durante las comidas cuando, según los testimonios que conocemos, solían cantarse las canciones de gesta[43]. El repostero se convierte, *ex officio*, en la persona que verosímilmente podría haber encargado la presentación oral del *Cantar de Mio Cid* durante las Cortes de Toledo, en enero de 1207. Un siglo después, la mención de Benito Pérez debe atribuirse a una alusión juglaresca para halagar a un mecenas cortesano que era repostero, ya que su figura es totalmente superflua para la coherencia interna de la narración reelaborada del cantar.

En 1207, el repostero no era ningún Benito Pérez, sino Ferrán Sánchez, hombre significativamente ligado por sus propiedades tanto a Carrión de los Condes y sus alrededores[44] como a Toledo. Desde 1201 poseía, junto al mismo Palacio de Galiana, una casa cuyos sucesivos dueños anteriores habían sido dos altos funcionarios de la Cancillería de Alfonso VIII: el difunto maestro Mica, «habilísimo calígrafo y excelso estilista» (según Millares Carlo)[45] y el escribano Pedro, también notario regio[46]. La adquisición del inmueble apunta a las conexiones del repostero con la Cancillería regia. Las generosas donaciones que recibió de Alfonso VIII son indicio de que era, como cabría esperar por su cargo, hombre muy próximo al rey.

Ferrán Sánchez parece haber tenido el cargo que le exigía proporcionar el didáctico entretenimiento del *Cantar* y las conexiones para lograr conservarlo por escrito después de haberlo oído. Así podrían conjugarse también las fechas de las Cortes y la fecha en que se termina de escribir el *Poema*. Las Cortes se celebraron en enero, el colofón dice del *Poema* que «Per Abbat le escribió en el mes de mayo» (3732).

Así llegamos finalmente al tan traido y llevado Per Abad. Sobre el papel que él mismo parece atribuirse en la frase citada ha vuelto a reflexionar recientemente

---

[42] «Las Cortes de Toledo de 1207», págs. 236–37.

[43] Menéndez Pidal, *Poesía juglaresca*, pág. 292. Riquer, *Les chansons*, pág. 307.

[44] J. González, *Alfonso VIII*, núms. 755 y 865.

[45] «La cancillería real en León y Castilla hasta fines del reinado de Fernando III», *Anuario de Historia del Derecho*, 3 (1926) págs. 227–306, especialmente pág. 275. He documentado su actividad en el cabildo toledano en *Los cartularios de Toledo*, Madrid: Fundación R. Areces, 1985. Índice onomástico, s.v. Mica.

[46] J. González, *Alfonso VIII*, n. 709. En abril de 1210 Alfonso VIII le concedió el señorío de Villaumbrales, al sur de Carrión, en Tierra de Campos (*Ibidem*, n. 865). La generosidad regia queda patente cuando el repostero vuelve a vender esta villa al arzobispo don Rodrigo en 1215, por una renta anual para el repostero, de por vida, de 300 aúreos, más 50 cahíces de trigo de Alcalá de Henares, (Hernández, *Cartularios*, n. 358). La villa pasó entonces a la mitra toledana, que la usó para hacer favores a los reyes, como la concesión de su disfrute vitalicio a Leonor de Guzmán, la barragana de Alfonso XI.

Ian Michael[47]. Sus conclusiones, en las que pide «un decente anonimato» para el autor del *Poema* y actividad de simple copista para Per Abad en 1207, están fundamentadas en una batería de precedentes textuales de singular solidez. Situado ya Per Abad en ese puesto de copista que le atribuye el profesor de Oxford, y soslayando consideraciones sobre la creatividad que pueda haberse ejercido en el trasvase de formas orales a formas escritas, quisiera fijarme solamente en ese Per Abad que aparece documentado como canónigo de Toledo entre 1204 y 1211 y sobre el que ya he llamado la atención en otro lugar[48]. No sabemos mucho de él. Antes de ser canónigo, en 1200, aparece asociado a un tal Domingo, capellán y escribano de la reina Leonor[49]. Es posible que, como Domingo, como el maestro Mica, y como otros muchos escribanos regios, obtuviese la canonjía toledana como recompensa por años de servicio en la cancillería regia o en sus dependencias. Un examen de tres autógrafos de su firma corrobora su pericia caligráfica. En los documentos de 1208 y 1211 que hemos podido examinar, su limpia letra gótica de transición contrasta con las firmas mucho menos garbosas de la mayoría de sus concanónigos (ver ilustración). El carácter profesional de su escritura, la posible asociación de Per Abad con la cancillería y con Ferrán Sánchez, su pertenencia al cabildo de Toledo en 1207 y la coincidencia de su nombre con el del escribano del *Poema* hacen de él un candidato con méritos suficientes para ser tenido en cuenta como el primer copista del *Cantar de Mio Cid*.

Autógrafos de Per Abad, canónigo de Toledo (marcado con asteriscos)

---

[47]   «Per Abbat, ¿autor o copista?: enfoque de la cuestión». *Homenaje... a A. Zamora Vicente*, III, Madrid: Castalia (en prensa). Aqradezco al profesor Ian Michael la gentileza de haberme permitido leer su artículo antes de su publicación.

[48]   Ya señalé este dato en «Las Cortes de Toledo de 1207», pág. 238, donde remito a *Cartularios*, índice onomástico, s.v. Pedro Abad, canónigo. En el mismo lugar pueden verse otros cinco personajes del mismo nombre que pueden añadirse a las listas que proporciona Ian Michael en el artículo citado.

[49]   En testamento de Juan, cantor (*precentor*) del cabildo de Toledo, quien empareja implícitamente a Domingo y a Per Abad en medio de otros a quienes también entrega bienes, cuyo reparto encomienda al arzobispo: «[Mando] G. Iohannis v morabetinos; R. Didaci [et...] de Scalona cum filia sua, filiis suis unicuique v morabetinos; D[ominico] capellano regine i acemilam, P[etro] Abbati aliam mulam; J. Garsie Sancti Torquati iii morabetinos, J[ohanni] ii morabetinos; omnia ista mando quod distribuantur per manus domini Martini archiepiscopi» (ACT, Z. 4. B. 10, original: julio 1200). Domingo, aquí descrito solamente como «capellán» de la reina, debe ser el mismo Domingo que aparece también como escribano suyo entre 1207 y 1210. Esa dualidad de oficio es igual que la de Pedro, notario y capellán de la misma reina en esta época (J. González, *Alfonso VIII*, I, pág. 255, n. 398).

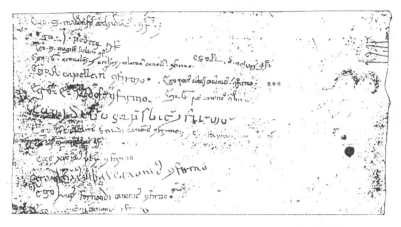

ACT, V.10.A.3.5.   Toledo, 5 abril 1208

ACT, E.8.K.1.2.   Toledo, diciembre 1208

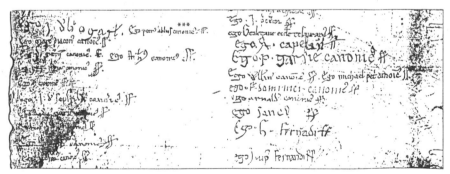

ACT, Z.3.C.2.1.   Toledo, julio 1211

*Por un error en la fotocomposición, la página 467 del Tomo I
ha de ser sustituída por ésta.*

HISTORIA Y EPOPEYA. EL *CANTAR DEL CID* ENTRE 1147 Y 1207

En cualquier caso, ya fuese el canónigo Per Abad quien actuó como copista, ya fuese otro escribano, lo que importa es señalar que el copista debió estar asociado al grupo de intelectuales de la Cancillería que impuso las primeras normas ortográficas con que reflejar por escrito de manera consistente el habla romance. Por otro lado, la realización de la copia del *Poema* comisionada por el repostero de Alfonso VIII para la casa real explicaría también la presencia del texto en el tesoro regio, en donde se guardaría al lado de las copias del cuaderno de las Cortes de 1207 que hemos descubierto recientemente. Aunque por motivos muy distintos, ambos documentos, poema y cuaderno, serían utilizados de manera similar en la segunda mitad del siglo, cuando Alfonso X reelaboró, adaptándolas para su tiempo, las ordenanzas de su bisabuelo, y cuando el mismo Alfonso X reelaboró, adaptándolo para su *Estoria*, el *Poema de Mio Cid*[50].

A punto ya de salir de este laberinto ruego una última mirada retrospectiva hacia la fuerza pragmática que pudo haber tenido la presentación del *Cantar de Mio Cid* en aquel momento histórico, una última mirada hacia la posible influencia de la literatura en la historia. Tras el prolongado abatimiento de Alarcos, en medio de la carestía y el hambre de 1207, no es difícil imaginar el efecto galvanizador de las palabras del Cid: «mis fijas e mi mugier verme an lidiar, / en estas tierras agenas verán las moradas cómmo se fazen; / afarto verán por los oios commo se gana el *pan*» (1641–43). Honor, tierras nuevas y pan, es lo único que quiere el Cid. Era lo que les faltaba a los castellanos en 1207. No mucho más tarde, después de desembarazarse de nuevos conflictos con León, el ejemplo del Cid parece haber inspirado la última expedición castellana a las tierras de Valencia: en 1211 «el rey don Alfonso e su fillo, el infant don Ferrando, con las gientes de Madrit e de Guadalajara e de Huepte e de Cuenca e de Uclés, fueron [a] Alaxarch, e a Xátiva, e llegaron a la mar en el mes de mayo, e tornaronse ende» (*Anales toledanos* I, 395–6).

Era la primera vez, desde el abandono de Valencia por Jimena y los hombres del Cid, que las tropas castellanas volvían al territorio valenciano. Sería también la última. El año siguiente tendría lugar la batalla de Las Navas, que cambiaría la historia de las relaciones entre los reinos cristianos y los musulmanes. La subsiguiente conquista de Andalucía robaría al viejo *Cantar* de buena parte de su impacto pragmático. El Cid había cabalgado más de un siglo después de su muerte. Era ya la hora de su definitivo descanso. Era ya la hora de los homenajes y los recuerdos, el momento en que el viejo *Cantar*, venerable antigualla, penetrara en el panteón de la historia escrita alfonsí. Pero esa es ya otra historia.

---

50 He descrito la estrecha relación que hay entre los cuadernos de 1207 y los de las Cortes alfonsinas de 1252 en «Las cortes de Toledo de 1207» (226–229). Sobre las 'reelaboraciones' del *Cantar* en la *Estoria de España* de Alfonso X baste advertir que, aunque las copias conservadas no alcanzaron su forma conocida hasta después de la muerte de Alfonso X, parece que habían entrado ya en el plan original tal como se continuaba durante el reinado de Sancho IV.

verán las moradas cómmo se fazen; / afarto verán por los oios commo se gana el *pan*» (1641–43). Honor, tierras nuevas y pan, es lo único que quiere el Cid. Era lo que les faltaba a los castellanos en 1207. No mucho más tarde, después de desembarazarse de nuevos conflictos con León, el ejemplo del Cid parece haber inspirado la última expedición castellana a las tierras de Valencia: en 1211 «el rey don Alfonso e su fillo, el infant don Ferrando, con las gientes de Madrit e de Guadalajara e de Huepte e de Cuenca e de Uclés, fueron [a] Alaxarch, e a Xátiva, e llegaron a la mar en el mes de mayo, e tornaronse ende» (*Anales toledanos* I, 395–6).

Era la primera vez, desde el abandono de Valencia por Jimena y los hombres del Cid, que las tropas castellanas volvían al territorio valenciano. Sería también la última. El año siguiente tendría lugar la batalla de Las Navas, que cambiaría la historia de las relaciones entre los reinos cristianos y los musulmanes. La subsiguiente conquista de Andalucía robaría al viejo *Cantar* de buena parte de su impacto pragmático. El Cid había cabalgado más de un siglo después de su muerte. Era ya la hora de su definitivo descanso. Era ya la hora de los homenajes y los recuerdos, el momento en que el viejo *Cantar*, venerable antigualla, penetrara en el panteón de la historia escrita alfonsí. Pero esa es ya otra historia.

En cualquier caso, ya fuese el canónigo Per Abad quien actuó como copista, ya fuese otro escribano, lo que importa es señalar que el copista debió estar asociado al grupo de intelectuales de la Cancillería que impuso las primeras normas ortográficas con que reflejar por escrito de manera consistente el habla romance. Por otro lado, la realización de la copia del *Poema* comisionada por el repostero de Alfonso VIII para la casa real explicaría también la presencia del texto en el tesoro regio, en donde se guardaría al lado de las copias del cuaderno de las Cortes de 1207 que hemos descubierto recientemente. Aunque por motivos muy distintos, ambos documentos, poema y cuaderno, serían utilizados de manera similar en la segunda mitad del siglo, cuando Alfonso X reelaboró, adaptándolas para su tiempo, las ordenanzas de su bisabuelo, y cuando el mismo Alfonso X reelaboró, adaptándolo para su *Estoria*, el *Poema de Mio Cid*[50].

A punto ya de salir de este laberinto ruego una última mirada retrospectiva hacia la fuerza pragmática que pudo haber tenido la presentación del *Cantar de Mio Cid* en aquel momento histórico, una última mirada hacia la posible influencia de la literatura en la historia. Tras el prolongado abatimiento de Alarcos, en medio de la carestía y el hambre de 1207, no es difícil imaginar el efecto galvanizador de las palabras del Cid: «mis fijas e mi mugier verme an lidiar, / en estas tierras agenas

---

[50] He descrito la estrecha relación que hay entre los cuadernos de 1207 y los de las Cortes alfonsinas de 1252 en «Las cortes de Toledo de 1207» (226–229). Sobre las 'reelaboraciones' del *Cantar* en la *Estoria de España* de Alfonso X baste advertir que, aunque las copias conservadas no alcanzaron su forma conocida hasta después de la muerte de Alfonso X, parece que habían entrado ya en el plan original tal como se continuaba durante el reinado de Sancho IV.

Algunos aspectos del cuento en el *Libro del caballero Zifar*: Estructuras de la narrativa breve

Carmen HERNÁNDEZ VALCÁRCEL

El *Libro del caballero Zifar* es, como tantas otras manifestaciones artísticas producidas en la Edad Media, una obra de gran complejidad y que ofrece muchas dificultades de interpretación para el lector y la crítica modernos, a causa de los diferentes cánones estéticos vigentes en una y otra época.

Un ligero repaso a estudios como los de Walker o Cristina González[1] demuestra las muy diversas aproximaciones que a lo largo de ochenta años de estudios críticos ha experimentado el libro.

Tal vez uno de los aspectos más debatidos en los juicios críticos sobre *Zifar* es la cuestión de la presencia o la ausencia de unidad temática y estructural. Aun en los años sesenta Otis H. Green calificaba el libro de «amorphous»[2], en la línea iniciada por Menéndez Pelayo en los primeros años del siglo. Sin embargo Justina Ruiz de Conde había roto la primera lanza en favor de la unidad de la obra ya en el año 1948.[3]

Hoy día, nadie defendería la opinión que sustentó la naturaleza «miscelánea», «desordenada» o «inmadura» de la novela[4]. No obstante, dichas tesis se apoyaban en las peculiaridades que *El caballero Zifar* presenta, y que en absoluto eran algo excepcional en su época sino, por el contrario, bastante usual.

Luciana Stefano alude a la «fusión no bien integrada de géneros, no deslindados los literarios de los no literarios»[5], pero separa en *El libro del caballero Zifar* lo caballeresco de lo didáctico–moral, localizando la novela dentro de este segundo bloque, e incurriendo a mi parecer en una práctica generalizada que tiende a imponer cánones posteriores a textos cuya mayor aportación a la literatura es comenzar un género que luego evoluciona por sí mismo a posiciones que pueden ser bien diferentes de las iniciales. No creo que deba aislarse lo didáctico–moral de la caballeresco solamente por el hecho de que nuestra novela de caballerías posterior abandone dicha corriente y potencie el deleite de la vida

---

[1]   *Tradition and Technique in «El libro del Cavallero Zifar»*, London: Tamesis, 1974, págs. 1–27; y *«El caballero Zifar» y el reino lejano*, Madrid: Gredos, 1984, págs. 25–47.

[2]   Walker, *ibidem*, págs. 71–72.

[3]   Walker, *ibidem*, pág. 79. Cristina González, *ibidem*, págs. 26–7.

[4]   Northup, Menéndez Pelayo y Henry Thomas, respectivamente (Walker, pág. 71).

[5]   *«El caballero Zifar», novela didáctico–moral*, Bogotá: Instituto Caro y Cuervo, 1972.

terrena y la alegría de vivir[6]. Porque otras características que Luciana Stefano atribuye a lo que llama «nuevo género literario profano» no faltan en *Zifar*, a saber, el tono ficcional, el placer de la imaginación y el despertar de la fantasía[7].

Creo que *El libro del caballero Zifar* emprende la difícil tarea de construír una narrativa española que, sin dejar de acercarse al género según sus cánones franceses, conciliaba éstos con el gusto del siglo XIV por lo didáctico–moral, dirección que no prosperó en la posterior novela de caballerías, ajustada más firmemente a los modelos franceses. Es precisamente esa simbiosis la que lo convierte en una lectura «extraña al lector moderno», como señalaba Martín de Riquer[8], pero no lo era para el lector español del siglo XIV, como veremos más adelante. Se trata de un fenómeno similar al que se produce en otros textos contemporáneos que también han desconcertado con su estructura a los críticos; ello ocurre especialmente con el *Libro de Buen Amor*, escrito apenas treinta años después, y en menor grado con el *Libro Rimado de Palacio*. La mayor complejidad que produce el primer caso radica, según creo, en que el predominio del tono didáctico en *El Rimado* permite situarlo más cómodamente en una categoría genérica moderna, mientras que *El libro de Buen Amor*, como *El caballero Zifar*, presenta un aspecto más heterogéneo y confuso para una crítica desde la óptica de los cánones tradicionales. En lo que se refiere al texto que nos ocupa, el desconcierto resulta mayor; si el *Libro de Buen Amor* y el *Rimado de Palacio* podían justificar relativamente su heterogeneidad mediante la heterogeneidad formal de su polimetría que permitía pensar en un «collage» de textos redactados en diversas épocas, el tono ficcional que preside el *Libro del caballero Zifar* y la unidad formal que se deduce del empleo de la prosa, exige de él que se someta a los cánones de la novela moderna, tal como se configura siglos después, lo cual resulta injusto.

Scholberg, por ejemplo, aun señalando la unidad del libro en lo que él llama «tono básico», que consiste en la «ejemplaridad moral», no deja de considerar al autor como un maestro del *collage*, insistiendo en «el don de narrador y habilidad para combinar, renovar y ensanchar el material que iba tomando de sus diversas fuentes»[9].

Sin negar, naturalmente, la diversidad de «materiales» empleados no creo que *El caballero Zifar* sea al resultado de una mera combinación de elementos renovados, sino un proyecto mucho más ambicioso y coherente. Varios son los críticos que basan la unidad del libro en el desarrollo de una idea mediante diversos elementos o en la localización de una superestructura, tal vez perteneciente a otros géneros que consideran afines, en la que encajan los elementos supuestamente heterogéneos que lo componen.

---

[6]   Stefano, *Ibidem.*

[7]   *Ibidem.*

[8]   *El caballero Zifar*, ed. Martín de Riquer, II, Barcelona, 1951, pág. 329.

[9]   «La comicidad del *Caballero Zifar*», en *Homenaje a Rodríguez Moñino*, II, Castalia, 1966, pág. 157.

En la primera dirección se encuentra Luciana Stefano, que considera como idea central del libro el deseo de «educar mediante el solaz» que aparece formulada en el prólogo. De esta manera explica la inserción de los *Castigos del rey de Mentón* y de otros elementos menores, como los *enxenplos* y las historias intercaladas, los refranes, la historia en sí, etc. con un didactismo muy explícito[10]. También Scholberg basa la unidad del libro en la ejemplaridad moral, como ya vimos, y Walker ve la unidad interna del libro en la progresión desde la pobreza a la riqueza y el poder, desde la humillación al honor[11].

Burke combina la unidad temática con la estructural. Considera que *El caballero Zifar* responde a la estructura de los sermones medievales y desarrolla como tema el principio *redde quod debes*[12]. Si bien la estructura de sermón en el libro puede ser admitida con pocas objeciones, y así lo hace Walker[13], no creo que el tema que señala para el libro sea correcto: *redde quod debes* es uno de los motivos que lo constituyen (junto con otros ya señalados: *educar mediante el solaz, la ascensión social, la ejemplaridad moral*, etc.) pero no el tema central, que intentaré determinar luego.

Justina Ruiz Conde y posteriormente Walker, siguiendo sus estudios, señalan como principio de unidad la repetición de estructuras en cada uno de los libros[14], y Scholberg localiza la unidad «internal references to previous events»[15].

No obstante, los más acérrimos defensores de la unidad de la obra, se ven obligados a insistir en la fragilidad aparente de dicha unidad. Ya Justina Ruiz de Conde advertía:

> Porque es preciso reconocer que a veces parece que el autor ha perdido su camino, o al menos que el camino es muy difícil de reconocer, y se continúa la lectura, enfrentándonos en las nuevas aventuras, un poco con la impaciencia de volver a reunirnos con los protagonistas. Lo que éstos dicen o hacen está tan sobrecargado de elementos aparentemente ajenos a la trama, innecesarios para la acción, que las voluminosas 516 páginas quedarían reducidas a mucho menos de la mitad, si de ellas se entresacaran los comentarios, digresiones morales, geográficas, religiosas y de toda clase, cuentos y ejemplos de todo tipo, cuyo peso hace temblar la propia unidad del libro[16].

Esta cita cae de nuevo en el error de buscar en una obra medieval con intenciones propias de su momento histórico y estético, unas motivaciones

---

[10] *Op. cit.*

[11] *Op. cit.*, pág. 115.

[12] *History and Vision: The Figural Structure of the «Libro del cavallero Zifar,* London: Tamesis, 1972, pág. 40.

[13] *Op. cit.*, pág. 107. Más crítico es Keightley en su artículo «Model and Meanings for the *Libro del cavallero Zifar*», *Mosaic*, 12 (1979), pág. 56, aunque su interpretación no es mucho más satisfactoria.

[14] *El amor y el matrimonio secreto en los libros de caballerías*, 1948, págs. 46–48. Walker, *op. cit.*, págs. 79, 97–8 y 100.

[15] «The Structure of the *Cavallero Zifar*», *Modern Language Notes*, 79 (1964), pág. 124.

[16] *Ibidem*, pág. 52.

modernas ajenas por completo al origen del texto y a los deseos del autor. Contrariamente a lo que ocurre en la literatura posterior, la trama es para el autor medieval un simple caldo de cultivo donde florecen sus intenciones didáctico–morales; desde esta perspectiva creo que debe afrontarse una buena parte de la literatura medieval y en concreto el *Libro del caballero Zifar*. Walker, estudiando la integración de los *Castigos del Rey de Mentón* en la narración, señala que constituyen un elemento esencial del libro para el autor y su público:

> the *Castigos* is an essential element of the *Zifar* and perhaps, from the point of view of the author and his public, the most essential element[17].

Esta opinión cabe extenderla al resto de la obra. Si lo enjuiciamos, según los modelos literarios modernos, concediendo prioridad a la ficción sobre el didactismo, el texto se nos muestra heterogéneo, desordenado o inmaduro. Por el contrario, si consideramos los contenidos didáctico–morales como el objetivo primordial del autor y la ficción como el más útil auxiliar de que se vale, la obra se nos manifiesta extraordinariamente coherente tanto en el campo temático como en el estructural.

Walker califica las muy abundantes digresiones del libro como variantes del *topos corteza–meollo*[18] tras notar que cada elemento tiene su justificación y función en la compleja unidad de la obra:

> It is my belief, however, that every episode, adventure, situation, description and disgression has its due function an justification within the complex unity of the whole[19].

Pero en mi opinión todo el libro es un gigantesco *exemplum* en lo que concierne a su intención y a su función. Efectivamente, el conjunto del *Caballero Zifar* se ajusta a las características que Haus R. Jauss aplica al *exemplum* en su intento de determinar los nueve géneros literarios cortos que analiza en la Edad Media[20]. El *Libro del caballero Zifar* se configura desde mi punto de vista como un gran cuento con función de *exemplum* ilustrador de una idea inicial, expresada en el prólogo, y estructurado mediante la técnica denominada *de abismo* o cajas chinas, famosa gracias a textos como *Las mil y una noches* y conocida en la

---

17   *Op. cit.*, pág. 142.
18   *Ibidem*, pág. 107.
19   *Ibidem* pág. 106.
20   Entre otras: Protagonista ejemplar, *factum probabile, laudabile, memorabile*; problema moral intemporal; respuesta a la pregunta ¿qué me enseña el pasado sobre el futuro?; *imitabile* o exhortación a la virtud; función moralizadora. Otros puntos que aparentemente no encajan en Zifar son válidos a poco que se analicen: demostración basada en un precedente histórico, autenticidad histórica, paradigma mítico–histórico de la antigüedad, son aplicables a Zifar si se considera que en el medievo los temas extraídos de una fuente escrita tenían el mismo grado de historicidad. En cuanto a que el exemplum está puesto en boca de un maestro y dirigido a un discípulo, en *Zifar* esos papeles corresponden a autor y lector.

Península desde fecha temprana por la traducción del *Calila e Dimna* a mediados del siglo XIII. Consiste tal estructura en la inclusión de cuentos dentro del cuento inicial que funciona como marco; cada narración se interrumpe para dar paso a un nuevo *exemplum*, estableciéndose varios niveles narrativos a los que se accede escalonadamente y de los que se sale siguiendo los mismos grados. Cada nivel queda interrumpido y solo se regresa a él cuando quedan definitivamente cerrados los siguientes mediante un desenlace y una moraleja.

1º nivel..1º nivel
2º nivel..2º nivel
3º nivel..3º nivel
X nivel

El comienzo de cada *exemplum* inserto se reconoce mediante series formularias similares que constituyen un encabezamiento y facilitan su inserción; el final queda determinado por la conclusión moral, siempre explícita, que acompaña a cada cuento. La función de los *exempla* intercalados consiste en ilustrar las ideas formuladas por uno de los personajes integrantes del cuento precedente.

Trasladando esta estructura–tipo al *Libro del caballero Zifar* se obtiene una serie de apreciaciones de sumo interés. En lo que se refiere al prólogo, Burke señala que la translación del cuerpo del cardenal don Gonzalo es escogida por el autor como una ilustración similar a otra extraída de San Mateo, 25 que aparece en *Queste del Sant Graal*[21]. Pero tal como se configura el conjunto del libro, y al margen de nuestra tópica moderna que considera el prólogo como un texto auxiliar generalmente concebido a posteriori, creo que más bien debemos de admitir la posibilidad de la situación contraria, es decir, que la *Historia de Zifar* sea una ilustración del hecho histórico y dificultoso de la traslación del cuerpo del Cardenal.

Naturalmente, el rótulo *Prólogo* con que se califica los primeros cuatro folios del texto es un añadido de los editores modernos condicionados como siempre por la consideración de la ficción como objetivo primordial de una obra[22]. La descripción de la traslación insiste repetidamente en las grandes dificultades que Ferrán Martínez hubo de superar, tanto administrativas como económicas, para realizar su empresa. La otra idea que destaca el pretendido prólogo es la virtud del cardenal don Gonzalo, que se granjeó buenos criados:

> E çertas, si costa grande fizo el arçidiano en este camino, mucho le es de gradesçer, porque lo enpleó muy bien, reconosçiendo la merçed que del cardenal resçebiera a la criança que en él feziera, así como lo deven fazer todos los omes de buen entendimiento e de buen conosçer e que bien e merçed resçiben de otro. Onde bien

---

[21] *Op. cit.*, págs. 40–41.
[22] «Prólogo todo él un poco raro para un libro de caballerías», según Martha Alfonso: «Comparación entre el *Félix* de Ramón Llull y *El caballero Zifar*, novela caballeresca a lo divino», *Estudios Lulianos*, 12 (1968), pág. 79.

aventurado fue el señor que trabajó de fazer buenos criados e leales, ca estos atales nin les fallesçieran en la vida nin después[23].

Ambas ideas son los pilares esenciales sobre los que se sustenta la historia del caballero Zifar. La tercera razón por la cual se describe la traslación del cuerpo del cardenal enlaza también esta historia con la de Zifar: la memoria humana es débil y solo se recuerda lo que se conserva por escrito, idea muy repetida en ámbitos cultos del siglo XIV[24].

Por otra parte, en lo que cocierne a la dialéctica *docere–delectare*, a la cual he aludido antes, el autor es muy explícito situando el *solaz* como auxiliar de la *buena obra* y no su objetivo principal:

> Ca por razón de la mengua de la memoria del ome fueron puestas estas cosas a esta obra, en la cual ay muy buenos enxienplos para se saber guardar ome de yerro si bien quisiere bevir e usar dellos. E ay otras razones muchas de solas en que puede ome tomar plazer, ca todo ome que trabajo quiere tomar para fazer alguna buena obra deve en ella entreponer a las vegadas algunas cosas de plazer e de solas. E la palabra del sabio que dize así: 'Entre los cuidados, a las vegadas pone algunos plazeres'. Ca muy fuerte cosa es de sofrir el cuidado continuado si a las vezes non diese ome plazer o algunt solas. (pág. 57).

El texto es suficientemente explícito con términos como «entreponer», «a las vegadas», «algunas» que indican el carácter auxiliar de la ficción en esta obra.

El carácter ejemplar, de *exemplum* que estos primeros folios confieren a la historia de Zifar queda muy claramente expresado en las palabras inmediatamente anteriores al comienzo. Habla el autor del *seso natural* como don divino y de la obligación de cultivarlo en buenas obras al servicio de Dios:

> E pero que la obra sea muy luenga e de trabajo, non deve desesperar de lo non poder acabar por ningunos embargos que le acaescan; ca aquel Dios verdadero e mantenedor de todas las cosas, el qual ome de buen seso natural antepuso en la su obra, á le dar çima aquella que le conviene, así como contesçió a un cavallero de las Indias... (pág. 58).

Según esto, la historia de Zifar ilustra la idea del prólogo: el hombre debe acabar su obra pese a las dificultades que entrañe, como Zifar la acabó y (se sobreentiende) como también Ferrán Martínez llevó a buen término la suya. Se produce así un curioso efecto en la relación de las palabras preliminares y el resto de la obra; si un prólogo tradicional se suele utilizar para ilustrar y aclarar el texto, desempeñando una función auxiliar y secundaria, meramente presentativa del corpus de la obra, aquí es éste el que ilustra y aclara una serie de ideas del supuesto

---

[23] *Libro del cavallero Zifar*, ed. de J. González Muela, Madrid: Castalia, 1982, pág. 56. En adelante citaré por esta edición.
[24] Recuérdese lo que Don Sem Tob dice en sus *Proverbios* acerca de la palabra escrita.

prólogo, que representa la esencia del texto en su conjunto y que podríamos resumir en:

1. El hombre debe afrontar la dificultades con la ayuda divina.
2. El hombre debe practicar la virtud y granjearse buenos criados.
3. El texto escrito ayuda a recordar.

Las dos primeras se desarrollan en lo que según Burke constituye la *dilatio* o cuerpo de la obra[25] y la tercera sirve de justificación para la realización de la misma.

Que *Zifar* puede ser considerado un *macro–exemplum* viene abonado, no solo por su función ilustradora que coincide con la de los *exempla*, sino también por la utilización de las mismas series formularias. La introducción del relato se produce con las fórmulas presentadoras «así como acontesçió a...», «segunt agora oiredes...», «cuenta la estoria que...» (pág. 58), «Dize el cuento...» (pág. 60). Estas fórmulas son claramente identificables, como en el cuento del medio amigo: «Así contesçió en esta proeva de los amigos a un fijo de un ome bueno en tierras de Sarapia, como agora oiredes. E dize el cuento que...» (pág. 64).

Walker, en su estudio del estilo formulístico en *Zifar* que considera de origen oriental, señala una cierta especialización formularia según el género breve al que introducen:

Exempla = dize el cuento.
Sententiae = dize el sabio.
Proverbios = dizen que.
Parlamentos = certas, dixo[26].

Según esto, la historia principal entra en la categoría de *exemplum* al utilizar la misma fórmula.

Otro testimonio viene dado por el mismo autor de manera indirecta. cuando reflexiona acerca de la «verdad» de la historia, equiparándola con los *enxienplos* intercalados, en un texto extraordinariamente interesante para la interpretación de la obra:

> E porque este libro nunca aparesçió escripto en este lenguaje fasta agora, nin lo vieron los omes nin lo oyeron, cuidaron algunos que non fueran verdaderas las cosas que se ý contienen, nin ay provecho en ellas, non parando mientes al entendimiento de las palabras, nin queriendo curar en ellas. Pero comoquier que verdaderas non fuesen, non las deven tener en poco nin dubdar en ellas fasta que las oyan todas complidamente, e vean el entendimiento de ellas, e saquen ende aquello que entendieren de que se puedan aprovechar, ca de otra cosa que es ya dicha pueden tomar buen enxienplo e buen consejo para saber traer su vida más çierta e más segura, si bien quisieren usar de ellas. Ca atal es el libro, para quien bien quisiere catar por el, como la nues, que ha de parte de

---

25 *Op. cit.*, pág. 25.
26 *Op. cit.*, pág. 181.

fuera fuste seco e tiene el fruto ascondido dentro. E los sabios antiguos que fezieron muchos libros e de grant provecho posieron en ellos muchos enxienplos en figura de bestias mudas e aves e peçes, e aun de las piedras e de las yervas, en que non ay entendimiento nin razón nin sentido ninguno, en manera de fablillas, que dieron entendimiento de buenos enxienplos e de buenos castigos; e feziéronnos entender e creer lo que non aviemos visto nin creímos que podría esto ser verdat... porque ninguno non deve dudar en las cosas nin las menospreçiar fasta que vean lo que quieren dezir e cómo se deven entender. E por ende, el que bien se quiere loar e catar e entender lo que contiene este libro, sacará ende buenos castigos e buenos enxienplos, e por los buenos fechos de este cavallero así se puede entender e ver esta estoria. (pág. 59).

El autor sale al paso de posibles objeciones acerca de la verdad de su historia, que podría ser puesta en duda a causa de que constituye una primera versión castellana, es decir, porque no dispone de una fuente escrita que garantice su credibilidad. Basa la importancia de su libro en el contenido y concede la posibilidad de que lo que dice sea falso sin que ello desacredite el valor de su enseñanza; su argumento estriba en que su libro tiene el fruto escondido dentro como la nuez y que ha de entenderse a la manera de los enxienplos y fablillas que, siendo ficción, contienen buenos consejos. Identifica, pues, la función de la materia ficcional del *Caballero Zifar* con la de los *enxienplos*, equiparándolos con claridad.

De esta manera, el *Libro del caballero Zifar* se presenta como una estructura de estructuras cuyo núcleo configurador es el cuento y géneros breves afines como sentencias, refranes, proverbios, todos relacionados entre sí por su contenido gnómico, doctrinal. Este punto de contacto entre todos los elementos del libro es el que le confiere una unidad superior y muestra como descabellada la simple sugerencia de Ruiz de Conde de eliminar las digresiones del libro y quedarnos exclusivamente con la trama, con la acción, sugerencia que, por otra parte, el lector moderno está continuamente tentado a realizar, pero que no pasaría por la cabeza de un lector del siglo XIV. La diferencia entre las palabras preliminares, la historia central, los cuentos intercalados, los *Castigos*, los proverbios y refranes estriba más en la extensión que en el contenido y la función[27].

El libro se organiza, pues, en varios niveles estructurales que se engloban unos a otros con la misma técnica en abismo de las colecciones de cuentos de origen oriental. El primer nivel está constituído por los folios iniciales que presentan las ideas básicas de todo el libro. El segundo nivel se corresponde con la historia de Zifar, presentada como un *enxenplo* que aclara las ideas del primer nivel; este segundo nivel se estructura como un relato episódico constituído por aventuras que en su mayoría podrían ser extraídas del conjunto como *enxenplo* independiente; ello explica la repetida utilización de la fórmula «dize el cuento» con valor de transición. La diferencia entre estos textos y los que constituyen el

---

[27] Cristina González distingue dos tipos de narraciones: *estorias*, que pertenecen a la acción principal y están en boca del autor, y *enxienplos*, en boca de los personajes y en distinto plano espacio–temporal. Pero su valor funcional es idéntico; ambos tipos son modelos de conducta a seguir (págs. 73–74).

tercer nivel estriba en que en estos casos se trata de cuentos puestos en acción y protagonizados por un personaje de la historia principal: Zifar, Grima, Ribaldo, Roboam, mientras que los otros son narrados por un personaje (Zifar principalmente, el ermitaño, Roboam, Nobleza y la Condesa de Farán) y excepcionalmente por el narrador.

Un tercer nivel está formado por los textos intercalados, algunos fácilmente determinables como cuentos (26, que podrían ampliarse a 33 si se le añaden aquellos simplemente aludidos o en resumen) o refranes (Luciana Stefano cuenta 173) y otros cuya determinación es más dudosa, como ocurre con las sentencias y las digresiones morales. Algunos de los cuentos se muestran excepcionalmente encadenados en parejas; ese encadenamiento se realiza mediante un mismo narrador, un mismo tiempo de la narración y una enseñanza común; es el caso de los cuentos de la viuda y su hijo y el sacerdote Hely, narrados ambos por Zifar y con el tema común de la educación de los hijos (págs. 252–256) o los cuentos del caballo y el mensajero ante el Santísimo que cuenta la esposa del conde Farán (pág. 418–9).

Pero aún dentro de este tercer nivel, al parecer constituído por unidades mínimas e indivisibles, puede establecerse un escalón más en ese vertiginoso descenso en abismo. Algunos cuentos insertos disponen a su vez de otro cuento inserto que ilustra alguna idea formulada por uno de sus personajes, o bien la moraleja se muestra en forma de proverbio extraíble. Es el caso que se presenta en ciertos cuentos incluídos en los *Castigos del rey de Mentón*: el cuento del físico y el caballero, por ejemplo, lleva incluído el del cazador y la calandria, puesto en boca del médico para ilustrar gráficamente su consejo de que acepte el caballero los buenos consejos: la fórmula de inserción del segundo cuento, es decir, del nivel 4, es idéntica a la utilizada por don Juan Manuel: «¿E cómo fue eso?– dixo el rey». «Dize el cuento que...» (pág. 236) y muy similar a la utilizada más adelante en el cuento del rey moro y el guarda del tesoro; este segundo personaje narra el cuento del lobo y las sanguijuelas y más adelante el del cardenal consejero del Papa (págs. 316–9)). La otra posibilidad sintetiza la enseñanza del cuento inserto en otro mediante un proverbio que funciona como moraleja; en el cuento del asno y del parrillo el final asegura: «Onde dize el proverbio que lo que la naturaleza niega, ninguno non lo deve cometer» (pág. 131). En estos casos la utilización de proverbios o frases proverbiales, la moraleja, es aplicable simultáneamente al cuento intercalado y al relato marco donde se inserta; aquí alude también al proyecto del Ribaldo de hostigar a Zifar para probarlo. De esa manera, la integración del relato intercalado se redondea y justifica.

Naturalmente, la salida de cada nivel se realiza paulatinamente, con el regreso ordenado a cada uno de los niveles que le preceden. Cuando finaliza un cuento inserto en el cuarto nivel, prosigue el relato anterior, perteneciente al nivel precedente; terminado éste, la narración retorna al segundo nivel, del cual se pasa de nuevo al tercero y en algunos casos, al cuarto. Así progresa la narración, en aparente heterogeneidad pero con un orden sistemático y lógico en el desenvolvimiento del didactismo del libro. La vuelta al primer nivel se realiza, lógicamente, al final del libro, una vez acabada la historia correspondiente al segundo nivel, las aventuras de Zifar y su familia:

> Onde dize el traslaudador que bienaventurado es el que se da a bien e se trabaja sienpre de fazer lo mejor. (pág. 434).

Queda así el libro estructuralmente cerrado; con la consecución por parte de Zifar y su hijo de los objetivos planteados en los preliminares, también el trasladador ha conseguido dar fin a su objetivo, largo y de gran dificultad (concluír el texto), como también lo logró Fernán Martínez (sepultar en España al Cardenal don Gonzalo)[28].

En conclusión, el *Libro del Caballero Zifar* aparece a mis ojos como un puente imprescindible entre las colecciones de relatos con marco, donde lo verdaderamente importante son los cuentos, y la narrativa de estructura episódica que ha desplazado el interés hacia el marco, considerablemente engrosado, convirtiendo los cuentos en materia auxiliar.

---

[28] No hay que olvidar que *El libro del caballero Zifar* constituye el primer testimonio de una narrativa extensa que no abandona, sin embargo, la narrativa breve que, en este momento, es de origen oriental. El procedimiento de transformación de los relatos con marco orientales en un texto novelesco es muy simple y estaba ya implícito en ellos: el relato inicial se engrosa e incluye en su seno como materia subsidiaria los otros cuentos; ello apuntaba en los primeros capítulos del *Calila e Dimna* con la historia que, muy acertadamente, da título a la colección. Este procedimiento de transición entre la colección de cuentos con marco y la novela moderna es aún perceptible en *El Quijote*, heredero de técnicas narrativas medievales caballerescas, donde la historia del hidalgo aglutina muchas otras, a veces narradas por el autor, otras por algún personaje principal y en otras ocasiones protagonizadas por los héroes de la novela. Son tan sorprendentemente allegables el episodio del Ribaldo con los nabos y los juicios de Sancho en la Insula que ambos personajes han llegado a equipararse, a veces con exceso.

Un episodio enigmático del *Libro de Buen Amor*: De la vieja que vino a ver al arçipreste e de lo que le contesçió con ella

Gerold HILTY

He aquí el texto de las coplas 945 a 949 del *Libro de buen amor*, tal como aparece en la reciente edición de la obra, debida a Gerald B. Gybbon–Monypenny[1]:

945   El mes era de março, salido el verano:
        vino me ver una vieja, dixo me luego de mano:
        «¡Moço malo, moço malo, más val enfermo que sano!»
        Yo travé luego della e fablé le en seso vano.

946   Con su pesar la vieja dixo me muchas vezes:
        «Arçipreste, más es el rroído que las nuezes».
        Dixel yo: «Dio me el diablo estas *viejas* rrahezes;
        desque han bevido el vino dizen mal de las fezes.»

947   De toda *esta* lazeria e de todo este coxixo
        fiz cantares caçurros de quanto mal me dixo;
        non fuyan dello las dueñas, nin los *tengan* por lixo,
        ca nunca los oyó dueña que dellos mucho non rrixo.

948   A vós, dueñas señoras, por vuestra cortesía,
        demando vos perdón, que sabed non querría
        aver saña de vós, ca de pesar morría.
        Conssentid entre los sessos una tal bavoquía.

949   Por me lo otorgar, señoras, escrevir vos he grand saçón,
        de dicho e de fecho e de todo coraçón,
        non puede ser que non yerre omne en grand rraçón;
        el oidor cortés tenga presto el perdón.

A estas coplas el editor dedica la nota siguiente: «Este pequeño episodio no ha sido explicado bien por nadie. ¿De qué vieja se trata?... ¿En qué consiste el *seso*

---

[1] *Libro de buen amor*, ed. G. B. Gybbon–Monypenny, Madrid: Castalia, 1988, págs. 304–305.

vano de 945*d*?... En 946*b*, la vieja parece quejarse porque el protagonista ha resultado decepcionante (¿como amante, o como cliente que no paga?...), y él la maldice por haber tomado y después haberse quejado de lo dado (946*d*). Se ha sugerido que 945*d* cuenta un intento de seducir a la vieja, y que podría ser una alusión irónica al episodio de la vieja en la *De Vetula* («Ovidio», creyendo haberse citado con la amada, se mete en la cama en tinieblas, para encontrarse abrazado por la vieja). Pero es solamente una posibilidad» (pág. 304).

En esta comunicación me propongo dar una interpretación nueva y coherente al pequeño episodio.

Conviene fijar primero la situación. En su autobiografía amorosa imaginaria el arcipreste de Hita ya ha hablado de cuatro aventuras amorosas[2]. Tres veces el protagonista no logra conquistar a la dama requerida. La cuarta vez –en el caso de la «apuesta dueña» que vió «ser en su estrado» (910*b*)– gracias a la ayuda de Doña Urraca obtiene el éxito. El amor se consuma. Pero la felicidad es breve. La dueña muere inesperadamente y el arcipreste cae enfermo.

En esta situación viene a visitarle una vieja y empieza el episodio que nos interesa.

Vamos a analizar el texto de las estrofas 945 y 946, transmitido por el único manuscrito de Salamanca. En primer lugar insisto en que el manuscrito dice inequívocamente «*una* vieja», lo que, para mí, excluye la posibilidad de identificar a la vieja con Doña Urraca. En segundo lugar nos preguntamos qué quiere decir el verso 945*c*. Creo que J. Corominas está en lo cierto cuando lo interpreta de la manera siguiente: «¿Así que sólo cuando estás enfermo muestras buenos propósitos morales?»[3] Me parece que Jacques Joset no ha entendido bien esta propuesta de Corominas cuando la rechaza diciendo: «*estar sano* no puede corresponder a mostrar 'buenos propósitos morales'»[4]. Claro que no: la idea de valores morales está expresada por el verbo *valer*. En un punto, sin embargo, J. Joset está de acuerdo con J. Corominas: la vieja se burla del arcipreste. Y creo que hay más. Las palabras según las cuales el arcipreste sólo es bueno, es decir no peca, cuando está enfermo (porque entonces no tiene fuerza para pecar), contienen también una provocación. La vieja intenta provocar al arcipreste a que sea malo, a que peque, realizando con ella el acto sexual.

Estamos, pues, ante la situación siguiente: una vieja voluptuosa, lujuriosa, lasciva, se ofrece a un hombre para satisfacer sus propios apetitos carnales. Esta situación aparece ya como motivo en ciertos géneros de la literatura griega (Arquíloco, Aristófanes, producción epigramática[5]), y en la literatura latina existe

---

2   No cuento la aventura narrada en la paráfrasis del *Pamphilus*, que, para mí, no pertenece a la autobiografía ficticia.

3   *Libro de buen amor*, ed. Joan Corominas, Madrid, 1967, pág. 368.

4   *Libro de buen amor*, ed. Jacques Joset, II, Madrid, 1974, pág. 27.

5   Véanse Franz Josef Brecht, *Motiv– und Typengeschichte des griechischen Spottepigramms*, Leipzig, 1930, págs. 55, 65–66; Victor Grassmann, *Die erotischen Epoden des Horaz. Literarischer Hintergrund und sprachliche Tradition*, München, 1966, págs. 1–22.

toda una tradición de este motivo, llamado el motivo de la *vetula*. Baste con mencionar los épodos 8 y 12 de Horacio y numerosos epigramas de Marcial[6].

Digo entre paréntesis que la situación es diferente en la escena de la obra pseudo–ovidiana *De Vetula*, aludida por G. Gybbon–Monypenny. Allí la vieja no se le ofrece desvergonzadamente al hombre joven para satisfacer sus propios apetitos, sino que se sustituye a la muchacha para engañar al protagonista enamorado. Con esta afirmación no quiero negar el influjo ejercido por la obra pseudo–ovidiana sobre el *Libro de buen amor*, influjo demostrado magistralmente por Francisco Rico[7]. Insisto sólo en el hecho de que nuestro episodio contiene elementos procedentes de otra tradición.

La reacción del arcipreste ante la provocación de la vieja es clara: «Yo travé luego della», dice el primer hemistiquio del verso siguiente. En cuanto al segundo hemistiquio de este verso creo que, introduciendo unas ligeras enmiendas, hay que leer: «... fallé le el seso [sexo] en vano». Es fácil explicar una confusión entre *fablar* y *fallar*, dos verbos que en castellano antiguo presentan ambos la variante gráfica *falar*[8]. Las demás enmiendas son pequeñas y se justifican fácilmente por razones semánticas, con tal que se interprete *seso* como *sexo*, con el sentido de 'vulva'. Tal interpretación no me parece demasiado osada. Precisamente en la acepción de 'vulva', bien atestiguada en latín, la palabra *sexus* ha seguido una evolución popular en las lenguas románicas, como lo demuestran el judeo–español *šéšo* y formas correspondientes en el italiano antiguo, el siciliano y el sardo.

El verso 945c diría, pues: «Yo la agarré y le encontré la vulva, pero fue en vano.» Las dos últimas palabras aluden a la impotencia momentánea del arcipreste y esta alusión se explicita en la estrofa siguiente con el proverbio «Más es el ruido que las nueces», citado por la vieja, desilusionada al ver que su apetito sexual no se satisface.

Al apetito sexual de la vieja alude además, según toda probabilidad, la expresión «con su pesar» del verso 946a. Como ha demostrado Vicente Reynal en su libro *El lenguaje erótico medieval a través del Arcipreste de Hita*, en la descripción de la tienda de don Amor, Juan Ruiz emplea el verbo *pesar* con claro sentido sexual[9]. Describe allí «tres fijos dalgo» (1278a), que simbolizan los meses de la primavera. El segundo, que corresponde al mes de marzo («El mes era de março...» dice el autor en el primer verso de nuestro episodio), «a omnes, aves e bestias mete los en amores» (1281d), y continúa diciendo Juan Ruiz:

> 1282 Este tiene tres diablos presos en su cadena:
> el uno enbiava a las dueñas dar pena;

---

[6]   Véase V. Grassmann, *op. cit.*, sobre todo págs. 1–34 y 47–90.

[7]   «Sobre el origen de la autobiografía en el *Libro de buen amor*», *Anuario de Estudios Medievales*, 4 (1967), págs. 301–325, sobre todo 311–325.

[8]   «Falar» en lugar de «fablar» lo encuentro por ejemplo en el *Libro de Alexandre* y en el *Libro conplido,* «falar», en lugar de «fallar» en el *Auto de los Reyes Magos*, el *Fuero de Madrid* y el *Libro del cauallero et del escudero* de D. Juan Manuel.

[9]   Madrid: Playor, 1988, págs. 102–103.

> pesa *les* en el lugar do la muger es buena;
> desde entonçe comiença a pujar el avena.

He aquí el comentario que dedica V. Reynal a los tres últimos versos: «*Dar pena* es lo mismo que *sentir pasión*, referencia, por tanto, al estado de excitación pasional que se le despierta a la mujer, en especial [...] en esta época. Es una afección corporal 'pasiva' más que activa, según atribución tradicional a la hembra. Ya los latinos empleaban la palabra *poena* para referirse, en ciertos contextos, al acto sexual [...] El siguiente verso es uno de los más eufemísticos, a la par que significativos, de todos cuantos hasta ahora ha usado el Arcipreste: 'do la muger es buena' no es otra cosa que sus órganos sexuales [...] 'Pésales' es toda una metáfora del efecto (el peso fisiológico y psicológico) que la pasión produce en el organismo, en un sentido receptivo. La 'avena' a la que alude el poeta es metáfora del órgano femenino» (págs. 102–103).

El motivo de la impotencia, expresado por el proverbio del verso 946*b*, es parte integrante de las situaciones creadas por las *vetulae* en las literaturas clásicas. Con el *furor Venereus* de la vieja contrasta a menudo el *languor* del hombre y se habla de *membrum languidum*, de *mentula iners*, *non surgens*, etc. En parte, la impotencia momentánea del hombre se justifica explícitamente por el escaso atractivo de la vieja. Otro elemento tradicional es la burla hecha por la vieja al ver que el hombre no puede cumplir el acto sexual.

Nuestro texto parece estar integrado, pues, en una tradición antigua, y no veo argumento alguno para no admitir que Juan Ruiz conociera tal tradición. Ella nos da también la clave para comprender los versos 946*c* y *d*. El primero de ellos de todas maneras contiene un error. El manuscrito de Salamanca presenta como penúltima palabra la forma *vieja*. Todos los editores corrigen en *viejas*. Pero, este error evidente ¿no podría ser indicio de un cambio más sustancial, provocado por la no–comprensión de un copista? Yo creo que hay que leer aquí *vergas*. La enmienda, gráficamente insignificante, se impone por razones semánticas. El autor habla de la *verga* en el sentido de 'miembro viril'. En esta acepción la palabra *verga* (y su variante latinizante *virga*) aparece ya en un pasaje del *Libro conplido* (1254). Bajo el título «En saber en que logar es la sennal en el cuerpo del omne» se dice entre otras cosas:

> Por la uista del omne e por las sennales que·l parecen puedes saber las sennales que a por los mienbros encubiertos. Cata el omne, e si·l fallares sennal en la nariz, otra sennal a en la uirga uiril e otra en los costados de la parte siniestra e otra en el logar o son los cabellos en el pendil (=pubis) [...] E si·l uieres la sennal en las manos, otra sennal a en la uerga e otra en el pendil[10].

Hay que recordar también el juego de palabras obsceno que hace el mismo Juan Ruiz en la estrofa 384 con la expresión bíblica «virga virtutis»[11].

---

[10]   Aly Aben Ragel, *El libro conplido en los iudizios de las estrellas*. Traducción hecha en la corte de Alfonso el Sabio. Introducción y edición por Gerold Hilty, Madrid, 1954, pág. 70.
[11]   Véase también V. Reynal, *op. cit.*, págs. 72–73.

El epíteto de *vergas*, a saber *rrahezes,* cuadra perfectamente con este contexto. El adjetivo árabe *raḫīṣ*, base del adjetivo español, tenía el sentido de 'barato, vil, de poco valor', pero significaba también 'blando'. Creo que en nuestro texto tenemos un reflejo de este sentido y que las *vergas rrahezes* corresponden exactamente a las *membra languida* de los textos latinos.

Pero ¿por qué el arcipreste habla de *estas vergas* en plural? El número se puede explicar por el hecho de que el autor piensa en los estados de la verga y que –de manera ligeramente metonímica– expresa la pluralidad de los estados por el plural de la palabra *verga*.

Nos queda el verso 946*d*. Estoy de acuerdo con Corominas en atribuir este verso a la vieja[12], que, probablemente, alude aquí por segunda vez a la aventura anterior del arcipreste en la cual ha bebido el vino del amor, pero que le ha dejado convertido en un enfermo, un agotado, un impotente.

Si se acepta mi interpretación, el episodio de la vieja –que de ninguna manera es Doña Urraca– tiene una función importante en la estructura del *Libro de buen amor*. Preceden cuatro aventuras en las cuales el arcipreste, el hombre, lleva el papel activo, con o sin éxito. Con el breve episodio compuesto con elementos de la tradición de la *vetula*, de la vieja voluptuosa y provocadora, cambia la perspectiva y en las cuatro aventuras que siguen –son las acaecidas con las serranas– la mujer lleva el papel activo. En estas cuatro aventuras la sexualidad femenina, que al principio es muy fuerte, va disminuyendo hasta llegar a la feminidad virginal, pura, de Santa María del Vado.

Que el breve episodio con la vieja sea el punto de partida para el viaje –imaginario– por la sierra, puede probarse aun por otro elemento. Después del encuentro con la vieja, el autor dice haber escrito «cantares caçurros de quanto mal me dixo» (947*b*). Estoy convencido de que estos cantares no se han perdido, como se cree en general, sino que son las cuatro cánticas de las serranas.

Añado entre paréntesis que convendría preguntarse, con vistas a toda la obra, si efectivamente se han perdido composiciones líricas en el *Libro de buen amor*. Si para los «cantares caçurros» del verso 947*b* se acepta mi interpretación, se puede afirmar que en cuanto a las canciones líricas hay una bipartición clara: no faltan, después del anuncio, trovas o cantares cazurros, composiciones burlescas o paródicas, ni faltan composiciones religiosas; faltan sólo canciones amorosas, que serían imitaciones de la lírica cortesana. ¿Y si Juan Ruiz, con su ironía y su ambigüedad consabidas, hubiera anunciado tales composiciones sin haberlas escrito jamás?

Pero volvamos a las cánticas de las serranas, integradas en el viaje por la sierra. Falta por mencionar un elemento que confirma su identidad con los «cantares caçurros» de la copla 947. «El mes era de março, salido el verano», dice el autor cuando empieza el episodio con la vieja (945*a*). «El mes era de março, dia de San Meder», dice al empezar su viaje por la sierra (951*a*). Ya que la festividad de San Emeterio se celebra el 3 de marzo, en ambos casos el autor se refiere a los

---

[12]   Véase J. Corominas, *op. cit.*, pág. 370.

primeros días de dicho mes. La aventura con la vieja y el viaje imaginario por la sierra forman, pues, una unidad tanto exterior como interior.

Esto trae sus consecuencias también para el problema de la composición del *Libro de buen amor*. Si mi interpretación es acertada, el episodio con la vieja, conservado sólo en el manuscrito de Salamanca, no es una añadidura posterior, sino una charnela estructuralmente muy importante, suprimida en una rama de los manuscritos por un copista que no entendió o no quiso entender el texto –bastante obsceno– y que no se dió cuenta de la importante función del episodio en el conjunto del *Libro de buen amor*[13].

---

13 Después del Congreso de Salamanca ha aparecido la edición del *Libro de buen amor* de Alberto Blecua (Madrid: Cátedra, 1992). En sus notas, a pie de página (pág. 229) y suplementarias (pág. 531), el editor intenta aclarar algunos aspectos de nuestro episodio. Tiene que confesar, sin embargo, que el verso 945d, por ejemplo, constituye un «pasaje [...] confuso» (pág. 229).

Sobre la herencia de los trovadores en la lírica galaico–portuguesa

Frede JENSEN

Los poetas trovadores del sur de Francia crearon un medio literario capaz de competir en prestigio con el latín, y desarrollaron una poesía cortesana sumamente refinada que muy pronto encontraría celosos imitadores en varios países europeos. Entre los seguidores más fieles de los principios cortesanos, elevados al nivel de código por los trovadores, se hallan los poetas que estaban activos en Portugal y Galicia lo mismo que en Sicilia en el siglo trece. Cuando una tradición poética, específicamente una tan elaborada y sofisticada como la que desarrollaron los trovadores, es llevada a tierras lejanas y es adoptada por poetas que representan ambientes lingüísticos y culturales diferentes, acaba por sufrir ciertas transformaciones. Es mi propósito examinar algunos de los cambios que ocurrieron en la expansión de la tradición trovadoresca, tanto hacia Portugal, como hacia Sicilia. Se incluyen comparaciones con las condiciones en Sicilia con el propósito de demostrar cómo los dos grupos poéticos principales que proceden de los provenzales evolucionaron frecuentemente en direcciones diferentes.

Al abordar el problema general de la influencia trovadoresca en las escuelas poéticas que brotaron a raíz del fervor literario más grande jamás registrado, nos incumbe poner el énfasis debido en algunos factores que han de haber ejercido una influencia decisiva en la orientación general de la poesía escrita. Debemos examinar la posición de los poetas en la jerarquía social, sus esperanzas al escribir la poesía, su determinación por establecer un modo poético extranjero en su tierra natal. Es en este nivel muy específico donde la poesía de los discípulos de los trovadores nos ofrece el reflejo más fidedigno de las nuevas sociedades en que ha penetrado con tanto éxito. Debe pensarse también en el hecho de que el producto extranjero no se introduce necesariamente en el vacío: puede existir una tradición nativa más temprana, con la cual entra en contacto y con la cual tiene que competir por el favor del público.

En el sur de Francia bastaba que un poeta demostrara talento para ganar reconocimiento público, sin importar que su posición social fuera modesta. El rango de Marcabru, un pobre expósito, entre los trovadores más destacados no fue disputado en ningún lugar, el incremento de la fortuna meteórica de Bernart de Ventadorn no se sabe que haya sido causa de ninguna manifestación de envidia por parte de sus compañeros poetas. No se estigmatiza al hecho de aceptar regalos; al contrario, Giraut de Bornelh considera un signo de la decadencia moral el no premiar el talento de un poeta. Todo esto cambia en Portugal. Aunque tanto los nobles como los plebeyos eran participantes activos en la cultura poética, operaban normalmente a niveles diferentes en esta ocupación artística. En el primer peldaño de la carrera artística encontramos al *jogral*, cuyo papel es esencialmente el de un animador; canta y toca instrumentos musicales, pero no se mete en la composición de poesía o música original. El verdadero *arte de trovar* era del dominio exclusivo de los nobles; la capacidad de escribir versos originales y componer melodías era una cualidad cortesana que se esperaba de un noble de acuerdo con los ideales cortesanos de la época. Numerosas *cantigas* atestiguan la dificultad que encontraban los plebeyos al tratar de ganar aceptación como *trovadores*.

La idea de escribir poesía para ganarse la vida, de halagar a un monarca o a un noble poderoso para obtener regalos materialistas y honores, es predominante en las cortes feudales del sur de Francia, donde los mismos trovadores se daban a la tarea de representar su arte cantando, recitando, o tocando un instrumento musical. El autor de las *Vidas* relata que el gran trovador Aimeric de Peguilhan *molt mal cantava*, y de la misma fuente se aprende que Elias Cairel *mal cantava e mal trobava e mal violava*. No se encuentra nada de eso en Sicilia. Los poetas sicilianos eran notarios y cortesanos en la Magna Curia de Federico, donde algunos tenían puestos muy influyentes, siendo un caso pertinente el canciller de Federico, Pier della Vigna. A esos poetas, la poesía les ofrece un escape de la realidad y de la rutina cotidiana. El último propósito de escribir poesía es la satisfacción personal y la lectura individual, y no la recitación delante de un público.

Los trovadores provenzales cultivaban un vasto conjunto de temas poéticos: amorosos, moralizantes, políticos, religiosos, etc. Por medio de sus escrituras satíricas, ejercían una influencia directa en el transcurso de los hechos: Marcabru puede haber sido responsable de incrementar las filas de cruzados, Bertran de Born, de inflamar la guerra al nivel local, Guilhem Figueira y Peire Cardenal del endurecimiento de la intransigencia religiosa. En Sicilia, los poetas mismos son los «hacedores» y dirigentes de todo, pero no demuestran ningún deseo de reflexionar sobre los acontecimientos contemporáneos en sus escritos. Los únicos temas cultivados por los Sicilianos son los del *fin' amor*.

El *sírventes* provenzal es un género satírico en que se trata de un amplio conjunto de asuntos político–históricos o religioso–morales, generalmente impresionantes en alcance y moldeado en una veta objetiva o filosófica. Con inclinación natural por la ironía, no se podría esperar que los portugueses fueran a descuidar este género, pero estrictamente hablando, el *sírventes* político–moral no se encuentra en la lírica galaico–portuguesa. Como mucho, encontramos poemas de *escarnho*, que se ven inspirados por un acontecimiento político o militar. Los portugueses son más dados a la sátira a un nivel mucho más humilde y personal.

El *tensó* provenzal es un poema en forma de diálogo dedicado a la discusión de problemas políticos, históricos o morales. Este género encontró tierra fértil en Portugal y tenía la tendencia a centrarse en un intercambio de opiniones opuestas a un nivel muy personal. No son los grandes acontecimientos históricos de este período, sino los hechos humildes, las preocupaciones del plebeyo, lo que se capta en estas *cantigas*. Lo que han preservado para la posteridad no es una crónica, sino un ambiente social. La *tensó* se caracteriza por su diálogo flúido; los portugueses no estaban muy entusiasmados por aceptar las subvariedades escolásticas, el *partimen* y *joc partit*, con sus temas impuestos que eran frecuentemente tediosos. El único ejemplo sobreviviente, un poema intercambiado entre Joan Baveca y Pedro Amigo de Sevilha, sobre un problema de la casuística del amor, es muy probablemente una parodia. Los portugueses cultivan además una variedad conocida como *tençaõ d'amor*, en la cual el diálogo se intercambia entre la muchacha y su madre o su amante. Los sicilianos no se metían en las disputas escolásticas, y en las únicas *tenzoni* sobrevivientes se trata de la naturaleza del amor: e.g., las *tenzoni* intercambiadas entre Jacopo Mostacci, Pier della Vigna y Giacomo da Lentini y entre Giacomo da Lentini y el misterioso abad de Tivoli. En su forma provienen de un cambio de sonetos.

No hay ninguna dimensión satírica en el cuerpo lírico siciliano, y es excepcional que los sonetos sirvan de foro para los temas morales y filosóficos. Giacomo da Lentini es el autor de un soneto sobre la amistad y otro sobre la virtud de la paciencia, Rinaldo d'Aquino escribe un soneto para elogiar el habla prudente, Re Enzo usa la forma del soneto para escribir sobre la inestabilidad del destino humano, y el emperador es el autor de un poema en el cual elogia la prudencia y la moderación como principios–guía en el comportamiento humano. Globalmente, sin embargo, éstas son unas divagaciones tímidas de la modalidad del amor cortesano, y los sicilianos no ofrecen nada comparable a algunos excelentes poemas morales que adornan los *cancioneiros* portugueses: el bello poema de Pero Gómez Barroso sobre el motivo «*o tempora, o mores*», la meditación filosófica sobre el tema de la *mudança* de Joan Airas de Santiago, o la pesimista perspectiva mundial ofrecida por un poeta desconocido en: *Quen viu o mundo qual o eu já vi.*

El *planh* provenzal, o lamento funerario, lamenta normalmente la muerte de una persona noble o real, confiriéndole elogios en una veta algo retórica. El pesar expresado no es completamente desinteresado, ya que el poeta aborda su tema con la actitud típica de un *jongleur* que tiene temor al ver desaparecer su mayor fuente de ingresos, con la muerte del difunto, éste último con frecuencia su mecenas. Esta actitud, como se pudiera esperar, se transfiere inmediatamente al *pranto* portugués. Técnicamente menos complicado que su modelo provenzal, el *pranto* revela un formato más popular con su uso abundante de fórmulas tomadas del repertorio *jogral*, notablemente el uso del estilo directo hacia un público. Las referencias a la generosidad del difunto son como regla muy directas. La actitud *jongleur* presente en el *planh* provenzal y reproducida por los portugueses no se adapta a la escena siciliana. El *pianto* puede sobrevivir solamente cuando se une al modo del amor cortesano, es decir que un poeta siciliano solo puede lamentar la muerte de su dama. El ejemplo que viene inmediatamente a la mente es el poema de Giacomino Pugliese: *Morte perché m'hai fatta si gran guerra.* Un par de poemas anónimos completa el cuerpo entero del género *pianto* en Sicilia.

Como mencionamos antes, la poesía en el modo trovadoresco no se introduce en el vacío. En este sentido, existe una diferencia enorme entre la Prima

Scuola y la poesía que se desarrolló en Portugal. En Italia, la literatura que precede a la escuela siciliana tiene poca trascendencia, y la existencia de un elemento rústico y espontáneo en Sicilia, que precede a la adopción del modo provenzal, es una hipótesis gratúita, la que preferían muchos sabios de la edad romántica, pero que no se puede comprobar. No ha sobrevivido nada de una literatura verdaderamente nativa en carácter y producida por artistas primitivos. Las condiciones son muy diferentes en Portugal, porque aquí la poesía del modo trovadoresco no es el único género de la lírica de amor que se cultivaba en el siglo trece. El término *cantigas de amor* se utiliza para referirse a esos poemas que buscan su inspiración en la poesía trovadoresca de la cual toman prestados temas y técnicas, y a la cual deben su alto grado de refinamiento, pero el portugués cultivaba también una poesía de amor más sencilla y popular, las *cantigas de amigo*, en las cuales la figura prominente es una muchacha joven que habla del amor o de su amante. La protagonista no es una dama de alto rango o de una posición social importante como en las *cantigas de amor*, sino que es una *donzela*, una muchacha joven enamorada. Aparece sola o entretenida en un diálogo con los confidentes tradicionales: con su madre, con una amiga o con ciertos elementos de la naturaleza. No se guarda ningún secreto, no hay ningún constreñimiento impuesto por mesura, no hay ningún ambiente cortesano. Todo esto se ve reemplazado por los trastornos del amor juvenil. Mientras tanto en la superficie, las emociones expresadas pueden parecer más espontáneas y auténticas que en el grupo del *amor*, tales afirmaciones tienen tendencia a presentar un cuadro demasiado simplificado. No se puede definir a los trovadores provenzales como poetas a quienes falta toda sinceridad. El gran trovador Bernart de Ventadorn proclama que la verdadera poesía es una poesía hecha de emociones sinceras, una poesía que nace en el corazón: *cantars no pot gaire valer si d'ins dal cor no mou lo chans*. Une diferencia más nítida entre los dos grupos de cantigas se puede observar en el uso en las de *amigo* de la forma del diálogo que no puede más que dotar a este género de un fuerte elemento dramático que no se encuentra en la poesía de tipo provenzal.

En este momento quisiera detenerme muy brevemente en algunos de los términos técnicos y frases y locuciones estandarizadas con los que se expresan los temas del amor cortesano. El amor cortesano se concibe como una manifestación de un vasallaje amoroso. Este motivo feudal se entremezcla con los principios de la caballería medieval en el sentido de que, tal como el paje joven llega a ser caballero por una serie de etapas bien definidas, el amante se vuelve digno de la dama después de haber atravesado un largo período de aprendizaje. Las etapas por las cuales pasa el amante están estrictamente codificadas en la poesía trovadoresca, llevando cada una su propia etiqueta: *fenhedor, pregador, entendedor, drut*. El amante–vasallo o *om* se dirige a la dama–soberana con la forma masculina *midons* de *meus dominus* 'mi señor'. Para ser digno de la dama, el amante siempre debe alcanzar la perfección moral; debe poseer ciertas cualidades específicas que siempre quedan parejas: *cortezia, pretz, largueza, essenhamen, mezura, joven*, etc. Para proteger a la dama de sus enemigos, de su esposo celoso (*gilós*) y de los difamadores (*lauzengiers* o *maldizens*) de su cortejo, el poeta le habla con un nombre ficticio, un *senhal*. Este esquema muy complejo sufre una simplificación antes de ser adoptado por los discípulos trovadorescos. Los poetas portugueses retienen el concepto del vasallaje amoroso, pero con ciertos cambios. El vasallo es *ome*, y se nota una ocurrencia del término francés *ome–lige*. Prevalece gran duda respecto a la supervivencia de la invocación masculina usada para con una dama y que reflejaría el término provenzal *midons*. Según opinión de Jeanroy, la palabra *senhor* es masculina en las cantigas, siendo así l'equivalente exacto del provenzal *midons*. Sin embargo, cuando se halla modificada esta palabra por adjetivos calificativos o determinativos, éstos siempre toman la forma femenina: *fremosa mia senhor*; *mia senhor ben–talhada*, lo que parece confirmar la teoría propuesta por Nunes, según la cual *senhor* es un sustantivo invariable en antiguo portugués, igual que otros sustantivos en *–or* como *pecador, vencedor, pastor*. La forma moderna proviene de una evolución analógica ulterior. La práctica del *senhal* no se adopta; un esposo celoso no guarda a la dama, ni la espía su cortejo de *lauzengiers*. Existe una fuerza hostil al amor, pero tales enemigos son mencionados de una manera muy vaga por 'ellos': *os que me queren mal*; *sei eu ben quê vus van dizer*. Sus intentos de descubrir la identidad de la dama forman la substancia de poemas en los cuales se trata del tema de la *pregunta*: *Muitos me veen preguntar, mia senhor, ¿a quen quero ben?*, y los poetas insisten frecuentemente en el hecho de que no han traicionado sus votos de silencio. Aunque el término *gilós* no se retiene, nos incumbe mencionar que el papel de la madre en el género de la *cantiga de amigo* es frecuentemente comparable al papel del esposo celoso en la lírica provenzal. La relación ideal dama–pretendiente sigue comprendiéndose bajo los auspicios de *mezura*, pero este tema cede a un mayor énfasis en el amor como fuente del sufrimiento, la *coita d'amor*. Los elogios de la dama, uno de los ingredientes principales en el repertorio trovadoresco, se ven eclipsados por los lamentos del poeta. Es la desesperanza del amante lo que forma la esencia misma de muchas cantigas, mientras Cercamon, uno de los trovadores más antiguos, declara explícitamente que no se puede contar (para exhibir un comportamiento cortesano) con un hombre que se desespera del amor: *greu es cortes hom qui d'amor se desesper*. Esta desviación del ánimo alegre que caracteriza a muchas *cansós* trovadorescas se atribuye frecuentemente a la constitución específica del temperamento portugués. Se supone que los portugueses tienen una afición por la tristeza, por los sentimientos nostálgicos de la pérdida o la resignación, pero uno no debería de descuidar el hecho de que el motivo mismo de la *coita d'amor* tiene raíces provenzales. La palabra *alegria* aparece muy raramente en la poesía portuguesa, y las adopciones provenzales de *solaz* y *lezer*, que contienen connotaciones emotivas semejantes, se encuentran nada más como palabras de rima. De las etapas del progreso largo y doloroso del amante hacia el arrobamiento, no se menciona más que la de *entendedor*, la cual se refleja además en la construcción verbal *entender en ũa dona*. Por supuesto, esto no se debe tomar como indicación de que no hay amantes tímidos, los *fenhedors* del esquema provenzal, en la lírica portuguesa; no falta más que el mero término técnico, y no el fenómeno per se. Siguen abundando poetas agobiados por la *coita* que no se atreven a abrir la boca cuando están en presencia de la dama: *non ouso dizer nulha* *ren a mia senhor* (Martin Soárez); *pero non lh'ousarei falar* (Airas Corpancho). Por extraño que parezca, el término *drudo*, del provenzal *drut*, se documenta únicamente en la poesía satírica.

Al dirigir nuestra atención a la lírica de la escuela siciliana, descubrimos que ocurrió aquí también una simplificación de la terminología trovadoresca. Se acentúa el concepto del amor como un servicio feudal, el poeta es el vasallo de la dama o del Amor, y las cualidades cortesanas esperadas del amante quedan más o menos inalteradas. Los enemigos del amor, los *lauzengiers* de los trovadores, se designan más vagamente como *malparlieri, maldicenti*, o como *ria gente, mala gente*, pero aún estos términos amplios y generales tienen antecedentes provenzales; Raimon de Miraval habla de *lausengiers ni malsparlaire*. De nuevo, el término preciso puede no haber sobrevivido, pero ha sobrevivido el concepto. Se desconoce el uso de *senhals* para cubrir la identidad de la dama en Sicilia, pero aunque la práctica del *senhal* no se adopte, el principio subyacente del silencio y de la discreción en el amor se observa rigorosamente: *amor si de' celare*, declara Jacopo Mostacci. Tampoco encontramos ningún rastro del *gilós* en la aceptación provenzal del 'esposo celoso'. La alabanza de la dama es un tema constante, y estos elogios se expresan en locuciones estereotípicas de orígen provenzal: la dama es *gensor*, es *bellazor*, es, entre todas las damas, *la fiore*. En esta última instancia, *fiore* ha guardado hasta su género provenzal. Donde los portugueses se entregan a las emociones de la *coita*, los sicilianos pueden a veces demostrar una alegría casi exuberante, una *allegranza* de amante que emerge en explosiones alegremente desenfrenadas. No es decir, sin embargo, que no experimentan dolor; los poetas sicilianos están constantemente atormentados entre la alegría y la desesperanza, entre el júbilo y la depresión, pero ciertamente parecen estar más propensos a súbitos surgimientos de alegría que sus colegas portugueses. Se insiste en el placer y en la alegría representada por el *solatz* provenzal, continuado no sólo como *sollazzo*, sino también en la forma toscanizada *sollaccio*, y a menudo reforzado con *gioco*, o *joi*, o *riso*. El estado de arrobamiento, que *sollazzo* intenta trasmitir, se logra únicamente cuando la dama corresponde al amor del poeta, cuando la fidelidad por fin da al poeta su *guiderdone*. El lado positivo de este servicio amoroso–feudal encuentra más frecuente expresión en Sicilia que en Portugal.

Como vehículo de la poesía nueva, el provenzal gozaba de un prestigio rayano con la veneración, su poder de expansión era asombroso, y en regiones vecinas como el norte de Italia y Cataluña, donde, en general, la población lo comprendía fácilmente, muchos poetas lo escogían como medio de su expresión literaria. Los logros poéticos de un Sordello y de un Guilhem de Berguedan dan prueba espléndida de la capacidad de algunos poetas extranjeros de emular a los trovadores en su propia lengua. En Portugal y Sicilia, las condiciones para tal penetración lingüística total eran decididamente menos favorables: el provenzal era una lengua extranjera que se tenía que aprender a fuerza de largas horas de trabajo duro, y los poetas se encontrarían en la posición poco envidiable de no tener un público si no se expresaban en una lengua regional. Sin embargo, mientras que el provenzal no logró reemplazar a los idiomas locales como el medio de la expresión poética, ejercía, no obstante, una influencia profunda en el lenguaje de la poesía inspirada por los trovadores de Portugal y Sicilia. Esto se puede atribuir al carácter altamente convencional y estereotípico de la fraseología trovadoresca. Se tomaban prestadas ciertas frases hechas, inseparables de los temas cortesanos que eran formulados por ellas, así como muchas de las imágenes convencionales que adornan la poesía trovadoresca.

No sabemos casi nada de los contactos directos entre los trovadores y sus discípulos, y no hay ninguna documentación disponible para probar que los trovadores bajaron a Galicia, Portugal o Sicilia, pero más importantes que los encuentros personales son los contactos literarios. Un examen minucioso de las imágenes poéticas puede últimamente revelar quiénes entre los grandes poetas trovadorescos eran venerados más profundamente y cuáles eran leídos con más fervor. Cuando Giacomo da Lentini declara que el amor *intrat' è in meve com' acqua in isponga*, podemos estar seguros de que ha de haber leído o conocido un poema en el cual el trovador Peirol describe como *per tot lo cor m'intra l'amors si cum fai l'aigu' en l'espoigna*. Tales identificaciones precisas son más difíciles de establecer en el dominio galaico–portugués, donde el uso de las imágenes sigue siendo muy discreto. De igual manera, es bastante fácil demostrar que los sicilianos se interesaban en hacer traducciones de la poesía provenzal: el poema *Trop ai estat* de Perdigon es imitado por Giacomo da Lentini en su *Troppo son dimorato*, mientras que el poema *E pueis li platz qu'en enans sa valor* de Folquet de Marselha es seguido muy fielmente por Rinaldo d'Aquino en su *Poi li piace c'avanzi suo valore*. En Portugal, los antecedentes directos provenzales son más difíciles de detectar. No se puede considerar ninguna sola *cantiga* como traducción, ni siquiera una detallada imitación aproximada, de una *cansó* provenzal. Se reconocen las fuentes trovadorescas cuando se adoptan ciertas expresiones estereotipadas, siendo un caso pertinente la fórmula *que farai ieu* de Saint Circ, imitada en un poema de Martin Soárez, que repite la misma pregunta: *que farei eu*, pero tales imitaciones son raras.

Son pocas las cantigas que hacen referencia a la poesía de los trovadores, y por lo general estas menciones son concisas y ambiguas a tal punto que no nos proporcionan una idea exacta del objetivo del poeta al nombrar la poesía de Provenza. En la invectiva, dirigida contra Pero da Ponte por Alfonso X, se encuentran unos versos muy controvertidos: *vós non trobades come proençal, mais come Bernaldo de Bonaval* (Pero da Ponte, parou–se–vos mal, vv. 13–14). Lo que sí es cierto es que con estos versos el monarca nos da a conocer que tiene una opinión favorable sobre la poesía de ascendencia provenzal, contrastándola con la obra de Bernaldo de Bonaval, hacia la cual muestra su desdén. Como ya lo había visto el erudito italiano Bertoni, para Alfonso X, *trobar come proençal* es sinónimo de *trobar bien*. Otro monarca, el rey portugués Denis, muestra respeto y devoción por los trovadores en el poema *Quer' eu en maneira de proençal fazer agora un cantar d'amor*. La gran importancia de este poema se debe al hecho de que confirma de modo irrefutable la existencia de dos estilos poéticos en la poesía portuguesa. Por otra parte, sin embargo, Denis parece no vacilar en acusar a los Provenzales de falta de sinceridad, considerándolos poetas que cantan solo *no tempo da flor*, pero este motivo es puramente convencional, cultivado por muchos trovadores y *trouvères*. Basta citar el pasaje siguiente, proveniendo del *trouvère* Eustache de Rheims: *cil qui chantent de fleur ne de verdure ne sentent pas la doleur que je sent.*

Por todo el período medieval, el gallego–portugués prevalece como el medio lírico indisputable no sólo en las provincias más al oeste, sino en toda la península ibérica. Una cultura medieval no se puede limitar a una sola área lingüística: las *cantigas* galaico–portuguesas son consideradas como un reflejo verdaderamente hispánico de una poesía que tuvo su cuna en las cortes feudales del sur de Francia.

Construcción de la alegoría en los *Milagros* de Berceo

Sofia KANTOR

Lo que presento hoy es una síntesis de un trabajo en curso sobre formas de la alegoría en la literatura medieval española. Se trata en lo fundamental del análisis de algunos textos que, fundándose en el pensamiento teórico sobre el tema, trata de comprobarlo en funcionamiento y de llegar también a algunas conclusiones en ese campo.

No es éste el lugar ni todavía el tiempo de hacer una presentación teórica. Sólo quiero hacer alguna observación necesaria para facilitar la comprensión de lo que expondré, que es un análisis basado en criterios semánticos[1].

Desde este punto de vista, la alegoría es para mí –aunque de diversas maneras– una construcción semántica compleja. Uno de los rasgos definitorios de la alegoría es la necesidad de una cierta unidad semántica. En otras palabras, el hecho de que –siendo un texto en principio abierto a la interpretación– reduzca el radio de su polisemia. Esta reducción, sin embargo, no lleva nunca a una monosemia total. Existe la posibilidad de elección entre significados diversos, a condición de que éstos se sitúen dentro de una faja semántica homogénea, es decir, dentro de una determinada isotopía. Esta posibilidad de variación semántica ocurre en el encuentro especialmente creador que se produce en el proceso de lectura alegórica, constituido por etapas múltiples de decodificación y relectura sucesivas. En cada etapa se pueden reconocer niveles de lectura diversos que se superponen. En cada nivel, algunos de los elementos del texto resultan los soportes de la significación y operan como clave interpretativa para todos los otros elementos textuales. En el pasaje de un nivel a otro se actualizan rasgos semánticos diversos en concordancia con el nuevo nivel de significado, es decir, se produce un proceso de pertinentización de distintos componentes semánticos.

Se diría que en la concepción de la alegoría medieval, con sus cuatro niveles interpretativos, podríamos ver una forma de reconocimiento de este fenómeno. Naturalmente, no se trata aquí de determinar un número fijo de niveles –que eventualmente podrían no ser más de dos, uno literal y otro alegórico– ni un mismo número para toda la extensión de un texto: en el nuestro, el número no es el mismo en las dos partes estudiadas.

---

[1]   Mi exposición en este sentido coincide en gran medida con la de Umberto Eco, *Semiotica e filosofia del linguaggio*, Torino: Einaudi, 1984, págs. 192–254.

* * *

En la estructura de la Introducción a los *Milagros* se pueden reconocer dos partes:

1)   Descripción de un prado bajo la forma de *locus amoenus* (2–15)

2)   Explicación de su significado alegórico (16–41), que contiene la lista de nombres de María (32–41) en forma de letanía.

(No he tenido en cuenta la primera cuarteta ni las últimas (42–46), que pertenecen a otro plano, el de la enunciación, que no interesa en este momento).

En efecto, a una primera lectura el texto aparece como *littera* y *expositio*. Y así, como tantos textos medievales que presentan una autoalegoresis bastante directa mediante una equivalencia uno a uno, fue recibido hasta hace pocos años[2].

A través del análisis se hizo evidente que no sólo la descripción del prado es corteza, sino que la exposición retira únicamente una primera capa de esa corteza, la más externa.

Un análisis muy particularizado permitió llegar –a través de sucesivas reducciones semánticas– a los rasgos distintivos del *locus amoenus*, que son cuatro: 'abundancia', 'perennidad', 'equilibrio' y 'deleite'. Cada uno de los elementos del topos contiene uno de estos rasgos como constituyente de su definición.

Sin embargo, hacia el fin de la primera parte, comienzan a aparecer elementos que, si bien pueden ser leidos literalmente como forma hiperbólica de describir el prado, insinúan que éste posee una naturaleza diversa. Esta tendencia llega, desde luego, a su grado sumo cuando el texto compara el prado con el jardín del paraíso. Esta comparación, junto con otros componentes textuales, apunta a la necesidad de una relectura de los rasgos del lugar ameno y de una transformación que los adecúe a otro nivel semántico, el del paraíso. Así, 'abundancia' se convierte en 'inagotabilidad', 'perennidad' en 'inmarcesibilidad', ambas nociones contienen en su significado el elemento 'atemporalidad'; el 'equilibrio' en este contexto es signo de 'perfección ultraterrena' y el 'deleite' se convierte en 'bienaventuranza'.

La descripción del prado está enmarcada por dos imágenes que, juntamente con la *expositio*, permiten internarse en el camino interpretativo comenzado.

El primer verso de la segunda cuarteta presenta la imagen del romero –que la exposición explica según I *Pedro* 2:11 como representación del género humano– imagen tradicional en los escritos cristianos. En cambio, la *expositio* deja inexplicada la cuarteta 15, en la que se contrapone el comer el fruto del paraíso a

---

    [2]   Sólo entonces se intentó ver en la introducción algo más que la equivalencia Virgen:Prado. Véanse trabajos como Jane E. Ackerman, «The Theme of Mary's Power in the *Milagros de Nuestra Señora*», *Journal of Hispanic Philology,* 8 (1983), págs. 16–31 y E. Michael Gerli, «La tipología bíblica y la introducción a los *Milagros de Nuestra Señora*», *Bulletin of Hispanic Studies,* 62 (1985) págs. 7–14. Ambos también señalan que su interpretación permite descubrir la relación estructural entre la introducción y los milagros narrados.

la posibilidad de comer el fruto del prado jugando, naturalmente, con el *fructus ventri tui*[3]. Estas dos imágenes, junto con la exposición nos revelan que se trata de una alegoría de María y son la clave de la isotopía en la que es necesario leer el texto, es decir, en la isotopía de lo sagrado. Como resultado de ello, el texto se convierte en una de las infinitas variaciones de la narración central del cristianismo: la historia de la salvación, desde la caída hasta la redención.

Se describe el paraíso, pero en la tradición cristiana existen tres imágenes paradisíacas: el jardín edénico, el *hortus conclusus* y la ciudad celestial del *Apocalipsis* 21:10 y sigs.[4]. La lectura del texto, acompañada de la exégesis patrística sobre el *Cantar de los Cantares*, muestra que se trata aquí del huerto cerrado. Y, en efecto, el prado de Berceo señala como referente al *hortus conclusus*: jardín fértil y sombreado, fuente y muro, si bien la muralla está sólo sugerida:

> manavan cada canto fuentes claras corrientes
> en verano bien frías, en invierno calientes. (3cd)

cada canto unido a cuatro construyen un lugar cuadrado que, junto con el círculo, son las formas tradicionales del huerto cerrado en toda la iconografía, desde la Edad Media hasta el siglo XVIII. Así lo muestra Stanley Stewart en *The Enclosed Garden*[5], quien distingue en su libro los rasgos semánticos: 'cierre' que conlleva las nociones de 'aislamiento', 'protección'; 'sombra', que produce 'frescura' y de ahí 'reposo', y 'abolición del tiempo'. Existe una relación de causa a efecto entre éstos y ciertos rasgos que caracterizaban el nivel anterior, así: 'abolición del tiempo' produce 'atemporalidad' y la sensación de 'reposo' y 'protección' ante las cuitas y peligros del mundo exterior producen 'bienaventuranza'. El origen de estos bienes es María, la figura divina más a menudo identificada con el *hortus* en la exégesis de los Padres de la Iglesia. El huerto como fuente de beneficio simboliza la función de la Virgen con respecto al género humano, explicitada en la *expositio*: el análisis de ésta revela que los componentes semánticos de la función de María son 'protección', 'defensa' e 'intervención directa a través de milagros'.

* * *

---

[3] Como señala Brian Dutton en su comentario a la Introducción en Gonzalo de Berceo, *Obras Completas*, II, *Los milagros de Nuestra Señora*, estudio y edición crítica, London: Tamesis, 1980[2], pág. 41, n. 9. Cito por su edición.

[4] Véase William Alexander McClung, *The Architecture of Paradise. Survival of Eden and Jerusalem*, Berkeley–Los Angeles–London: University of California Press, 1983.

[5] Stanley Stewart, *The Enclosed Garden*, Madison: University of Wisconsin Press, 1966.

La lista de nombres de María no ha sido tratada como un elemento central de la construcción de la alegoría. A mi modo de ver constituye una clave fundamental para su decodificación.

Todos los nombres que se le atribuyen vuelven una y otra vez, tanto en el culto a la Virgen, como en la literatura que está ligada a él, como en la *Patrología*. Su interpretación se encuentra explícita en los Padres de la Iglesia. Según el nombre, encontramos explicaciones de tipo figural o etimológico. Y toda vez que Berceo amplifica el sentido de un nombre, su comentario se asemeja y muchas veces es idéntico al que se encuentra en la *Patrología*. El corpus patrológico es parte inseparable del intertexto[6] mariano que constituye el trasfondo de la introducción y quizá «los nomnes que li da el ditado» (31c) sea una referencia a los escritos patrísticos.

En una primera etapa, a partir de varios ejemplos de exégesis de cada uno de los nombres, fue posible llegar a determinar un contenido semántico central en el que se localiza cada una de las interpretaciones.

En las interpretaciones patrológicas se pueden reconocer dos grupos:
1) Nombres que se refieren a María como madre de Cristo.
2) Nombres que representan su relación con la humanidad.

En el primer grupo los rasgos principales son dos: 'virginidad' y 'fecundidad', rasgos que pueden aparecer como secundarios en los nombres del otro grupo. Ejemplo típico es *porta clausa* que significa, desde luego, 'virginidad'. La exégesis se refiere a la *porta ezechielis* (Ezequiel 44:1), la puerta del Templo reservada sólo a Dios.

El análisis del segundo grupo permite llegar, a través de reducciones semánticas, a tres rasgos, en torno a los cuales se pueden clasificar todos esos nombres: 'redención', 'gracia' y 'salvación'. Por ejemplo, punto de partida para las explicaciones de *oliva* es el *Eclesiástico* 24:11, las interpretaciones se centran en la 'gracia' que mana de la Virgen como el aceite de la oliva.

* * *

Terminada la clasificación de todos los nombres según estos significados alegóricos, quedaron algunos que no se puede incluir en uno de esos grupos sin alterar su significación. Un análisis de sus componentes prueba que su significado esencial es 'mediación'. Ejemplo típico es *regina coelorum*, que muestra el lugar intermedio de María en la jerarquía celeste: sobre los santos y ángeles, ella sola después del Hijo.

---

6   Uso aquí intertexto en un sentido amplio: textos que forman parte del conocimiento enciclopédico–cultural y constituyen el trasfondo y el referente de toda obra dedicada a la Virgen. Para una definición precisa de las diferentes formas de transtextualidad, véase Gérard Genette, *Palimpsestes. La littérature au second dégré*, Paris: Seuil, 1982.

Estos nombres conducen a la interpretación por excelencia del papel de María, pues se sabe que ella es una de las instancias mediadoras de la teología cristiana. Este reconocimiento exige una relectura de todos los nombres para aislar el rasgo 'mediación' que, efectivamente, se encuentra en todos ellos:

–Todos los nombres que se refieren a María como madre de Jesús poseen el componente 'mediación física': el cuerpo de la Virgen y sus partes aparecen como intermediarios entre la divinidad y el género humano mediante rasgos como 'movimiento a través' o 'continente' o 'producción de flor o fruto'.

–También en el segundo grupo es claro que 'redención', 'gracia' y 'salvación' vienen al mundo por intermedio de María en la figura de Cristo. Las analogías se basan en rasgos como: 'origen de un líquido o sustancia curativa o alimenticia', 'instrumento', 'guía', 'pasaje', etc.

* * *

El análisis de los nombres de la Virgen condujo del nivel de significado dado por los Padres de la Iglesia a otro en el que el significado único es 'mediación'. Éste a veces está explícito en el texto patrológico, a veces, como vimos, se hace necesaria una operación semántica complementaria para llegar a él.

Un nombre resulta tener esta significación, pero no directamente, sino a través de un proceso interpretativo suplementario, hecho a partir de las exégesis patrísticas. Se trata de *Sion* que, caracterizado por su 'altura', permite la contemplación celeste. En él se puede identificar con evidencia elementos de «lugar sagrado».

Muchos de los nombres caracterizados en etapas anteriores reciben esta interpretación en una relectura. Hay aquí pertinentización de rasgos como 'abertura', 'pasaje', 'punto fijo', 'origen', 'principio', que son los caracteres del espacio sagrado[7]. Se puede reconocer en los nombres diversas formas de centro o eje del mundo como árboles elevados, la estrella del alba, el templo, etc.

* * *

En este lugar el análisis completa un círculo, pues, como se sabe, los diversos paraísos son lugar de encuentro con la divinidad. De esta manera se unen las dos partes de la alegoría de María:

–En la primera se describe un paraíso bajo la forma de *hortus conclusus*, que se refleja en la tradición exegética como lugar imaginario en el cual se mantiene la posibilidad de relación con la divinidad, después que se perdió el contacto edénico, inicial y directo.

---

7   Cf. Mircea Eliade, *Le sacré et le profane*, Paris: Gallimard, 1965.

–En la segunda, los nombres de María se revelan también como símbolos de lugares mediadores que hacen posible esta comunión.

Esta es, en efecto, la «senefiance» de la alegoría: después de la caída se interrumpió el contacto prístino con Dios y éste se renueva a través de la mediación de la Virgen, a la vez parte del género humano y madre de Dios encarnado. Los distintos *Milagros* narrativizan esta función mediadora, que constituye así el eje estructural de la obra[8].

* * *

Pienso que este análisis ha mostrado lo que entiendo por construcción semántica hecha de niveles múltiples. También aparece claro que la alegoría establece aquí una isotopía que se cierra desde la imagen liminar del peregrino y se mueve de nivel en nivel dentro del radio semántico perteneciente a la esfera de lo sagrado. Al final de este recorrido surge, a través de una superposición de relaciones analógicas, un significado total y unitario del texto.

El esquema representa gráficamente esta combinación de niveles superpuestos y paralelos:

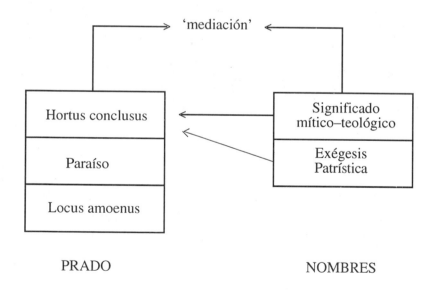

---

8   Parte del trabajo que dedico a Berceo tratará de los modelos narrativos organizados en torno a esta función.

Un texto patrológico, la exégesis de *palma*, servirá para ejemplificar de manera sucita el análisis realizado[9]:

Statura tua assimilata est palmae, [cant. 7:7]

> [...] processio vitae ejus [Virginis] assimilatur palmae. Ipsa enim processit de radice horrida, id est de peccatrice Synagoga tanquam de spina rosa. Asperum habuit corticem, quia quantum ad saecularem honorem fuit firma, quantum ad divitias temporales, paupercula; sed firmitatem habuit roboris per constantiam mentis. Erecta fuit in stipite, quia ad coelum suspensa animi intentione.
>
> Pulchra in culmine, in virginitatis et humilitatis celsitudine, delectabilis in flore, quia sine conscuspiscentia concepit florem campi, et lilium convalium. Dulcis in fructificatione, quia sine poena peperit mundi Redemptorem. [...] Et sicut descendi in te palmam, ita ascendam in palmam, id est crucem. Loquitur ergo ad sponsam de passione sua, et revelat ei consilium suum quod ab aeternis temporibus erat apud Patrem dispositum, quod Virgini celare noluit. Et hoc quod ait: [...] *Ascendam in palmam*, id est in crucem. Palmam dicit, quia signum triumphale est contra omnem potestatem inimici. *Et aprehendam fructum ejus* [Cant. 7:8]. Fructus palmae illius totus mundus dignoscitur esse per crucem redemptus.

Alain de Lille da una muestra típica de las equivalencias elemento a elemento, que tanto abundan en la alegoresis medieval. Tomaremos en cuenta los que son relevantes:

–La 'virginidad' es un constituyente semántico obligatorio que aparece explícito en la mayoría de las interpretaciones, sea como rasgo central, sea como secundario como en este caso.

–También lo es 'florecimiento' que conlleva el rasgo 'fecundidad' propio del primer grupo.

–El nacimiento de Cristo (*flos campi, lilium convalium*) trae el fruto de la 'redención', elemento semántico central de esta alegoresis, que condujo a colocar el nombre en el segundo grupo.

–El 'florecimiento' es una de las formas de realización de lo que llamé 'mediación física'.

–El texto ofrece otras: la Virgen mediadora entre las dos religiones. Esto dado por la alusión a la *Virga Jesse*, el árbol genealógico de María con sus raíces en el pueblo judío.

–Y, finalmente, esa palmera con su tronco tendido en movimiento ascendente es, evidentemente, un árbol sagrado. Esto se da aquí de manera patente a través de su metamorfosis en Cruz. Es un lugar de tránsito entre la tierra y el cielo que, al permitir el doble pasaje, descenso y ascenso, abre la posibilidad de redención, es decir, de reanudación del contacto perdido con la caída.

* * *

---

9   *PL* 210: Alanus de Insulis, «Elucidatio in *Cantica*», 100–101.

Como apéndice presento la lista de nombres clasificada según el rasgo distintivo que los reúne, a partir de la interpretación patrística.

MARIA – CRISTO

'Virginidad'

Porta clausa   Templum domini
Fons signatus   Thronus Salomonis
Vellus Gedeonis   Virga Aaron (+ 'fecundidad')
Uva

MARIA – GÉNERO HUMANO

'Redención'   'Gracia'   'Salvación'

Fons Vitae   Malum granatum   Salus
Medicina   Balsamum   Stella maris
Amygdala   Oliva   Portus
Palma   Vitis   Porta coeli
Virga Moysi   Cibus

'Mediación'

Regina coelorum
[Señora][10];
[Vecina]
[Honda de David]
Columba
Stella Matutina
Cedrus
Sion

---

[10]   Los nombres entre corchetes indican que no he podido encontrarlos en la *Patrología* –lo que implica que no están– El significado 'mediación' es deducible: *señora* y *vezina* (33c) constituyen una unidad: la Virgen en tanto que reina de los cielos es *señora*, en tanto que parte del género humano es *vezina*. La *honda de David* es el instrumento con que David (Cristo) vence a Goliat (Demonio), según una conocida interpretación tipológica, que se puede encontrar, por ejemplo, en Rabano Mauro (*PL* 109 «Coment. in Libros IV Regum». In. Lib. I, 51–54).

La imaginación en los primeros libros de viajes

María Jesús LACARRA

Los libros de viajes suelen estudiarse desde una perspectiva positivista que ensalza las historias basadas en un viaje real y califica de supercherías y falsedades los relatos de ficción que se presentan ante el lector como relación de un supuesto viaje nunca emprendido. Sin embargo, las categorías de verdadero, falso, realidad y ficción, literatura e historia nunca han resultado tan inoperantes como al intentar aplicarlas a este terreno. La distinción entre real e imaginario es más una convención metodológica, que una preocupación sentida por los autores y lectores de la época, quienes parten de una jerarquía distinta.

Es algo conocido que, desde tiempos antiguos, en los libros de viajes se mezcla lo ficticio con las realidades descubiertas. Hasta el XVIII las interferencias entre observación directa de las cosas, imaginación y convención son constantes. El alejamiento espacial predispone al viajero para la sorpresa, predisposición que comparte, o debe compartir, el lector. Con claridad se advierte así desde el prólogo a la *Hystoria de la linda Melusina*: «aun que parezca cosa de no creer, cada uno deve pensar que, quando es en su tierra, no cree las maravillosas cosas que son en las otras, aun que sea verdad, como el mismo esperimenta quando sale fuera de su lugar»[1]. Sobre las experiencias de los viajeros venían a confluir recuerdos y curiosidades, hasta que a finales del XV comenzaron a precisarse los conocimientos geográficos. Para los viajeros medievales el reino de la fábula era otra realidad más; como señala J. Le Goff, «al contrario que las gentes del Renacimiento, las de la Edad Media, no saben mirar, pero siempre están dispuestas a escuchar y a creer cuanto se les dice»[2]. Es cosa bien sabida que las referencias a numerosas monstruosidades remontan a la antigüedad clásica (Plinio, Pomponio Mela, Solino..). Su consagración en las enciclopedias, desde las *Etimologías* al *Speculum* de Beauvais, o el *Tesoro* de Brunetto Latini, vino a asegurar su existencia a los ojos del hombre medieval, pues no olvidemos que «lo escrito» tenía garantizada su autenticidad. A partir del siglo XII las maravillas engrosan la literatura vulgar, ilustran las obras de arte y alcanzan todavía mayor difusión con la legendaria historia de Alejandro Magno y la no menos mítica carta del Preste Juan. En

---

[1]   Cito por el texto de 1526, reproducido en *Hystoria de la linda Melosina*, ed. Ivy A. Corfis, Madison: Hispanic Seminary of Medieval Studies, 1986, pág. 3.

[2]   J. Le Goff, «El Occidente medieval y el Océano Indico: un horizonte onírico», en *Tiempo, trabajo y cultura en el Occidente medieval*, Madrid: Taurus, 1983, pág. 267.

especial, las sorprendentes aventuras del héroe macedonio en la India contribuyeron a hacer de estas tierras un mundo maravilloso donde se proyectaron los sueños del hombre occidental. En síntesis, la cosmografía fantástica originada en la antigüedad, enriquecida con otras aportaciones y algunas alteraciones, vino a formar un verdadero *corpus* historico–geográfico, que perdura en la mente de los hombres más allá de la Edad Media.

Todo lo dicho es cosa bien sabida y estudiada a partir del rico panorama europeo. Mi intención ahora es aproximarme a los libros de viajes hispánicos desde una perspectiva literaria con el fin de analizar el papel que desempeña en éstos el mundo imaginario. El campo es considerablemente reducido, con sólo cuatro textos básicos, algunos con escaso soporte literario, lo que no justifica, a mi juicio, el olvido de la crítica. Dos de ellos entrarían en la consideración tradicional de seudo viajes o viajes imaginarios, el *Libro del conosçimiento* y el *Libro del infante don Pedro de Portugal*; los otros, la *Embajada a Tamorlán* y las *Andanças e viajes de Pero Tafur*[3], cuentan un desplazamiento real.

El más antiguo de todos es el *Libro del conosçimiento de todos los reinos e señorios que son por el mundo*, cuyo autor, de atenernos a las palabras del prólogo, sería un franciscano nacido hacia 1305, por lo que el texto suele datarse en la segunda mitad del siglo XIV. Las órdenes mendicantes se habían destacado por iniciar la evangelización de los mongoles, sobre todo a partir de 1245, fecha del concilio de Lyon, convocado por Inocencio IV, aunque en este caso no parece que estemos ante la relación de una misión real. Por el contrario, el *Libro del conosçimiento*, pese a que fuera elegido para informar a Juan Bethencourt sobre las costas del cabo Bojador (1404), parece apoyarse en una representación cartográfica ilustrada[4].

El género, sin embargo, no se desarrolla de modo pleno hasta que llegamos al siglo XV. La importancia creciente del individuo, los nuevos descubrimientos geográficos, la influencia ejercida por las traducciones de Marco Polo y Juan de Mandevilla, etc., son todo factores que explican su consolidación.

A la primera mitad del siglo XV corresponden los dos testimonios de viajes reales: la *Embajada a Tamorlán*, relación, atribuida a Ruy González de Clavijo, de la misión enviada por Enrique III entre 1403–1406 a las tierras del Gran Kan, y el texto de Pero Tafur, cuyos sucesivos viajes se realizaron entre 1436 y 1439. En la *Embajada* hay poco espacio para lo fantástico. De mayor utilidad para mi propósito resultan las *Andanças* de Tafur.

---

[3]   Las citas remiten a las siguientes ediciones: *Libro del conosçimiento*, preliminar, texto y notas de Marcos Jiménez del Espada (1877), con una presentación de F. López Estrada, Barcelona: El Albir, 1980; Gómez de Santisteban, *Libro del infante don Pedro de Portugal*, ed. F. M. Rogers, Lisboa: Fundação Calouste Gulbenkian, 1962; *Andanças e viajes de Pero Tafur por diversas partes del mundo avidos (1435-1439)*, Madrid: Impr. Manuel Ginesta, 1874.

[4]   Peter E. Russell, «La heráldica en el *Libro del Conosçimiento*», en *Studia in Honorem prof. Martín de Riquer*, II, Barcelona: Quaderns Crema, 1987, págs. 687-697; Martín de Riquer, «La heráldica en el *Libro del conoscimiento* y el problema de su datación», *Dicenda*, 6 (1987), págs. 313–319.

Finalmente el *Libro del infante don Pedro de Portugal* pretende narrar los viajes del hijo del rey João I y de Philippa de Lancaster, cuya vida real transcurrió entre 1392 y 1449. El texto, sin relación directa con el personaje histórico, se conoce a través de sucesivas reimpresiones, la primera de las cuales posiblemente saliera en 1515 de los talleres de Jacobo Cromberger en Sevilla. Francis Rogers[5], principal estudioso del libro, piensa que la obra fue compuesta hacia las fechas de la citada edición. Sin embargo, Harvey Sharrer[6] ha mostrado, tras un cotejo con algunos capítulos de las *Bienandanças e fortunas*, que el libro debe ser anterior a 1471.

Las maravillas que se recogen en los citados libros no suponen una ruptura con la tradición. Lo interesante, sin embargo, es analizar la función que desempeñan en cada uno de ellos y los diferentes recursos utilizados por cada autor para insertarlas.

La relación del *Libro del conosçimiento* carece de un itinerario preciso y reitera con frecuencia motivos similares ubicados en distintos puntos. Ello avalaría la hipótesis de un libro basado en una representación cartográfica o, en todo caso, en un recuerdo desordenado de variadas lecturas, lo cual no impide, sin embargo, extraer alguna conclusión.

El eje de la fantasía pasa por la división de la tierra en zonas climáticas, tal y como se creía en la Edad Media, a partir de las recreaciones del *Sueño de Escipión* de Cicerón. Los dos polos son inhabitables por el frío, así como ocurre con la zona tórrida por causa del calor. En estas regiones desérticas e inexplorables viven los seres monstruosos. Así, cerca de Noruega se extiende la tierra deshabitada en la que «dizen [...] son fallados [...] ommes que han las cabeças pegadas sobre los ombros que non han cuellos ninguno, e la barva tienen sobre los pechos e las orejas dellos llegados a los ombros» (págs. 114–115; véanse también págs.16–17). Esto justificaría el extraño desplazamiento del Paraíso Terrenal, habitualmente ubicado en Extremo Oriente, hasta las frías tierras del polo antártico (pág. 57)[7].

El espacio utópico, sin embargo, siempre carece de exacta localización. En el *Libro del Conosçimiento* se refugia en las islas, siguiendo la tendencia general a proyectar en un paisaje insular, real o imaginario, las maravillas de la tradición literaria y erudita. Este romanticismo insular, en expresión de L. Olschki[8], se

---

[5] F. M. Rogers, *The Travels of the Infante Don Pedro of Portugal*, Cambridge, Massachusetts: Harvard University Press, 1961.

[6] H. Sharrer, «Evidence of a Fifteenth-Century *Libro del infante don Pedro* and its relation to the Alexander Cycle», *Journal of Hispanic Philology*, 1 (1977), págs. 85-98.

[7] Aunque más adelante en pág. 64 y sigs. parece contradecirse buscando otra orientación más tradicional, cercana al reino del preste Juan. A. Graf, en su documentadísimo estudio sobre «Il mito del Paradiso terrestre», en *Miti, leggende e superstizioni del medio evo*, Torino: Casa Editrice Giovanni Chiantore, 1925, pág.10, alude a Adan de Bremen, quien, a mediados del XI, traslada las leyendas de Asia a las orillas del Báltico y a Guillermo Postel, quien en el siglo XVI, pretendía que el Paraíso terrestre se hallaba bajo el polo ártico.

[8] L. Olschki, *Storia letteraria delle scoperte geographiche. Studi e Ricerche*, Firenze: Leo S. Olschki, 1937, cap. II, 3.

refleja, por ejemplo, en la isla de Bernia, «donde avía arboles que la fruta que llevavan eran aves muy gordas e estas aves eran muy sabrosas de comer, quier cozidas quier asadas. E en esta isla son los omes de muy grand vida que algunos dellos biven dozientos años, los que y son nascidos e criados, de manera que no pueden morir demientra que están en la isla; e quando son muy flacos de virtud, sácanlos de la isla e mueren luego. Et en esta isla non ay culebras, nin bívoras nin sapos nin moscas nin arañas nin otra cosa veninosa [...] Et son gentes muy fermosas, como quier que son muy simples [...] e sabet que esta isla es fuera de las siete climas [...] » (págs. 20–21).

Igual que la cartografía medieval representa un océano índico circular sembrado de islas afortunadas, el anónimo autor del *Libro del conosçimiento* sitúa sus islas felices en un extraño limbo, más allá de los siete climas. Fuera de las coordenadas espacio–temporales se explica la fertilidad de la tierra y la longevidad de sus habitantes.

El desplazamiento hacia el Norte del mundo onírico, como se refleja en el *Libro del conosçimiento*, sorprende por cuanto el espacio imaginario por antonomasia es la India, concepto amplio que abarca, junto con nuestra India, Etiopía, Africa oriental y el Asia meridional. Es el territorio explorado en la ficción por el infante don Pedro y el espacio temido por Pero Tafur, tras la información facilitada por Nicolo de Conti, a la que anteriormente aludía. Lo maravilloso hindú adquiere dos interpretaciones divergentes en estos textos.

Pero Tafur introduce el tema de forma indirecta a través de la conversación sostenida con un viajero que de ahí regresa, Nicolo de Conti. Parte de lo que aquí se lee responde a la biografía histórica del veneciano que recorrió Asia y fue obligado a su regreso a convertirse a la religión musulmana. Confesó su pecado al Papa Eugenio IV estando éste en Florencia y el secretario papal Poggio Bracciolini insertó estas informaciones en el libro IV de su *De Varietate Fortunae*, junto a otros datos sobre Cathay y Etiopía ofrecidos por unos delegados al Concilio[9].

El mundo de la fantasía aparece tamizado por el transfondo histórico y por los peligros reales vividos por el informante. La aventura deja de ser atractiva y las maravillas, acompañadas de tantas dificultades, dejan de proporcionar placer, para inspirar temor. El espíritu burgués del viajero del XV descubre pocos alicientes ante este lejano desplazamiento: «Después, mudar el aire, e comer e bever estraño de tu tierra, por ver gentes bestiales que non se rigen por seso, e que, bien que algunas monstruosas aya, non son tales para aver plaçer con ellas» (pág. 98).

Más adelante Pero Tafur vuelve a contrastar su cultura legendaria con las experiencias vividas por Conti: «Pregúntéle si avía visto cosas monstruosas en la forma humana, ansí como algunos quieren dezir onbres de un pie o de un ojo, o tan pequeños como un cobdo o tan altos como una lança; dize que non sintió nada de todas estas cosas, pero que bestias vido de estrañas figuras» (pág. 106). Las

---

9   Para N. de Conti, véase la nota de M. Jiménez de la Espada, *Andanças..,* II, pág. 412 y sigs; el texto de Poggio se incluye en la versión de *El libro de Marco Polo de Rodrigo de Santaella*, retomado de la traducción portuguesa de Valentin Fernández Aleman (ed. J. Gil, Madrid: Alianza, 1987).

extrañas figuras del relato de Conti incluyen un elefante blanco, animal que despierta asombro en todos los viajeros, imaginarios o no, un asno multicolor, y unicornios, que muchos confundían con el rinoceronte.

Pero no todo lo que Tafur pone en boca de Conti se atiene a la observación, sino que cuando realmente se extiende su relato es a la hora de describir la corte del Preste Juan y las ceremonias para elegir sucesor, junto con la expedición en busca de las fuentes del Nilo. Ambas historias faltaban en el relato original del veneciano, aunque se encuentran en germen en las informaciones que Poggio Bracciolini pone en boca de los delegados orientales. La visión, supuestamente real de la India que nos transmite Tafur, no se distancia tanto del mito hindú por antonomasia, pese a la gran habilidad del narrador para insertarla.

Por último, donde encontramos un amplísimo elenco de maravillas es en el *Libro del infante don Pedro*. Desde el principio, por ejemplo en las palabras de bienvenida de la reina de Chipre (pág. 6), se atisban los peligros del viaje vinculados a los enemigos de la fe. Con mayor claridad aún se perciben los límites entre el territorio de los cristianos y el de los infieles, cuando se despiden del prior del monasterio de san Jerónimo en el monte Sinaí: «Dixo nos:– Cata que avéis de passar por la tierra de los infieles y vosotros sois treze, porque si alguno muriere, llevad de aquí treze sayas benditas en que entierren al que faliesciere» (pág. 34).

Sin embargo, pese a los peligros, el trayecto puede superarse con la ayuda de Dios. Las maravillas de la naturaleza y de la fauna aparecen constantemente sometidas a un ordenamiento superior. Así en la sierra de Armenia todas las aguas están envenenadas por dragones, serpientes, escorpiones y por la llamada «bívora bolante», pero Nuestro Señor cuida de los restantes animales, quienes no se acercan a estas aguas peligrosas hasta que llega el unicornio y las purifica.

El remoto reino cristiano de Oriente, es decir las tierras del Preste Juan, se convierte en un islote de perfección rodeado por una naturaleza distorsionada. Como ya señalaba Olschki, hay mucho de utopía en el anhelo por encontrar una representación perfecta de la cristiandad, donde la castidad y la humildad conviven con los grandes lujos. Los límites de este reino perfecto están poblados por seres híbridos, animales monstruosos y sorprendentes fenómenos naturales, que se presentan, sin embargo, dominados por el poder del bien. Así ocurre con los gigantes, los cuales «si assí como ellos son muy grandes fuessen bolliciosos e ardides, bien podrían conquistar todo el mundo. Mas nuestro Señor Jesucristo les puso un embargo, que no se entremetan sino en trabajar e labrar la tierra» (pág. 53). Los ponces, que «no tienen sino una pierna e un pie [...] y el pie como de cavallo e de dos palmos en ancho e de dos palmos en luengo», dejan de resultar terroríficos cuando leemos que «son los más católicos cristianos que ay en el mundo» (pág. 46); «los que tienen el pie redondo» resultan ser «buenos labradores» (pág. 52).

Cuando no han sido convertidos, unos muros inexpugnables los alejan de la civilización y les impiden el mal. Los antropófagos, «los que no an sinon un ojo» y los que «han cuatro ojos delante y detrás» han corrido la misma suerte que los famosos pobladores de Gog y Magog (pág. 51), y están encerrados tras unas altas sierras. Los más civilizados, como las cristianizadas amazonas o los judíos de la tribu de Benjamín, conservan sus costumbres, pero pagan sus tributos anuales al Preste Juan. El origen de tales deformidades se justifica como castigo tras una trasgresión de la norma religiosa.

La fantasía dominada por el reino del bien deja de inspirar terror para convertirse en objeto de admiración para viajeros. Así lo refiere el Preste Juan en su carta, donde explica la constitución de los sagitarios, mitad hombres, mitad caballo, de los cuales «fazemos nos tomar algunos dellos para que estén en nuestra corte para que los vean las gentes estrañas» (pág. 52). Igual que los gigantes, de los cuales «tenemos en nuestra tierra presus para cuando vienen algunos peregrinus que los vean por maravilla». El terror que Conti trasmitía a Tafur se ha resuelto felizmente en el sueño de una India cristianizada. Todo lo sorprendente cabe dentro del orden natural y divino, y halla en él su explicación. El miedo deja paso a la «racionalización».

La presentación de lo imaginado en cada uno de los tres textos adopta unas formas distintas, relacionadas a su vez con las características de cada relato y la tradición en la cual se inserta. En última instancia, del modo de insertar las maravillas dependerá la credibilidad de lo narrado.

Las dificultades para buscar elementos comúnes al género de los libros de viajes han sido ampliamente discutidas por críticos como Jean Richard, F. López Estrada o Miguel Ángel Pérez Priego[10]. Ello no impide, sin embargo, destacar entre los rasgos más frecuentes, para lo que ahora me interesa, la presentación del relato en primera persona. El empleo de este recurso tiene, ante todo, una función testimonial, como bien sabían los autores medievales. La autenticidad de lo narrado puede apoyarse en la autoridad de lo leído, de lo escuchado a personas dignas de fe o de lo vivido. Estas dos primeras formas (o sus equivalentes, *legi* y *audi*) constituyen el procedimiento habitual por el cual el predicador medieval aseguraba la verdad de sus ejemplos, adoptando muchas veces la postura de un notario. Sin embargo, en los casos de mayor excepcionalidad, recordemos el género de la literatura miracular y hagiográfica, se recurre a los testigos para asegurar la veracidad de lo narrado.

El autor del *Libro del conoscimiento* reúne la exposición geográfica y heráldica con la experiencia personal, pero adopta la primera persona para apoyar sus aseveraciones más dudosas. Así, tras describir los hombres sin cuello, apostilla «pero yo non los vi» (pág.17). Lo contrario afirma de los sinofalos, los famosos hombres de cara de perro, cuya descripción no falta nunca en ningún libro de viajes. Quizá la familiaridad literaria con estos seres le lleve a afirmar: «yo vi uno

---

[10]   F. López Estrada, «Procedimientos narrativos en la Embajada a Tamorlán», *El Crotalón, Anuario de Filología Española*, 1 (1984), págs. 129-146; M. A. Pérez Priego, «Estudio literario de los libros de viajes medievales», *Epos*, 1 (1984), págs. 217-239 y J. Richard, *Les récits de voyages et de pèlerinages*, Turnhout: Brépols, 1981. Desde una perspectiva ligeramente distinta, cf. el artículo de Valeria Bertolucci, «Enunciazione e produzione del testo nel *Milione*», en *Morfologie del testo medievale*, Bolonia: Il Mulino, 1989, págs. 209-241.

dellos en la ciudad de Norgancio» (pág. 86). Al igual que justifica su estancia en el castillo de Magot, «por que veía e oía cada día cosas maravillosas» (pág. 86), expresión que se convierte en fórmula habitual del relato. La autenticidad en otros casos viene por el recurso a los hombres sabios, a través de los cuales obtiene las informaciones vedadas a la experiencia personal. El procedimiento sirve para insertar una amplia descripción del Paraíso terrenal: «e pregunté por el Paraíso terrenal, qué cosa era e qué dezían dél, e dixeronme omnes sabios [...]» (pág. 65).

Si desde otros puntos de vista, es dudosa la adscripción del *Libro del conoscimiento* al género de los libros de viajes, en lo que se refiere a la presentación de lo maravilloso se atiene a las formas tópicas. Desde los relatos de los misioneros de los siglos XIII y XIV, género con el cual entroncaría por la filiación franciscana del autor, hasta el célebre texto de Marco Polo, todos se apoyan en la combinación de lo visto y oído personalmente, junto a los testigos respetables[11].

Alusiones parecidas se encuentran en las *Andanças e viajes de Pero Tafur*, quien destaca, en principio, por su rigor; por ejemplo, receloso ante las fantasías de otros relatos, duda de la existencia de los hipopótamos (pág. 75) porque no los ha visto.

Mayor complejidad estilística, y mucho más interés, presenta el pasaje previamente comentado. Ante el dilema de insertar la materia de la India se enfrentaba el autor con diversas posibilidades. Su exclusión, en aras de ajustarse a la realidad de su itinerario, le restaba al texto el atractivo del tema. Su inserción en tercera persona, apoyándose en lo leído o escuchado, le haría perder fuerza de convicción, convirtiéndolo en una relación similar a las que proliferaban en las enciclopedias. Sólo quedaba ceder el uso de la primera persona a un informante digno de fe[12], y quién mejor que el viajero veneciano cuyas andanzas habían interesado al Papa Eugenio IV y a los humanistas de su corte. El discurso de Conti se distribuye en dos partes. En primera persona satisface la curiosidad de Tafur contando «el proçeso de su vida»; en tercera, se insertan luego las restantes informaciones. Queda abierta la posibilidad de que esta segunda parte se base en otro escrito. De atenernos al texto, sería del mismo Conti quien, no solo conversaba

---

[11] Las palabras finales de la *Relación de viaje* de Odorico da Pordenone (ed. N. Guglielmi, Buenos Aires: Biblos, 1987, pág. 91) son bastante significativas: «Yo, fray Odorico del Friul, de la Orden de los frailes Menores, testifico y tomo como testigo al reverendo Padre fray Guidotto, ministro de la provincia de San Antonio de que, habiendo sido solicitado por él, por obediencia he escrito acerca de todas las cosas que vi con mis propios ojos o escuché de hombres dignos de fe. Y la tradición oral de estos países atestigua que las cosas que yo non vi son verdaderas. Dejé de lado otras muchas cosas y no las hice escribir pues muchas de ellas eran casi increíbles si no las hubiera visto con mis ojos». De modo no muy diferente se expresa Marco Polo en el prólogo al cuarto libro, *ed. cit.*, pág. 187. Los textos de Juan del Plano Carpino y Fr. Guillermo de Rubruck se encuentran accesibles en el libro de A T'Serstevens, *Los precursores de Marco Polo*, Barcelona: Aymá, 1965.

[12] Jean Richard, *op. cit.*, págs. 41-42 recuerda autores, como el pseudo Antonio Mártir, Bertrandon de la Broquière, Nicolas de Martoni, etc., que completan su relato con testimonios recogidos de otros viajeros o personas bien informadas.

con Tafur, sino que «muchas cosas me dio por escripto de su mano»[13]. Por medio de un curioso «hombre–relato», Tafur ha salvado la veracidad de sus informaciones sobre la India, al mismo tiempo que justifica la no elección de esta ruta.

Nulos son los esfuerzos del autor del *Libro del infante don Pedro de Portugal* por hacer creíbles las maravillas que narra, aun siendo abundantes. El protagonismo atribuido al infante don Pedro de Portugal, de quien se sabía había realizado distintos viajes por Europa, junto con el viejo recurso de la narración en primera persona, en boca de uno de sus acompañantes, son las mayores «garantías». Si se distancia así de la tradición, se acerca, por el contrario, al género de la aventura mítica y caballeresca.

A semejanza de Cristo con sus apóstoles, don Pedro parte un domingo después de Pascua acompañado por doce compañeros[14] para recorrer Tierra Santa y la India Mayor, aunque, ante las preguntas que va recibiendo a lo largo del viaje, el hallazgo del Preste Juan se convierta pronto en el objetivo prioritario del viaje. Si el número de viajeros nos recuerda también a los pares de Carlomagno, a los acompañantes de San Brandán o a los caballeros del rey Arturo, el empeño del infante parece una nueva versión de la búsqueda del Graal.

La «cristianización de la naturaleza», anteriormente señalada, no impide que, en el transcurso de su aventura, don Pedro padezca momentos de duda, expresada en términos de resonancias caballerescas: «E allí vimos a don Pedro muchas vezes saltar las lágrimas de los ojos que no quisiera aver començado aquel hecho» (pág. 37). En un extraño acto de humildad, durante todo el viaje no existirá ninguna distinción jerárquica entre don Pedro y sus compañeros. Sólo al alcanzar la meta, y con ella la epístola que el Preste envía a los de Poniente, el infante recobrará su categoría e identidad. Asistimos entonces a la fusión entre los dos mundos cristianos, personificados en el infante don Pedro y el Preste Juan, cuyas semejanzas pretenden reforzarse con contínuas alusiones. Curioso resulta, a modo de hipótesis, recordar lo que un cronista, Andreas Rastibonensis[15], refiere del histórico infante don Pedro. Llegó éste a Regensburgo, la semana previa a Semana Santa, y mató allí a un soldado. Enterado su padre, le condenó a viajar durante tres años por tierras extrañas. Es posible que éste y otros datos similares enriquecieran

---

[13]   Piensa F. M. Rogers, en *O Sonho da Unidade entre cristaos ocidentais e orientais no século XV*, Bahía: Publicações da Universidade, 1960, en la historicidad del encuentro entre Tafur y Conti, de quien el primero llevaría hasta Venecia unas cartas del segundo, aludidas en el propio texto (pág. 118). Las primeras noticias de Conti se las referiría Tafur al Papa Eugenio IV en dos visitas sucesivas (en 1436 en Bolonia y en 1438, en Ferrara), lo que acentuaría el interés del prelado por los cristianos orientales. En 1441 se presentaría el renegado ante la corte papal en Florencia. La exactitud o no de estos datos no anula, a mi juicio, la habilidad del recurso narrativo.

[14]   A partir del capítulo II se sumará a la expedición un intérprete, Garcirramírez, por lo que pasarán a ser 14. Sin embargo, el dato no resulta operativo dentro del texto, que siempre remite al numero inicial. Cabe también la posibilidad de que el intérprete, Garcirramírez, y el narrador testigo, Gómez de Santistebán, sean una misma persona, como puede deducirse por la confusión del prólogo: «Compuesto por Garcirramirez de Santestevan, uno de los doce que anduvieron con el dicho infante».

[15]   Cf. F. M. Rogers, *The Travels...*, pág. 40.

la leyenda de un infante errante y peregrino, en busca de un lejano reino cristiano en el que expiar sus culpas y obtener el perdón real.

Si el *Libro del conosçimiento* no pasa de ser el relato de un «viajero de cámara», con escaso o nulo soporte literario, en el texto de Pero Tafur la «materia de la India» da pie para uno de los pasajes mejor resueltos narrativamente. Finalmente la contaminación entre el libro de viajes y la aventura mítico–caballeresca que ensaya el *Libro del infante don Pedro* le supuso el desprecio de los estudiosos y la estimación de los lectores. El centenar largo de ediciones[16] en castellano y portugués que se recogen entre 1515 y 1894 prueba que las fantasías índicas, en su versión «cristianizada», gozaban del favor del público, en especial, cuando nuevos descubrimientos seguían manteniendo vivos los mismos sueños.

---

[16]   F. M. Rogers, *List of Editions of the Libro del Infante don Pedro de Portugal*, Lisboa: Companhia de Diamantes de Angola, 1959.

¿Barlaam y Josafat entre el budismo y el cristianismo?

Antonio LINAGE CONDE

A partir del siglo IX circuló en Occidente la que se ha venido llamando una versión cristiana de la leyenda de Buda. Se trata de la Vida de Barlaam y Josafat[1].

En castellano[2] nos han llegado de ella tres manuscritos de los siglos XIV y XV, todos traducidos del latín y con rasgos lingüísticos anteriores[3]. Una prueba de su difusión es la influencia que ejerció en el *Libro de los estados* de don Juan Manuel, obra que desde ese punto de vista ha sido calificada de secularización de la misma, un tratado del arte de gobernar, el primero escrito en lengua romance[4].

Esa noción comúnmente admitida del *Barlaam* no es exacta, ya que la biografía de Buda consiste sencillamente en la búsqueda[5] y el encuentro de la realidad profunda[6], en tanto el *Barlaam* es el hallazgo novelesco de una verdad religiosa concreta, y en la leyenda búdica de que se adaptó, si bien es coincidencia con esa «versión» la intervención del monje adoctrinador, con lo que el resultado coincide es con el Buda histórico, en cuanto a la consecución de la iluminación interior, nada pues dogmático como a la fuerza en el cristianismo, aunque haya en ambas el elemento común del apartamiento del mundo en pos de una vivencia espiritual. Mas lo que desde ahora ya pretendemos aquí subrayar es que la diferencia no lo es sólo en el tema en que ambos credos difieren en concreto, sino que ya ambos textos y argumentos comienzan por moverse en una mentalidad diversa.

---

[1]   Por ejemplo L. R. Millis, *Barlaam et Josaphat. Edition critique de la version champenoise du teste,* Ginebra, 1973. Una muestra de la difusión en Oriente: D. Gimaret, *Le livre de Bibawhar et Budasf, selon la version arabe ismaélienne,* Ginebra, 1971.

[2]   G. Moldenhauer, *Die Legende von Barlaam und Josaphat auf der Iberischen Halbinsel,* Halle, 1929.

[3]   Edición crítica de J. E. Keller y R. W. Linker, *Barlaam e Josafat,* Madrid, 1979; cf. C. E. Pupo–Walker, *A critical edition of the old portuguese version of Barlaam and Josaphat,* Ann Arbor, 1985.

[4]   D. Marín, «El elemento oriental en don Juan Manuel: síntesis y revaluación», *Comparative Literature,* 7 (1955), págs. 1–14.

[5]   La búsqueda de la sabiduría por un rey persa en la India es el tema del *Bonium o bocados de oro,* (ed. H. Kuntst, *Mitteilungen aus dem Eskurial,* Tubingen, págs. 63–498 y 538–601).

[6]   Véase C. Langer–Kaneko, *Das reine Land. Zur Begegnung von Amida–Buddhismus und Christentum,* 1986.

Y esta clarificación hace todavía más interesante el tema literario desde el punto de vista de los contactos medievales entre las dos religiones involucradas. Se plantean en este sentido dos cuestiones: los caminos de los mismos[7] y la integración de ciertos elementos de una confesión en la otra[8]. Debiendo tenerse en cuenta que la actual circunstancia histórica de las relaciones inter–religiosas ha sido y continúa siendo propicia a la extrapolación en el tratamiento de las cuestiones conexas[9]. Tratemos pues nosotros de evitarlo.

La realidad histórica de Buda

Siddhârta Gautama era un príncipe de la familia Shakyâ, que nació en la primera mitad del siglo VI antes de Cristo en una aldea de Nepal, al pie del Himmalaya. Algo después de cumplidos los treinta años dejó su casa para hacerse monje errante. Esta forma de vida monástica, jaina que se llamaba como su credo religioso, era la que predominaba entonces en su ambiente dentro de la India[10]. Pero sus prácticas y su tal manera de vivir no le dieron la paz y la claridad deseadas, sino que éstas le llegaron en una noche iluminada, a lo largo de la cual se sintió liberado de sus pasiones y del dolor, convirtiéndose en un *buddha*, que quiere decir despierto. Según la elaboración doctrinal que luego siguió, por ejemplo formulada con mucha nitidez en el amida japonés, la causa del sufrimiento está en la falta de claridad o de conocimiento, que a su vez puede identificarse con la inhabilidad para ver las cosas y las criaturas vivientes en su naturaleza verdadera, en su entidad ni más ni menos, una incapacidad que se deriva de la limitación del hombre a su yo. La superación de este ego equivale a

---

[7] Cuya reconstrucción es imposible ateniéndose sólo a las fuentes escritas; cf. C. M. Ternes, *La vie quotidienne en Rhénanie à l'époque romaine*, París, 1972; L. L. White, «Medieval borrowings from Further Asia», *Medieval and Renaissance Studies*, 5 (1971), págs. 3–26; *L'art du Ghandara et de l'Asie centrale*, París, 1962, catálogo de una exposición del Museo Guimet; ya en nuestro tema concreto H. Desroche, *Les religions,* en *Encyclopédie thématique Weber*, París, 1971, págs. 110–111, en tanto que I. de Rachewiltz comienza su argumento a partir del siglo XII, *Papal envoys to the Great Khans*, Londres, 1971.

[8] Cf. N. Klatt, *Literarkritische Beiträge zum Problem christlich–buddhisticher Parallelen,* 1982.

[9] Un caso muy claro es el de C. Berg, O.S.B., «Benedictinism and zen buddhism: the search for wholeness» *The American Benedictine Review*, 38 (1987), págs. 14–28. Abundan títulos como el de la tesis de T. B. de Alwis, *Christian–buddhist dialogue in the writings of Lynn A. de Silva*, Andrews University, 1986. Reacción en contra de dos tesis, que sepamos inéditas, de la Universidad Gregoriana de Roma: B. A. Fernando, *The separation from the world according to the buddhist traditions of Ceylon compared with christianity* (1967) y J. S. Masayuki, *Doctrina de amore apud buddhistas cum theologia christiana comparata* (1966–67).

[10] N. Shanta, *La voie jaina. Histoire, spiritualité, vie des ascètes pélerins*, París, 1985; G. M. Colombás, *La tradición benedictina*, Zamora, 1989, págs. 27–34; J. F. Strong, *The legend of king Asóka. A study and translation of the «Asókâvaddâna»*, Pricenton, 1985.

despertar a la verdad[11]. Habiendo pasado el resto de su larga vida comunicando a los demás su doctrina, Buda murió hacia el año 480.

Tanto esta biografía de Gautama como la naturaleza de la iluminación budista, así como el contexto histórico de esos orígenes, y también la mentalidad secular de los pueblos de su difusión, nos explican la transcendencia en el sistema del monacato[12].

Barlaam y Josafat

Ante todo vaya por delante que Barlaam ha sido interpretado como un equivalente del nombre de Gautama. Pero ello nos es secundario a estos efectos de calibrar el fondo argumental. Vayamos con éste.

Josafat era el hijo único del rey indio Abemur[13]. Cuando nació, los astrólogos le profetizaron que dejaría el reino y se haría cristiano. Entonces su padre, a la vez que emprendía una persecución contra los cristianos, le encerró en un castillo para preservarle de cualquier influencia de ellos. Pero al cumplir los veinte años, satisfecho de su formación, le dejó salir. El encuentro con un leproso, un ciego y un viejo, le desengañaron de las realidades inmediatas y tangibles de la vida. Por entonces llegó al país Barlaam, un monje que procedía de tierras lejanas, y pidió le dejaran ver al príncipe para enseñarle una perla de gran valor, cuyas virtudes requerían, para ser aprovechadas, una vida recta. De esa manera acabó convirtiéndose al cristianismo. También se convirtió su padre, que abdicó en él y se hizo ermitaño. Y a la larga siguió igualmente este mismo camino el propio Barlaam, retirándose a un monasterio del desierto.

En 1533 esta leyenda fue admitida cual verdad hagiográfica en el Martirologio Romano, siendo celebrada la fiesta de esos dos supuestos santos el día 27 de noviembre[14]. En tanto que la iglesia griega lo hace el 19 del mismo mes. Tengamos en cuenta que el origen más antiguo de aquélla se ha localizado hacia el siglo VII en un monasterio griego, cerca de Jerusalén, obra de un monje Juan, base éste de la atribución que algunos han hecho de la misma a san Juan Damasceno. Lo cierto es que se cuenta cómo un prelado, llegada aquella fecha del calendario, expresaba con humor disponerse a celebrar la fiesta de «san Buda».

---

[11]   = Buddha.

[12]   G. M. Colombas, *La tradición benedictina*, págs. 41–50; J. López–Gay, *La mística del budismo. Los monjes no cristianos del Oriente*, Madrid, 1974; J. Leclercq, «Monasticism and one world», *Cistercian Studies* (1986), págs. 277–310.

[13]   O Abenner.

[14]   Las versiones griegas en «Bibliotheca Hagiographica Graeca» 224 (Patrologia Graeca 96, 859–1240); las orientales en «Bibliotheca Hagiographica Latina» 141–5 y las latinas 979–82; sobre la primera de estas últimas y el original griego P. Peeters, *Analecta Bollandiana*, 49 (1931), págs. 276–312; consideraciones acerca de las relaciones entre las dos religiones implicadas, H. de Lubac, *Rencontre du bouddhisme et de l'Occident*, París, 1952, págs. 28–31; buena exposición y alguna bibliografía más (reconocen ser ésta un *mare magnum*) en los Benedictins de Paris, *Vies des saints et des bienhereux*, XI, París, 1954, págs. 925–932.

La leyenda de Buda

Ya vimos la historia de éste. Pero según el texto tibetano del *Lalita Vistara* aquél, o sea el príncipe Sakya–Muni, era hijo de un rey al que también se predijo al nacer que renunciaría al trono y llegaría a ser eso, un buda. El padre entonces le confinó en los jardines de palacio, apartándole del conocimiento de la muerte y la enfermedad. Hasta que a su salida se encontró con un viejo, un entierro, y un ermitaño que le instruyó en la verdad y le dio la luz.

Tengamos desde ahora en cuenta lo que hay de común en este último elemento en las dos versiones, la budista y la cristiana. Un adoctrinamiento por parte de un monje. Pero si reflexionamos un tanto no nos será posible establecer una identidad, sino que al contrario, estaremos en el punto de partida de una dimensión diferencial que no hay que preterir.

Notemos estas palabras de Barlaam a Josafat, una vez que, introducido a su presencia, le terminan de contar la parábola del sembrador[15]:

> Asy si fallare yo en tierra que faga fructos e buena, non tarderé y senbrar la simiente diuinal, e descobrir te he *el gran ministerio*.

Y entre las respuestas del príncipe este detalle:

> E si conosçiste alguna cosa tal, non me la ascondas, mas dímela.

Vemos que se trata de alusiones a algo, no solamente concreto y tangible sino que, lo intuimos sin esfuerzo, tienden hacia afuera. Claro está que requiere una luz interior para ser aprehendido, pero una vez que lo ha sido no se mueve unilateralmente hacia dentro del sujeto. Porque su búsqueda es la de la visión de otro, la contemplación de una divinidad personal, en tanto la investigación budista, llamémosla así, descansa en la pacificación de sí misma, sean cuales sean después las conexiones.

Y ello que naturalmente no han podido por menos de acusarlo quienes han cotejado los dos monacatos.

Los límites de un paralelismo

En las normas de vida sí ha podido establecerse una cierta conexión del cristiano con el budista. Y ello se comprende sin esfuerzo. Por distintas que fueran las metas, ni unas ni otras se podían alcanzar sin recurrir a la pobreza[16], el silencio y el trabajo.

---

[15] Cap. 9, *Del auenimiento de Barlaam a él so semejanía de mercader*.
[16] Reiho Masunaga, *A primer of soto zen*, Honolulu, 1971.

Pero, no solamente en cuanto a las metas calendadas sino también a propósito de las motivaciones incluso, si se pretende, como a menudo se viene haciendo, convertir el diálogo en monólogo, no se puede por menos de forzar la situación intelectual[17].

Un monje zen ha notado la profunda implicación espiritual de la realización de cualquier actividad en la vida monástica[18]. Por supuesto que lo mismo podríamos predicar de la cristiana, la benedictina concretamente. ¿No comentó la Regla de San Benito el abad de María Laach, don Ildefonso Herwegen, dando un carácter pneumático a los más humildes servicios de la convivencia cenobítica?[19] Pero la coincidencia ya deja de serlo en la implicación dicha en concreto.

Naturalmente que no podemos proseguir por estos caminos. Bastándonos con hacer notar cómo se ha negado que el budismo sea un religión, al menos en el sentido judío y cristiano del término[20].

Y así las cosas, la tradición literaria de Barlaam y Josafat se nos aparece ya alejada de él lo bastante como para reivindicar un puesto sin más en la plenitud de la literatura cristiana.

De ahí que esta que Menéndez y Pelayo llamó mística pudiera ser argumento de plena adecuación a la comedia con su mismo título de Lope de Vega.

De manera que aquel prelado que entre la ironía y la bonhomía, tipificaba cual de san Buda la fiesta del calendario cristiano del día veintisiete de noviembre, no se expresaba con precisión.

---

[17]   Aquí no trataremos de las influencias búdicas en el monacato cristiano; naturalmente que lo que estamos apuntando no las excluye, ni mucho menos; cf. G. Tucci–H. Heissings, *Die Religionen Tibets und der Mongolei*, Stuttgart, 1970.

[18]   Sato Giei, *Unsui*, Honolulu, 1973.

[19]   *Sinn und Geist der Benediktinerregel*, Einsiedeln–Colonia, 1944.

[20]   En este sentido H. Rzepkowski, «Daisetz T. Suzuki und das Christentum», *Zeitschrift für Religions– und Geistesgeschichte*, 13 (1971), págs. 104–116 (necrología de este maestro del zen japonés, autor de *The training of the zen*, Nueva York, 1965; *The essentials of zen buddhism*, Nueva York, 1962; y *An introduction of the zen buddhist monk*, Nueva York, 1965).

La lírica de Gil Vicente

Armando LÓPEZ CASTRO

Toda la obra dramática de Gil Vicente prueba un alto sentido integrador. Nada mejor para caracterizarla. Dicha integración supone una fuerte inter-relación entre la escenografía, el texto y la música, tres elementos que aparecen desunidos en el teatro antiguo, pero que el dramaturgo portugués supo reunir para lograr algo nuevo.

La evolución dramática de Gil Vicente depende no sólo de los modelos que tenía a mano para imitar, sino también del ambiente cortesano para el que escribe. Formado culturalmente en la Edad Media, conocía bien las formas de representación del teatro religioso y profano, así como la escenificación propiamente dicha[1].

Aunque las indicaciones de la *Copilaçam* de 1562 sobre la localización de las piezas y la manera de representarlas no son muy abundantes, los autos religiosos fueron representados en iglesias o capillas con una escenificación bastante rudimentaria, mientras los profanos, representados en distintos palacios reales, muestran mayor diversidad y complicación escénica. Y en consonancia con la escenificación está la música, que informa todo el teatro de Gil Vicente[2].

La música favorece sin duda la escenificación. Y ello de tres maneras: preparando el ambiente, caracterizando a los personajes y desarrollando la intriga[3].

---

[1] Como observa I. S. Révah, la inspiración para las obras religiosas la encontró Gil Vicente en «l'infinité de thèmes et d'idées que la liturgie, la prédication et l'iconographie médiévales mettaient à la portée de tout artiste, pour ne pas dire de tout fidèle», *Les Sermons de Gil Vicente*, Lisboa, 1949, pág. 44. Para los problemas derivados de la representación en esa época, véanse los estudios de Ronald Boal Williams, *The staging of plays in the Spanish Peninsula prior to 1555*, University of Iowa Studies, 1934, y Leif Sletsjöe, *O elemento cénico em Gil Vicente*, Gotemburgo, 1965, completados por el de W. T. Shoemaker, *Los escenarios múltiples en el teatro español de los siglos XV y XVI*, Barcelona, 1957.

[2] En cuanto a la música como parte integral de la representación, el mejor estudio sigue siendo el de Albin Beau, *A Música na Obra de Gil Vicente*, Coimbra, 1939. Por otra parte, Manuel Joaquim, en su edición del *Cancioneiro musical e poético da Biblioteca Publica Hortensia* (Coimbra, 1940), nos habla de las constantes relaciones musicales entre España y Portugal a lo largo del siglo XVI.

[3] Cf. Eugenio Asensio, «La música y el teatro vicentino», en *Poética y realidad en el cancionero peninsular de la Edad Media*, Madrid, 1970, pág. 164.

De todo ello hay ejemplos en el teatro vicentino. Así, sin salirnos de las *Barcas*, ya en la *Barca do Inferno*, la letra que canta el Diablo

> Vos me veniredes a la mano,
> a la mano me veniredes;
> y vos veredes
> peixes nas redes.

sirve de apoyo o ambientación a la imposibilidad de escapar del viaje infernal. Esta misma *Barca* se cierra con un villancico, forma convencional de concluir las obras dramáticas castellanas y portuguesas a partir de la época de Juan del Encina y Lucas Fernández, en el que la letra de los caballeros muertos en África duplica líricamente la acción de la obra, esto es, la necesidad de embarcarse

> À barca, à barca segura!
> Guardar da barca perdida!
> À barca, à barca da vida!

Por eso, en la *Barca da Praia Purgatoria*, la más lírica de las tres, aparecen tres ángeles remando y cantando una *barcarola*, antigua forma de las cantigas de amigo, la cual, continuando la idea central de la vida como navegación de la Barca anterior, anuncia lo que va a pasar la noche de Navidad.

> Remando vam remadores
> barca de grande alegría;
> o patrão que a guiaba
> Filho de Deus se dezía.
> Anjos eram os remeyros,
> que remavão a profía;
> estandarte d'esperança,
> ho quam bem que parecía!
> O mastro de fortaleza
> como cristal relozía;
> a vella, com fe cosida,
> todo mundo esclarecía;
> a ribeyra muy serena,
> que nenhum vento bolía.

Incluso, en la *Barca de la Gloria*, llena de citas latinas, hay alusiones a canciones tradicionales. Así, el v. 76, «Los hijos de Doña Sancha», es un verso del conocido romance de los Infantes de Lara que comienza: «A Calatrava la vieja». El v. 262, «nunca fue pena mayor», alude a la canción de don García Álvarez de Toledo, que aparece en el *Cancionero Musical de Palacio* (núm. 1); y el v. 550, «lo que queda es lo seguro», es el primer verso de un villancico de Garci–Sánchez de Badajoz incluido en el *Cancionero General* de 1511[4].

---

[4] Cf. «Poesía y drama», en mi edición de las *Barcas*, Universidad de León, 1987, págs. 47–52.

No cabe duda de que el teatro y la poesía comparten a lo largo del siglo XV un mismo ambiente cortesano. Sin embargo, el lenguaje estilizado de la galantería no pudo ahogar la anónima canción popular, que el público sabía de memoria. En la península Ibérica la poesía cantada fue inseparable del teatro hasta el siglo XVIII. La poesía lírica de Gil Vicente se compone, sobre todo, de las formas «cantables» más usuales por entonces: el *romance*, la *cantiga* y el *villancico*[5].

A finales del siglo XV, Juan del Encina estableció una distinción entre *canción*, de carácter culto y esquema simétrico, y el *villancico*, de carácter asimétrico e irregular. Lo mismo sucede con Gil Vicente, que muestra una clara preferencia por la disimetría, rasgo propio de la lírica popular. Por eso, aunque las composiciones paralelísticas son las menos numerosas, sí son las más conocidas y admiradas, tal vez porque las múltiples variaciones de la construcción paralelística contribuyen al ahorro del esfuerzo que el dramaturgo siempre persigue.

No puedo entrar ahora en la variedad de las «formas cantables». Sirvan como muestra, en el dominio religioso, las dos cantigas a la Virgen: la que cantan alternadamente las mozas del monte en el *Auto da feira*

Primeyro Coro

Blanca estais, colorada,
Virgem sagrada.
Em Belém, vila do amor,
da rosa naceu a flor,
Virgem sagrada.

Segundo Coro

Em Belém, vila do amor,
naceo a rosa do rosal,
Virgem sagrada.

Primeyro Coro

Da rosa naceo a flor,
pera nosso Salvador,
Virgem sagrada.

Segundo Coro

Naceo a rosa do rosal,
Deos e homem natural,
Virgem sagrada.

---

5   Al hacer un recuento provisional de la lírica vicentina, S. Reckert da la siguiente distribución: «composiciones líricas, 164; villancicos no paralelísticos, 38; ídem paralelísticos, 21; romances, 10; otras formas, 95», en «La lírica vicentina: estructura y estilo», *Gil Vicente: espíritu y letra*, Madrid, 1977, pág. 138.

y la que entona el propio autor en el *Auto de la Sibila Casandra*

> Muy graciosa es la Donzella:
> ¡cómo es bella y hermosa!
>
> Digas tú, el marinero,
> que en las naves bivías,
> si la nave, o la vela, o la estrella,
> es tan bella.
>
> Digas tú, el cavallero,
> que las armas vestías,
> si el cavallo, o las armas, o la guerra,
> es tan bella.
>
> Digas tú, el pastorzico,
> que el ganadico guardas,
> si el ganado, o los vales, o la sierra,
> es tan bella.

En la primera cantiga paralelística, continuadora de la tradición de tema mariano, la rosa, que es la flor más bella, es un símbolo erótico; en la segunda, montada sobre la técnica variacional de las locuciones formulísticas, el estribillo sirve para anticipar en el ánimo del oyente la subordinación de tres formas de vida a la belleza femenina.

En el dominio profano, la cantiga de amigo que canta la Primavera en el *Auto de los Cuatro Tiempos*

> En la huerta nasce la rosa:
> quiérome yr allá,
> por mirar al ruyseñor
> como cantava.
> Por las riberas del río
> limones coge la virgo:
> quiérome yr allá,
> por mirar al ruyseñor
> como cantava.
> Limones cogía la virgo
> para dar al su amigo:
> quiérome yr allá,
> para ver al ruyseñor
> como cantava.
> Para dar al su amigo
> en un sombrero de sirgo:
> quiérome yr allá,
> por mirar al ruyseñor
> como cantava.

crea un ambiente de misterio, de tiempo suspendido, con la simultaneidad de valores simbólicos y literales y la mezcla de formas verbales[6].

El hermoso villancico, cantado por un coro de costureras en la *Comedia de Rubena*

> Halcón que se atreve
> con garça guerrera
> peligros espera.
> Halcón que se buela
> con garça a porfía,
> caçar la quería
> y no la recela:
> mas quien no se vela
> de garça guerrera
> peligros espera.
> La caça de amor
> es d'altaneria;
> trabajos de día,
> de noche dolor.
> Halcón caçador
> con garça tan fiera
> peligros espera.

insiste en la larga cadena temática de «la caza cetrera de amor», en la que la rama profana y la divina se funden en la poesía del siglo XVI[7].

El romance que da fin a *Don Duardos*

> En el mes era de Abril,
> de Mayo antes un día,
> quando lyrios y rosas
> muestran más su alegría,
> en la noche más serena
> que el cielo hazer podía,
> quando la hermosa Infanta

---

[6]   La repetición de símbolos eróticos (huerta, rosa, ribera del río, el limón), el paralelismo y la presencia de una naturaleza feminizada nos llevan a un recinto sagrado, el *locus amoenus* de la retórica medieval, que representa una nostalgia por el perdido Edén. Según Dámaso Alonso, este poema muestra que Gil Vicente «tiene probablemente un sentido más intenso de la naturaleza que ningún poeta de su tiempo», *Poesías de Gil Vicente*, México, 1940, pág. 15. En efecto, esta cantiga nos recuerda una famosa *barcarola* compuesta por el poeta medieval João Zorro

> Pola ribeira do rio
> cantando ia la dona virgo
> d'amor,

en donde la «ribeira do rio» es lugar de encuentro amoroso.

[7]   Para el tema de la «caza cetrera de amor», véase el ensayo de Dámaso Alonso «La caza de amor es de altanería», en *De los siglos oscuros al de oro*, Madrid, 1971, págs. 271–293.

> Flérida ya se partía,
> en la huerta de su padre
> a los árboles dezía:
> —quedaos a Dios, mis flores,
> mi gloria que ser solía;
> voyme a tierras estrangeras,
> pues Ventura allâ me guía.
> Si mi padre me buscare,
> que grande bien me querría,
> digan que Amor me lleva,
> que no fue la culpa mía:
> tal tema tomó comigo,
> que me venció su porfía.
> ¡Triste no sé adó vo,
> ni nadie me lo dezía!

fue el motivo de la despedida con el virgiliano *Omnia vincit amor*. El romance concluye con el sentido del drama, que se cifra en el fatalismo del amor: «que contra muerte y amor / nadie no tiene valía»[8].

Gil Vicente parte de la tradición medieval y con ella forja dramas originales. Drama y poesía aparecen en mezcla inseparable, contribuyendo así a la unidad de la acción dramática, siempre en función de la economía expresiva. Y al ahorro económico obecede tanto la cantiga galaico–portuguesa como el villancico paralelístico, cuyo estribillo permaneció invariable desde el siglo XV hasta mediados del siglo XVI. Porque, en el fondo, de lo que se trata es de la habilidad de los poetas cortesanos para montar sobre el cantarcillo tradicional toda una técnica de variantes. Normalmente los villancicos de Juan del Encina y Gil Vicente recuerdan en cifra el tema del auto y así dan fin a la obra, cumplen una función escénica[9].

Gil Vicente continuó la tradición de acabar el auto con «las formas cantables». Así lo vemos en la *Comédia do viuvo*, en *Don Duardos* y en el *Auto de Inês Pereira*, pero es preciso notar que no se limitó tan sólo a esta convención, sino que intensificó la acción dramática mediante la música en sus obras de madurez. Cuando el dramaturgo portugués, en *Don Duardos*, introduce la música para disipar el dilema de Flérida:

> (la música debe ser
> la madre de la tristeza),

---

[8] La inversión poética de la preposición *antes* confirma la propagación oral del romance. De la popularidad que alcanzó, da prueba Menéndez y Pelayo en los tomos VII (pág. 201) y XII (pág. 71) de la *Antología*, así como en los *Orígenes de la novela* (pág. 266). En cuanto al texto del romance, C. Michaëlis de Vasconcelos analiza sus variantes dentro del romancero peninsular en *Romances velhos em Portugal*, Porto, 1980, págs. 171–182.

[9] Neil Miller nos recuerda que villancico «significa canção à maneira vilã, com carácter rústico e campestre, duma forma pura e real», *O elemento pastoril no teatro de Gil Vicente*, Porto, 1970, pág. 47.

no interrumpe con ello la acción, ni resulta superflua, sino que, al contrario, de una manera misteriosa, acentúa personaje y acción. Sin llegar al extremo de Lope de Vega, que construye *El caballero de Olmedo* en torno a una canción tradicional, lo cierto es que todas las obras de Gil Vicente, desde el *Auto da visitação* (1502) a la *Floresta de enganos* (1536), están llenas de elementos líricos. Cuando las analizamos, surge constante la intervención del canto, que acentúa el movimiento dramático y es uno con él. Grave defecto sería la falta de ajuste entre poesía y drama. Creo que Gil Vicente consiguió esa armonía, al menos a partir del *Auto da Alma* (1518), su gran invención dramática, y que eso era lo que se esforzaba por lograr en sus últimas piezas. Recorrer en ese equilibrio todo el camino posible de la exaltación lírica sin perder contacto con la deformación crítica de la realidad ordinaria, las dos grandes tendencias del alma portuguesa, constituye la suprema aspiración del arte vicentino. Porque, en el caso de Gil Vicente, la función de la poesía dramática, al imponer al desorden existente la nostalgia de un orden creíble, consiste en llevar al público cortesano a una especie de liberación o principio de equilibrio, que era el espíritu de la época[10].

La transición del drama a la poesía se hace aquí mediante la música. La situación dramática se hace poética y el lenguaje expresa los más variados sentimientos. No hay que olvidar que la variación es propia de la música y del canto, de la canción tradicional, «la que vive en variantes», según Menéndez Pidal ha señalado en un estudio memorable[11]. Sólo Gil Vicente, identificado con la poesía popular, podía hacer las más variadas combinaciones sobre el villancico núcleo[12].

Esas canciones anónimas y colectivas están sujetas a un continuo dinamismo, principio básico en toda tradición, hasta el punto de que cuanto más

---

[10] Paul Teyssier, siguiendo a Mikhail Bakhtine, señala que la sátira vicentina apunta a los hombres y no a las instituciones. Mas la farsa, producto de la cultura popular, es ambivalente y revela que la destrucción de lo antiguo va ligada al nacimiento de lo nuevo. Véase su estudio *Gil Vicente – O Autor e a obra*, Lisboa, 1982, pág. 163. Lo que hace la sátira es provocar en el espectador la percepción de un orden cósmico que falta en la realidad y del que es reflejo el universo material. Véase el estudio de María Aparecida Ribeiro, *Gil Vicente e a Nostalgia da Ordem*, Rio de Janeiro, 1984.

[11] Me refiero a su conferencia sobre «La primitiva poesía lírica española», con la que inauguró el curso del Ateneo madrileño en 1919. En este mismo año aparecía el primer tomo del *Cancionero musical popular*, de Pedrell (1919–1922). A la reveladora conferencia de Pidal siguieron los estudios de Eduardo Martínez Torner y Jesús Bal, Julio Cejador y Frauca, Dámaso Alonso y José Manuel Blecua, José María Alín, hasta culminar en el *Corpus de la antigua lírica popular hispánica (siglos XV a XVII)*, que Margit Frenk ha publicado recientemente (Madrid, 1987).

[12] Así, sobre el motivo del abandono de la niña por su amigo, se condensan tres variaciones semánticas de la fórmula «no soy de ovidar» en el *Auto de Lusitânia*, en *Los Cuatro Tiempos* y en *O Juiz da Beira*. Para estas locuciones formulísticas, además del ensayo citado de S. Reckert, véase el estudio de A. Sánchez Romeralo, *El villancico (Estudios sobre la lírica popular en los siglos XV y XVI)* Madrid, 1961, pág. 440 y sigs. Igualmente, los dos versos iniciales de dos villancicos citados por Romeralo, «Del rosal sale la rosa» y «De los álamos vengo, madre» son combinados por Gil Vicente en un único verso, «Del rosal vengo, mi madre» en el *Triunfo do Inverno*.

se aparte la poesía tradicional de sus convencionalismos tanto más persistente resultará ¿No es la independencia de los modelos, el impulso para la variedad, uno de los principales rasgos del teatro vicentino? Mas variar la canción es hacerla permanecer en circunstancia distintas. En el teatro de Gil Vicente, la palabra quiere llegar a ser cantable: vale decir, alcanza tal grado de intensidad que se convierte en expresión natural de las emociones. La poesía logra aquí su justificación dramática, pues sirve para decir las cosas más corrientes.

La lectura del teatro vicentino permite identificar piezas de tema religioso, de temas religiosos y profanos y de carácter exclusivamente profano. Pero, junto al texto, las pocas acotaciones escénicas conservadas en la *Copilaçam* de 1562 nos dicen que las canciones eran cantadas y bailadas al son de la música. Son muchas las referencias en los autos a las canciones, bailes e instrumentos musicales. Los personajes entran y salen cantando, el lenguaje tiene un indudable movimiento rítmico y el público capta los matices del sentimiento por medio de la música. El ritmo que la posee, libera al lenguaje vicentino de las exigencias del ambiente cortesano y de la imperfección de su técnica. La armonía de canto y música es lo que constituye el lenguaje de la poesía dramática. Esa síntesis es la que, en la atmósfera musical del *Auto de los Cuatro Tiempos*, desencadena la acción dramática. Como la huerta es un elemento funcional en *Don Duardos*, así la música es metáfora visible en el *Auto*. La canción, que corta los largos parlamentos de los personajes, discurre con fluidez entre los himnos y salmodias del Ángel y David y los cantos de las estaciones. He aquí un buen ejemplo de cómo la música se inserta armónicamente en el diálogo hablado y no puede ser separada de él.

Poeta y dramaturgo al mismo tiempo, Gil Vicente crea con la canción tradicional un mundo lleno de posibilidades y sugerencias. Las poesías líricas no son en su teatro algo accesorio, sino que cumplen la función dramática de crear y expresar ciertos ambientes y estados anímicos. Íntimamente ligadas a la intriga de la pieza, tienen el don de la oportunidad dramática[13].

No se limitó Gil Vicente a conservar los temas y formas de la tradición popular, sino que supo darles originalidad al hacerlos variar ante el auditorio. La dialéctica de la repetición y de la invención es parte integrante de su teatro.

---

[13]   Véase C. M. Bowra, «The Songs of Gil Vicente», en *Inspiration and Poetry*, Londres, 1955, págs. 90–111.

Didactismo e verosimilhança no *Conde Lucanor*

Margarida MADUREIRA

O texto literário, enquanto estrutura de comunicação, deve fornecer o conjunto de normas e convenções, das quais depende a eficácia do acto de linguagem[1]. Estas não devem, no entanto, ser encaradas apenas no plano da utilização de recursos estilísticos e textuais, como a absorção passiva, no espaço do texto, de configurações estereotipadas e imóveis, mas no quadro do diálogo que se estabelece entre o texto e as expectativas do leitor. Segundo Thomas Pavel, que retoma aqui a teoria de David Lewis, «[...] les conventions répondent à des problèmes de coordination sociale en établissant un système flexible mais stable d'attentes mutuelles»[2]. As convenções textuais constituem, assim, uma componente fundamental do pacto que se estabelece entre o texto e o leitor.

É a partir deste conjunto de normas e convenções que o texto desenvolve mecanismos de verosimilhança, que há pois que distinguir da pretensão de veracidade, característica apenas de alguns textos de ficção[3]. Conclui-se facilmente que a noção de verosimilhança deve ser posta em correlação com as estratégias que o texto desenvolve no sentido de garantir a sua coerência ideológica, por um lado, e controlar a recepção, por outro. Na análise que em seguida farei do *Conde Lucanor*, procurarei determinar a função da verosimilhança na estratégia persuasiva que o texto constrói, tendo em vista uma eficácia pragmática.

A primeira parte do *Conde Lucanor*, a que mais frequentemente tem retido a atenção dos críticos, desenvolve-se em dois níveis narrativos. É constituída por breves textos narrativos de segundo nível, com uma finalidade exemplar, encaixados numa fragmentada e elementar narrativa primeira, organizada em forma de diálogo (questão-resposta). É nesta narrativa primeira que são expostas as razões e desenvolvidos os argumentos em que se apoiam os preceitos de conduta. No final de cada um destes fragmentos textuais, em termos de síntese aforística, é enunciada uma máxima da responsabilidade do próprio autor. Este funciona, assim, como instância garante (autoridade) da validade não só dos

---

[1]   Wolfgang Iser, «La fiction en effet. Éléments pour un modèle historico-fonctionnel des textes littéraires», *Poétique*, 39 (1979), págs. 275-298. A reflexão teórica desenvolvida neste artigo revelou-se fundamental para a realização deste trabalho.
[2]   «Convention et représentation», *Littérature*, 57 (1985), pág. 41.
[3]   Ver Thomas Pavel, *art. cit.*

preceitos, mas de todo o discurso textual[4]. O *Conde Lucanor* aparece, pois, como devedor de dois tipos de textos: textos narrativos breves (exemplo, fábula, «conto», etc.) e textos casuísticos, procurando, tal como estes, definir as regras de aplicação da doutrina; no caso, estabelecer princípios de conduta humana que sejam conformes à doutrina cristã.

Poder–se–ia aplicar ao exemplo do *Conde Lucanor* a regra que Jules Gritti atribui ao objecto casuístico medieval: «L'action morale doit obéir à une double (et unique) règle ontologique: la 'vérité', c'est–à–dire le système cohérent qui va de la loi éternelle jusqu'aux lois positives, et la 'finalité' qui est cette même vérité en tant qu'elle meut réellement la nature de l'homme»[5]. Os preceitos de conduta aparecem, deste modo, como duplamente condicionados: por um lado, pela doutrina, cujas verdades fundamentais (e fundadoras) são sumariamente expostas na 5ª parte da obra; por outro, pelo campo a que se circunscreve a acção humana, cujo carácter contingente se destaca claramente da relação estabelecida entre histórias e argumentos, na 1ª parte.

A relação que se estabelece entre a doutrina e os casos humanos não é imediata. A doutrina delimita espaços possíveis da acção humana[6], quer dizer, da relação entre o homem e o mundo e entre o homem e a salvação, cujos pólos extremos são o apego ou o desapego total para com as coisas do mundo. A obra selecciona um destes campos possíveis da acção humana previstos pela doutrina, e é em função dessa escolha que os conceitos e razões ganham, simultaneamente, pertinência moral e eficácia pragmática. Esta escolha é facilmente inferível dos conceitos e argumentos postos em jogo nas quatro primeiras partes da obra (cf. os conceitos centrais de «onra» e «estado» e a sua articulação com o conceito de «salvamiento»; ou, em termos mais concretos, o Exemplo III, sobre Ricardo Coração de Leão e o ermita); explicita–se de maneira mais evidente na 5ª parte que, expondo os princípios fundamentais da doutrina cristã, recusa a abstracção teológica para os reportar à acção humana[7].

O campo da acção humana que a obra delimita, e que é determinante para o modo de aplicação dos princípios da doutrina cristã, representa uma opção ideológica. Com efeito, a obra recusa a separação entre o mundo material e o

---

[4]   «E entendiendo don Johan que estos exiemplos eran muy buenos, fízolos escribir en este libro, e fizo estos viessos en que se pone la sentençia de los exiemplos», *Libro de los enxiemplos del Conde Lucanor e de Patronio*, ed. Alfonso I. Sotelo, Madrid: Cátedra, 1986, pág. 82.

[5]   «Deux arts du vraisemblable: la casuistique et le courrier du coeur», *Communications*, 11 (1968), págs. 99–100. Similaridades verificadas nas configurações dos textos analisados levaram–me a retomar algumas considerações de Jules Gritti.

[6]   Cf. Jules Gritti, *art. cit.*

[7]   «Otrosí, los que passan en el mundo cobdiçiando fazer porque salven las almas, pero non se pueden partir de guardar sus onras e sus estados, estos tales pueden errar e pueden açertar en lo mejor; ca si guardaren todas estas cosas que ellos quieren guardar, guardando todo lo que cumple para salvamiento de las almas, açiertan en lo mejor e puédenlo muy bien fazer», *El Conde Lucanor*, págs. 354–355.

mundo espiritual, entre o humano e o divino[8]. Recusa, pois, o desprezo das coisas do mundo e a superioridade da vida contemplantiva sobre a vida activa. Os conceitos de «onra» e «estado», que estruturam um primeiro plano de significação da obra, são inseparáveis do conceito de «salvamiento», para o qual reenviam no plano mais elevado do sentido e da finalidade atribuídos à vida humana, no quadro da sistematização doutrinária.

A articulação dos conceitos de «onra» e «estado» e de «salvamiento» confere às acções humanas um duplo significado, que a obra eventualmente explicita, como nas narrativas de que é feita interpretação alegórica (cf. Exemplos XLVIII e XLIX). Esta articulação de conceitos pertencentes a sistemas distintos permite o reenvio dos casos humanos para exposição doutrinária e vice–versa (cf. págs. 344–347), isto é, permite verificar o sentido e a finalidade da precária vida humana. Deste modo se complementam os sentidos humanos e o sentido divino.

A coerência e a unidade da doutrina contrastam com a dispersão e a heterogeneidade das acções humanas, manifestação da sua natureza contingencial. Assim, vários preceitos e aforismos enunciados tanto nos versos que finalizam cada exemplo, como ao longo das 2ª, 3ª e 4ª partes, se aproximam quanto ao significado, sem se redizerem exactamente. É essa contingência da acção humana que o texto procura reduzir tendo em vista o estabelecimento de preceitos que a orientem com segurança e, simultaneamente, constituam parâmetros para a sua avaliação moral.

A contingência surge na passagem do plano mais elaborado e mais abstracto da doutrina para o plano da realização. A narrativa tem, no *Conde Lucanor*, uma função exemplar, importando menos enquanto representação duma realidade efectiva do que enquanto modelo paradigmático. Nessa medida, a verosimilhança assenta principalmente na articulação lógica entre um discurso narrativo e um discurso sistemático, e não na criação de uma ilusão de autenticidade. O discurso sistemático é composto tanto por um conjunto de preceitos pragmáticos, supostamente exaustivos de modo a abrangerem todas as possíveis variações da conduta humana[9], como pela exposição dos princípios da doutrina cristã que orientam, do ponto de vista moral, a formulação dos preceitos. É quando se passa para o plano concreto, embora virtual, da realização humana que o texto dá conta de uma experiência empírica. Entre o preceito de conduta e o plano contingente da sua aplicação revelam–se as falhas do sistema[10]. Daí a insistência no valor da experiência[11], representada também na figura do bom conselheiro: a experiência

---

[8] As boas obras «le ayudan a los bienes deste mundo para aver salud e onra e riqueza e las otras bienandanças del mundo», *ibidem*, pág. 343.

[9] «E sería maravilla si de qualquier cosa que acaezca a qualquier omne, non fallare en este libro su semejança que acaesçió a otro», *ibidem*, pág. 69.

[10] «[...] ca en los más de los consejos non puede omne fablar çiertamente, ca non es omne seguro a que pueden recodir las cosas», *ibidem*, pág. 125. A concepção do texto de ficção como colmatando as falhas do sistema ideológico é retomada de Iser: cf. *art. cit.*

[11] «[...] más saben los que mucho an visto e provado, que los que nunca passaron por las cosas», *ibidem*, pág. 283.

controla a pertinência do preceito em relação ao caso, enquanto que o saber teológico controla a sua validade em relação à doutrina.

O nível mais elementar de sistematização é formado por um conjunto de preceitos não articulados, como se vê pelo processo de simples justaposição utilizado nas quatro primeiras partes da obra. A sua coerência e a sua veracidade acham–se por inclusão num nível de sistematização superior, mais elaborado: a doutrina cristã; a sua eficácia pragmática depende do controlo exercido pela experiência. As falhas deixadas em aberto a este nível dão lugar, no campo da realização humana, a uma margem de decisão, dependente de uma correcta interpretação dos dados contingentes, só aqui sendo possível reduzir as alternativas[12]. Contingência não significa, no entanto, total arbitrariedade. A experiência permite determinar constantes do comportamento humano e, assim, transpor, em certa medida, a opacidade das aparências. Os «señales que paresçen», obscuros quanto à sua significação, podem tornar–se mais claros quando interpretados em função de motivações que, de acordo com variáveis como a idade, o sexo, etc., correspondem a constantes do comportamento humano[13].

A história–quadro é composta por narrativas esquemáticas, lacunares, não concretizadas e não saturadas[14]: os casos expostos, apenas em linhas muito gerais, pelo Conde Lucanor. Repare–se que mesmo a solução final fica por diversas vezes em suspenso, na medida em que são deixadas em aberto sucessivas hipóteses. Em relação a esta fragmentária narrativa primeira, a narrativa exemplar encaixada expõe uma solução. O processo seguido é o da analogia; acontece eventualmente serem as situações de tal modo semelhantes que a história de segundo nível parece preencher as lacunas narrativas da «história» de primeiro nível. Pelas falhas da concretização, o caso enunciado pelo Conde Lucanor reenvia para o campo concreto da actividade humana: deixa lugar à contingência que a própria experiência deverá controlar. Nessa medida, a história–quadro constitui, apesar do seu mais elevado grau de abstracção, ou mesmo por causa dele, uma abertura para o concreto, para o campo real da acção humana. Pode, por isso, funcionar como modelo de recepção pragmática da obra, que deverá pôr em correlação o ensinamento e a experiência empírica própria.

Na 5ª parte do *Conde Lucanor*, são definidos os dois conceitos morais extremos, a partir dos quais deve ser avaliada a conduta humana: o bem e o mal. A boa ou má acção não se definem, no entanto, apenas pelas suas características

---

[12]   «E vos, señor conde Lucanor, si entendedes que aquel vuestro enemigo a tan grand reçelo de aquel otro de que se reçela [...]. E si fallardes en 'l siempre buena obra e leal [...] estonçe faredes bien e será vuestra pro de vos ayudar porque otro omne estraño non vos conquiera nin vos estruya. [...] Pero si vierdes que aquel vuestro enemigo es tal o de tal manera, que [...] si él tal fuer, faríades mal seso en le ayudar [...]», *ibidem*, págs. 113–114.

[13]   Refiro–me a generalizações do tipo: «E vien cred que quanto los moços son más sotiles de entendimiento, tanto son más aparejados para fazer grandes yerros para sus faziendas», *ibidem*, pág. 84.

[14]   A noção de saturação é aplicada à estrutura da narrativa exemplar por Karlheinz Stierle, «L'histoire comme exemple, l'exemple comme histoire. Contribution à la pragmatique et à la poétique des textes narratifs», *Poétique,* 10 (1972), págs. 176–198.

intrínsecas, mas também pelas qualidades do agente humano: o estado de salvação, a plena escolha, a intenção, por exemplo. É possível determinar, então, gradações intermédias do bem menor e do mal menor[15]. A delimitação de um campo possível da acção humana restringe estes conceitos abstractos, concretizando–os em conceitos pertinentes e eficazes em função de uma realização efectiva: os conceitos de «onra» e «estado», por um lado, e o conceito de «salvamiento», por outro.

Ao contrário do que se poderia supor, a verosimilhança constitui aqui um importante princípio de construção textual: por um lado, a hierarquização de conceitos, a partir da qual se estrutura a significação da obra, e que permite colmatar as lacunas de cada sistema, tem em vista a procura da verosimilhança; por outro, na medida em que se destaca da abertura para o plano das realizações concretas, a verosimilhança evidencia a pertinência e a eficácia dos sistemas que articula: é neste efeito de transparência que assentam os mecanismos persuasivos. A verosimilhança assinala, assim, a passagem da abstracção doutrinária para o plano concreto, ainda que virtual, da acção humana. Por isso o texto apenas se torna verosímil a partir do momento em que se considera a realização do ponto de vista da experiência e da contingência.

Os conceitos de «onra» e «estado» estruturam–se, por sua vez, em função de eixos de oposição simples e imediatamente exclusiva: proveito/diminuição. «Onra» e «estado» constituem conceitos directamente aplicáveis à realização humana: são, pois, verosímeis, e não verdadeiros. A avaliação moral da conduta humana exige a sua referência à Verdade: assim, estes conceitos reenviam para um outro sistema de sentido, hierarquicamente superior, em que o bem e o mal polarizam os valores fundamentais. A estrutura semântica da obra assenta na sobreposição hierárquica e na dicotomia.

A procura da verosimilhança diz respeito, por outro lado, à delimitação de um espaço de pertinência e de eficácia da obra ao nível da recepção. Tendo um cariz fundamentalmente didáctico, a obra visa atingir un máximo efeito sobre o destinatário: pretende não só convencê–lo, mas também orientá–lo na sua conduta, em função de escolhas prévias realizadas nos campos possíveis de actuação fixados pela doutrina. Estes objectivos levam à utilização de uma estratégia de persuasão, que tem por base a programação de relações de comunicação verosímeis. Um dos aspectos fundamentais a ter em conta consiste na utilização de mecanismos que permitam reduzir o carácter contingencial da comunicação literária[16]. Parece–me importante referir que esta exigência é sintoma de uma percepção, ainda que não inteiramente consciencializada, da natureza do fenómeno literário, assinalando a passagem do exemplo destinado à predicação ao exemplo literário, destinado à leitura. A isto não é, sem dúvida, alheio o facto de Don Juan Manuel ser um dos primeiros escritores espanhóis a manifestar consciência do trabalho literário, como

---

[15] «E assí, todo bien que omne faga a cualquier entención sienpre es bueno, mas sería muy mejor para salvamiento e aprovechamiento del alma guardando las cinco cosas dichas», *El Conde Lucanor*, pág. 243.
[16] Cf. W. Iser, *art. cit.*

o atestam diversas remissões para outras obras do autor, que se complementariam na construção de uma visão «total» do mundo contemporâneo. À intenção didáctica será, pois, necessário associar uma intenção estética, não autónoma, que se manifesta, nomeadamente, na arte de narrar.

Um processo simples, no sentido de reduzir o carácter contingencial da comunicação literária, consiste na representação de uma situação de comunicação fictícia: o diálogo entre o Conde Lucanor e Patronio. As regras que presidem aqui à circulação da informação encontram–se fixadas por meio de fórmulas que, com pequenas variações, se repetem ao longo de toda a primeira parte da obra. Para além disso, o esquema simples de questão–resposta, que organiza a relação de comunicação entre o Conde Lucanor e Patronio, acha–se reproduzido em vários exemplos, criando un jogo de espelhos, por diversas vezes estudado. Uma das funções deste jogo de espelhos é a criação da possibilidade do reconhecimento, que desencadeia mecanismos de identificação, nos quais se apoia a eficácia do exercício didáctico, enquanto reforço do sistema ideológico dominante[17].

A função de mediação que desempenha o diálogo entre o Conde Lucanor e Patronio é evidente. Por um lado (já me referi a isso), ele abre para a experiência contingencial e concreta, que se acha já reduzida nas histórias exemplares devido à sua estruturação em função de um desfecho. O diálogo permite conceber, assim, um campo (aberto) de aplicação pragmática do exemplo. Por outro lado, expondo os argumentos, o diálogo clarifica a relação que vai do verosímil ao verdadeiro, quer dizer, desenvolve um raciocínio, sempre coerente, pelo qual se justifica o modo de aplicação da doutrina à experiência e, a partir daqui, os preceitos de conduta, cujo grau de previsibilidade aumenta ao longo da obra. Os argumentos preenchem discursiva e logicamente os vazios deixados em aberto pela descontinuidade dos preceitos, contribuindo para uma representação da realidade humana não só coerente, como «total», sem falhas.

O diálogo assume igualmente o papel de mediador no processo de comunicação na medida em que representa a relação de comunicação que o texto estabelece com o leitor. A representação de uma relação de comunicação verosímil passa pela criação de uma polifonia ilusória, anulada tanto pelo recurso a fórmulas discursivas, como pelo reenvio incessante para a voz do autor (cf. final de cada exemplo). Entre o discurso de Patronio e o discurso do autor estabelecem–se reenvios mútuos[18], de tal modo que, finalmente, os dois discursos apenas se distinguem por meio da explicação (sempre presente) do seu enunciador. Este diálogo fictício entre o Conde Lucanor e Patronio, não sendo uma comunicação efectiva (como se pode ver pela 5ª parte que refere por diversas vezes o receptor sem que a sua voz se faça ouvir), representa, no entanto, a comunicação. O discurso do texto permanece, afinal de contas, monológico: deste modo, o diálogo

---

[17] *Ibidem*, pág. 296.

[18] «mas, si lo quisierdes saber cómmo es e cómmo puede seer e cómmo devía seer, fallarlo hedes más declarado que por dicho e por seso de omne se puede dezir e entender en 'l libro que don Johan fizo a que llaman *De los Estados* [...]», *El Conde Lucanor*, pág. 337.

fictício entre o Conde Lucanor e Patronio pode representar simultaneamente o verosímil e o verdadeiro.

A pretensão didáctica e persuasiva da obra assume a contingência (da experiência ou do diálogo), mas para, num movimento de retorno, a controlar e reduzir. O controlo da contingência realiza–se com base numa rede de reenvios unívocos, a partir da sobreposição hierárquica de sistemas conceptuais, compondo uma estrutura fechada que a obra reproduz no plano da sua composição (caso–argumentos–preceitos–doutrina). O reenvio para níveis de sistematização mais abstractos e mais elaborados permite colmatar sucessivamente as lacunas verificadas nos níveis inferiores, mais concretos, e ao mesmo tempo preencher os desajustes entre a doutrina e a experiência possibilitando a sua aplicação ao espaço do conflito humano. A hierarquização de sistemas e o correspondente fechamento estrutural fazem da Verdade da doutrina (5ª parte) a cúpula de todo este edifício. Nessa medida, o verosímil tende, num segundo momento, a ser entendido como manifestação concreta dos desígnios divinos[19], sendo assimilado à própria Verdade.

---

[19] «mas porque si todos lo fiziessen sería desfazimiento del mundo, e Nuestro Señor non quiere del todo que el mundo sea de los omnes desanparado, por ende non se puede escusar que muchos omnes non passan en 'l mundo por estas tres maneras dichas», *ibidem*, pág. 355.

Arcipreste de Talavera:
de los viçios e tachas de las malas mugeres. Análisis del discurso

Mª de las Mercedes MARCOS SÁNCHEZ

Hoy día nadie duda de que una obra literaria no es más que una forma peculiar de *unidad comunicativa*. Como tal, el texto artístico ha de ser analizado desde cada una de las instancias que intervienen en la comunicación –emisor, código, receptor, canal, etc... –y, en efecto, así vienen estudiándose las obras literarias en las últimas décadas. Pero los estudios recientes–en especial los surgidos en el seno de corrientes lingüísticas tales como la pragmática y la lingüística del texto–nos han hecho ver también la necesidad de tener en cuenta no sólo los elementos presentes en el texto sino todos aquellos de la situación comunicativa sistemáticamente ligados al texto, que, todos juntos, forman lo que se ha denominado CONTEXTO[1]

El estudio de todos aquellos elementos contextuales que contribuyeron en su momento a la producción, difusión e interpretación de una obra literaria medieval, obviamente, es una tarea ardua, pues no es sencillo disponer de todos los datos culturales e históricos que, como acabo de decir, fueron determinantes no sólo de la creación, sino de la interpretación efectiva de un texto por parte de los lectores.

Afortunadamente, los estudiosos de la literatura han venido rescatando en los últimos años buena parte de la cultura medieval que constituyó el medio natural en el que se gestaron y difundieron obras tales como la que ahora es objeto de mi estudio: el *Arcipreste de Talavera*. Mi propósito aquí–partiendo de los datos proporcionados por estos estudios literarios–es señalar algunos de los elementos contextuales y textuales que contribuyen a la coherencia textual del Corbacho, acotando la segunda parte del mismo: *De los viçios e tachas e malas condiçiones de las malas e viçiosas mugeres*[2].

Una de las cuestiones que no conviene perder de vista es la de que todo texto no sólo es un producto, sino una ACCIÓN. La actual *teoría de la acción* caracteriza a ésta como la «combinación de una intención y un hacer», hacer que «no se lleva a cabo sin más, 'sólo porque sí', sino para conseguir con ello alguna *otra cosa*. Mientras llevamos a cabo una acción perseguimos determinada *finalidad*, tenemos fijado un *objetivo* o determinado *propósito*»[3].

---

[1]   Cf. Teun A. Van Dijk, *Texto y Contexto*, Madrid: Cátedra, 1984[2].
[2]   Sigo la edición de Michael Gerli, Madrid: Cátedra, 1981[2].
[3]   T. A. Van Dijk, *La ciencia del texto*, Barcelona–Buenos Aires: Paidós, 1983.

En este sentido, el texto que conocemos como *Corbacho* se deja analizar como *acto perlocutivo*, esto es, como un acto de habla a través del cual se pretende provocar modificaciones en la conducta del receptor.

Alfonso Martínez de Toledo, al frente del libro nos habla explícitamente de sus intenciones:

> Por ende yo Martín Alfons de Toledo, bachiller en decretos, arcipreste de Talavera, capellán de nuestro senior el Rey de Castilla don Juan –que Dios mantenga por luengos tienpos e buenos– aunque indigno propuse de fazer un compendio breve en romance para información algund tanto de aquellos que les pluguiere leerlo, e leído retenerlo, e retenido, por obra ponerlo.

Comparte, pues, Alfonso Martínez de Toledo, la *intención moralizante* común a un tipo de discurso cuidadosamente planificado, de gran importancia en todo el mundo medieval: el sermón[4]. Tal como se difunde en la Europa Medieval, el sermón es un discurso moral y religioso, un discurso que tiene al menos dos fines definidos: a) instruir en la moral cristiana y b) persuadir a los oyentes a la conversión de costumbres.

En líneas muy generales, para que un sermón sea realmente eficaz, esto es, para que efectivamente llegue a lograr los fines para los que ha sido pronunciado, debe asentarse en el cumplimiento de ciertos requisitos:

1. –*Autoridad moral e intelectual del predicador*: el sermón es una interacción verbal entre un predicador y un oyente que sólo se dejará persuadir por aquél si se adecua a las condiciones socioculturales que se le presuponen: un nivel social por encima del que escucha, tanto por su oficio como por su saber. A este requisito responde, en mi opinión, el interés que Alfonso Martínez de Toledo demuestra en los comienzos del libro, no sólo en hacer saber sus títulos académicos–bachiller en decretos–sino eclesiásticos: arcipreste de Talavera y capellán del Rey.

Puesto que el discurso del Arcipreste no tiene el apoyo de la inmediatez de un sermón real y no puede recurrir ni al porte y colocación de los vestidos ni al tono y calidad de la voz, en sustitución da al lector una imagen de autoridad para que éste entre en el juego e interprete adecuadamente el texto que se le va a ofrecer.

2. –*Adecuación a los cánones retóricos pre–establecidos.* –Como todo género literario, el sermón tiene una serie de características estructurales que han sido convenientemente codificadas desde la antigüedad grecolatina. Tales características influyen tanto en el orador –que estructura su discurso de acuerdo con la preceptiva de la predicación–como en el oyente que interpreta el discurso en virtud de un estereotipo del género, que se ha forjado y transmitido a lo largo de las generaciones.

Y, en efecto, el texto que sale de la mano del Arcipreste responde a los modelos de sermón preestablecidos por las diversas *ars praedicandi* que circularon

---

[4]   Véase, M. Gerli, «*Ars praedicandi* an the Structure of *Arcipreste de Talavera* Part. I», *Hispania*, 58 (1975), págs. 430–441.

por Europa durante toda la Edad Media[5]. De acuerdo con estas *artes*, el predicador debía organizar sus sermones de una manera más o menos fija:

> Modus vero consistit in partibus sermonis et pronunciacione. Quartorum autem est partes sermonis, scilicet prologus, divisio, confirmacio, conclusio.
> Propositio atque auctoritas que sit sermonis tocius materia[6].
> (El modo de predicar consiste en las partes de un sermón y en su pronunciación. Hay cuatro partes de un sermón, a saber: prólogo, división, prueba y conclusión. Toda la materia del sermón es la proposición y la autoridad).

Consideremos, pues, que la segunda parte del libro del Arcipreste constituye un sermón cuyo tema puede resumirse con el título del cap. I: *De los viçios e tachas e malas condiciones de las perversas mugeres.*

El *prólogo* de este segundo sermón del arcipreste es breve, reduciéndose al «AQUI COMIENÇA LA SEGUNDA PARTE DESTE LIBRO EN QUE DIXE QUE SE TRACTARIA DE LOS VIÇIOS, TACHAS E MALAS CONDICIONES DE LAS MALAS E VICIOSAS MUGERES, LAS BUENAS EN SUS VIRTUDES APROVANDO», puesto que remite al prólogo general de la obra en el que se exponen los propósitos del Arcipreste y se enumera la *divisio* de la misma. La *divisio* de este segundo sermón también está resumida en el encabezamiento mediante la enumeración sinonímica *viçios*, *tachas*, e *malas condiciones* que luego van especificándose en los títulos:... de las avariciosas,... murmurante e detractadora..., cobdiçia..., envidiosa..., non ay constancia en ella..., cara con dos fazes..., desobediente..., sobervia.., vanagloria..., perjurando..., embriaga..., parlera... aman a los que quieren de qualquier edad que sean...

Todo el cuerpo de la segunda parte constituye la prueba o confirmación de que la tesis que propone el arcipreste es verdadera: a saber: «Cómo amar a Dios es sabieza e lo ál locura», título de la *conclusión* que cierra la segunda parte de la obra.

Este mismo esquema estructural se repite, de forma más o menos rígida, en cada uno de los 14 capítulos: a) enunciación del vicio, b) prueba, c) conclusión.

Pero las *ars praedicandi* no influyeron sobre el Arcipreste de Talavera sólo a la hora de construir el esqueleto formal del texto. Influyeron también –y no poco– en la elección de registros lingüísticos e incluso de algunos motivos temáticos. Pero vayamos por partes y hablemos ahora de los

Registros lingüísticos

Frente a la oratoria grecolatina que ponía todo su empeño en el «lucimiento» del orador, la predicación cristiana trae como novedad la atención dispensada al

---

[5]   Un excelente estudio puede verse en James J. Murphy, *La retórica en la Edad Media*, México: Fondo de Cultura Económica, 1986.

[6]   *Apud* Murphy, *op. cit.*, pág. 319, n. 56.

oyente. Murphy[7] rastrea este interés por el público ya desde el propio San Pablo cuyas palabras «Así también vosotros, si no proferís con la lengua palabras claras ¿cómo se entenderá lo que habláis? (Cor. XIV, 9) prefiguran el precepto de la retórica sagrada que aconseja adecuar el discurso a la variedad de los oyentes: «El discurso debe atemperarse con tal arte, que, siendo variados los vicios de los oyentes, se les adecue de variados modos, sin diferir de sí mismos»[8]. O como observa más explícitamente Alejandro de Ashby[9]:

> Sobre la prueba hemos de hacer tres observaciones, cuando la predicación se dirige al mismo tiempo a incultos y cultos. La primera es que se ha de ser parco en el uso de autoridades para la prueba de palabras, y evitar utilizar tantas pruebas que puedan afectar la paciencia del público. La segunda es que se ha de presentar a veces una alegoría encantadora y a veces una historia (*exemplum*) placentera, de modo que los cultos saboreen la profundidad de la alegoría, en tanto que los ignorantes aprovechen la ligereza de la historieta. La tercera observación es que el predicador no debe ser menos vehemente al exhortar a la virtud que al reprender los vicios.

Martínez de Toledo parece seguir fielmente estas recomendaciones que, con ligeras variantes, venían repitiéndose en todas las *ars praedicandi* europeas. Es esta la razón, creo yo, de que en la exposición de cada uno de los vicios femeninos podamos distinguir dos tipos diferentes de registro lingüístico: un registro culto–que corresponde a la introducción y a la conclusión–y otro registro popular que corresponde a la *prueba* o *exemplum*, y que es precisamente el que más fama ha dado al autor del llamado *Corbacho*, y el que más estudios ha suscitado. Así, podemos observar en encabezamientos como estos:

> –La muger ser murmurante e detractadora, regla general es dello (cap. II)

> –Seer la muger tomadora, usurpadora a diestro e a siniestro, poner en ello dubda sería grand pecado (cap. III).

> –Envidiosa ser la muger mala dubdar en ello sería pecar en el Espíritu Santo (cap. IV).

> –La muger mala en sus fechos e dichos non ser firme nin constante maravilla non es dello (cap. V).

O:

> –Por quanto las mugeres que malas son, viçiosas e desonestas o enfamadas, non puede ser dellas escripto nin dicho la meitad que dezir o escrivir se podría por el hombre, e por quanto la verdad dezir non es pecado, mas virtud, por ende, digo primeramente que las mugeres comúnmente por la mayor parte de avariçia son doctadas (cap. I)

---

7 *Op. cit.*, cap. VI.
8 San Gregorio Magno, *Cura pastoralis*, citado por Murphy, *op. cit.*, pág. 300.
9 *De modo praedicandi, apud* Murphy, *op. cit.*, págs. 319–320.

que el Arcipreste hace uso de la sintaxis latinizante que caracteriza la escritura culta de su siglo: hipérbaton, uso del participio presente en lugar de una oración de relativo, uso del infinitivo dependiente (como se ve claramente en los ejemplos que acabo de citar), colocación del verbo al final de la frase, repetición de ideas con términos equivalentes, etc. Estos recursos sintácticos reaparecen cada vez que la voz del Arcipreste se deja oir, por ejemplo con aseveraciones de tipo general: «Así la muger piensa que non ay otro bien en el mundo sinon aver, tener e guardar e poseer, con sulíçita guarda condensar, lo ageno francamente despendiendo e lo suyo con mucha industria guardando» (cap. I). Y sobre todo en la conclusión de cada capítulo: «Esto les proviene a las mugeres de la soverana avariçia, que en ellas reina, en tanto que non es muger que de sí muy avara non sea en dar, franca en pedir e demandar, industriosa en retener e bien guardar, cavilosa en la mano alargar, temerosa en mucho emprestar, abondosa en quaquier cosa tomar, generosa en lo ageno dar, pomposa en se arrear, vanagloriosa en favlar, acuçiosa en vedar, rigurosa en mandar, presuntuosas en escuchar, e muy presta en executar (fin del cap. I).

Como ya señaló Lapesa[10] este tipo de prosa busca amplitud y magnificencia, desarrollando las ideas de manera reposada y profusa, y, al utilizar recursos fónicos como la semejanza de sonidos (*muger* y *aver, tener* y *poseer*, despend*iendo* y guarda*ndo*) da al estilo un carácter cercano a la prosa rimada.

Por el contrario, fiel al precepto de adecuarse a su públco, el Arcipreste recurre en la parte central de cada capítulo –que corresponde a la *prueba* o *confirmacio*, a veces resuelta mediante *exempla*– a un registro lingüístico muy otro: el de la lengua popular, directo, rápido, vivo. La elección de este registro popular obedece, pues, a razones pragmáticas de muy diversa índole: por un lado, el arcipreste está dirigiéndose ahora a un público femenino y quiere que cada una de las mujeres que le oiga (o lea) se vea reflejada en sus palabras, como se desprende de lo dicho por el propio Martínez de Toledo en la *conclusión* de la primera parte: «Vea, pues, cada qual en sí si es culpada e fiera su conçiençia con verdadera correcçión, non alegue: «Cuitada quien esto sopiera, non errara». Por otro, no olvida al público masculino, que sin duda sonreiría ante la contemplación de un estereotipo femenino consolidado a través de los siglos. Porque, desde luego, el lector del *Arcipreste de Talavera* no se encontraba con un tema novedoso. Desde hacía siglos el discurso teológico había hecho gala de un antifeminismo feroz. Martínez de Toledo jugaba con ese *saber común* del auditorio sobre las mujeres. Por eso no se apoya en la *auctoritas* de un escritor de renombre, sino en el repetido «regla general es dello», «non ay dubda en ello», «común regla es dello»... El propio Arcipreste se ve obligado a disculparse por haber tomado en consideración materia tan común, por lo que concluye la segunda parte:

> Demás, ruego a los que este libro leyeren que non tomen enojo por el non ser más fundado en çiençia; que esto es por dos razones: por quanto para viçios e virtudes farto bastan ensiemplos e práticas, aunque parescan consejuelas de viejas, pastrañas o

---

10   R. Lapesa, *Historia de la lengua española*, Madrid: Gredos, 1981[9], pág. 269.

romançes; e algunos entendidos reputarlo han a fablillas, e que non era libro para en plaça. Perdonen e tomen lo poco, e de buena mente. ¿Qué más pudiera fazer sinon que cada uno sepa e entienda la manera del bivir del mundo? Que ya en los mesmos dichos son las grandes sobtilidades reprobadas. E la segunda razón sí es que mal dize el que non sabe nin entiende».

Pero este saber que se transparenta en los *dichos*, tiene un fundamento secular: la Biblia está llena de consejos que previenen en contra de la mujer: *Proverbios, Eclesiastés* (Y hallé que es la mujer más amarga que la muerte y lazo para el corazón, y sus manos, ataduras. El que agrada a Dios escapará de ella, más el pecador en ella quedará preso. Ecl. 7, 26), *Eclesiástico*... hasta llegar a San Pablo. Los Padres de la Iglesia también habían difundido un virulento antifeminismo que cristaliza, naturalmente en toda la predicación medieval. Se sabe, por ejemplo, que tuvo gran difusión en Europa la obra de un franciscano español redactada en 1330 a petición de Juan XXII. Este español se llamaba Alvaro Pelayo, fue penitenciario mayor de la corte de Avignon, y su obra –*De planctu ecclesiae*–ofrece en la segunda parte un catálogo de nada menos que ciento dos vicios femeninos[11]. No tan extenso, también es importante el catálgo que ofrece Andreas Capellanus en el liber tertius de su *De amore*, tan fielmente seguido por el Arcipreste. Dice Andreas Capellanus:

> Además, la mujer no sólo es considerada avara por naturaleza, sino también envidiosa, maldiciente, ladrona, esclava de su vientre, inconstante, inconsecuente con sus palabras, desobediente, rebelde a lo prohibido, manchada con el vicio de la soberbia, ávida de vanagloria, mentirosa, borrachina, charlatana incapaz de guardar un secreto, lujuriosa en exceso, dispuesta a todos los vicios e incapaz de sentir amor por un hombre[12].

La habilidad retórica del Arcipreste consiste en tomar cada uno de estos vicios como tema de su sermón, y mediante una sabia *amplificatio*, ofrecer al lector un cuadro de la vida y costumbres femeninas de la época. Podemos tomar como ejemplo el capítulo que el Arcipreste dedica a la codicia (cap. III). El escueto enunciado de Andreas Capellanus «Por avaricia todas la mujeres son ladronas e incluso se cree que tienen cofres para su botín» se convierte en:

> E lo que toman e fuertan así lo esconden por arcas e por cofres e por trapos atados, que parescen revendederas o merçeras; e quendo comiençan las arcas a desbolber, quí tiene aljófar, allá tienen sortijas, aquí las arracadas, allá tienen porseras, muchas implas trepadas de seda e todo seda, bolantes, tres o quatro lençarejas, cambrais mucho devisados, tocas catalanas, trunfas con argentería, polseras brosladas, crespinas, partidores, alfardas, alvanegas, cordones, transcoles, almanacas de aljófar e de cuentas negras, otras de azules de diz mill en almanaca, de diversas labores...

---

11   Cf. Jean Delumeau, *El miedo en Occidente*, Madrid: Taurus, 1989.
12   Andreas Capellanus, *De Amore*, trad. de Inés Creixell Vidal–Quadras, Barcelona: El Festín de Esopo, 1985, pág. 395.

En fin, una enumeración de 37 sustantivos pertenecientes al léxico del guardarropa femenino, más la larga descripción de los cosméticos que toma al parecer de Bocaccio.

Este recurso retórico–la amplificatio–no es usado por el Arcipreste sólo cuando es su propia voz la que suena, sino que es de uso general cuando traslada el habla de las mujeres, pues los vicios femeninos son caracterizados la mayoría de las veces a través de un discurso puesto en boca de mujer. Con ello, el Arcipreste de Talavera no hace más que reflejar en su escritura uno de los estereotipos más repetidos acerca del lenguaje femenino: su *verbosidad*. Esa ancestral creencia de que la mujer habla mucho puede rastrearse desde la Biblia, pasando por la literatura medieval, hasta nuestros días. Andreas Capellanus afirmaba que «también son todas charlatanas, pues no hay ninguna que sepa retener su lengua de soltar imprecaciones. Por la pérdida de un solo huevo non paran de gritar durante todo el día, ladrando como perros, y por el motivo más insignificante ya molestan a su vecina. [...] A menudo vemos a muchas mujeres que tienen tanto deseo de hablar que estando solas llegan a charlar consigo mismas e incluso lo hacen en voz alta».

Ateniéndose a esta última aseveración, Martínez de Toledo crea un personaje monologante que acumula frases y más frases como si nunca pudiera callar. En este punto yo me he preguntado hasta qué punto el arcipreste de Talavera está reflejando un comportamiento lingüístico femenino real. Independientemente del estereotipo de la verbosidad, no hay duda de que en la Edad Media, como hoy, existía la creencia de que las mujeres hacen uso de la lengua según unas características propias. Hoy sabemos que estas características vienen impuestas por el papel sociocultural que tienen las mujeres y por la «especialización» de sus tareas «laborales», lo que incide por ejemplo, en la utilización de un léxico más restringido y menos abstracto que el de los hombres.

Aun a sabiendas de que si el Arcipreste refleja de algún modo el lenguaje femenino, lo hará de un estereotipo, de una caricatura del mismo, vamos a ver por qué se caracteriza el lenguaje de las mujeres del *Corbacho*.

Lo primero que cabe destacar es la *presencia de elementos hiperbólicos*. Dentro de la ya abundante bibliografía lingüística a propósito de las diferencias lingüísticas entre hombres y mujeres se ha señalado frecuentemente que el lenguaje femenino manifiesta un evidente gusto por la hipérbole y la expresividad[13]. Ciertamente, sea lo que sea que tenga de caricatura por parte del autor, en las mujeres del Corbacho existen ambos elementos. La hipérbole se manifiesta tanto en las descripciones:

> Fallan las gentes que Fulana es fermosa. ¡Oh Señor, y qué cosa es favor! Non la han visto desnuda como yo el otro día en el baño: *Más negra es que un diablo; flaca que non paresce sinon a la muerte; sus cabellos negros como la pez e bien crispillos;* la cabeça gruesa, *el cuello gordo e corto como de toro; los pechos todos huesos, las tetas luengas como de cabra; toda uniza, egual, non tiene facçión de cuerpo; las pierans muy delgadas, parescen de çigüeña;* los pies galindos. (pág. 161), (subrayo las hipérboles),

---

13 S. Crespo Matellán, «Lenguaje y sexo», *Studia Philologica Salmanticensia*, 7–8 (1984), pág. 125.

como en el uso abusivo del propio lenguaje: véase como ejemplo las largas peroratas a propósito de un huevo o una gallina, es decir: nimiedades. Este uso hiperbólico del lenguaje –manifestación evidente del elemento expresivo– repercute en el terreno puramente sintáctico. Así nos encontramos con una gran abundancia de *oraciones interrogativas*, cuya función no es simplemente la de interrogar –de hecho no se espera respuesta– sino la de atraer la atención de un oyente que tiene presencia en el monólogo a través de la *deixis* (i. e. la localización de personas, objetos, etc.[14],), particularmente el uso de una segunda persona o vocativos de diverso tipo. También sobresale el empleo de *oraciones exclamativas*, que se encadenan para poner de manifiesto la subjetividad de la hablante. Buena parte de estas exclamaciones son *maldiciones*: «Puta, fija de puta, dime: ¿quién tomó este huevo? ¡quien comió este huevo comida sea de mala ravia: cámaras de sangre, correncia mala le venga, amén! (pág. 149), «¡quién me la furtó furtada sea su vida! ¡quién menos me fizo della, monos se le tornen los días de su vida! ¡Mala landre, dolor de costado, ravia mortal comiese con ella! ¡Nunca otra coma! ¡Comida mala comiese amén! (pág. 150). Este tipo de comportamiento lingüístico es propio del español coloquial de todos los tiempos, pero quiero resaltar que frente a la idea que hoy sostienen los lingüistas de que el lenguaje femenino es más «pulcro», ajeno a las palabras gruesas, etc... parece que las mujeres medievales fueron «fácilmente proclives a insultar y ocasionalmente a golpear», como afirma Margaret Wade Labarge[15].

Consecuentemente, también nos encontramos con un enorme *uso de interjecciones* –algo que pararece gustarle mucho a las mujeres, según el estereotipo–, así como invocaciones a Dios y la Virgen: «¡Ay huevo mío! y ¿qué será de mí?, ¡Ay, triste desconsolada! ¡Jhus, amiga! y ¿cómo non me fino agora? ¡ay, Virgen María! [...] ¡ya, por Dios! (pág. 149) «¡La de Guadalupe, Señora, a ti me acomiendo! ¡Señora, no me desampares ya! (150).

Se ha señalado que estas largas series de exclamaciones más parecen un catálogo de muchas de las posibles que un monólogo real. Tal sucede con fragmentos como el que sigue, perteneciente al cap. VI: ¡quemada me vea, amén! ¡Nunca goze de mi alma! ¡El diablo me lieve! ¡el diablo me afogue! ¡el diablo sea señor de mi alma! ¡Así sea santa del paraíso! etc... Sin duda estas largas sartas excederían la aceptabilidad de un discurso coherente. Pero a mi modo de ver se justifican por las mismas razones que rigen el texto en su conjunto: afán –preceptivo en la retórica sagrada– de adecuarse a todo tipo de público, y, por otro lado una voluntad, no exenta de ironía, de hiperbolizar el estereotipo femenino que con el Arcipreste comparten los lectores.

---

[14]   Véase J. Lyons, *Semántica*, Barcelona: Teide, 1980.
[15]   *La mujer en la Edad Media*, Madrid: Narcea, 1988.

El tópico de la falsa traducción en los libros de caballerías españoles

María Carmen MARÍN PINA

Desde que Garci Rodríguez de Montalvo compareció como traductor del cuarto libro amadisiano y de las *Sergas de Esplandián*, muchos fueron los escritores caballerescos posteriores que prefirieron presentarse como padrastros antes que padres, como traductores antes que autores, de sus propias creaciones. Aunque el recurso no era nuevo, en la pluma del medinés cobró un desarrollo especial y resultó en su formulación un tópico del exordio de extraordinaria vitalidad para el género. De su configuración y de sus variaciones en los libros de caballerías posteriores vamos a ocuparnos seguidamente.

En el prólogo del *Amadís de Gaula*, Montalvo renuncia a la autoría del libro y asume tareas editoriales y otras supuestamente traductoras. En principio, corrige los antiguos originales de los tres primeros libros «que estavan corruptos y mal compuestos en antiguo estilo, por falta de los diferentes y malos escriptores, quitando muchas palabras superfluas y poniendo otras de más polido y elegante estilo tocantes a la cavallería y actos della»[1]. A los libros revisados añade la traducción y enmienda del «libro cuarto con las Sergas de Esplandián su hijo, que hasta aquí no es en memoria de ninguno ser visto, que por gran dicha paresció en una tumba de piedra, que debaxo de la tierra en una hermita, cerca de Constantinopla fue hallada, y traído por un úngaro mercadero a estas partes de España, en letra y pargamino tan antiguo, que con mucho trabajo se pudo leer por aquellos que la lengua sabían» (págs. 224–225). Por el frontispicio de las *Sergas* sabemos que se trata de la traducción de un original griego escrito «por la mano de aquel gran maestro Helisabad, que muchos de sus grandes fechos vio e oyó»[2]. Los pormenores de la redacción se explican en el interior de la historia, en el capítulo XVIII del quinto libro.

Estas declaraciones de Montalvo han sido suficientemente estudiadas por la crítica amadisiana. Las primeras, referidas a la corrección y enmienda de los tres libros, remiten al tema de la primitiva versión de la obra, retocada y reelaborada

---

1 *Amadís de Gaula*, ed. de Juan Manuel Cacho Blecua, I, Madrid: Cátedra, 1987, pág. 225.
2 *Sergas de Esplandián*, ed. de Dennis Nazak, Nortwestern University, Ph. D., 1976, pág. 7.

estilísticamente por el medinés[3]. Las segundas recogen el motivo de la falsa traducción de una obra ajena, hallada al cabo del tiempo en extrañas circunstancias. Los materiales manejados en la confección de esta invención no son tampoco originales y han sido de igual modo identificados, pues responden a viejos recursos empleados ya en antiguas ficciones medievales y en las más tempranas muestras del género[4].

La tarea traductora asumida ficticiamente por Montalvo escasamente se ha relacionado, sin embargo, con la actividad intelectual de la traducción real, aspecto éste que, por el contrario, los escritores caballerescos posteriores desarrollan con mayor o menor fortuna en la asimilación del tópico[5]. Cuando los cultivadores del género ceden a las prensas sus infolios, el arte de la traducción estaba alcanzando un auge creciente. A finales del siglo XV y principios del XVI, coincidiendo con el desarrollo de la imprenta y con el afianzamiento de las lenguas romances, proliferan en la Península las traducciones y empiezan a discutirse sistemáticamente los problemas teóricos de la traducción que tanto preocupaban desde hacía algún tiempo a los humanistas italianos[6]. En los prólogos y dedicatorias, los intérpretes españoles elaboran una sucinta teoría de la traducción con tópicas observaciones sobre su oficio (métodos de trabajo, lengua y estilo del romanceamiento) que dan cuenta de los pormenores de la noble tarea. Esta

---

[3]   Véanse los comentarios de E. B. Place incluidos en su edición, *Amadís de Gaula*, III, Madrid: CSIC, 1959–1969, pág. 921 y sigs.; «Fictional Evolution: The Old French Romances and the Primitive *Amadís* Reworked by Montalvo», *Publications of the Modern Language Association of America*, 71 (1956), págs. 521–529. M. R. Lida de Malkiel, «El desenlace del *Amadís* primitivo», en *Estudios de Literatura Española y Comparada*, Buenos Aires: Eudeba, 1969, págs. 149–156. J. M. Cacho, *Amadís: heroísmo mítico–cortesano*, Madrid: Cupsa, 1979, pág. 357 y sigs.

[4]   El recurso de los autores ficticios figura ya, por ejemplo, en las anoveladas historias troyanas de Dares el Frigio y Dictis de Creta, recuperadas por Benoît de Saint–Maure en su *Roman de Troiae* (véase E. R. Curtius, *Literatura Europea y Edad Media Latina*, I, Madrid: Fondo de Cultura Económica, 1955, págs. 252 y sigs.; H. Thomas, *Las novelas de caballerías españolas y portuguesas*, Madrid: CSIC, 1952, págs. 15–16). Por su parte, el subterfugio de la adaptación o traducción de un libro ajeno lo emplean ya, entre otros, Geoffrey de Monmouth, Chrétien de Troyes y el autor de la *Demanda del Santo Graal*.

[5]   Un primer acercamiento al tema ofrece D. Eisenberg, «The Pseudo–Historicity of the Romances of Chivalry», en *Romances of Chivalry in the Spanish Golden Age*, Newark, Delaware: Juan de la Cuesta, 1982, págs. 119–130.

[6]   Para la traducción y sus problemas, véase M. Morreale, «Apuntes para la historia de la traducción en la Edad Media», *Revista de Literatura*, 29–30 (1959), págs. 3–10; *Castiglione y Boscán: el ideal cortesano en el Renacimiento español*, I, anejo 1 del *Boletín de la Real Academia Española*, Madrid, 1959, págs. 15–26. Theodore S. Beardsley, *Hispano–Classical Translations printed between 1482 and 1699*, Duquesne University Press, 1970; «La traduction des auteurs classiques en Espagne de 1488 à 1586, dans le domaine des belles–lettres», en *L'Humanisme dans les lettres espagnoles*, Paris: Librairie Philosophique J. Vrin, 1979, págs. 51–64. J. M. Laspéras, «La traduction et ses théories en Espagne au XVe et XVIe siècles», *Revue des Langues Romanes*, 84 (1980), págs. 81–92. P. Russell, *Traducciones y traductores en la Península Ibérica (1400–1550)*, Bellaterra: Universidad Autónoma de Barcelona, 1985, (con la reseña de P. A. Cavallero, *Incipit*, 8 (1988), págs. 145–149).

floreciente actividad pudo contribuir a la actualización de un gastado y socorrido recurso que encontraba entonces su réplica en la realidad y alcanzaba con ello más visos de verdad. Montalvo lo recuperó para el género y, desde la publicación de su obra, pocos fueron los autores caballerescos que no lo incluyeron como tarjeta de presentación[7]. Aceptarlo suponía declinar la autoría del libro y asumir ficticiamente la tarea de adaptación o traducción de obras ajenas, con una historia tras de sí cercana a la ideada por Montalvo y con unas variantes encaminadas a reforzar su dicho trabajo, tal y como ha estudiado Eisenberg[8]. Pocos fueron, sin embargo, los autores que consiguieron imitarlo en toda su complejidad y con similares resultados, pues muchos confundieron en una sola la doble función (editorial y traductora) asumida por el medinés.

La asimilación del modelo se hace en principio en términos análogos. Como Montalvo, y según recomendaban las normas retóricas para los prólogos, muchos parten de las limitaciones impuestas por el «flaco ingenio» para ocuparse de trabajos más elevados que no sean la traducción o adaptación de obras ajenas. El «rudo entendimiento» impide a Gabriel Velázquez de Castillo, a Juan Díaz o a Enciso, entre otros, emplearse en obras de profundo saber y les obliga a ocuparse de cosas más livianas y de menor sustancia como es el romanceamiento del *Clarián de Landanís* (Toledo, 1518, fol. + ij v), del *Lisuarte de Grecia* (Sevilla, 1526, fol ij r) o del *Florambel de Lucea* (Valladolid, 1532, fol. + j v). Sin embargo, y frente a lo que pudiera deducirse de estas fórmulas de humildad, de estas postizas confesiones de incapacidad, de debilidad y escasa preparación, la labor traductora no la consideran, como tampoco lo hacían los traductores medievales y renacentistas aunque emplearan similares fórmulas de presentación, una actividad intelectual menor. El romanceamiento es un trabajo digno de dejar «alguna sombra de memoria» (pág. 223), como parece deducirse de las palabras de Montalvo, una ocupación capaz de reportales fama. Al igual que los traductores reales, los intérpretes caballerescos, con una actitud de aparente humildad y recelo, encubren también su conciencia de benefactores públicos, pues no en vano llevan a cabo, como aquéllos, una empresa útil y necesaria[9].

El fruto de la tarea es más que evidente cuando, sirviéndose de la fórmula proemial del *attentum parare*[10], fingen adaptar o trasladar obras hasta entonces ignoradas. Como Montalvo, que publica lo que hasta aquí «no es en memoria de ninguno ser visto» (pág. 223), el bachiller Juan Díaz, con su traducción del *Lisuarte de Grecia* (Sevilla, 1526), trae «a la memoria de las gentes lo que en sí olvidado y escondido estava» (fol. ij v). Enciso se siente también satisfecho de la realización de su trabajo por ser él mismo la «causa que este tan excelente libro que tantos años oculto ha estado se descubra y paresca acá en nuestra España,

---

[7]   De hecho, contados son los escritores que no lo introducen. Renuncian al mismo, por ejemplo, el anónimo autor de don *Polindo* (Toledo, 1526) y Damasio de Frías y Balboa, *Lidamarte de Armenia* (Valladolid, 1568).

[8]   D. Eisenberg, *art. cit.*, pág. 122 y sigs.

[9]   Cf. con las declaraciones vertidas por los traductores en sus prólogos y estudiadas por T. Beardsley, *art. cit.*, pág. 52 y sigs.; P. Russell, *op. cit.*, pág. 8.

[10]   H. Lausberg, *Manual de teoría literaria*, I, Madrid: Gredos, 1983, pág. 244.

donde de todo en todo muy remoto y olvidado estava» (*Florambel del Lucea*, fol. + j v).

Este tópico del exordio, variante del «ofrezco cosas nunca antes dichas»[11], se presta mucho a la fabulación y es en este punto donde los autores caballerescos se alejan más de los modelos amadisianos, dejando volar su imaginación a la hora de relatar los orígenes de la obra traducida, los pormenores de su hallazgo. Si el cuarto libro de *Amadís de Gaula* y las *Sergas* se encontraron en la tumba de una ermita cercana a Constantinopla, los demás pueden hallarse en los lugares más insospechados. Feliciano de Silva descubre en sueños el paradero de la segunda parte de *Amadís de Grecia* (Cuenca, 1530, fol. 114 v) en la cueva llamada los palacios de Hércules; Paéz de Ribera registra su *Florisando* (Salamanca, 1510, fol. j r) como un libro procedente de la biblioteca de Petrarca y el bachiller Juan Díaz localiza *Lisuarte de Grecia* (fol. c v) entre las posesiones del maestre de la orden San Juan, en la isla de Rodas. Gonzalo Fernández de Oviedo confiesa haber encontrado el *Claribalte* (Valencia, 1519, fol. ij r) en un viaje por el reino de Tartaria y Beatriz Bernal el *Cristalián de España* (Valladolid, 1545, pág. 58)[12] rezando el viacrucis.

En casi todas las ocasiones, el hallazgo es en sí mismo una aventura maravillosa digna de admiración y asombro, pero pocos son los escritores que saben conectarla y coordinarla con otros componentes de la obra en sí como hace Montalvo. Si el medinés procura que los componentes de la superchería concuerden y no colisionen con las directrices generales de la historia, para lo cual finge encontrar las escrituras de Elisabad en el mismo escenario de la acción, Paéz de Ribera, Oviedo o Beatriz Bernal, por citar algunos ejemplos, no consideran esta posibilidad y convierten el episodio del hallazgo en una aventura independiente, ajena por completo a su su propio relato.

Ninguno escatima imaginación a la hora de inventar los orígenes del libro. Los casos de Torquemada y Estevan de Corvera son sin duda los más extremos, pues los dos consiguen el *Olivante de Laura* (Barcelona, 1564) y *Febo el Troyano* (Barcelona, 1576)[13] en el curso de una auténtica aventura caballeresca por ellos mismos protagonizada. También en esta ocasión el modelo amadisiano está presente, pues la experiencia vivida por Montalvo en el capítulo XCIX de las *Sergas*, señalada fuente de inspiración del famoso episodio cervantino de la cueva

---

[11] E. R. Curtius, *op. cit.*, I, pág. 131.

[12] Citamos por la edición de Susan Park, *«Don Cristalián de España» de Beatriz Bernal: edición modernizada con introducción crítica*, Temple University, Ph. D., 1981, que reproduce el texto alcalaíno de 1587.

[13] En la misma línea, Eisenberg, *art. cit.*, pág. 126, cita también la *Tercera parte del Espejo de Príncipes y Caballeros*. Aunque la obra de Corvera sea una servil imitación del *Espejo* de Ortúñez (véase la edición de D. Eisenberg, I, Madrid: Espasa–Calpe, 1975, pág. lix), el prólogo de *Febo el Troyano* está inspirado en el del *Olivante*. Claudio Bornat, impresor del libro de Torquemada, no respeta, sin embargo, el tópico de la falsa traducción en los términos fijados por el autor y en la dedicatoria dice haber encontrado la obra entre otros libros antiguos traídos de Francia, «y la hize traduzir de lengua griega en castellana» (fol. n.n.).

de Montesinos[14], es revivida, con desiguales resultados, por estos dos epígonos del género. Como se recordará, en el citado capítulo Montalvo sufre en sueños una extraña aventura en un palacio subterráneo, donde encuentra a los personajes principales de su propio mundo imaginario y conoce el final de la historia escrita por Elisabad. El lance, referido primero como visión sobrenatural, se explica finalmente como sueño y del mismo Montalvo sólo tiene como prueba de verdad la memorización que ha hecho del final de la historia de Esplandián seguidamente transcrita. Las aventuras vividas por Torquemada y Corvera en los extensos prólogos de sus libros pueden en principio relacionarse también con la tradición de los sueños e incluso con la de las visiones de viajes a ultratumba. Desviados de su camino, los citados autores llegan en sendos bateles hasta unos misteriosos parajes, identificados en ambos casos con los Campos Elíseos y el Paraíso Terrenal, donde, después de presenciar un suntuoso desfile de personajes clásicos y caballerescos, algunos incluso fruto de su propia creación, reciben de mano de los sabios Ipermea y Claridoro los libros objeto de la traducción. Pese a tantas similitudes, tampoco en este caso el modelo amadisiano ha sido recreado en toda su complejidad, ni los autores han sabido vincular el episodio al resto de la historia. Si Montalvo sitúa todo el episodio en las puertas del sueño, los escritores citados apenas llegan hasta sus umbrales y por ello no consiguen dar verosimilitud a lo narrado. Torquemada se acerca por un momento a sus aledaños, pues no sabe discernir en un principio si la aventura vivida ha sido «sueño o fantasía o visión» (fol. a3 v); el volumen físico del libro que tiene entre sus manos, el tonel del Olivante como lo llama Cervantes (*Quijote*, 1,6), le lleva a creer que todo ha sido realidad. Su imitador, Corvera, no llega ni siquiera a plantearse la duda.

Con tales subterfugios los autores refuerzan su trabajo traductor y hacen mucho más atractivo un libro que si por méritos propios merece ser traducido, cuánto más después de haberlo hallado en tan extrañas circunstancias. Al margen de este reclamo publicitario, el romanceamiento se realiza siempre en función del bien que el libro puede reportar al público y poco importa su laborioso traslado. La lengua originaria del escrito no es óbice para ello, porque los autores caballerescos presumen en su conjunto de gran competencia lingüística al traducir originales escritos en los idiomas más diversos. Las lenguas clásicas, griego y latín, son las más repetidas, en recuerdo quizás de la supremacía, autoridad y prestigio que otrora ostentaron frente «al rudo y desértico» romance. De hecho, este complejo de inferioridad lingüística tanto tiempo mantenido pudo generar en parte la superchería y forzar al escritor, según Alberto Blecua, a «inventar un original en lengua sabia que le sirve de modelo y que él, sin mudar una letra, ha

---

14 El episodio ha sido objeto de múltiples comentarios. Para sus fuentes caballerescas, véase M. R. Lida de Malkiel, «Dos huellas del *Esplandián* en el *Quijote* y en el *Persiles*», *Romance Philology*, 9 (1955–1956), págs. 156–162; H. Percas de Ponseti, *Cervantes y su concepto del arte. Estudio crítico de algunos aspectos y episodios del Quijote,* Madrid: Gredos, 1975, págs. 452–458. Una completa revisión de éstos y otros materiales empleados en la confección del pasaje cervantino brinda A. Egido, «Cervantes y las puertas del sueño. Sobre la tradición erasmista del ultramundo en el episodio de la cueva de Montesinos», *Studia in honorem prof. M. de Riquer*, Barcelona: Quaderns Crema, 1988, págs. 305–341.

traducido a una lengua romance para que pueda ser leído o escuchado por mayor número de personas»[15].

Acorde con el escenario de la acción, con el *topos* de la corte de Constantinopla, el griego es el idioma de los cinco primeros libros amadisianos y, por imitación, de muchas de sus continuaciones, del *Palmerín de Olivia* y *Primaleón*, así como del *Cirongilio de Tracia* o del *Espejo de príncipes y cavalleros*, entre otros. Sin embargo, excepción hecha de Francisco Vázquez, supuesto traductor de los dos primeros libros palmerinianos, y del mismo Montalvo, pocos son los escritores que «traducen» directamente de sus fuentes griegas, quizás por el mismo desconocimiento que de dicha lengua se tenía en la realidad[16].

Muy pronto los escritores complican el proceso de transmisión de la obra con nuevas traducciones interpuestas entre la supuesta versión original y la castellana. El romanceamiento se realiza en tales casos de la traducción intermedia, escrita casi siempre en latín, lengua sabia más asequible que el griego aun cuando cada vez eran más los que también la desconocían[17], o en una lengua vernácula. De crónicas latinas traduce presumiblemente Feliciano de Silva el *Amadís de Grecia* y el *Florisel de Niquea*; Bernardo de Vargas, el *Cirongilio* y Ortúñez de Calahorra, el *Espejo de príncipes y cavalleros*. Tal y como sucedía en el campo de la traducción real, los autores caballerescos no muestran tampoco ningún recelo por trasladar obras escritas en otros idiomas vernáculos[18]. La lengua toscana es elegida por Páez de Ribera, Juan Díaz y Basurto, autor del don *Florindo* (Zaragoza, 1530), para su artificio; la inglesa, por Enciso; la italiana y alemana, por Velázquez de Castillo. De este modo no son ellos los primeros en traducir un libro original, pues otros les han precedido en el noble arte, pero sí en verterlo a la

---

[15] A. Blecua, prólogo a su edición de *Libros de caballería*, Barcelona: Juventud, 1969, pág. 8. Lenguas más exóticas son el frigio (*Febo el Troyano*) y el caldeo (*Florindo*).

[16] Véase J. López Rueda, *Helenistas españoles del siglo XVI*, Madrid: CSIC–Instituto Antonio de Nebrija, 1973, cap. 6, fundamentalmente. Hay que recordar también que en los cinco primeros libros amadisianos no siempre queda claro que Montalvo sea el traductor; véase, por ejemplo, el cap. XCIX de las *Sergas*, pág. 530.

[17] La ignorancia de la lengua latina era ya muy evidente en el último tercio del siglo XV, véase Luis Gil Fernández, *Panorama social del humanismo español (1500–1800)*, Madrid: Alhambra, 1981, págs. 26–38; Domingo Ynduráin, «La invención de una lengua clásica (Literatura vulgar y Renacimiento en España)», en *Edad de Oro*, 1 (1982), págs. 27–29. La escasez de latinistas competentes se deja sentir por ello en las traducciones peninsulares (véase P. Russell, *op. cit.*, pág. 60).

[18] De hecho, buena parte de los libros de aventuras caballerescas, como *Roberto el Diablo*, *Oliveros de Castilla*, *Tablante de Ricamonte*, etc., se estaban trasladando por entonces del francés. Al poco de su publicación, muchos libros de caballerías eran también traducidos a otros idiomas (véase, por ejemplo, Anna Bognolo, «La prima traduzione italiana dell'*Amadís de Gaula*: Venezia 1546», *Annali della Facoltà di lingue e letterature straniere di Ca'Foscari*, 23, 1 (1984), págs. 1–29; G. Galigani, «La versione inglese del *Palmerín de Olivia*», en *Studi sul Palmerín de Olivia, III. Saggi e ricerche*, Pisa: Università di Pisa, 1966, págs. 239–288). Escapa a estas páginas el estudio de la adaptación del tópico de la falsa traducción en dichas traducciones.

lengua castellana, y esto no carece de mérito ya que están brindando al público una obra avalada por su propia historia editorial.

Si la lengua sabia o extranjera confiere autoridad al libro, el «romançe del tiempo» (*Claribalte*, fol. ij r), el castellano, asegura su difusión y se convierte en vehículo de acercamiento a los lectores, a la par que en garantía de éxito. Los autores del género no dudan de su potencialidad al escribir y le dedican en ocasiones sus elogios. El bachiller Juan de Molina, traductor del *Arderique* (Valencia, 1517) la considera «a todos en nuestros tiempos la más común y acepta» (fol. n.n.), y Bernardo de Vargas, superior incluso a la latina ciceroniana (colofón). Algunos autores expresan también su preocupación por buscar el estilo más apropiado para el romanceamiento. En este sentido, Feliciano de Silva considera que el «estilo común» favorece la lectura (*Lisuarte de Grecia*, fol. ij v), mientras que Gabriel Velázquez de Castillo duda a la hora de elegir el más apropiado y sin olvidar del todo el «estilo antiguo por ser cosa que algunos agrada y que mucha auctoridad a las tales historias pone», tampoco sigue «el moderno por entero, porque de cada hora parescen en nuestra Castilla muchos tractados con mayor ornamento de palabras y polideza dellos escriptos que este por mí podría ser» (*Clarián de Landanís*, fol. + iij r)[19].

En último término, algunos intérpretes caballerescos, aunque no se plantean los típicos asuntos lexicográficos o de índole lingüística que tanto preocupaban en general a los traductores, discuten también en sus prólogos problemas teóricos de la traducción y descubren ciertos pormenores de su quehacer literario, reforzando con ello también su supuesta actividad. La tarea se realiza escrupulosamente siguiendo distintos métodos. El bachiller Juan Díaz, por ejemplo, realiza una traducción *ad verbum*, «de letra a letra» (*Lisuarte de Grecia*, fol. c v) como él mismo indica, pues traduce del toscano «esta grande historia sin faltar ni acrescentar palabra, la qual en la misma guisa avía sido trasladada del original griego». Fuente a la que no duda en acudir cuando surgen pasajes dudosos, como el referido a don Guilán, para cotejarlos con la versión toscana y comprobar la exactitud de la traducción.

Gonzalo Fernández de Oviedo, Basurto o Bernardo de Vargas, por el contrario, traducen *ad sententiam*, método comunmente aceptado y aconsejado. Con la ayuda de un intérprete tártaro, el autor del *Claribalte* consigue traducirlo de «aquel bárbaro e apartado lenguaje [...] sumariamente, como mejor pude, e lo reduzí al romançe castellano» (fol. ij r). En una segunda etapa, durante su estancia en la India, escribió «más largamente aquesta crónica, sin olvidar ninguna cosa de lo sustancial della, continuando la sentencia istorial en este libro o manera de dezir

---

[19]   Contrastan con todas estas declaraciones las valoraciones de insignes defensores de la lengua castellana, como Alonso de Venegas o Ambrosio de Morales, para quienes los libros de caballerías, con sus mentiras y falsedades, no hacen sino empobrecerla y desprestigiarla. Sus juicios pueden verse en M. Romera Navarro, «La defensa de la lengua española en el siglo XVI», *Bulletin Hispanique*, 31 (1929), págs. 219–222. F. Rodríguez Marín, «La lectura de los libros de caballerías», Apéndice IV a su edición de *Don Quijote*, IX, Madrid: Atlas, 1949, pág. 58. E. Asensio, «El erasmismo y las corrientes espirituales afines», *Revista de Filología Española,* 36 (1952), págs. 93–94.

que no es tan breve como primero estava» (fol. ij r). En este punto, Gonzalo Fernández de Oviedo sigue una vez más los consejos de San Jerónimo y, para traducir toda la fuerza lingüística y estilística del original, parafrasea y amplifica lo previamente sumarizado. El autor de don *Florindo* tampoco se ata al rigor de la letra de las ficticias «crónicas persianas», fuente imaginaria del libro, y, además de aligerar los pasajes más prolijos, evita también los poco eminentes y sentenciosos (fol. lvij r). Bernardo de Vargas va todavía más allá en su su *Cirongilio de Tracia* y, junto a todas estas tareas, se atreve incluso a mejorar el original del sabio Novarco por encontrarse, en su opinión, totalmente deturpado; por ello, dice: «trabajé con diligencia, quitando lo superfluo y añadiendo lo que faltava como quedasse en toda perfectión»[20].

Estas fingidas reflexiones sobre el método, sobre la lengua y el estilo de la traducción, sobre la función y el trabajo del romancista demuestran que los autores de libros de caballerías al asimilar el recurso empleado por Montalvo respetaron la supuesta tarea traductora y la reforzaron con motivos y tópicos propios de la traducción real. A la sombra de este arte cada vez más floreciente y con los viejos subterfugios de presentación de libros, Montalvo y los escritores del género caballeresco acuñaron un socorrido tópico, el de la falsa traducción, con el que, además de otorgar autoridad y prestigio a lo narrado, dejaban su mente libre para fabular[21].

---

[20]   Citamos por la edición de J. R. Green, «*Cirongilio de Tracia*»: *An Edition with an Introductory Study*, Unpubl. Ph.D. thesis, Johns Hopkins Univ., 1974, pág. 6.

[21]   Al emplearlo, muchos autores pensarían defenderse con él de posibles censuras, como hizo Velázquez de Castillo en el prólogo del *Clarián*: «Y si en la historia algunas cosas dubdosas de creer paresceran, que a mí asssí parescieron también admirables, bien devo ser en ello avido por escusado, pues digo lo que hallé escripto sin exceder en cosa que de substancia sea» (fol. + iij r).

Un joc de terços. El tercer en la literatura catalana medieval. Una visió inicial

Vicent MARTINES
Universitat d'Alacant

Els tercers s'escampem, de vegades imperceptibles, arreu dels esquemes convencionals de la cultura cortés. Ara i ací sols us oferirem una visió inicial, ni general ni exhaustiva, de les seues funcions, dels papers en què, en la Literatura Catalana Medieval, fan la seua.

Ara com ara, el que primer ens crida l'atenció és l'*amor* mateix. En la literatura medieval, especialment allà on percebrem el tast cortés, l'amor no sols és el que hi ha entre els amants. Una passió[1], el desig o l'enyor, el dolor i la melangia per algú –diuen que una «dona»– sense defectes, plomall de virtuts, inexpugnable per això mateix; massa intractable, sempre inabastable perquè sovint no devia ser sols ésser humà. Entre ell i ella hi havia una mena d'amor que no els afectava només com a amatents. L'home voldrà elevar-s'hi i arribar, millor i purificat, a allò que l'amor representa[2]. La dona hi serà enmig, mitjancera en una relació relativitzada en la qual no sempre se sentia el que sembla.

L'amor se sublima. És, en part, perquè vora la segona meitat del s. XIII, calia que s'hi afermassen moltes coses. Hi havia les croades, la desfeta occitana i la condemna el 7 de març de 1277; marciran la *fin'amors*. Ella ha de fer bo l'anhel d'ell, de l'amant, un *drutz* –que tampoc no és sempre el que sembla– on ella pot no ser l'objecte desitjat de debó. Les funcions són, matisades i determinades, les d'una tercera[3].

---

[1] Cf. Lola Badia, «Introducció» a Anònim, *Història de Jacob Xalabín*, Barcelona: Ed. 62, 1986, pàg. 19, allà on parla de l'amor com a força i sentiment arrabassador, que fa d'eix narratiu.

[2] Vegeu Jean-Charles Huchet, *L'amor discourtois. La 'Fin'amor' chez les premiers troubadours*, Tolosa de Llenguadoc: Privat, 1987. Al cap i a la fi, el joc és trascendir, anar més enllà: Jacques Chiffoleau, *La compatibilité d'Au–dela: Les nommes, la mort et la religion dans la region d'Avignon a la fin de Moyen Age, vers 1320–vers 1480*, Roma: Ecole Française de Rome, 1980; i el clàssic Alfred Jeanroy, *La poèsie lyrique des Trobadours*, II, Tolosa de Llenguadoc, 1934. Moshé Lazar, *Amour Courtois et «Fin'Amors» dans la littérature du XIIᵉ. siècle*, París: Librairе C. Klincksieck, 1964; Charles Camproux, *Le joy d'amor*, Montpellier: Course i Castelnau, 1965; i amb René Nelli, *L'amour et les mithes du coeur, le corps femenin et l'imaginaire*, París: Hachette, 1975. Vegeu J. S. Lewis, *Allegory of Love*, Oxford, 1963; i les reflexions de L. T. Topsfield, *Trobadours and Love*, Cambridge: Cambridge University Press, 1975, pàgs. 70–110, i de Jean Markale, *L'Amour Courtois ou le couple infernal*, París: Imago, 1977, pàgs. 190–216.

[3] Cf. Joan Ramon Resina, *La búsqueda del Grial*, Barcelona: Anthropos, 1988, pàgs. 82–85; i, entre d'altres, l'encisant José Enrique Ruiz Doménech, *La mujer que mira. Crónicas de la cultura cortés*, Barcelona: Quaderns Crema, 1986, pàgs. 43–51.

L'aventura també ens abelleix. El desig de l'aventura fa esclatar el dinamisme narratiu i que siga més o menys actancial, més o menys descriptiu o reflexiu. On hi ha Lançalot[4] també hi ha ella, Genebra, i l'altre, Artús. Ella és qui dóna l'espasa de cavaller armat a Lançalot i qui el mena al seu destí d'amant escindit en el servei a la dama i el servei al cap.

I abans ja hi havia hagut la Dama del Llac. La Dama permetrà l'accés del seu cadell ensinistrat al bagatge previ del millor combatent i del millor amant[5]. Mentre, hi havia també la fada Morgana, germana d'Artús, la que el salvarà a Àvalon i la que, segles més tard, rebrà al de Torroella, en *La Faula*[6], després de la seua travessia mediterrània. La fada Morgana, en aquesta Faula, durà Guillem de Torroella davant el qui va ser cap d'herois i davant la llum d'Escalibor. Heus ací, l'espasa, l'element tercer que, com adés Morgana, ajudarà Artús en la crítica de l'estat del món d'aleshores. Si adés ho havia estat Morgana, ara l'Espasa unirà en un eix Artús i Guillem. Hi ha una altra espasa que, en canvi, impedirà unions. Més modesta, menys màgica i sense èpica, l'espasa de Melis[7], parada en el bancal del llit, entre Melis i l'esposa d'Amich no deixarà que hi haja cap efusivitat.

No hem de deixar de banda els tercers. Sense ells seria ben difícil comprendre els textos on són. Ens costaria molt d'entendre –no podria ser– que la comtessa del primer exemple de la *Salut d'Amor* acceptàs per fi els precs del jove cavaller que la tempta sense la font clara d'aigua que juspira en aquella clariana del bosc. Lluny, la remor de la cacera del cervol. Si no hi hagués aqueix espai, ara un lloc estàtic, la comtessa no s'hi avendria i no hi hauria la cavalcada de les set amazones en esperit sobre els cavalls blancs i de les altres set de montures negres[8]. Seria impossible, si més no, prescindir de la clariana bosquívola i del braçal d'aigua fluent en els *laisse*. Recordem, així, on és que Calisto veu Melibea: un jardí. Recordeu, finalment, que els enamorats jovençols del segon exemple de la *Salu d'Amor* sublimen de mort l'estima sempre honesta que es regracien a la riba d'un altre rierol.

Fins i tot en el *Blandín*[9] hi ha un fragment en el qual se suggereix directament l'entorn. La donzellla d'«aotramar» s'hi apareix[10]. Fins i tot hi ha una pinzellada per llegir –llegir i no sols imaginar– com i de quina manera va ser l'àpat que van celebrar Blandín i la donzella. Més avant fins i tot podrem saber

---

[4]   I, en la literatura catalana hi és: Vincenzo Crescini & A. Todesco eds. *La recerca del Sant Graal*, Barcelona: Institut d'Estudis Catalans, 1917; o bé Vicent Martines, *La versió catalana de la «Queste del Saint Graal»: estudi i edició*, II, Tesis doctoral, 3 vols.

[5]   Cf. Wolfgang Lederer, *La peur des femmes ou qynophobia*, Paris, pàgs. 22–27, en parlar de la «Mère Universelle». Molt més que una mestra, la Dama del Llac és un nòdul fèeric fet entitat humana.

[6]   A cura de Pere Bohigas & Jaume Vidal Alcover, Tarragona: Edicions Tàrraco, 1984.

[7]   Ramon Aramon i Serra, *Novel·letes exemplars*, Barcelona: Barcino, 1934, pàgs. 121–144.

[8]   Cf. Wolfgang Lederner, *op. cit.*, pàgs. 97–103 en parlar del misteri i del perill de segons quines «*femmes a cheval*».

[9]   Ed. a cura de C. H. M. van der Horst, La Haia: Mouton, 1974.

[10]   *Ibidem*, pàgs. 30–31.

com és de bonic aquell verger[11] que serà tan decisiu en l'acció que se'n derivarà. L'espai, els llocs, un tercer també.

També és significatiu que, en la *Comtessa Fidel*[12], l'esposa del comte que s'ha absentat, trie aqueix castell que és en aqueix lloc i no en un altre perquè el seu cunyat puga somniar en posseir-la[13]. Aquest bell palau i aquesta bella cambra seran les arenes on aqueixa comtessa demostrarà la seua fidelitat inquebrantable. Li seran propicis, a més, el riu (que recorrerà ple de risc), el monestir...

També hi pot haver escenaris de progressió espacial, bé per la separació, bé per la unió dels protagonistes. Frondino[14] se separa de la seua amada; marxa al turc cobdiciós de triomf. Però en tornar Frondino, els xafarders no s'encanten i s'afanyen molt a dir-li-ho: ella l'ha enganyat. Així, amb aqueixa separació, amb l'amor llunyà que són totsdos per a totsdos, és com hi pot haver l'espurna que encén la dinàmica epistolar que se'n deriva i que –d'altra banda– és el moll veritable de l'obra.

Hi ha aquest tercer també en el text exemplar de *La Filla del rei d'Ungria*[15]. Una doble partença. Ella deixa, canells de munyons, la casa pairal. Fuig del pare que la pretén incestuós. Després, una altra barca la durà lluny de la Marselha benigna i l'allunya del marit que l'espera. Un riu i la mar i un monestir també faran de guarnimets tercerials. I no deixem sense visitar el castell de la «comtessa velha». La mare del comte de Marselha s'ha mudat a un castell –suposem que fred, fosc i de cairells rosegats– que és «riba mar». S'ha ofés mortalment perquè el seu fill, l'hereu, s'ha casat en secret i sense el seu consentiment amb aqueixa donzella nouvinguda, manca i a qui ningú no entén. No sap que és filla de rei... Des del castell barata la carta preciosa i esperada que el marit trametia, des d'*Ungria*, a l'esposa. Sap que amb una carta falsa i terrible li farà molt de mal.

Les cartes[16]. La vella, gelosa, envejosa i «gardadora» encara del seu fill, interromp el correu[17]. S'aprofita del seu ascendent de comtessa mare i fa que el missatger es restaure i dorma al castell. Marselha encara no és aprop. Feble nexe resulta aquest tercer i tanmateix de mal averany tan decisiu per a la princesa[18].

---

[11] Vv. 1287–1297.

[12] Ramon Aramon i Serra, *op. cit.*

[13] «Donch –dix la dona [al cunyat desitjós]– vostra voluntat sia complida. E pus que axí és que a fer ho havets e tan gran peccat havem de cometre, fassam-ho en tal manera e.n loch que nenguna persona no.n pusca res saber. –E lo cunyat vehé que la dona ho consentí, fonch molt alegre e pegat, e dix a la comtessa: –En aytal castell, prop de Roma, vós havets senyora, qui és a la desexida del comptat, e és en loch selat e prop de hun gran bosch [heus ací la boscúria, vegetació, recer i humitat amena]. E fets-hi fer un bell palau e huna bella cambra–». (pàg. 102).

[14] Arseni Pacheco & August Bover, eds., *Novel·letes sentimentals*, Barcelona: Edicions 62, 1975.

[15] Ramon Aramon i Serra, *op. cit.*

[16] Ibn Hazm, *El collar de la paloma*, a cura de Emilio García Gómez, Madrid, pàgs. 143–147 i 149–153.

[17] *Ibidem, loc. cit.*

[18] *Ibidem, loc. cit.*

Les epístoles de la *Història de Frondino* són tota una altra cosa. Terceres, esdevenen l'objecte i text únic, protagonista vehicular de la novel. la. Fins i tot, no són mitjà; són fi. Ja som en un altre temps[19].

El lloc també és espurna narrativa i discursiva en els *Planys del cavaller Mataró*[20]. Els amants deixen de confluir en la trobada comú de la finestra[21]. La finestra, ara, és tancada. Ella és en una altra cambra, en un ambient interior, mirant no se sap a on. Festeja amb Nostre Senyor, pregant.

Astorat, el cavaller se n'aclamarà a una amiga. Li demanarà que interceda per ell, que faça de tercera eficaç (vv. 265–268). Però la seua gestió no reeix. En tornar, la tercera sols pot dir–li com l'ha vist. Ni tan sols ha pogut parlar amb ella (vv. 289–299). Aquesta descripció segurament va desanimar el postulant. Abandonava l'amor profà i carnal; rebutjava la concupiscència. S'hi estava «molt humil e simple»[22]. És l'èxit dels oficis perlocutius d'un altre tercer. Ella mateix ens diu les raons del seu canvi de parer (vv. 349. 350). Es va confessar amb «Frare Pere [...] d'una/ orde que és prés d'ací». Aquest frare li havia fet comprendre que l'opoció del cavaller Mataró era de natura molt perillosa. «Lo diable vos ha escalfada» (v. 458) li dirà; «no us poden venir/ sino mals/ e deshonor e blasmes grans» (vv. 491–492). Una altra vegada les raons de la por, l'amenaça d'un després sempre infecte, deshonorós i de condemna.

Frare Pere ha fet de tercer amic entre Nostre Senyor i ella, alhora que feia d'enemic, xafarder i «gardador» (d'ella) entre la dama i Mataró. Frare Pere l'aconsella i ella defugirà l'harmonia tangible d'una passió mundana[23].

Ha estat un conflicte de terços. L'amiga comú que treballa per Mataró i Frare Pere, que està per un altre. No podem sostraure aquest joc de bons oficis i la genuflexió de la dama capgirada al joc d'oposicions entre els cavallers i els

---

[19] Ovidi, *Artis Amoris*, a cura d'Henri Bornecque, I, París: Les Belles Lettres, 1967, pàgs. 437–461, deia: «Disce bonas artes, moneo, romana iuuentus, / non tantum trepidos ut tuerae reos; / quan populus iudexque grauis lectusque senatus, / tam dabit eloquio victa puella manus. / Sed lateant vires nec sis in fronte disertus».

[20] Arseni Pacheco, *Blandín de Cornualla i altres narracions en vers dels segles XIV i XV*, Barcelona: Edicions 62, 1983, pàgs. 202–222.

[21] Ben bé, la cultura cortés no seria sense el festeig de les finestres. Cf. José Enrique Ruiz Domenech, *La mujer...*, pàgs. 27–32.

[22] Sembla que no s'avendria gens bé als jocs de les taules redones, ni a cap altra manifestació externa o interna del món dels cavallers, el món de l'altra banda de la finestra. Ella havia triat un estimat i un món que no era d'«ací». Véase Martí De Riquer, «El joc de la Taula Rodona», *Suplementos. Anthropos*, 12 (1989), pàgs. 123b–124a. Ovidi, *Artis Amoris*, III, pàgs. 133–167, escriu uns consells ben sucosos pel que fa a l'abillament, bé el femení, bé el de l'enamorat pretenent. Bernat Metge, *Lo somni (Libre terç)*, a cura de Lola Badia & Xavier Lamuela, Barcelona: Selecta, pàg. 213, diu: «sinó que les aigües, perfums, algàlia, ambre e coses aromàtiques que porten supleixen llur pudor, pinten–se ab inumerables ungüents e colors». Francesc Eiximenis, *Contes e Faules*, Barcelona: Barcino, 1925, pàg. 64 [extret del *Terç del Crestià*, cap. DCCIX] ens contarà, burleta, com va quedar una dona tan «arreada» després que una contingència inesperada l'afectàs allà on mès greu li sabia.

[23] La dona estava limitada, molt i més. Cf. José Enrique Ruiz Domenech, *La mujer...*, pàgs. 169–189.

religiosos[24]. Un joc, aquest, que esvaeix l'acció dels tercers i, fins i tot, la significació moral, amorosa i textual de l'actitud de la dama.

Aqueix frare, de tota manera, va fer d'enemic dels amors d'un cavaller i d'una –suposem–ho així– donzella. El Dimoni, enemic i rival, també ho era, enemic i a més rival, allà, al Cementeri Perillós, en segrestar en cos i ànima aquella bella jove[25]. I l'enemistat es basa, sovint, en l'enveja[26]. Aquest pecat capital, roent i malagradós del tot per a qui el comet, es transmuta amb faç diversa. Així, el comte Arderich de l'*Amich e Melis*[27], denuncia davant Carles Maynes mateix els amors de Melis i la seua filla, princesa de l'imperi[28]. El comte Arderich ha fet de *censor*[29]. I, si ho sabia, era perquè els espiava[30].

Sempre l'enveja, sobretot l'enveja. De vegades el gelós[31], l'envejós[32], l'enemic[33] o el rival[34] reben el castic[35]. Però, així i tot, no passa sovint que hi haja un enfrontament directe –i molt menys a mort– amb l'obstacle de la relació. Sí que hi ha blasmes i pors. Sempre s'estimaven més intentar d'eludir la seua influència, fer el joc en la part que els tocava: ell i ella intentant deixar de banda un tercer no grat. S'estimaven més continuar el joc dels terços.

---

[24] Judith L. Kellog, «Economic and social tensions Reflected in the Romances of Chrètien de Troyes», *Romance Philology*, 39 (1985), 117 i 119; Georges Duby, *Les trois Ordres de l'imaginaire au fèodalisme*, París: Gallimard, 1974, pàg. 365; i molt especialment, Paul Meyer, «'Le Chevalier, la dame et le clerc', fabliau anglo–normande», *Romania*, 1 (1872), pàgs. 69–91; Paul Zumthor, *Essais...*, pàgs. 474–475; i Arnold Hausser, *Historia social de la literatura y del arte*, Madrid: Guadarrama, 1967, pàgs. 212 i 218.

[25] Anònim, *El Cementerio Peligroso*, a cura de Luis Alberto de Cuenca, Madrid: Siruela, pàgs. 26–32.

[26] Vegeu Glynnis M. Cropp, *op. cit.*, pàgs. 270–271.

[27] Ramon Aramon i Serra, *op. cit.*

[28] «–Ho senyor rey! [diu Arderich] ¿E com podets sofrir que Melis, traydor vostra, vos servescha ne vos estiga devant, com ell ha afanyada mort? E molt deonor que.us és, que així estiga davant la vostra magestat, car sapiats per cert que vostra filla vos ha enganada e hahuda a ses volontats» (pàg. 129).

[29] Cf. Soledad Gibert, «Un tratadito de Ibn Jatima sobre los enemigos de los amantes (Notas sobre el ms. 5794 de la B.N. de París», *Al–Andalus*, 18 (1953), pàg. 14: «la décima [diferència entre censor i espia] es que el censor habla, y con el que habla puede uno desahogarse, mientras que el espia calla y no puedes ver ni saber lo que tiene dentro: 'Me aparté de él, ¡y cuántas veces el silencio / cs más elocuente de las palabras!'».

[30] *Ibidem*, «El espia es un enemigo declarado» (pàg. 13), «el espia es un envidioso», (pàg. 14).

[31] Vegeu Glynnis M. Cropp, *op. cit.*, pàgs. 246–250 i, abans, pàg. 169 ens diu que «gelosia» és un dels conceptes oposats a la *mezura* i, per tant a l'amor cortés.

[32] Vegeu nota 53, A més, vegeu què diu Henry Bornecque en les seues anotacions a l'Ovidi de l'*Amores Artis*: «Ne pas croise trop rite à l'existénce d'une rivale», Soledad Gibert, *op. cit.*, pàg. 15.

[33] Ovidi, *Artis...* II, pàgs. 373–408 i 410–425. L'enemic per excel·lència és el «lauzengier». Vegeu Glynnis M. Cropp, *op. cit.*, pàgs. 237–246, allà on, a més, podem llegir què hi ha sobre l'origen de «lauzengier»

[34] Ovidi, *Artis...*, II, 539–540: «Riualem patienter habe; victoria tecum / stabit; eris magni victor in arte Iouis». Vegeu notes 53 i 55.

[35] Vegeu ens en diu l'Ovidi de l'*Artis Amoris*, II, 539–540.

No deixa de ser significatiu que Melis no s'enfronte amb el comte i que siga un tercer no complicat directament en l'afer qui, per amor amical, s'hi jugue la pell. Amich s'arma amb les eines de Melis, s'enfronta al comte envejós i el mata. També va tenir el seu castic el gilós de Ramon Vidal de Besalú[36]. I un altre, potser encara més terrible, la Viuda Reposada del *Tirant*. Hi ha enemics que sols malparlen i són xafarders impecables. El *Frondino* comença amb un avanç de l'argument i ens explica que vol contar–nos un *dictat* sobre una *fina amor veraia* (v. 6) entre dos amants que «per fals jutjaments/ dels malvats envejós» (vv. 8–13). La inculpació de Brisona és cosa dels que, amb els mots, enganyen[37]. Però la difamació ja era un fet. I Frondino se'n dolia[38]. I els envejosos arremeten contra el Curial. La Güelfa s'enamora, perduda i madura. Ell, sembla, li correspon. A poc a poc més atencions, més conversa i el bes. Tot plegat desperta i dispara l'enveja d'uns vells senyors. Hi ha el perill que perda honor i fama, la Güelfa[39].

La Viuda Reposada, per una altra banda, és un paradigma d'antologia de tercera envejosa. Mai no deixa de ser un enemic sempre disfressat de xafardera. «Carmesina seria la primera qui us portarà al corral de perpetual e amarga dolor»– diu a un Tirant massa embadalit amb Carmesina[40]. Sembla que tot el joc de terços es redueix al respecte o no de la discreció[41]. Els jocs de la cultura cortés s'han de fer amb l'equilibri del que no és públic i tampoc no secret culpable. Hi ha un concert ritual com més variat millor que no ha de rompre mai el glaç lleu de la *mezura*[42].

Rivals, enemics, envejosos tots, gelosos aparents, *gardadors*[43] tots dels propis interessos. Però el *gardador* pot ser amic o enemic, tot dependrà d'on se situe l'objecte que guarda. Així, és amic en el *Frondino*, per exemple, quan se'ns diu que «L'amic ab qui anava/ per guardar sa honor» (vv. 379–380), dóna servei útil; o quan també tenim que, al mateix text, «Laixce ab valedor/ que ell hi hac en son lloc, / és així part com pot/ az ella se n'anec, / que ja mai no pausec/ entrò que pres li fo» (vv. 381–385).

---

[36] Un castic més lleuger, per sort. Cf. Martí de Riquer, *Història de la literatura Catalana*, I, Barcelona: Ariel, 1980, pàgs. 116–119.

[37] El narrador de la *Història* ens ho diu: «Mai gent, que en mal parlar / totstemps troba sabor, / difamec ab error / la prous domma Brisona, / disent quez ella dona / s'amor az un gai noble, / e quaix trestot lo poble / li déron mala fama;» (vv. 250–256).

[38] «La tua noble persona escarnida per algun enganador, faent–te semblant de amor, sia en greu difamació esdevenguda. Totes estes penes ensems unides me tenen en dura e cruel pena». (pàg. 29).

[39] [els vells envejosos diuen] «malmét e dóna [la Güelfa] a aquell tacany de Curial, lo qual li farà perdre no solament la honor ans encara la fama», Barcelona: Barcino, 19, pàg. 32.

[40] Joanot Martorell & Joan Martí de Galba, *Tirant lo Blanc*, a cura de Martí de Riquer, Barcelona: Ariel, 1979, cclxvi, 773.

[41] Ovidi, *Artis...*, II, 602–604, ens diu que en l'amor cal la discreció absoluta: «exiqua est uirtus praestare silentia rebus; / at contra gravis est culpa faguenda loci».

[42] Vegeu Glynnis M. Cropp, *op. cit.*, pàgs. 421–426.

[43] Vegeu Glynnis M. Cropp, *op. cit.* pàgs. 250–253. Ovidi també s'hi va interessar en *Amores*. El *gardador* de vegades feia d'espia, com deia Ibn Hazm, *op. cit.*, pàgs. 167–171.

La Viuda Reposada és guardadora amiga de la part de Tirant. Com també ell, a Sicília, ho serà de la part del francés. Vol servir–lo: «que ab la mia indústria vos faça venir a notícia de totes les coses que ignorau, e que en los fets de la princesa no siau decebut en vostra opinió, com ella se sia despullada de tota pietat, e de la honor sua, de son pare e de sa mare». (CCLXVIII, 775). Ella és guardadora d'interessos, els seus, pels quals és ben capaç de fer–ho i del malfer–ho tot: «jo faré tant que jo el faré [a Tirant] venir al que desige, encara que sàpia dar la pura ànima al diable per eixir ab la mia intenció». (CCLXIX, 778).

La gran amiga, el model inimitat de terç favorable, *gardadora* de la seua dama i de la vergonya pública i cavalleresca del pretenent de la seua dama és, sense dubte, Plaerdemavida. Al guerrer de Martorell també va caldre l'altre terç. aquesta donzella serà qui, en el capítol CCXXXIII, li retraurà les seues febleses en l'amor, indignes per a qui hom suposava tan bon cavaller. Tirant mateix ho reconeixerà: «Vós m'haveu donada més notícia de mos defalts que no ha fet nengú confessor per gran mestre en teologia que fos». Plaerdemavida no és com la Celestina.

Plaerdemavida no és així. Ella va forçar que Tirant assolira la seua princesa. Plaerdemavida és molt més que còmplice[44]. Ella és l'espurna que encén, en el llit de la Carmesina, la passió que socarrava Tirant. Ella burla el munt de recursos que l'univers sentimental cortés havia bastit per refredar les acomeses amoroses. Aquesta és, en el fons, la funció servada a tanta convenció i cortesia, a tant de romanç cavalleresc.

Com ara Plaerdemavida, el tercer és, de debó, un terç d'un joc. Més que no una *relació* amorosa o venturada, hi ha un joc en el qual els amants, sols, no poden fer–se res. Són dos terços d'un triangle on el tercer, amic, burlarà els clevills de tanta convenció o que, enemic, dificultarà amb dolor i ardits –motius de més desig i de més amor– l'estima dels amants. El triangle feudal és també *amorós*. Hi ha tres terços que juguen entre ells i que fan els textos, els amors i les ventures.

---

44   Ovidi, *Artis...*, 251–256, «Sed prius ancillam captandae nosse puellae / curasit; accessus molliet illa tuos; / proxima consiliis dominae sit ut illa videto, / neue parum tacitis conscia fida iocis. / quod petis, ex facili, si volet illa, feres.», ens parla de la complicitat de la serventa com un dels mitjans més eficaços per plaure i conquerir.

La coherencia textual en el *Libro de Alexandre*

Esther M. MARTÍNEZ
William Paterson College

Desde fines del siglo diecinueve se ha discutido los elementos constitutivos de la «cuaderna vía». Los estudios sobre el tema han tratado cuestiones puramente técnicas, como el metro, la rima, y el uso de la diérisis o el hiáto; cuestiones de léxico o de dialecto de los manuscritos; las fechas y transmisión de manuscritos existentes; el contexto histórico del poema; los recursos retóricos de que se vale; sus fuentes literarias; el público al que se dirigía; su autoría.

Pero la polémica más encarnizada y duradera se ha reservado para la definición de la forma poética–narrativa que se denomina «cuaderna vía»: ¿qué es y qué la distingue de otras formas de poesía narrativa de la época?

Las muy bien conocidas definiciones ofrecidas por los poetas del *Libro de Alexandre* y del *Libro de Apolonio*, lejos de aclarar la cuestión, sólo han servido para dar pábulo al fuego. ¿Qué es «clerecía» y cómo se diferencia de «juglaría»? Las protestas de estos autores que su poesía es la una y no la otra ¿es una aseveración que se pueda tomar literalmente? Si son dos estilos auténticamente dispares, ¿en que yace su diferencia? ¿Se justifica el calificante de «clerecía» solamente por el uso de estos poetas de fuentes latinas, o por su empleo de figuras retóricas? ¿Habrá otros métodos disponibles para enmarcar este estilo de poesía?

Un método que quizás sea útil en esta búsqueda de los elementos que constituyen el estilo «cuaderna vía» es la aplicación de las teorías del análisis de discurso que desarrollaron van Dijk, Halliday y Hasan, Givón y Grimes durante los años 70 y a principios de los 80[1]. Estos teóricos llevaron el análisis del discurso más allá de la frase para hablar de cómo obraban reglas de coherencia entre elementos y niveles de discurso para producir una semántica coherente para el texto base. Se puede discubrir una diferencia básica entre los poemas de clerecía y otros poemas narrativos viendo los procedimientos de que se sirve la «cuaderna

---

[1]   Teun A. van Dijk, *Macrostructures: An Interdisciiplinary Study of Global Structures in Discourse, Interaction, and Cognition,* Hillsdale, New Jersey: Lawrence Erilbaum Assocs., Publs., 1980; Joseph E. Grimes, *The Thread of Discourse,* Paris, The Hague: Mouton & Co. B.V., Publs., 1975; Talmy Givón, *On Understanding Grammar,* New York: Academic Press, 1979; Michael A. K. Halliday and Ruqaiya Hasan, *Cohesion in English,* London: Longman Group Ltd.,1976.

vía» del siglo XIII[2] para producir una narrativa coherente, especialmente a nivel de la claúsula, el nivel más fundamental para la expresión semántica. A partir de la claúsula, la narrativa sigue construyéndose a niveles progresivamente más altos: la escena, el episodio, el poema. En la épica, por ejemplo en el *Cid*, no sólo la progresión del hilo narrativo, sino la progresión de proposiciones a todo nivel de la estructura del poema – escena, episodio, texto –se presenta de manera temporal– y espacialmente linear. Pero en el caso de la «cuaderna vía», por ejemplo en el *Libro de Alexandre*, esa progresión linear se rompe conscientemente para producir una complejidad semántica ajena a la épica. Y esto se logra a pesar de que las reglas sintácticas y métricas de la «cuaderna vía» son lo suficientemente rígidas para lidiar contra esa libertad de complicación.

Tomemos como texto el *Libro de Alexandre*. La progresión de la historia es linear, desde el nacimiento de Alejandro hasta su muerte. En orden igualmente linear se cuentan los episodios que constituyen esta trama. En esto no difiere del *Cid*. Pero es a nivel de episodio, y más, a nivel de la claúsula que empezamos a ver diferencias en modalidades de coherencia.

Cada episodio es cuidadosa y explícitamente vinculado al anterior y al posterior, no sólo por frases de transición en los puntos de encuentro, sino por múltiples referencias internas, de caracter variado, que dan diferentes perspectivas o resonancias a ciertas acciones claves. Cuando estos vínculos faltan en el *Alexandreis* de Châtillon, su fuente principal, nuestro autor altera el orden de episodios en su fuente, los adapta de otra fuente o los inventa.

El episodio del primer intercambio de cartas, por ejemplo, sigue al de la peroraración de Alejandro a sus tropas después de haberles contado la historia de la caída de Troya. En el poema de Châtillon el episodio de las cartas sigue a la visita de Alejandro a Jerusalén. Nuestro autor traslada esta visita a un período mucho más tardío de la historia[3], reemplazándola con el cuento de la destrucción de Troya, que adapta del *Ilias latina*. Lo que en el poema latino había sido una secuencia puramente temporal, un «entonces ocurrió esto», se convierte en una consecuencia lógica de proposiciones de tipo causal/condicional. La arenga de Alejandro, sirviéndose de la antigua gloria de sus antepasados para inspirar en los guerreros griegos el anhelo a la gloria y la fama, resulta directa e inmediatamente[4] en el levantar tiendas y emprender una serie de algaras. Por lo cual Darío, habiéndole llegado noticias de las incursiones de Alejandro[5], le manda carta. La yuxtaposición de la digresión troyana y el episodio del primer intercambio de cartas hace de la primera un presagio y un microcosmo, y del segundo una

---

2   Me limito a los poemas del XIII, ya que algunos poemas de clerec!a más tardíos presentan complicaciones de estilo aún no estudiadas dentro de este contexto. El *Poema de Yusuf*, en particular, no parece compartir de los mismos procedimientos de coherencia que discutimos aquí.

3   Lo coloca (1131–1165) después de la derrota de Darío en la batalla de Isso, integrándola a su avance hacia Egipto.

4   «*Quando* entendio el rrey que estauan ardientes... fizo rrancar las tiendas.... *por* yr buscar a Dario...» (773, numeración de Willis). Todo énfasis es mío en ésta y siguientes citas.

5   «Tanto pudo la fama por las tierras correr / *fasta que* ouo Dario las nueuas a saber...» (776ab).

continuación en el tiempo y una repetición en cuanto a tópico. Estos enlaces a altos niveles, catafóricos y anafóricos, se continuarán actualizando dentro del episodio de la primera carta.

Aunque son fácilmente distinguibles los dos episodios, se podría decir que la conversación de Darío y Alejandro comienza en el episodio anterior, frente a las murallas de Troya. Este discurso de Alejandro, junto a la respuesta de los suyos, sirve de microcosmo a los discursos del episodio que sigue. Así, cuando la primera carta de Darío le acusa al macedonio de ser «nueuo gerreador» (780c), «niño de dias de seso bien menguado» (781a), «mal conseiado» (781d), que «andas con grañt locura» (781b), comparándolo a árbol joven y tierno ante la escarcha (782), ya Alejandro, con su sagaz manipulación de los suyos, ha refutado estos insultos. No sólo sabe valerse Alejandro de la oportunidad que le ofrece la antigua victoria para animar a sus soldados, sino que sabe también aprovecharse del entusiasmo que ha generado:

> Quando entendio el rrey que estauan ardientes
> los cueres saborgados encendidas las mientes
> fizo rrancar las tiendas mando mouer las gentes
> por yr buscar a Dario a las tierras calientes. (773)

Aunque Darío haya emprendido la lucha, ya la ha perdido antes de que Alejandro haya ofrecido ninguna respuesta.

La carta del monarca persa viene acompañada de tres objetos con designados significados de juguetes de niño. Así se pone en pie el juego de refencias metafóricas con que intentan desanimarse los dos reyes. Repite Darío en su carta la amenaza que había expresado ante los suyos, cuando primero recibió noticias de las incursiones de Alejandro: «sertehe a mis rrapazes prender a enforcar/ commo mal landronçillo que anda a furtar» (784cd). Y por último, le advierte que le es superior a Alejandro en cuanto a riqueza, número de gentes, y cantidad de armas. Estas ventajas ya se han demostrado, en el caso de los troyanos, no ser de ninguna manera imposibles de superar. Todo el resto de este episodio es una cuidadosamente estructurada respuesta a estas acusaciones y a estos retos, comenzada ya en la peroración de Alejandro ante las murallas de Troya.

El subepisodio que sigue describe de manera escueta las algaras que demuestran, a través de acciones, la habilidad militar de Alejandro. Antes de que llegue la carta de Darío, ya se ha comenzado a refutar, por segunda vez, que Alejandro sea joven incapaz manipulado por sus consejeros. También se desvaloriza de antemano, por evaluación explícita del narrador, al monarca persa, hombre inexperto en la guerra, aunque –y aquí se repite– «era rico y era poderoso / sysquiere de vasallos sysquiere de thesoro» (778ab). No sólo recuerdan estas frases el discurso de Alejandro en Troya y anticipan la riqueza y recursos de que se va a jactar Darío en su carta, sino que se se extiende el alcance de la observación con referencia hipotética catafórica: «asy fuese ligero e fuese venturoso / non fuera Alixandre a Jndia tan gozoso». (778cd). Este es uno de los frecuentes vínculos extraepisódicos que rompen los confines temporales locales.

La carta del monarca persa tiene el efecto que se esperaba en los hombres de Alejandro. Pero, por supuesto, no en éste. ¿Cómo va a responder Alejandro a los insultos y amenazas de Darío? No de inmediato con otra carta, sino con un peroración a los suyos. Y el poeta tiene cuidado de explicarnos por qué: «Entendio Alexandro luego las voluntades, / Dixo les ya varones quiero que me oyades» (787ab). Causa y efecto se especifican siempre en este poema.

La peroración está admirablemente estructurada a base de metáforas «ex maiore ad minus» y «ex minore ad maius». En ella se contestan las aseveraciones de Darío en cuanto a su superioridad en oro, hombres y armas. Pero no se refiere a las otras dos acusaciones: que Alejandro es niño mal aconsejado, y que es ladrón. Lo de ser joven inexperto lo ha comenzado a refutar ya: primero en su discurso en Troya y su uso inmediato de su efecto, y ahora mismo en su perspicaz y efectiva arenga, donde está clarísimo que es Alejandro el que capitanea a los suyos y no lo opuesto. La refutación de este punto seguirá en la siguiente escena donde se unirá a la refutación de la carga de ladrón. Esta última también se podría decir que se había invalidado con el episodio troyano, ya que la comparación entre la antigua invasión y la presente imparta a ésta cierta nobleza de motivación: al lector se le había acordado que tanto la antigua invasión como la de Alejandro habían sido provocadas por abusos persas[6].

Alejandro se dirige a los mensajeros de Darío y les anuncia que los va a ahorcar, cada uno en su otero. Y los griegos protestan que hacerlo no sería digno de él. La amenaza y el antimema de que se sirve Alejandro para justificarse tienen cuatro funciones. Primero, el macedonio les ofrece oportunidad a los suyos, animados y vueltos al buen humor y a un sentido de solidaridad con su líder, de participar con él en un cruel chiste a cuesta de los mensajeros persas (e indirectamente del monarca que representan). Con esto sus soldados se animarán aún más, viendo en vivo la debilidad de su enemigo. Segundo, demuestra «por vía de los ojos» la diferencia entre la arrogancia de Darío, que pronto se verá vacía, y las afirmaciones de Alejandro, que nunca ha tenido ni tendrá que retirar. Tercero, constituye una respuesta irónica a la acusación de ladrón. Recuérdese que tanto Quintiliano en su *Institutio oratoria* (6.3) como Plutarco en su *Moralia* alababan la ironía como recurso efectivo en el argumento y en la defensa propia. Ya que éste era el último punto en refutarse, podemos pensar que se trataron en orden inversa de importancia (también técnica recomendada por las retóricas): recursos superiores, juventud de Alejandro, el ser felón éste. Y por último, la amenaza de ahorcar a los mensajeros también tiene función conectiva, ya que Darío había amenazado (784c) a Alejandro con la horca como castigo propio de su bandidaje[7]. Con la generosidad de Alejandro hacia los mensajeros se vuelve a

---

[6]   Vlixes & los otros *que fueron tan lazrados*
        si tanto non lazrazen non serien vengados
        mas *por que* fueron firmes & fueron denodados (766abc)
        .....
        podemos defta cosa *pro de enxemplos veyer* (767d)

[7]   La horca era castigo común para ladrones y bandidos de camino, pero no se solía aplicar a nobles: el insulto se agrava por la implicación de que Alejandro no merecía ser considerado de

insistir en lo poco significante de la riqueza superior de los persas y en el caracter noble de Alejandro.

Se responde por carta a la de Darío solamente después de que se hubiera ya refutado las declaraciones de éste en las dos escenas anteriores. La carta propia no necesita responder a la acusación de ladrón y a la referencia a su juventud y falta de dominio sobre los suyos. Refiere al insulto de que es «loco» sólo para declarar que entiende muy bien los tres signos que le mandó Darío. Y los reinterpreta de tal modo que la riqueza de Darío se convierte en el futuro haber de Alejandro, la pelota en el mundo que dominará y la correa en látigo con que derrotará a su ejército. Así se vuelve a una visión totalizadora, catafórica, del futuro que les espera a estos dos monarcas, y, con la participación del lector enterado, también se recuerda la ironía cruel de este destino, ya que tanto Alejandro como Darío perderá este poder total pero elusivo e ilusorio.

Entre esta escena y el siguiente episodio, el del segundo intercambio de cartas, el poeta nos cuenta lo que había estado haciendo Darío mientras esperaba respuesta de Alejandro: juntando un ejército de todas sus gentes para luchar con los griegos. En la estrofa 809, la arenga que Darío da a los suyos se comprime en cita de sólo un verso: «dixo darmeha las parias el jnfañt rrefertero» (809d). Aquí se repite la idea de que Alejandro es vasallo rebelándose contra su señor (lo que hace de su incursión a Persia un género de asalto de camino, que como hemos visto se podía castigar con la horca). También, se insiste en la caracterización de Alejandro como joven incapaz.

En nuestro episodio, proposiciones y argumentos se reduplican de distintos modos; cada repetición aporta conotaciones particulares, y lleva a cabo distintas funciones −anticipación, explicación, recuerdo, amplificación− todas estrechamente ligadas condicionalmente para formar una unidad.

Alejandro responde de manera anafórica a la carta de Darío, bifurcándose su respuesta en dos escenas demostrativas, y respondiendo al fin con su carta propia a la carta del rey persa. En la próxima escena, también Darío da arenga que, aunque paralela a la de Alejandro, es mucho más breve y mucho menos eficaz. Otro ejemplo de este paralelismo es el contraste entre la peroración de Alejandro ante Troya y el comentario de Darío al recibir las noticias de las incursiones de Alejandro. Se nota la misma relación de extensa/breve, eficaz/ineficaz. La peroración de Troya también prefigura la arenga que dará Alejandro después de haber recibido la carta. Los regalos dados al principio del episodio son devueltos con su sentido trocado hacia el final. Y varias veces dentro del episodio se hace referencia catafórica a sucesos futuros, vinculando la presente secuencia de acción con el texto en su unidad y con sus temas principales: que la Fortuna puede darle grandeza a un rey, pero tampoco es de fiar su constancia; y que la soberbia contribuye a la derrota del que persigue la Fama.

---

sangre noble. Véase *The Digest of Justinian*, eds. Theodor Mommsen, Paul Krueger, Alan Watson, IV, Philadelphia: University of Pennsylvania Press, 1985, 83b y Julius Goebel, Jr., *Felony and Misdemeanor: A Study in the History of Criminal Law*, Philadelphia: University of Pennsylvania Press, 1976, pág. 233.

Y todo el proceso de intercambio de cartas se repetirá de nuevo, aunque con gratas variaciones, en la próxima escena, en que los dos monarcas se escriben y mandan regalos de nuevo.

Esta urbana complejidad de estructura de proposiciones o de «macro-proposiciones» y «HECHOS» o «FACTS» como los llama van Dijk manifiesta un estilo de narración que sabe construir argumentos a través de marcos puramente progresivos. Tales recursos de coherencia de proposiciones es algo nuevo en la narrativa poética del siglo XIII.

BIBLIOGRAFÍA

The Digest of Justinian, ed. Theodor Mommsen, Paul Krueger y Alan Watson, Philadelphia: University of Pennsylvania Press, 1983, 4 vols.

Talmy Givón, *On Understanding Grammar*, New York: Academic Press, 1970.

Julius Goebel, Jr., *Felony and Misdemeanor: A Study in the History of Criminal Law*, Philadelphia: University of Pennsylvania Press, 1976.

Joseph E. Grimes, *The Thread of Discourse*, Paris, The Hague: Mouton & Co., B. V. Publs., 1975.

Michael A. K. Halliday y Ruqaiya Hasan, *Cohesion in English*, London: Longman Group Ltd., 1976.

El Libro de Alexandre: Texts of the Paris and the Madrid Manuscripts, ed. Raymond S. Willis, Princeton University Press, 1935 (reimp., New York: Kraus Reprint Corp., 1965).

Teun A. van Dijk, *Macrostructures: An Interdisciplinary Study of Global Structures in Discourse, Interaction, and Cognition*, Hillsdale, New Jersey: Lawrence Eribaum Assocs. Publs., 1980.

Las edades de la vida:
La infancia en la documentación literaria medieval

Carmen Mª MARTÍNEZ BLANCO

Hablar de la edad del ser humano ha sido siempre un tema que ha llevado implícitos aspectos valorativos unas veces de sentimiento, otras de utilidad, etc. La definición de *edad* que da la Real Academia de la Lengua es la de el tiempo que una persona ha vivido, a contar desde que nació, o cada uno de los períodos en que se considera la vida humana. Es por tanto un concepto cuya mera presentación, más todavia su discusión, impone un eje ordenancista junto a otro apreciativo. En la historia de la cultura, cada ciclo histórico ha hecho sus cábalas sobre el tema y según el sentido que lo ha dado revelará bajo que perspectiva lo contemplaba.

En la Edad Media existía, proveniente de la especulación filosófica clásica, una abundante terminología y varias teorías para las edades del hombre, no dudando en variar la cantidad de ellas, no sólo terminológicamente, sino también numéricamente. El conocimiento medieval, imbuido de una concepción universal del cosmos, hacía latir la vida dentro de la simbología mágica de los números benéficos de raíz judeo–cristiana como el tres y el siete, simultaneándolos con otros como el número cuatro que determinaba la vida biológica de la naturaleza. Todo el proceso de crecimiento y maduración a través de la edad lo relacionaban con el tiempo del calendario anual, asumiendo la teoría de que cada edad como cada estación tienen su ocupación. Todas estas variaciones se debían a nociones que en la época medieval eran científicas pero pertenecían ya a sentimientos y saberes populares, que daban paso a criterios de catalogación desde muy diferentes puntos de vista.

El campesino medieval no divide su vida en etapas. Para él no existen otros tiempos que la primera edad que es improductiva, la segunda, la vida adulta, cuando se empieza a ayudar que es la productiva y la tercera cuando con la decrepitud ya no se puede colaborar en el trabajo del campo. El noble tiene otros planteamientos como es asegurar la perduración del linaje, el cuidado de los dominios aumentándolos y la realización de nuevas alianzas. El estamento social puede variar, según sus intereses, la trayectoria que el desarrollo de la biología del ser humano, adelantando o retrasando las edades, que en teoría componen la vida del hombre.

En la Antigüedad preclásica, los egipcios muestran ya preocupación por este tema. En el papiro *Insiger* se nos dice que hay que considerarse dichoso si uno rebasa los sesenta años. Afirma que la vida es agotadora, que el hombre pasa diez años de su vida, la infancia, sin hacer nada, después diez años para aprender, seguidos de diez años para adquirir experiencia y muy pocos para llegar a final.

En la Grecia Clásica, Pitágoras fue uno de los primeros en presentarnos una teoría de las edades de la vida. La divide en cuatro edades de veinte años cada una, relacionadas además con las estaciones del año. La primera es la infancia–primavera que comprende desde que se nace hasta los veinte años. La segunda es la adolescencia–verano de veinte a cuarenta años. La tercera la juventud–otoño de cuarenta a sesenta y la última la vejez–invierno de sesenta a ochenta años. El pensamiento de los filósofos griegos varia en sus conclusiones de cuando se llega a la madurez o a la vejez de la vida humana y no hay entre ellos ni siquiera un criterio único[1].

En el siglo VII Isidoro de Sevilla, en el *Libro* V de sus *Etimologías*, trata este tema y lo divide en siete partes. Desde el nacimiento hasta los siete, la infancia; desde los siete a los catorce, la pueritia; de los catorce a los ventiocho, la adolescencia; de los ventiocho a los cincuenta, la juventud; de los cincuenta a los setenta, la madurez; en adelante es la vejez, y cuando se entra en la decrepitud comienza la última etapa denominada senies. Esta división ejercerá una enorme influencia en la Edad Media y posteriormente en el Renacimiento. Así, la famosa enciclopedia escrita en latín del siglo XIII titulada *El Gran Propietario de todas las cosas*, que posteriormente fue traducida al francés, las divide también en siete edades, relacionando la concepción, que venía de los clásicos, de unidad espiritual y material con las estaciones y el movimiento de los planetas[2]. En el *Tratado de la consolación* de Enrique de Villena cuando hace referencia a este tema se inspira en Isidoro de Sevilla pero solo nos habla de seis edades y elimina la última. Así nos dice:

> Tanbien venga el morir a los amados fijos e unicos en carne, porque menos esa hora mengua al padre fazen, en las que dellos ayudar en casa se puede, cosas que en todas las hedades, otras, distinguidos por el curso de la vida que segunt Sant Ysidoro in Libro Diferençiarum, capitulo 15º, son seys, e recuentalas e cuenta asy... La primera edat del onbre es infançia; la segunda, niñez; la tercera, mançebia; la quarta, juventud; la quinta, vejez; la sexta, defecto[3].

También Alfonso X el Sabio divide las edades de la vida en siete partes en su obra el *Setenario* aunque esta obra se titula así porque el número siete rige cada una de las clasificaciones que el autor hace de todos los temas que trata, pero su explicación es mucho más rica que la que dan los anteriores:

> Ende ninnez, que es la primera, dura mientre el ninno non ssabe nin puede comer e mama. Moçedat es quando ssale de ninno e comiença a sser moço e aprende las cosas, quáles son en ssí e cómmo han nonbre. Et esto dura ya ffasta que es mançebo e entra en

---

1   Georges Minois, *Historia de la vejez*, Madrid: Nerea, 1987, pág. 37.
2   Georges Minois, *Historia...*, pág. 214–215.
3   Enrique de Villena, *Tratado de la consolación*, Madrid: Espasa–Calpe, 1976, págs. 67–68.

edat que podría casar e aver ffijos; que dallí adelante cámiassele el nonbre e llámanle mançebo. Mançebo es de que va creçiendo en su vida ffasta que llega a los quarenta annos e es omne conplido e a toda ssu ffuerça que deve aver. Omne con sseso es quando va saliendo desta ssazón e llega a los ssesenta annos e comiença a entrar en fflaquedat. Fflaqueza es quando viene a veiedat e la enffraqueçen los mienbros e va perdiendo la ffuerça que ssuele aver. Veiedat es quando ha visto e provado todas las cosas e las connosçe çiertamente, quáles son e cómmo deve obrar dellas. Pero va baxando en ssu vida e en ssu ffuerça, e ssegunt aquesto torna a aver en ssi assesegamiento e a sser sabio de guisa por que pueda mostrar a otro. Et tales vieios commo éstos deven sser envergonçados e onrrados. Ffalleçimiento es otrosí desque va enfflaqueçiendo la natura e pierde el ssentido e torna a sser commo ninno en su manera, de guisa que non cobdiçia ssinon comer e aver plazer. Onde todas estas siete cossas son de las ssiete naturas que sson dichas[4].

Otras veces, en la documentación medieval, se hace referencia a las edades del hombre haciendo una esquematización en la representación de estos períodos vitales como ocurre en el *Libro de Alexandre*:

> Sedien cerca del rey todos los ançianos
> Los de las barvas sorras, de los cabellos canos,
> Estavan mas alexos los ninnos mas levianos
> Los de media edat pusieron los medianos[5].

También el *Lucidario* de Sancho IV aborda el tema de una manera somera:

> Sepas que tres maneras son de hedades por que rrazon pasan los omnes del mundo: la primera es la ninnez; esta se cuenta des que omne nasçe fasta en quinze annos, e que entra en seze fasta en los treynta annos adelante, e de alli va yendo a vejedat[6].

Vemos pues como el número de tres también organiza las edades del hombre en nuestros textos.

Dante divide la vida en cuatro partes igual que Philippe de Novara, pero mientras el segundo lo hace como Pitágoras en grupos de veinte en veinte, Dante termina la infancia a los venticinco años y la segunda etapa a los cuarenta y cinco. El sentimiento y la vivencia de la brevedad de la vida se hace patente en el siglo XIV, aumentando en el XV y el XVI, llegando Miguel Ángel o Erasmo a afirmar que a los cuarenta y cincuenta años llegan las miserias de la vejez[7].

Con todo esto, claramente podemos observar que en el periplo de la vida del hombre hay una edad básica sin la cual el resto de la trayectoria vital no existiría. Esta es la infancia. En el hombre medieval habia una noción muy extendida de que una vez pasada esta etapa la probabilidad de vida aumentaba. Esta conciencia

---

[4]   Alfonso X el Sabio, *Setenario*, Barcelona: Crítica, 1984.
[5]   Anónimo, *Libro de Alexandre*, Madrid: Bailly–Baillière, 1964.
[6]   Sancho IV el Bravo, *Los lucidarios españoles*, Madrid: Gredos, 1968.
[7]   David Herlihy y Christiane Klapisch–Zuber, *Les Toscans et leurs familles*, Paris: Presses de la Fondation National des Sciences Politiques, 1978, pág. 202.

enraizó porque en este período el hombre era acechado por una gran peligrosidad. La infancia era pues, en la Edad Media, sinónimo de fragilidad. Desde el momento de su concepción el futuro vástago tenía una trayectoria llena de obstáculos prácticamente insalvables. El primero era el parto, cuya técnica y métodos precarios estaban en manos de la sabiduría de la naturaleza y en algunos casos de los conocimientos de las parteras. Una vez nacido, el niño se encuentra con una serie de realidades ajenas a él que le son hostiles. El recién nacido, e incluso hasta varios años después no puede sobrevivir con sus propios recursos. Necesita a los demás para su subsistencia. Así, la lactancia materna que era la más natural y la mejor para el niño, no siempre era posible. Esto se debía no sólo a problemas físicos maternos de incapacidad de darle de mamar o de muerte de parto. El deseo de una mayor fecundidad de la madre, o el cumplimiento del débito conyugal de la esposa con el marido exigía el destete de la madre y el paso a una lactancia mercenaria.

Esta práctica era más común cuando quien nacía era del sexo femenino. La separación de la casa paterna de un hijo no varón era mucho más numerosa cuantitativamente. Otras veces, por razones laborales, el niño tenía que compartir la ración de leche con el nuevo advenedizo. La madre contribuía a la economía familiar dando de mamar a su hijo y al de otra familia que, muchas veces por moda, mandaba a criar al hijo a cargo de una nodriza e incluso al propio hogar de ésta a pesar de que *Las Partidas* dijeran que la madre debe cuidar al niño hasta que tiene tres años[8].

El infanticidio era otro de los enemigos del niño. En ocasiones estaba motivado por la situación legítima o no del nuevo niño y en otras ocasiones por la situación económica de la familia en la que nacía. Si el niño era bastardo, fruto de relaciones ilícitas, podía ser eliminado para no provocar la pérdida de la honra, y acontecía lo mismo ante una depauperada situación económica. Ante la existencia de otros hijos se eliminaba al último que nacía como única solución de supervivencia para el resto.

Los accidentes domésticos, la precariedad de la medicina preventiva y la práctica inexistencia de la puericultura hacía que los niños fueran las víctimas de una mortalidad infantil, que por su volumen numérico puede caracterizar la infania medieval. Así en las *Cantigas de Santa María* vemos como un niño que se cae en su casa de un alero, u otro que acompaña a su madre a la siega, sólo continúan con vida dependientes de la Gracia Divina por la súplica del milagro. Así se explica la existencia de una serie de monasterios o santuarios marianos cuyo culto estaba dedicado a la resucitación de los niños muertos sobre todo aquellos que lo habían hecho sin bautizar[9].

---

[8]   Paulino Iradiel, «Familia y función económica de la mujer en actividades no agrarias», en *La condición de la mujer en la Edad Media, (Actas del coloquio celebrado en la Casa de Velázquez del 5 al 7 de noviembre de 1984)*, Madrid: Casa de Velázquez–Universidad Complutense, 1986.

[9]   Jacques Gelis, «La mort du nouveau–ne et l'amour des parents: quelques reflexions a propos des pratiques de 'repit'», *Meres et nourrisants, Anuario de Demografía Histórica*, 1983, págs. 23–31.

Dentro de esta frágil etapa de la vida del hombre hemos podido ver diferentes clasificaciones e incluso denominaciones que la infancia, en el sentido más amplio, ha tenido. Unos hacen llegar la infancia hasta los siete años, otros hasta los diez, o hasta los veinte e incluso los venticinco. Si consideramos entonces a esta edad del hombre condicionada para su mayor o menor brevedad por la parafernalia social o familiar, podríamos hablar que dentro de la larga infancia habría tres grupos que yo denominaría y clasificaría de la siguiente manera: la *edad biológica* marcada por el crecimiento físico proyectado hacia un interés en la llegada del niño al cumplimiento de los años aptos para la nupcialidad y procreación. La *edad social* marcada casi fundamentalmente por la existencia del atenuante o no en la responsabilidad cuando se comete un delito. El niño es ya un individuo dependiente del discernimiento para entrar como sujeto del mundo legal encaminado hacia el cumplimiento de la mayoría de edad. Está también relacionada con el uso de razón que está íntimamente ligado al mundo de la ética y la vida religiosa. Finalmente tenemos la *edad laboral* o la de la ocupación que en el mundo del trabajo o su preparación para él, tiene el niño.

El primer grupo o la llamada *edad biológica* viene proyectada hacia la consecución del crecimiento del cuerpo del niño que llevaría unas subedades caracterizadas, en el principio de su vida, por la alimentación. Nada más nacer hay una etapa que se caracteriza por ser lactante exclusivamente. Luego, con la aparición de la dentición, la alimentación se convertirá en mixta y vendrá un cambio en el régimen de comidas y una posterior incorporación al mundo del adulto al empezar a regir sus movimientos. No así su conciencia, carente de la noción de peligro. Ésta duraría hasta los siete años en la que el niño entraría en la *edad social* que sería el segundo grupo. A estos años ya son posibles los desposorios como bien dice la *Partida* número cuatro. También es cuando empiezan a salir de sus casas y a acceder al mundo de la educación, si es que tiene posibilidad de él, que les preparará en algunos casos para adquirir unos conocimientos que luego les facilitarán un puesto social relacionado con la vida laboral. Toman, del mismo modo, por primera vez, contacto con el mundo de la religión de una manera activa al poder acceder al sacramento de la confesión.

En esta segunda etapa de la infancia así entendida, se cumplen unos años claves en la vida del niño medieval. Son los doce años para las niñas y los catorce para los niños. Estos años suponen la madurez sexual con capacidad para consumar el matrimonio y por lo tanto procrear y ser responsables de los delitos sexuales.

La *edad laboral* o tercer grupo empieza para algunos niños, sobre todo los de situación económica más precaria, de los cuatro a los catorce años. En muchos casos no se ha podido saber la edad exacta porque no consta en los contratos. También su situación familiar condicionaba la entrada a una edad u otra al mundo del trabajo. Si, por ejemplo, era un niño huérfano tenía más posibilidades de entrar, mucho antes, en contacto con las actividades laborales. En el *Fuero Juzgo* se dice que a los diez años la fuerza del trabajo de un niño ya tiene valor para recibir una soldada.

Los primogénitos de la realeza castellana tuvieron que desempeñar en muchas ocasiones, a muy temprana edad, el oficio de rey, bajo tutorías que solían traer grandes conflictos para el reino, y tomaban posesión del cargo, asumiéndolo completamente, a los catorce años.

De cualquier manera, sólo el cumplimiento de los veinticinco años traía la salida de la patria potestad y con ellos la auténtica mayoría de edad.

En algunas ocasiones la mirada medieval hacia los niños, observados desde la conciencia de la existencia de dos sexos, no era igualatoria para los unos que para las otras. Así, en algunos casos, la niña era sólo observada desde el prisma de virgen o esposa. No había más puntos de mira que enriquecieran su vida. Pero aquí no quedaba todo. La mujer era equiparada legalmente, y algunas veces socialmente, a los menores de edad, teniendo así los mismos poderes y posibilidades que un niño, hasta tal punto que la mujer y el niño eran equiparados, pero también lo era el niño con el loco.

El niño era también, según su edad, no solo un posible valor afectivo. Su valor material es apreciable desde el momento en que el padre podía utilizarlo como rehén, elemento de venta, asalariado en casa de otro con obtención de un salario bien remunerado de su trabajo o bien suficiente para pagar su manutención y subsistencia según la edad, sin olvidarnos de su capacidad de ser peón de futuras alianzas familiares realizadas en función de los intereses políticos o materiales.

Existe en la Baja Edad Media un cambio de sensibilidad hacia la infancia de carácter positivo, pero sobre todo empiezan a asumir la aplastante realidad de que es la única edad la cual es necesaria para si se quiere llegar a la madurez física e intelectual. Las edades del hombre fueron pues un tema interesante para el hombre de la Edad Media como lo son para el de hoy. La importancia fundamental de nuestra primera etapa de la vida, como paso ineludible para una trayectoria vital abundante en años es importante siempre. Consciente de la dificultad de la vida, el Medievo fabuló y teorizó sobre las edades para probablemente afirmar sobre el vivir la vida lo mismo que Epicuro afirmó sobre el filosofar:

> Cuando se es joven hay que vacilar en *vivir*, y cuando se es viejo no hay que cansarse de *vivir*. Nunca es demasiado pronto ni demasiado tarde para ocuparse uno de su alma. Aquel que dice que aún no es el momento, o que ya no es el momento de *vivir* semeja al que dice que todavía no es, o que ya no es, el momento de alcanzar la felicidad. Así pues, se debe *vivir* cuando se es joven y cuando se es viejo; en el segundo caso para rejuvenecerse al contacto del bien, por el recuerdo de los días pasados, y en el primer caso para poder ser, aunque joven, tan firme con un anciano ante el futuro[10].

---

[10]   Georges Minois, *Historia...*

Usos amorosos e indumentaria cortesana en la ficción sentimental castellana: Siglos XV y XVI

Mª Pilar MARTÍNEZ LATRE
Universidad de La Rioja

El tema básico que conforma la historia de las ficciones sentimentales es el amoroso. Este tema axial en literatura universal repercute en la función actancial de los personajes y moldea el espacio y tiempo de la fábula. Para Gargano las obras sentimentales reflejan la necesidad de la sociedad cortesana que había hecho del amor y de la conquista realidades útiles y elementos de ficción y las consideraban desde el plano del juego y de la representación. La utilización del código amoroso, de las reglas de la cortesía proporcionaban una cierta previsión y seguridad a los destinatarios y se complementaban, en ocasiones, en algunos personajes, como los protagonistas Leriano y Cristerno, con la práctica de las virtudes cristianas. El sentimiento de fidelidad que estos enamorados muestran por sus damas será interpretado por algunos críticos en relación homóloga con la realidad política. Estoy de acuerdo con Gargano[1] que en *El triunfo de amor* de Flores quiere dejar claro que es necesaria una monarquía fuerte, que preserve a la sociedad del caos como necesario será también mantener al dios del amor que permita vivir a los enamorados, aunque sea en compañía del sufrimiento. Pero en el caso del *Tratado notable de amor*[2] aunque la novela tenga un marco referencial histórico (las campañas de Carlos V en Europa contra los turcos, después de presentar sus luchas con los Estados italiano y sus tratados de paz, que la aproxima a otras formas narrativas como la novela morisca), Cristerno al presentarse como un amador paradigmático para satisfacer a Doña Potenciana de Moncada –la receptora inmediata– abandonará las razones políticas y se dejará morir de amor; no sin antes hacer el narrador explícita la lucha interna en la que se debate:

> partido Cristeno de su señora Ysiana estaba su corazón en dos estremos, puesto lo uno en jamás dexar de amarla [...] si bien dezía, que estando en los negocios en que el Cesar le había puesto, le sería mal contado posponerlos por darse a las delicadezas del amor. (pág. 79).

---

1   A. Gargano, ed., Juan de Flores, *Triunfo de amor*, Pisa: Guardini, 1981. Introducción.
2   J. de Cardona, *Tratado notable de amor*, ed. Juan Fernández Jiménez, Madrid: Alcalá, 1982.

En este caso ha podido más la servidumbre al modelo de enamorado, que D. de San Pedro había creado, y la nostalgia de las damas de la corte a las cuales quiere satisfacer el amable autor, que el escepticismo de esta sociedad. Una sociedad que estaba cambiando sus costumbres y mostraba unos valores antagónicos con el referente que reflejaba las ficciones sentimentales, movida por intereses pragmáticos y calculadores que son censurados por el autor:

> porque la maldaz en este tiempo de agora está yntroduzida en las gentes en todas las negociaciones, que cree que, pues todas las cosas por la mayor parte carezcan de verdad [...] que los más hombres que tratan de amores, despues de ganada la voluntad de la dama, se resfrían y se dexan y buscan pequeñas causas para lo hazer.

El modelo de amor cortés es el que aparece representado en la mayor parte de estas ficciones, aunque a veces su código sea cuestionado. Pero también encontraremos otros modelos amorosos que procederán del amor ovidiano o la seudobiografía erótica, más vitalistas, y que se revelarán como síntoma de la evolución del género y de las costumbres amorosas. Darino y Finoya en *Penitencia de amor*[3], viven un amor sensual y una experiencia erótica que tiene su modelo en *La Celestina* y la pareja de amantes: Calixto y Melibea. Darino como Calixto ocultan en el ropaje de la retórica cortés y la ceremonia vasallática su pasión lujuriosa.

Una visión más cercana a los modelos corteses provenzales aparece cuando el amor es representado como fuerza mística que lleva al amante a la perfección espiritual y a aceptar los mayores sufrimientos: la glosa de Vasquiran en *La Questión de amor*[4] pone de relieve que el mayor dolor del enamorado está en el hecho de vivir:

> Si el remedio de mis males es morir
> ¿Que dicha me es el vivir?

Pero este amor puede también evolucionar hacia el neoplatonismo. El enamorado vivirá su noviciado, calco de la vida religiosa, con la única esperanza de que sus penas de amor sean aceptadas por la esquiva e inasequible dama.

Gerli[5] estudia la religión de amor en los cancioneros y en los relatos sentimentales y subraya la ubicuidad, variedad y la coherencia del sincretismo sacro–profano, es decir la capacidad por aunar amor humano y amor divino. Este crítico no ve ninguna intención paródica, como percibía Huizinga[6] en esta

---

3   P. Manuel Jiménez de Urrea, *Penitencia de amor*, ed. Fouché–Delbosc, Barcelona, 1902.

4   Anónimo, ed. Souto Alabarce, México: Porrua, 1971.

5   E. M. Gerli, «La religión de amor y el antifeminismo en las letras castellanas del siglo XV», *Hispanic Review*, 44 (1981), págs. 65–86.

6   Huizinga, *El otoño de la Edad Media*, Madrid: Revista de Occidente, 1977. La opinión de este crítico plantea ciertas reservas para el lector moderno y probablemente para el coetáneo de la obra, ante el tono irónico del narrador en Arnalte y Lucenda o la actitud más paródica de Flores, apóstata del amor cortés en *Grisel y Mirabella*.

sacralización del amor sino «un deseo de crear orden, prestar coherencia a través de algo familiar como es el cristianismo al confuso laberinto de los sentimientos eróticos».

La gama de motivos y comparaciones de esta religión de amor va desde la metáfora sencilla e inocua, con que el poeta alude a la procedencia celestial de la dama, a las adaptaciones detalladas de la misa para celebrar el día del amor. Ejemplos de esta condición espiritual de la mujer y de su contemplación como reflejo de la divinidad encontramos en boca de los enamorados al evocar o dirigirse a la amada. Grisel dirá de Mirabella: «usareis conmigo como Dios con los hombres»; Leriano en su defensa de las mujeres ante el misógino Tefeo muestra su convicción de que las mujeres «no menos nos dotan de las virtudes teologales que de las cardinales»; Darino al dirigirse a Finoya lo hará en los mismos términos hiperbólicos de Calixto: «sin duda eres tu aquella en que dispuso perfección que humanamente no se puede tener syno puesta ya por la divinidad entre la gente». Cristerno, como señala en este caso un narrador omnisciente, está profundamente enamorado no sólo «por su hermosura» sino porque «conocia en ella un espíritu angelico y de subido entendimiento».

Si el amor cortés aparece en las obras de los poetas de los cancioneros hay que advertir que es en la narrativa donde se desarrolla y alcanza mayor complejidad. Así, la dama de los cancioneros, es una amada pasiva, su presencia no se halla concretizada y sus reacciones sólo pueden inferirse a través de los pretextos del amante. Entre los modelos seguidos se encontraba «la belle dame sans merci», popularizada por Machaut en su *Livre de Voir–dit (1.363)*. Pero en las ficciones sentimentales la mujer va a ir abandonando esta actitud de crueldad para adoptar la de piedad y misericordia; de manera que el culto idealizador llegará a vaciarse de su principio ennoblecedor y desinteresado, aunque sigan resonando las mismas parejas de enamorados. No obstante se puede observar que en las primeras obras de la serie: *El Siervo* y *La Sátira*[7] estas damas están todavía próximas al modelo de los cancioneros. La andadura genérica muestra la evolución de los personajes femeninos que van alcanzando mayor humanidad y realismo. El escritor entra en la casuística amorosa, da consistencia al personaje femenino, aunque no actúe como protagonista y se acerca a la individualización, al enfrentarse con su propio problema (Laureola, Finoya, Ysiana o la Sª de *Triste deleytación* tienen algo que decir y lo dicen; Lucenda se queja de los fogosos enamorados y pone en entredicho su retórico lenguaje hasta negarse a verlo; Finoya se arriesga conscientemente a perder su honra; Laureola se duele de su condición social y de las obligaciones que su honra y alcurnia le exigen, pero más tarde dará muestras de humanidad al suplicarle a Leriano que no muera; la Sª se cuestiona cuál es el mejor amador: el marido o el amigo, y finalmente, Ysiana llega a hacer fuertes reproches a los padres que la dejan indefensa ante el hombre y sus propias pasiones, sin haberle proporcionado el marido protector).

---

7   Juan Rodríguez del Padrón, *Siervo libre de amor*, ed. A. Prieto, Madrid: Castalia, 1976. Don Pedro, Condestable de Portugal, *Satyra de felice e infelice vida*, en *Opúsculos isabelinos de los siglos XIV a XVI*, ed. A. Paz y Mélia, Madrid: Sociedad de Bibliófilos Españoles, 1892.

Pero no estamos ante un proceso de evolución simplificado, hecho que me lleva a compartir las reservas de Martínez Giménez y Muñoz Marquina[8] al no aceptar una evolución mecanicista del género, de modo que una novela temprana como *Triste deleytación*[9] posee ya rasgos burgueses; pero es evidente que una lectura diacrónica permite observar una progresión ideológica que hará de estas ficciones feudales y prerrenacentistas, novelas pre–realistas. Comprobemos estos cambios con algunos ejemplos. En *Penitencia de amor* el autor reflejaba la crisis y el estado de descomposición del sistema feudal. Los personajes muestran cierto malestar ante la confusión ambiental y Remedo se muestra como un criado lúcido, casi un moralista al describir las nuevas costumbres:

> Todo va a rio rebuelto, quien quiere pescar caça, no le pona temor ninguna cosa; que ya las cosas de virtud no pareçen; con Dios se subieron al cielo. Todos somos ya tan malos, que ya es el fin del mundo» (pág. 39).

Otros personajes sin llegar a esa visión tan negativa son conscientes del vacío que representa el código cortés. Finoya interrumpe las «falegeras» y casi heréticas palabras, que su amador Darino le dirige, por considerarlas engañosas: «tan buenas palabras no an de hacer malas mis obras; no cures de andar a caça que no soy tan boba que por dulçes lisonjas, aya de caer en cosa que la onra me costasse» (pág. 34); o describen una sociedad regida por el dinero: «porque el dinero haze hazer muchas cosas [...] en conclusión todas o las más cosas se podrían aver por dinero». En cuanto a las mujeres acuden a los solícitos amadores con regalos prácticos: Ysiana envía al enamorado que se encuentra luchando contra los turcos «Ropa blanca» y en la carta dará a Cristerno la razón «sabiendo [...] que pues la guerra gasta la vida de los hombres que mejor gastara en cosas a ella necesarias, y como me pareciese a mi que lo más necesario para ella es ropa blanca, me atrebí a enviaros esta caxa con alguna de ella» (pág. 130), y la doncella del *Proceso* le enviará a su señor (o esclavo, como a él gusta llamarse) «rosquillas para sobre comer». Los ejemplos son síntoma de que nos hallamos con una sociedad pragmática y calculadora, –semejante a la que Maravall encuentra en el mundo de *La Celestina*–: una sociedad que reproduce valores burgueses, muestra una actitud vitalista y defiende un tipo de amor sensual.

Dentro de los temas recibidos habría que señalar también la temática misógina, de la que nuestra literatura medieval presenta numerosos ejemplos.

Los autores de libros sentimentales cuando bajan a la arena del debate feminista, se acompañan de argumentos éticos y religiosos, además de los puramente literarios y ofrecen una multiplicidad de actitudes que sirven para valorar la evolución y contextualización de la cultura en los albores del Renacimiento, y en definitiva, para adentrarnos en el conocimiento de la cultura

8   J. A. Martínez y Francisco Múñoz Marquina, «Hacia una caracterización del género 'novela sentimental'», *Nuevo Hispanismo*, 2 (1982), págs. 11–43.
9   *«Triste deleytación»: An Anonimous Fifteenth Century Castilian Romance*, ed. E. M. Gerli, Washington: Georgetown University Press, 1983.

afectiva de los siglos XV y XVI. Pero este tema, del que se ha ocupado en profundidad la crítica especializada (Gerli, Gascon Vera, Beysterveldt, etc), no va a ser tratado en esta comunicación. Me voy a detener, sin embargo, en otro motivo temático: la fiesta cortesana y la descripción de la indumentaria, que si bien no posee el valor funcional y la complejidad de los anteriores alcanza una importante significación para seguir ahondando en los ocios cortesanos y, sin embargo, ha sido poco atendido por la crítica.

Las fiestas que aparecen descritas en las ficciones sentimentales, suelen acompañarse de una detallada descripción de la vestimenta suntuaria de la nobleza que convierte a los autores de estas obras en cronistas de modas. Sabemos por las introducciones o cartas prohemios que los primeros receptores de este género era la nobleza, mujeres y hombres que no sólo será su principal consumidora sino la conformadora del ritual cortesano, del escenario de las ficciones, y hasta del comportamiento de los protagonistas, etc. imponiendo unos gustos que le permitirán verse reflejado en ellos. Se hacen, de nuevo, manifiestas las relaciones homológicas entre la literatura sentimental y la vida en esta etapa de transición que camina hacia el triunfo del Renacimiento. Etapa de gran tensión erótica que para Huizinga convierte las relaciones amorosas en fórmulas y espectáculos para los demás, hasta el punto de circular guías como *Le blason des couleurs* que describían el valor simbólico de los colores. Estos libritos revelaban la admiración de los cortesanos por la vestimenta. Los caballeros rivalizaban para ganarse a las damas en complicados atuendos, el cortesano Flamiano aparecerá ante los ojos de su amada Belisena el día de «la tela» como el más refinado amador que cuida todos los detalles del código cortés: «No quiso Famiano sacar más de los colores por no perjudicar a los que con él salían» (pág. 137), y Cristerno sobresaldrá en el baile por su apostura y la belleza del traje, etc.

El gusto por los emblemas, el atuendo elaborado o las divisas aparecen con frecuencia en la ficción sentimental que recoge el cambio que irá experimentando esta sociedad en los finales de la Edad Media. Esta voluntad individual de distinción[10] revela, también, el poder organizador del Estado que convierte en súbditos a los hombres libres. Los reyes someterán progresivamente a su autoridad a la díscola nobleza y abrirán para ello las puertas de la corte, atrayéndola con variadas fiestas cortesanas. Es también probable que el lector de aquella época (mujeres y hombres) participarán de un horizonte genérico que les moviera a encontrar escritas diversiones que atenuaran los sufrimientos que el amor causaba en los protagonistas, dolientes enamorados, que vivían en atmósferas luctuosas, sometiéndose a las más duras pruebas sacrificiales para conseguir el favor de la amada, y de esta manera se cumpliría la anagnórisis aristotélica. El autor de *Cuestión de amor* al hacer en el prólogo una relación del contenido de su obra, anuncia que en él se encontrarán además de «muchas cartas y enamorados

---

10   *Les fêtes de la Renaissance*, ed. Jacquot, París: Editións du Centre National de la Rechers scientifique, 1956, y M. García, «Les Fêtes de cour dans le roman sentimental castillan», en *La fête et l'escriture. Cour et theatre en Espagne et en Italie*, Etudes Hispano–Italiennes, Aix en Provence, 1987, págs. 33–49.

razonamientos [...] una caça, un juego de cañas, una égloga, ciertas justas y muchos cavalleros y damas con *diversos atauios*».

Las primeras fiestas cortesanas aparecen mencionadas pero no descritas en *El Siervo*. También D. de San Pedro y J. de Flores harán alusiones a las fiestas como un entretenimiento habitual que se practicaba en Europa. Cuando Grimalte se encuentra en la corte de micer Poliando, padre del amante desleal Pánfilo, es agasajado con una fiesta de la que se muestra espectador curioso: «por ver las sirimonias de su cavalleroso servicio, mirando las differencias de nuestra Spanya», que le llevan a «en algunas cosas rehutar, en otras loar [...]». Sin embargo la prolijidad descriptiva y, sobre todo, la minuciosa presentación del vestuario con que aparecen los invitados coincide con el final del reinado de Fernando el Católico, y con el del emperador Carlos V, un período en que tienen lugar en las cortes de Europa importantes fiestas, desfiles victoriosos, viajes principescos, etc, documentados en las crónicas, libros de viajes, novelas de caballerías y en las propias ficciones sentimentales. M. García[11] realiza un estudio de estas fiestas en el género sentimental y se centra en *La coronación de la señora Gracisla* (1505) una obra de difícil adscripción genérica que Whinnom emparenta con el género sentimental[12]. *La coronación*, que narra con esplendor los preparativos y desarrollo de un viaje principesco con motivo de unos esponsales fracasados, apenas presenta detalles sobre la vestimenta, limitándose su autor a ponderar la belleza de los atavíos del cortejo y, claro está, muy especialmente la de la elegida, Gracisla.

Sin embargo el atractivo que poseía el vestuario no sólo en la nobleza sino en las clases adineradas permite encontrar en algunas obras anteriores alusiones al mismo. En *Triste deleytacion* (1460), que posee marco narrativo y protagonistas burgueses, la «doncella» recibe los consejos de la «madrina» sobre el diferente gasto de hombre y mujeres en la vestimenta, y hace una detallada enumeración de aderezos:

> El hombre en el bestir ni abillar, quanto el arreo de la mula, cavallos ni servidores, los más en poca cosa se comportan y pasan. E las mujeres no solo án de menester el doble, mas es de necçesidad ayan de traer anyllos, cadenas, collares, perfumes, con otras diez mil fantasías» (pág. 48)

Estas diferencias entre los sexos no se encuentra en la clase noble, e incluso, se puede llegar en algunos casos a un mayor esplendor y derroche en la vestimenta de los caballeros, que eran protegidos y eximidos por las leyes de cualquier restricción en sus ostentosos atavíos de armas. De la magnificencia de los mismos dará cuenta un narrador testigo de *Triunfo de amor* que utiliza la tópica de lo indecible y se confiesa incapaz de describir la grandeza de los soldados de don amor:

---

[11]   En el estudio *Historia de la vida privada. De la Europa feudal al Renacimiento*, dirigido por G. Duby, Madrid: Taurus, 1988.

[12]   Véase mi artículo en el que trato el problema del género, «El estatuto genérico de la ficción sentimental», *Berceo*, Logroño, 1989, págs. 7–22.

Luzidos, asi de *guerra* como de gala, que no sabría como los pintar, porque todo crecido loor de escriptura sería menguar mucho de lo que por vista me certifique» (pág. 122).

Desde 1499, durante el reinado de los Reyes Católicos, y más tarde con Carlos V se dictarán varias pragmáticas (años, 1514, 1518, 1523, 1532) con la intención de frenar el gasto en el vestuario. Estas afectaban a los «habitantes del reino y a los que estuvieren de morada incluyendo a los infantes». Leyes sobre el gasto suntuario se encuentran en toda Europa; trataban con ellas, también, de establecer diferencias según las categorías sociales. C. Bernis[13], estudiosa de las modas en los reinados mencionados, insiste en la importancia de estas medidas prohibitivas pues nos dan idea de la riqueza que ostentaban. Una de las telas más solicitadas en este período será la seda, y las restricciones en su uso serán mayores. Pero los imperativos de la moda podrán más que las ordenanzas reales y la última novela de la serie, *Proceso de cartas de amor*[14] testimonia esta predilección arraigada en el pueblo cuando solicita del enamorado su «exclavo» sea pródigo con la tercera y le aconseja le regale sedas porque «estas señoras son amicíssimas de sedas de colores».

El Renacimiento con la exaltación del individuo y su amor por la magnificencia, las fiestas, los torneos, los deslumbrantes atavíos será una de las épocas en que más importancia se dé al traje. La ficción sentimental es un buen testimonio de todo ello, pero su interés para el crítico se acentúa con el vestido, pues como hace constar Oleza[15], constituye una semiótica compleja, en cuyo código la ropa es distintivo de clase, uniforme de linaje, señalización de la ocasión festiva o militar, caballeresca o amorosa.

La primera descripción detallada que muestra el valor distintivo de clase se encuentra en la continuación de *Cárcel de amor* (1496) de Núñez, que presenta a los dos enamorados vestidos con una moda que responde a una etapa de transición, si bien dominará el estilo borgoñón, y se preferirá el tejido de seda; Leriano lleva «calças francesas» pero los «çapatos de punta», y Laureola «tavardeta francesa» pero también «alcorques» (zapatos de origen morisco), prendas usadas en el período anterior. No habrá, sin embargo, matizaciones en la hechura, destacando en la ropa del enamorado «el bonete, sayo, camisa, y capa negros», así como sus atributos de guerrero: «espada con la vayna y correas de seda azeytunada y puñal, los cabos y cuchilla de acero dorado», y en la enamorada («Camisa, faldilla de dos sedas», «manto de aletas», «tyra labrada de seda encarnada en el cabello», etc), ambos atuendos se acompañarán de «lemas y letras bordadas».

---

13   He tenido en cuenta dos importantes estudios sobre indumentaria de los siglos XV y XVI de C. Bernis, *Indumentaria española en los tiempos de Carlos V,* Madrid: CSIC, 1962 y *Trajes y modas en la época de los Reyes Católicos*, Madrid: CSIC, 1978, 2 vols.

14   Juan de Cardona, *Tratado llamado notable de amor*, ed. de Fernández Jiménez, Madrid: Alcalá, 1982.

15   J. Oleza, «La corte, el amor, el teatro y la guerra», *Edad de Oro*, 5 (1986). Este crítico utiliza los presupuestos semiológicos expuestos por Barthes sobre la vestimenta.

En *Veneris tribunal* (1537) encontramos también una pormenorizada descripción de la indumentaria de dos ricos cortesanos, padre e hijo, cuando se presentan ante el tribunal de la diosa del amor para dirimir sus diferencias en el trato amoroso: –amor contemplativo versus amor carnal–. Ph. Braunstein[16] insistirá en que su significado es siempre más que la materia de que está hecho y sus adornos, pues se extienden a su comportamiento, señalan las etapas de la vida y contribuyen a la construcción de la personalidad que el traje conllevan. El narrador–testigo de *Veneris*, el enamorado cortés, pone de manifiesto estas virtualidades significativas del vestido. «dos cortesanos galanes vieron entrar mis atemorizados ojos [...] tan yguales eran estos dos en la hermosura del cuerpo, cuan diferentes en la invención de la ropa, cuan no concordes por la question que tryan en sus animos» (pág. 19). En la enumeración de la indumentaria destaca la sobriedad, aunque elegante, del anciano, que viste con «coreto, capa pardilla, gorra con penacho y plumas, medalla de indiano oro, valeniana espada y guante de canaria» frente a la más sofisticada y juvenil del hijo al presentarse además con «el jubón, ropeta, camisa blanca con cabeçón, y saya de terciopelo». No faltará, igualmente, el toque voluptuoso y sensorial al referirse a su «mano, blanca y hermosa y delicada», con el que trata, además, de individualizar al personaje.

Dos últimas obras exigen una atención especial en lo que se refiere a la importancia de la indumentaria, *Questión de amor* y *Tratado llamado notable de amor*, escritas en 1513 y 1545, respectivamente. Las dos presentan acontecimientos políticos coetáneos, –con un tono realista que las acerca a las crónicas– que alternan con el relato ficticio de unos amores desgraciados, siguiendo el modelo de amor cortés.

Questión de amor posee una compleja estructura y significado, puestos de relieve por Oleza a cuyo estudio remito; dos importantes fiestas cortesanas son objeto de especial atención para el narrador que más allá del debate amoroso lo encontramos sugestionado una y otra vez por el fasto de la vida cortesana. Los destinatarios serán también los protagonistas de esta obra en clave, de cuyas livianas máscaras les libera el autor muy avanzado el relato: «la novela [...] fijándose en la inicial del nombre ficticio y en los colores emblemáticos de los personajes podrá deducir el nombre de su personaje real a quien corresponda». Pero también serán lectores que se sentirán directamente implicados en los acontecimientos y familiarizados con el escenario de esta corte ficticia que es la suya. Se trata de la corte napolitana, presidida por las reinas viudas, Juana de Aragón, hermana del Rey Católico y su hija, en la que se dan cita importantes personajes de la nobleza levantina.

El análisis pormenorizado que Oleza hace no sólo de las fiestas sino de los atavíos, me permite, únicamente, unas breves puntualizaciones. En la primera presentación de la fiesta y los atavíos que portan los caballeros se insiste en su prodigalidad y largueza, pues una vez exhibido el traje lo regalarán a su séquito,

---

16   En la obra citada, *Historia de la vida privada*, y principalmente el capítulo «Aproximaciones a la intimidad». Véase, también, R. Pernaud, *Las mujeres en los tiempos de las catedrales*, Barcelona: Granica, 1982.

que agrupado bajo la misma insignia y los mismos colores reforzará su poder. La segunda fiesta de la que son promotores los protagonistas centra toda su atención en el desfile de telas y vestidos de damas y caballeros, una vez celebrado el torneo, y el baile. Se trata de un auténtico desfile de modas que se sanciona con importantes premios:

> «davase al que mas gentil cauallero a la tela saliesse una cadena de oro de dozientos ducados [...] a la dama que mejor e más galanamente vestida, [...] un diamante de cien ducados de peso. Mas al galan [...] mejor e más galan vestido, un rico rubi» (pág. 162)

En *Question de amor* nos encontramos con la descripción de 38 modelos de fiesta femeninos y 15 masculinos, así como de su cuidada impedimenta que incluía «los moços de espuela, pajes y cavalgaduras, cavallos, mulas, paramentos y cimeras». Es esta una moda avanzada, propia de las cortes italianas, que ejercerá su influjo durante largo tiempo en otras cortes europeas. En el atuendo femenino destacarán las «sayas», «gorras», y «collares», y se prestará atención a los tejidos y hechuras, «brocados», «terciopelos» y «rasos» con ricos adornos de «oro y plata en los delanteros». Las jóvenes se acompañarán de una vistosa gama de colores: «leonados, azules, amarillos, morados, encarnados», siendo las de mayor alcurnia y en razón de su viudedad las que utilizarán el «negro». Desaparece la toca, con la que todavía adornaban sus cabezas las damas castellanas, (C. Bernis documenta su uso entre los años 1530–1540) y se acompaña de «gorras de raso y tercipelo». Pero será en las sayas y collares donde la vistosidad se acreciente por la complejidad de hechuras y el lujo. En el adorno de sayas utilizan «piezas de oro, madexas travadas, cabos de oro hincado a manera de erizo, lisonjas, cintas de raso, etc [...] » y sus formas serán preferentemente «acuchilladas», pero también a «tableros», como «marros», «con una reja». En cuanto a los collares, los habrá de «centellas de oro», como «arcachofas», «columnas», «de bueltas», «hechos a puntas», «de madexas de hilo de oro» y hasta un collar «de perlas».

Un interés especial tiene una prenda de mujer de la que los estudiosos de la indumentaria poseen pocos datos, me refiero a la «mantilla», un manto especial (de damasco blanco, forrada de raso carmesí, guarnecida de tres tiras del mesmo brocado sobre pestañas de raso carmesí), (pág. 163).

En la vestimenta masculina, se reduce el número de prendas destacando «la ropa», traje abierto y sin mangas que iban encima de ricos jubones, de vistosos colores y adornos, que presentaban novedades con respecto a los de las damas: «medias lunas», «orlas de oro», pero repetían otros: «aforrados con faxas», «medallas de oro». No faltarán los «emblemas» y las misteriosas «letras» evocadores del servicio a la amada.

Pero el rico ocioso de estas esferas nobiliarias tendrá también sus compromisos de estado: la guerra, que permitirá una segunda descripción de espléndidos atavíos de guerra. El narrador se encuentra de nuevo con el espacio y los personajes adecuados para informar de la grandeza de los hombres de armas: «esfforçados e discretos», que se presentan con «el más rico e luzido campo de aderezos e atauios assi de armas e ropas como de tiendas e los otros aparejos a la guerra competentes». Como detalle significativo que da muestras de la importancia de estos atavíos se nos señala el gasto dinerario del virrey, la autoridad más importante de este ejército: «veynte dos mil ducados de oro». Estas indumentarias llegaban a ser un importante botín para los vencedores.

Finalmente, voy a detenerme en otro ejemplo de indumentaria cortesana, me refiero al *Tratado llamado notable de amor* (1545), una ficción que surge en plena descomposición de las formas narrativas[17] y que combina la temática cortés con la crónica de las campañas de Carlos V en Europa, con una marcada intención exaltadora de su papel histórico.

La vida cortesana, en la que se desenvuelve el proceso amoroso protagonizado por Cristerno e Ysiana (que vive junto con otras jóvenes en vida cenobítica, mientras esperan se concierten sus matrimonios) conlleva un espacio en el que tiene lugar la celebración de una fiesta «de aprobación», y en ella la descripción de la indumentaria. Se describen diez parejas de baile, manteniendo la alternancia hombre–mujer. Asistimos ahora a un desfile en el que rige una moda típica de la corte de Carlos V, a cuya exaltación se entrega el autor en buena parte de esta obra. Este derroche descriptivo estará motivado también por el destinatario inmediato, la marquesa doña Potenciana y las damas de la corte, lectoras interesadas.

El traje masculino, de rigurosa etiqueta, está compuesto por «jubón», «saya», «capa», «calça», «botas» y «gorra de plumas», y destacan por su espectacularidad las sayas de terciopelo y las capas. Esta última prenda presenta variedades que evocan las diferentes cortes europeas de los personajes que se dan cita en esta fiesta: «capas lombarda, francesa y castellana»; esta última prenda será utilizada por Carlos V a su llegada a Castilla para congraciarse con los españoles.

En cuanto a los «atavíos» femeninos llama la atención la riqueza de las sayas y las sofisticadas mangas. La moda de las mangas, según C. Bernis, se impone en la década de los veinte; de su variedad da muestras el texto: puntas largas, cerradas por lo alto, manguillas aforradas, acuchilladas..., y todas realizadas con telas preciosas y detalles en oro y plata. En el tocado alternarán la cofia y la gorra, prendas de uso en este período, que podían llevarse a la vez, como se colige de la explicación dada por el narrador sobre el atuendo de Ysiana: «Ysiana, bestida [de] [...] cofia de oro con muchas joyas, syn gorra».

La realidad se da la mano con la ficción cuando entramos en el terreno de la indumentaria cortesana. El recorrido por esta serie permite ahondar en los usos amorosos pero también en la moda que dominó en la última etapa del reinado de Fernando el Católico y del emperador Carlos V.

La ficción sentimental se abre desde Castilla a los imperativos de otras cortes europeas en lo concerniente a la moda. Esta versatilidad queda reflejada en la ficción, que para Braustein es testimonio de la movilidad económica, aislamiento de castas y círculos privilegiados.

---

[17]   Rey Hazas, «Introducción a la novela del Siglo de Oro (Formas de narrativa idealista)», *Edad de Oro*, 1 (1982), pág. 65 y sigs.

El narrador de las ficciones es también un cronista de salón, como en los tiempos modernos, que se presta a satisfacer los gustos de la corte, público privilegiado, y sus veleidades narcisistas.